未来志向の憲法論

Die auf die Zukunft Orientierte Verfassungslehre
Forschungsgesellschaft für deutsches Verfassungsrecht (FdV), Japan
Herausgegeben von Kuriki Hisao, Tonami Koji, Aoyagi Koichi
SHINZANSHA Verlag: TOKYO, 2001 ©
ISBN 4-1906-8 C 3332

未来志向の憲法論

ドイツ憲法判例研究会 編

編集代表
栗城壽夫・戸波江二・青柳幸一

信山社

[執筆者一覧]

───────〔執筆者一覧〕（掲載順）───────

1　栗城壽夫　名城大学教授
　　Kuriki Hisao

2　畑尻　剛　城西大学教授
　　Hatajiri Tsuyoshi

3　田口精一　慶応義塾大学名誉教授
　　Taguchi Sei'ichi

4　青柳幸一　横浜国立大学教授
　　Aoyagi Koichi

5　國分典子　愛知県立大学助教授
　　Kokubun Noriko

6　近藤　敦　九州産業大学助教授
　　Kondo Atsushi

7　古野豊秋　桐蔭横浜大学教授
　　Furuno Toyoaki

8　押久保倫夫　兵庫教育大学助教授
　　Oshikubo Michio

9　小山　剛　名城大学助教授
　　Koyama Gou

10　飯田　稔　明海大学助教授
　　Iida Minoru

11　岡田俊幸　和光大学助教授
　　Okada Toshiyuki

12　岩間昭道　千葉大学教授
　　Iwama Akimichi

13　井上典之　神戸大学教授
　　Inoue Noriyuki

14　片山智彦　福井県立大学助教授
　　Katayama Tomohiko

15　小林　武　南山大学教授
　　Kobayashi Takeshi

16　駒林良則　名城大学教授
　　Komabayashi Yoshinori

17　石村　修　専修大学教授
　　Ishimura Osamu

18　西埜　章　新潟大学教授
　　Nishino Akira

19　平松　毅　関西学院大学教授
　　Hiramatsu Tsuyoshi

20　門田　孝　福岡女子大学助教授
　　Monden Takashi

21　鈴木秀美　広島大学教授
　　Suzuki Hidemi

22　松元忠士　立正大学教授
　　Matsumoto Tadashi

23　嶋﨑健太郎　埼玉大学助教授
　　Shimazaki Kentaro

24　光田督良　駒沢女子大学教授
　　Mitsuda Masayoshi

25　柏﨑敏義　千葉商科大学助教授
　　Kashiwazaki Toshiyoshi

26　山本悦夫　熊本大学教授
　　Yamamoto Etsuo

27　工藤達朗　中央大学教授
　　Kudo Tatsuro

28　川又伸彦　県立長崎シーボルト大学助教授
　　Kawamata Nobuhiko

はしがき

　　　　　　　　　は　し　が　き

　ここに、ドイツ憲法判例研究会会員の共同研究の成果たる『未来志向の憲法論』が刊行されることになった。1992年4月に設立されたドイツ憲法判例研究会は、第1に、ドイツ連邦憲法裁判所の判例の研究を目的とし、第2に、ドイツの公法学者との交流を目的として、その活動を展開してきた。

　第1の目的に関しては、当研究会は、毎月1回の定例研究会において最近のドイツ連邦憲法裁判所の判例を検討・討議し、その結果をもとにした研究報告を、報告担当者の名において、「自治研究」誌に掲載してきており、また、1952年から1984年までの重要な判例72件を紹介・論究した『ドイツの憲法判例』(1996年、信山社)、同84件を収録した『ドイツの憲法判例（第2版）』(2001年近刊、同)、1985年から1995年までの重要判例68件を紹介・論究した『ドイツの最新憲法判例』(1999年、同）を刊行した。

　第2の目的に関しては、当研究会は、ドイツの公法学者を、あるいは、――日本学術振興会の助成を受けて――直接にドイツから招聘し、あるいは、なんらかの理由で来日しているドイツの公法学者を当会に招待し、講演を聴き、それをめぐって討論や意見交換を行ってきた。このような交流を組織的・体系的なものにするために、当研究会は、数年前、ドイツの公法学者との共同研究を行うことを企図し、且つ、実際にフライブルク大学のライナー・ヴァール教授を代表とする公法学者グループとの間で「人間・科学技術・環境」を統一テーマとして共同研究を遂行し、第1回目は東京で、第2回目はフライブルクでシンポジウムを共同して挙行した。1998年4月に行われた第1回シンポジウムの成果は、既に『人間・科学技術・環境』と題して刊行され(1999年、信山社)、2000年9月に行われた第2回シンポジウムの成果も近く刊行される予定である。また、この2回のシンポジウムの成果はそれぞれドイツにおいても近く刊行の予定である。

［栗城壽夫］

　この日独共同研究は、ドイツ憲法判例研究会全体の事業として推進されたのであって、共同研究遂行のために申請し、承認された文部省の科学研究費や日本学術振興会の研究費に関してはシンポジウムにおける報告者以外の会員が研究分担者として名前を連ねていたし、シンポジウムのための準備のための研究会議を含めて、このテーマのために関して開催された数回の研究会議には、それらの会員以外の多くの会員が出席し報告した。そのため、シンポジウムの成果を公表するほかに、研究会全体の共同研究の成果を公表する必要があった。この必要にこたえたのが本書であった。したがって、広く会員全員から本書のために論文原稿を集めることとなった。その際、統一テーマとしては、これまでの経緯からして「科学技術・環境」が選ばれ、基礎理論を含め、このテーマに関して論じられるべき個別テーマを編集委員の方で選定したうえでそれぞれの個別テーマについて会員に応募してもらい、論文を提出してもらった。

　こうした本書の成立の経過からすれば、論究の対象範囲が——基礎理論にかかわる数点の論文を別とすれば——「科学技術・環境」に限定されることになったのは、やむをえないことであった。しかし、このテーマは共同研究のテーマとすることに最適のものとしてドイツ側も日本側も考えたものであって、現在・将来において憲法学が全力をあげて取組むべき最重要課題であり、この課題と如何に取組むかに憲法論の真価があらわれることになると言えよう。

　本書が『未来志向の憲法論』という表題を有しているのは、単に、未来——未来は既に始まっているわけであるが——において最重要なものとなるべきテーマと取組んでいるということだけを理由としているのではない。取組む姿勢もまた未来志向的なものを持っているからである。即ち、本書のなかの多くの論文のなかで、人間の憲法的意義がつきつめて論究されていることに加えて、憲法論の基軸は人間ではなく、人間を含む自然全体なのではないか、憲法論は現在の世代だけではなく、将来の世代をも視野に入れるべきではないのか、更に、憲法論が自然全体や将来世代をも視野に入れるようになった場合、国家と国民との関係を単に侵害者—被侵害者の関係としてのみ捉え続けてもよいのか、といった問題が、——結論が肯定的か否定的かはともかくとして——立入って検討されていること

はしがき

が、まさにそれである。

　本書はドイツ憲法判例研究会の共同研究の成果として、会員相互の、研究の促進においては協働的・連帯的で、しかし相互批判においては厳しい雰囲気のなかで生まれた。そうであるからこそ本書がひろく会員以外の方々の厳しい批判にも耐えられることを希望することはいうまでもない。

　なお、本書の刊行は寄稿していただいた会員諸氏の協力にもとづくものであることはいうまでもないが、それに加えて、編集代表の一人戸波江二氏による企画と推進、編集代表の一人青柳幸一氏の目的実現にむけての精力的な活動に負うところが大きかったということを記しておきたい。最後になったが、厳しい出版事情のもとにあって本書の刊行を快く引受けて下さり、且つ、種々の御助言を頂いた信山社の今井貴氏に心から御礼申しあげたい。

　2001年6月11日

　　　　　　　　　　　　　　　　　　　編集代表　栗　城　壽　夫

目　次

　　　　　　　　　　　　目　　次

　はしがき……………………………編集代表　栗城壽夫… v

I　基礎理論

1　法と倫理………………………………………栗城壽夫… 1
2　憲法問題としての「次世代に対する責任」…………畑尻　剛… 21
　　──「世代間契約としての憲法」をめぐって──
3　人権ないしは基本権の存立を支える思考原点と
　　しての「人間の尊厳」…………………………田口精一… 45
4　「個人の尊重」規定の規範性……………………青柳幸一… 57
5　「自然」の概念……………………………………國分典子… 89
　　──古代ギリシアおよびキリスト教の自然観に関する小考──
6　憲法と国籍制度…………………………………近藤　敦… 107
7　憲法における家族………………………………古野豊秋… 131
　　──オーストリアにおける Inze 事件を素材として──

II　環境と憲法

8　環境保護と「人間の尊厳」………………………押久保倫夫… 153
9　環境保護と国家の基本権保護義務 ………………小山　剛… 187
10　自然環境の利用と保全 …………………………飯田　稔… 207
　　──生態系保護の憲法論──
11　ドイツ憲法における「環境保護の国家目標規定
　　（基本法20 a 条）」の制定過程 ……………………岡田俊幸… 223

12 ボン基本法の環境保全条項 (20a条) に関する一考案
　　　　　　　　　　　　　　　　　　　　　　　　岩間昭道…269
13 憲法問題としての環境裁判の現在 ………………井上典之…291
　　　──環境権・人格権と差止請求の概観──
14 環境訴訟と裁判を受ける権利 ……………………片山智彦…319
　　　──取消訴訟の原告適格について──
15 将来世代の権利としての環境権 …………………小林　武…339
　　　──環境基本条例を中心に──
16 自治体の環境保護政策 ……………………………駒林良則…359
　　　──地方分権における課題──
17 環境と開発 …………………………………………石村　修…377
18 騒音・振動問題 ……………………………………西埜　章…397
19 日本の廃棄物処理と再生利用の法体系―覚書
　　　　　　　　　　　　　　　　　　　　　　　　平松　毅…415
20 EC環境法と国内法 ………………………………門田　孝…437
　　　──ドイツの議論を中心に──
21 EC環境情報指令とドイツ環境情報法 …………鈴木秀美…451

Ⅲ　科学技術と憲法

22 憲法23条の学問の自由 ……………………………松元忠士…477
23 未出生の生命の憲法上の地位を人工生殖・生命
　　操作技術 …………………………………………嶋﨑健太郎…499
　　　──ドイツの理論の問題点と可能性──
24 ヒト・クローン技術の法的規制とその根拠 ……光田督良…519
25 脳死移植 ……………………………………………柏﨑敏義…539
26 ドイツにおける安楽死 ……………………………山本悦夫…553

目　次

27　死者の取扱いに関する若干の考察 ……………………工 藤 達 朗…*573*
28　遺伝子組換食品の規制について …………………………川 又 伸 彦…*589*
　　　──EU の NF 規則を中心に──

　あとがき …………………………………………編集代表　青柳幸一…*607*

I 基礎理論

1 法と倫理

栗　城　壽　夫

1　近代法における法と倫理の分離
　　1　法と倫理の分離の意味
　　2　法と倫理の分離の問題性
　　3　近代憲法における法と倫理
2　現代における法と倫理の協働
　　1　従来の状況のもとでの分離論の問題性
　　2　現代における新しい状況の出現
　　3　現代における法と倫理との協働

1　近代法における法と倫理の分離

1　法と倫理の分離の意味

(1)　近代法を特徴づけるものは法と倫理の分離であるといわれる[1]。法と倫理の分離とは、社会生活に関する行為規範として一体であったものが、人間の行為の動機を問題とせずにその外的行為そのものを問題とし、且つ、規範違反行為に対しても強制力をもった制裁を加える規範としての法と、人間の行為の内面即ち動機を問題とし、且つ、規範違反行為に対して強制力をもたない制裁を加える規範としての倫理とが分離したことを意味している[2]。これは、強制力をもった制裁が加えられる対象が外的行為のみに限定されることを意味し、社会秩序の維持という観点からはその効果が弱体化されることを意味するが、このような状態が生

I 基礎理論

じたのは、社会秩序の維持に責任をもつ者が外的行為を規制することで満足し、内心を規制することを断念せざるをえない状況、即ち、人間の自律を尊重せざるをえない状況が生じたためであり、人間の自律を尊重することが社会秩序の基本原理とされるにいたったためである。その意味では、法と倫理の分離は、自由な意思の発動としての行為にその動機の如何を問題とすることなく法的責任を帰属させるところの、近代法の基本原理たる、意思の自律の原理からの帰結であり、その顕現ということができる[3]。

(2) もっとも、法と倫理とが分離されたといっても、一定範囲の倫理的に非難されるべき行為に法的責任を帰属させることは、近代法においても引続き行われている[4]。従って、法と倫理の分離は、近代法以前にあっては、社会生活に関する行為規範がその全範囲において強制力をもった制裁によって担保されていたのに対して、近代法においては、強制力をもった制裁によって担保される社会規範の範囲が縮減されたことを意味している。即ち、法と倫理との相違は規制対象と規制方法の相違だけでなく、規制分野・規制領域の相違でもあるのであり、法と倫理の分離は、法と倫理の規制分野・規制領域が分離されたことを意味しているのである。分離によって法の固有の規制分野・規制領域とされたのは[5]、合法性と道徳性の区別を定式化したカントにおいて典型的に示されているように、諸個人の自由の共存を可能にするための外的条件の設定維持であり[6]、逆に、法の規制分野・規制領域から排除されたのは幸福・福祉のための配慮である[7]。このことは、カントが、臣民としての平等・市民としての自立とならぶ国家構成のアプリオリ原理たる人間としての自由に関して次のような言葉で説明していることから見て明らかである。〝何ぴとも、彼の方法で（他の人間が幸福であると彼が考える方法で）幸福になるように私を強制することはできない。各人は、可能な一般的法律にしたがってあらゆる人の自由と両立し得る・同じ目的を追求する他人の自由（即ち他人のこの権利）を侵害しさえしなければ、自分のよしと考える方法で幸福を追求することができる[8]。〟これは、臣民が判断する能力をもっていないことを前提して、臣民の物質的・精神的幸福のために配慮することを理由として、臣民の日常生活のすみずみにまで介入・干渉した家父長制国家（あるいは警察国家）に対する

批判であり、反対であった⁽⁹⁾。

　警察国家にたいする批判・反対のしかたとしては、国家が国民各人の幸福・福祉を強制力をもって配慮することを、あるいは、国家が国民各人の幸福・福祉の配慮のために強制力を用いることを否定する方法があり、カントはこの段階でとどまっていたといえるが、更に徹底したものとしては、ヴィルヘルム・フォン・フンボルトにおいて見られるように、法と福祉とを対置したうえで、国家の任務を法秩序の維持のみに限定し、福祉のための配慮を国家の任務から排除する方法も主張されるようになり、ドイツでは、18世紀末から19世紀初頭にかけて支配的な主張とさえなった。

　(3)　このように、歴史的文脈のなかでは、法と倫理の分離は法と福祉との対置という意味をもったのであるが、法の領域においては、法と倫理とは緊密な関係におかれていたことに注意する必要がある⁽¹⁰⁾。

　そもそも、法と倫理の分離の根拠となった意思の自律の原理は、カントにおいては、倫理の最高原理なのであり、倫理の最高原理としての意思の自律の原理を貫徹させるために、意思の自律を否定する外的行為に外的強制を加えるものとしての法が必要とされているのである。従って、意思の自律を最高原理としてそれから導出されてくる倫理的諸原則のなかに、各人による自発的遵守にゆだねられているものと、外的強制によってでも各人に遵守させることが必要なものとがあり、後者が法的原則と呼ばれるものであるが、法的原則も倫理的原則としての性格をもっているとされているのである⁽¹¹⁾。"法は最小限の倫理である"というイェリネックのテーゼは、この意味において、的確なテーゼなのである⁽¹²⁾。

　このようにして、自律にゆだねられている倫理と外的強制という他律に服している法との対比が生ずることになるのであるが、カントにおいては、法は、内容的に意思の自律の維持・確保のために必要なものとして把えられているだけでなく、形式的にもすべての人の同意が得られるようなものとして把えられていて⁽¹³⁾、法にも自律原理の貫徹がはかられ、その意味で倫理的性格の貫徹がはかられていることが注目される。

I 基礎理論

2 法と倫理の分離の問題性

以上のように、カントに発する法と倫理の分離の思想は、単純に法と倫理とを無関係のものとするのではなく、むしろ、両者を緊密な関係にあるものとしていたのであるが、しかし、なお、法と倫理の分離と呼ばれるにふさわしい特徴を問題点としてもっていたといわねばならない。次の点が問題点として指摘されることができる。

(1) 法の特質としての外的強制の重視

分離論の結果として、法の世界においては、外的強制の有無に関心が集中するようになり、更に、外的強制によって担保されたものが重視され、外的強制によって担保されていないものが軽視される傾向が生じた。

(i) 法と法を基礎づけるものとしての倫理との関連の意識が薄れ、倫理的原則は法的問題の解決にあたって視野には入れられることがあっても、解決のための基準とはされなくなった(法実証主義)。

(ii) "倫理的義務ではあるが、法的義務ではない"という表現方法が示しているように、倫理的義務は遵守の必要性が高くないものと考え、逆に、遵守の必要性を高めるためには、倫理的義務を法的義務へと高めなければならないと考える傾向が生じた[14]。"法は最高の倫理である"というテーゼはこのような事態を反映するものである[15]。

(iii) 法秩序全体を支えるものは人々の自律的意思という意味での倫理的なものであるとする意識が薄れ、法秩序は自動的に維持され、運用されるものと考える傾向が強まった。

(2) 法の固有の規制領域としての自由相互間の境界設定・維持の重視

分離論の結果、法の世界においては、各人の権利・自由相互間の境界の設定・維持に法の機能を限定する傾向、その意味において、法の機能を乱立防止・侵害抑制という消極的なものに限定する傾向が生じた[16]。

(i) その結果、権利を侵害しないという意味での他人に対する消極的尊重は法の問題となり得るが、幸福・福祉を促進するという意味での他人に対する積極的尊重は法の問題となり得ないと考える傾向が生じた。

(ii) その結果、国家・社会全体の構成、国家・社会全体の〝よい状態〟の実現は法の問題にはなり得ないとする傾向が生じた。

(iii) 観点をかえて言えば、次のようにも言うことができる。法の基本原理としての「各人に彼のものを」における「各人のもの」は、法と倫理が分離され、倫理的なものの磁力・牽引力が弱まったために、極めて狭く解釈され、いわば、「孤立した個人が自分自身で獲得したもの」という意味で理解される傾向が生じた。

3 近代憲法における法と倫理
(1) 憲法による内心の自由の保障

近代憲法は各個人に思想・良心の自由を保障することによって、意思の自律の原理に憲法的保障を与え、各個人に倫理的原則現実化の主体としての地位を保障した。これによって、近代憲法は個人の内心にゆだねられたものとしての倫理と外的制裁によって担保されたものとしての法という区別を法的に認めただけでなく、各個人を現実化主体とする倫理と国民全体を現実化主体とする法という区別をも法的に承認したことになる。従って、これによって、近代憲法は、個人が倫理的原則の認識・実現に関する第一次判断権を法的効果をもって主張し得ることを承認したことになる。

(2) 倫理的・宗教的中立性による国家の正当化

近代国家が憲法によって内心の自由を保障したことは、国家が国民個人の内心への介入・内心の統制を断念し、倫理や宗教という内心の問題との取組みから解放されて、平和・秩序・法の維持・確保という任務に専念する方針を採用したことを意味している。近代国家が倫理的・宗教的中立性によって正当化されるのは、個人の自律の尊重という観点からだけでなく、平和・秩序・法の維持・確保という任務の効果的達成という観点からでもある。

(3) 国家と倫理とのかかわり

近代国家は倫理的原則現実化の主体たる地位を個人に譲り、自らは倫理的原則現実化の場から撤退したとはいえ、倫理とは無縁というわけではない。これは、理論的面についても、制度的面についてもいえる。

I 基礎理論

A 理論的面

A₁ 理論的面においては、イェリネックが公法が法であることの根拠として倫理の最高原則としての自律を援用していることが注目される。即ち、イェリネックは、まさに、外的強制によって担保されていないことを理由として、公法は法としての資格を有するのか、という問題を提起したうえで、近代における倫理の最高原理としての自律を援用して、国家が自らの意思によって設定した法に自らの意思によって拘束されるという自己拘束の成立可能性を説明し、それによって、公法の法としての資格を肯定した[17]。この場合、イェリネックは自律の原理を倫理原理として援用して論証を終えているのであるが、前述のごとく、自律原理は倫理的原則であるとともに法的原則でもあるということを考慮にいれれば、イェリネックの自己拘束説は法内在的説明として一貫していると見ることもできる。しかし、また、イェリネックは自律原理を文字通り倫理の最高原理として考えていたと理解すれば、法実証主義者たるイェリネックも憲法の根拠として倫理を考えていたと見ることができる。

A₂ もっとも、イェリネックの自己拘束説と彼がそのための根拠として援用したカントの自律原理とは、構造的に異っている。イェリネックは国家が自らの意思によって設定した法に自らの意志によって従うことをもって国家の自律と理解しているが、カントは人間の意思を超えた客観的法則を人間がその理性によって認識したうえで、それに自らの意思によって服従することをもって自律と考えていた[18]。

それでは、国家についても意思の自律を基礎にして考え、しかも、意思の自律をカント的に理解するとすれば、国家意思を超える客観的法則を想定すべきだということになるのか。想定すべきだとして、想定されたものは法的原則なのか、倫理的原則なのか。ヘルマン・ヘラーは、意味確実性と執行確実性とによって特徴づけられる法規の効力を根拠づけるものとしての法原則の存在を認め、且つ、その意義・機能を強調したが、それらを倫理的法原則と呼んだ[19]。倫理的法原則（sittliche Rechtsgrundsätze）という概念は、単なる折衷なのか、事態の的確な把握なのか。

B　制 度 的 面

　憲法制度としては、公務員の憲法への忠誠義務、或いは、公務員の憲法尊重擁護義務が問題となる。とりわけ、公職就任にあたって要求される宣誓が良心を義務づけるものであるから一層そうである。この義務づけによって、公務員は、公務員であるかぎり、自己の倫理的原則の認識・実現に関する判断権を制限せざるをえなくなり、国家は公務員の内心を国家のなかにとりこむことになり（職務原理）、公務員個々人は公人としての良心と私人としての良心との相剋に直面させられることになる（主観的良心か客観的良心か）。

(4)　国家との関係における個人と倫理とのかかわり

　近代憲法による内心の自由の保障のもとでは、個人は国家とのかかわりなしに自己の倫理的原則の認識・実現を追求することができる。しかし、個人の倫理的心情・態度が国家と全く無縁なわけではない。それは、個人の倫理的確信にもとづく行動が他人の自律を侵害した結果国家によってその法的責任を問われる場合のような間接的なかかわりにとどまらない。個人が直接に国家と向き合う場合にも倫理的なものが問題となる。

　A　近代国家の存立・機能は、究極的には、国家構成員の国家への積極的関与に依存せざるをえない。伝統的自然法論においては、国家権力への服従は倫理的原則の一環として説かれて来ているが[20]、服従を前提して国家権力の正しいあり方を追求するものとしての積極的関与も、また、倫理的原則の一環として把えられることができよう。積極的関与は、国家の活動の法的基準たる憲法や憲法を具体化する下位の法規範に含まれている基本価値と自己の倫理的確信との一体性を認識したうえで、この一体性を維持し、更に、強化しようと志向する精神的態度から生まれる。嘗って、フランスの1791年憲法がその終章3項において「憲法制定国民議会は、憲法を立法府、国王および裁判官の忠誠に、家父の配慮に、妻および母に、若い市民の愛情に、すべてのフランス人の勇気に託する」と述べたのは、この精神的態度を期待してのことであったのであり、また、最近のドイツで論議されている憲法愛国主義もこの精神的態度の意義を示唆しているといえよう。

Ⅰ 基礎理論

しかし、この精神的態度が国家の存立・機能にとっていかに決定的に重要であるとしても、それが内心にもとづく態度であるだけに、内心の自由を保障している国家としては、強制力を用いてかかる精神的態度を実現させることはできない。国家の存立・機能を究極的に左右するこの場面において、国家はまさしく法的方法ではなくて、倫理的方法に依存せざるをえないのである[21]。

B 逆に、国民個人の倫理的心情・態度は、国家権力の反倫理的な行動に直面した場合にも、重要な意味をもつ。この場合、国民個人は、国民の権利保護のための制度を十全にととのえている国家においても、或いは、法的安定性の確保を至上命令としている国家においても、抵抗権を認められるのか。ヘルマン・ヘラーは、倫理的に非難されるべき国家行為に対する法的良心の抵抗を肯定しながらも、それを倫理的なものと呼び、違法性・責任阻却事由となることはなく、常に生命を賭してのみ可能であるとした[22]。しかし、憲法の明文規定によって抵抗権が認められた場合には、抵抗権は法的なものとなるのではないか。しかし、また、抵抗権は、合法化されその行使の安全性が保障されるより、倫理的なものにとどめられて敢為としての性格を保持しているほうが、抵抗権行使の動機づけの力としては、より強力なのか[23]。

2 現代における法と倫理の協働

1 従来の状況のもとでの分離論の問題性

法と倫理の分離論は、内心を問題とし、外的制裁によって担保されないものとしての倫理、外的行為を問題とし、外的制裁によって担保されるものとしての法、という図式とこの図式に立脚した法体系でもって、一方で、個人の内心の領域が保護・尊重され、他方で、社会の平和・秩序が効果的に維持・確立されるのに貢献した。しかし、既に指摘したごとく、分離論は幾つかの問題点を内包していた。

(1) 法における自発性の軽視

分離論の結果、倫理における自発性、法における外的強制のモーメントが対立的に強調され、法にも自発性のモーメントが含まれていることが軽視された。法

が、社会規範としての効果をあげ得るためには、自発的遵守に依存するということが必ずしも重視されなかった[24]。

(2) 法における実質的正当性の軽視

外的行為を問題とし、外的制裁によって担保された法、という図式が前面に押しだされた結果、この図式自身意思の自律という実質的原理に立脚したものであるということが忘れられた。もちろん、その結果、外的条件が充足されておれば実質的正当性が実現されているということが当然の事として前提されていたと思われるが、この前提が成立しているかどうかの検証は、例外的な場合を除いて、行われなかった。

法における外的条件・外的形式の重視は、個人の行為の評価に関して実現されただけでなく、国家の行為の評価に関しても実現された。とりわけ、憲法所定の手続・形式をふんで成立した法は、その内容の実質的正当性、従ってまた、その内容の倫理的正当性を問題とされることなく、法としての資格を与えられた。このように分離図式が国家の行為にも適用されることのもつ意義は重大である。けだし、個人の自律の原理・個人の内心への不介入の原理を根拠として打出されたはずの分離図式のもとで、個人の内心に介入し、個人の自律を否定する内容をもった法律に法としての資格が与えられる可能性がでてくるからである。

(3) 法の規制能力の過大視

法と倫理とが分離され、法が人間の外的行為の規制に限定された結果、外的行為の規制に関するかぎり、法は万能であるとする信仰がうまれた。これは、一方では、法を制定し、法を適用する国家権力の活動能力が高度に発展した結果であるが、他方では、法の規制能力の誤認にもとづくものであった。

先ず、規制内容に関していえば、規制は規制対象の特性に即した内容をもたねばならないから、その特性が理解・熟知された対象についての規制は効果的に行われることができるが、新しく出現した対象であってその特性が十分に理解されていないものについては、そもそも規制が不可能であるか、誤った規制しかできないはずである。もちろん、新しく出現した対象であっても、政策的判断に委ねられている分野においては、調査の結果を活かして効果的な規制を行うことが可

Ⅰ 基礎理論

能であるが、それ以外の分野においては、対象の特性に即した、適切な規制はできないはずである。それでもなお、規制が必要であるとすれば、特別の工夫が必要となるはずである。

　また、規制効果に関していえば、規制の効果は規制を受ける人々の側の服従に依存するということが一般的にいえるだけでなく、規制の対象や分野によっては、履行・遵守を確保するための特別の工夫が必要となるはずである。

　法律万能の信仰が維持されている場合には、必要な工夫が講じられず、不適切な規制しか行えないということになる。

2　現代における新しい状況の出現
(1)　法の側における新しい状況の出現

　(ⅰ)　第2次大戦後、多くの国々の憲法のなかで個人の権利が人権として保障され、また、数多くの国際法規のなかで人権保障が宣言され、合意された（ここでは国内法に限定して論究することにする）。しかも、こうした人権の基礎に人間の尊厳或いは個人の尊厳が据えられ、逆にいえば、人間の尊厳或いは個人の尊厳が憲法秩序の最高原理としてかかげられた。人間の尊厳或いは個人の尊厳が憲法秩序の最高原理として位置付けられている以上、それが「法的なもの」であることは明らかであるが、しかし、「法的なもの」として伝統を有していないものであるから、その内容については、倫理学の説くところに依存するところが大きいといわねばならない。もちろん、「法的なもの」である以上、法の論理にしたがいつつ倫理学の説くところを受容すべきであるということになるが、しかし、憲法についての形式的把握が批判され、実質的把握の必要性が強調されている状況においては、法的処理になじまないとして形式主義的に片付けられることは許されないから、結局、倫理学の説くところに依存せざるをえないということになる。もっとも、倫理学の説くところに依存せざるをえないといっても、さしあたり、人間の尊厳或いは個人の尊厳を「自己の人格の完成を追求する個人の自律」として捉えることに帰着せざるをえないであろう。しかし、人間の尊厳或いは個人の尊厳が憲法秩序の最高原理とされたことによって、法と倫理とが法秩序の最高段階にお

いて媒介され、「倫理的なもの」が「法的なもの」のなかに流入することが正面から認められたことの意義は大きいといわねばならない[25]。

（ii）法と倫理との峻別と同根のものとして、法律学の世界においては、ゾレンとザインとの峻別が支配的であった[26]。この場合、法としてのゾレンは、ケルゼンの純粋法学において典型的に示されているように、方法論的につきつめられた結果として、実効的な強制秩序であればいかなる内容をもとり得る、要件・効果の形式的な帰責連関をあらわす定式とされていることが特徴的であった。しかし、今や、法としてのゾレンも、本来のゾレンとして、即ち、内的に義務づけるものとして、捉え直されるべきことが主張されるようになったことが注目される。しかも、その際、ゾレンが個別的な判断主体の主観にではなくて、人間にとって所与の秩序であれ、倫理的に自律的な人間の実践理性であれ、拘束力あるザッハリッヒなものに根拠を有するとされていることが注目される[27]。その意味で、それ自身規範的なものとしての性格を有するザインがゾレンを規定し、根拠づけ、実質的に正当なものとしての性格を与えているということができる。このように、法と倫理との再関連づけと並行して、法におけるザインとゾレンとの峻別の見直しが行われている[28]。

（iii）出発時における近代法は、他の個人の自律を侵害する個人の外的行為に一定の法的制裁を加えることによって、個人の自律を実現することを志向していた。この志向は消極的なものであり、境界画定的・妨害排除的なものであった。しかし、法は、次第に、すべての個人の自律の実現を、自力によっては現実的に自律を実現できない個人を援助・助長することによっても、志向するようになった。この志向は、積極的なものであり、促進的・包摂的なものであった。もちろん、消極的志向に帰属せしめられる法的効果に比べて、積極的志向に帰属せしめられる法的効果は微弱であるといわねばならないが、しかし、人々を隔離し、孤立せしめるのではなく、すべての人の人格的自律の実現のために人々を結びつけることが法の目標のなかに入ってきたことが重要であるといわねばならない。

(2) 法の規制対象の側における新しい状況の出現

（i）個人の自律を基本原理とする近代法の体系は、個人の自律的行動を一旦つ

Ⅰ 基礎理論

それのみを―要件として、それに―且つそれには必ず―種々の形態における制裁という法的効果を帰属させることを内容として構築されていた。それは、各人の自律的行動の結果が各人に予測できるということ、また、自律的行動には自律の基盤たる生命そのものは左右できないという自然的限界があるということ、が前提されていた。しかし、その後の、とりわけ、20世紀後半における、科学・技術の進歩は、この前提の成立・維持を不可能にした[29]。第1に、科学・技術の進歩は、人間の生存環境の大規模で根源的な破壊の危険をもたらした。これは、具体的な環境破壊をもたらした個人を特定しがたいことが多いという点においてのみならず、進歩した科学・技術の恩恵にあずかるすべての人が加担していると考えられる環境破壊行為の影響が予測できないという点において、更には、かかる環境破壊によってすべての人の自律の発揮が危くされるという点において、根本的な問題を投げかけるものであった[30]。また、遺伝子技術・クローン技術・臓器移植などにみられる科学・技術の進歩は、生命の人為的創出・維持を可能にしたが、しかし、生命そのものを左右できないところに人間の尊厳の根源があるのではないか、という批判的で根源的な問いをひきおこした。

(ⅱ) このような問題状況は、「他人の自律の実現を妨げるなかれ」という原理に基づく伝統的な法的対応では対応しきれないという意識をうみだした。それ以前においても、「すべての人の自律の実現のために盡くせ」という原理に基づく対応へと法的対応はひろがってはいたが、環境問題によってひきおこされた新しい意識の画期的な点は、そこでいう「すべての人」が「一国家の国民すべて」だけでなくて「地球上のすべての人」を含み、「現在の世代の人々」だけでなくて「将来の世代の人々」を含んでおり、更には、「人間の自律」だけではなくて「自然の生態系の保全」をも含むにいたっているところにある[31]。

また、遺伝子技術・クローン技術・臓器移植の問題も、「他人の自律の実現を妨げるなかれ」という原理にも「すべての人の自律の実現のために盡くせ」という原理にも服さず、その意味で法的処理になじまないものであるが、しかし、個人の自律の成立基盤にかかわるものとして、各人の自律に委ねられるべきではなく、すべての人に同じにように解決されるべきことを要求する。

(ⅲ) このような全く新しい問題状況に直面した場合、従来の思考枠組みに基づく法の作用能力は限られているといわねばならず、足らないところは、異った方法によってではあれひとしく個人の人格的自律の実現を追求するものとしての倫理に、その補完を求めざるをえない。この点、法の側で「倫理的なもの」による実質的裏づけを志向・追求することに姿勢を移しているので、法的規制・法的処理の不十分なところを倫理によって補完することが、違和感なく求められ得るといえよう。この場合、倫理による法の補完は2つの局面において期待される。1つは、規制の内容の確定に関してである。即ち、法がこれまで直面してこなかった根源的問題に如何に対応すべきかということに関してである。即ち、法的規制にあたって、──それを受容するか否か、また、如何なる程度、形態において受容するかは、法の立場からする自律的判断に留保されているとしても──倫理の立場から見て適切・妥当と考えられている解決方法を調査・学習することである[32]。この場合、倫理の立場というのは、倫理学の専門家の意見および一般人の倫理意識のことであり、参考にする度合いは異にするにしても、両方のファクターを調査し、参考にする必要がある。他の1つは、規制の履行の確保に関してである。倫理の立場から見て適切・妥当なものとして提示されている解決方法を法的規制の内容として受容することになるとしても、新しい種類の問題分野の場合には、法的効果をもってその履行を強制するのに適さないことが多く、結局、それらの法的規制が履行されるか否かは、ひとえに人々の倫理意識に依存することになる[33]。

3　現代における法と倫理との協働

(1)　法が倫理に実質的根拠をもたねばならず、倫理にその補完を仰がなければならないと考えられる現代において[34]、個人の自律を確保するために打ち出された法と倫理との分離はその意義を失ったことになるのか。その意味で、倫理にたいする関係において法は自律性を失ったのか。この点、倫理と法との峻別、倫理にたいする法の自律性を一貫して主張したハンス・ケルゼンの意図が、ホルスト・ドライヤーの解釈によれば、個人の自律性の確保というところにあったことが注

I　基礎理論

目される。ケルゼンは、法の内容を倫理的に中立的なものとして捉え、そうすることによって、法の形成をすべての倫理的価値観にたいして開かれたものとし、また、そのようにして形成された法に服従するか否かを各人の倫理的価値判断にゆだねられたものとした[35]。ケルゼンが個人の倫理的価値判断、個人の自律性を強調したということは、幾ら重視しても重視しきれるものではない[36]。ただ、ケルゼンの場合、個人の良心或いは内心を義務づけるものは倫理規範のみであるということ、および、良心或いは内心を義務づけるものに関しては客観的認識は成立し得ないということ、が前提されている。しかし、一定範囲の規範に関しては、倫理規範のほうでも違反にたいして外部的制裁が加えられることを要請し、法規範のほうでも個人の良心を義務づけることを必要とする、というようにして両者が重り合うことがあると考えることができるし、また、一定範囲の倫理規範に関しては客観的認識が成立し、そのようなものが法の内容としても受容されていると考えることができるのではないか。とりわけ、個人の自律という原理は、倫理的原理であるとともに法的原理でもあると考えるべきではないか。

そのように考えると、個人の自律という原理をひとしく根拠としているがゆえに、倫理と法とは一定の範囲において協働することができるし、また、それぞれの自律性に反することにならないが、しかし、個人の自律という原理の貫徹のために、倫理と法との協働は一定範囲をこえてはならない、というように考えるのが妥当と思われる。

(2)　2つの基本的要求の調整に関しては、次のようなことが考えられるべきであろう。

(i)　一定範囲においては、法と倫理とは重り合う関係にある。この一定範囲とは、「他人の自律を妨げることなかれ」という原理と直接的にかかわりをもつ規範を包含するものである。この範囲内の倫理規範は、法のなかに受容されて、外部的制裁によってその履行が強制される。

(ii)　他方、極めて広い範囲の法規範は、政策的・技術的判断に基づいて制定されたものとして、倫理規範に反してはならないという制約に服する以外には、倫理との関係をもたない。この範囲内にある法規範は、その規制目的を効果的に達

成するために、恣意的に行われないかぎり、外部的制裁によってその履行が強制され得る。この領域は法規範と倫理規範とが内容的に重り合わない領域であるから、この領域における外部的制裁は、倫理的非難とは無関係である。

(iii) 「自己および他人を含むすべての人の人格的自律の実現のために盡くせ」という原理と、倫理は直接的にかかわるが、法は間接的にしかかかわらない。この領域は、本来法から排除されていたが、自己の力によるだけでは自律を実現できない人々が多数存在するという客観的事実と、法意識の内容として調和的共存の意識のほかに連帯的共存の意識がつけ加わるにいたったという主観的事情とが結びつくにいたって、法のなかに入り込んで来たのである。このような間接的なかかわりのゆえに、この領域に属する規範に法的性格をもたせるについては、それ相応の工夫が必要となる。即ち、この領域に属する規範を法のなかに受容するにあたっては、一般的な法原則の宣言にとどめるか、あるいは、個別・具体的な法規範とする場合でも外部的強制を伴わないようにすべきである。違反に対する制裁としては、一定の利益の不供与が考えられるべきである。

環境や生命技術にかかわる規範もこの領域に属するものとして、基本的に同じように考えられるべきであるが、この領域のなかでは(i)のゾーンに近いというべきであろう。

(3) 法と倫理との関係をこのように考えたうえで、更に、次のようなことが考慮されるべきであろう。

(i) 倫理と法との区別は、内心か外部的行為か、自己拘束か外部的強制か、の区別だけでなく、更に、規範の認定・履行に関する判断権が各個人にあるか全体にあるか、の区別でもある。

個人の自律という原理に即して考えれば、個人の判断権が尊重されるべきであり、その意味で、倫理と重り合う法の領域はできるだけ狭く限定されるべきであるということになる。

(ii) 倫理の分野において規範として提示されているものを、法規範として受容するか否か、また、如何なる形態において、如何なる程度において受容するかということに関しては、「すべての個人」の判断に基づいて決定されるべきである。

I　基礎理論

　その際、「すべての個人」の判断は、非制度的な判断をふまえた制度的な判断という二重構造をとるべきであろう。前者は国民のコンセンサスといわれるもので、十分な判断材料にもとづく広汎かつ自由な討議が行われることを前提とする[37]。後者は「すべての個人」を制度的に代表する国会の議決である。

　(iii)　広汎かつ自由な討議をつくした結果、倫理の分野において規範として提示されているものが法の内容として受容された場合でも、法規範となったものについて法的効果をもった制裁によって履行を強制することは、できるかぎり、避けるべきである。その際、その規範の履行は各人の自発的意思にゆだねられることになるが、しかし、各人の側において、制裁をもって強制されていないから履行する必要はない、と考えない態度が醸成される必要がある。

　(iv)　更に、倫理の分野において規範として提示されているもののなかで、法規範として受容されなかったものについても、同様であって、各人の側において、倫理規範にすぎないから履行しなくてもよいと考えない態度が醸成される必要がある。

(1)　例えば、Dieter Grimm, Recht und Staat der bürgerlichen Gesellschaft, 1987, S. 11f.
(2)　法と倫理との区別については、例えば、Johannes Messner, Das Naturrecht: Handbuch der Gesellschaftsethik, Staatsethik und Wistschaftsethik, 7. Aufl., 1984, S. 237ff.（水波・栗城・野尻訳「ヨハネス・メスナー・自然法」1995年、260頁以下）; Heinrich Geddert, Recht und Moral, 1984, S. 41ff.
(3)　Hasso Hofmann, Einführung in die Rechts-und Staatsphilosophie, 2000, S. 8.
(4)　例えば、Ernst-Wolfgang Böckenförde, Staatliches Recht und sittliche Ordnung, in: derselbe, Staat, Nation, Europa, 1999, S. 220（なお、この文献は千葉大学教授・渡辺康行氏の御教示によって知った）。
(5)　Immanuel Kant, Metaphysik der Sitten, in: Immanuel Kant, Werke in sechs Bänden, hrsg. v. W. Weischedel, Bd. IV, 1956 (1983), 318, 324.
(6)　I. Kant, a.a.O., S. 337f.; I. Kant, Über den Gemeinspruch: Das mag in der Theorie richtig sein, taugt aber nicht für die Praxis, in: Immanuel Kant,

Werke in sechs Bänden, hrsg. v. W. Weischedel, Bd. VI, 1964 (1983), S. 144, S. 145, S. 154f.

(7) I. Kant, Metaphysik der Sitten, S. 437.

(8) I. Kant, Über den Gemeinspruch, S. 145, S. 154f., S. 159.

(9) Norbert Hinske, Staatszweck und Freiheitsrechte, in: G. Birtsch (Hg.), Grund-und Freiheitsrechte von der ständischen zur spätbürgerlichen Gesellschaft, 1987, S. 375ff, S. 380ff.; Ralph Alexander Lorz, Modernes Grund- und Menschenrechtsverstänuis und die Philosophie der Freiheit Kants, 1992, S. 139f.

(10) 例えば、プロイスは、〝自由がそれ自体として道徳的原理であったかぎりにおいて、自由によって推進された進歩も同時に道徳的事態であったのみならず、自由を保護する法・手続・憲法制度も道徳的基礎をもっていた″と説き、しかし、その後自由の非道徳化が進行したと説いている (Ulrich K. Preuß, Revolution, Fortschritt und Verfassung, 1990, S. 78)。

(11) H. Hofmann, a.a.O., S. 9f.

(12) Georg Jellinek, Die sozialethishce Bedeutung von Recht, Unrecht und Strafe, 1878 (1967), S. 43.

(13) I. Kant, Metaphysik, der Sitten, S. 432; I. Kant, Über den Gemeinspruch, S. 150, S. 153, S. 162; Christoph Enders, Die Meuschenwürde in der Verfassungsordnung, 1997, S. 263f.; H. Hofmann, a.a.O., S. 166ff.

(14) 例えば、ツェプフルは、支配者の義務が道徳的義務から法的義務へと高められるためには、国民の権利を行使するための機関が設置されなければならない、と主張した (Heinrich Zoepfl, Grundsaetze des Allgemeinen und des Constitutionell-Monarchischen Staatsrechts, mit besonderen Rüchsicht auf das gemeingültige Recht in Deutschland, 3. Aufl., 1846, S. 227)。

(15) これは、もちろん、法は倫理的規範のなかでその遵守が最高度に確保されているものであるという意味においてである。倫理的義務づけの水準ということから言えば、法は平和・安全・秩序の確保というより低い水準にとどまっているというべきであろう (E.-W. Böckenförde, a.a.O., 221ff.)。

(16) 例えば、ベッケンフェルデも、法の機能が限界確定につきないことを承認している (E.-W. Böckenförde, a.a.O., S. 212f.)。

(17) Georg Jellinek, Allgemeine Staatslehre, 5. Aufl., 1929, S. 367ff. (芦部・阿部他訳『イェリネク・一般国家学』1974年、296頁以下)。

I 基礎理論

⒅　Andreas Müller, Das Verhältnis von rechtlicher Freiheit und sittlicher Autonomie in Kants Metaphysik der Sitten, 1996, S. 66.

⒆　Hermann Heller, Die Souveränität, in: Hermann Heller, Gesammelte Schriften, Bd. 2, 1971, S. 70ff.；H. Heller, Staatslehre, in: Hermann Heller, Gesammelte Schriften, Bd. 3, 1971, S. 332ff. ヘラーは、法規がその倫理的に義務づける力を倫理的法原則からのみ受取り、国家は倫理的法原則の適用・貫徹に仕えるかぎりにおいてのみ正当化され得るということを強調する（a.a.O., S. 332, S. 333）が、倫理的法原則が単に直接的に確実な法感情にのみ還元されるにすぎないものなのか、客観的な認識確実性をもって合理的に定式化され得る最高の法法則（Rechtsgesetz）から導出され得るものなのか、更に、先験的な法原則が存在するのか、また、如何なる意味において存在するのか、更にはまた、如何なる法原則が普遍妥当的なもので、如何なる法原則が文化圏によって制約されたものか、という問題の検討を法哲学にゆだね、国家学の任務ではないとしている（a.a.O., S. 334）。

⒇　J. Messner, a.a.O., S. 288ff., S. 790ff.（水波・栗城・野尻訳「メスナー・自然法」318頁以下、837頁以下）

㉑　例えば、ベッケンフェルデは、法の社会的効力や実効性にたいする国民の倫理的意識の重要性を強調する（E.-W. Böckenförde, a.a.O., S. 216f.）。また、ベッケンフェルデは、"現代の自由な国家の存立は、自らの自由性を失うことなしには国家自身が保障することのできない諸前提に依存している"と述べている。
　　もっとも、ベッケンフェルデは、倫理的国家の実現は、積極的国民と政治的指導機関という一般意思の2つの代表者の協働に基づく民主的な政治的過程を通じてのみ可能であると主張している（Ernst-Wolfgang Böckenförde, Der Staat als sittlicher Staat, 1978, S. 37 und S. 38ff.）。

㉒　H. Heller, Staatslehre, S. 335ff.

㉓　ヘルマン・ヘラーは、合法的に成立しているが倫理的に非難されるべき国家行為に対する倫理的抵抗権を肯定する見解をヒロイックと呼び、倫理的抵抗権が承認されたからといって、実定法に対する法的良心の永遠の戦いの悲劇性がなくなるわけではないと述べ、人間の現状から見て、また、現代国家の大衆技術・権力技術による法的良心の抹殺の危険性から見て、自己の生命を賭しての抵抗は極めて稀であり、稀であるからこそ一層価値のある模範である、と述べている（H. Heller, a.a.O., S. 338）。

㉔　法における自発性の重要性を強調するものとして、例えば、E.-W. Böckenför-

de, Staatliches recht und sittliche Ordnung, S. 215.
(25) 例えば、エンデルスは、人間の尊厳という基本価値が実定化されたことによって、この基本価値は、倫理的秩序理念と憲法とを不可分のものとして関連づけた、と言う (Christoph Enders, Die Menschenwürde in der Verfassungsordnung, 1997, S. 40)。自律の主体としての個々人の相互的尊重の義務を中核とする人権における道徳的権利と実定法的権利との関係を論究するものとして、Georg Lohmann, Menschenrechte zwischen Moral und Recht, in: S. Gosepath/G. Lohmann (Hrsg.), Philosophie der Menschenrechte, 1998, S. 62ff., besonders S. 82ff.
(26) H. Hofmann, Legitimität und Rechtsgeltung, 1977, S. 37.
(27) H. Hofmann, a.a.O., S. 37ff.
(28) 憲法をザインをゾレンとして直接客観化する価値秩序として理解するものとして、例えば、Chr. Enders, a.a.O., S. 40.
(29) Ernst-Hasso Ritter, Das Recht als Steuerungsmedium im Kooperativen Staat, in: D. Grimm (Hrsg.), Wachsende Staatsaufgaben——sinkende Steuerungsfähigkeit des Rechts, 1990, S. 69ff.; Dieter Grimm, Der Wandel der Staatsaufgaben und die Zukunft der Verfassung, in: Dieter Grimm, (Hrsg.) Staatsaufgaben, 1994, S. 625ff.; Ulrich K. Preuß, Riskovorsorge als Staatsaufgabe, in: Dieter Grimm (Hrsg.) Staatsaufgaben, 1994, S. 523ff.
　なお、こうした状況を認識したうえで、自律の原理を基礎にすえて問題と取組むものとして、Volker Gerhardt, Das Prinzip der Verantwortung, in: V. Gerhardt und W. Krawietz (Hrsg.), Recht und Natur, 1992, S. 103ff.
(30) Ulrich K. Preuß, Revolution, Fortschritt und Verfassung, S. 85; Peter Saladin, Verantwortung als Staatsprinzip, 1984, S. 128f.
(31) P. Saladin, a.a.O., S. 130.; Horst Dreier, Rechtsethik und staatliche Legitimität, in: Universitas, Nummer 56z, 1993, S. 377ff. (S. 387f.).
(32) 法への倫理の受容 (Übernahme, Inkorporation) については、例えば、ベッケンフェルデ (E.-W. Böckenförde, a.a.O., S. 219f.) 参照。なお、プロイスは、これまでの概念装置によっては捉えられない現代の諸矛盾・諸葛藤と取組むために責任倫理へと国民大衆を方向づける必要性を説く (U.K. Preuß, a.a.O., S. 79)。
(33) シュタインベルクは、憲法で生態系的基本義務を規定しても、この規定は単にアッピールの意味しかもちえないとし、このアッピールの意味は、市民にむけら

Ⅰ 基礎理論

れた憲法期待という趣旨で、環境の保護・維持は最終的には生態系的自己責任と市民としての徳性の存在にかかっているということを明らかにするところにあるとする。シュタインベルクにとっても、自己責任と市民としての徳性というのは、憲法がそれに依存しているけれども、憲法自身は―すくなくとも直接的には―保障することのできない憲法前提なのである（Rudolf Steinberg, Der ökologische Verfassungsstaat, 1998, S. 137）。

(34) プロイスは、今日において自由と進歩に道徳的次元を取戻させる必要性を説き、この必要性にこたえるものを"道徳的に反省的な立憲主義"（moralisch reflexiver Konstitutionalismus）と呼ぶ（U.K. Preuß, a.a.O., S. 78, S. 86）。

(35) Horst Dreier, Rechtslehre, Staatssoziologie und Demokratietheorie bei Hans Kelsen, 1986, S. 174f.

(36) ドライヤーは、ケルゼンは、法ではなくて、自我、各自の良心を絶対化した、という（H. Dreier, a.a.O., S. 183）。

(37) 道徳的に重要な問題に関する討議（Diskurs）の必要性を強調するものとして、プロイス（U.K. Preuß, a.a.O., S. 86）参照。シュタインベルクは、対話によって規定された公的領域の必要性を強調しつつ、対話への道徳の過度の持込みを警告している（R. Steinberg, a.a.O., S. 441f. und S. 449）。真のコンセンサスの実現を志向する、自由で理性的な論証交換過程を討議倫理（Diskursethik）と呼ぶハーバーマスにおいて、技術的・社会的な必然的事態（Sachzwänge）の問題と社会形成における人間の自律の主張の問題が基軸をなしていること（Jörg Paul Müller, Demokratische Gerechtigkeit, 1993, S. 60ff.）が、本稿のテーマとの関連において注目される。

2 憲法問題としての「次世代に対する責任」
―――「世代間契約としての憲法」をめぐって―――

畑　尻　　　剛

  問題の所在
 Ⅰ　世代間契約としての憲法
 Ⅱ　「世代間契約としての憲法」とその帰結
 Ⅲ　「世代間契約としての憲法」の具体的展開
 Ⅳ　日本国憲法における「次世代に対する責任」―結語に代えて―

問題の所在

　現在さまざまな場面において、「次世代に対する責任」が主張されている。たとえば、環境倫理学においてはその基本的な主張の１つとして強調され、環境法制でも基本理念の一つになっている。また、財政赤字や国債残高の累積という問題では、負担を後代に残し世代間の負担の公正を阻害することになるという「世代間の不公平」が、年金問題では若い世代の過重負担が指摘されている。このように、「次世代に対する責任」は、意識されるとされないとにかかわらず、現代の諸問題を考察する上での共通の基本的な視点となっている[1]。

　この「次世代に対する責任」という視点は、その政治的、倫理的意味はともかく法的な意味、特に憲法上の意味については十分にその解明が行われているわけではない。従来、憲法学、特に憲法解釈論においては同時代的、つまり共時的な考察が中心であり、通時的な視点が強調されるのは主に、憲法の歴史的意味、つまり過去との関係であった。その典型的な表現が、「過去の成果の継承」と「過去の反省」である。また、新しい時代の憲法学という表現も、その内実は、新しい時代における憲法学のあり方を共時的にさぐるものという意味合いであって、憲法学・憲法解釈論に通時的な視点を導入するもの、特に、時間軸の中で常に「将

Ⅰ 基礎理論

来・未来」を自覚的に憲法学の考察の対象とするものは少なかった[2]。

しかし、先に述べた現代の諸問題についても憲法解釈論は無関心であってはならないのであって、これについて憲法から何らかの指針や方向性を見いだすことが必要である。いいかえれば、憲法解釈論自体が、共時的な視点だけではなく、次世代を視野に入れた通時的な視点をも併せ持たなければならないのである。そしてそのためには、「次世代に対する責任」を憲法解釈上どのように位置づけることができるかを検討することが必要となる。

ドイツの公法学者、P．ヘーベルレは、「世代間契約としての憲法」という視点を提唱し、その一環として「次世代に対する責任」を憲法上の義務であるとしている。そこで本稿では、「次世代に対する責任」を日本国憲法上どのように位置づけることができるかを具体的に検討する前提として、ヘーベルレがどのような論拠から「次世代に対する責任」を導き、これを基軸にどのような問題分析を行っているのかを概観する[3]。

Ⅱ 世代間契約としての憲法

1 社会契約としての憲法

P．ヘーベルレは、「世代間契約としての憲法」という視点を提唱するが、その基礎には、「社会契約としての憲法」[4]というテーゼがある。

　古典的な全ヨーロッパ的財産である社会契約というモデルは、歴史の様々な場面でそして様々な文脈の中で用いられてきた[5]。たしかに、このモデルは、公的プロセスとしての憲法の現実全体にあてはまるような雛形ではないが、多くの政治上のないしは憲法上の原則問題を、一面的な「固定的イデオロギー」から離れて、適切に処理するための助けとなる（Verfassungsgerichtsbarkeit, S. 68f.）。

　この社会契約というモデルを憲法にあてはめれば、憲法は、「万人の常に新たな自己契約であり自己責任」ということになる。カント以来、社会契約は一つのフィクションとして国家の（再）構築にとって一つの重要な思想であった。憲法理論は今日、その対象である立憲国家を、あたかもそれが「全体による日々のプレビシット」の意味における常に更新される契約に基づいて成立しているかのように考えそして組み立てなければならない。このような契約論的アプロ

ーチは近年 J. ロールズの正義論とこれと結びついた諸構想によって補強されている。契約論的アプローチは、立憲国家の文化人類学的諸前提としての人間の尊厳の表れである。そしてその組織的な帰結が、自由と平等の国家形態としての民主主義である。(Altern, S. 774f.)[6]。

この「社会契約としての憲法」という視点をヘーベルレは様々な場面で強調しているが（たとえば、Das Prinzip, S. 432)、いわゆる東欧革命における円卓会議は、まさにこの「社会契約としての憲法」の具体化にほかならないと評価する。

「円卓」会議の成功は偶然ではない。それは、憲法理論上根拠づけられ、文化科学上位置づけられる。「円卓」会議は、その交渉・取り決めについて多元主義的憲法によって特徴づけられる平等な契約と自己責任を視覚的・絵画的に移し換えたものである。この憲法制定が疲弊した専制体制の瓦礫の上での再出発であることが「円卓」会議という形で最も具体的に示されている。円卓会議は「始源状態」を象徴するものである。すでに複数の契約が非常に一般的な形で会議で締結され、特に憲法契約が円卓会議で議論され決定された。憲法は契約に基づいている、憲法は「常に新たな契約」であるという従来の理念は現在行なわれている「円卓」会議によって確認されていることが実感される (Ethik, S. 567.)。

「円卓」会議とは、東ヨーロッパにおける多元主義的憲法制定の際に、そしてその「民主主義的な出発において」現れた、立憲国家へのダイナミックな途上での相互に常に新たな「自己契約及び自己責任」の示唆的な象徴および理想的現実であるが、「既存」の立憲国家においては、基本コンセンサスあるいは基礎コンセンサスというものがこれに当たる。基本コンセンサスの前提ないしは基礎にある契約思想はその際、「自然状態」の意味における「現実のもの」と考えることはできない。契約思想は以前と同様に今日でも一つのフィクションであるが、正当化事由としてまさに立憲国家において不可欠のものである。契約とコンセンサスは「文化状態」において存在し、そして常に新たに獲得されるのである。「自然状態」は1つの有用な思考イメージである。憲法の文言は、人間は生まれながらに自由であるという。しかし人間は文化によってはじめて自由に到達する、すなわち人間は自由になるのである (Ethik, S. 572f.)。

2 「社会契約としての憲法」から「世代間契約としての憲法」へ

ヘーベルレのテーゼ「開かれたプロセスとしての憲法」からすれば、憲法は空

I　基礎理論

間的に開かれていると同時に時間に対しても開かれたものである[7]。そして、「開かれた憲法」が「社会契約としての憲法」であるならば、社会契約というモデルは、空間軸（共時的）にも時間軸（通時的）にも拡大される。

　共時的にみれば、社会契約ないしは憲法契約に参加する者の範囲は、開かれた社会を包摂するものでなければならず、閉じられた社会を形作ってはならない。周縁集団、障害者、組織化できないかそれが困難な集団（たとえば高齢者）は、宗教的少数者と同様に視野に加えられなければならない。その門戸はできるだけ開かれているべきである（Verfassungsgerichtsbarkeit, S. 71）。

　そして、通時的にみれば、古典的には「社会契約」として議論されていたことが、今日、時間の平面に拡張され、世代間契約として継続して考えることができる（Probleme, S. 826f.; Altern, S. 774f.）。

　つまり、世代間契約は「時の経過」における社会契約であり、動態的な社会契約である。いずれにせよ世代間契約は、国民の過去、現在及び将来すべてをその中に含み、そして時間という要素が憲法理論の基本問題を本質的に規定することを明らかにする」（Kulturwissenschaft, S. 597）[8]。

たとえば、ヘーベルレは、スイス憲法草案についての検討において次のように述べる。

　起草者の関心事がどこにあるかは、「われわれの子供たち、クリスチャン、ローレンツ、シモンとステファンに献げる」という子供たちへの草案の献辞の中で示されている。それは、問題についての考えを告白したものであるし、またそれは、のちの世代のための、将来もなお生きる価値のある環境を残そうという観点から、今日生きている憲法を制定する世代の自己責務を代弁したものである。のちに生きる世代に対する、またその世代のための、今日生きている世代の責任という次元は、「次の世代のためにも健康で生きるに値する環境を保全する責任を自覚し」という前文において明確に形が与えられている。このことによって、立憲国家的憲法は、文言上これまでになお十分には発展していなかった新しい地平をかちとったことになる。つまり、契約としての憲法が、時の次元では、「世代間契約」なのである（Verfassungsentwurf, S. 353-365）[9]。

このように、「世代間契約としての憲法」という視点はそれ自体独立したものというより、「時に対して開かれた憲法」という彼のテーゼの具体化の１つというこ

とができよう。

　国民の憲法文化の発展過程は時間のレールの上に置かれる。そのアーチは、憲法の部分改正及び全部改正から法律改正や経験条項（Experimentierklauseln）をへて、裁判官による一般条項・不確定な法概念の形成的な具体化や、「時の経過」とともに多数意見となるという形で規範力を確保する憲法裁判官の少数意見に至るのである。このような時間のレールの上のプロセスに参加しているのは、現在に生きているごく限られた国民だけではない。むしろ「国民」というのは当初から一現在と過去を統合する「世代の総体」として把握されている。言い換えれば、それぞれの国の国民は、文化によって作る出されるが、それは世代というものに整序される大きな固まりであり、この固まりは立憲国家において作られ、「繰り返され」そしてこのよう形成過程をさまざまな方法と強度において日々新たなものとしているのである。それゆえ、憲法は通常今日生きている世代に対してだけではなく、将来の世代に対する要求も規定しまたは実施するのである（Kulturwissenschaft, S. 613）。

II　「世代間契約としての憲法」とその帰結

1　「世代間契約としての憲法」から憲法上の義務としての「次世代に対する責任」へ

　そして、この「世代間契約としての憲法」という視点から、「今日の世代は将来の世代を配慮した自己拘束という限界に服さなければならない」（Kulturwissenschaft, S. 597）という憲法上の義務としての「次世代に対する責任」が導かれる。

　社会契約のモデルが議論を喚起するのは、国債や原子力の問題によって若い世代に危険で過重な負担を負わせるということである。たんに経済によってその負担能力の限界が検証されてはならない。予想できない危険によって将来の世代に過重な負担を負わせてはならない。したがって、契約当事者はなにも現に生きている者に限らない、胎児もまた当事者である（Verfassungsgerichtsbarkeit, S. 71）。

　国民はけっして、自己に継承され、ゆだねられた遺産に対する自由な処分権をもっているわけではない。国民は自然と文化の恩恵についての一種の「信託関係」にあるのである。国民は自然と文化の恩恵を次世代に継承しなければならない。次世代は今の世代と同様に政治的及び文化的自由と民主主義を体験することができなければな

Ⅰ　基礎理論

らない。国民は時間軸においてもまた多元主義的なものである。このことから憲法上の拘束と責任が生じる。

　たとえば基本権についていえば、基本法2条2項（生命及び健康の保護）が刑法218条（堕胎罪）をめぐる争いの枠内で胎児に対しても保障されているように、基本法2条2項のような基本権は、これから生まれる者に対しても保障される。また、基本法1条1項1文（人間の尊厳は不可侵である）から、われわれの隣人である将来の市民の生命及び健康を尊重するという基本義務が生じる。このように、契約論的に基礎づけられた基本義務はたんに道徳的・倫理的性格にとどまるものではなく、それは、法的な義務となる。自然のそして文化的な国民の市民連帯は、たんに今日の問題だけではなく、連続する世代の問題なのである（Kulturwissenschaft, S. 599f.）。

このように、基本権保護においても、未来世代がその中に組み込まれなければならないであって、将来生まれる者たちの利益が、彼らが同意すると考えられるやり方で考慮されなければならないのである[10]。

2　明示的条文と内在的条文

ヘーベルレは、このような「世代間契約としての憲法」・「次世代に対する責任」という視点が、どのような形で憲法その他の法文の中に具体化しているかを、いわゆる条文比較分析という手法で明らかにしている。

(1)　明示的な世代保護規定

ヘーベルレは、1994年改正の基本法20a条（「国は、将来の世代に対する責任においても、憲法適合的秩序の枠内において立法を通じて、また、法律および法の基準に従って執行権および裁判を通じて自然的生命基盤を保護する。」）を明示的な世代保護の代表的な例として位置づけている（Kulturwissenschaft, S. 602.）[11]。

ムルスビークによれば、本条の主旨は、国が自然的生命基盤の保護を義務づけられることと並んで、国がこの義務を「将来の世代に対する責任においても」引き受けなければならないことである。すなわち、「第20a条は、環境に対する特別の未来責任（Zukunftsverantwortung）を国家機関に課している。自然的生命基盤は、それが将来の世代にも維持されるように保護されるべきである。この未来責

任は、とりわけ、必要な保護の方法と範囲を具体化する4つの法的帰結を含む。すなわち、有害物質による環境財の負荷の法的評価に関して、現実の効果に照準を合わせるだけではいけないのであり、むしろ数年にわたる有害物質負荷の堆積を考慮しなければならない。再生不可能な資源は、倹約的に扱わなければならない。再生可能な資源の利用は、持続性の原理を遵守しなければならない。そして、リスクの評価に際しては、我々が今日行った環境への介入の有害な効果は、場合によっては何年も経過してはじめて認識できるものであることを考慮しなければならない。長期的リスク―それは放射性廃棄物の最終貯蔵に関して発生するが、しかしまた、例えばいかなる廃棄物埋立処理の場合であっても発生するものである―が、その際にとくに考慮されなければならない。」[12]

　旧東ドイツ諸州の新憲法はいずれも次世代をみすえた環境保護規定を置いている。たとえば、ブランデンブルク州憲法（1992年）は、「現在及び将来の生活の基盤としての自然、環境及び景観の保護は州及びすべての人間の義務である」（39条1項）という形で、環境の保護義務を州と市民が果たすべき責任であるとしている。同様の規定は、ザクセン州憲法（1992年）10条、ザクセン・アンハルト州憲法35条（1992年）、メークレンブルク・フォーアポンメルン州憲法（1993年）12条、テューリンゲン州憲法（1993年）31条にも置かれている（Kulturwissenschaft, S. 603）。

(2)　黙示的な世代保護規定

　このように明示的な規定ではなくとも、イタリア憲法9条2項（「共和国は国の景観および歴史的芸術的遺産を保護する」）のような、自然保護や文化（財）保護の規定の中に黙示的な世代保護規定をみることができる。

　これら自然保護や文化（財）保護の規定は、子細にみれば世代保護規定であることが明らかである。たしかに、これらの条項はまず第一に、自然や文化についての過去の「遺産」の保護を目的とするものではあるが、結果的にはこれによって現に生きている世代および将来の「世代」のための基盤をも確保するものである。人間の世代はそれを囲む「自然」と人間によって作られる「文化」の基盤なしには考えられない。

I　基礎理論

自然と文化の両者はその生活世界を構築するのである。人間は自然と文化によって条件付けられているから、世代保護は常にまた自然保護そして文化保護であり、世代保護は人間というものの継続的な生存を条件付けるのである（Kulturwissenschaft, S. 605f.）。

III　「世代間契約としての憲法」の具体的展開

1　「次世代に対する責任」の具体的内容

(1)　環境の保護

すでに述べたヘーベルレの見解および条文分析で明らかのように、「次世代に対する責任」という視点が最も明確な形であらわれるが、環境・資源という地球環境問題である。

　憲法理論は、時間の側面における自然及び文化的な世代保護にたいしてなお準備不足である。今日においてはじめて、「核エネルギーに特有の時間的な潜在的危険性」が把握されている。それは、核廃棄物の影響時間の長さや時間的にはもはや予想できない「核廃棄物処理の潜在的危険性」による現在の放射能の影響の予想される後遺症の危険から生じるのである（Kulturwissenschaft, S. 595）。

1972年の「人間環境宣言」（ストックホルム宣言）及び1992年の「環境と開発に関するリオ宣言」をだすまでもなく、環境保護においては「次世代に対する責任」はその基本認識の一つとなっている。環境倫理学においても基本理念の1つとして強調され[13]、わが国の環境保護法制の基本法である環境基本法第1条もまた、法の目的として「環境の保全について、基本理念を定め、……もって現在及び将来の国民の健康で文化的な生活の確保に寄与するとともに人類の福祉に貢献すること」をあげている。その逐条解説によれば、「今日の環境問題は、地球環境という空間的な広がりとともに、将来の世代にわたり影響を及ぼすという時間的な広がりをもつ問題となっている。すなわち、環境の保全は、広く現世代が環境の恵沢を享受できるようにするとともに、将来の世代の人間にこれを継承することを目途として行われることが必要であるため、法律の目的にもその旨を明記したものである。」[14] そして、第3条でも、「……現在及び将来の世代の人間が健全で恵み

豊かな環境の恵沢を享受するとともに人類の存続の基盤である環境が将来にわたって維持されるように適切に行われなければならない。」という形で、世代間における環境の共有性が宣言されている。

　核廃棄物の貯蔵が結果として後の世代の生活に図り知れない危険をもたらすとしたら、後の世代の環境およびその人間としての尊厳の諸条件、その自然と文化、その人間性と自由は本質的に危険にさらされることになる。まだ生まれていない者に対しても憲法の保護は及ぶものであるから、今日生きている者は自然と文化の多様性を次世代のために保持し、発展させそして次世代に適切な枠を与えるという憲法義務を果たさなければならない。「人間性という遺産」を適切に保護することに立憲主義的にも真剣に取り組まなければならない（Kulturwissenschaft, S. 595）。

(2) 先端技術研究の規制

ヘーベルレは、他人に対して自己と同じく人間の尊厳を認めるということは、一人の人間の尊厳が隣人・友愛関係の中に組み込まれていることを意味するという形で、基本法１条１項の「人間の尊厳」の中には最初から「隣人・友愛関係」が含まれていると考える。つまり、他人、隣人との関係は人間の尊厳という基本権の統合的な構成要素である。

　このことは、文化科学的にみると個人を超える世代という観点を含むものである。世代間関係は個々人が免れてはならないしまた免れることができない責任共同体を形成する。新しい憲法規定は世代という観点をますます明確に自覚し、そして国民と人間の尊厳を実践する市民の将来に対してまなざしを向けているのである。このことはまた責任と義務を導く。遺伝子工学のあたらしい問題はその一つの例を示すものである（Menschenwürde, Rdnr. 55）。

たとえば、ヒトのクローン研究は、一般に人間の同一性・不可侵性あるいは人間をたんなる客体としてはならないという意味での「人間の尊厳」に反するといわれる[15]。ヘーベルレの人間の尊厳理解からは、これは次のように説明される。

　人間の生殖系列細胞への遺伝子の移植はすべて基本法第１条の人間の尊厳に反する。このような操作の制御できないそして予想できない危険性はこのような実験を絶対的に禁止するが、それは人間の遺伝子結合体の規格化という効果を考慮してもそう

I　基礎理論

である。遺伝的素質の改変はわれわれの子孫に対しても影響を与えるものであり、同様にクローンによる複製は基本法1条に反する。なぜなら、それは変造ないしはコピーによって人間からその高度に個人的で固有の人格の形成を強奪するからである。すべての人の尊厳の平等性は、それぞれ個別に自然によって与えられた均等ではないその唯一性に基礎づけられる。このような自然の運命に人間の育種という意味で目的合理的に影響を与えることは、選別のための基準を前提とする。これは、人間の運命的自然的平等を天秤にかけ、不平等に関する社会的基準を人間の尊厳についても展開させることになる。そこには、人間は本質的に不完全であることに帰因して、そして社会的に形成された不平等を超えて、すべての人間の同じ尊厳に優劣をつける萌芽がある。このような考えは基本法1条の核心内容を破壊する（Menschenwürde, Rdnr. 92）。

(3)　少子・高齢社会の「世代間連帯」

ヘーベルレは、「憲法問題としての高齢者」と題する論文の中で、高齢者問題を憲法問題として捉える根拠の一つとして、憲法が世代間の契約であることを挙げている。

> 憲法は、若者と高齢者との間の、個々の年齢層すべての間の「世代間契約」でもある。契約というコンセプトは、すべての契約当事者の正義を保障する手段である。この手段は、時間軸においても、すなわち、世代間においても正義を履行しなければならない。すべての者はその個別の―文化的―寄与をなし得るし、なすべきである。若い世代もまたいつかは年をとるのであり、年寄りもかつては若かったのである（したがって、エゴイズムと隣人愛は相互に重なりあうのである）。より年かさの者がかつて若者の保護という「責任」を担い、後に若い世代は高齢者保護の「責任」を担う。一般的にいえば、問題は世代間正義の樹立であり、これは社会保険法においては個別に具体化され今日、介護保険において命じられている（Altern, S. 775）。

> 高齢者を社会の一員として認めることや社会的にしばしばみられる高齢者の排除や差別を是正することは、今日の立憲国家の特別の課題の1つとなる。その際問題なのは、たんなる「少数者保護」以上のものである。高齢者の問題はたんなる数の問題ではなく、人間生活のノーマライゼーションと質の問題である。重要なのは社会契約の「参加者」、つまり「すべての市民の常に新たな自己責任及び自己契約」の当事者としての人間である。したがって、立憲国家はそのことがどんなに意識されることが少

なく、また法的に把握することが難しいとしても、「連帯社会」である。高齢者は、「最も近い隣人」である（Altern, S. 753）。

具体的には国民年金が問題となる。一般に国民年金制度には、保険料から将来の年金支給の基礎となる資産が形成される保険料積立て方式と年金が就労世代の納付する現在の保険料によって賄われる方式がある。ドイツでは、前者を「期待権充足方式（Anwartschaftsdeckungsverfahren）」というのに対して、後者は、「世代間契約（Generationenvertrag）」とよばれ、わが国と同様に、この方式が採用されている[16]。

若者が過重負担してもならず、「高齢者」が「契約の相手方」としての若い世代への信頼を失ってもならない。若い世代は彼らの側で、1945年以降の共和国の再建にあたって父や母が何をしたのかをよく考えるべきである。年金においての問題は、世代間の給付と反対給付のバランスである（Verfassungsgerichtsbarkeit, S. 70f.）。

わが国では、社会保障の分野において、「国民の共同連帯」という言葉が使われている。たとえば、国民年金法第1条は、国民年金制度の目的を、「日本国憲法第25条第2項に規定する理念に基き、老齢、障害又は死亡によつて国民生活の安定がそこなわれることを国民の共同連帯によつて防止し、もつて健全な国民生活の維持及び向上に寄与すること」としている。また、介護保険法第1条によれば、介護保険制度は、加齢に伴って生ずる心身の変化に起因する疾病等により介護等を要する者が、必要な保健医療・福祉サービスをうけることができるように「国民の共同連帯の理念に基づき」設けられたものである。このような年金・介護保険における「国民の共同連帯」という言葉の背後には、「世代間連帯」という考えがある[17]。

(4) 財政の問題

国家財政の問題においても、「次世代に対する責任」という視点が重要である。国債という形で過度の負担を次世代に負わせることは、給付国家の実現を阻害するとともに、次世代の政治的形成の自由、自己決定権をはじめとする基本権の行使を不当に制限することになる[18]。

Ⅰ　基礎理論

　空間と時間から独立して国家債務の絶対的かつ量的に確定できる限界を画することは非常に困難である。それでも次のようにいうことはできる。市民の負担が長期間にわたり非常に重く、その結果、さらなる債務の増加から生じる付加的な利子の支払いが税率の引き上げではまかなうことができず、そのほとんどを経費削減によってまかなわなければならない場合である。このような限界を超える債務は、給付国家という憲法原理にも抵触するのである。時間とともに、すなわち世代の連鎖において過度に債務を負う立憲国家は、債務の利子支払義務が、民主的な行為の自由を広範に国家から奪い、その給付任務、すなわち基本権任務をもはや果たすことができなくなる。公的な任務を果たすためのその活動能力は政治的自由と同様に保持されなければならない。このことは、一部は将来への投資という意味での国債の起債を、一部は、その限定を意味する（Zeit, S. 669ff.; Kulturwissenschaft, S. 594f.）

(5) 教育目標としての憲法

　ヘーベルレは、「教育目標としての憲法」という主張[19]の一環として、次のように述べる。

　憲法は子どもの教育から成人教育までの様々な任務を憲法自身の存続のために規範化する。憲法は、「契約としての憲法」の世代の連続における自由な共同体としての新しい契約相手としての若者へのアピールという形で、その教育目標を通して自らを保障する。寛容、民主主義、人間の尊厳、民族宥和あるいは「民主主義の精神」というような目標は、世代間相互の常に新たな意思の疎通を可能にするに違いないプロセスに対する開かれた指示である。教育は決して一方通行ではない。そうであってはじめて、一般的な価値変化を捉えることができるのである。教育目標は、高齢者と若者の世代間契約を考慮すれば、『契約目標』である。つまり、教育者は、若い世代がその未来をまず第1に自ら探求しようとするということを理解しなければならない。若い世代は、教育目標に化体された過去の文化的遺産においても存在するということを、教育者は若い世代にはっきりわからせなければならない。教育目標は同時に多くの場合、将来、憲法を生かしそして形成すべき人間はどうあるべきかという現在の構想である。そう考えると憲法は教育目標自体において自らに出会うことになる。憲法の現在は教育という形で憲法の未来と出会うのである。教育目標は同時に多くの場合、将来憲法を生かしそして形成すべき人間の企図された草案である。そう考えると憲法は教育目標自体において自らに出会うことになる。憲法の現在は教育という形で

憲法の未来と出会うのである（Kulturwissenschaft, S. 764）。

2 「世代間契約」による憲法判例の分析

ヘーベルレは、この「世代間契約」という視点を憲法裁判についても展開し、いわゆる「憲法裁判の任務と限界」という議論に新たな観点を加えようとする。つまり、憲法裁判もまた憲法の社会契約を前進させる継続的なプロセスの中に位置づけられるが故に、憲法裁判所は、立法者と並んで機能法的にみて、憲法上の社会契約、特に「世代間契約としての憲法」を考慮する責任を負っているとするのである。このような観点から、連邦憲法裁判所の判決を分析する。

具体的には、第1次堕胎判決（39巻1頁）[20]、過激派決定（39巻334頁）[21]、兵役拒否事件（48巻127頁）が社会契約・世代契約からみて問題のある判例として挙げられている。

　　これらの判決については、若い市民の大部分、いやその全体が、理解されていない、期待を裏切られたあるいは無視されたと感じている。これら諸判決では、若い世代が終始一貫して消極的な当事者となっているが、いずれの判決も結果的には若い世代の意思に真正面から反するか、または反するようにみえるものであり、若い世代に耐え難い（心理的、実質的そして内在的な）負担を課すものである。それゆえ憲法裁判所によってもまた常に結びつけられなければならない年長の世代と若い世代そして憲法の間の絆が危険にさらされる可能性がある。広い意味の社会裁判所である憲法裁判所は、契約としての憲法を、できるだけすべての市民が自ら理解されていると感じ、だれにも過度の負担を課さず、そして集団や世代の間にいかなる裂け目もないように解釈されなければならない。このような場合にのみ、憲法は恒常的な、日々新たなすべての者の自己契約のための枠となることができるのである。憲法の契約はいかなる市民の集団あるいは個々の世代も見失ってはならない。たとえば、過激派問題については、国家と若い市民の間で不信ではなく信頼を前提とする手続実践が展開されるべきであり、そうすれば、公職就任の際の適格要件および憲法忠誠の要請が一貫して正当化される。連邦憲法裁判所の刑法218条［堕胎罪］に関する判決も新たな観点から考察されなければならない。憲法とその機関としての連邦憲法裁判所は、今だ生まれてはいないが創造された者、胎児に対して特別の保護義務を負う。おそらく、このようなアプローチは連邦憲法裁判所の堕胎判決をめぐる争いを緩和することに寄

I　基礎理論

与するであろう。このようなアプローチは若い世代に判決を納得させることができるかもしれない。若い世代は、いかに自らが歴史の連続において（そしてそこにおいてのみ）存在するか、たしかにかけがえのない個的存在ではあるが、しかしまた過去の世代との連続性においてそして将来の世代に対する責任において存在するかということをより容易に理解する（Verfassungsgerichtsbarkeit, S. 69f.）。

IV　日本国憲法における「次世代に対する責任」
―結語に代えて―

以上のようにヘーベルレによって展開された「世代間契約としての憲法」、「次世代に対する責任」という視点から日本国憲法をみると、そこには解釈上新たな視点が得られる。詳細は別稿に譲り、ここでは結びにかえて、それを素描する。

1　「世代間契約としての憲法」の総則的規定

まず、日本国憲法前文の第一段（「日本国民は、正当に選挙された国会における代表者を通じて行動し、われらとわれらの子孫のために、諸国民との協和による成果と、わが国全土にわたつて自由のもたらす恵沢を確保し、政府の行為によって再び戦争の惨禍が起ることのないやうにすることを決意し、ここに主権が国民に存することを宣言し、この憲法を確定する。」）における「われらとわれらの子孫のためにという」言葉は、たんに修辞的な意味ではなく、日本国憲法を世代間契約として、通時的に解釈する必要性を示唆するものである。

また、従来、憲法第11条（「国民は、すべての基本的人権の享有を妨げられない。この憲法が国民に保障する基本的人権は、侵すことのできない永久の権利として、現在及び将来の国民に与へられる。」）は、人権に関する総則規定として憲法解釈上大きな意味を与えられていなかった。しかし、基本的人権の享有主体が現在の国民だけではなく「将来の国民」も含まれることが明文で要請されている以上、憲法が保障する個々の基本権の保障内容を画する上でも、この要請に十分に応えなければならないであろう。すなわち、現在の国民に対する基本的人権の保障が「将来の国民」の基本権の保障を制限したり妨げたりすることはあってはならない。「世代

2　憲法問題としての「次世代に対する責任」［畑尻　剛］

間契約としての憲法」という視点がすべての人権に共通する基本原理としての「次世代に対する責任」を導くのである。

　さらには、第97条（「この憲法が日本国民に保障する基本的人権は、人類の多年にわたる自由獲得の努力の成果であつて、これらの権利は、過去幾多の試錬に堪へ、現在及び将来の国民に対し、侵すことのできない永久の権利として信託されたものである。」）においても、人権の享有主体として、「現在及び将来の国民」が挙げられている。ここには、憲法11条と同様の趣旨の他に、さらにつぎのような意義を見いだすことができるのである。

　すでに述べたように、「次世代に対する責任」の中には、歴史のなかで過去の世代が蓄積してきた知識や文化を次の世代に伝えていく義務が含まれる。本条は、「侵すことのできない永久の権利として、現在及び将来の国民に与えられ」（11条）た憲法の基本的人権が、「国民の不断の努力によって、これを保持しなければならない」（12条）ことを確認するものである。この意味で、本条は、このような意味での「次世代に対する責任」を「憲法上義務」とするものである。

　本条は、基本的人権が「信託されたもの」であるとしている。憲法11条の「与えられた」よりも一層基本的人権の性格をあらわしている。英米の私法上の制度である「信託」を本条にあてはめれば、委託者（過去の世代）が受益者の利益のために運用するという条件で受託者（今の世代）に基本的人権を移転する行為となる。なぜなら、基本的人権とは所与のものとして存在するものではなく、各時代の人類の「不断の努力によって」維持・発展され、それが次の時代の人類に継承されるべき性格のものであるからである。

　本来、本条の原型である「以下この憲法によって日本国民に与えられ、保障される基本的人権は、人類の多年にわたる自由獲得の成果である。これらの権利は、時と経験のるつぼのなかでその永続性について苛烈な試錬を受け、それに耐え残ったものであって、現在および将来の世代に対し、永久に侵すべからざるものとする義務を課す神聖な信託として、与えられるものである」とする総司令部の規定を、日本国政府が修正した上で他の条文と併せて基本的人権の総則規定として整理した。これに対して、この条文をこれはこれとして是非憲法のどこかに掲げ

たいという総司令部側の要望があり、文言を一部修正した形で、この「最高法規」の章に置かれることになった(22)。

このような制定の経緯と憲法11条との類似性およびその文言の一般性故に本条は不必要なものであるとか、あるいは不必要ではないとしても、基本的人権の尊重すべきゆえんを何度もくりかえして説明するという意図の下に書かれた憲法のレトリックであるといわれる(23)。

確かに立法技術上の難点を指摘する見解もあるが、先に述べた以外にも、本条には11条とは異なった存在理由が見いだしうる。第1は、本条がなぜ憲法が最高法規であるかについての実質的根拠を与えるものであるからである。憲法は、「本来は、人間の権利・自由をあらゆる国家権力から不可侵なものとして保障するという理念に基づいて、その価値を規範化した、国家権力に対する法的制限の基本秩序である。こういう『自由の基礎法』であるところに最高法規性の実質的根拠があ」り、「実質的最高性の原則があって初めて、形式的最高性を確認した98条1項が導き出されるという、密接な憲法思想史的関連」(24)からみて、本条は「最高法規」の冒頭をかざるにふさわしいものとみるべきである(25)。

第2に、すでに述べたように、本条が「時に対して開かれた憲法」であることを明確にしている。本条のもとになった総司令部案が明確にするように、憲法の中核にある基本的人権は「時と経験のるつぼのなかで」生成・形成・発展されるべきものであり、本条は、それが近代立憲主義の成果として過去と連関するのみならず、将来とも連関するものであることが示唆されているのである。すなわち、本章での憲法の最高法規性の宣言をはじめとする憲法保障の規定によって憲法の基本的な価値が保障されることが、結局は、日本国憲法が保障する個人の尊厳を中核とする基本的人権を将来に継承するための前提となるのである。

2 個別規定の読み直し

以上のような、総則的な規定は、「世代間契約としての憲法」、「次世代に対する責任」に関する明示的規定とみることができよう。これに対して、以下に言及する個別的人権規定は必ずしも明示的なものではないが、総則的規定によってその

2 憲法問題としての「次世代に対する責任」［畑尻　剛］

内容についての指針が与えられている以上、「世代間契約としての憲法」、「次世代に対する責任」という観点が個々の規定の解釈においても生かされなければならない。

(1) 憲法13条1項の「幸福追求の権利」から自己決定権が導かれ、その中に、生まない自由という意味での「人工妊娠中絶の自由」が主張される。この場合、妊婦の自己決定権と衝突するのが「胎児の生命権」であるが、胎児の憲法上の権利が認められるか否かについては争いがある。この胎児の憲法上の権利が認められるか否かという議論において、「世代間契約としての憲法」という視点は一定の役割を果たすことができよう[26]。

(2) 25条1項の「健康で文化的な最低限度の生活を営む権利」が現在の国民のみではなく将来の国民に対しても保障され、また、2項で国には社会福祉、社会保障及び公衆衛生の向上・増進義務が課されている以上、年金、環境法制は当然にこのような憲法上の要請に応えるものでなければならないであろう。逆に、22条、29条の経済的自由の規定もその制約原理の中に「次世代に対する責任」が含まれよう。

(3) また、憲法14条の「法の下の平等」の解釈においても、「世代内（公平）平等」と「世代間（公平）平等」という視点、また、現在の国民と将来の国民との（公正）平等の視点が不可欠になろう。

(4) さらに、憲法23条の学問研究に対する制約原理の1つとして、「次世代に対する責任」というものが挙げられる。たとえば、遺伝子組み換え研究においても、「この種の遺伝子介入は、新しい組換遺伝子が生殖細胞を通して後の世代をも宿命づけることになり、将来の〝生者に対する死者の支配〟……を意味することになる。」[27]という主張がなされている。先端科学技術に対する「素朴な漠とした不安」のうちには、直接的な危険性はもとより、将来の世代に対する危険性への危機感があるのではないか。さらにいえば、先端科学技術に対する統制において問題となる民主的意思反映手続においては、各層の意見はもとより各世代の意見をどのように反映するかが大きな課題となる。そして、この手続には、その意見を直接反映させることができない「未だ生まれていない世代」の意見も反映させ

Ⅰ　基礎理論

る工夫が当然に求められる。

　(5)　最後に、前文及び憲法 9 条の平和主義について言及すれば、憲法 9 条の戦争の放棄が、一時的ではなく将来にわたる「永久の放棄」であり、これが、前文第一段で「われらとわれらの子孫のために」、「政府の行為によって再び戦争の惨禍が起ることのないやうにすることを決意し（た）」結果である以上、平和主義を維持することも、現世代の「次世代に対する責任」であるといえる[(28)]。

　(1)　ドイツの状況について次のような指摘がある。「この30年間には、いま生きている世代とこれから生まれてくる世代の関係も思いがけなくも政治の中心問題になってきた。それは左派にとっては環境問題であり、右派にとっては財政赤字である。また近年は、バイオテクノロジーの成果とその将来の世代に対する影響が注目されている。ここでは、後の世代に対する義務づけをすべきか否かも盛んに議論されている。先進国は、このような問題に対して階層型の方式で対処している。つまり、環境に負担をかける活動を規制したり、最新の不妊治療技術の応用に関して倫理的原則を定めるなどしているのだ」（ペリー・シックス「新世紀は新たな社会契約を必要とするか」ドイッチュラント99年 6 号「特集・ビジョン―21世紀への展望」18頁以下）。

　(2)　その中で小林直樹は、憲法政策における時間という形で、次のように述べる。「法理念の対立や調整は、あたかも無時間の抽象的空間で行われるかのように論じられたが、現実にはそれは特定の時と処の中でなされる、人間的作業である。すべての法政策は、一定の歴史的時処で行われる限り、過去からのさまざまな条件によって制約されることは免れない。……ここではもう 1 つ、未来から現実への〝要請〟、いいかえれば現在に生きるものが将来の人々のために為すべきこと、について考察しておく必要があろう。ふつう政策は、第一次的には現存する人間の福祉や便宜、共存体系などのために立案・実施されるから、その時間的な有効射程は比較的に短い。しかし、技術の進歩に伴う種々の巨大計画が、われわれの住む小惑星の全体にまで影響を及ぼしだしている今日、政策の射程はもっと遠くまで延長される必要があると思われる。」（小林直樹『憲法政策論』1991 年 33 頁以下）

　(3)　本稿においては、ヘーベルレの次の諸論稿を参照した（アンダーラインは、本文における省略と参照部分）。

　　　<u>Verfassungsgerichtsbarkeit</u> als politische Kraft, in: J. Becker (Hrsg.),

Dreißig Jahre Bundesrepublik — Tradition und Wandel, 1979, S. 53-76 (auch in: Kommentierte Verfassungsrechtsprechung, Königstein/TS 1979, S. 427 ff., sowie in: Verfassungsgerichtsbarkeit zwischen Politik und Rechtswissenschaft, Königstein/TS 1980, S. 55-79).

Altern und Alter des Menschen als Verfassungsproblem, in: Das Grundgesetz zwischen Verfassungsrecht und Verfassungspolitik, Baden-Baden 1996, S. 751-780.

Das Prinzip der Subsidiarität aus der Sicht der vergleichenden Verfassungs-lehre, in: AöR 119 (1994), S. 169-206; auch in: Subsidiarität, hrsg. v.A. Riklin/G. Batliner, in: Liechtenstein, Politische Schriften, Bd. 19, 1994, S. 267-310 (auch in: Das Grundgesetz zwischen Verfassungsrecht und Verfassungspolitik, 1996, S. 401-444).

Ethik 》im《 Verfassungsrecht, in: Institut für Politikwissenschaft, Hochschule St. Gallen—Beiträge und Berichte—, 1990, S. 145; auch in: Rechtstheorie 21 (1990), S. 269-282 (auch in: Das Grundgesetz zwischen Verfassungsrecht und Verfassungspolitik, 1996, S. 563-609).

Probleme der Verfassungsreform in Italien —Außenansichten eines., teilnehmenden Beobachters, "in: Verfassung als öffentlicher Prozeß Materialien zu einer Verfassungstheorie der offenen Gesellschaft, Berlin (Schriften zum Öffentlichen Recht, Bd. 353), 3. Aufl., 1998, S. 817-854.

Verfassungslehre als Kulturwissenschaft, 2. Aufl., 1998.

Die Menschenwürde als Grundlage der staatlichen Gemeinschaft in: Isensee/Kirchhof (Hrsg.) Handbuch des Staatsrecht, Bd. I, Heidelberg 1987, S. 815-861.

Der 《private》 Verfassungsentwurf Kölz/Müller (1984), in: ZSR NF 104 (1985), S. 353-365.

Liet Verfassungskultur, in: A. Mohler (Hrsg.), Die Zeit, 1983, S. 289 ff.; Neuausgabe 1989 (Hrsg. H. Gumin und H. Meier), S. 289-344 (auch in: Rechts- vergleichung im Kraftfeld des Verfassungsstaates, 1992, S. 627-672).

(4) 栗城壽夫「契約としての憲法」法学セミナー26巻8号（1982年）22頁以下参照。

(5) ごく最近でも次のような指摘がある。「今日のヨーロッパを見ると、右派も左派も、黙示録的なレトリックを用いている。新自由主義者（ドイツのキリスト教民

I　基礎理論

主同盟員）たちは、20世紀の前半に福祉国家が締結した「社会契約」、すなわち労働市場に対する社会民主主義的な介入や次世代の納税者に大きな負担を負わせる国家債務の増大、は解消すべきであると主張している。他方、社会民主主義たちは、社会契約に記されている基本的義務事項は階級間の約束にほかならず、いま従来とは別の手段で実現する必要が出ているにしても、どうしても守らなければならないものであることに変わりはない、との立場をとる。そして緑の党は、産業社会が立脚している各階層間の社会契約は自然に対する裏切り以外の何ものでもない、と見ている。いずれもが社会契約をもちだしているわけだが、これは驚くべきことといえよう」（ペリー・シックス前掲(1) 16頁）。

(6)　ヘーベルレは、社会契約、世代間契約を説く際に、よくJ．ロールズ（John Rawls）を引き合いに出す（たとえば、Kulturwissenschaft, S. 597.）。ロールズの理論については、川本隆史『ロールズ―正義の原理』1997年78頁以下、田中成明『法理学講義』1994年222頁以下、また、世代間正義について、藤川吉美『ロールズ哲学の全体像――公正な社会の新しい理念』（1995年）110頁以下、塩野谷祐一『価値理念の構造――効用対権利』（1984年）233頁以下参照。また、ロールズの正義論は、わが国の憲法学にも様々な影響を与えている。代表的な例として。阪本昌成『憲法理論Ⅰ』1993年22頁、70頁以下、『憲法理論Ⅱ』（1993年）44頁以下、166頁。最近の例として、青柳幸一「人間の尊厳と個人の尊重」ドイツ憲法判例研究会編［編集代表：栗城壽夫・戸波江二・青柳幸一］『人間・科学技術・環境』（1999年）373頁以下参照。

(7)　ヘーベルレによれば、社会に存在する様々な理念と利益の多様性を前提にした公共性（「多元主義的公共性」）は、多様な理念と利益の競合としての多元主義的政治過程のなかで実現され、妥協による合意を通じて不断に具体化される。このような公共性の具体化は、先験的原理・実質的公正さとの合致によってではなく、具体的過程としの合意の形成手続の正しさ―手続的公正さによって正当化される。憲法の実現とは、多数意見と少数意見の種々のレヴェルでの調整の上に国民の合意が形成されることであり、憲法の役割はその枠を設定することにある（「フォーラムとしての憲法」）。ここでは、憲法は、多元主義的公正手続を通じて行われる公共性の具体化過程の規範化、あるいは、政治過程をそのようなものとして秩序づける規範に他ならない（「多元主義的枠秩序としての憲法」）。このような多元主義的憲法理論において、憲法は、「国家と社会の法的基本秩序」として、多元的な社会の基本構造を包括する。そして、このような憲法は常に時間的にも空間的にも開かれたものでなければならない（「開かれた公的過程としての憲法」）。憲法は

2 憲法問題としての「次世代に対する責任」［畑尻 剛］

時間的に開かれたものであり、憲法自体が1つのユートピアであるという意味で、未来に対して開かれたものである（「ユートピアとしての憲法」）。また、それぞれの憲法はその国、その民族が体験した様々な経験が憲法に生かされなければならないという意味（「憲法の核としての経験」）では、憲法は過去に対しても開かれたものでなければならない。このような意味で、憲法は文化であり（「文化としての憲法」）、憲法学は文化的業績としての立憲民主主義憲法・民主的立憲国家を対象とする（「文化科学としての憲法理論」）。そして、憲法が文化として定着・発展するためには、公教育における憲法教育が重要な役割を果たす（「教育目的としての憲法」）。

以上のようなヘーベルレの憲法論については、西浦公「多元主義的憲法理論の基本的特質」（法学雑誌30巻3・4号（1984年）516頁以下、同「P．ヘーベルレの憲法理論」岡山商科大学法経学部創設論文集『現代法学の諸相』1992年15頁以下、井上典之編訳『ペーター・ヘーベルレ基本権論』（信山社、1993年）185頁以下、渡辺康行「『憲法』と『憲法理論』の対話—戦後西ドイツにおける憲法解釈方法論史研究—（四）」国家学会雑誌112巻7・8号（1999年）41頁以下、畑尻剛「ドイツ統一と公法学者——P．ヘーベルレの場合」杉原泰雄・清水睦編集代表『憲法の歴史と比較』（日本評論社、1998年）104頁以下参照。

(8) ヘーベルレのいう「世代」は必ずしも厳密な概念ではなく、使われる文脈によって時間的な幅は様々である。したがって、本稿でも、「世代」という言葉は、「若者と老齢者というように、現在生きている人々の間の新旧」と「現在生きている人々との対比によるこれから生まれる人々」という2つの意味で用いるが、この両者の間には連続性がある。

(9) ペーター・ヘーベルレ／小林武訳「ケルツ＝ミュラーのスイス憲法『私』案（1984年）」南山法学10巻3号（1987年）67頁以下参照。松井茂記教授は、その著『日本国憲法』（有斐閣、1999年）の「はしがき」において、「おそらく次の世代には次の世代にふさわしい憲法学があろう。誰にも時の流れを止めることはできない。本書が、これまでの憲法学とは異なる視点から日本国憲法を描き出し、せめて次の世代への橋渡しとなれば幸いである」とのべ、「本書を未来の世代として日本国憲法に接するであろう彩奈を悠人に捧げる」としている。

(10) Görg Haverkate, Verfassungslehre—Verfassung als Gegenseitigkeitsordnung, München, 1992, S. 326.

(11) なお、統一を前に、基本法に代わる新しい統一憲法の制定に向けて、様々な憲法改正案が発表された。その中で、市民グループ・クラトーリウムの作業委員会

I 基礎理論

の「ドイツ諸州連邦憲法草案」は、「世代間契約」という観点から興味ある規定を多く置いている。前文は次のように規定する。「ドイツの過去に対して負う責任と将来の世代への責任とを自覚し、とりわけドイツの暴力による支配の犠牲者に対して負う責任をも心に刻みながら、自由な民主制の経験をもとに、かつ民主的な革命により達成されたドイツの統一に助けられて、統合されたヨーロッパの平等な権利を有する一員として、また、1つの世界を構成する部分として、諸国民の平和と協働に奉仕するとともに、すべての生命の基礎をも維持しようとする意志に満たされて、弱者を保護することが万人の幸福と力の源となるような、民主制と連帯とにもとづく共同社会を新たにうちたてることを決意し、ドイツ諸州連邦の国民は、みずからの憲法制定権力にもとづいてこの憲法を制定した。」また、草案1条2項は、「ドイツ諸州連邦の国民は、それゆえ、不可侵にして譲り渡すことのできない人権、自然的生活基盤の維持および将来の世代に対する責任が、世界のすべての人間の共同生活、平和および正義の基礎であると信ずる（アンダーラインの部分が現行法に追加すべきであると提案された部分）。」という形で一般的な将来世代に対する責任を規定している。

　ちなみに、今回追加された、基本法20a条についても、「(1)自然は、それ自体のためだけではなく、現在および将来の世代の自然的な生活基盤としても、国家の特別の保護のもとにおかれる。(2)連邦、州および市町村は、現時点および予想される将来における生態系の負担を記録し、かつ、生態系に関する重要な決定、企画、実態計画および措置のすべてについて情報を提供する義務を負う。」という形で、より具体的な内容を提案していた（クラトーリウム編／小林孝輔監訳『21世紀の憲法―ドイツ市民による改正議論』（1996年）93頁以下参照）。

(12)　ディートリッヒ・ムルスヴィーク／岡田俊幸訳「国家目標規定としての環境保護」ドイツ憲法判例研究会編『人間・科学技術・環境』（1999年）262頁以下。

(13)　加藤尚武『環境倫理学のすすめ』（1991年）4頁以下、ウオルター・C・ワグナー／水谷雅彦訳「未来に対する道徳性」シュレーダー＝フレチェット編／京都生命倫理研究会訳『環境の倫理(上)』（1993年）108頁以下、シュレーダー＝フレチェット／丸山徳次訳「テクノロジー・環境・世代間の公平」シュレーダー＝フレチェット編／京都生命倫理研究会訳・同上119頁以下参照。

(14)　環境庁企画調整局企画調整課編『環境基本法の解説』（1994年）116頁

(15)　たとえば、クローン小委員会によれば、ヒトのクローン研究は、体細胞の遺伝子が損傷した場合の未知の影響や、生まれてくる子供の正常な成長など安全性の確保に対する重大な疑念がある外、以下のような点で、「人間の尊厳」に反する。

すなわち、①特定の目的のために特定の性質をもった人を意図的に作り出すこと（人間の育種）また、人間を特定の目的のための手段、道具とみなすこと（人間の手段化・道具化）に道を開く。②すでに存在する特定の個人の遺伝子が複製された人を産生することにより、体細胞の提供者とは別人格を有するにもかかわらず常にその人との関係が意識され、実際に生まれてきた子供や体細胞の提供者に対する人権の侵害が現実化する。③受精という男女両性の関わり合いの中、子供の遺伝子が偶然的に決められるという、人間の命の創造に関する基本的認識から著しく逸脱する（科学技術会議生命倫理委員会クローン小委員会『クローン技術による人個体の産生等に関する基本的考え方』（平成11年11月17日）。（なお、嶋崎健太郎「未出生の生命の憲法上の地位と人工生殖・生命操作技術―ドイツの理論の問題点と可能性」本書〔23〕499頁参照。）

(16) 古瀬徹・塩野谷祐一編『先進諸国の社会保障4・ドイツ』（1999年）22、110頁、ヴォルフガング・リュフナー／鈴木秀美訳「公法、とくに社会保障法における人口高齢化問題」立命館法学234号（1994年）156頁参照。

(17) 川本隆史「社会保障と世代間連帯―制度と倫理のつなぎ目」世界1999年3月号49頁以下参照。なお、公的年金制度の財政方式のうち、わが国の採用する賦課方式の重要な理念として「世代間の公平」が指摘されている（牛丸聡『公的年金の財政方式』（1996年）56頁以下参照）。

(18) ハーベルカーテによれば、国債によって実際に利益を受ける者とこれを負担する者は、同世代においても次世代においても一致しない。国債を発行して利益を受けるのは今の世代全体ではなく特定のグループだけである。また将来においても国家に貸し付けそしてその貸金を利子とともに回収することのできる者は利益を受ける者ことができる。このように、国債は世代間の分配の不平等であると同時に同世代間の分配の不平等の問題でもあるとする（Haverkate, a.a.O., S. 325f.）。

(19) 西原博史『良心の自由――基本的人権としての良心的自律可能性の保障』（成文堂、1995年）151頁、278頁以下及び毛利透「憲法パトリオティズムと憲法学――国家の基礎づけをめぐって」筑波法政17号（1994年）171頁以下参照。

(20) ドイツ憲法判例研究会編［編集代表：栗城壽夫・戸波江二・根森健］『ドイツの憲法判例』（1996年）49頁以下［嶋崎健太郎担当］参照。

(21) 同349頁以下［石村修担当］参照

(22) 高柳賢三・大友一郎・田中英夫『日本国憲法制定の過程Ⅱ』（1972年）150頁参照

I 基礎理論

(23) 「憲法調査会報告書―全文と解説」法律時報36巻9号(1964年)234頁以下参照

(24) 芦部信喜『憲法学Ⅰ』(1992年)56頁以下

(25) 川添利幸「憲法の最高法規性」川添利幸・田口精一編『法学演習講座・憲法』(1972年)20頁及び法学協会『註解日本国憲法下巻』1462頁参照。

(26) 胎児の人権に関する最も新しい研究として、結論は異なるが、中山茂樹「胎児は憲法上の権利を持つのか――『関係性』をめぐる生命倫理と憲法学」法の理論19(2000年)13頁以下参照。

(27) 保木本一郎「科学技術の公法的統制論」兼子一・宮崎良夫編『高柳信一先生古稀記念論集・行政法学の現状分析』(1991年)285頁

(28) このことを美しく表現したものとして、「花のごと少年少女美しき憲法九条まだある夏の夕べ」(第16回朝日歌壇賞の北川恵氏の歌・朝日新聞2000年1月23日)。

3 人権ないしは基本権の存立を支える思考原点としての「人間の尊厳」

田 口 精 一

  1 生命の尊厳と、その尊重
  2 人権観念の導出
  3 人間の価値を支える根拠
  4 個人の尊厳と個人の尊重
  5 人権の相互協力と生存に関する合理性
  6 非合理な慣習による根拠
  7 人権存立の合理化と人間の尊厳に対する国民の自覚

1 生命の尊厳と、その尊重

　生物は、すべて生存に対する本能としての生活を営む。およそ、すべての生物が、その生存本能を自己自身の意識において認識しているのか否かということについては、現在の調査方法では、まったく不明である。しかし、それでも周囲の環境に順応して生存を続けているという生活の事実を通じて、生物本能の実在を現実として認識し観察することができる。
　もし、ある種の生物が絶滅の状態に瀕すれば、人は、その生物を大切に保護し、種属の存続を配慮して様ざまの工夫をこらし種属保存に関する多大の努力を続けて来ている。その実例としては、鳥類の「とき」に対する社会の関心を指摘するまでもない。
　ところが人類は、自己自身、生存のためには他の各種の生物を食料とし、これらの食用生物の生存を犠牲にしてでも人類の生活を保持しようとする。従って、これらの食料が得られなくなれば、遂には人類も、また絶滅してしまう結果になってしまうことは確実である。ドイツの著名な法学者が、人間の尊厳は自明のことであるといった[1]。しかし生命、すなわち、それぞれの生物の生存は人類だけの

I　基礎理論

特権ではなく、他の生物全般に共通し、すべての生物が共有する自然の現象そのものであると観ることができる。それならば人間だけが、その生存の事実を特に「人間の尊厳」であると言明して、その尊重を他の何物に対しても優先し主張しようとするのであれば、それは人類の自然界における自己本位の傲慢な態度であると反省しなければならない。このことに対し人間の尊厳を主張することが許容される根拠は、そもそも、どこに、これを求めることが許されることになるのか。このことをわきまえていなければ、「人間の尊厳」とは人類だけが、うそぶく手前勝手な主張だけに終ってしまうかもしれない。それ故に「人間の尊厳」とは自明のことであると、簡単に言明することができることではないはずである。それならば人類独特の頭脳による思考作用をもって、このことを解明していなければならないはずである。人びとは正に、このことが人間生活に関する根本課題であるということに気がついた。人間は、その尊厳の言明によって、現在、自ら、この宿命ともいうべき根本課題の実在を、人間たち自身で認識しなければならないことになる。しかも、その結論をも、また自分達自身の努力をもって導き出さなければならない[2]。

　それでなければ人間の尊厳とは、およそ他の生物の生存に優先することを自負する人類独善の宣言を意味する専断の言明であるということになってしまうかもしれない。ところが人間も他種の生物とともに自然の調和のなかで生存していることは明白な事実である。従って自然と自然の調和とを常に考慮して生活するのでなければ、人類の生存も、また遂には破滅におちいることになってしまうであろう。

　人間が、神による創造の最高傑作であるということなどは、神からのいい伝えとして現実に聞き取ることなどは有り得ない。もし自然界のなかに生存する生物の実在および自然現象の全体すべてが、神の傑作であるとすると、結局、ただ、そのことを、そのままに信ずること以外に到達すべき結論を見いだすことはできないであろう。現実の自然生活は、万物の共存と調和とによって成立する。このような自然観ないしは世界観の維持が基礎にあるのでなければ、人類生存への不断の努力は、各人が知らずして自滅への経過を辿ることになってしまうかもしれ

3 人権ないしは基本権の存立を支える思考原点としての「人間の尊厳」[田口精一]

ない。従って、人間の生存だけを尊厳と認識し、このことを神秘に対する確信だけで説明することは不可能であるということになる。

要するに、万物生存の根源は現段階では、まだ不明であるといってもよい。しかし各種生物の生存、生活の事実が自明の現実であることは特に論証を要しない。そのために、この経験、事象だけをもって人間をこえる超人格の神仏に関する実在を、疑もなく確信してしまう者もある。しかし、この実在を論証することは科学の範囲においては不可能であるといってもよい。そのことは単に一部の人にとっては、超人格の神仏が実在することを自己の信条とし[4]、確信として思いこむだけのことである。また他の人は、神仏に依存する生存の根拠を不明であると断定し、現実としての事象を、あるがままに認定するだけのことである。それ以上の思考、観察を進めることをしようとはしない。それ故に、これらの事実、経験だけから、特別に人類の優越を感じとる根拠は、なにも見い出すことができないはずである。正に自然の在るがままの状態、その事実が各人の感覚に映ずるだけのことに過ぎない[3]。

2 人権観念の導出

このような自然界における人類生存の現実から、法のもとに人権さらには基本権に関する示唆を把握することに到ったのは、どのような思考の根拠に基づくことにあったのであろうか。

一個独立の生命体として発生以来、人類もまた他の生物と同様に、生存のための測り知れない生長への努力を続けて生涯を終えるとともに、その時には、すでに新たな生命が各種属の生長、発展を受け継いでいることになる。このような生物の一種としての人類の生長、発展に関する生存を保持する生活力のうちに、各人の生存への努力にともなう価値観が人権への意識および規範を感知させたのであろう。

ところで神から与えられた天賦人権の思想は、神への信仰と結びつけて想定し、思考した結論であると理解すること以外に説明の方法はない。従って神から与えられたとする思想、つまり思考の経過は可能であったとしても、そのことに該当

Ⅰ　基礎理論

するような事象が現に存在すると観察し認識することは現実には不可能である。

　それ故に人権思想は、人間自身による生活経験の実感から会得された人間の思考感覚であるということを考えることができるかもしれない。測り知れない長期にわたる人類の歴史のなかに徐々に、しかも僅かながらに積み重ねられて来た各人の経験と思考の成果とが、人類の生活信条を少しでも創造し、支えることができる思想にまで、その形成を実現させて来たと理解することができる。この思想の集積が文明社会生活の基盤となっていると観ることになる。

　現在から過去を反省し、思索、推測すれば、どんなに幼稚な水準の低い思考であっても、それは次の思想への発展の１つの踏台となっている。従って人権思想は人間の人間自身による自己認識における努力集積の成果であると認識することができる。正に、そのような生活努力の集積が、人間の自立、自活への意識向上となって発展の実績を積み上げて来たといってよい。人類の永い経過による歴史上の経験と集積とを経て、全人類が、やっと到達することができた人間の人間自身による人間固有の価値への自覚および理解として人間の尊厳という思想と表現とを、おのずから意識することが可能になったと思考することの結果である[4]。

　このように永い過程を通じて認識されるに到った人間の尊厳とは、人類だけが他の自然に存在する種属に優越する唯一の実在であると豪語する意味に理解することが、あってはならない。反対に人間は、自然のなかにあって他の人びと、および種属と協力しながら、万物生存の場所として、代るべきもののない地球すなわち全世界を大切に保全するための不断の努力を尽すことによって、人間における尊厳の価値が初めて認められることになると思考することができることになる。

　しかし、この確信を実証する完全な実験方法の発見は、まだ実現されてはいない。それ故に、ただ各人が、それぞれに思考するままに想定している確信につき、自己の思想として、自分自身の思考と信条とに依存し、維持すること以外に方法はない。従って人権の観念は実在する生活の現実自体に関する認識だけではなく、社会生活としての協力の在り方に関する各人独自の信条をもって考えること以外に、人権思想の本体を知る方法を見い出すことは不可能である。この生活信条は、社会共同生活の実情に関する変化に即応して、将来、種々の思想、内容のものに

3 人権ないしは基本権の存立を支える思考原点としての「人間の尊厳」［田口精一］

変遷することになるであろうと予測されるのは当然である。

現在、社会の風潮は人間各人の生存を、社会共同生活を支える基礎観念であると認識する。それ故に各人の生存のためには、万人が相互に協力し合って、その成果が現代の人権思想を支えていることになる。このことを基礎観念として世界を啓蒙し、この協力思想が世界のすべての社会に普及されつつあるに到った。このような歴史の集積に基づき生成される規範意識が、人権思想の存立を支える基礎を成すと要約することができる。

3　人間の価値を支える根拠

ここで人間の価値ということは、各人が、それぞれ社会に貢献した功績によって評価される業績を意味するわけではない。もとより歴史に名を残す偉人といわれる功績を残して来た人材も、反対に社会の秩序を乱す犯罪を理由に嫌われる悪人も、その間に様ざまな各人に関する種々の生活態度、生活事情によって、それぞれに応じた高低、差違のある評価を相互に受けているというのが実情である。

しかし各人それぞれの個別に与えられた社会における評価が、人間の尊厳に関する価値を決定づけているということではない。人間の尊厳観とは、全人類に通ずる人間としての実在、生存そのことに関する価値である。それは、各人がその代るべき人間を人工の技術によっては、作り出すことができないということである。つまり各人は自己に代る他の同一の人が存在するわけではないということ、かけ替えのない唯一の人間であるという事実を意味する。それ故に、各人の現実における生活の状況が、どのようであろうとも、人間尊厳の主体と見るべき人間の生存としての価値それ自体は、万人を通じて同等であると考えることが必要となる。ここに、人間の社会生活に応じて生じてくる差別観を、持ちこんではならないとするところに、人権ないしは基本権成立と尊重とに関する規範生成の根拠を見い出すことができると思考することが、初めて可能となってくるのである。

4　個人の尊厳と個人の尊重

日本国憲法24条では個人の尊厳と両性の本質的平等という言葉により、また

I　基礎理論

13条では個人の尊重と生命、自由、幸福追求の権利とする表現をもって、最後に97条においては不可侵の基本的人権を信託することという宣言を掲げて人権存立の根拠を確立し、明記している。

およそ基本的人権の存立に関しては、その本旨において各人につき差異はないと考えて来たのである。しかし、その趣旨の正確な用語は、人間の尊厳（Die Würde des Menschen）の言葉で表現すべき事項である。従って、尊厳の価値は各人個別に評価を受ける尊厳ではなく、各人それぞれの尊厳によっては正確な人間の尊厳の意味を表示したことにはならないとする批判がある。

この状態では国の基本法である憲法が、正確に公表されたことにはならないことになってしまう。そのために尊厳の趣旨を、各人が、それぞれ思い思いのままに理解するということになれば、国民生活の統一基準ともいうべき憲法自体について、まとまりのある理解が得られないことになってしまうのは当然である。これでは、国家における共同生活の基礎は固定せず統制のとれた秩序のある生活が成立するはずがない。従って、このような状態のままでは国の成立を認めることができないことになってしまう。

もとより言語は、民族および地域により異なるのが、かえって自然の成り行きであると見ることができる。人類は、その始源から、言語というものを、あたかも学術用語のように、前もって統一の意義を定めてから、言葉の使用を始めたわけではない。それ故に、同種の言語ではあっても、その意味する内容は、時代により、場所により、人種、民族により微妙な相違が生ずることを避けることができないのは当然である。

用語の表現としては、人間の尊厳ということが正確であるとしても、個人の尊重という言葉によって、人権の成立および尊重を基礎づけることが、まったく不可能であるとも思われない。従って各言語によっては言葉の微妙な差異を調整し、その趣旨を理解して、共通点を求めることが必要となるであろう。人間すべてにわたり、人権の固有の享有の在り方を相互に認識する。この共通相互意識の普及が理想となる。このように努力することによって人間の、およそ、あらゆる社会結合、共同生活の基礎となる人間の尊重に関する友好関係の普遍思想というもの

3 人権ないしは基本権の存立を支える思考原点としての「人間の尊厳」[田口精一]

が存立することになる。そして、また論証することも可能となるわけである。

かつて、アダム・スミスは、人間行動の目標を利益にあるととらえた。人間が、これを求めて自由に行動する結果、おのずから、「見えざる手」に導かれて社会秩序を形成するに到ると解説したことは周知の通りである。この利益と、利益を求めての「見えざる手」の想定という社会心理に関する「たとえ話」によらずに、人間の共存という歴然たる現実の生活根拠をもって、社会成立の基礎を論証することが可能であると観察し結論ずけることの経路が、ここに開かれることになる。

このように、およそ人間が、すべて尊厳の主体であると認識することになるのであれば、人間の共同生活体である理想の社会生活とは、人間の尊厳に基づく人間の最高度の尊重が追求されるべき社会ということになる。万人のそれぞれの理想は、各人各様であると見なければならない。しかし、それにしても人それぞれの理想を超えて、人類全体の理想を求めることができるとすれば、それは今なお変ることなく生存の安全と確実とを堅持することにつきるということができる。この保障なくして、いかに生活および生存の技法が進歩したところで、人間生活における内実の進展にはならない。

5 人類の相互協力と生存に関する合理性

いずれにせよ人間の進歩を支える人権ないしは基本権の保障とは、生活物資の豊かさ、生活享楽の範囲に限られた部分における快楽の満足、このように限界づけられた生活範囲における特定の内容、部分だけに際立つのが現状である。例えば科学工業だけの急速な発展すなわち不均衡な充実感だけが得られれば、各人の意欲を充すことができるというわけではない。全人類にわたる生存の安全、社会生活の変化のなかに保持される安定と進歩、これら生活諸条件の各時代に即応した充足と増進とを通じて積み上げされる社会進化に対する指標として、人間の尊厳と、その尊重ということが、常に変ることなく引き継がれて来ているのであるということは否定することのできない事実である。

そもそも原始時代における人類の生活は、他の生物と同様に、生存競争よりは、はるかに激烈な生存闘争の状況のなかにあった。このように理解することが古代

の実態を正確に認識した結果であったと推測することができる。その闘争のなかで人類の生存を支えることができたのは、人類の持てる唯一の傑出した能力つまり知能であったということにつきる。これを根拠に、生活環境に応じて活用し、実現して来たのが人類の多年にわたる生活の工夫と、生活発展への努力つまり文化であると観察することの結論に到達する。

この生存における不断の努力は、それが各人各個に別々になされていたのでは、すでに他の強力な種属との生存闘争を通じて人類は絶滅してしまっていたであろう。それ故に人類の現在に到るまでの存続は、各人による個別の成果だけに依存することではなく、いわば人類の間に、おのずから営まれ、生存のために形づくられた共同生活のもたらす成果であると考えることができる。それは正に人類の暗黙のうちに形作られて来たティーム・ワークの積み重ねというべきことであろう。ここに、また人類の他の特質である社会共同生活の習性を認識することができる。

6 非合理な慣習による根拠

人権さらに基本権成立の根拠は、この人類生存の必然形態ともいうべき各人相互間における暗黙のうちに結ばれて来る協力関係に求めることができる。つまり人間の社会性とは、この協力関係によって支持されていると考察すべき事項である。従って、権利の根拠は、人間の社会性と名付けられた生活の習性にあると着目することが、人権ないしは基本権に関する思考の原点になるはずであると推測することが必要となってくる。

もっとも原始時代の素朴な人類は、現代人のような深い高度の思考力を、すでに有していたということではない。それ故に素直に神の存在を信仰として受けいれ、人類は神の創造であり、社会生活関係は、神の導きにより形成されると信じこんでしまった。この信仰に基づく確信は、現代でも今なお多くの人びとの心情のなかに、精神上の強い支柱として影響力を及ぼしている。この素朴な伝統は、社会生活成立にとって、無視してはならない1つの根拠として、否定することができない歴然たる事実である。

3　人権ないしは基本権の存立を支える思考原点としての「人間の尊厳」[田口精一]

　それ故に、人権ないしは基本権に関する思想は、合理化された論証に基づく思考だけで、そのすべてが形成されて来たと結論することではない。現代の社会生活水準から見れば、たわいもない年中行事も、例えば年頭の祝事、クリスマスの行事のように、古い宗教上の由来を越えて、多くの社会人に楽しみを与えて来た。このことは、現在でも社会の人びとの気持を結びつけ、社会生活を支える精神上の重要な要因となっていることを見逃すわけには行かない。従って、論理、実験による論証をもって実証されるべき合理化の可能な現実だけが、社会生活生成のすべての根拠になるということではない。このほかに人間独自の感情、想像を通じて、論証なしに確信されてしまう非合理の心情がある。この非合理の生活慣習に基づく伝統の精神を否定することができないことも事実である。

　すでに論破されたと見られるべき王権神授説も、国により、民族にとっては、今なお動かすことのできない国民感情となっている。そして君主の威厳と威力とに対する忠誠を国民の信条として普及させ、国民意識のなかに浸透して行った。国民感情も、また神への信仰が、このような君主にそなわる特別の威厳の存立を、ただ各人の信念だけによって受容して来たのである。

　同じような感情は、立場を変えて、人権、基本権思想の確立に関しても、この確信を認識することができる。つまり神は万人に別け隔てなく、自然の恵みとしての自然権を与えてくれた。しかし、この事実を実証する根拠は、どこにも存在しない。ただ各人は、この神話に対する疑を抱くこともなく確信するだけで支持して来たのである。

　この種の信条は、すでに、わが国でも幕末から明治維新にかけ、天賦人権思想として提唱され自由民権思想の基盤となる。人権、基本権、自由民権の思想は、社会生活の合理化された論証をもって、その思想の正確さを確立し、この証明が正確であることにより各人を説得して、各人自身による社会の連合結合団体を自主、自治の社会力として形成し、これが国存立の基礎になると説明した。

　もとより、ここで言う非合理性とは、不合理の支離滅裂な混乱状態を意味することではない。価値観の極限は、ただ合理化された論理思考だけによっては論証しつくすことが不可能であるということを意味するだけのことである。

I 基礎理論

このようにして、現在から見れば、まったく現実、経験の事実から得られた、なんの根拠もない想像も、永い歴史の経過によって、社会の実生活を支える根拠としての合理性を獲得することになって来るのである。

7 人権存立の合理化と人間の尊厳に対する国民の自覚

(1) これまで君主が絶対の威厳と支配力とを保有することをもって当然と信んじこんで来た一般の各人は、君主に対する忠誠の精神により、君主の支配に絶対無条件で服従することを当然の義務であると確信して、なんらの疑いも抱かなかった。

しかしイギリスにおいて、君主の悪政と侵略とに悩まされた貴族は連合して君主の軍隊に対抗し、勝利を得て、これを根拠に、貴族の権益を侵害しないことを君主に義務づけ、このことの遵守を君主に誓約させた。周知の通り、これがマグナ・カルタの起源である。

しかし当時は、まだ、この対応関係が君主の統治支配の権利と貴族の各種特権との対抗関係に止まる事項であったのに過ぎない。この対立関係が臣民の勢力抬頭により君主と一般臣民との対応関係にまで拡大することになった。臣民は君主に、ただ服従するだけではなく、君主の失政には、民権を主張して対抗するまでに政治の実力を向上させることになる。後にアメリカ諸州の独立に際して、民権は、君権と対応する限られた権利としてではなく、万人に共通の権利として一般化され、抽象化されて人権と呼ばれるようになる。その由来は、イギリスにおける君権と民権との対立に起因することであった。そこで国とは、もはや君主が臣民を統治支配する場ではなく、国民自身が生活する場でなければならないはずであるということを、国民自身が自覚することになる。これに基づき民主主義の政治思想が認識され、広く普及される根拠となる。

(2) アメリカの大陸において、広野のなかにおける生活は、特権者による支配ではなく、同質同等の各人による自主の共同協力による生活建設の実践以外に生きる方法はない。建国以来、開拓の精神に基づき国としての国民による共同の自主、自活の生活が、万人の生存を支えて来た。このような生活環境のなかにあっ

3 人権ないしは基本権の存立を支える思考原点としての「人間の尊厳」［田口精一］

て、生きるための生存の努力が、おのずから人間自身の尊厳性を自覚し、相互に社会生活の仲間の尊厳と、その尊重とを知るようになる。当時の人びとは、これを直ちに自分自身のものとして自己主張に走らずに、謙虚に神の万人に与えられた有難い恩恵と信じた。天賦人権思想として幕末から明治維新の時代にわたり、わが国に伝えられた自由民権の思想は、天賦人権の文言によってアメリカの建国精神を伝えて来たのであると理解することができる。

(3) ヨーロッパの大陸諸国では、フランス革命が人権思想の基礎となる。当時、君主および貴族などの特権階級が、第三階級である一般民衆を重税の圧政により悩ませて来た。その民衆の不満が激しい抵抗を呼び起し、王政を打倒することになる。現実に国民の実力は王家一族を抹殺し、一般国民による共和制の国民国家を実現させた。現実に国においては、国家における国民生活を形成し、これを維持する主体は、第三階級つまり国民でなければならないはずである。しかし実際には、国民に、なにも認められず、一切が無であり、到る所で鉄鎖につながれ、自由な自主独立は、まったく認められてはいない。このような国情に対する国民の抵抗が、国民の自主性と、その尊重とを自覚させることになる。この国民への圧政は、王家の豪華な生活を支えるための資金として重税を課したことで、これが革命の原因となる。この重税に耐えられなくなった国民は、一気に、その不満を爆発させた。そして国民が主体となり、国民が、すべての根源と認められるべき国民国家つまり共和制の国を実現させたことになる。

この国民による新しい国民国家建設の原動力は、アメリカの思想である人権思想が支柱となった。

この思想を世に表明した人権宣言および後に、これを憲法に統合したフランス革命後の新憲法が、ヨーロッパ大陸の諸国に大きな思想上の影響を及ぼし、アメリカ合衆国の憲法およびアメリカ各州の憲法とともに、各国の憲法に大きな思想上の変化を与えた。

(4) その主要な影響は、諸国における国民各人の個人としての自覚である。自分自身を独立の個人として意識し、このことを認識することは、憲法の分野においては各人固有の人権という思想の発見を意味する。この新たな思想は、旧態の

Ⅰ　基礎理論

国家観から現代の国民中心の国家観を導き出す刺戟となった。特殊な身分に基づく特権階級の人びとによって支配された国民ではなく、すべて同質同等の国民が創造し支える国民の共同生活が、国の本体である。このことが正に国家の自然状態であるべきはずであると思考し、自覚するようになった。ここに現代国家の思想上の基礎が定立されることになる。

(5)　人間の尊厳観は、他人をもって替えることの不可能な各人ということを基本とする。この人間観が共同生活態としての社会の土台となり、政治統合の基礎として人権の観念を根拠づけることにより現代の国家組織の存在意義を、国民各人をして自分たちの国であると認識させる結果を導き出すことになった。

人間の尊厳観は、各人の自己認識を自らさとらせ、社会生活への意義を自覚させ、国への自国としての存立を、おのずから理解させる起源となった。現代国家は、この人間の尊厳思想に基づく、新たな国家観念の成立として受けいれることが可能となる。

(1)　Nipperdey, H. C., Die Würde des Menschen, in: Neuman-Nipperdey-Scheuner, Die Grundrechte Ⅱ (GRⅡ), 1954, S. 1f.
(2)　Geddert-Steinacher, Tatjana, Menschenwürde als Verfassungsbegriff, 1990, S. 38ff.
(3)　ホセ・ヨンパルト『人間の尊厳と国家の権力』(1990年)、317頁以下参照。
(4)　前掲（注3）、同書71頁以下参照。

4 「個人の尊重」規定の規範性

青　柳　幸　一

　　はじめに
　1　「個人の尊重」規定原理説
　2　「個人の尊重」規定権利説
　3　「個人の尊重」規定の権利性
　　むすびに：残された課題

はじめに

　日本国憲法13条は、「すべて国民は、個人として尊重される。生命、自由及び幸福追求に対する国民の権利については、公共の福祉に反しない限り、立法その他の国政の上で、最大の尊重を必要とする」と規定している。この条文は、人間と国家の関係、人権の基礎づけ、憲法に書かれていない自由及び権利（「新しい人権」）の保障、そして人権の保障と制約について、「鍵」となる条文である。憲法13条をめぐる議論の 50 余年の歴史を繙けば、まず、13 条後段の「公共の福祉」がスポット・ライトを浴びた。「公共の福祉」は、確かに、「法律の留保」（Vorbehalt des Gesetztes）条項をもたない日本国憲法の人権規定において人権の制約の正当化根拠となりうる文言である。しかし、その理解の仕方によっては人権の保障という日本国憲法の基本原理を実質的に骨抜きにしてしまう可能性を持つ概念でもある[1]。人権の制約の問題自体は、人権の保障と表裏一体の問題であり、永遠に続く問題である。

　次にスポット・ライトを浴びたのは、13 条後段の「幸福追求権」の法的性格論であり、そして「幸福追求権」と憲法各条で個別に保障された人権との関係をめぐる議論である。この論争は、1970 年代になって、「幸福追求権」は独自に具体的

I 基礎理論

な権利を保障しており（包括的基本権説）、個別の人権を保障する条項が妥当しない場合に限って「幸福追求権」が適用される（補充的保障説）とする「通説が形成されることに」[2]によって、一応の決着を見たといえよう[3]。しかし、議論はこの「一応の決着」で終わったわけではない。「幸福追求権」＝包括的基本権とされるがゆえに必然的に、議論は「包括的」と括られるその具体的内容をめぐって続くことになる。「幸福追求権」の具体的内容をめぐる論争は、「幸福追求権」に関する「最も議論の多い問題点」[4]であり、現在も多くの見解が対立し、活発な議論が続行中である。

13条後段の「幸福追求権」をめぐる活発な論争に比べて、前段の「個人の尊重」規定は、長い間ほとんど余り議論がなされないままでいた。日本国憲法草案を審議する帝国議会において、「個人の尊重」規定に関する質問に対して金森徳次郎国務大臣（当時）は、「個人の尊重」は「そう特別に深い意味ではない」と答弁している[5]。憲法制定後、憲法学界においても、「個人の尊重」規定については「憲法学者の間ではとくに深刻な議論を呼んではこなかった」[6]。「個人の尊重」規定への関心を呼び起こす契機となったのは、憲法学界の一般的理解であった「個人の尊重」規定とドイツ連邦共和国基本法（以下、基本法と略称）1条1項の「人間の尊厳」（die Würde des Menschen）規定同視あるいは類似説を批判し、両者は同じものではないことを強調するホセ・ヨンパルトによる問題提起[7]といえよう。

筆者は、「なぜ人権が人間に保障されるのか」という人権の基礎づけをめぐる問題意識の中で、憲法13条前段の「個人の尊重」規定と基本法1条1項の「人間の尊厳」との関係[8]、あるいは「人間の尊厳」規定の規範性[9]について若干の小論を公表してきた。しかし、「個人の尊重」規定自体について十分に論じないままで来ている。本稿では、筆者自身積み残してきた「個人の尊重」規定自体をめぐる諸問題の一端について若干の検討を試みたい。

近時、とりわけ自己決定権の憲法上の根拠規定をめぐる議論の中で言及され、「個人の尊重」規定についても論じられてきつつある[10]。本稿の関心は、包括的基本権としての13条の性質や内容それ自体でも、自己決定権の性質や内容それ自体でもない。それらと密接に関連するが、本稿のテーマはより限定的である。本

稿のテーマは、「個人の尊重」規定の規範性、すなわち、「個人の尊重」規定は単なる原理に過ぎないのか、それとも具体的権利を保障する規定であるのかである。本稿では、「新しい人権」の憲法上の根拠をめぐる 13 条後段論（多数説）と前段論（少数説）の原点と現点に注目しつつ、「個人の尊重」規定の規範性について若干の考察を試みたい。

1　「個人の尊重」規定原理説

(1)　判例・裁判例
①　判　例

　憲法が明文で保障していない人権（「新しい人権」）を憲法 13 条と結びつけて言及した最高裁判所（以下、最高裁と略称）判例として、以下のものがある。

　まず、補足意見ではあるが、「新しい人権」と憲法 13 条の結びつきの可能性を明確に肯定したものとして、旅券発給拒否事件判決（最大判 1958［昭和 33］・9・10 民集 12 巻 13 号 1969 頁）における田中・下飯坂補足意見がある。それは、憲法が明文で保障しているもの「以外に権利や自由が存せず、またそれらが保障されていないというわけではない。……それらは一般的な自由または幸福追求の権利の一部分をなしている」と述べ、当該事件で問題となった旅行の自由を「その 1 つ」としている。それゆえ、佐藤幸治[11]と同様に、この補足意見を 13 条後段を根拠にして 13 条の包括的基本権性と具体的権利性を肯定したものと位置付けることはできる。しかし、本稿の関心事である 13 条前段と後段との関係については、そこでは何ら述べられていない。

　最高裁が 13 条の具体的権利性を認めたリーディング・ケースは、周知のように、京都府学連事件判決（最大判 1969［昭和 44］・12・24 刑集 23 巻 12 号 1625 頁）である。最高裁は、「憲法 13 条は……は、国民の私生活上の自由が警察権等の国家権力の公私に対しても保護されるべきことを規定しているものというこができる。そして、個人の私生活上の自由の 1 つとして、何人も、その承諾なしに、みだりにその容ぼう・姿態……を撮影されない自由を有する」と判示した。

Ⅰ 基礎理論

　その後も、在監者禁煙処分事件判決(最大判 1970［昭和 45］・9・16 民集 24 巻 10 号 1410 頁)、前科照会事件判決(最大判 1981［昭和 56］・4・14 民集 35 巻 3 号 620 頁)、自動速度監視装置事件判決(最判 1986［昭和 61］・2・14 刑集 40 巻 1 号 48 頁)、北方ジャーナル事件判決(最大判 1986［昭和 61］・6・11 民集 40 巻 4 号 872 頁)、ノンフィクション『逆転』事件判決(最判 1994［平成 6］・2・8 民集 48 巻 2 号 149 頁)などにおいて、最高裁は「新しい人権」を憲法 13 条に結び付けて肯定している。しかし、いずれの判例も、「新しい人権」の憲法上の根拠規定が憲法 13 条の前段であるのか、後段であるのかについては判示していない。したがって、最高裁は、13 条前段と後段の関係については明確なことは何も語っておらず、「個人の尊重」規定と幸福追求権との関係は「判然としない」[12]。

　② 「宴のあと」判決

　本稿の問題関心との関係で注目される裁判例は、モデル小説における名誉毀損・プライヴァシー侵害が問題となった「宴のあと」事件判決(東京地判 1964［昭和 39］・9・28 下級民集 15 巻 9 号 2317 頁)である。

　「宴のあと」判決は、「近代法の根本理念の 1 つであり、また日本国憲法のよって立つところで有るもある個人の尊厳という思想は、相互の人格が尊重され、不当な干渉から自我が保護されることによってはじめて確実なものとなるのであって、そのためには、正当な理由なく他人の私事を公開することが許されてはならない」と述べている。確かに、樋口陽一が指摘するように、「宴のあと」事件判決は「私事をみだりに公開されない」権利を 13 条前段の「個人の尊厳」の思想「によって基礎づけている」[13]ように見える。

　しかし、本判決がプライヴァシーの権利を 13 条後段ではなく、前段に根拠づけていると断言しうるかについては、躊躇を覚える。なぜなら、右の引用文に続く文章において、本判決は、「私事をみだりに公開されないという保障が、今日のマスコミュニケーションの発達した社会では個人の尊厳を保ち幸福の追求を保障するうえにおいて必要不可欠なものであるとみられるに至っている」とも述べているからである(傍点は筆者)。したがって、「宴のあと」判決は、必ずしも、13 条前段のみを「私事をみだりに公開されない」権利の根拠としているとまでは断言で

(2) 学　説

「日本国憲法が施行されてから少なくとも十数年間は」[14]、周知のように、憲法13条自体の規範性が否定されていた。憲法13条は「国政の基本として宣言して居る」[15]とか、「国家の心構えを表明したもの」[16]とされ、憲法13条自体がプログラム的ないし倫理的規範あるいは基本権の総称と捉えられていた。したがって、当然に13条前段の「個人の尊重」規定の規範性も否定されていた。ただし、留意すべきことは、そのような13条倫理的規範説においても、「個人の尊重」規定は「個人主義」を意味し、全体主義を否定する趣旨と説明されていたことである[17]。

憲法13条の包括的基本権説という「今日の通説に重要な礎石を置いた」[18]、種谷春洋の見解において、13条前段の「個人の尊重」は後段の幸福追求権と「不可分であ」ると捉えられるに至る[19]。種谷によれば、「個人の尊重」規定は「個人人格を基本価値として承認する。故に幸福追及権の権利は、個人人格と言う基本価値をその核心にもつところの人格的生存に必要なすべての権利を意味する」[20]。しかし、13条後段の「幸福追求権」に具体的権利性を認める種谷も、前段の「個人の尊重」は個人に主観的権利を保障する権利規範ではなく、客観法的「原理」と捉えるに止どまる。種谷は、13条前段を「個人の尊厳の原理」と呼び、その趣旨を「国政によって、個人の人格を尊重するという基本原理をのべたもの」[21]と解する。すなわち、種谷によれば、①個人の尊厳は、個人の平等かつ独立な人格価値を承認することを意味し、②国の根本態度を規律する憲法の基本原理であり、③個人の尊厳条項が憲法13条全体の核心を形成することにより、それが後段の「公共の福祉」の範囲においてのみ認められると解すべきではないことを意味し、④すべての法秩序に対する原則規範としての意味を持ち、「司法関係のすべてにわたる理念」として宣言されたものである[22]。

後段「公共の福祉」との関係について注目すべき主張もあるが、なお、種谷は、個人の尊重規定を「原理」と捉えている。そして、「個人の尊重」を「原理」と捉える点でもまた、今日の多数説は種谷の見解を継承している。

I　基礎理論

「個人の尊重」規定の規範性の肯定は、13条全体の規範性の肯定を前提条件とする。しかし、多数説が13条全体の具体的権利性を肯定するに至ってもなお、13条前段の「個人の尊重」規定はその具体的権利性を否定されたまま取り残されていた。

2　「個人の尊重」規定権利説

「新しい人権」の憲法上の根拠を13条後段に求める多数説に対して、13条前段を重視する見解を萌芽的に示した最初の論者として、鵜飼信成の名を挙げることができよう。鵜飼は、13条全体を基本的人権保障の原則的規定と位置付けた上で、前段の「個人の尊重」を重視する捉え方を示していた[23]。

本章では、その後主張されるようになる13条前段説・「個人の尊重」規定権利説を、多数説である13条後段説・「個人の尊重」原理説からの批判、すなわち、「前段から導かれる権利と後段から導かれる権利とを区別することが果たして可能か、どのような基準によって区別するのかなど」[24]の批判に留意しつつ、概観したい。

(1)　樋口説

樋口陽一は、1970年に公刊された有倉遼吉編・基本法コンメンタール『憲法』（初版）で13条を分担執筆し、「新しい人権」の憲法上の根拠として13条前段説を主張した。

樋口は、先に見た「宴のあと」判決を例として挙げつつ、13条前段の「個人の尊重」規定が「基本的人権のいわば総論的規定」である以外に、「他の条項に具体的規定としてはあらわれていない権利をひき出す根拠となる」と主張する（初版・59頁）。樋口は、13条後段説を批判して、後段の「幸福追求権」を根拠とすると13条「後段全体の読み方としてそのような「『権利』が『公共の福祉』のために制約されうるという主張と結びつくかぎりででは、実は権利保障にとってむしろ消極的なはたらきを演ずるものとなること」を指摘する（初版・60頁）。樋口は、13条

前段の「個人の尊重」から14条以下に列挙されていない具体的権利を導き出すことによって、「権利に必然的に付着する『内在的制約』も、……個人の尊重の利己主義の否定という側面から導き出すことができる」（初版・60-61頁）と主張する。樋口によれば、「自由国家的公共の福祉」という言葉は「端的にいえば形容矛盾であり、『公共の福祉』はつねに『社会国家的』でのみありうる」（初版・61頁）ことになる。

しかし、「新しい人権」の根拠規定としての「個人の尊重」に関する樋口の論述は、基本法コンメンタール『憲法』の新版（1977年）でも維持されていたが、第3版（1986年）に至って、次の2つの点で改められている。

1つは、「宴のあと」事件東京地方裁判所判決を評価して、「ふつうは本条後段の『生命、自由及び幸福追求に対する権利』に手掛かりを求めるのに比べて、よりすぐれた構成である」（新版・59頁）という評価が、第3版では削除されている点である。他の1つは、「憲法14条以下に列挙されていない具体的権利を導き出すためには、本条後段ではなく、前述のように前段の個人尊重の原理をもってすべきであり」（新版・60頁）という文言が第3版では消えていることである。第3版では、「『新しい人権』の実定法上の受け皿として、前段の個人の尊重規定だけでなく、『幸福追求権』を援用することの積極的意味が大きくなっている」（第3版・62頁）と述べられている[25]。

(2) 抱説

「新しい人権」の憲法上の根拠として13条前段説を積極的に主張したのは、抱喜久雄である。抱は、1980年に公表した論文「非列挙基本的人権の保障根拠としての13条前段について」[26]において13条前段説を提唱する。

抱は、13条前段の「個人の尊重」を「原理」と把握する多数説に対して、「原理」の意味および「原理」と捉える根拠に関して疑問を投げ掛ける。抱は、「個人の尊重」原理説がその理由としていると思われる、13条前段に「権利」という文言のないこと、また「個人の尊重」規定の抽象性は「個人の尊重」規定が「原理」規定であることの根拠とならないと批判する。その上で、抱は、13条前段は「原理」

I 基礎理論

ではなく、「個人として尊重される権利」を保障したものであり、「13条前段こそが国民に向けられた権利保障規定であり、後段は、それを受けて、国家に向けられた規定」とする[27]。

では、「個人として尊重される権利」の具体的内容は何であろうか。抱によれば、「個人として尊重される権利」とは「あらゆる基本的人権（憲法上保障された個別的基本的人権であれ、列挙されていなくとも基本的人権に属すると考えられるもの、のすべてを含む）を享有することの尊重である」とする。なぜなら、人間が人間らしい生存を遂げるために基本的に必要な権利の享有が妨げられている場合、個人として尊重されていると、いい得る」とはいえないからである[28]。そして、抱は、13条後段は「個人として尊重される権利」が保障する「すべての基本的人権」を「公共の福祉」に反しない限り最大限保障しなければならないという「国家の法的義務を定めた規定」[29]と捉える。

しかし、抱の主張には、2つの点で問題があるように思われる。

抱は、「原理」説の代表的論者の1人である種谷が「如何なる国家権力も個人の尊重の原理に従わなければならないからそれに反した行為は特定の人格的利益の侵害に該当しなくても違法無効であることは当然である」という主張を問題にする。抱は、「原理」からは「違法無効である」という法的効力は生じえず、そのような法的効力は「個人の尊重」規定が権利規定であることを論証する、と主張する[30]。しかし、3(3)で述べるように、「原理」の法的効力に関して抱のように断言できるかは問題である。

抱説の第2の問題点は、多数説とは逆に、13条後段の「幸福追求権」の権利性を埋没させてしまう点である。13条後段は、確かに「公共の福祉に反しない限り」という文言によって「幸福追求権」の制約の可能性を示している規定であるが、権利である「幸福追求権」をも保障している規定でもある。13条後段を「国家の法的義務を定めた規定」とのみ捉えるのは狭すぎる。

(3) 粕谷説

粕谷友介は、1988年に公表した論文「憲法13条前段（個人の尊重）」[31]におい

て、日本国憲法の立体的・段階的規範構造に着目して、13 条前段の権利性を肯定する。すなわち、粕谷は、13 条前段を「憲法の憲法」(根本規範) と位置付け、13 条前段と後段の関係については、後段は前段をうけて「個人の尊重」を確保するために「不可欠な権利・自由の代表的なものとして生命・自由・幸福追求を例示したもの」と捉える[32]。そして、粕谷は、13 条前段が個人主義原理を定めると同時に個人として尊重される権利を保障している[33]と主張する。

粕谷は、13 条前段・後段統一的把握説に対して 2 つの疑問を提示する。1 つは、そのような把握によって「日本国憲法上の根本的規範内容たる『個人の尊重』が希薄になってしまうのではないかという疑問」であり、他の 1 つは、そのような把握によって「『公共の福祉』による制約が容易に合理化されはしないかという疑念」である[34]。

では、権利としての「個人の尊重」の具体的な内容は何であろうか。粕谷はそれを、いわば積極的定義ではなく、基本法 1 条 1 項の「人間の尊厳」規定に関する連邦憲法裁判所判例と同様に、消極的定義によって表している。つまり、「明白に『個人の尊重』違反」となるのは、粕谷によれば、「殺人、障害、肉体的・心理的強制、人間以下の生活条件、不法監禁、人身売買、奴隷的使役等」である[35]。

粕谷は、後述する江橋説や長谷部説と異なり、13 条前段の権利も内在的制約に服すると主張する。内在的制約として具体的に、「反自然的・反社会的行為を処罰する規範、他者の人権、社会公共的利益」を挙げている。13 条後段の「公共の福祉」による制約も、「前段と同じ内在的制約の限度内においてのみ認められる」と述べる[36]。とすると、前段も後段も同じく内在的制約に服することになり、先の、13 条前段・後段統一的把握説に対する第 2 の疑念が何を意味するのか判然としなくなる。なぜなら、その第 2 の疑念は、人権保障における 13 条前段・後段の統一的把握が人権制約における両者の統一的把握をもたらす可能性への疑念と捉えることができるからである。

(4) 江 橋 説

「個人の尊重」規定をめぐって興味深い議論を展開しているのが、江橋崇の「切

I 基礎理論

り札」としての「個人の尊重」規定論である。

江橋は「個人の尊重」規定に、「憲法上の利益衡量において個人の利益を重要視することに尽きるものではない。国法の介入しがたい『自律』の領域を認めることこそ、個人主義の第一の内容である」[37]と主張する。江橋も「個人の尊重」＝個人主義と解するが、初期の憲法学説に見られたような「正当性の根拠としての個人主義、すべての人権の背後に個人主義を見出だす発想」の問題性を指摘し、「個人の尊厳という『切り札』が本当に役立つのは、自律領域の確定作業においてである」と主張する[38]。つまり、「個人の尊重」規定は、「切り札」として「社会の干渉から開放された自律の分野における個人的な決定価値」[39]を保障する。

問題は、江橋が「個人の尊重」規定の固有性として措定する「自律領域の確定作業」とか「自律領域と行使の利害調整の領域の区別の基準」[40]の具体的内容である。

江橋は、プライヴァシー権を例にしながら、13条前段に根拠づける場合と後段に根拠づける場合とで「実益の差異がありうる」と主張する。「宴のあと」判決が述べる「一般の感受性」という基準は「幸福追求権」とは調和的かもしれないが、プライヴァシー感に個人差を認める「個人の尊重原則とは調和しない」と主張する[41]。この「実益の差異」論は、次節で見る長谷部説とは異なる主張であり、興味深い。しかし、そこでは、より積極的に13条前段・後段の区別論は示されていない。

「個人の尊重」規定の射程範囲に関連して、「個人の尊重」規定の制定史の意義について言及しておきたい。

江橋は、日本国憲法制定過程において、13条前段が封建制度である「家」制度の否定という文脈で制定されたことを指摘する[42]。その指摘自体は正しい。しかし、もしその指摘が、江橋が「個人の尊重」規定をそのような制定過程における認識との結びつきにおいてのみ解釈することを意味するとすると、「個人の尊重」規定が「切り札」として機能する領域はそれほど大きくないことになろう。私見によれば、「個人の尊重」規定は、「家」制度の否定を超えて、戦前の神権主義的天皇制の否定を意味しており、国家に対する個人の優越を意味する。なぜなら、

「家」制度は天皇制権力構造を伝達する下部構造として機能していたからである[43]。

(5) 長谷部説

江橋が主張した「切り札」としての「個人の尊重」規定論をより詳細に展開し、それを13条前段と後段の区別論においても明確にしようと試みているのが長谷部恭男であり、本稿のテーマからしても注目される。

長谷部は、「社会に完全に飲み込まれない形で『個人を尊重』するためには、公共の福祉の観点からしても制約されるべきではない『人権』を保障する必要がありはしないかという問題」[44]意識をもって、一般的自由説のような人権拡張論に反対する。長谷部によれば、一般的自由説が説くような、広汎で無内容・無限定な自由は、かえって「広汎な立法による制約を前提とすること」になり、問題がある[45]。そこで長谷部は、憲法上保障された人権をすべて人権と言うのではなく、人権本来の意義に即して「個人の自律を根拠とする『切り札』としての権利のみを人権」と呼ぶことを提唱し[46]、憲法上保障される権利には「切り札」としての人権と公共の福祉に基づく権利という2種類のものがあることを協調する[47]。そこでいう「切り札」としての権利＝権利とは、一定の事項に関して「公共の福祉という根拠に基づく国家の権威要求をくつがえす」[48]ことができる権利を意味する。そして、長谷部は、「切り札」としての権利＝人権の憲法上の根拠を、13条前段の「個人の尊重」規定に見出す。なぜなら、後段の「幸福追及権」が「公共の福祉」による制限に服するのに対して、前段の「個人の尊重」規定には制限規定がないからである[49]。

本稿の問題関心からすると、13条後段によって保障されるとされる「切り札」としての権利の具体的内容である。

「切り札としての権利」の内容と射程範囲に関する長谷部説の特色として、次の5点を挙げることができるであろう。

第1に、長谷部の「切り札としての権利」観である。長谷部は、「切り札」としての「権利の核心にあるのは、個人の人格の根源的な平等性であろう」[50]と述べて

I 基礎理論

た上で、「いかなる個人であっても、もしその人が自律的に生きようとするのであれば、多数者の意思に抗してでも保障してほしいと思うであろうような」権利を措定する[51]。これが長谷部の「切り札としての権利」の一般的な観念であるが、より具体的には、それは「各自がそれぞれの人生を自ら構想し、選択し、それを自ら生きること」[52]の保障を意味する。

第2に、「切り札としての権利」の内容・射程範囲に関して、長谷部は、個人の自律的選択と具体的な行動の自由とを区分する。「切り札としての権利」の定義のなかに「それを自ら生きること」が含まれているのもかかわらず、長谷部は、具体的な行動の自由を「切り札としての権利」に含めていない。その理由として、長谷部は、2つのことを挙げている[53]。1つは、「その人自身にとってしか意味のない行動に、社会全体としての、誰にとっても共通の価値をくつがえす『切り札』としての意義を認めることの難し」さである。他の1つは、「自分で決めたことについて、すべてそれを実行する自由を認める」ことは「広汎で無内容・無限定な自由」となり、それは「広汎な立法による制約を前提とすることではじめて成り立つ」自由となってしまうからである。

第3に、個人の尊重規定＝原理説が人権説に向ける批判、すなわち、13条前段と後段とで保障される権利の区分について、長谷部は「不可能」と応答している。長谷部によれば[54]、個々の権利に関して、13条前段で保障される「切り札としての権利」＝人権であり、13条後段で保障される「公共の福祉の一環としての権利」であるかを「区分することは不可能である」。なぜなら、「切り札としての人権」の侵害の問題は「いかなる理由に基づいて政府が行動しているかにかかるところが大きいからである」。

第4に、長谷部は、「切り札としての権利」を政府への禁止規範と捉えていることである。長谷部によれば、「切り札としての権利」は「特定の理由に基づいて政府が行動すること自体を禁止するもの」[55]である。「切り札としての権利」が政府によって侵害されるのは、「他人の権利や利益を侵害しているという『結果』に着目した理由ではなく、自分の選択した生き方や考え方が根本的に誤っているからという理由に基づいて否定され、干渉されるとき」[56]である。

そして、第5に、「切り札としての権利」の私人間効力論である。長谷部によれば、「切り札としての権利」は、「国家成立以前の自然状態においても、また何人に対しても主張できるはずの権利であり、対国家防御権にとどまるものではない。当然、社会的権力たる法人に対しても主張できるはずである」[57]。

「切り札としての権利」論は、周知のように、ドゥウォーキン（Ronald Dworkin）に由来する[58]。ドゥウォーキンの「切り札としての権利」論の「哲学的・理念的意義はきわめて大きい」[59]。その最大の意義は、それが結果主義・快楽主義・総量主義・最大化主義という特徴を有する功利主義に対するアンチテーゼであり、個人の独自性・相違性を重視する規範的正義論に基づいた理論である点にある。しかし、まず問題となるのは、社会全体の利益や目標を覆す「切り札」としての「力」をもつ権利の具体的内容である。

長谷部は、既に見たように、「個人の尊重」に「具体的な行動の自由」の保障を含めていない。文字通りに絶対的に保障される「切り札」として「個人の尊重」規定を捉えるならば、他者の自由や権利と衝突する可能性を有する「具体的な行動の自由」を含まないことは理解できる。しかし、「具体的な行動の自由」をそもそも除外する「個人の尊重」の権利内容論には、検討すべきいくつかの問題点があるように思われる。

まず第1に、長谷部自身の「個人の尊重」のそもそもの観念に照らしてみて、疑問が生じる。つまり、「多くの人にとって、人生の意味は、各自がそれぞれの人生を自ら構想し、選択し、それを自ら生きることによってはじめて与えられる」とするならば、自分の人生を構想し、選択するだけでその人の自律的選択としての自分の人生を生きたことになるのであろうか、という疑問である。実際に「自ら生きる」からこそ自分の人生なのではなかろうか。構想や頭の中だけの選択だけでは、自分の人生を生きたことにならないのではなかろうか。

第2に、「切り札としての権利」と措定される「個人の尊重」の権利内容が具体的な行動の自由を含まず、「それぞれの人生を自ら構想し、選択」することだけだとすると、そのような権利内容は13条を持ち出すまでもなく、19条の思想・良心の自由で保障された「内心の自由」でカヴァーできるものではないであろうか。

Ⅰ 基礎理論

第3に、長谷部が権利の対立項として挙げる「価値」にかかわる疑問である。自らの生にかかわる自律的な構想・選択に基づいたものであったとしても、その具体的行動は当然に他者の権利・自由と衝突する可能性があり、その意味で、長谷部が「『切り札』としての権利の内容と射程については、慎重な考慮が必要である」と述べることは首肯することができる。問題は、長谷部が「具体的な行動の自由」が含まれない理由として、「その人自身にとってしか意味のない行動に、社会全体としての、誰にとっても共通の価値をくつがえす『切り札』としての意義を認めることは難しい」と述べている点である。果たして「社会全体としての、誰にとっても共通の価値」は存在するのであろうか。もし存在するとしても、それは極めて抽象的レベルの価値にとどまるのではなかろうか。そこでは、「切り札」としての権利の具体的内容が問われるばかりでなく、社会全体の利益や目標＝「公共の福祉」[60]の具体的内容も問われなければならない。それとも相関関係のなかで、自ら構想し、選択したことを「自ら生きること」（具体的な行動）の具体的な保障を論じる必要があると思われる。

(6) 根森説

13条前段説に立ち、かつ、「個人の尊重」規定の権利内容を確定しようとする試みとして注目されるのが、根森健の見解である。

根森は、「個人は尊厳なものであるがゆえに、個人は尊重される」と述べ、「憲法自身が価値決断として選びとった、憲法の公理」として「個人の尊厳」を位置づける。「個人の尊厳」を「客観的法原則であると同時に、各人に保障された主観的人権規定でもあり、国家が絶対的にしてはいけないことを枠付けるものである」と捉える[61]。

では、「個人の尊厳」を根森はどのように把握するのであろうか。根森によれば、それは、「『生来の価値ゆえに尊敬に値する』ひとりひとりの人間が、『自ら考え、自ら判断し、自らで決定し、自らふさわしいと思うように生きること』」であり、「（狭義の意味での人間の尊厳、自律性、自己決定、プライバシー、自己発達といったものを含」むものである。つまり、「個人の尊厳」は、「各人に『私が生きていること』

と『私が人間でいること』を保障し、さらに各人に」「自己の同一性（アイデンティティつまり、私が私でいること）を維持・実現すること」を保障する[62]。

「私が生きていること」の侵害事例として、根森は死刑制度の合憲性を論じている。根森は、基本法１条１項の「人間の尊厳」の「最大公約数的な内容としてカント哲学にその淵源を見出だすことができる「客体定式」（objektformel）を「個人の尊厳の第一の内容である」とした上で、死刑制度を「個人の尊厳権」に違反するものとして、「違憲とされてもおかしくない」[63]とする。

「私が人間でいること」についても、根森は「客体論」と結び付けて説明する[64]。そして根森は、「私は私でいること」こそが「個人の尊厳」の保障の「ある意味では核心部分に関わるものと言うこともできよう」[65]と述べる。しかし、根森は、「核心部分」とも位置付ける「私は私でいること」の保障問題を後段の「幸福追求権」の問題ともする。そして、根森は、「私が私でいること」にかかわる問題を前段の「個人の尊厳権」の保障対象になるものと、ならないものに区分し、後者を後段の「幸福追求権」で保障するとする。前段の保障対象になるものは、「『自尊心へのこだわり』などに関わる『私が私でいること』の深刻な侵害を伴う人権問題群（領域）」[66]である。

13条前段と後段とでは、保障の点でどのような違いがあるのであろうか。根森は、「少なくとも、形式上、13条後段の「幸福追求権」が「公共の福祉」による制限つきの保障であるのに対し、前段の『個人の尊厳権』は無留保の保障ということになるという違いも出てくる」[67]として、前段と後段とで保障の程度に違いがあるとする。すなわち、「『個人の尊厳権』によって国家権力による侵害から絶対的に保障される」[68]のである。また。根森も、長谷部と同様に、13条の保障する「個人の尊厳」は私人による侵害に対しても直接に適用されると主張する[69]。

13条前段と後段の権利保障の違いを明示しようとする根森の試みは、注目に値する。そのなかで問題であると思われるのは、根森の「客体定式」論である。別稿[70]で既に論じたように、「客体定式」は、具体的問題を解決する基準として万能の定式ではない。根森は、「客体定式」から死刑廃止を根拠付けている。しかし、「客体定式」の提唱者であるカントは、ベッカリーア（Ceasare Benesand Beccaria）

I 基礎理論

の死刑廃止に対して過度に人道主義的な考え方であり、感傷的なものであると非難し[71]、死刑廃止論に反対している。カントは、確かに、「客体定式」から、他者の犯罪実行の予防のためにある人間を処罰することは、彼を物件の対象物として扱うことを意味するとして、反対している[72]。カントは、目的から開放された刑罰、すなわち、犯罪者が犯罪を犯したという理由で科される刑罰のみを正当化している。カントによれば、厳格な報復原理のみが刑法の基礎を形成しうるので、殺人という犯罪を犯したという理由で犯罪者に死刑を科すことは正当であることになる[73]。彼あるいは彼女が死刑にあたる犯罪を犯したからこそ、彼あるいは彼女は死刑に処せられるのである。それは「客体定式」に反しない。

「客体定式」の創唱者であるカントの「客体定式」と死刑肯定論から言えることは、少なくとも、「客体定式」と死刑廃止とが論理必然に結び付くとは言いえないことである。

3 「個人の尊重」規定の規範性

13条前段の「個人の尊重」規定をめぐる見解を概観してきた。「個人の尊重」規定の規範性について検討するためには、次の諸点を考察する必要があると思われる。第1に、13条前段「個人の尊重」規定と後段「公共の福祉」との関係である。第2に、「個人の尊重」規定は、客観法的次元である「原理」であるばかりでなく、個人に主観的権利をも保障した規定であるか、という問題である。第3に、「個人の尊重」規定の規範性という点で、「原理」の法的性質・効果が問題となる。以下、順次検討することにしたい。

(1) 人権制約における13条前段と後段の関係

「新しい人権」の憲法上の根拠を13条前段に求める、近時の見解は、「個人の尊重」と「公共の福祉」との関係について前段と後段とを切り離す。その切り離しが、とりわけ「切り札」としての「個人の尊重」論を展開する基礎となっている。それに対して、前段と後段の一体化を強調する多数説は、「個人の尊重」と「公共

の福祉」との関係についてほとんど論じてこなかった。

　多数説は、前段「個人の尊重」とそれを具体化する後段「幸福追求権」の一体論の上で、「新しい人権」の憲法上の根拠を13条後段「幸福追求権」に求め、前段「個人の尊重」についてはその「原理」性を強調してきたように思われる。しかし、他方で、多数説は、そのような一体論がもたらしうる規範上の重要な問題を等閑視していたように思われる。それは、人権保障における前段と後段の一体論が人権制約における前段と後段の一体論をも意味するのか否か、である。今日の多数説の基礎をなしている種谷は、既に見たように、「個人の尊重」条項が後段の「公共の福祉」によって限定されないという重要な主張していた。しかし、この点は、その後の多数説によって必ずしも明確に継承されていなかったように思われる。

　ドイツ基本法1条1項の「人間の尊厳」と日本国憲法13条の「個人の尊重」の違いを強調するホセ・ヨンパルトは、人権保障における一体論の当然の帰結として、「個人の尊重」の保障の場合には「公共の福祉に反しない限りという例外がある」[74]と解している。ヨンパルトのこの解釈論は、「新しい人権」の憲法上の根拠をめぐる多数説への問題提起になっているようにも思われる。

　解釈方法という視点でいえば、後段の「公共の福祉」によって前段も制限されるという解釈も、後段の「公共の福祉」は前段にはかからないという解釈も、可能であるように思われる。13条前段と後段が読点ではなく、句点で区切られていることを重視すれば、後段の「公共の福祉」を前段から切り離す解釈も成立しうる。他方で、ある条文の意味をいくつかの条文との体系的解釈のもとで解釈することさえある法解釈において、句点で区切られていることに左右されず、前段も後段の「公共の福祉」による制約に服するという解釈も成立しうる。人権保障における13条前段「個人の尊重」と後段「幸福追求権」の一体説にあっては、人権制約においても、ヨンパルトが展開するような解釈が当然の帰結なのであろうか。

　前段・後段一体論の立場に立つ芦部信喜の見解で、芦部自身はこの点について明言していないが、人権制約における前段・後段一体論について検討してみたい。

　芦部は、周知のように、憲法の実質的最高法規性を13条の「個人の尊重」規定

Ⅰ 基礎理論

に見出している(75)。憲法が最も強い形式的効力を有する実質的根拠を13条前段の「個人の尊重」規定に求める芦部の見解にとって筋のよい解釈は、「個人の尊重」規定は「公共の福祉」によって制約されない、という「切り離し」論であると思われる。必ずしもその内容が明瞭ではない「公共の福祉」によって日本国憲法の実質的最高法規性の根拠である「個人の尊重」が制約されるという解釈は、実質的最高法規性の意義を消滅させてしまう。

芦部と同様に、憲法の実質的最高法規性の根拠を13条の「個人の尊重」規定に見出だし、「個人の尊重」規定を人権の根拠を示すものと解する私見によれば、そのような把握に内容的に適合する解釈は、人権制約に関する13条前段と後段の切り離し論である。

(2) 「個人の尊重」規定は権利保障規定でもあるか

日本国憲法において、原理・原則か人権かをめぐって議論されている問題として、憲法14条の平等条項と憲法20条の政教分離原則を挙げることができる。

憲法14条に関して、川添利幸は、性質上他者の地位との比較によって成り立つ権利との比較を必要とするという平等権の構造的特質に基づいて、そして憲法訴訟との関係を踏まえて、平等の「権利」の側面と「原則」の側面とを明確に区別すべきことを主張する(76)。それに対して、14条1項は客観的な原則であると同時に個人の側から見れば権利という性格を有すると説明する通説的な捉え方の側からの応答として、「権利」と「原則」という言葉の違いだけから実質的な内容の違いが出てくるものではない、重要なことはその内容であるという、再批判が行われている(77)。

政教分離原則に関して、その法的性格を人権と捉える見解の主たる論拠は、原則と権利の概念構成の違いにあるのではなく、政教分離原則と個人の信教の自由の関係に関する理解である(78)。

本稿が問題とする「個人の尊重」規定の場合は、「原理」であることは一致して認められてきたが、通説的捉え方では「権利」であるとは一般に認められて来なかった。とすると、「個人の尊重」規定が同時に個人に主観的権利を保障した規定

4 「個人の尊重」規定の規範性 ［青柳幸一］

でもあるか、という問題は、純理論的にいえば、原理と権利の相違の問題に答える必要があるように思われる。しかし、日本の憲法学では、原理と権利の相違の問題が直接的に論じられてこなかった。原理か権利かをめぐる議論は、「個人の尊重」規定に関する考察のなかで頻繁に比較の対象とされてきたドイツ基本法1条1項の「人間の尊厳」にもある。

基本法1条1項の「人間の尊厳」の客観法的次元での効力については、幅広い一致が存在する。しかし、「人間の尊厳」規定の主観的権利性については、ドイツにおいても見解が対立している。

「人間の尊厳」の客観法的次元、すなわち、原理としての「人間の尊厳」については大幅な一致が存在する。しかし、「人間の尊厳」の保障が基本権としての性格を有するか否かについては、「絶えずなお活発に争われている」[79]。

連邦憲法裁判所の判例は、何らの説明を行うことなく、「人間の尊厳」の主観的権利性を当然のこととしている[80]。判例による、その肯定の論理構造は、とりわけ、1条1項が2条1項を満たしていることである[81]。学説では、とりわけニッパーダイ（Hans Carl Nipperdey）が1条1項の主観的権利性を肯定している。ニッパーダイによれば、1条1項は「すべての後に規定されている基本権の根源と起源であり、そして同時にそれ自体実質的な主要基本権（das materielle Hauptgrundrecht）」である[82]。それに対して、デューリッヒ（Gunther Dürig）やドライヤー（Horst Dreier）は、「人間の尊厳」保障の特別な規範構造の観点から「人間の尊厳」の主観的権利性を否定する。そこでいう規範構造とは、1条1項の「人間の尊厳」の保障が基本法1条3項の明示的な拘束条項の対象として含まれていないことを意味する。ドライヤーによれば、1条1項は「基本法の体制原理および核心の保障（Konstitutionsprinzip und Kerngarantie）として」個々の基本権の解釈・理解の際に作用する「基本原理であって、基本権ではない」[83]。さらに、デューリッヒは、権利性否定の理由として、人間の尊厳の主観的権利の内容は個々の基本権でとらえられていること、そして加えて19条2項の本質保障によって保障されていることも挙げている[84]。

シュタルク（Christian Starck）は、文言解釈、1条の規範構造、体系的解釈、

I 基礎理論

目的的解釈の諸観点から分析し[85]、結論として1条1項の主観的権利性を肯定している[86]。シュタルクの分析は「個人の尊重」の権利性を検討する際にも参考になると思われるので、論点を整理することにしたい。

1条1項の文言解釈によれば、1条1項はその権利性について何ら明瞭な情報を与えていない。また、確かに、1条3項が直接適用を明示的に認めているのは「以下の基本権」だけである。したがって、1条の文言上は「人間の尊厳」は直接適用の対象とならない。しかし、支配的見解は、すべての国家権力の義務づけについて規定する1条1項2文から、そして間接的には基本法改正の限界を定める79条3項から、1条1項は「直接適用される法」（unmittelbar geltends Recht）であることを肯定している[87]。

体系的解釈の観点では、基本法が権利の実効的な保障への明瞭な傾向を内在させていること、そして93条1項4号によって憲法訴訟の可能性が明文で保障された基本権以外にも認められており、そしてそれらも「人間の尊厳」保障の一部をなすことが指摘されている[88]。そして、目的的解釈の点では、人間が尊厳の保障においてまさに主体（Subjekt）として保護されることが指摘されている[89]。

ドイツにおける「人間の尊厳」の権利性をめぐる議論を参考にして、「個人の尊重」規定の権利性を検討してみたい。

13条前段の文言自体は、その権利性について何ら明確な情報を与えない。13条前段が日本国憲法の最高規範性の実質的根拠を示す条項と解されるので、13条前段が国家権力に対して「直接適用される法」であることは肯定される。問題は、それが原理という客観法としての「法」であるのか、さらには主観的権利としての「法」としてでもあるのか、である。

連邦憲法裁判所判例のように、基本法2条1項の人格の自由な発展の権利に具体化されていることを理由とすると、わが国での多数説である13条後段説にたっても13条前段の権利性を肯定することができることになる。なぜなら、13条後段説は、前段を具体化したものが後段の「幸福追求権」であるとしており、かつ、その「幸福追求権」のは具体的権利性を肯定しているからである。しかし、連邦憲法裁判所の見解は、十分な論拠を示しているとは言い難い。日本国憲法13条前

段と後段をめぐる日本における議論からして、1条1項と2条1項との結ぶつき論で説明するならば、さらに2条1項の制約条項との結びつきに対する説明が必要であると思われるからである。

　ドイツ憲法学における実効的な権利保障論からすると、生存権を規定している日本国憲法は実効的な権利保障への明瞭な傾向を有しいないことになる。しかし、この点は、生存権などの、いわゆる社会権の権利性の理解の問題であり、ヴァクマル憲法の経験を踏まえたドイツ憲法学の実効的な権利保障論がそのまま日本国憲法の理解に適用されるわけではない。したがって、社会権を明文で保障する日本国憲法においては、社会権を純然たるプログラム規定と把握することは妥当ではない。日本国憲法は、したがって、社会権規定が存在するにもかかわらず、実効的な権利保障への明瞭な傾向を有している憲法といえる。それゆえ、基本法1条1項における議論にならえば、13条前段も「原理」としてだけでなく、「権利」を保障する規定ということも言いうることになろう。

　目的的解釈の観点で指摘される、人間を主体として保障するという点は、日本国憲法の「個人の尊重」においてもいえる。「個人の尊重」規定は個々の、生身の個人を主体として尊重する規定であるので、「個人の尊重」規定においても権利性を肯定することができることになろう。

　ドイツの「人間の尊厳」の権利性をめぐる議論を当て嵌めてみると、「個人の尊重」規定に権利性を読み込むことも可能といえよう。

(3) 「原理」(principle, Prinzip) の法的性質・効力

　「個人の尊重」規定の権利性を否定し、それを「原理」としてのみ捉える多数説は、「原理」をどのような内容で理解しているのであろうか。

　「個人の尊重」原理説の基礎を築いた種谷は、「原理」の効力について述べている。種谷によれば、「如何なる国家権力も個人の尊重の原理に従わなければならないからそれに反した行為は特定の人格的利益の侵害に該当しなくても違法無効であることは当然である」[90]。このように言えるとすれば、むしろ、「個人の尊重」原理は、人格的自律と結びつけて把握する多数説の「幸福追求権」の内実を拡大

I 基礎理論

する機能を有し、かつ、裁判規範性を有することになる。しかし、多数説である「個人の尊重」原理説は、「原理」の法的性質や効力について十分に論じてこなかった。

日本の憲法学において、「原理」と「権利」の区別をテーマにして真正面から考察する論稿は、ほとんどないように思われる。そのようななかで、注目されるのは野中俊彦の論文[91]である。野中は、平等原則・平等権区別論を主たる素材にしつつも、さらにその他の原則・権利が問題となるものについても論じている。ただ、野中論文にあっても、「原理」自体の法的性質や効力が検討対象になっているわけではない。

法解釈や法体系の全体構造の説明において頻繁に使用される「原理」について、「ルール」(Rule, Regel)との区別論のなかで、その性質や効力論の先鞭をつけたのは、周知のように、ドゥウォーキンである[92]。そして、原理とルールの質的区別論を「完成させた」[93]のがアレクシー(Robert Alexy)である。

ここで、ドゥウォーキンやアレクシーの「原理」論を詳論する余裕はないが、「個人の尊重」規定についてはとりわけドイツ基本法との比較のなかで多く論じられていることから、アレクシーの「原理」論を、本稿のテーマに必要な限りでみてみることにしたい。

ドゥウォーキンが原理とルールの妥当性に着目して質的区別を行うのに対して、アレクシーは、要求の構造に着目して両者の質的区別を行う。アレクシーによれば[94]、「原理」は「最適化命令」(Optimierungsgebot)であり、「一応の(prima-facie)優先」しかもたない命令である。つまり、原理とは、その要求が、法的可能性と事実的可能性と相関的に可能な限り高い程度実現されることを命ずる規範である。ルールが充足されるかされないかのどちらかであるのに対して、原理による命令の充足は程度問題である。アレクシーは、原理衝突(Prinzipienkollision)においていずれの原理も「原則的な優先を要求することはできない」とする。アレクシーによれば、原理は具体的な諸事例においてさまざまな「ウエイト」をもち、当該事例における比較衡量によって解決されることになる。

また、アレクシーは、原理と価値に本質的な相違はないと主張する。アレクシ

ーによれば、原理が命令または当為を基本概念とする義務論的範疇に属し、価値が善を基本概念とする価値論的範疇に属する。つまり、原理と価値は、義務論的性格か価値論的性格かという一点のみである。したがって、アレクシーにあっては、価値も「最適化命令」であり、「一応の優先」しかもたない命令であることになる。このように、アレクシーは、絶対的効力を有する「原理」や「価値」の存在を否定する。

アレクシーの「原理」論の特色は、基本権を「原理」と捉えているところにある。とすると、アレクシーにあっては、「人間の尊厳」や「個人の尊重」が「原理」であると同時に主観的権利を保障しているかという問題設定自体が、規範の性質という点では意味をもたないことになる。

アレクシーの、1つの透徹した「原理」の規範論にもかかわらず、ドイツの連邦憲法裁判所判例そして多数説は、基本法1条1項「人間の尊厳」を絶対的効力を持った「原理」規範と捉え、それを頂点とするいわば「ハードな価値秩序」を構築している。

ドイツの判例・支配的見解は、周知のように、「人間の尊厳」条項を基本法の最高価値と位置づけ、絶対的に保障される「人間の尊厳」は他の個別的基本権との比較衡量を認めず、あらゆる「人間の尊厳」に対する侵害が必然的に違憲となるとする[95]。「人間の尊厳」条項は、まさに「切り札」として機能してきている[96]。

ドイツの判例・支配的見解における、このような「人間の尊厳」の把握は、透徹した規範論からではなく、基本法1条1項がナチス独裁の否定と西欧の哲学的伝統に由来する[97]ことに起因する。とすると、価値論のレヴェルでは基本法1条1項の「人間の尊厳」と同じ内容をも含みうる[98]日本国憲法13条前段の「個人の尊重」を、絶対的効力を有する「原理」と構成することも可能であることになる。

問題は、原理にしろ、権利にしろ、「個人の尊重」規定に絶対的効力をもつ「切り札」という性格を付与することによって、「人間の尊厳」規定と同様に、同時にその「周縁化と日常化」(Marginalisierung und Veralltäglichung)、あるいは原理主義化(Fundamentalisierung)や小銭(kleine Müntze)化を惹起してしまう[99]懸念があることである。

I 基礎理論

むすびに：残された課題

「個人の尊重」＝人権論のなかで最も注目されるのは、「切り札としての権利」論である[100]。問題は、「切り札としての人権」論が「実定憲法の解釈論にとっていかなる具体的意味をもちうるかのか」[101]である。既に、長谷部説のところで、「切り札としての人権」＝「個人の尊重」説の具体的権利内容の問題は論じた。ここでは、その解釈論としての具体的意味について概観することで「むすびに」代えたい。

「切り札としての権利」論について日本において最も詳細にその解釈論を展開しているのは、既に2(5)でみた長谷部である。長谷部は、解釈論としての具体的意味に関する疑念に対して、「切り札としての人権」論が「直ちに具体的な事件をいかに処理するかの指針を与えるわけではない」が、それは裁判官による憲法判断を枠づける「審査基準の背後にあってその正当性を支える『深層』の理論」であり、「少なくともこの種の深層の議論に解釈論上の意義が全くないとはいえないであろう」と応答している[102]。

確かに、ある解釈学説の「深層」をなす理論は、解釈論としても意義があるであろうし、それ以上にその解釈学説の説得力をはかる上で重要な意義を有すると思われる。ただ、長谷部の「切り札としての権利」論も絶対的保障という「物差し」を提供している。この「物差し」という点でも、長谷部説とドゥウォーキンの「切り札としての権利」論との違いを見出だすことができる。周知のように、ドゥウォーキンは、「切り札としての権利」の「物差し」論に関して、絶対的効力、強いウェイトを有した権利、そして弱いウェイトを有した権利とを区分して論じている[103]。しかも、重要であるのは、「弱いウェイトの権利」であっても、社会全体の利益がごくわずかしか増大しない場合にはそれによって制約されることはない[104]、と述べる。つまり、ドゥウォーキンのそれは閾値的ウエイトをもった「切り札」論である。この点での長谷部とドゥウォーキンの相違は、「切り札としての権利」の具体的内容把握の違いと言えるように思われる。長谷部は、絶対

的保障とのみ結び付くがゆえに、既に指摘したように、「個人の尊重」に基づく権利内容がいわば「内心の自由」に限定されているように思われる。

「個人の尊重」を人権と捉え得るならば、そこには具体的な行動の自由を含むと解する私の立場では、公共の福祉との相関関係を論じることが必要不可欠となる。さらに、そこには、公共の福祉の定義ともかかわって、根本的な問題が残る。公共の福祉の定義の妥当性の問題はおくとしても、長谷部説にあっても、長谷部説では公共の福祉概念から除外される、内在的制約あるいは自由国家的公共の福祉と従来言われていたものによる制約の問題は残る。社会公共の利益＝公共の福祉には「個人の尊重」の権利は制約されないとしても、他者との権利・自由の衝突の調整による制約には服するのか、服しないのか。「個人の尊重」が「内心の自由」の保障にとどまるならば、他者の権利・自由との調整の問題自体起こらない。ここで再び、この問題は「個人の尊重」の具体的な権利内容の問題に戻る。

既に、与えられた紙幅は大幅に超えてしまった。「個人の尊重」規定の規範性をめぐる困難な問題に私見を詳細に述べる紙幅はもう尽きている。「個人の尊重」規定＝原理説にも、「個人の尊重」規定＝人権説にも、なお検討しなければならない課題が残された。一方では、「原理」の裁判規範性の問題である。他方では、権利としての「個人の尊重」規定の具体的内容であり、その具体的保障である。これらの課題は、今後私にとっての課題でもある。詳論する余裕は既になくなったが、「個人の尊重」規定の規範性に関する私見のコンセプトのみを示して、この小論を終えたい。

長谷部の見解のなかで私にとって極めて興味深いのは、「個人の尊重」規定は「自分の選択した生き方や考え方が根本的に誤っているからという理由に基づいて」政府が行動すること自体を禁止するという主張[105]である。「自分の選択した生き方や考え方が根本的に誤っているからという理由で」それらの選択に基づいた具体的行動を禁止することも、原則として許されないといえるのではなかろうか。「原則として」という留保を付したのは、2つの意味がある。1つは、前述したように、行動の自由の内容と制約目的・手段との個別的・具体的な比較衡量が必要であることを意味する。そして、その比較衡量を行うに当たっては、いわゆる

I 基礎理論

個別的比較衡量（ad hoc balancing）ではなく、「物差し」となりうる閾値的ウエイトを付けた審査基準論を探求することになる。もう1つの意味は、私自身が「個人の尊重」規定に、以下のような一定の社会像と結び付いた「原則」をも見出していることである。

現実の個人は、様々な「負荷」を所与の条件といて生まれ、成長する。現実の個人は、家族、「世間」、社会、国家のなかで調和的に、あるいは葛藤しながら生きていく。憲法13条前段の「個人の尊重」規定の意義は、そのような葛藤が生じた場合における個人の尊重にある。つまり、「個人の尊重」規定は、当該個人に関する事柄に関して他者の決定に従うことを強制してはならないことを核心的内容とする。そのことは、社会・国家が「慎みのある社会」であることを要求する。「個人の尊重」規定から導き出される「慎みのある社会」観は、具体の事案を解決する規模としても機能する。個人と社会あるいは国家との衝突が生じた場合には、社会や国家の「善」や秩序を押しつけるのではなく、個人の自由を尊重する。そして、尊重された個人の自由が他者や社会に実害を生じた場合には、当該個人が責任を負う[106]。

(1) 「公共の福祉」に関する私見については、青柳『個人の尊重と人間の尊厳』319頁以下（1996年）参照。
(2) 芦部信喜『憲法学II』338頁（1994年）。
(3) 今日でも、13条のプログラム性を主張する見解はある。その代表的見解は、初期の支配的学説を大きく発展させている伊藤正己説である。伊藤は、13条を包括的人権を保障する規定であることを認めるが、それはあくまでも理念的な意味で認められるものにすぎず、「法令の規定をはなれて13条のみを理由にする新しい人権の主張は、少なくとも裁判の場では承認されない」と主張する（伊藤『憲法［第3版］』228―251頁［1995年］）。

この伊藤の主張は、人権の保障、人権の効力、「新しい人権」をめぐる問題の本質にかかわるもので、傾聴に値する。伊藤が指摘する問題点は、結局、今日の通説に対して「幸福追求権の内容をいかに限定するか、という……重要な課題」（芦部・前掲注(2)、341頁）を投げ掛けているといえよう。
(4) 芦部・前掲注(2)、350頁。

(5) 清水伸『逐条日本国憲法審議録第2巻［増補版］』274頁（1976年）。
(6) 江橋崇「立憲主義にとっての『個人』」ジュリスト884号6頁（1987年）。
(7) ホセ・ヨンパルト「日本国憲法解釈の問題としての『個人の尊重』と『人間の尊厳』(上)(下)」判例タイムズ377号378号（1979年）。さらに、ヨンパルト『人間の尊厳と国家の権力』（1990年）、同『日本国憲法哲学』（1995年）、同『法の世界と人間』（2000年）に所収された関連論文および同「再び、『個人の尊重』と『人間の尊厳』は同じか」法の理論19、103頁以下（2000年）参照。
(8) 青柳・前掲注(1)、5頁以下。青柳「人間の尊厳と個人の尊重」ドイツ憲法判例研究会編『人間・科学技術・環境』367頁（1999年）。
(9) 青柳「先端科学技術と憲法・序説」ホセ・ヨンパルト教授古稀祝賀『人間の尊厳と現代法理論』631頁以下（2000年）。
(10) 自己決定権との関係で「個人の尊重」規定を論じた最近の論稿として、中村英樹「憲法上の自己決定権と憲法13条前段『個人の尊重』」九大法学76号151頁以下（1999年）がある。この中村論文は、「個人の尊重」規定が前提とする人間像との関係で自己決定権を分析し、検討している。それに対して、本稿は「個人の尊重」規定自体の規範性に焦点をあてる。
(11) 佐藤幸治「憲法と人格権」有倉遼吉教授還暦記念『体系・憲法判例研究II』210頁（1975年）。
(12) 芦部・前掲注(2)、338頁。
(13) 樋口陽一「憲法13条」基本法コンメンタール『憲法』［初版］68頁。
(14) 芦部・前掲注(2)、329頁。
(15) 美濃部達吉『日本国憲法原論』［宮沢俊義補訂］145頁（1978年）。
(16) 法協『註解日本国憲法・上巻』337—339頁（1953年）参照。
(17) 美濃部達吉『新憲法概論』（1947年）167頁；宮沢俊義『あたらしい憲法のはなし』（1947年）68頁など参照。
 なお、初期の学説の中で、既に芦部が指摘している（芦部・前掲注(2)、331—32頁）ところであるが、宮沢俊義が「たぶんにプログラム的な性格を有する」としながら、なお「違憲の法令というものも、絶対に考えられないわけではない」（宮沢『憲法II』（初版）213頁［1959年］）として、13条の裁判規範的性格を指摘していることが注目される
(18) 芦部・前掲注(2)、335頁。さらに、佐藤幸治「『幸福追求権』から『近代寛容思想』へ」法学雑誌［大阪市立大学］35巻1号1頁以下（1988年）参照。
(19) 種谷春洋「『生命、自由及び幸福追求』の権利(一)」岡山大学法経学会雑誌14巻3

Ⅰ 基礎理論

　　号341頁（1964年）。
(20)　種谷「幸福追求権」阿部照哉編『憲法　判例と学説Ⅰ』30頁（1976年）。
(21)　種谷「生命・自由および幸福追求権」芦部信喜編『憲法Ⅱ人権(1)』133頁（1978年）。
(22)　同・133―34頁。
(23)　鵜飼信成『憲法』74頁。
(24)　芦部・前掲注(2)、339頁。
(25)　小林孝輔／芹沢斉・編・基本法コンメンタール『憲法〔第4版〕』（1997年）では、樋口は憲法13条を分担執筆していない。
(26)　抱喜久雄「非列挙基本的人権の保障根拠としての13条前段について」法と政治31巻1号63頁（1980年）。さらに、同「包括的基本的人権の保障根拠に関する一考察」憲法研究29号95頁（1997年）参照。
(27)　同・法と政治31巻1号95頁。
(28)　同・96頁。
(29)　同・97頁。
(30)　同・94頁。
(31)　粕谷友介「憲法13条前段（個人の尊重）」法学教室89号（1988年）（同『憲法の解釈と変動』（1988年）に所収。以下、引用は著書から行う）。
(32)　同・85頁。
(33)　同・84頁。
(34)　同・84頁。なお、消極的定義の視点から連邦憲法裁判所判例を分析するものとして、井上典之「いわゆる『人間の尊厳』について」阪大法学43巻2・3号617頁以下（1993年）がある。
(35)　同・84頁。
(36)　同・85頁。
(37)　江橋崇「立憲主義にとっての『個人』」ジュリスト884号8―9頁（1987年）。
(38)　同・12頁。
(39)　同・6頁。
(40)　同・12頁。
(41)　同・10頁。
(42)　同・3―6頁参照。
(43)　青柳・前掲注(1)、34―5頁参照。
(44)　長谷部恭男『憲法〔第2版〕』114頁（2001年）。

(45) 同・121頁。
(46) 長谷部「国家権力の限界と人権」樋口陽一編『講座憲法学3』58頁（1994年）（さらに、長谷部・前掲注(44)、104—5頁、122—23頁参照）。
(47) 長谷部・前掲注(46)、59頁。
(48) 長谷部・前掲注(44)、120頁。
(49) 同・153頁参照。
(50) 同・121頁。
(51) 同・121頁。
(52) 同・120頁。
(53) 同・121頁参照。
(54) 同・154頁。
(55) 同・122頁。
(56) 同・121頁。長谷部は、その具体例として、ポルノグラフィーは道徳的に堕落したものであるからその出版を禁止する例やマルクス主義は誤った理論であるからマルクス主義学説の発表を禁止する例を挙げている（同・121—22頁）。
(57) 同・141頁。
(58) ドゥウォーキンの「切り札としての権利」論については、Dwokin, Taking Rights Seriously, 1978, ch.4参照。
(59) 芦部『宗教・人権・憲法学』240頁（1999年）。
(60) 長谷部・前掲注(44)、104頁。
(61) 根森健「人権としての個人の尊厳」法学教室175号55頁（1995年）。
(62) 同・55頁。
(63) 同・56頁。
(64) 同・56頁。
(65) 同・56頁。
(66) 同・57頁。
(67) 同・54頁。
(68) 同・57頁。
(69) 同・55頁。
(70) 青柳・前掲注(9)、641—43頁参照。
(71) Vgl. Kant, Die Metaphysik der Sitten (1797), in: Immanuel Kant Werke, hrsg. von E. Cassier, Bd.Ⅶ, 1922, S.142.
(72) Id., S.139.

I　基礎理論

(73)　カントは、「もしある者が殺人の罪を犯したならば、彼は死ななければならない。この場合には、正義を満足させるための何の代償物もない」(Id., S. 140) と述べている。

(74)　ホセ・ヨンパルト「人間の尊厳と自己決定権」法律時報69巻9号45頁（1999年）（さらに、同『法の世界と人間』163頁（2000年）参照）。

(75)　芦部『憲法学I』56―60頁（1992年）、同『憲法・新版・補訂版』10―12頁（1999年）参照。

(76)　川添利幸「平等原則と平等権」公法研究45号1頁以下（1983年）参照。さらに、内野正幸『憲法解釈の論理と体系』360―63頁（1991年）、阿部照哉「法の下の平等」阿部照哉＝野中俊彦『平等の権利』81―84頁（1984年）参照。

(77)　戸松秀典『平等原則と司法審査』306―7頁（1990年）、野中俊彦「憲法における原則と権利」小林直樹古稀祝賀『憲法学の展望』565―74頁（1991年）参照。なお、芦部は、権利・原則区別論が当事者適格や主張の利益の問題に「とくに注意する必要がある旨を明らかにした点」に意義を認めている（芦部『憲法学III〔増補版〕』19頁〔2000年〕）。

(78)　政教分離原則＝人権説を主張するものとして、高柳信一「政教分離判例理論の思想」下山瑛二ほか編『アメリカ憲法の現代的展開2』222頁（1978年）、大須賀明ほか『憲法講義II』98頁、〔笹川紀勝執筆〕（1979年）、横田耕一「信教の自由の問題状況」11頁（1982年）；後藤光男「政教分離と信教の自由の原則」早稲田法学会33巻119頁（1983年）；樋口陽一ほか『注釈日本国憲法』上巻410頁〔浦部法穂執筆〕（1984年）などがある。

(79)　Starck, in: v. Mangoldt/ Klein/ Starck, GG, Bd. 1, Art. 1 Abs. 1, Rdnr. 24.

(80)　BVerfGE 1, 332, 343; 12, 113, 123; 15, 283, 286.

(81)　Vgl. BVerfGE 27, 1, 6.

(82)　Nipperdey, Die Würde des Menschen, GR, Bd. II (1954), S. 12. そのほか、肯定説は、Stern, Staatsrecht, Bd. III/1, S. 26; Häberle, HbStR I, §20 Rdnr. 74; Benda, HbVerfR, §6, Rdnr. 8; Podlech, AK, Art. 1, Abs. 1, Rdnr. 61; Kunig, in: v. Münch/ Kunig, GG, Bd. I, Art. 1, Rdnr. 3; Ipsen, Staatsrecht II, S. 67f.; Höfling, in: Sachs, GG, Art. 1, Rdnr. 3 などである。

(83)　Dreier, in: Dreier, GG, Bd.I, Art.1I, Rdnr. 71f.

(84)　Dürig, in: Maunz/ Dürig, GG, Art. 1, Abs. 1, Rdnr. 4ff. 反対説として、ほかに、Geddert-Steinacher, Menschenwürde als Verfassungsbegriff, 1990, S.

164ff.; Gröschner, Menschenwürde und Selpulkralkultur in der grundgesetzlichen Ordnung, 1995, S. 45などがある。
(85) Starck, a.a.O. [Anm. 79], Rdnr. 25ff.
(86) Starck, a.a.O. [Anm. 79], Rdnr. 28.
(87) Starck, a.a.O. [Anm. 79], Rdnr. 23; Dürig, a.a.O. [Anm. 84], Rdnr. 4; Stern, a.a.O. [Anm. 82], Rdnr. 26.このことは、ドライヤーも認めている (Dreier, a.a.O. [Anm. 83], Rdnr. 67)。ドライヤーは、「直接適用される法」としての「人間の尊厳」が主観的権利ではなく、客観法である原理と捉えていることになる。

なお、反対説としては、Enders, Die Menschenwürde und ihr Schutz vor gentechnologischer Gefährdung, EuGRZ 1986, S. 398ff.がある。
(88) Starck, a.a.O. [Anm. 79], Rdnr. 25.
(89) Starck, a.a.O. [Anm. 79], Rdnr. 26.
(90) 種谷「生命、自由および幸福追求の権利㈡」岡山大学法経学会雑誌15巻1号88頁注(2)（1965年）。
(91) 野中・前掲注(77)、561頁以下。
(92) Dworkin, *supra note* 58, at 22ff. 76.
(93) 亀本洋「法におけるルールと原理(1)」法学論叢122巻2号36頁（1987年）。ドゥウォーキンとアレクシーの原理・ルール区別論を比較検討したドイツ文献として、J.-R. Sieckmann, Regelmondelle und Prinzipienmondelle des Rechtssystems (1990) がある。
(94) Alexy, Zum Begriff des Rechtsprinzips, in: Rechtstheorie Beiheft I (1979), S.59ff.; ders., Theorie der Grundrechte, 1985, SS.71—157; ders., Rechtsregeln und Rechtsprinzipien, in; ARSP Beiheft Nr. 25, 1985, S.13ff.
(95) 青柳・前掲注(9) 639 頁参照。
(96) 青柳・前掲注(9) 640-41 頁参照。
(97) Starck, a.a.O. [Anm. 79], Rdnr. 23.
(98) 青柳・前掲注(1) 34- 5 頁参照。
(99) Dreier, a.a.O. [Anm. 83], Rdnr. 35. さらに、青柳・前掲注(9) 641—42 頁参照。
(100) 樋口陽一や辻村みよ子も「切り札としての人権」という表現を用いている（樋口『憲法（改訂版）』155頁〔1998年〕、辻村『憲法』145—48頁〔2000年〕）。ただ、それらは、人権という言葉の用法という意味での人権の観念をめぐる文脈で用い

I　基礎理論

られており、また、樋口や辻村がどのような具体的意味・内容でそれを用いているかは明らかではない。絶対的保障という効力と結びつけて、人権の観念における質的限定説を語っているとすると、「切り札」とされる人権の範囲は、長谷部のそれより広い。

(101)　芦部・前掲注(59)、240頁 (1999年)。なお、「切り札としての人権」論に対する芦部の見解は、まだ公刊されていないが、芦部監修『注釈憲法』第2巻所収の憲法11条注釈において述べられている。

(102)　長谷部・前掲注(44)、154頁。

(103)　Dworkin, *supra note* 58, at 188—92.

(104)　Id., at 191-92.

(105)　長谷部「芦部信喜教授の人権論」ジュリスト1169号42頁 (1999年)。さらに、長谷部・前掲注(44)、121頁。

(106)　「個人の尊重」―「慎みある社会」論については、日独共同研究第2回シンポジウムの成果である『人権・生命倫理・環境』(仮題、近刊) に所収している青柳「日本の憲法学と比較憲法」参照。

5 「自然」の概念
―― 古代ギリシアおよびキリスト教の自然観に関する小考 ――

國 分 典 子

　　はじめに
　1　「自然」概念の多義性
　2　古代ギリシアにおける「自然」の問題
　3　キリスト教と「自然」
　4　古代ギリシアとキリスト教の「自然」の連関
　　おわりに

は じ め に

　近代科学の発展および環境問題の深化に伴って、自然と人間の関係についての見直しが様々な領域で行われるようになってきた。いわゆる「自然保護運動」という伝統的な範疇には収まりきらない「ディープ・エコロジー」、「エコソフィア」といった思想が登場し[1]、環境倫理の問題がこれまでの学問的アプローチを根底から揺がすテーマとして浮上してから、近代合理主義を生んだ西洋の学問様式、ひいては自然観自体が批判の対象とされてきている。しかし他方で興味深いのは、このような新しい環境倫理の思想も主に西洋思想の内部から、すなわち伝統的な西洋の学問基盤のなかで生まれてきたものだということである。
　ディープ・エコロジーは、生態学的平等主義あるいは生命中心主義的思想であるとされる。それに対して従来の自然観は「人間中心主義的」と位置づけられている。この区分からゆけば、「自然保護」という考え方は必ずしも前者の考え方に立つものではない。なぜならば、そこには人間の利益のために資源利用の効率を考えなくてはならないという功利主義的理由づけが含まれる余地があるからである[2]。生態学的平等とは、人間を特別視せず、自然の倫理的地位を少なくとも人間

I 基礎理論

と同等なものとして位置づける考え方である。またこの考え方は、他方では人間に抑圧されたマイノリティの開放として自由主義の範疇の議論からも論拠づけられる[3]。すなわち、環境倫理は奴隷開放、女性開放といった一連の自由と平等の発展過程上の問題であり、現代的な環境思想の基盤に位置するのは「自由」と「平等」という近代社会の根本価値であるとされるのである。この点でディープ・エコロジーの思想はこれまでの近代西洋の生んだ価値観を塗り替える新しい価値観の提示ではないということに注意しておきたい。

ディープ・エコロジーという言葉を作り出したアルネ・ネスは、自然を自己の外部にあるものと捉えるのではなく、拡大された自己自身として捉えるべきであるとしている[4]が、問題は、端的には人間が自己をどう捉えるか、すなわち自然との関係において自らの存在をどこに位置づけるかという視点にある。その意味でこの問題は基本的に人間論の問題であり、それが故に実際、環境倫理の哲学的思索の多くは「人間」に関する哲学、宗教思想の延長線上で議論されてきた。しかし、なぜ人間論に帰着するのかについては、「自然」概念の側面からも考察しておくことが必要であるように思われる。

もとより筆者は、古代以来、常に学問の根底に位置したと考えられるこの深遠なテーマについて議論するに足る能力を持ち合わせているわけではない。にもかかわらず、ここで、自然の概念、――特に本稿では、現代の「自然」概念の基礎にあると考えられる古代ギリシアおよびキリスト教の自然観に焦点を当てるのだが――を敢えて問題とするのは、環境倫理の議論の根底に「人間」と「自然」という抽象的概念がある一方で、西洋の「自然」概念が多義的であり、「人間」が論ぜられる反面、「自然」の本質が不明確なままに自然と人間の関係の議論が進められているのではないかという素朴な疑問があったからである[5]。そこで、極めて粗雑な試論ではあるが、現代の環境倫理の議論を生み出す背景にある西洋的自然観の基本構造とは何であったのかを考えることで、西洋的思考ないしその自然観念が生んだ2つの方向性、すなわち人間中心的自然観と生態学中心主義の論争の意義を考え直す事を本小論の課題としたい。

5 「自然」の概念［國分典子］

1 「自然」概念の多義性

　辞書の「自然」の項を見てもわかるように、本来の東洋の自然概念以上に、natureの訳語の意味はさまざまである[6]。西洋的自然概念としてnatureを考えるならば、その語源は英語やフランス語からさらに溯らなければならないということになるが、「自然」に当たる語は既にギリシアの時代からひとつではなかった。

　西洋の自然概念に触れる多くの資料はギリシア語の「ピュシス」を自然概念の淵源として挙げている。確かに現在邦語訳で「自然」とされているものの原語の多くはピュシスであるが、自然概念を表わすものはピュシスのみではない。ソクラテス以前の自然観を考察する廣川洋一は、自然概念を分類して「『生み出されたもの』、したがってそれは『生命あるいは生命原理としての魂（プシューケー）をもつもの、生けるもの』」である自然万有（ピュシス）、「生命ある元のものから、同一のプロセスのもとに生み出されたいっさいのものを含む総体（パンタ）、全体的包括者」としての自然万有、「一定の秩序ある構造をなす、あるいは端的に数学的構造をなす秩序世界（コスモス）」としての自然万有の3つにまとめている[7]。さらにそこでは「ピュシス」が紀元前6世紀後半に用いられるようになった「パンタ」（タ・パンタ）や「コスモス」よりもあとで、「自然の総体」としての意味をもつようになったことが指摘されている[8]。ソクラテス以前の思想家たちの多岐に亙る用語法を体系的に分類、整理する事自体、困難な作業ではあるが、少なくともこの指摘のように、一般にピュシスが今日の「自然」を示すに最も近いと考えられている[9]一方で、現代においても用いられ続けているコスモスということばが「自然」の意味をもっていることには、特に注意しておきたい[10]。ここではまず、こうした古代ギリシアの「自然」概念から現代に繋がる問題点を以下に考察することにする。

I 基礎理論

2 古代ギリシアにおける「自然」の問題

　ギリシアにおいて自然学（ピュシカ）は哲学でもあった。先に見たように、ピュシスにはプシケに繋がる魂をもった生けるものとしての自然万有という意味があったが、「自然の世界には精神が充満し浸透している」[11]という考え方は、ギリシアの自然学に、自然と神と人間という後世の西洋世界が分離しようとしたディメンションを統合的に理解する学問としての性格を与えた。このため自然学はおよそすべてのことがらをその考察対象とする事となったのである[12]。「自然」のもつ精神性を考えることは、自然界に一定の構造、秩序を考えることにも繋がる[13]。この意味での「自然」はピュシスではあるが、秩序を有する統一体としてのコスモス概念に通ずるものである。その後の西洋哲学に最も大きな影響を残したアリストテレスの自然学はまさにピュシスにコスモスとしての秩序を見出そうとするものであったといえる[14]。

　このピュシスとコスモスとの結びつきを考えるにあたって、おそらくその手がかりとなりうるものとして、ノモスとピュシス、コスモスとカオスという対概念がある。

　ノモスは、ピュシスとの対比、対概念として取り上げられるが、一方で語源をコスモスと同じくする概念でもある。ハイニマンの『ノモスとピュシス』によれば、対概念として両者が現れるのは、ヒポクラテスの『空気、水、場所』においてそれぞれ「習慣」と「生得の素質」[15]を意味して用いられたことに始まる。「生起」「生成」といったピュシスの意味は「生成したもの」として「外見」「容姿」といった意味にも発展した[16]。一方、ノモスはヘシオドスによれば、ゼウスが人間に与えた掟として説明されて、法の意味を有する[17]。

　ピュシスとノモスはアンチテーゼとして発達してきた概念であると考えられてはいるものの、その位置づけは必ずしも一定していない。そもそもともに価値中立的概念であったにもかかわらず、対概念として構成されるうちに、あるときはノモスは正常で正しい真の本質たるピュシスに対する人為の鎖と考えられ、また

あるときは本能のままの無秩序たるピュシスをノモスが秩序付けると捉えられるなど、時によってその価値を変化させつつ、発展してきたのである。

どちらに価値を見出すかは別として、対概念として２つを理解する前提に共通していると考えられるのは、人為とそうでないものという区別である。この相違を前提にどちらに正当な価値を見出すかを考える場合、基礎となるのはピュシスをどう捉えるかであろう。すなわち、人為でないものを単なる無秩序とみるかそれを正当な真の本質とみるかにより、ノモスの意義が確定してくる。そしてピュシスのうちになんらかの精神性を見出そうという思考は、このうち後者の見方、ピュシスを単なる無秩序ではないとする見方に属するといえる。コリングウッドのいうように「ソクラテス、プラトン、アリストテレスの研究の対象となった精神とは、つねに何よりもまず自然における精神であった」[18]が、このような精神性の重視は、ピュシスに一定の価値のあることを前提としてなりたつものであった。

他方、今日においては「宇宙」を意味するコスモスは、本来、秩序のある調和のとれた体系と理解される。「調和」のとれたものとしてのコスモスに相対する概念はカオスである。カオスは本来、世界が創られる前の混沌とした状態を指すとされ[19]、多くの神話における世界の始まりに関する叙述にはこのカオスが登場するという共通点が見られるが、このカオスから生み出されるのがコスモスである。ピュシスに一定の秩序ないし価値を見出そうとする方向性は、ある意味でカオスからコスモスへの「自然」の意味変化と見ることもできるものである。井筒俊彦は「コスモスとアンティ・コスモス」[20]において西洋哲学におけるコスモスとカオスの対立を東洋にはない有と無、存在秩序と存在解体との絶対的な対立であると述べている。このような西洋哲学の構造にはカオス的自然への否定が内在しているとともに、コスモスとしての秩序に存在する論理性を読み取ろうとする性格があるといえる。この意味で、井筒は西洋思想の特徴をデリダを引用して、「『ロゴス中心』的コスモス」と捉えている[21]。コスモスに論理性を見出すことは、その論理性の解明の欲求へと至る。自然法則の解明をその目的とする自然科学の発展はこの理解の下にこそ形成されてきたものであった。そして見方を変えれば、それは世界を論理の下に組み込むということをも意味したのである。

Ⅰ 基礎理論

　以上のことは、ピュシスおよびコスモス概念が先に言及したように「自然」に意味の有る存在としての位置づけを与える場合に共通の方向性を有することを示すとともに、ピュシスの非人為的精神性（生命原理）がその際、コスモスのロゴスあるいはコスモスの秩序の本質と同一視されるということを示す。こうしたギリシアの哲学はその「本質」の解明へ向けられる結果となった。これは具体的には世界を基礎づける自然法則さらには自然法の探求となって現われるのである。

3　キリスト教と「自然」

　ところで、人為でなくかつ論理的性格を有する世界の本質についての思想は、キリスト教においても展開される。先に見たカオス・コスモスという対概念は多くの他の宗教と同様、キリスト教においても創世記の冒頭において混沌から世界が作られる部分で現れる。また有名なヨハネ福音書の冒頭では、神とともにあって世界を創造するのはロゴス[22]であると述べられている。まさに井筒のいう「ロゴス中心的コスモス」がそこでは展開されているのである。そしてそのコスモスは神の創った被造物（creatura）の世界であった。
　そもそも、「自然」という言葉がほとんど使われていない聖書の世界では、「自然」に当たるものは被造物ないし被造物の形成する世界として神の支配の下にあるものと理解されるのであるが、このキリスト教の世界観はギリシア哲学とともに西洋社会の思想的淵源として重要な意義を果たし、今日の環境問題にも思想的に大きな影響を与えてきた。
　キリスト教の本質が現在の環境問題に与えた影響については、既に1960年代に大きくクローズ・アップされている。このテーマで必ず採り上げられるリン・ホワイトの1967年の論文は、自然搾取の背景にユダヤ＝キリスト教の人間中心主義、人間と自然の二分法、キリスト教のアニミズム批判があることを指摘している[23]。ローマ教会で発展したキリスト教が人間を神から選ばれた被造物の支配者として理解し、人間中心主義的思考を有するというのは、環境問題に関わるキリスト教の歴史的機能としてほぼ通説的理解となっているといってよいであろう。

5 「自然」の概念 ［國分典子］

これには無論、詳細な聖書解釈に基づく反論もある[24]。が、ここでは聖書の個別の記述よりも構造全体に目を向けて、「人間中心主義的」といわれる理解の根底にあると考えられるキリスト教の自然観を検討しておきたい。

　自然との関係で聖書全体を通して根本的により問題なのは、そもそも自然がほとんど問題にされていないということであろう。

　旧約で自然が重要なテーマとなっているのはおそらくノアの話である。この話では天地創造の箇所に類似した言及があり[25]、これも人間中心主義のひとつの現れとされているが、この話の最後では神と被造物との間に契約が締結される。この契約（創世記9・9—17）は神が人および生き物、すべての獣に対して二度と洪水を起こさないと誓う契約（文言上は契約だが実質は神の宣言のようなもの）である。ここでは神と人間との間でだけの契約ではなく、神と「大地の間に立てた契約」（同9・13）とも言い直される神と全被造物との間の約束という形がとられており、人間は、万物の代表として神との関係に立っているのではなく、被造物のひとつとして他の被造物と同列に神の前に立っている。

　しかし、このノアの話以後、聖書は完全に神と人間との関係に収斂して展開される。すなわちアブラハムに始まるイスラエルの民と神との契約に基づく歴史である[26]。アブラハムおよびその子孫との永遠の契約として立てられる契約によってイスラエルの民が生まれ、ここから国家の歴史が始まる。つまり、旧約ではこのときから記述は国家という人間社会と神との関わりの話となり、人間のみが考察の対象となるのである。神と人間との契約はさらに、モーセの時代にもう一度十戒の形で現れ、出エジプト記24章で、イスラエルの民は「声を一つにして答え、『私たちは主が語られた言葉をすべて行います』と言った」ことで主体的に（神の一方的宣言としてではなく）主の民として契約を締結するが、ここで民はひとつの団体人格として神との契約関係に立つことになる。こうした旧約聖書の契約概念は、一方では神と対峙する個人およびイスラエルという国家の、法的にみれば、人格の成立を示すものと見る事ができる。すなわち、神と全被造物→アブラハム一族→イスラエル民族と進んだ契約によって、イスラエルの民は自由意思をもって神との関係に入る主体的人格としての地位を獲得する。そしてイエス・キリス

I　基礎理論

トによって、この関係はイスラエルのみならずすべての個人と神との関係へと拡大され、普遍主義化するのである。

こうしたアブラハム以降の聖書の記述は、契約を結んだ者と神との関係を主題として扱うにとどまるという形態になっている。その結果として自然と人間の間の関係ないし自然と人間と神という三者の関係はもはや思考の対象にならなくなるというところに聖書の特徴があるのである。

以上の観点から見るならば、基本的に、ユダヤ－キリスト教では、契約によって展開される契約当事者、すなわち神と人間のみの領域を通して自然が理解されてゆくことになる。自然は神からの所与としてあるときは、荒れる海、枯れる木、黙示録に現れる天変地異などのように、神の力を表わし、あるときは人間の支配に委ねられる。しかし、それらはいずれも契約内容に関連する限りで登場するにすぎない。

このようなキリスト教の特徴には、そもそもヘブライ語に「自然」に相当する語がなかったこと、「いかにも砂漠で生まれた宗教として、ユダヤ教には自然の要素は希薄」だったこと[27]などが影響している可能性もある。が、ともあれ、こうした神と人間との契約関係の絶対的な重視は、一面でそれが神と対峙するユダヤ－キリスト教の高度な精神性および社会規範性を発展させることに寄与するものであったと同時に、精神性を重視することによって精神と自然との乖離を呼び起こすという結果を招いたと考えられるのである。自由意思において締結した契約という形で神との関係を結ぶ事によって法的人格者としての人間ないしイスラエルの民は権利を有しうる存在になったということができるが、この結果、アブラハム以降の旧約、新約の問題は、あえて法的な見方で捉えるならば、基本的には契約上の権利義務関係の問題として設定され、それに関わる以外での「自然」は問題とならなくなった。かつ他の宗教のように輪廻、生まれ変わりといった思想をもたないキリスト教にあっては、人間と他の被造物はそれぞれ別個のものとして、相互に交わることなく神の前に立つことになる。この結果、被造物間の関係は、神との契約内容に関わらない限りは、神との対峙とは無関係な問題として処理されるという傾向が生じたと考えられる。

しかし、キリスト教に関しては、別の意味で「自然」は根本問題を形成するものとして残ったということにも注意しておきたい。naturaないしピュシスは、現在のnatureやNaturの語に受け継がれているように、「本性」という意味を有する。この「本性」としてのピュシスは、とりわけ神の「本性」ないし神であり人であるキリストの「本性」の問題として、一方ではキリスト教の中心的問題となったのである[28]。キリスト＝神の本性を探ることは、「神の考えを追う」ことに繋がる。これは科学にキリスト教的使命を附与し、それを正当化することにもなった。科学の営みは、先に見た概念に従えば、被造物の世界すなわち神の創ったコスモスを通じて神を知るということを意味している。このコスモスはマクロ・コスモスのみならず、ミクロ・コスモス（人間自身をも指す）でもある。そうしてこの営みは、神と相対する人間の「本性」を探すという「自分探し」、あるいは人間の「本性」と神との関係について考えるということにも繋がっていったのである。これは他面では自然神学やそれを批判するバルト神学を生むとともに[29]、キリスト教的自然法概念を生んでもいる。　また、神は人間の精神的な本質であり、神は精神ないし理性であるとするフォイエルバッハの思想もこの点に結び付いているといえよう[30]。

4　古代ギリシアとキリスト教の「自然」の連関

以上から考えると、キリスト教においても「本性」としてのピュシスは、被造物つまり創られたものであるコスモスを規定するという性格をもっている。世界の根源にあるピュシスという考え方は、（ギリシア哲学からキリスト教への影響という側面が考えられるとはいえ）ギリシアにもキリスト教にも見出される共通のものといえる。この考え方は、ギリシアの思想について触れたように、キリスト教においても自然に内在するロゴス＝神の言葉の発見へと人間を向かわせる。神との契約は、一面では 人のつくったノモスの上にある自然法という意味を有するが、これは神のことばであるロゴスの具現化とも捉えることができるものである。こうして、ピュシスは人間中心主義的といわれるキリスト教においても重要な概念

I 基礎理論

として残ったということができる。しかしここでも、ピュシスに潜む精神性あるいはロゴスが重視された結果として、それ以外の部分は捨象されるという問題が出てくる。

この問題は、おそらくその後の学問に2つの方向性を与えたと考えられる。ひとつの方向性は、PhysicsとMetaphysicsとの分離という形で現れる[31]。自然学は既にアリストテレスによってphysicaのあと(=meta)に今の形而上学にあたる部分が記されたときにその分離を経験したともいえようが、それはさらに後者がキリスト教と結びつくことで神と人間との領域において神学、哲学の存在論を発達させた。もうひとつの方向性は、自然法則と呼ばれる自然の本質としてのロゴスの解明、すなわち論理、法則の解明に学問の焦点が絞られたということである。論理性は、自然がもつとされた「精神」に「理性的な」という形容詞を附与して捉え直させるものであった。ピュシスを語源とするPhysicsはこの形態で発展してきたといってもよいであろう。もっとも、これは自然科学の分野だけではない。人文科学においても社会科学においても、論理を追求することは学問の神髄であるとされた。

先に言及したギリシアやキリスト教の自然法概念の延長上に形成された近代合理主義の自然法、自然権概念によって展開される人間社会における「自然」概念もこれに対応している。自然法の観念は「有機的宇宙観と結び付いている」[32]といわれるが、それはコスモスという秩序を前提として考えうる普遍的規範体系ということができよう。キケロのいうように、自然法は「自然に従った正しい理性である」の[33]であって、まさに自然のなかのロゴスであった。それはキリスト教においては神の法の一部ということになる。この概念は神の世界から切り離された近代自然法の時代にあっても、理性の法という文脈を保ちつつ維持され、さらにこの自然法の範疇で、契約論、人間の尊厳に伴う自然権思想が生まれるわけであるが、いずれにしてもここでの自然は、秩序あるコスモスであり、ホッブズの自然状態の概念においてさえ、法を見出す基盤としての状態は全くのカオスではない。「自然」は現実の事象自体ではなく既に完全に理念としての「自然」であり、コスモスに内在するとされるロゴス自身と代わりない概念に変化している。

自然法にみられるような「自然」観念は、ベーコン、ガリレオ、デカルトらによって機械論的な近代科学が成立することによって科学の世界から切り離される[34]一方で、形而上学や社会科学の領域では維持され続けているといってよいであろう。ロゴス化された「自然」は人間社会の支柱として、自由や平等などという名を借りて君臨したのである。これは勿論「人間」社会の支柱となったという意味では人間中心主義的であったともいえる。しかし、このロゴス化された「自然」は自然の一部としての人間の自己自身を規定するものとして働くという意味では人間を拘束する。ネスのいう自己の拡大としての自然はこのような意味での「自然」理解の範囲での問題、つまり、ロゴス化された自然の範疇にある自由と平等の普遍化の一環として世界を理解する営みのひとつであるともいえよう。

おわりに

以上のように考える場合のロゴス化された「自然」の概念に対しては、おそらくむしろそれよりも近代科学によって切り離された残りの「自然」、つまり自然科学の対象とする「自然」の意味するところのほうが現代の環境倫理との関連ではより問題なのではないかという疑問が残るであろう。しかしここでも問題の本質はあまり変わらない。機械論的な近代科学が求めたのは、普遍的な自然法則すなわちロゴスの発見である。結局のところ、自然科学でも目は個々の現象自体ではなく現象を通じて全体秩序たるコスモスのなかの理念化された「本質」を見ることに向けられている。

およそ有機体的自然観から機械論的自然観への変遷のなかで喪失したのは、魂の問題であるといわれる[35]。それは自然のなかのロゴスから魂を捨象して考える機械論的自然観への批判でもあるわけであるが、こうした問題は「近代」の生んだ問題であるのではなく、そもそもピュシスがコスモスと結合する指向性をもった、あるいは古代の自然学がロゴスの探求を目指した時点で既に内在していた問題ではなかったかと考えられる。しかしながら、「魂」が具体的に何を指すかは争いのある所にせよ、ロゴスは一方ではこれまで見てきたように少なくとも人間社

I　基礎理論

会の支柱にある価値観という形では存続し続けているといえる。とすれば、問題は近代科学が分断したふたつの世界の「自然」をどう融合させるかということになろう。しかし、この問題は分断の基準となるもの、すなわち人間をどう捉えるかに関わってくる。この意味で、現在の環境倫理の問題は最初に述べたように人間の概念に中心があるといえる。そしてまた、最初に述べた人間と自然との関わりの2つの方向性、すなわち人間中心主義と生態学中心主義は、人間が自らをどのように規定した上で自らの認識したロゴスと対峙するかについての2つの方向性であるのである。

このように見るならば、環境倫理が提示した問題は、基本的には「ロゴス中心的コスモス」の範疇で構造主義の提示したテーマと同じであるように思われる。構造主義以降の世界観が果たして環境倫理を変革しうるのか。「自然」の問題は、ギリシア以来、今も西洋哲学の「本質」をなすテーマであり続ける。

(1)　ディープ・エコロジーを提唱したアルネ・ネス（Arne Naess）によれば「ディープ・エコロジー運動」とは「浅いエコロジー運動（Shallow Ecology）」と比較されるべきもので、後者が先進諸国の人々の利益を中心目標として汚染や資源の枯渇と戦うのに対して、(1)「環境における人間」という概念を抹消して「全体場」としての「生物」という概念を考え、(2) 原則としての「生物圏平等主義」を主張するものである。（Arne Naess and David Rothenberg, Ecology, Community and Lifestyle, Cambridge University Express 1989, pp. 27-28（なお、訳文はアルネ・ネス〔斉藤直輔・開龍美訳〕『ディープ・エコロジーとは何か―エコロジー・共同体・ライフスタイル』（1997年、文化書房博文社）48頁以下、参照）。また、同著のなかで、「エコフィロソフィー」は「エコロジーと哲学に共通した諸問題の研究」（p. 36、翻訳61頁）と定義され、それが「ある人の個人的価値基準、世界観でその人自身の決断を導く」場合（同）、すなわち「エコフィロソフィー」が実践と結びついた場合には「エコソフィ」と呼ばれるものと説明されている。なお、ネスの理論については開龍美「アルネ・ネスのディープ・エコロジー―自己実現から環境倫理へ―」哲学論集（上智大学哲学会）23号65頁以下、等、参照。環境論における「ディープ・エコロジー」、「エコソフィア」の位置づけについて青木重明「エコソフィアのロゴスと自然の権利」政経研究70号3頁以下、参

(2) Roderick Frazier Nash, The Right of Nature, The University of Wisconsin Press, 1990, p. 9（翻訳はロデリック・F・ナッシュ〔松野弘訳〕『自然の権利』(1999年、ちくま学芸文庫) 40 頁。なお、この訳著は 1993 年にTBSブリタニカから出されたものを文庫化したものであるがここで用いる翻訳の頁数は文庫版による) 参照。他に、鬼頭秀一「環境倫理学の哲学的再検討――学際的視点から」哲学（日本哲学会）47号、76頁以下等、参照。

(3) Ibid., p.10. 翻訳 44 頁。

(4) Naess, Ecology, community and lifestyle, p. 165、翻訳262頁。

(5) もちろん、自然概念に関する研究が一般的に少なかったというわけではない。ただ、「自然」に関する豊富な哲学的分析が、環境倫理を考えるに際しての「自然」概念との関連で語られることが比較的少なく、環境問題における「自然」は周知のものとして語られる傾向が強かったということである。そんな中で例外的といえるのは、「自然」概念の歴史的分析のなかで「人間」概念を位置づけて高い評価を得る藤原保信『自然観の構造と環境倫理学』(1991年、お茶の水書房) である。但し、同著はアリストテレス、ホッブズ、ヘーゲルの哲学を中心に据えて構成されており、本稿で扱うキリスト教については触れていない。

(6) 「自然」の多義性について、佐藤真人「調和的自然観の批判的考察－ヨーロッパ的思惟様式と日本的思惟様式の比較」現代のエスプリ1996年11月号72頁、参照。なお、natureとジネンは基本的に「人為」に対するものとして類似した意味を有している一方で、西欧的自然観においては「人間の精神や意識と対立する意味」を有するのに対し、「『自然』は主客未分の状態、境地」を意味しているとされる（高柳俊一「自然とキリスト教」ソフィア（上智大学）33巻2号53頁）。日本の「自然」の語の淵源について、木田元「自然的思索と形而上学的思考」大航海11号178頁、参照。

(7) 廣川洋一「ソクラテス以前における自然概念」上智大学中世思想研究所編『古代の自然観』(1989年、創文社) 21頁。

(8) 「ピュシス」はホメロス において「草木の生長・発育の結果としての形姿」を意味するものとして使われたのが初めであろうといわれているが、この言葉は誕生・起源、さらには性格、本性といった意味へと語義を広げていく。そして紀元前五世紀半ば頃には「全自然、自然の総体」を意味するものとなっていたようである（廣川・前掲3頁以下、参照）。

(9) 坂本賢三「コスモロジー再興」『新・岩波講座　哲学講座』第5巻 (1985年、岩

I 基礎理論

波書店）10頁は、「ギリシア語のピュシスと仏教語の『自然』はほぼ重なり合う」とする。他に、例えば、木田・前掲177頁、廣松渉他編『岩波哲学・思想事典』（1998年、岩波書店）中の伊東俊太郎「自然」の項、山口正春「キリスト教の自然間観と近代科学－啓蒙思想との関連において」政経研究（日本大学）22巻3号167頁。

(10)　このピュシスとコスモスの関係については、『新・岩波講座　哲学講座』の第5巻（1985年、岩波書店）が「自然とコスモス」というタイトルで刊行されており、そのなかの諸論文においてピュシスとコスモスの関係について言及されている。

(11)　Robin George Collingwood, The Idea of Nature, Oxford University Press, 1945, p. 3（翻訳はR.G.コリングウッド〔平林康之・大沼忠弘訳〕『自然の観念』（1974年、みすず書房）13頁）は、ギリシアの自然学をこうした原理に基づくものと捉えた。

(12)　古代ギリシアにおいても、プトレマイオスやヒポクラテスなどは数学、医学のような個別分野を体系化したが、こうした個別の科学はアリストテレスによって再び新たな総合科学的体系化へと導かれた。

(13)　コリングウッド前掲はこの点について、ギリシアの思想家たちは「精神が自然に立ちあらわれていることこそ、自然学を成り立たせるかの恒常性ないし規則性の源とみなしていたのである」（Collingwood, The Idea of Nature, p. 3、翻訳13頁）と述べる。

(14)　藤原・前掲書23頁は、アリストテレスの考える自然は「ある種の調和的秩序（コスモス）をなしていた」として、その目的論的自然観を「コスモスとしての自然」と位置づけている。

(15)　F．ハイニマン〔廣川洋一・玉井治・矢内光一訳〕『ノモスとピュシス』（1983年、みすず書房）（原著はFelix Heinimann, Nomos und Physis, 1945, Friedrich Reinhardt Verlag, Basel）7頁以下。

(16)　同109頁。

(17)　ヘーシオドス〔松平千秋訳〕『仕事と日』（1986年、岩波文庫）44頁。ハイニマン・前掲書68頁、参照。

(18)　Collingwood, The Idea of Nature, p. 5-6、翻訳16頁。

(19)　カオスは本来ギリシア語で「大きく開いた口」を意味し、現存する最古の用例はヘシオドス『神統記』中の「まず最初にカオスが生じた」（116行）であるといわれる（前掲『岩波哲学・思想事典』中の津田一郎「カオス」の項）。

(20)　井筒俊彦「コスモスとアンティ・コスモス」思想753号5頁以下。

(21)　同32頁。

(22) ヨハネ福音書のこのことばは、日本では通常「ことば」と訳されている。
(23) Lynn White, "The Historical Roots of Our Ecologic Crisis", Science 155, pp. 1203-1207 (Lynn White, Machina ex Deo, 1968 The MIT Pressに所収。同著の翻訳はリン・ホワイト〔青木靖三訳〕『機械と神』(1972年、みすず書房))。但し、ホワイトはこうしたキリスト教の影響をキリスト教の教義から論理必然的に帰結するものとするのではなく、ギリシア教会と比べ、ローマ教会の「罪は道徳的な悪であり、救いは正しい行動に見出される」(訳文は、翻訳89頁)とする「意志主義的」な神学のなかで現れたものと見ている。ローマ教会では「自然神学は……神の創造がいかに行われたかを発見することで神の心を理解しようとする努力になったのである」(同90頁)。そしてこのことは科学者に「神にならって神の考えを追うこと」を自らの「仕事と報い」と言わせる神学的動機づけとなったと述べる(同91頁)。またホワイトは、「われわれの科学と技術とは人と自然との関係に対するキリスト教的な態度から成長してきたものである」(同92頁)とする一方で、キリスト教のもう一つの発展可能性を示すものとして、同じ霊魂をもって神を崇めるものとして万物を理解したアシジの聖フランチェスコに「生態学者の守護聖人」の称号を与えている(同96頁。なお、Nash, The Right of Nature, p. 93、翻訳236頁によれば、1980年にヴァチカンもこうした提言を受けて、同じ称号をフランチェスコに与えている)。
(24) 聖書の個々の部分の解釈に基づくキリスト教の自然観に関して、例えば、荒井献「聖書における自然観」宗教研究69巻1輯25頁以下、安田治夫「生態学的危機の下での創世記2：7および2：15の意義と展開史」基督教論集(青山学院大学)38号17頁以下、芳賀力「自然の科学と自然の神学―生態系倫理の基礎論的考察」神学(東京神学大学)60号75頁以下、参照。また、ネスは、聖書の人間中心主義を批判するという姿勢をとるのではなく、「聖書は、大きく異なり、互いに相い容れない立場の典拠として、時代を通じて引用されてきた」(Naess, Ecology, community and lifestyle, p. 186、翻訳298頁)とし、聖書がエコソフィにとっても重要な素材を提供することを指摘する(Ibid., 183-189、翻訳292頁以下、参照)。
(25) ノアの話の祭司資料に基づく箇所(創世記9・2―4)は天地創造の祭司資料に基づく箇所(1―2・4ａ)と類似の内容を記し、被造物の支配者としての人間観を示していると批判される箇所のひとつとなっている。
(26) 創世記17章。
(27) 小田垣雅也「キリスト教と自然」基督教論集(青山学院大学)37号166頁、ま

I　基礎理論

た船本弘毅「イエスと自然——キリスト教の自然観をめぐって」関西学院大学社会学部紀要70号107頁、参照。
(28)　高柳・前掲60頁。
(29)　自然のなかに神の意志を見ようとするエミール・ブルンナー（「自然と恩寵―カール・バルトとの対話のために」原題：Natur und Gnade, zum Gespraech mit Karl Barth, 1934）とそれに対するカール・バルトの激しい批判（「ナイン！―エーミル・ブルンナーに対する答え」原題：Nein! Antwort an Emil Brunner, 1934）は人間の本質を巡る論争、すなわち神との関係において人間をどのように認識するかの論争であった（ブルンナー「自然と恩寵」およびバルト「ナイン！」はともに井上良雄他訳『カール・バルト著作集』第2巻（1989年、新教出版社）に所収。この論争について小田垣・前掲161頁以下、上田光正『カール・バルトの人間論』（1977年、日本基督教団出版局）27頁以下、参照）。
(30)　フォイエルバッハは、その著『キリスト教の本質』において「人間は対象において自己自身を意識する」とし、「人間の絶対的本質・神は人間自身の本質である」としている（Ludwig Feuerbach, Das Wesen des Christentums, S. 34f., in: Ludwig Feuerback, Gesommelte Werke (hrsg. von Werner Schuffenhauer), 1973, Akademie-Verlag, Berlin, 初出は1841, Verlag O. Wigand, Leipzig、翻訳は舟山信一訳『キリスト教の本質（上・下）』（1937年、岩波文庫）の上巻53頁以下）。フォイエルバッハの思想について、桜井徹「環境危機と『隠された宗教』―近代的所有観念の一素地」加茂直樹・谷本光男編『環境思想を学ぶ人のために』（1994年、世界思想社）81頁以下、参照。
(31)　坂本・前掲4頁以下では、この問題は別の視角から位置づけられる。すなわち、科学的宇宙論の発展によって、天国、つまり魂の故郷は失われ、科学は魂の問題を排除することによって成功を収めてきた。残された人間の日々の生き方としての魂の問題は、形而上学によって解かれるべく努力されてきたが、それはそもそも「科学では解けない問題なのだから、それを解くに当って科学的であろうとすればするほど問題は解けなくなってしま」い、こうして近代の形而上学の歴史は「挫折の歴史」となった（7頁）。
(32)　ポール・フォリエ、カイム・ペレルマン〔野嶌一郎訳〕「自然法と自然権」フィリップ・F・ウィーナー編〔荒川幾男他　日本語版編集〕『西洋思想大事典』第2巻（1990年、平凡社）291頁。
(33)　原文はEst quaedam vera lex recta ratio, naturae congruens (De Re Pubilica 3. 22. 33)。なお、岡道男訳「国家について」『キケロー選集』第8巻（1999年、

5 「自然」の概念 ［國分典子］

　　岩波書店）123頁は「真の法律とは正しい理性であり、自然と一致……」と訳している。キケロの自然法の定義について、ポール・フォリエ、カイム・ペレルマン・前掲293頁以下、参照。

(34)　この点に関連して、坂本・前掲21頁、参照。

(35)　村上陽一郎『近代科学を超えて』（1986年、講談社学術文庫）138頁以下（また関連して、注(31)も参照)。

6 憲法と国籍制度

近藤　敦

1　国籍の取得・喪失に関する憲法規定
2　防御権と国籍の剥奪禁止
3　制度保障
4　平等原則
5　日本における選択義務制度の検討

1　国籍の取得・喪失に関する憲法規定

　国籍の取得に関する憲法規定は、さまざまである。たとえば、アメリカ合衆国憲法14条は、「合衆国において出生しまたはこれに帰化し、かつ合衆国の管轄権に服する者はすべて、合衆国およびその居住する州の市民である」と生地主義を定めている。他方、たとえば、フィンランド憲法4条は「フィンランド国民の国籍は、フィンランド国民たる両親から生まれた者に属する」と血統主義を明確にしている[1]。しかし、日本国憲法10条のように、「日本国民たる要件は、法律でこれを定める」として、いずれの原理を採用するのかを明示しない憲法も少なくない。ドイツの憲法（以下、基本法）も、国籍の取得方法については言及していない。ただし、基本法116条は、「この基本法におけるドイツ人とは、法律に別段の定めがある場合を除き、ドイツ国籍を有する者、または……ドイツ民族に属する……者」といった特異な規定の仕方をしている。この点、血統による民族性を強調していることの評価が分かれる。

　一方、国籍の喪失に関する憲法規定は、表現の違いはあるものの、内容において大きな違いはない。たとえば、日本国憲法22条2項は、「何人も、……国籍を離脱する自由を侵されない」と定めており、解釈上、無国籍になる自由は保障されないと通説はいう。また、基本法16条1項は、「ドイツ国籍は、これを剥奪してはならない。国籍の喪失は、法律の根拠においてのみ許され、かつ、当事者の

I　基礎理論

意思に反するときは、その者が無国籍とならない場合にかぎって認められる」とある。無国籍者の発生防止に比重を置いた「国籍唯一の原則」と、個人の自由意思を尊重すべきとする「国籍自由の原則」がその根底にある。

　まず、各国の多様な国籍制度を理解する上で大事なことは、出生による国籍取得の原理について、生地主義と血統主義の二分法を硬直的にとらえることは避けるべきである。生地主義と血統主義は二律背反の関係にあるのではなく、両方の原理がますます融合してきていることを、今日の多くの国籍法制は物語っている。しかも、人の国際移動が盛んな現代では、「血統」と「生地」に加えて、「居住」の要素も、国籍取得の基準とされる[2]。

　そもそも、子どもの出生した国の国籍を取得する「生地主義」にも、無条件の生地主義と親の「居住」歴を条件とする生地主義がある。たとえば、今日のイギリスのように両親のいずれかがイギリス市民または永住者であることを要件とする生地主義国もある[3]。また、無条件の生地主義国であるアメリカでも、合衆国憲法14条所定の「管轄権 (jurisdiction) に服する者」とは、合法的な外国人の子どもの場合だけをさすといった解釈などを理由として、非正規滞在外国人の子どもに対し、出生による国籍取得権を否定する少数説も存在する[4]。1990年代には、無条件の生地主義をやめ、親の合法的居住を要件とする国籍法改正案も国会に提出されたことがある[5]。ただし、奴隷解放の歴史や制定者の明確な意思と結びついたアメリカの無条件の生地主義を改正するには、憲法改正が必要だというのが通説である[6]。無条件であればいっそう、条件付きであっても、生地主義国で生まれた外国人の子どもの場合には、二重国籍となることが多い。このことは、多くの生地主義国では、国外で生まれた自国民の子どもに国籍を付与する点で、血統主義の要素を今日では採り入れていることからもいっそう増大する。

　また、親の国籍を子どもが承継する「血統主義」においても、厳格な血統主義と厳格でない血統主義がある。フランスのように二世代にわたって自国で生まれた場合、すなわち移民の三世の場合には、「二世代生地主義」の要素を取り入れている厳格でない血統主義国も少なくない。この場合、移民の三世は二重国籍が認められうる。また、多くの血統主義国では、父系血統主義から父母両系血統主義

への移行に際し、ドイツや日本その他の国でみられたように、国際結婚で生まれた子どもの二重国籍を認めることが問題となる。この点、日本は22歳までにいずれかの国籍を選択する「選択義務制度」を採用したが、ドイツでは国際結婚の場合には、二重国籍を維持し続けることを認めている。

　人の国際移動の盛んな今日、多くの血統主義国では、とりわけ移民の一世および二世の二重国籍を認めるかどうかが焦眉の課題となっている。ドイツの国籍法も1999年におよそ85年振りに大幅に改正された[7]。伝統的な血統主義に生地主義の要素を大幅に補充し、帰化に必要な滞在要件を短縮した改正国籍法の目的は、ドイツで生まれた子どもとドイツに長いこと住んでいる外国人の統合のため、ドイツ国籍の取得条件を改善し、これまで時代遅れとなっていた法律を現代化し、ヨーロッパのスタンダードに合わせるためのものである。一方の親が、8年以上合法的にドイツに滞在し永住権を取得している場合、外国人からドイツで生まれた子どもはドイツ国籍を取得することになる。ただし、この生地主義により二重国籍を取得した者が、「23歳までに国籍を選択しなければならない」という条件がついている。また、8年以上（従来は15年以上）、滞在している外国人は、従来の国籍を放棄することなど一定の条件のもと、帰化が請求権として認められることになった。

　もともと、現在の与党の連立協定では、定住者の子どもの生地主義や、従来の国籍を保持したままの「帰化請求権」を提案していたので[8]、今回の改正に与党は必ずしも満足していない。すでに1993年から当時の野党であった社民党は、永住を条件とした移民の三世の「二世代生地主義」による国籍取得と二重国籍を容認する簡易帰化を打ち出していた[9]。緑の党は、より国籍取得の可能性を広げ、永住を条件とした移民の二世、すなわち永住者の子どもの「生地主義」と二重国籍を容認する帰化請求権を唱えた[10]。一方、当時の与党キリスト教民主同盟／社会同盟および自由党は、移民の三世に対し、国籍に準ずる「子ども国籍（Kinderstaatsangehörigkeit）」を認め、大人になったら通常のドイツ国籍に移行するか、外国籍を選択する。自由党は独自に、永住者の子どもが「生地主義」による国籍を取得し、21歳までに二重国籍を解消するための「選択義務制度」を提案していた[11]。した

I 基礎理論

がって、自民党は連立与党が妥協した改正法案がほぼ自民党案に基づくものだと歓迎し、この法律が統合に寄与するだろうという。他方、二重国籍に反対する500万人の署名を集めていた野党のキリスト教民主同盟は、この法案は統合に役立たず政策上誤っているばかりか、基本法16条1項の「国籍を剥奪してはならない」という規定との憲法上の疑義を主張していた[12]。しかし、連邦憲法裁判所への提訴はこれまでなされていない。選択義務制度に対する違憲判決が出た場合に、二重国籍を原則的に認める再改正が再度浮上することを懸念しているのであろうとの観測もある。

今回のドイツの国籍法改正は、政権交代により高まった二重国籍の気運が、ヘッセン州議会選挙での与党の敗北・連邦参議院の過半数割れでそがれ、やや二重国籍に消極的な自民党の意見を容れざるを得なかった事情に基づく。1998年末のドイツではおよそ人口の9％にあたる732万人の外国人が住んでおり、そのうちの50％以上は10年以上ドイツに住んでいる。毎年10万人ぐらいの外国人の子どもが生まれていることがこうした統合政策を必要とする背景である。さらに、二重国籍者の実例も有利に働いた。ドイツの場合、国際結婚で生まれた子どもの場合の選択義務制度はなく、ドイツ民族の東欧からの引揚者の場合は、従来の国籍を放棄することなくドイツ国籍を取得できる。緑の党によれば、すでに200万人（人口の2.5％）以上の二重国籍者がおり、忠誠の衝突などの不都合は生じていないという。

二重国籍をもつ国際結婚で生まれた子どもが大人になった場合に、日本は選択義務制度を課し、今回、二重国籍をもつ移民の二世が大人になった場合に、ドイツが選択義務制度を課すことの背景には、二重国籍の弊害に対する固定観念がある。従来、重国籍と無国籍は、国籍唯一の原則という国際法上の理想に反すると説明されることが多かった。しかし、今日では、無国籍の防止だけが重要であり、重国籍の防止は、国際法上の原則ではなくなってきている。

これまで、国籍に関する憲法学の取り組みは必ずしも十分なものとはいえない。本稿は主としてドイツの議論をもとに、選択義務制度を中心とする憲法上の基本的論点を整理する。ドイツにおける国籍法改正に対する違憲論と合憲論の論拠を

明らかにしながら、最後に日本国憲法の「国籍離脱の自由」についても若干の検討を加えるものである。

2 防御権と国籍の剥奪禁止

基本法16条1項によれば、「ドイツ国籍は、これを剥奪してはならない。国籍の喪失は、法律の根拠に基づいてのみ許され、かつ、当事者の意思に反しては、当事者がそれによって無国籍にならない場合に限り、許される」。ここで基本法は、「主観的な防御権」として、国籍を剥奪されない権利と、一定の範囲で喪失されない権利とを保障している。

国籍の「剥奪 (Entziung)」に関しては、基本法16条1項1文は、無制限に保障している。一方、国籍の「喪失 (Verlust)」に関しては、同2文は、制限的に保障しており、法律に基づくこと、当事者の意思に反しないことという制約を課しているにすぎない。しかし、剥奪と喪失の区別は難しいものがあり、この点、基本法はなんら明示していない。国籍の「剥奪」とは、憲法制定史の資料からは、行政行為により国籍をなくすことと説明された（行政行為説）[13]。ついで（行政行為にかぎらず）、判決や一定の人に向けられた措置法により国籍を一方的になくすことと解釈された（個別行為説）[14]。内容に即した定義として、当事者の意思なしに、または当事者の意思に反して、国籍をなくす行為といわれることが多い（意思説）[15]。また、この意思説のバリエーションとして、国籍をなくすことに対する当事者の回避可能性がないことも指摘される（回避可能性説）[16]。さらに、伝統的な喪失要件を超えたすべての喪失規定をさすとの意見もある（伝統説）[17]。これらすべての説や世界人権宣言15条の恣意的な国籍剥奪の禁止を結びつけて、解釈されることもある[18]。通説は、意思説と回避可能性説を併用して、「当事者の意思に反し、または当事者の意思のない、国籍の回避不能な喪失」を「剥奪」と理解しているようである[19]。

微妙な剥奪と喪失の違いは、意思説によれば、「喪失」の場合、当事者の意思が国籍喪失に向けられているのであって、「剥奪」の場合は、意思に反してなされる点にある[20]。また、回避可能説によれば、「喪失」は国籍保有者の行動と結びつい

I 基礎理論

ており、回避可能であるのに対し、「剥奪」はそれと結びついておらず、回避不能であると説明される[21]。この立場に連邦憲法裁判所は近く、1990年に、外国籍を取得したときに、ドイツ国籍を喪失することは、ドイツ国籍を剥奪する憲法違反にはあたらないという決定をしたことがある。同裁判所は、「剥奪」とは、「当事者が影響力を与えることができないドイツ国籍の喪失」と定義し、当事者の行動の結果として、外国籍を取得した際にドイツ国籍を喪失することは、「自己責任と自由な意思決定に基づく」ものであり、憲法に違反しないと判示した[22]。

今回の選択義務制度が「剥奪」にあたるとする違憲論の論拠は次の点にある。選択義務制度において、大人になった二重国籍者のとる行動には4つの選択肢がある。第1に、18歳から23歳までに外国籍を選択し、ドイツ国籍を放棄する。この場合は、自由意思に基づく決定であるので問題がない。第2に、この期間にいずれの国籍も選択しない。この場合も、外国籍の放棄によりドイツ国籍の喪失を回避できたのに、しなかったのであるから、これも自由意思に基づく回避可能な決定といえる。第3に、この期間にドイツ国籍を選択し、外国籍の離脱ができないことを証明しようとせず、外国籍を喪失する。この場合も、ドイツ国籍喪失について回避可能な決定権を当事者がもったものといえよう。第4の場合が問題であり、18歳から21歳までにドイツ国籍を選択するものの、たとえば外国がその国の国籍の離脱を認めていなかったり、その離脱が家族全員の国籍離脱手続を含むなど、外国籍の離脱が不可能または過度な要求である（nicht zumutbar）旨を申立て、当事者がこの立証を23歳までに行わないと、ドイツ国籍を失うことになる[23]。この場合は、国籍喪失に反対する当事者の明確な意思があるので、自由意思に基づくとか、回避可能であるということは困難であり、通説からいって、憲法に反する国籍の「剥奪」にあたる[24]。

他方、合憲論の論拠は、つぎの点にある。まず、通説の立場から、新法の定める国籍の喪失は、他方の国籍の放棄が可能であり、過度な要求でない場合にのみ、生じるのであるから、連邦憲法裁判所の判例が採用する「回避可能性」に合致するという[25]。ついで、通説よりも狭い意味に剥奪を理解する立場からは、「剥奪」を「当事者の意思に反し、または当事者の意思のない、国籍の回避不能な喪失」

と定義すると、基本法16条1項2文に矛盾するという。なぜならば、同項は当事者が無国籍者とならない場合にかぎり、当事者の意思に反して国籍の喪失が法律上許されることを前提としているからである[26]。基本法16条1項1文と2文の体系からすれば、当事者の意思に反する喪失がすべて、「剥奪」であるわけではない[27]。本項の目的と制定史からすれば、「剥奪」とはナチス時代のような差別的な「強制国籍剥奪(Zwangsausbürgerung)」を意味する[28]。もともと、基本法16条1項1文は、ナチス時代の反省からつくられたものであり、当時のような人種的および政治的迫害による「強制国籍剥奪」を憲法は禁じているのである[29]。ナチス体制化で、政治的に嫌われたドイツ国民が、とりわけ国外に滞在しているときに、国籍を剥奪された歴史からして、国籍喪失の特別なカテゴリーを「剥奪」は意味する。そこで、(許される)「喪失」とは、国籍法上の理由による国籍の終止であり、(許されない)「剥奪」とは、国籍法以外の理由による国籍の終止であるとの見解もある[30]。

しかし、この点は、国法秩序において、下位の国籍法の規定によって、上位の憲法における「剥奪」の内容が規定されることになり、論理的に逆転しているように思われる。また、社会の変化に伴い、ナチス時代の剥奪と現代の剥奪が、その形態や特徴を異にすることも当然ありうるのではないだろうか。個人の意思と回避可能性を基準とする違憲説の方が、「国籍自由の原則」の現代的要請に合致しているように思われる。

3　制度保障

基本法は、国籍を基本権的側面とともに制度的側面から保障しており、この両面から、立法者の裁量は一定の制約を受けるといわれる。しかし、制度保障の内容が何であるかは、難しい問題である。たとえば、制度保障は、歴史上、特徴的かつ本質的に創られてきた制度の類型を保障するというカールシュミットや[31]、歴史上生成された制度の概念を詳細に規定する規範や原則を保障するとの連邦憲法裁判所の言葉を援用して[32]、ドイツ国籍の制度保障は、(1)血統主義と、(2)国籍唯一の原則を含むといわれる[33]。さらには、(3)国籍の一体性という内容も加えら

I 基礎理論

れることがある。

(1) 血 統 主 義

　ドイツの国籍の歴史は、19世紀初頭ドイツの諸領邦国家の時代にさかのぼることができ、バイエルンなどでは、血統主義の国籍を定めている（もっとも、1842年の国籍法が厳格な血統主義を採用するまでは、プロイセンでは10年間の国内居住などを国籍取得の要件とする居住主義の要素も含んでいた）[34]。その後信、1870年の北ドイツ連邦の国籍法が血統主義を採用し、翌年、ドイツ帝国全土に施行され、1913年の国籍法 (Reichs-und Staatsangehörigkeitsrecht)[35]が、血統主義を採用し、今日に至ったのである。

　一方、基本法116条1項が「ドイツ民族所属性 (deutche Volkszugehörigkeit) を有した難民または被追放者、もしくはその配偶者または子孫であり、1937年12月31日の状態におけるドイツ帝国の領域内に受け入れられた者」[36]を、ドイツ国籍者と並んで、ドイツ人と定めており、同2項が「1933年1月30日から1945年5月8日までに、政治的、人種的、宗教的理由によって国籍を剥奪された旧ドイツ国民およびその子孫 (Abkömmlinge)」に国籍の回復を認めている点に、血統主義が規定されている。また、家族の保護に関する基本法6条1項および2項条が、血統主義を保障するとの意見もある[37]。

　そこで、違憲論によれば、「民族としてのドイツ人 (Volksdeutche)」を基本法116条1項にかかげ、家族の基本権の保障を同6条1項でうたっている規定からは、国籍は血統主義をかなめとしていることが導かれる。血統主義はドイツの法文化に合致する。ドイツ国籍の主要な輪郭ははっきりしており、血統主義を積極的に採用する基本の形は明らかである。したがって、生地主義を原則的に拒絶していることは、歴然である[38]。生地主義は国民国家の膨張または移民政策の制度であり、血統主義は家族の一体性を守り、親子の多様な関係を部分とする国家共同体を結びつけるのに役立つ。生地主義を補充し子どもの重国籍をもたらす規定は、国民のつながりを失わせ、ドイツを移民国家とするものであり、憲法秩序と法共同体にとっての国籍の本質的意義に反する[39]。

しかし、合憲論によれば、基本法116条は、誰がドイツ人かと言明しているが、誰がドイツ国籍保有者かとは言っていない[40]。剝奪と喪失の基準だけであり、憲法は国籍の取得に関する基準を含んでいない[41]。また、連邦憲法裁判所によれば、「国籍の取得と喪失の要件に関する規定、したがって、国民への所属を詳細に定める基準を、立法者に委ねている」[42]。立法者の裁量の余地が広く、民族的な特徴の明らかな国籍をつくるべきとも、生地主義によって血統主義を補充してはならないとも憲法には書いていない。もともと、国内で発見された棄児の場合は、出生による国籍取得を認めている。生地主義による国籍取得それ自体は違憲とはいえないとされる[43]。

この点、違憲論がいうようにほぼ厳格な血統主義を固守すべき明確な要請を認めるよりも、立法者の裁量が広く認められるとする合憲説の方が適当と考えられる。

(2) 国籍唯一の原則

多くの文献は、新しい国籍法と国籍唯一の原則について論じているが、その中身は重国籍回避原則だけを問題としており、無国籍防止原則の側面は、ここでは問題としていない[44]。

かつて、1930年の「国籍法の抵触についてのある種の問題に関する条約」の前文では、「各個人が1個の国籍を有すべきであり且つ1個のみを有すべきである」として、その理想は、「無国籍の場合及び二重国籍の場合をともに消滅させることにある」と定めている[45]。ついで、1963年の欧州評議会の「重国籍の場合の減少および重国籍の場合の軍事的義務に関する条約」（以下、1963年条約）、の1条1項では、「帰化、選択権[46]、または再帰化による明示の意思表示により、他の締約国の国籍を取得した締約国の成人は、従来の国籍を喪失するか、従来の国籍の維持を放棄する」旨を定めている[47]。また、連邦憲法裁判所や連邦行政裁判所の判例上、重国籍は、国内法上および国際法上の「弊害（Übel）」とみなされ、国家の利益の上でも、当事者の利益の上でも、可能なかぎり回避または除去されるべきと判示されたことがある[48]。

I 基礎理論

　違憲論によれば、重国籍は特殊な場合に「忠誠の衝突」が生じうることを見過ごしてはならない[49]。1963年条約上の義務から重国籍の回避が重要であるだけでなく、国民のアイデンティティを基礎づけ、国際関係を明確にする国籍の整序機能を守らなければならないという確信が大事である[50]。生地主義と同様、重国籍回避原則もほぼ200年妥当しており、ドイツの国籍の特徴をなしている。重国籍回避原則は、忠誠の衝突を回避し、逃げることのできない個人の結果責任を保障し、国民自らを運命共同体とみなすことを前提とする。一生涯の所属性、実効的同質性、統一への意思が基本法の国籍の本質であるという[51]。

　一方、合憲論によれば、二重国籍を可能にすることは、国際法に違反するものではない[52]。連邦憲法裁判所も認めているように、「若干の国際法の原則にかかわらず、どの国もいついかなる要件のもとに、誰が国籍を取得し喪失するかを自ら規律する。しかし、どの国も他国の国籍の取得と喪失に関する法規定を定める国際法上の権限を有しない。ゆえに、現行の国際法は、重国籍を禁じていない[53]」。したがって、「国際法の一般的諸原則は連邦法の構成部分である」と定める基本法25条に、立法者は拘束されない[54]。また、重国籍は憲法上禁止されていないばかりか、逆に、部分的には憲法に起因したり（基本法116条1項・2項）、要請されている（同3条および6条）[55]。

　この点、今日の国際法の発展は、国家の利益という観点だけでなく、二重国籍を個人の利益のためにしだいに認めるようになってきた[56]。とりわけ、移民の定住化に伴う移民2世の統合の必要性、国際結婚の増大に伴う家族の国籍の一体化に対処すべく、1993年に、欧州評議会は1963年の条約の「第2選択議定書」1条において、移民先の「国で生まれ、居住しているか、18歳以前に一定期間常居所を有している者」、国際結婚の「配偶者」および両親の国籍が異なる「未成年者」の場合には、従来の国籍を放棄する必要をなくした[57]。さらに、1997年には、欧州評議会は、1963年条約を根本的に見直し、重国籍を認めるかどうかは各国の自由判断に任せるとの「中立的」な立場から、新たに、「ヨーロッパ国籍条約」を定めた。その15条において、「別の国の国籍を取得または保持する国民が、その国籍を維持するか、喪失するか」について、「国内法で定める締約国の権利を、こ

の条約の規定は制限するものではない」と明示している(58)。したがって、ヨーロッパでは、国籍唯一の原則は、大きく修正され、重国籍がいっそう認められる傾向にある。EU諸国およびトルコにおける重国籍の状況は、おおむねつぎの表に示されている。

表　EU諸国およびトルコにおける重国籍の状況

	生地主義	生地主義の優勢な混合形態	混合形態	血統主義の優勢な混合形態	血統主義
重国籍は問題がない	(ポルトガル)		ベルギー フランス ギリシア アイルランド (帰化の場合) イギリス	(オランダ) ポルトガル トルコ	イタリア デンマーク (帰化の場合)
重国籍が原則大きな例外あり					
重国籍が例外的に可能だが制限的			(ドイツ)	フィンランド オランダ スペイン	ドイツ ルクセンブルク オーストリア スウェーデン
重国籍の排除					

出典：*E. Kürsat-Ahlens*, in: Innenausschß des Deutchen Bundestages (Hg.), Reform des Staatsangehörigkeitsrechts-Die parlamentarische Beratung-, 1999, S. 293.

1990年代になって、これまで、重国籍を回避してきたイタリアやスイスが原則として重国籍を認める法改正をした(59)。表のなかの括弧は、懸案中の法改正後をさす。ただし、この表の重国籍を例外とするグループには大きな幅があり、多少の補足が必要であろう(60)。オランダの実務は、すでに重国籍を大幅に認めるようになっている(61)。スペインは、南米諸国などとの条約においては、二重国籍を広く認めている(62)。北欧諸国は、そこで養育された外国人が21歳から23歳までに選択権で国籍を取得する場合には、従来の国籍放棄は要件とされておらず、二重国籍を例外的に認めてきた(63)。このうち、スウェーデンでは、2001年1月をめど

I 基礎理論

に二重国籍の問題のない国籍法に改正する法案を準備しており、ほぼ同じ国籍法を有してきた他の北欧諸国にも同様の改正を呼びかけている[64]。すでに、1992年の研究において、1963年条約を締約した13ヵ国のうち、移民の2世の帰化に際して、従来の国籍の原則的放棄を定めていたのは、ドイツ、オーストリアおよびルクセンブルクにすぎないことが明らかにされていた[65]。こうした国際傾向を反映して、今回のドイツの国籍法改正がなされたのである。したがって、この点の違憲論を支持することは困難である。

(3) 国籍統一の原則

国籍統一 (Einheitlichkeit der Staatsangehörigkeit) の原則は、必ずしも多くの論者に共通する論拠ではないものの、平等な人間の尊厳の観念に基づく、平等原則と不可分に結びつくといわれる[66]。また、基本法20条2項が「すべての国家権力は、国民に由来する」と定めており、この民主主義原理をもとに、「民主主義的平等」の要請から、国籍の統一性原則を導く議論がある。

違憲論によれば、選択義務を伴う「新しい形式の国籍」は、血統や帰化による「通常の形式の国籍」と比較して、この構成員資格がもつ「無条件かつ無期限」という本質基準を切り捨てた「国籍の変種」つくるものであるという[67]。イギリスの国籍は、複数のカテゴリーに分かれているが[68]、ドイツの国籍は単一の形式をもつ必要がある。基本法16条1項が単数形の定冠詞を国籍の単語の前に付していることも、国籍の統一性の要請を導き[69]、国籍を複数のカテゴリーに分けることは、同20条2項が国家権力の正当性根拠を統一的な国民に置いている民主主義原理に反する[70]。つまり、選択義務を伴う国籍の第2のタイプをつくることは、民主主義的平等に反し、違憲となる。

一方、合憲論によれば、選択義務制度により、重国籍を回避する目的を尊重することは「立法者の広い裁量」において許されおり、選択義務を伴う国籍も、「ドイツ国籍の権利・義務をすべて内容として含んでいる」ので、マイナーな国籍とはいえない[71]。

この点、国籍の概念について、違憲論の場合は、そこから権利・義務が直接に

生ずるのではなく、他の法規定が国籍と結びつくことによってのみ権利・義務が生ずる、多くの権利・義務がそれに基づいて示されるところの「資格（Status）」とみている[72]。したがって、この資格は原則的に、無条件かつ一生涯、その保有者に帰属すると考えている。一方、合憲論の場合は、国籍を一定の権利・義務と直接に結びつく、国民と国家との「法関係（Rechtsverhältnis）」と理解しているとの分析がなされている[73]。しかし、かつては国民（臣民）の忠誠義務と国家（君主）の保護義務が、国籍の概念にとって必然的な要素とされていたが、今日の通説は、国籍から一定の権利・義務が必然的に導かれるとは考えられていない[74]。たとえば、参政権と兵役義務が多くの国で国籍と結びついているとみなされることがあるもの、参政権の保障されない専制国家でも、国籍は存在するし、地方参政権が定住外国人やEU市民に認められる国もある一方[75]、二重国籍者は、他方の国籍国では兵役を免除される[76]。国際法上は、1997年のヨーロッパ国籍条約2条により、国籍を「個人と国家との間の法的紐帯（legal bond）」と定義しており、1955年のノッテボーム事件判決の影響を受けているものの、そこにみられる「相互の権利・義務の法的紐帯」という表現は回避されている[77]。また、そもそも国際法上の国籍概念と国内法上の国籍概念が、同じである必要はない。そこで、憲法上、最も適当な国籍概念が求められる必要があり、法関係よりも、「資格」とみる方が、定義としては無理が少ない。国籍という資格が、ある時期に選択義務を伴う場合と、そうでない場合とが不平等なことについては、やはり憲法上の疑念をぬぐえないといわざるをえないであろう。

4　平 等 原 則

(1) 一般平等原則

基本法3条1項は、「すべての人は法律の前に平等である」と一般平等原則を定める。違憲論によれば、二重国籍者と単一のドイツ国籍者とのあいだでは、合理的な理由なしに、不平等な取扱いがなされるので、基本法3条1項に反するといわれる[78]。他方、合憲論によれば、外国籍はドイツの法秩序ではなく、外国の

I 基礎理論

法秩序から導かれるものであり、ドイツの平等原則は外国の法秩序や国家権力を拘束するものではない。基本法はドイツ国籍に加えて、外国籍をもっているかどうか、外国籍からどのような権利・義務が生ずるかについては無関係であり、基本法から生じる権利・義務が平等であるかどうかだけを規律するにすぎない[79]。

この点、二重国籍者が個人的にも外交上の保護などにおいて不利益を受けると説明されてきたかつての反対論が、今日では二重国籍者優遇論に様変わりしてきている事実は興味深い。しかし、移民の統合の必要性、国際結婚に基づく家族の自律などを合理的な理由と考える余地は十分にあろう。

(2) 血統による差別禁止

また、基本法3条3項は、「何人も、その性別、血統（Abstammung）[80]、人種（Rasse）、言語、出身地（Haimat）、および門地（Herkunft）、その信仰、宗教的または政治的見解を理由として、不利益を受け、または優遇されてはならない」と規定する。

違憲論によれば、一方で、血統主義・発見[81]・帰化によって国籍を取得した者は、自らの関与なしに（一般的には）国籍を失わない。他方で、選択義務のある当該ドイツ人が外国籍の喪失証明に失敗したり、外国籍の保持の許可を退けられたときに、ドイツ国籍を失いその参政権を行使できない。この両者のあいだには、基本法3条3項の血統による差別があるという。連邦憲法裁判所の判例により、血統とは、「人の先祖（Vorfar）との自然な生物学的関係」と定義されている[82]。国籍が無条件であるかどうかの決定には、先祖との関係が重要な役割を果たしている[83]。

合憲論によれば、基本法3条3項の規制力は相対化されており、血統ではなく、その「本質」に基づいている区別の場合は例外となり、また、帰化と比べると、保護と忠誠の双務関係が選択義務者の場合にもあるかどうか不確かなので、この区別は正当化されるという[84]。

この点、生まれによる区別が正当化される論拠として、重国籍が弊害をまねくことが大前提となっていると思われるが、この大前提がくずれてきている今日、

正当化の根拠は相対的に弱まるといえよう。

(3) 男女平等と国際結婚の場合の家族の権利

基本法3条2項は「男性と女性は同権である」と定める。日本と違って、ドイツでは、国際結婚で生まれた子どもは、大人になっても、国籍を選択する義務はない。しかし、連邦憲法裁判所も確認しているように、ドイツ国籍を有する一方の親の血統からして、国際結婚で生まれた子どもの場合は、高度な統合とドイツとの強い結合があり、立法者には一定の区別をする実質的な理由があるとされる[85]。重国籍の非解消による特別の喪失事由が、生地主義で取得した国籍のみに向けられているにもかかわらず、この区別は基本法3条1項に反するものではない。なぜならば、国際結婚の場合、基本法6条1項および2条で特別に保障された両親および出身国との関係があり、成人に達したにもかかわらず、この2つの関係は許容され、結局のところ必要とされるからである。国際結婚の場合と生地主義の場合の違いは、子どもの国籍と生まれた国との関係が、基本権を背景としているか否かにある。こうした事情から、両者の異なる取扱は正当化されうるという[86]。

その他、出訴権に関する違憲論もみられた[87]。なお、ヨーロッパ国籍条約をドイツがこれから締結・批准するに際して、その14条1項に「締約国は、異なった国籍を出生の際に自動的に取得した子どもに対し、これらの国籍の保持を認めるものとする」という規定がある。ドイツの国籍選択義務制度はこの規定に反し、いわばヨーロッパのスタンダードに反するとの意見もあり[88]、今回の法改正は、さらなる国籍法改正の第一歩と見る見解もあることを付言しておこう。

5 日本における選択義務制度の検討

(1) 国籍離脱の自由

さて、ドイツ基本法16条の国籍剥奪の禁止および無国籍の防止の内容と、日本国憲法22条2項を比較することは興味深い。日本国憲法22条2項は、「何人も、外国に移住し、又は国籍を離脱する自由を侵されない」と定めているにすぎ

Ⅰ 基礎理論

ない。しかし、一般に、「無国籍となる自由」を憲法は認めていないという解釈がなされる。他方、ドイツでは国籍剥奪の禁止、すなわち「国籍を離脱しない自由」の問題が重要とされるのに対し、日本では「国籍を離脱する自由」のみが問題とされてきた。

そもそも、ある行為をする自由とは、ある行為をしない自由を当然に含む概念と思われる。他の人権条項を考えてみても、一般に、憲法の定める自由権は、ある行為の自由を定める明文によって、ある行為をしない自由をも保障している。ただ、「国籍を離脱する自由」の場合は、国際法上の理想から、無国籍防止の条件がついているだけであるのに対し、「国籍を離脱しない自由」の制約の幅は、もっと広いことが予想される。その際、ドイツの通説が導き出した基準は、「当事者の意思に反し、または当事者の意思のない、国籍の回避不能な喪失」を国が行わないという点にある。法的拘束力はないものの、世界人権宣言15条2項が「何人も、ほしいままにその国籍を奪われ、又はその国籍を変更する権利を否認されることはない」と定めていることは、国籍離脱に関する国際基準を示す。さらに、1997年のヨーロッパ国籍条約14条1項によれば、「締約国は、異なった国籍を出生の際に自動的に取得した子どもに対し、これらの国籍の保持を認めるものとする」とある。したがって、日本における重国籍者が原則として22歳までに国籍を選択する義務（国籍法14条）は、「国籍を離脱する自由」（憲法22条2項）に反するという解釈は、近年の国際法上の理想から、望ましいと考えるべき十分な理由があるように思われる。重国籍の弊害を唱える「国籍唯一の原則」よりも、家族の一体性や、国籍に関する個人の自己決定を尊重する「国籍自由の原則」を、近年の欧米社会は尊重するようになってきている。

(2) 生まれによる差別禁止と法の下の平等

また、ドイツでは「血統」による差別禁止が、選択義務のある国籍保有者と、その他一般の無制約な国籍保有者とのあいだにおいて、問題とされた。日本でも「生まれによる差別禁止」が、日本国憲法14条から問題となる。14条後段の差別禁止事項は、一般に列挙主義と考えられている。そこで、「出生によって決定され

る国籍」が「門地」に含まれると否とにかかわらず、選択義務の条件が付された国籍保有者は、生まれによる不合理な差別を受けることになる。重国籍を回避しなければならない国際法上の要請があるならば、その合理性が肯定される余地も生ずるかもしれないが、今日、そのような要請はもはや確認されない。したがって、無制約な通常の国籍とくらべて、条件付きの国籍は、いわば 2 級の国籍を意味することになりかねない。

(3) 男女平等と家族の権利

最後に、ドイツ基本法 3 条 2 項が男女平等を定めることと、日本国憲法14条が「性別」による差別を禁じていることは、基本的には違いがない。さらに、女性差別撤廃条約 9 条 2 項において、「締約国は、子どもの国籍に関し、女性に対して男性と平等の権利を与える」と定められている。父系血統主義から父母両系血統主義へと両国は国籍法を改正することになるのに先だって、裁判所の憲法判断がなされたことがある。1974年のドイツ連邦憲法裁判所の決定は、従来の父系血統主義を採用する国籍法規定を、無効とすることなく、立法者の法改正作業に委ねる形で、基本法 3 条 2 項に違反する旨を確認した[89]。一方、1982 年の東京高裁判決は、「父系優先血統主義は今日では十分に合理的なものとはいえない」としながら、男女平等違反を除去する方法として複数の選択肢が考えられる場合には、裁判所ではなく国会が判断すべきであるとした[90]。

他方、ドイツ基本法 6 条 1 項は、「婚姻および家族は、国家秩序の特別の保護を受ける」と定めている。これに対し、日本国憲法 24 条 2 項が「婚姻および家族に関するその他の事項に関しては、法律は、個人の尊厳と両性の本質的平等に立脚して、制定されなければならない」と定めている。この違いも大きなものと理解すべきではないであろう。日本においては、従来、家族の権利の保護の観点が、ドイツに比べてあまり意識されてこなかったように思われる。国際人権規約・自由権規約23条にもあるように、「家族は、社会の自然かつ基礎的な単位であり、社会および国家による保護を受ける権利を有する」のであって、同 17 条により「何人も、その私生活、家族、住居若しくは通信に対して恣意的に若しくは不法に干

I 基礎理論

渉され」ない。日本が締結したこの条約を誠実に遵守するためにも、国際結婚で生まれた子どもの国籍は家族の自律と一体性を尊重すべきである。成人してからも、父母との国籍上のつながりを維持したいという家族の構成員諸個人の意思がある場合には、無理にいずれかの選択を義務づけることは、日本国憲法24条2項所定の「個人の尊厳」に反することになる。さらに、父母のそれぞれの国を往来し、人格を自由に発展させる権利は、国籍の異なる父母をもつ個人の幸福追求権として、同13条においても十分に保障されるべきである。

以上の考察から、国籍法14条所定の国籍選択義務制度は、日本国憲法22条2項、14条に違反し、国際結婚に基づく場合は、さらに同22条2項および13条に違反するおそれが大きいことがドイツとの比較から確認される。そもそも、かつて日本の国籍法に影響を与えた[91]ドイツの国籍法の改正は、今後の日本を考える上で、大きな影響を与えることが予想される。国民国家のメンバーは、多様な形で存在しうることをすでに多くの国が実証しており、人の国際移動と国際結婚の盛んな今日、重国籍回避原則を墨守する国籍制度は時代遅れのものとならざるをえないであろう。21世紀の国籍制度の指針は、1997年のヨーロッパ国籍条約にすでに示されており、加盟国をヨーロッパにかぎらないこの条約は日本に対しても門戸が開かれていることも付言しておこう。憲法の諸規定と諸原理を、国籍の取得原理と喪失原理との相関関係のうちに検討した本稿は、紙数の関係から憲法政策論に深くは立入らず、解釈論に焦点をあてた。また、帰化制度の改正問題も稿を改めたい。憲法22条2項が「何人も」、「国籍を離脱する自由を侵されない」と定めているにもかかわらず、もっぱら「日本国民」の日本国籍離脱の自由を定めた規定であると一般に理解されている。しかし、国籍を離脱する自由とは、国籍を離脱しない自由を含むと解すれば、同項は帰化における従来の国籍放棄（国籍法5条5号）の条件を不要とするヨーロッパの国籍法の新傾向を先取りした規定であると理解するのが適当である。文字通り、外国人も含む「何人も」、本人の意思に反した国籍の離脱を日本政府によって強要されないという「国籍自由の原則」を表明した規定と解すべきである。そもそも、成文の憲法をかかげ、個人の権利・自由を国家権力の恣意的な侵害から守るという立憲主義の前提に立つならば、「国

6 憲法と国籍制度［近藤　敦］

民は」という文言の規定を性質上、外国人にも適用することは許されても、「何人も」という文言の規定を国民に限定する解釈は、厳に慎むべきである。いわば、「立憲性質説」とでも呼ぶべき人権の享有主体性に関する新たな解釈手法が望まれる[92]。帰化制度の分析をはじめ、生地主義、血統主義、重国籍、選択義務制度、統合政策などの長所と短所を多くの国で比較検討するとともに、引き続きドイツの理論動向に注目することは[93]、今後の課題である。

(1) 2000年3月1日に新憲法が施行される。新フィンランド憲法5条1項では、「フィンランド国民の国籍は、出生および両親の国籍に基づいて取得され、詳しくは法律でこれを定める」とある。ここでの「出生」とは、無国籍防止のために、フィンランドでの出生の際、外国籍を取得しない者に対し、国籍取得を認める現行国籍法に対応する規定である。
(2) 「居住主義」については、近藤敦監訳『永住市民と国民国家』（明石書店、1999）103、111頁参照。
(3) EU諸国の国籍制度の概要については、*B. Nascimbene* (ed.), *Nationality Laws in the European Union*, 1996.
(4) *P. H. Schuck / R. M. Smith*, Citizenship without Consent, 1985, p. 129.
(5) 参照、*S. A. Adams*, The basic Right of Citizenship: A Comparative Study, Backgrounder, 1993, No. 7-93, pp. 1-2.
(6) *T. A. Aleinikoff*, Between Principles and Politics: The Direction of U.S. Citizenship Policy, 1998, pp. 10-11.
(7) この間、多少の改正は何度もみられる（参照、*G. Renner*, ZAR 4/1999, S. 154ff.）。
(8) 参照、*H. Bornhofen*, StAZ 9/1999, S. 258.
(9) *Hailbronner / Renner*, StAngR, 2. Aufl., 1998, S. 118ff.
(10) *Innenausschß des Deutchen Bundestages* (Hrsg.), Reform des Staatsangehörigkeitsrechts- Die parlamentarische Beratung-, 1999, S. 14ff.（本書は国籍法改正問題について、連邦議会の内務委員会での各専門家の意見と関連資料を集めている。以下、*Innenausschß*と省略する）。
(11) *K. Hailbronner*, in: A. Kondo (ed.), Citizenship in a Global World-Citizenship Rights for Aliens in Ten Countries (forthcoming).
(12) Berliner Zeitung (23. 05, 1999). ただし、インターネット上のBerlin Onlineに

Ⅰ 基礎理論

よる。

(13) *S. K.-B. v. Doemming et al.*, JöR, 1951, S. 164.

(14) *A. Makarov/ H. v. Mangoldt*, Deutsches Staatsangehörigkeitsrecht Kommentar, 1982, Art. 16 Rdnr. 12, 18.

(15) *F. E. Schunapp*, in: *Münch/ Kunig* (Hrsg.), Grundgesetz-Kommentar, 4. Aufl., 1992, Art. 16 Rdnr 11; Kimmnich, in: BK, 1984, Art. 16 Rdnr. 34; *Hailbronner/ Renner*, aaO., S. 196.

(16) *A. Randelzhofer*, aaO., Rdnr. 49; *K.-H. Seifert*, DÖV 1972, S. 672.

(17) *B. Pieroth/ B. Schlink*, Grundrechte, 9.Aufl., 1993, Rdnr. 1034.

(18) *G. Lüber-Wolff*, Jura 1996, S. 60 ff.

(19) 参照、*Peter M. Huber/ K. Butzke*, NJW, 1999, S. 2770. 国籍法17条所定の国籍喪失要件である、離脱、外国籍の取得、放棄、外国人への養子、外国の軍隊への参加は、いずれも当事者の自己決定の結果であり、通説からいって国籍の剥奪には当らない。

(20) *Kimmnich*, aaO., Rndr. 36.

(21) *R. Scholz/ A. Uhle*, NJW 1999, S. 1511.

(22) *BverfG*, NJW 1990, S. 2193.

(23) 21歳から23歳までの2年間に、国籍に関する官庁が国籍保持を許可するだけでなく、3審に及ぶ裁判手続をすすめることは、非現実的であるとの批判もある。*Huber/ Butzke*, aaO., S. 2770. なお、18歳（若干の州の地方選挙では16歳）から参政権を有するので、23歳などの他の年齢を期限とすることは、恣意的との違憲論もある（*Y. Isensee*, in: Innenausschß, S. 65.）。他方、成人してから熟考するための一定の期間（5年間）をもつのは正当であるとの合憲論もある（Gusy, in: *Innenausschuß*, S. 68.）。

(24) *Huber/ Butzke*, aaO., S. 2773; *Scholz/ Uhle*, aaO., S. 1515.

(25) *K. Hailbronner*, in: *Innenausschuß*, S. 38, 207.

(26) *J. Kokott*, in: M. Sachs (Hg.), GG, 1996, Art. 16 Rdnr. 15 f.

(27) *P. M. Huber*, in: *Innenausschß*, S. 223.

(28) *Huber/ Butzke*, aaO., S. 2770.

(29) *Makarov/ v. Mangoldt*, aaO, Rdnr. 10. ナチス時代については、参照、*M. Silagi*, StAZ 1999, S. 3 ff.

(30) *Ch. Gusy*, *Innenausschuß*, S. 277 f.

(31) *C. Schmitt*, in: Verfassungsrechtliche Aufsätze aus den Jahren 1924-1954,

1958, S. 146.
(32) *BverfGE* 11, 266 (274).
(33) *Scholz/ Uhle*, aaO., S. 1511.
(34) *H. v. Mangoldt*, StAZ 1994, S. 35 f.参照、*R. Grawert*, Staat und Staatsangehörigkeit, 1973, S. 140 ff.
(35) 2000年1月1日施行の新法により、ドイツ帝国以来のこの名称に代えて、Staatsangehörigkeitsrechtという名称が用いられることになる。
(36) 講学上いわゆる「身分としてのドイツ人(Statusdeutche)」といわれる。
(37) *B. Ziemske*, Die deutche Staatsangehörigkeit nach dem Grundgesetz, 1995, S. 289.
(38) *Scholz/ Uhle*, aaO., S. 1512.
(39) *Badura*, in: *Innenausschß*, S. 167 f.
(40) *Ch. Gusy*, in: *Innenausschß*, S. 276.
(41) *G. Renner*, in: *Innenausschß*, S. 241, 249.
(42) *BVerf GE* 83, 37 (52).
(43) *Hailbronner*, Einbürgerung von Wanderarbeitnehmern und doppelte Staatsangehörigkeit, 1992, S. 37.(以下、*Hailbronner* (1992)と省略する)。
(44) なお、国籍唯一の原則は、重国籍防止の側面では国際法上の理想とはいえなくなった今日でも、無国籍防止の側面はその後の多くの人権条約で保障されている。1948年に採択された世界人権宣言15条1文では、「すべての者は、国籍を取得する権利を有する」と定められた。1976年に発行した国際人権規約自由権規約24条3項では、「すべての児童は、国籍を取得する権利を有する」とある。ドイツも加盟し、1975年に発行した無国籍の減少に関する条約8条において、「締約国は、人が無国籍となる場合には、その国籍を奪ってはならない」と規定された。1990に発行した児童の権利条約7条においても、「1、児童は、出生の時から……国籍を取得する権利を有する……。2、締約国は、特に児童が無国籍となる場合を含めて……1の権利の実現を確保する」と定めてある。
(45) *R. Marx*, Kommentar zum Staatsangehörigkeitsrecht, 1997, S. 684.参照、江川英文ほか『国籍法〔第3版〕』(有斐閣、1997) 19、265頁。
(46) 通常の裁量帰化とは違い、申請者の届出・意思表示などにより国籍を取得する方法をさす。
(47) *Marx*, aaO., p. 708.この条約を批准したのは13ヵ国であるものの、重国籍削減の部分を批准したのは、ドイツなど10ヵ国である(参照、*Weidelener/ Hember-*

I　基礎理論

ger (Hrsg.), Deutches Staatsangehörigkeitsrecht, 4. Aufl., 1993, S. 245.)。
(48)　*BVerf GE* 37, 217 (254 f.). なお、BverwGE 84, 93 (97)では「望ましくない(unerwünscht)」という表現が使われている。
(49)　*Gaerter*, in: *Innenausschuß*, S. 59.
(50)　*Badura*, in: *Innenausschuß*, S. 180.
(51)　*Scholz/ Uhle*, aaO., S. 1512.
(52)　*Gusy*, in: *Innenausschuß*, S. 278.
(53)　*BVerf GE* 37, 217 (218).
(54)　*Huber/ Butzke*, aaO., S. 2772.
(55)　*Renner*, in: *Innenausschuß*, S. 250. なお、正確な数はわからないものの、国際結婚、帰還者、重国籍回避原則の運用上の例外により、重国籍者は200万人以上(人口の2.5%)である。そのうち憲法上または政治上、様々な理由から利益衡量の上認められた運用上の例外は30万人にすぎないといわれる。
(56)　参照、近藤敦『外国人参政権と国籍』(明石書店、1996)、179頁。
(57)　*K. Barwig* et al. (Hrsg.), Vom Ausländer zum Bürger, 1994, S. 412 f.
(58)　参照、*S. O'leary/ T. Tiilikainen* (ed.), Citizenship and Nationality Status in the New Europe, 1998, pp. 211, 243. ヨーロッパ国籍条約は、1999年11月30日現在、20ヵ国が署名し、3ヵ国が批准しており、2000年3月1日から発効する(参照、http://www.coe.fr/tablconv/166t.htm.)。
(59)　*Hailbronner/ Renner*, aaO., S. 109 ff.
(60)　主な国々の国籍取得の基準と重国籍の取扱については、参照、近藤敦「国籍と外国人の『市民権』」エコノミクス4巻2号(1999) 97頁以下。
(61)　*K. Groenendijk*, in: *Innenausschß*, S. 186.
(62)　*F. Sturm*, StAZ 1999 S. 228.
(63)　*R. Hofmann*, in: Die Ausländerbeauftrage (Hrsg.), Doppelte Staatsbürgerschaft-ein europäischer Normalfall?, 1990, S. 93 f.
(64)　SOU (Statens offentliga utredningar) 1999: 34, *Kulturdepartmentet*, Svenskt medborgarskap, 1999, S. 25 ff., 137 ff., 174, 217. なお、およそ30万6,000人(人口の3.4%)の二重国籍者がいるにもかかわらず、具体的にはなんら重大な問題が発生していないという。
(65)　*Hailbronner* (1992), S. 101.
(66)　*Huber/ Butzke*, aaO., S. 2771.
(67)　*P. Badura*, in: *Innenausschß*, S. 43, 88.

⑹⑻ ただし、British Dependent Territories Citizenship, British Overseas Citizenshipなどを除いて、British Citizenship のみをイギリス国籍と考える方が、日本やドイツなどとの比較の上では好ましい点が多いように思われる。

⑹⑼ *Huber/ Butzke*, aaO., S. 2771.

⑺⓪ *Huber*, aaO., S. 224 f.;

⑺⑴ *Hailbronner*, *Innenausschuß*, S. 38, 208.

⑺⑵ *Badura* in: *Innenausschß*, S. 164.

⑺⑶ *Huber/ Butzke*, aaO., S. 2774.

⑺⑷ *Hailbronner/ Renner*, aaO., S. 30.

⑺⑸ Ziemske, aaO., S. 261 f.

⑺⑹ ニュージーランドにおける永住者の国会選挙権、日本に永住する韓国国籍の者の兵役免除、さらには日本のように兵役義務そのものがない国も少なくないなど、権利・義務関係において国籍を定義することは、現実には例外事例が多く困難な問題にぶつかる。

⑺⑺ O'Leary/ Tiilikainen, aaO., S. 227.

⑺⑻ *Huber/ Butzke*, aaO., S. 2775; *Scholz/ Uhle*, aaO., S. 1514.

⑺⑼ Gusy, aaO., S. 279.

⑻⓪ ちなみに、血統主義はラテン語を用いて ius sanguinis と書くか、ドイツ語では、Abstammungsprinzipと書くことが多い。

⑻⑴ 日本の国籍法2条3項にある「日本で生まれた場合において、父母がともに知れないとき」に相当する。ドイツ国籍法4条2項では、領土内での「出生」ではなく、「発見」された棄児(Findelkind)であることを問題として、血統を擬制する。

⑻⑵ *BverfGE* 9, 124 (128).

⑻⑶ *Huber/ Butzke*, aaO., S. 2774.

⑻⑷ *Huber/ Butzke*, aaO., S. 2774.

⑻⑸ *Hailbronner*, *Innenausschuß*, S. 39.

⑻⑹ *Renner*, *Innenausschuß*, S. 253.

⑻⑺ 基本法19条4項は、「何人も、公権力によって自己の権利を侵害されたときは、出訴することができる」と定めてある。違憲論によれば、選択義務を有する者が国籍保持の許可をすることなしに、自動的にドイツ国籍を失った場合には、出訴の道が閉ざされるという (*P. P. Bocklet*, in: *Innenausschuß*, S. 199.)。

⑻⑻ E. Kürwat-Ahlers, in: *Innenausschuß*, S. 324.

I 基礎理論

(89) BVerfGE 37, 217. 古野豊秋「国籍の異なる両親と子供の国籍」ドイツの憲法判例（信山社、1996）87頁以下（第2版・2001年）。

(90) 判例時報1045号78頁。畑尻剛「国籍法の性差別とその救済方法」憲法判例百選〔第3版〕（有斐閣、1994）66頁。なお、この判決は、「生地主義」、「両親血統主義」、父母両系血統主義のいずれを採用することも「すべて憲法の諸原則に違反していない」とした。血統主義を国籍制度の制度保障と考えることなく、生地主義も立法裁量とする日本の判例は興味深い。

(91) 田中康久「日本国籍法沿革史」戸籍472号13頁以下。

(92) 参照、近藤敦「居住権と正規化」エコノミクス4巻3・4号235頁以下。

(93) 本稿脱稿後に刊行された文献として、*K. Haibronner*, NVwZ 1999, S.1273ff. がある。

7 憲法における家族
―― オーストリアにおける Inze 事件を素材として ――

古 野 豊 秋

はじめに
1 単独相続の制度
2 Inze 事件
3 相続法制の改革
4 憲法における家族
結びにかえて

はじめに

(1) 個人主義を基調とした社会では、個人と個人との結合には様々な形態がありうるし、現に存在する。同じことは、社会の最小単位である家庭・家族の形態についてもいえる。典型的には、法律婚と事実婚の態様である。何れの態様を選ぶかは、個人・個人の自由の問題である。しかし、そのような結合によって生まれた子供にはそのような結合の態様はいうまでもなく、そもそも親それ自体を選ぶ余地もない。ここにおいて生じうるのが、親の財産相続におけるいわゆる嫡出子と非嫡出子の取扱いの問題である。

(2) このような問題に対する社会の法的な対応は、国内においては、憲法を頂点とする法体系の下で行われるが、その対応の仕方は、それぞれの国の歴史的、社会的、経済的条件の相違によって、当然色々異なりうる。しかし、国際化された現代社会では、一国の国内の問題が、国際的な観点・基準から判断され、解決される場合も多くなってきている。

(3) 本稿では、このような場合の典型的なケースとして、かつてオーストリアで起きたいわゆる Inze 事件を素材としてとりあげてみる。そして、その検討を通

Ⅰ　基礎理論

して、オーストリアにおける憲法の平等原則が家族の問題、とくに相続の問題に対してどのように実現されているのかを知り、我が国における同様の問題を考える上での1つの参考としたい。

1　単独相続の制度

(1)　オーストリアには、一般的な共同相続の制度の他に、とくに農林業の土地やその付属物に対しては、多数の相続人のうちの1人だけがそれを世襲する制度を定めた単独相続法（Anerbengesetz）というものがある。この法律は、1958年5月21日に連邦法律として制定され、その後数次にわたり改正され、とくに1989年に大幅な改正を経て今日に至っている[1]。

(2)　この法律の目的は、共同相続による農林業の用地の細分化や経営の小規模化を防ぐことによって、農場等の経営の安定性や効率性を得ようとするものである。この目的のために、多数の相続人のうち、1人のものだけがその農場等を相続し、他の者には金銭による代償が払われるのである。

(3)　このような制度そのものは、一般には、「法定相続の順位の前提にある平等の扱いという原則を破るものであるが、その例外には客観的な理由があり、それゆえ問題がない」[2]とされる。

しかし、問題は、複数の相続人のうち、誰が単独相続するかである。例えば、1989年の改正前の旧法（3条2項2号）では、相続順位において男性が女性に優先していた。この点は、本法の制定当時からつとに、憲法の平等原則に反するという学説からの批判があった[3]。また、旧法では、嫡出子が非嫡出子に優先していた。しかし、これらの規定は、本法が1958年に制定されてから1989年までは、何ら改正されず、むしろ憲法の平等原則に反しないものとして一般に理解されてきた。

(4)　このような理解を一変させ、1989年の大改正をもたらせたのが、1987年10月28日にヨーロッパ人権裁判所の判決が下されたいわゆるInze事件であった。そして、この事件は、当時、父親の財産相続において嫡出子と非嫡出子とに差別を

設けていた民法754条の廃止の契機ともなったものである。以下、本件について立ち入って検討してみよう[4]。

2 Inze 事件

(1) 事実の概要および国内の裁判

(i) 本件は、Maximilian Inzeというケルンテン州の山峡の地、シュタールホーヘンに住む住民(男性)に係わるものである。1942年に、非嫡出子として彼を産んだ母親は、その後の結婚により1954年に嫡出子をもうけて、自分の母親から相続した当地の農場で農業を営んでいた。その後母親は、1975年4月18日に死亡したが、遺産の農場の相続については遺言を残さなかった。Inze は、同年8月8日、自分が母親の長男として遺産を全部自分が相続することを主張したが、その主張は通らなかった。そこで、この母親の遺産については、職権で開かれたクラーゲンフルトの区裁判所の手続きにおいて、寡夫と2人の子供(非嫡出子のInzeと嫡出子の弟)の3人が協議の上、当時の民法の規定に従い、寡夫が4分の1、そして2人の子供それぞれが嫡出の如何に関わらず8分の3ずつ相続することに合意した。そして、1976年3月31日、区裁判所は、この合意が有効であることを決定した。

(ii) ところが、当時のケルンテン州の世襲農場法(Erbhöfegesetz)には、一定の規模の農場が世襲される場合には、分割は許されず、相続人の一人が全財産を相続し、他の相続人にはその代償を支払う旨の規定があった。そこで本件の農場がこの規定でいう世襲農場に該当するかどうかが問題となり、1977年1月25日、区裁判所は、当該農場が世襲農場法の定める世襲農場であることについて最終的に決定した。

この決定により、本件の農場を誰が相続するのかが改めて問題となり、当事者間での協議が2年以上も続いた。Inze は、区裁判所において、異父弟が自分の仕事を続けながら農業に従事することは不可能であると主張したが、認められず、そして地方裁判所においても同様の主張は認められなかった。

(iii) そこで、Inze は、以下の理由でもってグラーツ高等裁判所に控訴した。

Ⅰ　基礎理論

① 地方裁判所は、異父弟の廃除に関する証拠を無視した。② 嫡出子を優先する世襲農場法7条2項の規定は、1970年に改正された民法754条、およびヨーロッパ人権条約14条により廃棄されている。③ 世襲農場法の当該規定の合憲性について、憲法裁判所の判断を仰ぐべきだ。

これに対し、1979年9月26日、高等裁判所は、以下の理由で控訴を棄却した。① 異父弟は廃除されないという地方裁判所の認定には理由がある。② 嫡出子を優先する規定の合憲性については、次の理由から客観的な正当性がある。ⓐ 嫡出子が農場で家族と一緒に住むというのが、地方の家族および経済的構造の特殊な性質である。ⓑ 非嫡出子は、別の場所で育てられるのが稀ではなく、それゆえ、嫡出子と同じようには農場と密接な関係をもたない。ⓒ 本件もこのような場合である。そして、以上の理由から、高等裁判所は、憲法裁判所に本件を移送する理由がないとした。

(ⅳ)　そこで、Inzeは、最高裁判所に上告した。上告理由は、高等裁判所での主張と同じである。これに対して、1980年4月9日、最高裁判所は、以下の理由で上告を却下した。① 上告の対象が、地方裁判所の判決を支持する高等裁判所の判決となっている。② このような場合に上告が認められるのは、ⓐ 判決が明らかに違法か、又は事実に反する場合、あるいは ⓑ 手続の無効を伴う手続的瑕疵がある場合に限られる。しかし、本件の上告は、何れの場合にも該当しない。

なお、最高裁判所は、以下の理由から、本件を憲法裁判所に移送する理由がないとした。① 世襲農場法7条2項とヨーロッパ人権条約14条の関係についていえば、条約14条は、条約で規定された権利と自由に関してだけ適用がある。本件の世襲相続の問題は、条約では扱われていない。② ヨーロッパ人権条約の第1議定書1条は、所有の平和的な享受に対する権利を保障したものであり、嫡出か否かに従って異なった相続の規則を定めることを禁止していない。③ 世襲農場法7条2項は、憲法の平等原理と一致することに疑いはない。この原理が要求するのは、客観的な理由によって正当化されない限り、個人的な事情・地位に基づく法的な差別をする立法をしてはならないということである。

最高裁判所によれば、本件の世襲農場法7条2項は、以下の理由で憲法の平等

原理に反するものではない。ⓐ 同様の規則は、チロルの州法にも存在するし、連邦の単独相続法にも存在する。ⓑ これらの規則は、非嫡出子が世襲農場に育てられた場合に限ってその農場を相続できるという形で、非嫡出子の権利を制限している。ⓒ 嫡出子を優先することは、地方の社会における全住民の特別の確信と態度に依拠している。当該規定は、嫡出子と非嫡出子とを同一に扱う試みによって否定されるものではない。ⓓ 家族は、人間の法的組織の重要な要素である。

(v) ところで、このような最高裁判所の判決が下された後、1980年8月29日に、オーストリアが批准した「非嫡出子の法的地位に関するヨーロッパ条約」が国内にて発効した。この条約の9条では、父親、母親および父親の親族、母親の親族の財産相続につき、嫡出子と非嫡出子の平等の権利が保障されている。もっとも、オーストリアは、条約の批准の際に、父親および父親の親族の財産相続における嫡出子と非嫡出子の平等の権利については、これを認めない旨の留保を付していた。このことは、母親および母親の親族の財産相続においては、嫡出子と非嫡出子の平等の権利が保障されることを意味している。

そこで、Inze は、この条約がオーストリアにおいて発効した後、最高裁判所に対して 1980 年 4 月 9 日の判決の再考を請求した。しかし、最高裁判所は、1980 年 10 月 6 日に、その請求を却下した。その理由は、その請求が判決の既判力に反するものであり、また手続の再開に対する法的な可能性が存在しないというものである。

(vi) 結局、本件は、1981 年 10 月 12 日に、Inze と異父弟との間で基本的な和解が成立した。それによれば、Inze は、母親の世襲農場に対する相続権を放棄し、異父弟がそれを相続する。その代わり、Inze は、母親が存命中に彼に約束していた土地の一部を相続する。但し、その他の代償はない、というものであった。しかし、若干の手続上の問題のため、Inze が実際にその土地を取得して登記が完了したのは、1984年1月13日であった。

(2) **ヨーロッパ人権裁判所の裁判**

(i) Inze は、1979年6月20日、国内の裁判所で勝訴の判決を得る見込みが薄れ

Ⅰ 基礎理論

た段階で、ヨーロッパ人権条約の規定(25条)に従い、本件が本条約14条と結びついた第1議定書1条に違反するとして、ヨーロッパ人権委員会に請願を行った。

　1982年5月から1984年までは、オーストリア国内で友好的な和解交渉が行われていたこともあり、ヨーロッパ人権委員会での手続は、中断したが、1984年12月5日、人権委員会は、Inzeの主張を認めた。そして、1986年3月4日、本件が第1議定書1条と結びついた条約14条に違反する旨の報告書(6対4)が、ヨーロッパ人権裁判所に提出された。

　(ⅱ)　1987年4月23日、オーストリア政府は、人権裁判所での最終陳述において、本件が、単独であれ、条約14条と結びついたものであれ、第1議定書1条に違反するものではなく、従って、本件はオーストリア共和国による条約違反を示すものではないことを主張した。

　(ⅲ)　1987年10月28日、人権裁判所は、全員一致で、本件が第1議定書と結びついた条約14条に反する旨の判決を下した。以下、その理由をInzeやオーストリア政府の主張と対比しながら挙げてみる。

　①　条約25条にいう「被害者」について

　オーストリア政府は、この点について、次のように主張した。本件の請願者であるInzeは、和解によって財産を取得している以上、本条のいう「被害者」ではなく、従って人権委員会に本来請願できない。これに対し、Inzeは、和解時において自分は交渉上弱い立場にあったと主張した。

　これらの主張に対し、人権裁判所は、次のような判断を下した。被害というものは損害がなくても考えられ、和解によって「被害者」の地位が奪われるものではない。そして、本件の和解時においては、最高裁判所がInzeの主張を認めなかったので、Inzeは、もはや財産を得る希望がもてず、やむを得ず和解に応じたのである。従って、このような状況下では、Inzeは、条約25条のいう「被害者」であるということができる。

　②　第1議定書1条（所有権の保護）について

　この点について、Inzeは、世襲農場法7条2項の適用の結果、自分は第1議定書1条違反の被害者となったと主張した。これに対し、オーストリア政府は、

次のように主張した。Marckx 事件の判決によれば、本件には第1議定書1条の適用はない。この規定は、現在所有する物に対するものであり、これから得ようとする権利を保障するものではない。

これらの主張に対し、人権裁判所は、次のような判断を下した。本件は、Marckx 事件の場合とは違う。Marckx 事件の場合には、被相続人が生存していたが、本件では、Inze は、相続により、相続財産の分割権を取得していた。

③　条約14条（差別の禁止）について

この点について、オーストリア政府は、次のように主張した。本件世襲農場法の目的は、単独相続によって農場の分散を防止し、また過度の負担とはならない代償額の決定によって農場の経営を維持することである。

これに対し、人権裁判所は、次のような判断を下した。Inze は、世襲農場の制度を攻撃しているのではなく、単に、単独相続人の選択の基準について問題としているのである。世襲農場法は、嫡出子を非嫡出子に優先させている。本件農場については、Inze は、単に非嫡出子の理由だけで、相続のあらゆる可能性が奪われている。非嫡出を理由とする差別的取扱いが条約に違反しないためには、極めて重大な理由がなければならない。

④　単独相続人の選択基準について

この点について、オーストリア政府は、次のように主張した。ⓐ 単独相続人の選択基準は、1人の相続人だけが世襲農場を相続する資格があるという事実の結果である。ⓑ このような基準には、客観的な理由がある。とくに嫡出子が優先するのは、被相続人の意図の推定に依っている。ⓒ 世襲農場法7条2項の規定は、遺言のない相続に適用されるものであり、この規定に反対の所有者は、常に遺言することが可能である。ⓓ 出生による基準は、地方の全住民の確信や農場主の社会的、経済的条件を反映したものである。ⓔ 非嫡出子は、嫡出子と違い、通常は親の農場では育てられず、従ってその農場とは密接な関係に立っていない。

これに対し、人権裁判所は、次のような判断を下した。ⓐ オーストリア政府の主張は、一般的、抽象的であり、必ずしも現実を反映するものではない。本件の請願者である Inze は、農場で育ち、22歳までこの農場で働いていた。ⓑ Inze の

Ⅰ 基礎理論

母親が彼のための意思表示をすることが可能であったことは確かであった。しかし、遺言をせずに母親が死亡した本件において、Inzeが法によって農場を相続する可能性を奪われたことに変わりはない。ⓒ 地方の全住民の確信についても、変化の途上にあり、政府自身がこれを考慮した法案の準備をしている筈である。ⓓ 従って、本件では、第1議定書1条と結びついた条約14条違反があった。

3 相続法制の改革

(1) Inzeの母親が死亡した年の約5年前の1970年に、民法754条が改正され、それまで非嫡出子は父親の財産を全く相続できなかったが、この改正により、嫡出子がいない場合にはこれが認められるようになった。しかし、嫡出子がいる場合には、嫡出子は非嫡出子に優先する扱いがされた。

そして、このような相続に関する一般法である民法の下に、その特別法である連邦の単独相続法が、世襲相続における嫡出子と非嫡出子の差別的な取扱いを定めていた。Inze事件の舞台となったケルンテン州の世襲農場法は、この連邦の単独相続法の下での州レベルのものである。

(2) 従って、このケルンテン州の世襲農場法が、ヨーロッパ人権裁判所により、ヨーロッパ人権条約14条（差別の禁止）や第1議定書1条（所有権の保護）に違反するとされた以上、オーストリアは、そもそも相続における嫡出子と非嫡出子とを区別する民法の規定それ自体を見直す必要に迫られた。

もっとも、この見直し作業は、1985年辺りから始められていた。しかし、その作業を加速したのは、Inze事件に対する人権裁判所の判決である。ところで、この見直しの基準とされたのが、ヨーロッパ人権条約8条の規定であり、そしてそれに対するヨーロッパ人権裁判所の判例である[5]。ちなみに、この規定は、私生活および家族生活の尊重の権利に関するものであり、人権裁判所によれば、家族生活には事実上のものも含むとされる。従って、相続の場合でも、非嫡出子も嫡出子と同様に8条によって保障されることになる[6]。

(3) かくして、1987年10月に人権裁判所の判決が出てから2年後に、相続法

改正法律（1989／656）により、相続における嫡出子と非嫡出子の差別的取扱いを定めていた民法754条がそれに関連した規定と一緒に廃止された。

そして、それに続いて、チロル州およびケルンテン州の世襲農場法改正法律（1989／657.658）、さらには単独相続法改正法律（1989／659）により、同様の差別的取扱いを定めていた規定が廃止された。

(4) このような相続法制の改革の結果、現在のオーストリアでは、非嫡出子の相続権は、完全に嫡出子と同じ扱いがされることになった。すなわち、父親の遺産に対し、非嫡出子は、嫡出子と同様に法定相続人であり、嫡出子と同じく遺留分請求権を有する。また、非嫡出子は、父親の親族の遺産に対しても、嫡出子と同様に相続権を有する[7]。

(5) 以上みたように、Inze 事件を契機に、オーストリアの相続制度は民法を中心として大きな変革をみた。従って、相続における非嫡出子の差別的取扱いに関する問題は、一件落着したかのように思われる。

しかし、何故このような Inze 事件が起きたのか、その背景については改めて把握しておく必要があろう。以下では、この事件の背景にあるオーストリアにおける人権保障の在り方について、とくに家族との関係に焦点を絞って、検討してみたい。

4　憲法における家族

(1) **特異な人権保障**

（i）現行のオーストリアの連邦憲法（Bundes-Verfassungsgesetz idF von 1929）には、7条の平等に関する規定を除いて、その他の人権に関する規定が存在しない。憲法制定時において、人権、とくに社会権に関する規定の導入について、政党間の意見の一致が得られなかったためである。平等権以外の人権については、憲法制定当時すでに個別的な法律によって保障されていたものが憲法上の人権として扱われている(149条1項)。さらには、それらを補充するものとして、憲法上のランクにあるヨーロッパ人権条約およびその議定書によって保障されたものが

Ⅰ 基礎理論

ある。要するに、オーストリアの連邦憲法には、体系的な人権カタログが存在しないのである[8]。

(ⅱ) この現行の連邦憲法は、1920年に共和国の憲法として最初に制定されたものの改正版である。この最初の憲法の起草者は、純粋法学を創設したH. Kelsenであり、彼は第1から第5までの草案を用意していた。その第1から第4までの草案の人権に関する部分では、基本的に、1867年の国民の一般的権利に関する国家基本法の規定を受け継いでいる。これらの権利は、自由権を中心としたものである。

(ⅲ) 他方、第5草案の人権の部分では、社会権に関する規定が含まれている。例えば、134条1項に次のような規定がある。「婚姻は家族生活および民族の維持増殖の基礎であって、憲法の特別な保護をうける。婚姻は、両性が同等の権利を有することを基本とする。」そして、136条によれば、「非嫡出子に対しては、嫡出子と同様に、肉体的、精神的、社会的成長のための同じ条件が立法によって設けられなければならない」。

これらの規定は、それぞれ、ヴァイマル憲法の119条1項、121条と同一のものである。むしろ、第5草案のこの部分は、ヴァイマル憲法にそのまま依拠したものといえる[9]。

(ⅳ) そこで、もしこの第5草案、とくにその136条が現行の連邦憲法として採用されていれば、非嫡出子に対する差別的取扱いを問題としたInze事件が憲法上生ずる余地はなかった筈である。Inze事件の解決が、国際法であるヨーロッパ人権条約によったということは、オーストリアにおける歴史的・政治的な特殊な事情を反映した連邦憲法の一つの限界を示すものといえるであろうか。

(2) **法律の前の平等**

(ⅰ) ところで、現行の連邦憲法の7条1項では、「すべて連邦の国民は、法律の前に平等である」と定められている。ここで問題となるのは、この規定が、何故Inze事件においてヨーロッパ人権条約14条と同じ機能を果たさなかったのかという点である。その理由は、先に紹介した人権裁判所の判決の中である程度示さ

れている。

(ii) しかし、この問題は、オーストリアにおける人権の保障制度、とくに裁判制度の仕組や機能と密接な関わりをもっているので、以下、この制度との関係を含めて、改めて検討してみよう。

① 一般の裁判所と憲法裁判所の関係について

オーストリアにおける個人の権利保護ための訴訟手続の1つとして、民事、刑事、および行政事件に係わる一般の裁判所(最高裁判所と第2審の裁判所)および行政裁判所さらには独立行政院が、当該事件に適用される法律の合憲性に疑念をもった場合に、当該手続を中止して、憲法裁判所の判断を仰ぐために当該事件を憲法裁判所に移送する制度がある(Art140 Abs1 B-VG、§62 Abs1 VfGG)。これは、一般に、具体的規範統制の手続とよばれるものである[10]。

この制度は、一方では、具体的な事件に適用される法規範の合憲性に関する審査権を憲法裁判所に独占させながら、他方では、個人が一般の裁判所等において憲法によって保障された権利の侵害を主張する機会を与えるものである。

先にみたように、Inzeは、高等裁判所および最高裁判所に対して、嫡出子を優先するケルンテン州の世襲農場法7条2項の合憲性について憲法裁判所の判断を仰ぐように主張したが、何れの裁判所も当該規定が違憲ではないとして、憲法裁判所の判断を仰がなかった。このように、オーストリアの具体的規範統制の手続では、ドイツの場合と違い、そもそも、第2審の裁判所や最高裁判所等が当該法規範の合憲性に疑念をもたない限り、憲法裁判所による人権救済の途が閉ざされてしまうという制度上の限界が存在する[11]。

なお、ドイツでは、個人が憲法裁判所において立法権等の公権力の行使による基本権ないしそれに類似する権利の侵害を主張しうる手続、すなわち憲法異議の制度が存在する。オーストリアにおいても、これと同様の訴願(異議)制度が存在するが、しかし、司法権の行使である裁判所の判決に対してはこのような手続は存在しない。そのため、Inzeは、最高裁判所の判決が憲法で保障された自己の人権を侵害するとして、その救済を憲法裁判所に申し立てることもできなかったのである。この点も、オーストリアにおける人権の保障制度上の限界を示すもの

Ⅰ 基礎理論

である(12)。

　もっとも、オーストリアの訴願(異議)制度においても、立法権の行使による憲法上の権利侵害に対しては、当該個人が憲法裁判所に救済を求めることができる (Art140 Abs 1 B-VG)。従って、Inzeは、この制度に基づいて、ケルンテン州法の当該規定により自己の憲法上の権利が侵害されたとして、その規定の廃止を憲法裁判所に申し立てることができた筈である。それにも係わらず、Inzeがそれをしなかったのは何故であろうか。自己の権利の救済を自国の憲法裁判所に求めずに、ヨーロッパ人権委員会等の国際機関に求めた理由は、何であろうか。

　その一つの理由として、形式的な訴訟手続上の問題が考えられる。というのは、連邦憲法140条1項4文により、法律の違憲性を個人が申し立てうるためには、非常に詳細な要件が充たされていなければならないからである (§62 VfGG)。そして、憲法裁判所は、この要件の審査においては従来から極めて厳格な形式の遵守を要請しているからである(13)。

　その他の理由としては、本件でInzeが依拠すべきところのオーストリアの連邦憲法7条の内容とそれに対する憲法裁判所の解釈の仕方が大きく係わっていると思われる。というのも、もし、法律の前の平等について定めている連邦憲法7条に対する憲法裁判所の従来の解釈がInzeにとって不利であり、そしてその変更の見込みがないとすれば、当然、Inzeは、自己の権利の救済を自国の憲法裁判所ではなく、国外の国際機関に求める筈だからである。以下、この点について、検討してみよう。

　② 連邦憲法7条と憲法裁判所の解釈について

　オーストリアにおける平等原則については、歴史的に次のような扱いがされてきた(14)。

　ⓐ 19世紀においては、平等原則に関する規定は、一般に単なるプログラム規定として捉えられていた。従って、その内容の実現は、立法者の任意に委ねられていた。また、その内容を言明することは困難であり、裁判における判決の基準とはなりえなかった。

　ⓑ ライヒ裁判所(大審院)の時代では、立法内容よりも、法適用の平等の方に

重点が置かれた。

ⓒ 第1次大戦後、平等原則を基準とした法律の審査が許されるのかについて、ドイツでは争いがあったが、オーストリアでは、憲法裁判所がこれを肯定し、実践した。

ⓓ 第2次大戦後、憲法裁判所は、一方では、平等原則を定める連邦憲法7条の文言や歴史的理解に依拠しながら、他方では、この原則を拡大し、等しいものは等しく、等しくないものは等しくないように取扱うものとして理解するようになった。

ⓔ 1970年代後半以降の憲法裁判所の判例の主たる傾向によれば、連邦憲法7条の平等原則は、絶対的に差別を禁止するものではなく、客観的に正当化される差別であれば許されるとしている。そして、その差別は、客観的な区別のメルクマールに基づいた場合にだけ、客観的に根拠づけられていることになる[15]。

Inze事件は、正しく、このような憲法裁判所の判例の傾向の下で起きたものである。従って、相続における非嫡出子の差別的取扱いが客観的に正当化されたものなのか否かについて、場合によっては、それが肯定される可能性のある憲法裁判所よりも、そのような差別を基本的に認めないヨーロッパ人権委員会等の国際機関の方が、Inzeにとってより期待できるとされても何ら不思議なことではあるまい。

(iii) ところで、1987年10月28日にInze事件についてのヨーロッパ人権裁判所の判決が下されてから3年4ヶ月後の1991年2月28日、オーストリアの憲法裁判所は、非嫡出子の法定相続に関する民法754条2項3文（旧規定）を連邦憲法7条に違反とする判決を下した（VfSlg 12.645）。この規定は、非嫡出子と嫡出子との差別的取扱いを定めたものではなく、未成年の非嫡出子が父を定める訴えを提起するにあたり、父の死後1年経過するまでという期限を付したものである。

憲法裁判所は、この規定によって非嫡出子間で父の定めを訴えることのできなくなる多数の者とそうでない少数の者とが生じる点で、このような区別をもうける規定は客観性がなく、従って、連邦憲法7条に違反するとしたのである。

確かに、本判決は、連邦憲法7条の平等原則を法定相続に係わる非嫡出子間の

I　基礎理論

問題に適用したものである。しかし、このような民法の規定は、相続における非嫡出子の差別的取扱いを定めた民法754条2項1文（旧規定）と比較すれば、その重要性に格段の違いがあり、従って、それを平等違反とする本判決にはさほど重要性があるとは思われない。

さらに、この判決は、1989年の民法改正によりすでに廃止された754条の規定の一部に関するものである。確かに、このようなすでに失効している法規範に対する事後的な違憲審査の可能性は、訴訟当事者の利益保護の必要性から、連邦憲法89条3項や140条4項によって認められている。しかし、その判決の効力は、当該事件に限られている。この点からいっても、非嫡出子の法定相続に係わる本判決の影響力は、さほど大きくはないと思われる。

しかしながら、強いて本判決の意義を見いだすとすれば、それが Inze 事件に対するヨーロパ人権裁判所の判決の後に出されている、ということである。本判決にヨーロッパ人権裁判所の判例が何らかの影響を与えていると考えるのは、穿ちすぎであろうか。

(iv)　なお、非嫡出子の差別的取扱いについての憲法裁判所の判決として、いわゆる旅券法事件に関するものがある。この判決は、Inze 事件に対するヨーロッパ人権裁判所の判決の約3年8ヶ月後の1991年6月13日に下されたものである (VfSlg 12. 735)。

当時の旅券法12条によれば、父親は、非嫡出子をその旅券に記載することはできないが、他方では、嫡出子は、父親の親権が剥奪されているか、または制限されている場合でも、父親の旅券に記載されることになっていた。

憲法裁判所の判決によれば、このような旅券法12条は、嫡出子とその父親に対して非嫡出子とその父親とを差別しているが、そのような差別について極めて重大な理由が存在しない。従って、この規定は、平等違反であるとされた。

この判決の特徴は、次の点にある。すなわち、先ず第1に、嫡出子と非嫡出子との差別的取扱いを原則として平等違反として捉え、第2に、そのような取扱いが例外的に許されるためには、それについての「極めて重大な理由がなければならない」とする点である。

このように、非嫡出子に対する差別的取扱いが例外的に許される場合を極めて厳格に限定する捉え方は、正に、Inze事件等のヨーロッパ人権裁判所の判例で示されてきたものである。従って、本判決は、明らかにヨーロッパ人権裁判所の判例の影響を受けたものとして理解することができるであろう[16]。

結びにかえて

(1) 以上、Inze事件を素材として、オーストリアの連邦憲法における人権保障の在り方、とくに平等原則の家族関係に対する適用の在り方を検討してきた。その結果を要約すれば、以下のとおりである。

(i) オーストリアの人権保障の最大の特徴は、連邦憲法という憲法典に人権のカタログが欠落していることである。平等原則・平等権以外の人権は、憲法のランクにある個々の法律および条約によって規定されている。

(ii) このような憲法上の人権の裁判的保障として、憲法裁判制度が存在する。憲法裁判所の法律の違憲審査に対する主な手続としては、いわゆる抽象的規範統制以外に、具体的規範統制、憲法訴願（異議）等の手続がある。

(iii) これまで、憲法裁判所が、連邦憲法の平等原則を家族との関係で取扱ったケースはあまり多くはない。その原因の1つは、Inze事件でも示されたように、民事・刑事事件を担当する最終審の最高裁判所が、具体的規範統制の機能を十分に発揮せしめていないところにある。つまり、民事事件等で家族に係わる法律の平等違反が当事者において主張されても、最高裁判所は、当該法律についてなかなか違憲の疑いを持たないのである。違憲の疑いが持たれなければ、当該事件は、憲法裁判所に移送されず、従って、この点についての憲法裁判所の判断が示されないことになる[17]。

(iv) このようなオーストリアの人権保障の実体法的、手続法的状況下において生じたInze事件のもつ最大の意義は、次の点にある。すなわち、この事件をとおして、家族関係における平等原則の具体化が、オーストリアの連邦憲法以下の国内法ではなく、ヨーロッパ人権条約という国際法によってなされたということであ

Ⅰ　基礎理論

る。このことによって、オーストリアの立法府や憲法裁判所にとって、ヨーロッパ人権裁判所の判例の価値が高まったのである。

　(2)　なお、相続における嫡出子と非嫡出子の取扱いの問題については、かつて、ドイツでもオーストリアと同様の議論がなされたことがある。しかし、この点については、我が国でもすでに色々と紹介や検討がなされているので、ここで立ち入ることは控えたい(18)。ただ、ここで強いて一言いうならば、オーストリアの連邦憲法の第5草案（136条）にはあった「非嫡出子に対しては、嫡出子と同様に、肉体的、精神的、社会的成長のための同じ条件が立法によって設けられなければならない」という規定が、ドイツの基本法6条5項に殆ど同じように存在するということである。

　このことは、確かに、前者の当該規定のモデルがヴァイマル憲法であり、後者の当該規定は、ヴァイマル憲法の規定をほぼそのまま受容しただけのことかも知れない。しかし、憲法典における一般的な平等原則の規定に加えて、さらに同じ憲法典において非嫡出子に係わる平等の取扱いを特別に要請するドイツの場合とそうではないオーストリアの場合とでは、家族の問題に対する憲法上の対応の仕方が基本的に異なるということができる。

　(3)　最後に、我が国における問題について、若干言及したい。かつて、最高裁判所は、法定相続分において嫡出子と非嫡出とを区別している民法900条4号但書について、立法理由に合理的な根拠があり、そしてこの区別が立法理由との関連で著しく不合理であるとはいえないとして、この規定が憲法14条に違反しないという決定を下した（最大決平成7・7・5民集49巻7号1789頁）。

　この決定は、憲法14条の法の下の平等に関して、合理的な差別（区別）は許されるとする従来の判例を踏襲したものである。このような判例の特徴は、何が平等なのかについての立法府の裁量判断の余地を幅広く認める点にある。このことは、本決定でいえば、立法理由と区別との関連が「著しく」不合理ではなければ、14条に違反しないとされる点に如実に示されている。

　ところで、Inze事件のヨーロッパ人権裁判所の判決および旅券法事件のオーストリアの憲法裁判所の判決では、嫡出子と非嫡出子とに取扱いの違いを設ける

場合には、「極めて重大な理由」がなければならないとされた。このような捉え方の前提として、そもそも嫡出子と非嫡出子とを法的に区別することは、原則として許されないという考えが存在する。このような考えは、この問題に対する我が国の最高裁判所の判断と根本的に相違するものである。

確かに、このような非嫡出子に対する対応の仕方の背景には、ヨーロッパにおいて非嫡出子の数が増大していることが指摘しうる。しかし、この傾向は、同じく個人主義を基調とする我が国についても今後益々あてはまるであろう。そのような場合に、果たして従来の最高裁判所の判例がそのまま維持されうるかどうか、疑問である。

ここで想起されるのが、日本国憲法のマッカーサー草案が起草される前の「人権に関する小委員会」の草案である。そこには次のような規定があった。「嫡出でない子は、法律上不利に扱われることなく、その心身の発達および社会的成長に関して、嫡出子と同じ機会を与えられるものとする」[19]。

この内容は、正しく、ヴァイマル憲法121条に依拠したものである。しかし、この草案は、マッカーサー草案には技術的な理由で採用されなかった。従って、当然ながら、日本国憲法にはこの規定は存在しない。ちなみに、これと同じような運命を辿ったのが、オーストリア連邦憲法の第5草案136条である。ヴァイマル憲法121条に依拠したこの草案の規定は、連邦憲法では政治的な理由で採用されなかった。しかし、オーストリアの場合には、ヨーロッパ人権条約が、憲法上のランクとして、連邦憲法の人権保障を補充するものとして機能している。

我が国においても、家族の問題について、今後は、憲法以下の国内法のレベルでの議論だけではなく、日本国憲法の人権保障を補充する国際条約の拡充およびその内容の実効性を担保する国際機関の充実を目指す国際法のレベルでの議論の展開が益々期待されるのではあるまいか。

(1) オーストリアにおけるこのような制度については、関係条文の翻訳および参考文献を案内した我が国における貴重な先行業績として、松倉耕作『オーストリア家族法・相続法』(信山社、1993年)があり、本稿の執筆に当たり、大いに参考に

I 基礎理論

させて頂いた。なお、Anerbengesetzの邦語訳として、「一子相続法」とされる場合があるが、本稿ではこれが共同相続の例外を定めるものであることに留意して、「単独相続法」という訳をあてることにした。

(2) H.Koziol und R.Welser, Grundriß des bürgerlichen Rechts, Band II, Siebente, neu bearbeitete Auflage, 1985, S. 284.

(3) 例えば、F. Bydlinskiによれば、「憲法の平等原則がたとえプログラム的な性質を持っていても、現行法が憲法に一致していない状態は、問題である。憲法を尊重するということは、法律を憲法に合わせるか、それとも憲法の規定を実際にそのまま遵守した結果が望ましくない場合には、憲法の規定を限定するかのどちらかである。どちらにしても、その結果は同じことである。平等違反として認識された規定は、現行法であっても、しかし違憲の法である。」(F.Bydlinski, Der Gleichheitsgrundsatz im österreichischen Privatrecht(Gutachten für den 1. östereichischen Juristentag) 1961, S. 113.)。ここでの問題において、このようなBydlinski の見解を参照するものとして、Vgl. F.Ermacora, Handbuch der Grundfreiheiten und Menschenrechte ,1963, S. 94.

(4) 以下のInze事件における事実の概要および国内の裁判、ヨーロッパ人権裁判所の裁判の叙述については、インターネットにより入手した情報（http://www.dhcour.coe.fr/Hudoc1doc¥HEJUD¥sift¥90.txt）にほぼ全面的に依拠している。なお、本件に対するヨーロッパ人権裁判所の判決を簡単に紹介したものとして、Vgl. W.Okresek, Art14 MRK iVm Art11.ZP MRK, Art25, 50MRK (MRK-Entscheidungen), ÖJZ, 1988, S.177.

(5) この点を指摘するものとして、G. Baumgartner, Welche Formen des Zusammenlebens schütz die Verfassung? ÖJZ, 1998, S. 765. Baumgartnerによれば、当時のオーストリアの立法者は、Marckx 事件やInze事件に対するヨーロッパ人権裁判所の判決に基づいて、相続において非嫡出子を差別・制限する当時の相続法がヨーロッパ人権条約、とくにその8条に違反するという見解に至った (S. 765)。

(6) この点を明確に示したのが、いわゆるMarckx 事件に対するヨーロッパ人権裁判所の判決（1979年6月13日）である。この事件では、母親とその非嫡出子との親族関係について特殊な定めを設けていたベルギーの法律が問題とされた。

この法律によれば、母親がその非嫡出子を認知しなければならず、そして非嫡出子は、母親の親族とは親族関係を有さず、しかも母親の遺贈を受けることができないことになっていた。ヨーロッパ人権裁判所は、ヨーロッパ人権条約8条(家

族生活の尊重の権利）の保護には、法律婚だけでなく、非法律婚の家族も含まれる。従って、相続において嫡出子と非嫡出子とを区別することは許されないとして、当該ベルギー法をヨーロッパ人権条約8条および14に条違反するという判決を下した。

　この Marckx 事件とヨーロッパ人権条約8条との関係については、Vgl. R. Rephahn, Familie und Gleichheitsatz, in: F. Harrer/ R. Zitta (Hrsg.) Familie und Recht, 1992, S. 159.; H. Stolzlechner, Der Schutz des Privat- und Familienlebens (Art8 MRK) im Licht der Rechtsprechung des VfGH und der Straßburger Instanzen, ÖJZ, 1980, S.126ff.

(7)　なお、R. Rephahnによれば、「このような（嫡出子と非嫡出子の）平等な地位が平等原則によって要請されていなかったか、または要請されてはいないと言うべきであったとしても、しかし、当該規定それ自体は、平等違反ではない」とされる（a.a.O., S. 162）。

(8)　この人権の法典化の作業は、すでに1964年から開始され、1985年段階でその作業は終了しているものの、2000年4月段階になっても未だ実定法化されていない。学説によれば、その大きな原因として、対内的には、従来からの人権に関する原則的な見解の対立、そして対外的には、国際法による制約が挙げられている（Vgl. R. Walter-H.Mayer, Grundriß des österreichischen Bundesverfassungs-rechts, 9. Auflage, 2000, S. 56）。

　ちなみに、このようなオーストリアの国内法の人権規定による保障と国際法であるヨーロッパ人権条約による保障の整合性の問題を典型的に提起したのが、正に、本稿で扱った Inze 事件ということができるであろう。このような問題の困難性について、オーストリア憲法裁判所の現場の立場から言及したものとして、ブリタ・ヴァグナー／古野豊秋（訳）「オーストリア憲法裁判所の判例の最近の傾向」、「比較法学」33巻2号146頁参照。なお、1985年当時のオーストリアにおける人権保障の在り方を巡る議論については、Vgl. R. Rack (Hrsg.) Grundrechtsreform, 1985, S. 21ff.

(9)　Vgl. G. Schmitz, Die Vorentwürfe Hans Kelsens für die österreichische Bundesverfassung, Schriftenreihe des Hans Kelsen-Instituts, Band 6, 1981, S. 57f.

(10)　このオーストリアにおける具体的規範統制の制度一般については、古野豊秋『違憲の憲法解釈』（尚学社、1990年）250頁以下参照。

(11)　ドイツの具体的規範統制の制度にあっては、オーストリアの場合と違って、1

I　基礎理論

審の裁判所でも当該事件に適用する法律の違憲性について憲法裁判所の判断を仰ぐことができる仕組みになっている。従って、ドイツの場合には、オーストリアの場合よりも、具体的規範統制の制度がより一層機能しうるといえる。

　また、憲法裁判所の判断を仰ぐについては、一般には当該法律の違憲性についての「疑念（Bedenken）」をもてば足りるところ、オーストリアの最高裁判所は、伝統的に、「確信（Gewißheit）」でなければならないという立場に立っている。この立場からすれば、当該法律の違憲性の判断を憲法裁判所に仰ぐ機会が極めて限定されてしまうことになる。かつて、この点を指摘したものとして、Vgl. H. Haller, Die Prüfung von Gesetzen, 1979, S. 155f.; W. Schreiber, Die Reform der Verfassungsgerichtsbarkeit in Österreich, 1976, S. 27.

(12)　オーストリアの憲法訴願（異議）制度において、裁判所の判決に対する訴願（異議）が除外されているということは、オーストリアの憲法裁判所が、ドイツの憲法裁判所と異なり、他の裁判所に対して優位するのではなく、むしろ対等な関係にあることを意味する。ちなみに、この点に、オーストリアの憲法裁判権の創設の段階で、通常の裁判所に対する憲法裁判所の優位というものが貫徹されていなかったことを指摘するものとして、ブリタ・ヴァグナー／古野豊秋（訳）・前掲、145頁参照。なお、この点に、憲法裁判権の組織における一つのモデルを見るものとして、E・−W・ベッケンフェルデ／初宿正典（編訳）『現代国家と憲法・自由・民主制』（風行社、1999年）、199頁以下参照。

(13)　Vgl. R. Machacek, Verfahren vor dem Verfassungsgerichtshof und vor den unabhängigen Verwaltungssenaten, 1992, S. 74. なお、ブリタ・ヴァグナー／古野豊秋（訳）・前掲152頁参照。

(14)　Vgl. W. Berka, Die Grundrechte-Grundfreiheiten und Menschenrechte in Österreich, 1999, S. 490.

(15)　Vgl. R. Walter-H. Mayer, a.a.O., S. 559.

(16)　もっとも、本件の違憲審査の基準の中に、ヨーロッパ人権条約8条も実質的に含まれているのかどうかについては、議論がある。この点を否定的に捉えるものとして、例えば、Vgl. P. Pernthaler und I.R.-Kathrein, Grundrechtliche Schutz von Ehe und Familie -Art. 8 und 12 EMRK-, in: R. Machacek/ W. P. Pahr/ G. Stadler (Hrsg.), 40 Jahre EMRK Grund-und Menschenrechte in Österreich, Band II, 1992, S. 297.

(17)　家族法と平等原則との関係に関する憲法裁判所の判決がこれまで少なかった原因として、このような最高裁判所の抑制的な態度を指摘するものとして、例えば、

Vgl. W. Berka, a.a.O., S. 525.

⒅　さしあたり、渡辺　中「非嫡出子の基本権と憲法委託」ドイツ憲法判例研究会編『ドイツの憲法判例』（信山社、1996年）181頁以下参照。

⒆　初宿正典「家族をめぐる憲法問題——とくに最近の裁判例を中心に」法学教室No.160（1994年）68頁参照。ちなみに、この草案を起草したB・シロタ・ゴードンは、起草に当たり、ヴァイマル憲法を参考にしたことを自らその自伝で述べている（ベアテ・シロタ・ゴードン『1945年のクリスマス』（柏書房）、1995年、159頁以下参照。なお、土井たか子／B・シロタ・ゴードン『憲法に男女平等起草秘話』（岩波ブックレットNo.400、1996年）21、23頁参照）。

II 環境と憲法

8 環境保護と「人間の尊厳」

押久保倫夫

  はじめに
1 1条1項と環境権
2 動物の保護と「人間の尊厳」
3 「自然の権利」と人間中心主義
  おわりに

はじめに

　環境問題が、我々の将来を左右する重要な問題であることは言を俟たない。そしてそれに関する法分野、即ち環境法については、諸々の側面からの夥しい議論が存在する。そして環境法の研究のとりわけ盛んなドイツにおいては、その重要性もあってか、基本法秩序の最も根底的原理である「人間の尊厳」を引きあいに出す議論がなされている。

　本稿は、筆者の「人間の尊厳」（及び「個人の尊重」）条項の研究の一環として、環境保護について基本法1条1項と関係する議論を考察しようとするものである。

　ところで基本法における環境保護については、周知のように1994年、国家目標規定が20a条として制定された。自然的生活基盤の保護を明文で謳ったこの規定の登場により、環境問題の憲法上の議論の中心は20a条に移り、かつて基本法1条1項や2条2項によって主張されていた環境権や環境保護に関する議論は色あせてしまったように思われる。しかし「人間の尊厳」の解釈の仕方として検討すべ

き点を有するので、まず次節でこの議論に触れておきたい。但しその議論が孕む多様な法理的問題全般を考察する余裕はなく、環境権やその保護の内容を1条1項から引き出すことの可否に絞って検討する。

次に、「人間の尊厳」によって「動物の保護」が保障されているとする主張を取り挙げる。これは基本法の文言からは一見理解し難いが、ドイツにおいては有力な学説であり、1条1項の解釈方法について考えるのに適した素材を提供してくれるので、比較的詳しく考察していく。

最後に、より大きな問題として、人間と他の存在を峻別する基本的枠組みに対する挑戦、即ち「自然の権利」や生命中心主義について検討する。これは、基本法1条1項を根底とする既存の法秩序の、自明とされてきた前提を問い直すものだけに、その考察は解釈論的にのみならず、原理的にもなされなければならないだろう。

1　1条1項と環境権

環境に関する憲法次元での議論は、基本法20a条が存在する今日、包括的環境保護を明文で定めるこの条項が中心となる。それはいわゆる「国家目標」を定めたものであり、客観法的性格を持ち[1]、諸個人の主観的権利を根拠づけるものではない[2]。それはまずなによりも立法者に向けられており、また他の総ての国家機関をも拘束する[3]。しかし裁判規範としては、解釈の基準や[4]基本権あるいは（単純法律の）主観的権利を制限する根拠等になる[5]が、20a条を根拠に訴訟を提起することはできない[6]。

ところで環境についての基本法上の議論としては、とりわけ20a条成立以前に[7]、基本権の各条項から、「環境権」乃至はその保護を引き出す解釈が主張されてきた。そしてそれらには、基本法2条2項[8]と共に、1条1項を環境権等の根拠条文とするものがある。ここではそれを検討していくこととする。

1970年代初頭、環境保護を憲法の側面から考察したH・ルップは、生活保護の任務は受給者に対して人間の尊厳に対応する生活を実現することであり、この原

則は環境保護にもあてはまるとして、「環境権」を基本法1条と結びつけた[9]。これにW・ヴェーバーは基本的に賛成し、但しこの権利は古典的防禦権ではなく、むしろ「憲法委託」であり、その実現は立法者の政治的責任であるとする[10]。J・リュッケも同調して、環境権と1条1項、2条2項との関係を次のように述べる。

基本法2条2項1文が保護するのは、人間の単なる物理的生存に限られず、それを超えて「人間の尊厳に値する生活」であり、それは基本法1条1項の2条2項に対する作用から帰結される。そして人間の尊厳に値するということには、自然の景観や森林への立ち入りなどの環境状況も含まれる。これは1条1項が、人間をその全体において把握し、非物質的環境状況が物質的な身体・生活条件と共に、尊厳ある生活を人間に可能にする生活の質を構成することから明らかである[11]。

比較的近年ではC・ブッデが、基本法1条1項を環境権・環境保護と結びつけている。彼女によれば、「人間の尊厳」を義務づけられた国家は環境保護の任務を負い、しかもそれは単に生存を可能とする極限的環境条件の確保にすぎないわけではない。1条1項が想定するのは、産業国家において人間が健康でいられる生態学的状態であり、この生態学的最低限は自然科学によって決まる。そしてそれは2条2項1文の身体を侵害されない権利程広範ではないが、その基本的な内実となる[12]。

さて、以上の主張においては環境権と言っても、それは憲法委託や国家の保護の責務を意味することが多い。この問題は基本権理論としては重要だが、ここでは立ち入らない。本稿の目的からは、1条1項が2条2項1文の生命及び身体を害されない権利へ作用して、あるいはその内実として、「人間の尊厳」が環境権と結びつけられていることを確認しておきたい。

これらの議論に反対するものとして、例えばC・ウレは基本法1条も2条も環境保護について憲法的基礎を与えるものではなく、それは単純立法において解決が図られるべきものとする[13]。またB・ボックは、基本権と環境保護の結びつきを認めるが、それを1条1項ではなく2条2項に求める。即ち、「吸える空気、飲める水、食べられる食品」のような生存に必要なあらゆる自然環境の要素は、1

II 環境と憲法

条1項よりも2条2項の特殊規範領域に属する[14]。「全体として基本法1条1項2文からは(基本法2条2項1文と結びついた場合も含めて)、環境保護の委託、人間の自然的生活基盤を保護する命令は、何ら引き出されない……注意しなければならないのは、人間が尊厳を有する存在である為には、多くの様々な複合的要素が必要であることである。それゆえ、人間の尊厳を確保する為の措置が、それが正に環境保護に反するにもかかわらず、命じられねばならないこともありうる[15]」。

G・ヘルメスも、環境保護と1条1項の結びつきを極めて限定的に捉える。彼は、健康の侵害そのものに対しては1条1項による義務によっては対処できず、ガスマスクをつけて、あるいはガラスドームの中でしか生き延びられないような極端な環境破壊の場合にのみ、人間の尊厳は関係すると言う[16]。「基本法1条1項は、ほとんど生存を否定するような、即ち破局的な現象に対してのみ適用される。それゆえ当該条項が、環境に関する健康侵害の領域に対して有する意義は、極めて抑制的に評価されねばならない[17]」。

さて、以上の議論状況を踏まえて、環境と人間の尊厳条項の関係はどう考えていくべきか。確かに、恒常的にガスマスクをつけて、あるいはガラスドームの中でしか生存できないような自然環境になったとしたら、それは「人間の尊厳」に反すると言えないことはないだろう。しかしそれ以前に環境の問題は(右のような極端な場合も含めて)、2条2項の生命及び身体を害されない権利の問題として(そして現在では勿論、20a条の環境保護目的規定において) 議論する方が適当である。

そもそも「人間の尊厳」は、周知のように人権・基本権の根底にある思想であり、その意味では総ての基本権条項と無関係ではない。そこから例えば、個々の基本権の「本質的内実」は同時に人間の尊厳の内実である、という理論[18]も主張されることになる。この理論に対しては批判も多く、筆者もかつて反対の立場を表明したが[19]、主要な基本権においては、その侵害が極端な場合、同時にそれは1条1項に反する場合もあるかもしれない。

しかしながら、筆者は旧稿で、「生命に対する権利」さえも「人間の尊厳」と明確に区別すべきことを強調した[20]。各々の基本権には、基本法1条1項には還元

できない、独自の要素がある。ブッデのように、生存を可能とするだけではなく、人間が健康でいられる生態学的条件や、さらにはリュッケのように景観や森林への立ち入りまで、人間の尊厳から引き出される環境保護の内実としてしまうことは、基本法1条1項の意味内容を拡散させ、同時に環境保護の独自性をあいまいにしてしまう結果となる。そしてこのように人間の尊厳がインフレ的に使用されることによって、その絶対性は喪失してしまう。1条1項の「切り札性」を守る立場[21]からは、このような立論には反対せざるをえない。

環境権は論ずべき多くの問題を孕み、例えば基本法2条2項によっても、それが憲法上帰結されるか否かは、大いに議論のあるところである。しかしそれは既述のように包括的な環境保護目的規定の登場によって、議論の重要性を失ってしまった。本稿の目的から、この問題に関しては上記の考察にとどめ、次節では20a条ではカヴァーされない要素を含むとされる[22]「動物の保護」と基本法1条1項の関係についての議論を詳しく検討していく。

2　動物の保護と「人間の尊厳」

動物の保護を基本法1条1項によって憲法上の要請とする主張は、具体的にはとりわけ動物実験及び宗教上の動物の屠殺を制限する為に主張される。環境保護の国家目標規定が基本法に導入された際、関連して「動物の保護」の目標規定も審議された[23]が、こちらは成立を見なかった。

(1) 判例

動物の保護を「人間の尊厳」と明確に結びつけている判例としては、1992年のハンブルク高等行政裁判所判決が挙げられる。これは、動物保護法が畜殺（Schächten）、即ち動物を麻酔なしで屠殺することを、一定の宗教上の戒律により必要な時のみに限定している[24]ことは、基本法12条1項の職業の自由にも、4条2項の宗教的行事の保障にも反しない、としたものであり、その中で次のように述べる。「いずれにせよ基本法1条1項の人間の尊厳という基本権との結びつきによ

II 環境と憲法

って、動物保護には憲法上の地位が与えられる。人間が基本法1条1項において、国家行為の基礎を形成する人間の尊厳を有するのは、人間が理性を付与された存在として自らの行為を省察し、それを一定の価値観念へと導く能力を有しているからである。ところで、他の被造物（Mitgeschöpfe）を意識的に責任と配慮を持って扱う能力において、人間の尊厳が尊重される価値あるものとして示されるならば、立法者は憲法によって、動物保護をこの意識的責任と配慮の表現として促進する義務がある[25]」。以上の説示を基に、動物保護の法益は1条1項によって、基本法4条2項の宗教行事を行う基本権に対しても貫徹されることになるとする。

この判決では、まず「人間の尊厳」の根拠を、自己の行動を省察し一定の価値へ導く「理性」に求める。そして他の生物に対する「責任と配慮」を、この理性から生ずるべきものと捉えていると見られる。このような理論で判決は「動物の保護」を基本法1条1項と結びつける。そしてそれはこの問題における後述の学説の議論を背景としているが[26]、その検討は次項以降詳しく行なう。

それでは連邦憲法裁判所はこれについてどのような態度を示しているのだろうか。同裁判所の判例には、ハンブルク高等行政裁判所の判決と同様に、動物保護法と基本権の衝突に際して、動物の保護の思想について論じているものがある。

まず、1973年の決定が挙げられるが、これは動物保護法3条9号が動物を着払いで送ることを禁止していたことの合憲性に関するものである。同条項は、着払いは返送の危険があり、輸送が長びいて動物に負担をかけるところから規定されたものだが[27]、鳥の飼育を職業とする者が当該条項を基本法12条1項の職業の自由に反すると申し立てた。連邦憲法裁判所はこれに対しその決定で、「新しい動物保護法はその趣旨からして、生物の保護を任せられた人間の共同責任の意味での、倫理的な動物保護の基本思想に基づいている[28]」と説示した。

このように憲法裁判所は動物保護を「人間の共同責任」とする。しかし既述の高等行政裁判所判決とは異なり、これを基本法1条1項の「人間の尊厳」と結びつけることはしない。そして本件を動物保護法3条が「公共の福祉」として職業遂行の自由を制限するもの、という枠組みで捉える。その合憲性審査には比例性の原則を用い、着払い運送でも苦痛を免れる方法はあるのに、当該規定が一般的

にそれを禁止していることを理由に、動物保護法3条9号を基本法12条1項に反し無効とした[29]。

また、1978年、動物保護法8条2項1文が、手術による動物実験公的学術機関で専門教育を受けた者等に限定していることの合憲性についての決定が、連邦憲法裁判所によって下された。その際も同裁判所は、動物保護法は生物の保護を任せられた「人間の共同責任」の意味での倫理的な動物保護の基本思想に基づく、と述べている。しかしやはりこれを職業の自由の制限の問題として論じ、結局同規定を基本法3条1項と結びついた12条1項に反し無効とし、動物保護法の規定を「人間の尊厳」と結びつけてはいない[30]。

以上のように連邦憲法裁判所の判例では、生物の保護に対する「人間の共同責任」を認め、この倫理思想を、立法次元では動物保護法の指導理念としている。しかし、これを基本法1条1項の「人間の尊厳」によって基礎づけられるものとはせず、憲法上の要請とは捉えていないとみなされるのである。

(2) 動物の保護を「人間の尊厳」によって基礎づける学説

動物の保護を基本法1条1項と結びつける学説としては、まず、フォン・ハイデブラント/グルーバーの論文が、これを比較的詳しく論じている。そこでは、動物保護法7条以下の動物実験に関する規定と、学問・研究の自由との関係を論ずる中で、基本法5条3項で保障されているとみなされる動物実験を行う自由は、動物保護が人間の尊厳の構成要素であるならば、憲法上の内在的制約を受けるとする。そしてこの問題は、「人間の尊厳」の定義次第であると指摘して、次のように論じていく。

「それについて最も適当な定義が得られるのは、尊厳を有する人間の資格を肯定する根拠が示されることによってである。」人間の尊厳の根拠が示されれば、その価値及び尊重の態様が同時に解明される。「人間が尊厳を有する特別な理由は、理性を付与された存在として、自己の行為を省察する能力を有することにある。動物とは対照的に人間は自意識を持つ。人間は自らの行動を一定の価値観念へと導き、この目的の為に自己抑制・自己規定を行うことができる。このことのゆえに、

II　環境と憲法

　人間はあらゆる生物の上に立ち、共生する存在としての動物に対する責任と配慮を意識することができる。意識的に責任と配慮を持って行動する能力において、人間が尊重され保護される価値のある尊厳の担い手であることが、そもそも正当化されるのである」。それゆえ国家は、「人間の尊厳」を保護する為に、人間の動物に対する責任と配慮を促進する立法措置をとる権限と義務を有し、研究の自由に干渉することが許される、とする[31]。

　この議論においてはまず、人間は理性を付与された存在として尊厳を有する、と捉えられている。そして自らの行動を一定の価値に従って規定しうるものとし、そこから動物に対する責任と配慮を意識する「尊厳の担い手である」人間像を引き出している。

　筆者はかつて、特定の人間像が基本法1条1項の解釈として規範的に主張されると、現実の人間に対し評価的に機能し、「尊厳」の主体、ひいては基本権享有主体の限定の危険があることを指摘したことがある[32]。このことからすると、動物に対する責任と配慮とを意識するというような、一定の人間像を尊厳の担い手として提示すること自体が否定されねばならない。

　この点を置いても、フォン・ハイデブラント／グルーバーの議論で問題になるのは、人間が一定の価値に従って行動しうるところから人間の優位を主張し、そこから直ちに動物に対する「責任と配慮」を引き出して、しかもそれを「人間の尊厳」の根拠にしていることである。「一定の価値」の内容が明らかにされないで、動物に対する責任と配慮を人間の優位、人間が尊厳性を有する理由とすることはできず、ここに架橋されていない飛躍がある。

　さて、この動物に対する責任を、基本法の他の文言から基礎づけるのがC・シュタークの議論である。そこではまず「動物は人間の尊厳を全く持たないし、それゆえ直接には憲法上の尊厳保護を享受するものではない」と明言する。しかしながら、「我々の法秩序に根づいている、比較的高度に発達した動物に対する動物保護の思想は、人間の環境に対する特別な責任の観念にその根拠を持ち、そこでは動物は発達史的に人間に最も近い」とも言う。そこで「人間の尊厳と関係するその責任から、動物保護が憲法次元の法益として基礎づけられるか」を検討して

いくとする(33)。

　そこにおいては、基本法は自由で責任ある人間から出発しており、責任は自由と一対であり、これは人間にとって自分自身や他の人間に対してのみならず、環境との関係でもあてはまる、と言う。そして環境と人間との緊密な結びつきゆえに人間は環境に対する責任を負い、国家は研究の自由の場合におけるような基本権の制限の形でこの責任を果たすことができるとする。そしてこの議論を支持するものとして、基本法前文を挙げる。「ドイツ国民が『神と人間の前での責任を自覚して……』基本法を決定するならば、それによって特に語られるべきことは、人間は神の前での責任を有し、それは……被造物に対する責任、それゆえ動物に対する責任でもあるということである。」人間はその環境を傷つけ、破壊することができるゆえに、環境に対する責任を日々問われることになる(34)。

　このシュタークの議論で最も特徴的な点は、動物の保護を憲法上のものとするのに、基本法の前文を援用していることである。しかしながら前文の「神の前での責任」を「被造物に対する責任」、「動物に対する責任」に直接結びつけることはできない。

　前文の「神と人間の前での責任の自覚」は、基本法の制定にあたって、ナチスの時代における人間を軽視したイデオロギーによる暴力支配や、独裁制による犯罪の強烈な印象から(35)、そのような体制を永遠に拒否すると共に、国家権力、さらには基本法制定の根拠とされている憲法制定権力もが、絶対的なものではないことを示しているものである(36)。しかしそれを超えて、これがドイツをキリスト教国とするものではなく、基本法をキリスト教的に解釈することを指示するものでもない(37)。それは無神論さえも排除するものではないとする見解(38)もあり、一般に宗教的世界観に対しては開かれたものとなっていると解されている。ところで「神の前での責任」を「被造物に対する責任」と解するには、やはりキリスト教等の一定の宗教における特定の教義を前提にしなければならないから、宗教的に中立な立場からは、そのような解釈は不可能となるはずである。この場合やはり、フォン・ミュンヒが指摘するように、「環境に対する責任を求めて、前文を無理に使うべきではない(39)」と言えよう。

II　環境と憲法

「動物保護」の根拠としてシュタークと同様に、人間の尊厳と並んで他の基本法上の文言を援用するものとして、ブラントフーバーの議論がある。そこでは、基本法2条1項において「自己の人格を自由に展開する権利」を制限する「道徳律（Sittengesetz）」を、1条1項と共に動物保護を憲法上のものとする根拠としている。そしてこの「道徳律」は、法共同体によって承認され、一般の遵守が期待される倫理的規範とされ、動物虐待等はこれに反するものとしている[40]。

これに対しては、この「道徳律」が、これまでの連邦憲法裁判所の判例では重要な役割りを演じたことはないが、それはこのような「価値の貯蔵庫」は、基本権における自由の制限に際して、法適用者の主観的嗜好がものを言う結果となるからである[41]、との指摘が重要である。そしてそこでは、基本法2条1項の道徳律から、動物の保護を憲法上の次元のものとする議論こそ、正にその例とされている[42]。この指摘のように、「道徳律」というのは、その内容として解釈者が自己の価値観を持ち込みうるものであり、このような漠然とした概念から、動物保護についての憲法上の帰結を引き出すことは、基本権論のあり方としてやはり回避すべきであると言える。

以上の議論の他、P・クーニヒは、シュタークと同様に動物は人間の尊厳を保持しないとしながら、基本法1条1項は国家目標規定としては動物との接触の仕方を示しているとして、人間の高等動物等に対する責任を引き出している。そしてこれは動物実験のような場合に学問の自由や職業の自由を制限するものとなるとし、人間の共同責任の意味における倫理的動物保護を提示する[43]。またE・フォン・レーパーは、倫理的動物保護の為の憲法委託が、基本法の人間像及び1条1項の尊厳の原理から基礎づけられるとする。そして「動物保護の倫理」は、共同体の社会的良心であり、法的に重要な社会倫理の構成要素であるとしている[44]。

動物の保護を1条1項により基礎づける学説一般については、後の「考察」で筆者の考えを示すが、これらにおいては動物の保護が憲法上主張されると共に、倫理的要請としての性格も常に色濃く有しており、それが法的主張の基盤となっていると言える。「環境倫理」の議論は近年非常に盛んであるが、それが法的に重大な帰結をもたらすものについては、次節で検討することになる。

(3) **動物の保護を「人間の尊厳」と結びつけることに批判的な学説**

　H・ヤラスは「動物の保護は人間の尊厳と関係がない[45]」と断定するが、より詳しく、人間の尊厳から動物保護を引き出す試みを批判するのが、H・-G・クルーゲの次のような議論である。動物の虐待は自らの尊厳に反する、という主張、さらには人間の尊厳から自然保護を引き出す議論に共通するのは、「人間の尊厳が道徳的評価の媒介として用いられること」である。そこでは人間の尊厳が起源の明らかでない倫理的基準として利用されることになる。さらに問題なのはそこにおいて「特定の人間の行為が、人間の尊厳に反するものとして、レッテルばりされることである[46]」。この批判のうち、人間の尊厳を不確かな倫理的基準としてしまうという指摘は、動物の保護を１条１項と結びつける試みに反対する学説に、ほぼ共通するところである。また、一定の行為を人間の尊厳に反するものとレッテルばりすることは、人間の尊厳の不可侵性が絶対的なものであるだけに[47]、極めて慎重であらねばならないと言える。

　さらに、J・ミューラー＝フォルベーアは、「あらゆる形態の動物の虐待は、人間が自分自身をおとしめることであり、それによってその固有の尊厳に反することになる」という議論に対し、次のように二段階に分けて反論する。「しかしながら人間の尊厳は、各個人の自律的自己決定の自由にその真価があり、人間が自分自身をおとしめることになりうる自由の可能性を濫用する場合でさえ、人間の尊厳は保たれる。」また、「動物の虐待が自己をおとしめることだと判断される場合でも、動物保護が基本法１条１項によって保護された憲法上の法益であることは証明されえない」。彼はまた、基本法の人間像から動物保護を憲法上のものとする試みも、それが政治的イデオロギー評価に道を開くものとして斥けている[48]。

　この議論で最も注目されるのは、人間の尊厳は自由を濫用する場合でさえ保たれる、と断言していることである。言うまでもなく「人間の尊厳」は元々、動物ではなく人間を尊厳あるものとし、しかもその不可侵性は既述のように絶対的なものである。そして人間における尊厳主体の限定を強く否定する従来からの筆者の立場[49]からすれば、動物への対処の如何で人間の方の尊厳性が左右されるような議論は正に本末転倒であり、その意味でミューラー＝フォルベーアの議論は首

肯される。

　このような人間中心の視点からの批判として、さらにH・ドライアーとM・クレプファーの議論がある。まず、ドライアーは、倫理上の動物保護の理念を憲法の次元に引き上げようとする主張は、憲法史的伝統や制憲議会の審議から帰結される「基本法の人間中心主義的方向」に矛盾するとする。さらに、基本法１条１項をあまりに無理に使う(Überstrapazierung)ことにより人間中心主義がわきへ押しやられ、特定の道徳的基準となることを警告すると共に、食肉用の家畜の育成においては、その動物については人間の尊厳が全く問題とされていない事実を指摘している[50]。またクレプファーは、基本法１条１項は政治的倫理的に濫用されてはならないこと、基本法の人間像のイデオロギー的危険性を指摘した上で、次のように述べる。「基本法１条１項から動物保護の義務を導いたとしても、人間の尊厳におけるこの基礎づけは、動物の保護そのものを支持するものではなく、人間（及びその価値観念）の為の人間中心主義的動物保護を意味しうるにすぎないだろう[51]」。

　こういった「人間中心主義」については、２つの異なった段階の問題がある。１つは、思想としての人間中心主義であり、これは環境倫理学における「生命中心主義」、「生態系中心主義」と対置されるものである。この根本的な対立は本節の問題の背景にもあり、ドライアーやクレプファーの既述の議論にもこの次元での主張が垣間見られるが、その検討は次節で行なう。もう一つは基本法及び基本法を中心とした法体系が「人間中心主義」に基づいているかということである。動物の保護が「人間の尊厳」から引き出されるか、という本節の議論は基本法の解釈論上の問題であるから、こちらの方が直接関係がある。これについては、ドイツ連邦共和国基本法が基本的に近代立憲主義に基づくものであり、立憲主義が「人権」の保障を中核とするものであることからしても、基本法における「人間中心主義」を否定するわけにはいかないだろう。

(4) 考　察

　動物保護の動機はドイツにおいても様々なものがあるが[52]、倫理的には動物を

被造物としての仲間と捉え、それに対する人間の責任と配慮を求めることにその核心がある[53]。そしてこの思想はキリスト教等の宗教的背景を持つだけに、これを憲法上の要請にまで高めようという主張がなされるのも理解できる[54]。

　しかしながら、動物の保護が「人間の尊厳」によって保障されていると主張する場合、その主張の重大性が自覚されなければならない。人間の尊厳は、元々その侵害が例外なく憲法違反となるという意味で、絶対的性質を有するものである。その侵害はどのような法益によっても正当化されず、それは基本権上の利益でも同様である。即ち人間の尊厳は本来、他の個別の基本権と比較衡量されえないのである[55]。この原則に忠実であるならば、動物の保護が人間の尊厳によって保障されていることになれば、宗教上の「畜殺」は勿論、動物に痛み等の負担をかける実験は総て違憲となりかねない[56]。これらは宗教的行事の自由、研究の自由として、動物の保護の観点からそれをある程度制限する場合でも、少なくとも細かな利益衡量を必要とするものであろう。

　「人間の尊厳」を多様な場面で活躍させていこうとする傾向は、政治的・道徳的主張のみならず、判例や学説にも見られる[57]。しかし少なくとも基本法１条１項から直接帰結される保障内容の拡張については、それがもたらす「人間の尊厳」の意義の低下の危険から、極めて慎重であらねばならない。日本においても幸福追求権による「新しい人権」の主張が「人権のインフレ化」を招くのではないか[58]という警告がなされたが、「人間の尊厳」についての同様の危険は、なおさら避けなければならない。それは人権を基礎づける基本法の最高の価値としてその絶対性を維持すべきであり、その直接の発動には慎重を期し、「切り札」としての地位を保たねばならない。

　この観点からすれば、動物の保護を１条１項によって保障されているとする見解は、人間の尊厳をインフレ化する典型例と言える。それは一見して明らかな如く、基本法１条１項の文言からしてかなり無理がある。「人間の尊厳は不可侵である」という文は、動物ではなく人間を保護の対象としているものである。

　これに対して、動物の虐待は人間が自分自身をおとしめることであり、自らの尊厳に反する、という論理構成は、デューリヒの客体定式、即ち「具体的な人間

Ⅱ　環境と憲法

が、客体、単なる手段、代替可能な存在におとしめられるとき」人間の尊厳違反が存在するという定式[59]に類似するように見える。しかしながら動物への対処においては人間はあくまで行為の主体であり、それによって客体定式に該当することはありえない。この他、動物の保護を憲法上のものとする為に、前文あるいは２条１項の「道徳律」から動物の保護を引き出そうとする試みも、既に批判したように、到底認めることはできない。

　以上のような問題点の他に、動物の保護を人間の尊厳と結びつけることは、尊厳主体、基本権主体としての人間を限定する危険をも惹起する。本節(2)項で検討した論文のように、「動物に対する責任と配慮」を意識することが、人間の尊厳を正当化する根拠とされるならば、そのような意識を持って行動しない人は、被造物としての仲間に対する責任を自覚しない者として、その尊厳性をも否定されることになりかねない。それはちょうど筆者が旧稿で指摘したように、「内面的に共同体に拘束されていること」が人間の尊厳の本質とする学説が、そのような人間像を規範的に主張することによって、現実の人間を類別し、尊厳に値する人間を限定する可能性を含んでいた[60]のと同様である。

　そしてまた、動物の保護を基本法１条１項によって基礎づけることは、憲法の理念やその歴史にも適合しない。人権は通常、「人間がただ人間であることのみに基づいて有する権利」と定義される。ここでは人間という生物学的資格のみに基づいて、権利の享有主体性が決定される。これは、諸個人が持つ具体的な特性に関わりなく、人間を総て平等なものとして等しくこれに人権を付与することにより、人一般として全人類を解放しようとするものであり、人権の歴史はこの理念を追求するものであったはずである。そこでは結果的に人間以外の存在が阻害されることになるが[61]、我々は人間界内部の解放の方を意識して、この理念を立憲主義の中核として選択したと言える。そしてドイツにおいては、ナチス国家時代における人間を人間として扱わないようなひどい人権侵害に対する反省から、基本法の冒頭で「人間の尊厳」を人権の基礎として宣言したのである。そしてそれは、「人間が動物や物の次元におとしめられる」ことを禁止するものとも説かれる[62]。以上のように、憲法史的には、人間と動物その他の存在とは、画然とその

地位が分けられてきたのである。これを踏まえるならば、人権の根底をなす規定から、動物の保護を帰結しようとすることは的外れと言わざるをえないだろう。

ところで、このように人間とその他の自然物を峻別する基本枠組みに対しては、近年環境倫理学の立場から、「生命中心主義」や「生態系中心主義」を対置させ、あるいは「自然の権利」を主張して、これまでの「人間中心主義」を真向から批判する議論が展開されている。しかしそれに対して、人間中心主義にあくまで留まる、あるいは留まらざるをえないとする立場も強い。この問題は本節の議論の基本的前提に関わることであるが、同時に法学において自明とされてきたことを原理的に問い直すものであるだけに、節を改めて考察していくこととする。

3 「自然の権利」と人間中心主義

(1) 問題状況

自然に対する人間の責任が比較的古くから論じられている[63]のに対し、自然の権利の主張はそれと比べて新しいことである。アメリカにおいては、例えば今日では環境倫理学の祖とみなされているA・レオポルドにより「土地倫理」が唱えられ、個人、社会に次いで土壌、水、植物、動物等の総称としての土地にまで倫理則の範囲を拡張することが主張された[64]。法学においてはC・ストーンにより、自然物や自然環境全体に法的権利を付与することが提唱され、その原告適格等が主張された[65]。そして自然物と環境保護団体等を共同原告とする訴訟が、現実に提起されている。日本でもその影響を受けて自然の権利論が展開され[66]、さらにその場合の「自然」の範囲や「権利」のとらえ方等が議論されている[67]。裁判所においても、自然物を共同原告として訴訟が提起されている[68]が、今のところはその当事者適格は認められていない。

このような「自然の権利」の主張に対して、環境問題に関わっている者の中からも、それは人間的価値の相対化につながるとして、正面から反対する議論もなされている[69]。さらに、動物は人間と同じ意味では主体として扱えない等の原理的論拠から、「人間中心主義」は避けられないとする考え[70]もある。また、「自然

Ⅱ　環境と憲法

の権利」といっても、これを動物だけに認めるか、生物全体か、あるいは無生物をも含めるのかによって、それに対する反論も異なってくる。

　本稿ではこれらの議論総てを検討することはできない。ここでは、「自然の権利」と、それに対する「人間中心主義」についてのドイツの典型的乃至代表的議論のいくつかを検討し、憲法学においてはどのような立場を採るべきかを考察していくこととする。

(2)　自然の権利

　「自然の権利」については様々な分野から議論がなされているが、ここではまず、法学的にそれを主張している、J・ライムバッハーの立論を見ていこう。「我々の社会は、自然を法主体に昇格させることができよう……それは自然に、我々に対するより良い保護をもたらす権利を認めることができよう[71]」。彼は、人間社会の自然に対する支配関係を転換する為にこう主張する。現実には自然は我々の社会で権利を付与されていないが、奴隷、女性、子供、老人、外国人も、かつて無権利であったり、現在でも重要な権利を否定されていると指摘する。即ちここでは、権利主体が拡張されてきた歴史の延長線上に、「自然の権利」が捉えられているとみられる。

　このように自然の権利を、あたかも人間の権利の延長のように記述する一方で、彼は自然にとって「人権」は必要ないとし、その「権利」の内容を「保護」を中心に構成する。即ち、自然が必要としているのは、自然の保護をもたらす生存権であり、国家や私人はその尊重を義務づけられ、侵害には正当化が必要であるとする[72]。

　権利の主体が一部の人から人類全体へと拡大されてきた歴史の延長線上に自然の権利を想定することは、単純だがわかりやすい主張ではある。しかしながら、その権利は、国家等により保護されることに意義があり、主体的に主張されるものではない[73]。これは権利主体が人間ではないものであることからして、全く不思議なことではない。しかし正にこの点が、「自然の権利」の付与を、これまでの人類内部での権利拡大の歴史とは同列に論じられないことを示しているのである。

8 環境保護と「人間の尊厳」[押久保倫夫]

　それではこのような「自然の権利」とは、より具体的にはどのようなものであり、如何なる思想に根差すものなのか。それについて、次に自然哲学者のK・マイヤー＝アービッヒの詳しい議論を追っていくことにする。

　彼は「ドイツ連邦共和国基本法には、自然はそれ自身としては登場してこない」と指摘し、1976年の連邦自然保護法も「厳格に人間中心主義的である」とする[74]。しかしそれは必然的なものではなく、基本法1条1項からも環境保護の非人間中心主義的基礎づけは可能だと言う。「人間が環境(Mitwelt[75])それ自身の為の責任を果たさないならば、人間は……そのキリスト教的規定をそこなうことになる。それゆえ、ある義務を果たさないことが人間の尊厳に反するように、この責任を正当に評価することは人間の尊厳に属する」。ここでは彼は、人間の為ではなく、環境自身の為の人間の責任を主張していることが重要である。「環境を単なる素材として扱うことは、人格的利己主義と同様に、人間にふさわしくないだろう」「人間中心主義的世界観においては、真の人間的生活は存在しない[76]」。

　それゆえ、彼は人間中心主義的世界観の「コペルニクス的転回[77]」を唱え、生物をそれ自身の為に育成すること、その固有の価値を尊重することを主張する[78]。それによって彼が提示しようとするのは、人間が自然と和解するとされる世界観である。「自然との和解（*Frieden mit der Natur*）とは、自然環境に対する人類の行動を、人類を超えた自然の法共同体において、憲法的に規制することを意味する(強調原文)」。ここでは彼も、自然における人類の支配を認めないわけではない。「重要なのは、絶対主義的支配を法治国家的支配へ移行させること」であり、人間の支配は「全体に対する責任によって制限される」ことになる[79]。

　そこで彼は、自然の固有の価値を権利として認めさせようとするが、それは現実には、人間の権利と同じ形態をとるものではない。自然物は法廷で自らの利益を主張することはできず、代理人を必要とする。但しそれは国家に任せることはできない。またあらゆる自然存在が、人間が有する総ての権利を持つわけではない[80]。

　以上のような考察を踏まえて、彼は次のような「自然の権利宣言」を行なう。「1．人間、動物、植物及び諸元素(Elemente[81])は、自然史において類縁関係に

II 環境と憲法

あり、自然の法共同体を形成する。そこにおいて自然秩序と人権秩序は結合する。2．人間は自分が属する自然を、かなりの程度まで認識し変更できる。それによって人間は、全体の利益を代理して守る特別な責任を負う。3．動物、植物及び諸元素は、我々の自然環境である。我々の行為がそれらに配慮するのは、それら自身（それらの固有の価値）の為であり、我々自身の為だけではない。」彼は以上のような自然共同体の基本枠組みを前提として、自然の権利を提示する。「4．……自然環境固有の価値は、人類によって権利の形で現わされる。」そしてこの権利のあり方を、次のように定式化する。「5．自然環境の権利は、人間が代理行使するものであり、法律によって与えられる。この権利は以下の諸原則に従う。6．自然の法共同体のあらゆる権利は、平等原則によって評定される……7．自然の法共同体において権利を評定する基準となる基本的平等性は、感覚能力及び利益享有性（利益を有すること）の平等性である。8．自然環境における生物の特別の利益は、我々の側で我々自身のもののように尊重される。自然の食物連鎖は、生物の特別の利益の現われである。9．人間の利益は、それら相互のみならず、自然環境の利益に対しても比較衡量される……10．人間の利益には、生物の特別な利益が関係しない所でのみ、優位が与えられてよい。これが生じると、当該環境自身はそれに対応する賠償を受ける[82]」。

以上のようにマイヤー＝アービッヒは、現行法秩序における「人間中心主義」を批判して、自然環境を人間の為ではなくそれ自身の為に配慮することを唱え、人間と自然が和解した「自然の法共同体」を提示する。そして「自然環境固有の価値」を法的に承認すること、即ち自然の権利を主張し、人間の利益も自然の利益に対して比較衡量されると言う。しかしながら、自然の権利は人間が代理して行使するものであり、人間は全体の利益を守る義務を負うことになる。

このように「人間中心主義」を批判して説かれる「自然の権利」は、常に人間が代理して行使しなければならず、それゆえ人間の義務と責任が強調される点で、従来の「権利」のイメージとは異なる契機を含むことになる。そしてこのような「権利」を権利と呼ぶことの当否が、法学上は問題となろう。しかしこの考察を行う前に、自然の権利に批判的乃至懐疑的で、人間中心主義にこだわる学説を見

ていくことにする。

(3) 人間中心主義を維持する学説

前項のように人間中心主義を否定し自然の権利を主張することに対しては、ドイツでは慎重な見解も強い。その中でまず、自然の権利、生命中心主義を批判するK・ハインツの議論を検討する。

彼は前項の学説と同様に、環境保護に対する人間の特別な責任を認める。しかしそれは「純粋な人間中心主義」に基づく環境保護と対立しないとする。「なぜなら基本法1条は、一方では人間が自然を利用する必要性を、他方では自然に対する責任を、共に保護領域としているのだから[83]」。

ところが、「生命中心主義」、「自然固有の権利」、そしてその法的表現である、人間と同様の「自然の主体としての地位」の方は、環境に対する「人間の責任」以上のことを意味する、と指摘する。それゆえ、純粋な生命中心主義に基づく環境保護は、憲法の変更 (Änderung) なしには不可能である。「なぜなら、生命中心主義的環境保護は、正に憲法によっても（それだけではないが）保護されている人間の利益を損なわずにはおかないだろうから[84]」。

ここでハインツの言う憲法の変更とは、基本法79条による改正ではなく、基本法の根本的変革、即ち新憲法の制定と考えるべきだろう。「純粋な生命中心主義」を実現するとなれば、79条3項によって改正が禁止されている基本法の諸原則より根本的なこと、それらが当然の前提にしていることの改変が必要となるからである[85]。

さて、ハインツはさらに、「自然の権利」についても、次のように否定的に捉える。「自然の権利」はアメリカの哲学に強く影響されたものだが、ヨーロッパ大陸でそれに対応するのは「人間の義務」であり、自然の保護は「自然の権利によってではなく、人間の高度の義務責任によってのみ、実現されうる」。彼はその理由として、自然の権利の内容を確定する法的基準が見い出せないことなどの実現の困難性、自然の権利は、背後に人間が存在する法人[86]の権利とは根本的に異なるといった、原理的問題等を挙げる。そしてそれが環境保護の為の重要な心理的警

II 環境と憲法

告となることは認めるが、「この考えは哲学的倫理的領域でも法的領域でも、かなりの不確かさと矛盾を負うものであるから」、全体としては否定的評価が下されるとする[87]。

彼は以上の考察より、次のように結論を下す。「環境法における問題状況を解決するのにより成功が見込めるのは、純粋な人間中心主義に対応した構想である。現在の用益に対する放棄や遠慮をも意味する、人間の環境に対する責任が重要であることは、この基礎の下で明らかとなりうる。この基本的な哲学的構想は、動物保護法や、とりわけ修正が必要な連邦環境保護法において萌芽が示されているように、法的形態及び内容に転換することができ、また現在の憲法状況にも合致している[88]」。

このようにハインツは、生命中心主義を拒否し、環境問題は人間中心主義に基づく方がより良く解決できるとしてこれを維持すると共に、自然固有の権利についてその不確かさ等から否定的評価を下す。しかし「権利」の意味内容にもよるが、生命中心主義の否定と自然の権利の否定が論理必然的に結びつくわけではない。そこで次に、人間中心主義に留まりながら、自然固有の権利にも一定の理解を示す、H・ホフマンの議論を見ていこう。

彼は、「自然固有の権利についてはさしあたり、自然保護、景観保護、動物保護の個々の対象物を法的主体と宣言することが、法的には直ちに可能かもしれない[89]」と言う。自然の権利能力を認める説は、人間以外のものの利益を認め受託者が代理してそれを主張するもので、年少者や精神障害者の後見や法人の法定代理をモデルとする。そして精神障害者に権利が帰属するなら、人間以外の生命にそれを拒否することはできないだろう、と彼は言う[90]。そして、川や森の利益は如何に定式化するのか、等の問題にもかかわらず、「自然をそれ自身の為に保護するという要請は、人間の主体性の地平においても、我々にとって必要な優れた意義を持つ[91]」とする。

しかしながらホフマンは、自然固有の権利という構成をとらなくても、それによって現実に達成しようとすることは、総て法的に実現されうるとも言う。さらに、自然の権利主対性を認める場合でも、人間中心主義が放棄されることはない

とする。「我々が利益、価値、目的を述べる場合、いつでもそれを我々人間による理解に基づいて行なう。その限りでは、人間中心主義を免れることはできないのである……それゆえ自然の権利という要請は、人間の利益を度外視することではなく、それを理性的に、即ち何よりもそれを包括的に決めることであろう[92]」。即ちそこでは人間中心主義は、経済的人間の世界観ではない。「環境保護は、したがってもはや単なる利益衡量や利益調整として断面的に捉えられるのではなく、それと交差しつつ時間的に未来の地平において考えられ、意識的に後世の保護として推し進められるものでなければならない[93]」。

　ホフマンは以上のように、原理的に人間中心主義が不可避であることを前提とし、自然の権利を一応認めながらも、それをあくまで我々人間の側から考察している。即ち自然それ自身の為の保護は、人間の為にもなる。それは人間の利益について視野を広げ、さらに後の世代のことにまで目を向けさせることになる。「自然固有の権利」が法的に可能としながらも、その目的とするところはそういった構成をとらなくても達成できるという彼の見解は、自然の権利論を人間の側から自らの利益の内容を問い直す契機としようという姿勢と理解できる。

　さて、人間中心主義に立ちながら、それを基本法からも基礎づけるものとして、W・ブロームの議論がある。彼は基本法20a条が導入される直前、その草案の「自然の生活基盤」を人間中心主義的に保護するのかそれら自身の為に保護するのかという争いについて前者を採るとする。そしてその理由として、「将来の世代に対する責任」の他、「人間の尊厳を冒頭に置き、その尊重と保護の点からあらゆる国家権力を正当化している憲法の全体構造」を挙げる。そして、人間が自然を自らの安全と必要の観点から形成するという状況は今日でも変わっておらず、それゆえ基本法のこの決定は適切なものであり、さらにこういった観点からのみ、人間共同体におけるコンセンサスは得られるとする。そしてその場合、「自然の生活条件」は広く解釈され、人間以外の生命の生活条件も、それが人間の生活条件ともなるだけに、それに包括されると言う[94]。

　さらに基本法1条1項と「自然の権利」について論じているのが、T・ゲッデルト＝シュタイナハーである。彼女は、将来の世代や自然の利益は1条1項から

II 環境と憲法

導かれるという説に対して、そのような拡大解釈は研究の自由のような基本権の制限を招くとして疑問を呈する。そして「自然の法主体性」の承認は、個別化できない法益を含む限りで体系的に認められないとする[95]。またK・シュテルンも、人間の尊厳の担い手は個々の具体的人間のみであり、将来の世代に「人間の尊厳」の権利を拡大するのは問題があり、環境、自然、動物その他の事物に対しても、同様のことがあてはまるとしている[96]。

さて以上の自然の権利、人間中心主義について考察する前に、ここでこの問題に対する立場を分類・整理しておこう。まず生命中心主義に移行するか、人間中心主義に留まるかで大きく二つに分かれる。前者は必然的に何らかの「自然の権利」を認めることになろうが、その主体は個々の生命か、あるいは種や生態系か、さらには川や森にそれを及ぼすのか、そしてその権利とは如何なる内容なのかなど、様々な立場がありうる。次に人間中心主義を維持する場合、自然の権利を認めることも否定することも両方可能である。但し前者の場合、生命中心主義の立場とはそれを認める理由が根本的に異なってくる。そして現行法秩序を前提とした法解釈上の問題としてこれを論ずる場合には、以上総ての立場において、既存の憲法、法体系に対する整合性が問われることになる。

(4) 考 察

ではこれらの立場のうちどれを選択すべきか。

まず人間中心主義の是非である。これは論理学的に言えば、「主義」という言葉が示しているように、究極的には基礎づけ不能な公理にすぎない[97]。「人間中心主義」に基づかない社会秩序・自然秩序も抽象的には想定可能である。

しかしながら、徹底した意味での「生命中心主義」あるいは「自然中心主義」はやはり現実には不可能であり、人間中心主義は不可避である。その理由としては、「自然の権利」を主張する際も、それは人間的理解によって行われている、というホフマンの指摘が、原理的に重要である。「生命中心主義」を主張するのが人間である限り、人間的思考、即ち他の生命にとっては全くあずかり知らない恣意が前提となっている。「他の生命」が議論に参加することができない以上、人間が

それらの為に、如何に真摯に思考力を駆使しても、そこには人間のシンパシーの限界[98]・想像力の限界[99]がある。それを基準にする限り、真の「生命中心主義」などは不可能である。

　なお、ドイツの現行憲法を前提とする場合は、基本法1条1項の規定からして「人間中心主義」の否定を認める余地はありえない。この規定から環境保護の非人間中心主義的基礎づけをする試みがあったが、それに対しては前節で行った当該規定と動物の保護を結びつける説に対する批判[100]、とりわけ憲法の歴史的解釈が反論となる。そもそもこの法的なヒューマニズム宣言から、逆に非人間中心主義を導くなどということは、「人間の尊厳のインフレ」といった次元を超えた、許容されざる解釈と言えよう。純粋な形で「生命中心主義」を採ることは、現行の1条1項とは異なる全く新しい原理に基づく憲法の制定がなされなければ、法的に不可能である。

　次に「自然の権利」についてであるが、既述のように人間中心主義を前提としても、これを肯定する立場はありうる。なるほど、それは法技術的には可能である。「権利」を法益を中心として捉え、代理人等によってそれを代弁させるという構成は、法的に採りえないものではない。現行法の解釈としては、シュテルンの言うように、動物その他を「尊厳」の主体とすることはできず、基本法1条1項をそれらの権利の根拠とすることは勿論できない。しかし当該規定は自然の権利を排除するものではないとする意見も、ドイツでは有力である[101]。

　しかしながら、筆者は現在のところは、「自然の権利」を認めるべきでないと考える。その最大の理由は、「権利」というもののあり方である。それは本来、自らが主張し、獲得していくものである。自然の権利を認めるということは、そのような契機を完全に欠落させることを意味する。

　自然の権利は、人間における権利主体拡大の歴史の延長線上のものとして主張される。しかしこの歴史は、権利主体として疎外されていた者達が、権利を既に獲得している側に対して、対等な権利を要求し闘い取ってきた過程であることを銘記しなければならない。ところが、人間以外の存在が、主体的にこれを獲得する為に自ら立ち上がるということは、現在のところ想定不能である。その「権利」

II 環境と憲法

は、人間が想像力によって構成し、その主張、そして獲得の為の闘争も、人間の側で行わざるをえない。それゆえその権利は、人間による「保護」を中心に考えざるをえなくなるのである。ここに自然への権利付与と、人間の権利主体の拡大の歴史との断絶がある。「自然の権利」を認めることは、これまでの「権利の為の闘争」の契機を等閑に付し、「権利」を特権集団による疎外されている者達に対する「思いやり」や「憐み」にまで引き下げてしまう[102]ことになる。

さらに実践的にも、人間とそれ以外の存在の法的峻別をあいまいにすることは、「人権」即ち人間界内部での解放にとってマイナスに作用する恐れがある。人間一般が権利主体として認定されなかった近代以前においては、その時々の権力者の恣意によって、人間以外の存在を権利主体として認定し、逆に一定の人間をそれ以下の地位に落とすことも、論理的には不可能でないことになろう[103]。日本においては、「一禽一獣の事の為に、身極刑に陥り、族門誅に及び」、父母・兄弟・妻子の離散は数十万人に及んだ[104]と言われる、徳川綱吉による「生類憐みの令」が、非常にわかりやすい例を提供している。人間とそれ以外の者を権利主体性において峻別する法的なヒューマニズムは、「人間」という生物学的資格だけで総ての者を平等に扱うという、至極簡明な基準を提供してくれる。そしてこの簡明さは、恣意的解釈を許さないという意味で権力者を拘束するのに極めて有効である。そして人間の間での平等な権利がまだまだ実現していない現在、法的なヒューマニズムは依然として維持すべきである。

なるほど、「自然の権利」論には、生態系の保護に人々の目を向けさせ、我々をその中の一員と自覚させる、心理的・啓蒙的な効果があることは認められる。しかし以上の立場からすれば、自然の権利論が意図することは、「権利」という言葉を使用せずに実現を目指すべきである。そしてそれは、経済的な短期目的を犠牲にしても、環境・生態系の保護といった長期目的を優先させ、自分の世代だけでなく、我々の想像しうる限り可能な遠い将来の世代の利益をも理性的に追求していくことである。そしてそれは、「人間中心主義」の下で、「自然の権利」という概念を使用しなくても、実現可能なものである。

おわりに

　本稿では環境保護が基本法1条1項と関係する議論として、環境権、動物の保護、そして人間中心主義、自然の権利について考察した。そして筆者は結局、人間中心主義に留まることは不可避であり、自然固有の権利は認めず、環境権の内容や動物の保護は人間の尊厳からは帰結されない、という最も「守旧派」的立場を選択した。それが現代における環境問題の意義を軽視する意図に基づくものでないことは、これまでの論述からおわかり頂けると思う。

　にもかかわらずこのような結論に至ったのは、筆者が「人間の尊厳」という文言あるいは「権利」という概念の重みを重視したからである。「人間の尊厳」は、自国の犯した歴史的悲劇に対する真摯な反省に基づく、法的なヒューマニズムの宣言として、基本法秩序全体の基底たるべき地位を占める。それゆえにその絶対的規範としての性格を保持しなければならず、その解釈は厳格であらねばならない。また「権利」という概念は、様々な人々が命がけでそれを闘い取ってきた歴史を背負っており、正に「人類の多年にわたる自由獲得の努力の成果」であり、「不断の努力によって、これを保持しなければならない」もの[105]である。権利の主体性を保つ為に、このような歴史的・動的契機を欠落させてはならない。

　さて最後に、筆者がこれまでいくつかの旧稿でドイツの「人間の尊厳」との異同を論じてきた[106]、日本国憲法13条の「個人の尊重」においては、本稿の問題はどうなるかを簡略に示しておく。そもそも「個人」というのは、「個性（あるいは個別性）」と「人間」が結合した概念であり、よって人間以外の存在は勿論、法人のような集団も入らない[107]。そこでは「人間の尊厳」以上に、その担い手は「個別の人々」であることは、文言上明らかである。

　この概念規定からして、環境権を（同じ13条でも「生命・自由・幸福追求権」ではなく）「個人の尊重」から直接基礎づけるのは困難である。環境権の内容には諸説あるが、それは総じて個人的法益を超えるものを要求する[108]。環境破壊が「公害」と呼ばれてきたように、その侵害は個人のレヴェルに留まらず、環境権はその克

II　環境と憲法

服を目ざすもののはずである。そうすると、(「人間」が「人間一般」の意味を持ちうるのに比べ)「個人」という明確に個々の人間のみを意味する規定から環境権の内容を導くことは、基本法1条1項の場合以上に難しいと言わざるをえない。

　同様の結論は、動物の保護や自然の権利の場合は、なおいっそうあてはまる。動物の保護を基本法1条1項から引き出す説は、それを「尊厳」という価値に値する人間の責任として主張した。これは「人間」が類概念としての意味を持つところから、人間一般のあり方として特定の人間像[109]を提示し、それを「尊厳」の条件とするという論理構成をとっている[110]。「自然の権利」もこれを1条1項と結びつけようとすれば、自然に対する人間の責任を同様の形で尊厳の条件とすることになろう。しかし日本国憲法13条の「個人」は、多様性を本質とする「個性」を持った個々の人々を概念必然的に意味するのであるから、「人間一般」の責任やあり方をそこから導くことはできず、当該規定から動物の保護や自然の権利を導くことは、基本法1条1項と比べてもいっそう無理であると言わなければならない。

(1) Hans Bernhard Brockmeyer, in: Schmidt-Bleibtreu/Klein, Kommentar zum Grundgesetz, 9. Aufl., 1999, Art. 20a Rn. 3.
(2) H・ヤラスは、「特にこの規定は、何ら基本権を含んではいない」と強調している (Hans D. Jarass, in: Jarass/Pieroth, Grundgesetz für die Bundesrepublik Deutschland, 5. Aufl., 2000, Art. 20a Rn. 1)。
(3) Peter Badura, Staatsrecht, 2. Aufl., 1996, D44.
(4) Brockmeyer, a.a.O. (Anm. 1), Art. 20a Rn. 5.ヤラスは、20a条は基本権の利益の内容を規定する際に影響を与え、社会国家原理と同様に基本権保障を強化しうる、とする (Jarass, a.a.O. (Anm. 2), Art. 20a Rn. 11)。
(5) Jarass, a.a.O. (Anm. 2), Art. 20a Rn. 10.
(6) ディートリッヒ・ムルスヴィーク (岡田俊幸訳)「国家目標としての環境保護」ドイツ憲法判例研究会編『人間・科学技術・環境』(1999、信山社) 261頁。
(7) 勿論、20a条成立以後も、環境に関する基本権条項についての主張はなされている。例えばブロックマイヤーは、基本法20a条が社会国家原理と同様に、そこからは訴訟を提起できる環境保護請求権は生じないとした上で、個々の事例では、

例えば2条2項の基本権から、防禦・保護措置を求める具体的な主観的権利が生じる、としている（Brockmeyer, a.a.O.（Anm. 1), 20a Rn. 3)。

(8) 多くの場合、1条1項よりも2条2項に重点が置かれていたと言える。Vgl. Jörg Lücke, Das Grundrecht des einzelnen gegenüber dem Staat auf Umweltschutz, DÖV 1976, 289〔289f.〕; Jarass, a.a.O.（Anm. 2), Art. 2 Rn. 61.

(9) Hans Heinrich Rupp, Die verfassungsrechtliche Seite des Umweltschutzes, JZ 1971, 401〔402〕.彼は「原則として」、環境権を基本法1条及び2条から引き出されうるものとしており、また基本権には個々人が「自由な人間に値する生活」を送ることを可能とする環境条件の創設を、国家に対して請求することを含む、としている（Ebenda）。

(10) Werner Weber, Umweltschutz in Verfassungs- und Verwaltungsrecht, DVBl 1971, 806〔806〕.但し彼は、根拠条文としてはむしろ社会国家条項の方に重点を置いている。

(11) Lücke, a.a.O.（Anm. 8), DÖV 1976, 289〔290〕.

(12) Constanze Budde, Die Wirtschaftsrelevanz der Menschenwürde, 1992, S. 36.

(13) C.H. Ule, Umweltschutz im Verfassungs- und Verwaltungsrecht, DVBl 1972, 437〔438〕.

(14) Bettina Bock, Umweltschutz im Spiegel von Verfassungsrecht und Verfassungspolitik, 1990, S. 119f.

(15) Ebenda, S.123. 但し彼女は、後述のヘルメスと同様に、健康の侵害が尊厳を保てないようになった特別な場合には、基本法1条1項が適用されると言う（Ebenda, S. 124）。

(16) Georg Hermes, Das Grundrecht auf Schutz von Leben und Gesundheit, 1987, S. 142f.

(17) Ebenda, S. 143.

(18) Günter Dürig, in: Maunz/Dürig u.a., Grundgesetz Kommentar, Art. I Abs. II Rn. 80, 81.

(19) 拙稿「死刑廃止規定と『人間の尊厳』―改正の可能性をめぐる議論の考察―」東亜大学研究論叢24巻2号（2000）18頁。

(20) 同16―7頁。

(21) 同20頁参照。なお、基本法1条1項の解釈方法については次節でも詳しく論ずる。

Ⅱ 環境と憲法

(22) Vgl. Helmuth Schulze-Fielitz, in: H. Dreier (Hrsg.), Grundgesetz Kommentar, Bd. Ⅱ, 1998, Art. 20a Rn. 19; Brockmeyer, a.a.O. (Anm. 1), Art. 20a Rn. 11.

(23) その過程については、岡田俊幸「統一ドイツにおける『動物保護』の国家目標規定をめぐる議論」古川治教授退官記念論文集『伝統と創造』(2000) 171頁以下参照。

(24) ドイツの動物保護法4a条は、麻酔なしの屠殺を禁じ、例外として緊急の場合の他、次のように定める。「宗教団体の戒律が畜殺を規定し、あるいは畜殺されなかった動物の肉を食べることを禁じており、その構成員の必要性にこの法律の範囲内で応じる必要がある場合のみ」畜殺の例外的許可が与えられる。

(25) OVG Hamburg NVwZ 1994, 592〔594f.〕.

(26) 先の説示の直後には、次項で検討するフォン・ハイデブラント/グルーバーやブラントフーバーの論文等を掲げている。

(27) それゆえこの条項は、動物保護法1条で「如何なる者も、合理的理由なく、動物に痛み、苦しみ、傷害を負わせてはならない」と規定している主旨を受けたものである。

(28) BVerfGE 36, 47〔56f.〕

(29) BVerfGE 36, 47〔59ff.〕

(30) BVerfGE 48, 376〔388ff.〕

(31) Hans-Christoph von Heydebrand/Franz Gruber, Tierversuche und Forschungsfreiheit, ZRP 1986, 115〔118〕.

(32) 拙稿「『個人の尊重』の意義——ドイツにおける『人間像』論を検討して」時岡弘先生古稀記念『人権と憲法裁判』(1992) 52—3頁、67—8頁。

(33) Christian Starck, in: v. Mangoldt/Klein/Starck, Das Bonner Grundgesetz Kommentar, 4. Aufl., 1999, Art. 1 Rn. 22.

(34) Ebenda, Art. 5 Rn. 383.

(35) Vgl. Ingo von Münch, in: von Münch/Kunig (Hrsg.), Grundgesetz-Kommentar, Bd. 1, 4. Aufl., 1992, Präambel Rn. 8; Franz Klein/Bruno Schmidt-Bleibtreu, in: Schmidt-Bleibtreu/Klein, Kommentar zum Grundgesetz, 9. Aufl., 1999, Präambel Rn. 2.

(36) Vgl. Theodor Maunz, in: Maunz/Dürig u.a., Grundgesetz Kommentar, Präambel Rn. 11; Klein/Schmidt-Bleibtreu, a.a.O. (Anm. 35), Präambel Rn. 2; von Münch, a.a.O. (Anm. 35), Präambel Rn. 7.

(37) von Münch, a.a.O. (Anm. 35), Präambel Rn. 10; Klein/Schmidt-Bleibtreu, a.a.O. (Anm. 35), Präambel Rn. 2.
(38) Jarass, a.a.O. (Anm. 2), Präambel Rn. 3.
(39) von Münch, a.a.O. (Anm. 35), Präambel Rn. 11.
(40) Klaus Brandhuber, Kein Gewissen an deutschen Hochschulen? NJW 1991, 725〔728〕.
(41) Horst Dreier, in: derselbe (Hrsg.), Grundgesetz Kommentar, Bd. I, 1996, Art. 2 I Rn. 44.
(42) Ebenda, Art. 2 I, Fn. 151.
(43) Philip Kunig, in: von Münch/Kunig (Hrsg.), Grundgesetz-Kommentar, Bd. I, 4. Aufl., 1992, Art. 1 Rn. 16.
(44) Eisenhart von Loeper, Studentische Gewissensfreiheit und mitgeschöpfliche Sozialbindung, ZRP 1991, 224〔226f.〕.
(45) Jarass, in: a.a.O. (Anm. 2), Art. 1 Rn. 14. そして「人間と動物を同列に置くことは、むしろ1条1項に違反する」とする (Ebenda)。
(46) Hans-Georg Kluge, Vorbehaltlose Grundrechte am Beispiel des Schächtens, ZRP 1992, 141〔144〕.
(47) ホルスト・ドライアー (拙訳)「人間の尊厳の原理 (基本法1条1項) と生命倫理」ドイツ憲法判例研究会編『人間・科学技術・環境』(1999、信山社) 71頁。
(48) Jörg Müller-Volbehr, Religionsfreiheit und Tierschutz, JuS 1997, 223〔225 f.〕.
(49) 拙稿「『個人の尊重』か『人間の尊厳』か——ヨンパルト氏の論文に応えて」法の理論19 (2000) 205頁、同・前掲注(32)63頁。
(50) Dreier, a.a.O. (Anm. 41), Art. 1 I Rn. 64. 参照、ドライアー (拙訳)・前掲注(47)84頁。
(51) Michael Kloepfer, Tierversuchsbeschränkungen und Verfassungsrecht, JZ 1986, 205〔210〕.
(52) Vgl. Albert Lorz, Tierschutzgesetz, 1987, Einführung Rn. 16-20.
(53) Vgl. Ebenda, Einführung Rn. 21; Dreier, a.a.O. (Anm. 41) Art. 1 I Rn. 63.
(54) この他、日本では少なくとも目立たない「畜殺」即ち麻酔なしで動物の頸動脈を切って殺すことが、特定宗教の行事として行われていることも、動物保護を切実に主張する動機の1つとなっていると思われる。

II 環境と憲法

(55) ドライアー（拙訳）・前掲注(47)71頁。Vgl. Tatjana Geddert-Steinacher, Menschenwürde als Verfassungsbegriff, 1990, S. 81; BVerfGE 93, 266〔293〕.

(56) 基本法1条1項はその2文で、人間の尊厳の保護を国家権力に義務づけており、また当該条項は私人をも名宛人とするとされている(Dreier, a.a.O. (Anm. 41), Art. 1 I Rn. 22)。

(57) ドライアー（拙訳）・前掲注(47)77頁以下参照。

(58) 奥平康弘「人権体系及び内容の変容」ジュリ臨増638号（1977）251頁。

(59) Günter Dürig, Der Grundrechtssatz von der Menschenwürde, AöR 81 (1956), 117〔127〕.

(60) 拙稿・前掲注(32)46—7、53、68頁。

(61) 人間の権利とは、動植物の権利に対するものではなく、主権に対抗して申し立てられたものであり、人間の尊厳も、自然界において人間が優れているという不平等主義ではなく、人間界内部での平等主義を表明したものである、との指摘がある（佐々木允臣『もう1つの人権論』（1995、信山社）103—4頁）。これはその意図としては全くその通りであるが、結果的にはこれらの理念において動植物が阻害されてきたことは否定できないだろう。

(62) BVerwGE43, 312〔314〕.

(63) ジョン・パスモア（間瀬啓允訳）『自然に対する人間の責任』（1998）67—8頁参照。

(64) アルド・レオポルド（新島義昭訳）『野生のうたが聞こえる』（講談書学術文庫、1997）317—8頁。

(65) クリストファー・ストーン（岡嵜修、山田敏雄訳）「樹木の当事者適格」現代思想1990年11月号58頁以下。

(66) 山村恒年『自然保護の法と戦略』〔第2版〕（1996）397—401頁、中島清治・籠橋隆明・鎌田邦彦「現行自然保護法と自然の権利」山村恒年・関根孝道編『自然の権利』（1996）216—28頁、戸田清「環境正義の思想」加藤尚武編『環境と倫理』（1998）122—4頁等。

(67) 藤原猛爾「国際環境法と自然の内在的価値」山村・関根編『自然の権利』（1996）86頁等。

(68) 1995年に提起された、アマミノクロウサギ等4種の野生生物を原告の一部として表示した訴訟をはじめ、オオヒシクイやムツゴロウを原告とする訴が起こされた。

(69) 山田隆夫「環境法の新しい枠組みと自然物の権利」山村・関根編『自然の権利』

(1996) 37頁以下。

(70) 井上達夫・川本隆史・佐倉統「リベラルなエコロジーをめざして」(対談) 現代思想1990年11月号171頁以下 (井上発言) 参照。また、法は人間の為に存在するところから、自然固有の権利を認めないとするものとして、町野朔「環境刑法と環境倫理 (上)」上智法学論集42巻3・4号 (1999) 94頁参照。

(71) Jörg Leimbacher, Die Würde von Mensch und Natur ist unteilbar, Universitas 49 (1994), 106〔110f.〕.

(72) Ebenda, S. 112.

(73) ライムバッハーもこのことは自覚している。Vgl. Ebenda, S. 116.

(74) Klaus Michael Meyer-Abich, Wege zum Frieden mit der Natur, Praktische Naturphilosophie für die Umweltpolitik, 1984, S. 52ff. 基本法においては、自然の概念は、75条で自然保護、15条と74条で天然資源(Naturschätze)、35条に自然災害という形でしか現われてこない、と指摘する (S. 52f.)。

(75) マイヤー=アービッヒは、共生の意味を込めてUmweltの代わりにMitweltの語を使用している。

(76) Meyer-Abich, a.a.O. (Anm. 74), S. 65f.

(77) Ebenda, S. 89. そこではこの「コペルニクス的転回」を次のように説明する。「中心がいたる所にある。しかしそれは全体それ自体が中心となることである。換言すれば、全体がいたる所にある限り、それ自身が中心である。いたる所にあるものは、空間的な特定性を持ちえず、全体の全体性を持つ……全体は一方では、空間的特定性を持ったあらゆる被造物のすべてであり (スピノザの被構成的自然)、他方ではその中で作用する生きた力 (構成的自然) である。神のこの力は、あらゆる自然的なものを自然的とする自然である」(S. 89f.)。

さらに彼は、「古典古代の天動説的世界観は、人間中心主義的世界観ではなく、自然中心的世界観によりとって代わられる。人間中心主義はいわば、量子理論及び相対性理論の水準になお達していないものである」とも言う (S. 90)。

(78) Ebenda, S. 67f.

(79) Ebenda, S. 138. 彼はこれに続けて、自然中心的人間像の本質からして、「・人・間・社・会・に・お・い・て・で・は・な・く、・動・植・物、・風・水、・天・地・と・共・に・あ・る・自・然・の・共・同・体・に・お・い・て・の・み、・真・の・人・間・が・存・在・し・う・る (強調原文)」とする (S. 138f.)。

(80) Ebenda, S. 164ff. 他方で彼は、人類と他の自然物との「平等原則」を唱え、それは人類も自然の歴史において、生命の幹の幾百万の種の一つであることによるとする (S. 173f.)。

II 環境と憲法

(81) ここでの元素とは、化学元素ではなく、地水風火といった自然を構成するとされる要素、古代における四大基本物質を指している（Vgl, Ebenda, S. 188f.)。

(82) Ebenda, S. 190f.

(83) Kersten Heinz, Eigenrechte der Natur, Lichtblick oder Irrlicht für einen verstärkten rechtlichen Schutz der Natur?, Der Staat 29 (1990), 415〔425〕. なお彼は、人間の環境に対する「特別な責任」は、基本法1条よりもむしろ前文から引き出されるとする（S. 423)。

(84) Ebenda, S. 426.

(85) 基本法では146条が内容的に制限のない（Vgl. Dreier, in: derselbe (Hrsg.), Grundgesetz Kommentar, Bd. III, 2000, Art. 146 Rn. 50) 憲法制定について規定している。憲法の変動一般については、Vgl. Carl Schmitt, Verfassungslehre, 1928, S. 99-112.尾吹善人訳（1972）128—144頁、阿部照哉・村上義弘訳（1974）126—140頁参照。

(86) 法人は、その権利を代わって主張する者が必要な点で、自然の権利の提唱者によってよく引きあいに出される(参照、ストーン（岡嵜他訳）・前掲注(65)65頁、Vgl. Meyer-Abich, a.a.O. (Anm. 74), S. 165.)。

(87) Heinz, a.a.O. (Anm. 83), S. 437f.

(88) Ebenda, S. 439.但し彼は、「人間中心主義的―機械論的世界観（強調引用者)」には回帰してはならないとする（S. 439)。

(89) Hasso Hofmann, Technik und Umwelt, in: derselbe, Verfassungsrechtliche Perspektiven, 1995, S. 474.

(90) H. Hofmann, Natur und Naturschutz im Spiegel des Verfassungsrechts, in: derselbe, Verfassungsrechtliche Perspektiven, 1995, S. 437f.

(91) Ebenda, S. 438.

(92) Hofmann, a.a.O. (Anm.,89), S. 474f.

(93) Ebenda, S. 475.

(94) Winfried Brohm, Soziale Grundrechte und Staatszielbestimmungen in der Verfassung, JZ 1994, 213〔218f.〕.

(95) Geddert-Steinacher, a.a.O. (Anm. 55), S. 74f.

(96) Klaus Stern, Das Staatsrecht der Bundesrepublik Deutschland, Bd. III/1, 1988, S. 11f.

(97) 例えば、人間を他の生命と区別するものとして「理性」を持ち出してみても、総ての人に理性あるいはその潜在的可能性が認められるわけではない（拙稿・前

掲注⑷216-7頁注⑸参照)。
⑼　例えば、病原菌の生命にシンパシーを感じるのは極めて困難であろう。
⑼　例えば、男女平等は男性の側から女性を一方的に「思いやる」ことでは実現しないことを想起して欲しい。
⑽　マイヤー＝アービッヒは、1条1項をキリスト教的規定とし、環境に対する人間の責任を「尊厳」と結びつけていたが、前者については前節(2)でのシュタークへの批判、後者については前節(4)での尊厳主体の限定の危険性が直接的な批判としてあてはまる。
⑽　Kunig, a.a.O. (Anm. 43), Art. 1 Rn. 36 Stichwort „Umweltschutz"; Dreier, a.a.O. (Anm. 41), Art. 1I Rn. 66.
⑽　参照、井上他・前掲注⑺173頁（井上発言）。
⑽　参照、樋口陽一『一語の辞典　人権』(1996) 63―4頁。
⑽　新井白石「折たく柴の記」新井白石全集第3巻 (1906) 62頁。
⑽　日本国憲法12、97条。これらは基本的人権についての文言であるが、同じことは「権利」一般にもあてはまる。
⑽　拙稿・前掲注㉜、同・前掲注⑷、同・「拘禁者の労働報酬」自治研究76巻7号(2000) 144―5頁。
⑽　拙稿・前掲注㉜67-70頁、同・前掲注⑷210頁参照。
⑽　奥平康弘『憲法Ⅲ』(1993) 424頁参照。そこではまた、環境破壊が特定人の人格侵害になっている場合は、人格権による差止め請求が認められ得るので、環境権は不要であることが指摘されている。
⑽　ここでは「被造物の仲間としての動物に対する責任を自覚する人間」といったものである。
⑽　拙稿・前掲注㉜67-8頁参照。

9　環境保護と国家の基本権保護義務

小　山　　　剛

　はじめに
1　基本権保護義務と環境保護——その共通点
2　環境保護と基本権保護義務の相違点
3　補論——基本権のその他の作用
4　基本権保護義務論（からの類推）の意義と限界
　むすびにかえて

はじめに

　本稿に与えられた課題は、国家の基本権保護義務論[1]が、国家の環境保護義務[2]をどの限りで基礎づけうるのか、また、基本権保護義務論からの類推が、どの限りで有効なのかを考察することである。
　日本国憲法には、環境保護に関する明文の規定（例えば、基本権としての環境権条項や、ドイツ基本法に見られるような国家目標規定）がないことから、環境保護に関する国家の義務ないしは責務は、憲法の一般論、とくに基本権総論に立ち戻ってこれを基礎づけることが必要となる。大阪弁護士会によって環境権が提唱された後[3]、憲法学においても、憲法13条および（あるいは）25条を根拠に環境権を導き出す解釈が定着し、環境権は、あたかも不文の基本権ないしは新しい人権として確立したかの印象を与えている[4]。その一方で、わが国の裁判所が環境権を正面から承認した例はない。裁判を通じて救済されるのは、いわゆる人格権の部分に限られている。これは、環境権という観念を持ち出さなくても救済できる部分であり、またそれは、環境権論とは明らかに別の発想に基づく救済である。（人格権的部分を超えた）環境権を具体的権利として構成するのは困難であるという理解

II 環境と憲法

は、学説においても広く共有されている[5]。のみならず、環境権を現行憲法において基礎づけ、あるいは環境保護を基本権として構成するのは原理的に不可能であるとする有力な見解[6]もある。さらに憲法改正を念頭に置いた提言としても、「国民の基本的人権としての環境権」に加えて「国及び国民の環境保全の責務」を内容とする環境保全条項を憲法に導入すべきであるという見解[7]があり、これもまた、――二重の条文化にいかなる利点があるのかは明らかではないが――環境保護が環境「権」論によってカバーされるものではないことを前提としているように思われる。

本稿は、基本権論としての環境権論の限界を自覚するこれらの見解に、反論するものではない。私見では、環境保護を基本権論として構成することの限界は、基本権保護義務の観点からも克服されるものではない。さらに、環境保護という課題は、国家の活動の枠の画定に加えて、国家の活動の中身に目を向けることを憲法学に求める契機を含むものであるように思われる。

このような主旨から、以下ではまず、国家の基本権保護義務と環境保護義務の共通点と相違点（後述2と3）、環境保護と基本権のその他の作用との異同（後述4）について考察を行い、続いて、国家の環境保護義務を国家の基本権保護義務から基礎づけ、あるいはそのアナロジーとして説くことの意義と限界を確認する（後述5）。最後に、――きわめて限られた範囲ではあるが――権利論的構成とは別の選択肢である環境保護の国家論的構成の可能性と、その条件について考察する（後述6）。

1 基本権保護義務と環境保護――その共通点

従来の環境権論を補完ないしは補強するものとして、最近のわが国の憲法学では、ドイツの憲法理論である国家の基本権保護義務論に着目する見解がある[8]。私見では、国家の基本権保護義務と国家の環境保護との間には、次のような共通性を認めることができる。

1.1　国家の役割の転換

　まず、基本権保護義務においては、国家による基本権の侵害が問われるのではない。むしろ国家には、第三者による基本権侵害（正確には、私的人権侵犯）から各人の基本権法益を防護することが期待されるのであり、この意味で国家は、基本権の侵害者から基本権の侵害者＋保護者へとその役割を転換する[9]。国家に求められるのは、立法を行わないこと、私人の自由に介入しないことという不作為ではなく、憲法によって課せられた作為義務を積極的に具体化・履行することである。

　このような国家の役割の転換は、環境保護についても認めることができる。すなわち、環境が私人や民間企業の活動に起因して破壊される場合、国家に求められるのは、立法者が適切な規制立法を制定し、また行政が適切に規制権限を発動することによって、私人によるそれらの行為を禁止ないしは抑制することである。現代の環境問題において、国家は、環境を破壊する主体（国家主導の開発による環境破壊など）という顔と、環境の保護者という顔との、二面性を持つのである。

1.2　法益保護の方向

　第2に、基本権保護義務と環境保護は、「既存の法益の実効的な保護」が目的となっているという点でも共通する。すなわち、基本権保護義務論は、現状の不可侵を要求するものであって、既存の状態の改善ないしは向上を要求するものではない（この点において基本権保護義務は、防禦権と共通性を持つ一方で、生存権＝憲法25条に基づく国家の作為義務と決定的に異なる）[10]。環境保護においても、第1次的に要請されるのは、「今ある良好な自然環境が（国家あるいは民間によって）破壊されないこと」である。もちろん、環境の再生も重要な課題であるが、先行して環境破壊行為があったことに鑑みれば、法理論的には、それは「既存の環境を破壊してはならない」という第1次的要請が破られた後に発生する第2次的な要請であると言うことができよう[11]。

II　環境と憲法

1.3　構造上の余地——憲法による目的の宣明と立法による手段の具体化

　最後に、基本権保護と環境保護には、国家の役割の転換から生ずるところの、憲法による指令の限界という共通の問題がつきまとう。すなわち、国家の不作為が求められる防禦権の場合には、憲法は、「表現の自由は保障される」という一文を設けるだけで、表現の自由に属するあらゆる行為に対する、国家によるあらゆる制限を包括的に（一応の）禁止の対象とし、その制限がいかなる目的に仕えるのか、また、その目的を達成するために当該制限手段が必要であるのか否かについて、「正当化」を要求することになる[12]。

　これとは異なり、国家の活動に目標を設定し、国家の積極的な行為を通じたその実現を求める憲法規定にあっては、憲法が国家に指示しうるのは「〜のために行為せよ」という目標だけである。アレクシー[13]が溺死の例で説明しているように、不作為の命令としての「Aを溺死させるな」という命令は、Aの溺死につながるあらゆるあらゆる作為を禁止する。他方、「Aを水難から救助せよ」という作為の命令は、水難救助につながるあらゆる措置を執ることを命じるものではない。この作為命令が求めるのは、効果的な措置を執ることだけである。いかなる救助手段を選択するか、また1つの手段のみを選択するのか複数の手段を組み合わせるのか等々は、この作為命令にあらかじめ組み込まれたことでもなければ、第三者的評価機関が決めることでもなく、第1次的には救助者自身の判断に委ねられる[14]。この点で、環境保護は、基本権保護義務や生存権のように国家に作為義務を課した憲法命令と共通した統制の限界、すなわち、手段選択に関する「構造上の余地」[15]を生じさせるのである。

2　環境保護と基本権保護義務の相違点

　以上の共通点にもかかわらず、基本権保護義務から国家の環境保護義務を基礎づけ、あるいは基本権保護義務論から類推的に帰結を得ることには、次のような理由から生ずる限界がある。

2.1 保護法益の相違

まず、環境保護と基本権保護義務との間には、それぞれの保護法益について、次のような相違が認められる。

基本権保護義務論によって保全されるのは、いわゆる基本権法益である。これとは異なり、環境保護の下で保全が求められている利益は、基本権法益に留まるものではない。すなわち、環境保護は、住民の生命・健康に関わるような劣悪な環境の排除だけを求めるのではなく、むしろ第一次的には、良好な、あるいは優れた環境の保全を求めるものである。憲法論としては、たとえ河川が汚濁されても、そこに含まれる有毒物質が人体に到達し、その健康等を害する危険がない限り、基本権問題は発生しない。新しい人権の代表であるはずの環境権が、——プライバシー権・人格権とは対照的に——理念的な権利[16]にとどまっているのは、広義の環境問題のうちで基本的人権として構成しうる部分が限られているという事情に基づいている。このような事情は、基本権保護義務論を援用した場合においても変わるものではない。なぜなら、基本権保護義務論は、基本権として観念しうる法益に第三者の侵害が加えられた場合に有効な議論なのであって、基本権として構成しうる法益の範囲を公共財にまで拡張したり、あるいは「侵害」の概念を緩和し、単なる不快感までもこれに含める[17]議論ではないためである[18]。

2.2 法的構造の相違

保護法益の相違は、次に、基本権保護義務と環境保護との法的構造の相違をもたらす。

基本権保護義務の法的構造のメルクマールは、「法的三極関係」である[19]。基本権保護義務の典型的事例は、基本権の主体である各人の基本権法益が、国家以外の主体によって侵犯された場合、例えば妊娠中絶と胎児生命保護、表現行為と個人的名誉保護、のような事例である。第三者によって侵犯された利益が特定の個人に基本権法益として結びつくということが、基本権保護義務論の前提である。確かに、環境保護においても、国家対私人の二極間の関係として構成することのできない問題状況が発生している。しかしそれは、基本権保護義務論の意味での

II　環境と憲法

法的三極関係ではない。

　基本権保護義務論の意味での法的三極関係では、私人P_1・私人P_2・国家Sという、三主体が登場する。P_1は加害者、P_2は被害者、SはP_1との関係では侵害者、P_2との関係では保護者となる。同様の構造を、環境保護に求めることができるであろうか。環境保護においても、P_1およびSは存在する。しかし、P_2が常に存在するとは限らない。河口堰や干拓の事例から明らかなように、開発によって危機にさらされるのは、魚介類や鳥類、動植物などの人間以外の存在である。環境保護において私人P_2に対応するのは、「むつごろう」や「アマミノクロウサギ」であり、いわゆる「動物の権利」が承認されない限り、法的三極関係として構成することは不可能である（もちろん、たとえ動物の「権利」が承認されたとしても、動物の「基本権」が承認されない限り、憲法上の基本権保護義務と同列の議論とはならないが）。また、特定の団体に環境に関する提訴権を与える立法がなされたとしても、問題の本質が変わるものではない。

2.3　立場の互換性

　国家の基本権保護義務論が解決しようとする事例には、J・シュヴァーベやD・ムースヴィークような帰責の理論[20]をとる論者がいることからもわかるように、被害者が実力によって防衛したり、報復することができるにもかかわらず、国家が市民による自力救済を原則として禁止しているために（受忍義務）、国家の保護措置に依存せざるを得ないという事例が数多く含まれている（なお、帰責の理論によれば、国家が保護措置を執らない場合には国家自身による基本権侵害として私的人権侵犯が国家に転嫁される）。もちろん、基本権保護義務の事例にも、胎児の生命の保護のように、自身による防衛の可能性が全く存在しない場合がある。しかし、他者の適法な行為に対する市民の受忍義務と、国家の保護義務は、比較的広い範囲で対応する。これとは異なり、人間の開発行為等によって破壊される自然環境と、国家の環境保護責務との間には、そのような対応関係は成立しない。

3 補論——基本権のその他の作用

念のため、基本権のその他の作用と環境保護との異同についても言及しておく。

3.1 防禦権、基本権の照射効

まず、国家による環境破壊行為については、第一次的に防禦権が問題となる。上述の考察のうち、基本権保護と環境保護との法益保護の方向についての共通性 (2.2)は、防禦権と環境保護との間の共通点としても妥当する。その一方で、基本権保護義務と環境保護の相違点として指摘した保護法益の相違 (3.1) は、作為義務／不作為義務という違いをさておけば、防禦権と国家の行為からの環境の保護についても妥当しよう。

また、基本権の私人間効力ないしは基本権の照射効については、基本権保護義務（および防禦権）が提供しうる以上の救済をもたらすものではない。なぜなら、それらの法的作用は、実体的憲法法益が確立して初めて意義を持つものであり、また、基本権保護義務および防禦権の規範適用の段階における要請として現れるものだからである[21]。

3.2 生存権、狭義の給付請求権

(a) 環境権は、わが国の憲法学では生存権に近い性格のものであると理解されることがあり、環境権の憲法上の根拠条文の1つとして憲法25条が挙げられることもある[22]。確かに環境権と生存権は、法令や行政組織の整備といった国家の積極的な関与、基準の恒常的な見直しを含む国家の継続的な関与が要求されるという点で、共通した面を持っている。しかし、既存の法益（環境については「状態」と言った方が適切であろうが）の実効的な保護が第1次的に問題となるのか、それとも、現在の生活状況の改善・向上が第1次的に求められているのかという点で、法益保護の方向が根本的に異なると言わざるを得ない[23]。

(b) ドイツでは、基本法20条の社会国家原理と結びつけて解釈することにより、

II 環境と憲法

自由権的基本権から狭義の給付請求権を導き出す解釈が行われている[24]。しかしながら、狭義の給付請求権は、社会権規定が原則として排除され、古典的な自由権中心のカタログとして第1章が起草された基本法下で、そのつどの自由権的基本権と社会国家原理とを結びつけることによって、国家に対する社会国家的給付請求権を基礎づけようというのがその基本的発想である。したがって、社会権についてはワイマール憲法に近い態度を採っている日本国憲法下では、そもそも狭義の給付請求権が画期的な救済をもたらす余地は限られている[25]。加えて、看過されてはならないのは、次の点である。すなわち、狭義の給付請求権は、特定の（自由権的）基本権を前提に、それが現実の自由となりうるための諸条件を整備しようとするものである。換言すれば、狭義の給付請求権は、ある基本権法益ないしは基本権的価値が存在することを前提とし、その現実化を指向するものであり、前提となっている基本権法益ないしは基本権的価値それ自体を拡張ないしは創造するものではない。つまり、「環境権」という権利がすでに成立しているのであれば、狭義の給付請求権は、「環境権」が現実に保障されるための諸給付を国家に対して要請する。しかし、狭義の給付請求権によって、「環境権」それ自体を基礎づけることはできない。

(c) さらに付言すれば、なぜ保護の必要が生じたのかという原因についても、環境保護と社会国家的給付請求権との間には、次のような相違を認めることができる。後者について、ドイツのある論者は[26]、その原因が特定の第三者に帰することのできない「運命の打撃」であると捉えている。その一方で、基本権保護義務について、同じ論者は、要保護の原因を第三者による打撃であると捉えている。もとより、「運命の打撃」であるか否かを生存権あるいは社会国家的給付請求権一般のメルクマールとすることが妥当であるのかどうかについては議論の余地がある。しかし、貧困が見えざる神の手から生じた負の帰結であるとすれば、環境保護は、国家であれ、私人であれ、見える者の手によって引き起こされた課題であると言うことができよう[27]。

3.3 組織・手続の指針としての基本権の意義

　最後に、組織・手続の指針としての意義もまた、環境権を基礎づけうるものではない。確かに、例えば基本権を指針とした放送制度の内容形成が問題となる場合のように、基本権のこの作用が、第1次的な法的作用として登場する場合がある。しかし、基本権のこの作用が問題となる多くの場合は、別の法的作用を効果的に実現するための補助的機能としてのそれである。例えば、防禦権としての所有権が存在して初めて、所有権保障の手続的観点が現実の問題となる[28]。また、胎児の生命を保護すべき国家の基本権保護義務があって初めて、中絶を望む妊婦に助言を与える機関の構成や助言手続きがどうあるべきか、という組織・手続の問題が成立する[29]。

　環境アセスメントや周辺住民の参加が環境保護の重要な手法であることは、もとより他言を要しないところである。しかし、手法としての重要性は、実体的法益それ自体を基礎づけることにはならない。組織・手続的要請は、「防禦権と基本権の客観法的内容とを横断するもの」と性格づけられることがある[30]が、それは、組織・手続的要請が実体的法益を前提としていることを示している。

4 基本権保護義務論（からの類推）の意義と限界

　以上の考察から、国家の基本権保護義務と環境保護との距離が明らかになったと思われる。基本権保護義務は、環境保護と一定の共通性を持つ（上述2）一方で、看過し得ない相違点もあわせ持つ（上述3）。それらの相違点は、基本権保護義務という法理によって環境保護を基礎づけることの限界であり、さらにまた、その法理から類推的に有意義な帰結を得ることの限界でもある。

4.1　ミニマムの保障としての保護義務論の意義

　基本権保護義務は、環境によって媒介された生命・健康その他の個人的法益に対する第三者の侵害については、立法者の立法義務、行政の規制権限行使義務、裁判所が民事裁判において損害賠償を認め、さらに差止を認める内容の判決を下

II 環境と憲法

すべき義務、国賠裁判において国家の作為義務違反に基づき賠償責任を肯定すべき義務、などを基礎づける。もちろん、従来の実務においても周辺住民等の生命・人格権に関わる領域においては、原告側の賠償請求等が認められてきたわけであり、保護義務論的構成を採ったからといって、保護されるべき法益の範囲が生命・人格権などの個人的法益を超えて拡張されるわけではない。しかし、保護義務論は、生命・人格権の第三者による侵害からの保護に関して、国家がどこまで介入しなければならないかという、国家の活動の下限という観念を導入する。これによって、国家の活動の下限は、単なる政治的問題ではなく、それを下回れば憲法違反になる、憲法上の下限として設定されることになる。

　これは、立法段階および法律の解釈・適用の段階における衡量に影響を及ぼす。民間企業等の活動が問題となる場合、民間企業等はそれ自身が基本権の主体として、経済的自由を援用することができる。空港等の公共性の高い施設が問題となる場合、国は、施設の公共性を対抗利益として持ち出すことができる。しかしながら、基本権保護義務論を基礎とした法的三極関係という視座からは、従来の衡量や裁量行使は、憲法論として一面的であったと言わざるを得ない。基本権保護義務論を前提とするならば、環境保護（のミニマムの部分）は、企業者・事業者の基本権に優越する基本権法益として、しかも国家の作為義務を伴うものとして登場する。生命・健康・人格権という法益の重要性に鑑みれば、国は、安易に施設等の公共性を援用したり、企業者・事業者の経済的自由を一面的に尊重することを許されない。さらに、法益の重要性から、国家の保護的介入は、危険発生の蓋然性が比較的低い場合にも要請されることになろう[31]。この限りで、環境保護（のミニマムの部分）に関する基本権保護義務論の意義はいまだ汲みつくされているとはいえない。このように、基本権保護義務論は、環境保護のミニマムの部分について、従来の議論を憲法論として下支えし、さらに部分的に拡張・強化する契機を含んでいると言うことができる[32]。

4.2 基本権保護義務論の限界

　その一方で、基本権保護義務論それ自体またはその類推によって環境保護を捉

えることの限界も自覚されなければならない。その限界は、ひとまず環境保護の憲法的基礎づけないしは実体的補強の文脈における限界と、基本権保護義務論から環境保護に対して、類推的に帰結を得ることの限界とに大別することができよう。

4.2.1 基礎づけないしは実体的補強の限界

上述のように、環境によって媒介された生命・健康その他の個人的法益に対する第三者の侵害に際して、国が規制権限の発動を求められるのであれば、その場合の国家の作為義務は、基本権保護義務であると言ってよい。しかしながら、各人の権利・利益を超えた、一種の公共財としての環境の保護は、基本権保護義務論の射程を超える。基本権保護義務は、国家の一般的環境保護義務を基礎づけうるものではないのである。

4.2.2 類推の限界

さらに、環境保護と基本権保護義務の相違は、後者から前者に益する帰結を類推することにも、一定の限界をもたらす。以下では、国家の活動の裁判的統制を例にとりたい。

ドイツの基本権論においては、防禦権には過剰侵害禁止原則（比例原則）が妥当し、基本権保護義務には、過少保護禁止原則が妥当する[33]。ドイツでは、過剰侵害禁止原則（比例原則）については、その適用の濃淡ないしは寛厳を含めて、すでに多くの判例・学説の蓄積がある。一方、過少保護禁止原則は、連邦憲法裁判所においては1998年の第2次堕胎判決において初めて用いられた用語であることからもわかるように、その審査の構造等について残された問題は多く[34]、さらに一部の論者は、過少保護禁止原則は空転する、あるいは堅牢な構造を喪失する、と指摘している[35]。

とはいえ、P_2のきわめて重要な基本権法益がP_1の侵害の危険にさらされ、しかも類似の事態が繰り返し生じるにもかかわらず国家がP_1の行為を規制する何らの立法もしないといった場合に、憲法が要請する保護の必要的下限というものを観念することは、十分に可能である[36]。また、日本国憲法25条を政治的・道義的責任のみを生じさせる単なるプログラムと解さない限り、「健康で文化的な最低限

II 環境と憲法

度の生活」について、たとえ相対的確定説を採ったとしても、憲法上是認し得ない著しく低い給付水準というものがありうることに異存がないであろう（立法府に対する義務づけ訴訟によるのか、違憲確認訴訟によるのか、いずれもなし得ないと考えるのかは別の問題である。本稿では、さしあたり実体的問題だけに関心を向けている）。

これらと異なり、環境保護については、憲法が要請する必要的下限というものを観念すること自体が困難である。なぜなら、人間中心に考える限り、憲法が要請する必要的下限は、人間の生命・健康・人格権でしかあり得ず、基本権保護義務により直接に基礎づけされる範囲を超えるものではない。他方、人間以外の生命に照準を合わせた場合、選択肢の両極端をなすのは、動植物等の個々の生命か、種それ自体かのいずれかである。しかし、これらの選択肢は、いずれも成り立たない。前者は、いかなる環境保護論者といえども要求しないものである。後者は、人間にとって実験室の中でのみ生存した方が望ましい種があり得ることを考えれば、下限確定の有効な指標とはなり得ないし、科学・技術の発展によってDNAからその種が復元できるようになれば、DNAさえ残しておけば下限をクリアする、という背理が生じるためである。それらの中間点——例えば生態系の保護あるいは、「野外でかつ生息地において」野生の動植物が種として生存できること[37]——は、合意を得やすい指標ではあるが、それが憲法上の基準であるとするための理由づけには苦慮することになろう。

憲法上の必要的下限を設定することが困難であるということは、環境保護を目的とした国家の介入の上限についても、これを確定し得ないことを意味する。基本権保護義務は、法的三極関係を構造上のメルクマールとする。つまり、国家の保護義務は、私人P_2の基本権法益がP_1の基本権的自由に優越する限りで成立するのであり、P_1の基本権的自由に対する過剰な制限となるところで、保護義務による正当化も終わる[38]。一方、環境保護については、そもそも保護法益を確定することが難しいため、環境保護を目的に各人の権利・自由をどこまで制限できるかについても、判断の指標を憲法解釈によって獲得することができない。

環境保護は、基本権保護義務とは異なり、潜在的には最大限の保護を要求する

貪欲さと、単なる名目的なものに矮小化される脆さを同時に抱え持つのである。

むすびにかえて

(a) 環境保護を国家に対抗した防禦権として、あるいは国家の基本権保護義務として構成することに限界があるとすれば、次の選択肢が検討の対象として残る。
① 環境保護の基本権論的構成の射程を節度ある範囲に限定すると同時に、これを超えた部分については憲法的拘束を全面的に排除し、政治的問題であるとすること。
② 環境保護の基本権論的構成の射程をともかく拡張することに努めること。
③ 環境保護の基本権論的構成の射程を節度ある範囲に限定すると同時に、これを超えた部分については、基本権論とは異なる、国家論のロジックに基づいて憲法的拘束を及ぼすこと。

これらの選択肢には、長所と短所がある。まず①は、前半部分については特段の問題は生じないが、後半部分については全面的に立法府の政治的判断待ちとなり、環境保護という国家の重要な課題に動因を与えるのは、国内外の世論だけとなる[39]。次に、②は、国家の環境保護活動に憲法上の動因を与えようとするものではあるが、運動論上の意義を超えていかなる意義をその種の権利に見いだしうるのかについて、疑問となる。むしろヘルメスが説くように、環境保護に関して、基本権には「懐疑と抑制」が求められよう[40]。最後に、③は、ドイツが採用し、わが国にも一定の支持者がいる選択肢である。ドイツ基本法の改正によって20 a 条として導入された、いわゆる環境国家条項は、基本権としてではなく、国家目標の1つとして国家の環境保護活動に憲法的拘束と憲法上の動因を与えようとするものである。

では、環境国家条項は、どのようなプロセスで環境保護を実現するのであろうか。

(b) 基本法20 a 条について解説したあるコンメンタール[41]によれば、環境国家条項は、予防原理、原因者原理、発生源での対処、持続性の原理（Nachhaltig-

II　環境と憲法

keit)、一般的な劣悪化の禁止、行政の組織・手続に対する要請といった諸原理へと具体化される。一方で、環境国家条項の第1次的名宛人は立法者であり、立法者は、環境法の領域、さらに法のすべての領域において環境保護に適合的な立法をなす義務を負う。もっとも、立法者が具体的義務を負うのは稀であり、立法者には、広い形成の余地が認められる。また、立法者には、過去に制定した法を新しい知見ないしは事情の変化に応じて修正すべき、事後的是正義務が課せられる。

　これらの記述は、環境国家条項の解釈が、社会国家原理や基本権保護義務に関する学説・判例を雛形としていることを示している。さらに、環境保護も、他の憲法法益も、一般的な優位を要求し得ず、衝突が生じた場合には、事例に特有の形態と諸事情を考慮して、どちらが譲歩すべきかを判断すべきである、という記述や、基本法20a条の委託を遂行する際に他の憲法規範を考慮しなければならず、他方で他の憲法規範を具体化・適用する際に、20a条の価値決定を尊重しなければならないという記述、また、基本権との関係では、環境国家条項は所有権、一般的行為自由、芸術自由など基本権の制限を正当化し、基本権の制限は、社会国家原理と同様に広い範囲で可能であるという記述も、社会国家原理あるいは基本権保護義務との近親性を印象づける。

　このコンメンタールに従えば、環境国家条項の法的性格ないしその実現は、社会国家原理あるいは基本権保護義務と、多くの共通性を持つことになる。しかし、その一方で、ムルスヴィーク[42]は、環境という保護法益の未確定性が、環境保護の実現の文脈でも無視できないことを指摘し、また、トゥルーテ[43]は、環境国家が国際的には他の国家および非国家的主体と折衝・調整する一主体であり、国内的には他の主体（民間企業、民間団体等）と並存する一主体ないしは調整者であるにすぎないことから、環境保護を、公法学の前提とする国家像（近代国家）に修正を迫る、典型的問題領域であると指摘している。いずれにせよ、これらの指摘は、基本法20a条による環境保護の条文化が、環境問題の解決ではなく、新たな課題の始まりであることを示唆している。

　(c)　わが国の憲法学では、憲法をして国家に対する消極的授権規定の体系であると捉え、基本権論の重点を、防禦権論に置く憲法理解が支配的であった。その

9　環境保護と国家の基本権保護義務［小山　剛］

ような関心からは、国家の能力の限界、したがって、近代国家像の限界という問題が浮上する理論的な契機は存在しない。防禦権論においては、国家は市民の自由を侵害するあらゆる潜在的可能性を持った存在として観念される。防禦権論は、国家の過剰ないしは粗暴な国家、——私人の自由との関係では十分に強い国家——を標的とし、その行態を規制するのみである。同じことは、基本権保護義務論にも当てはまる。基本権保護義務は、当該問題が国家の適切な公権力発動によって解決されうることを前提にしている。生命・健康・人格権に対する第三者による侵犯行為は、確かに刑法199条や230条、民法709条を制定することによって完封されるものではない。しかし、適切な刑法・行政法・私法規定が制定され、それらが適切に運用されれば、国家は基本権保護義務をひとまず効果的に履行したことになる。

　つまり、防禦権は、「やりすぎる国家」を標的としたもの、基本権保護義務は「やらなさすぎる国家」を標的としたものである。トゥルーテの指摘は、環境国家が、むしろ「(自分では) できない国家」であることを示唆している。「できない国家」は、個別には、歴史上いくつも存在した。基本権保護能力の決定的な欠如を露呈した国家は、新しい国家ないしは政府の誕生によって解決された。しかし、環境保護に関する「できない国家」は、特定国家の欠陥ではなく、およそ国家の能力の限界を指し示している。このように、国家が、必ずしも憲法学が前提としてきたような「強い国家」ではないとすれば、憲法学もまた、ディジタル的な違憲・合憲二分法にとどまることはできない。環境保護の国家論的構成を成り立たしめるためには、憲法学には、国家の活動の上限を統制することに加えて、国家の活動の「中身」に関心を向けることが求められる。憲法および憲法学は、立法者および国民に語りかけ、その政策判断、制度形成に動因を与えなければならない。その際、裁判による環境保護の実現の限界が、単に憲法上の命題の抽象性に起因するものではなく、なりよりもまず、その理念性と国家の能力の限界に起因するものであるとすれば、憲法学は、自己が前提とする国家像についても、再確認を求められることになろう。

II 環境と憲法

(1) 国家の基本権保護義務論とは、第三者による基本権法益の侵犯に際して、国家はこれを防護する憲法上の義務があるという議論であり、1975年の第1次堕胎判決（BVerfGE 39, 1）がリーディング・ケースとなって判例・学説上、確立された。詳しくは小山剛『基本権保護の法理』(1998)を参照。また、第1次堕胎判決については、ドイツ憲法判例研究会編『ドイツの憲法判例』(1996、信山社)49頁以下（嶋崎健太郎執筆）(第2版・2001、信山社)を参照。

(2) 本稿では、「環境」を、人間の手が強く加わったものを含む自然環境の意味で用いている。また、環境保護には、国家に対する不作為の要請と作為の要請が含まれるが、基本権保護義務との対比という本稿の課題から、考察の重点は後者に置かれる。

(3) 大阪弁護士会環境権研究会編『環境権』(1973)。

(4) 比較的最近の論文として、例えば竹中勲「憲法上の環境権の法的性格と救済方法（上）（下）」判例評論322号（判例時報1167号）9頁以下、323号（判例時報1170号）12頁以下（1985）、松本昌悦「新しい人権としての環境権とその憲法理論(1)(2)——日本国憲法の人権体系における「新しい人権」としての環境権の生成と展開」中京法学31巻1号27頁以下（1996）、4号1頁以下（1997）、松浦寛「環境権の根拠としての日本国憲法第25条の再検討」阪大法学141・142号351頁以下（1987）、同「環境権の概念構造と日本国憲法」大阪大学国際公共政策研究4巻1号59頁以下などを参照。また、異なる法分野を含む特集として、「特集 法はなぜ環境をまもれないか——環境法の現在」法学セミナー44巻3号35頁以下（1999）、『環境問題の行方（ジュリスト臨時増刊・新世紀の展望2）』(1999)がある。環境権判例については、内野正幸「環境権——立ちふさがる裁判所の壁」（特集 憲法解釈の基本争点）法学セミナー32巻5号62頁以下（1987）、市川正人「環境訴訟の可能性」（特集 違憲審査制の現在——第3部 憲法訴訟の現状と可能性）ジュリスト1037号185頁以下（1994）などを参照。

(5) 現時点での学説を俯瞰したものとして、中富公一「環境権の憲法的位置づけ」憲法の争点（第3版）158頁以下を参照。

(6) 奥平康弘『憲法III』424頁以下（1993）。

(7) 岩間昭道「環境保全と日本国憲法」栗城・戸波・青柳編『人間・科学技術・環境』(1999) 226頁。

(8) 例えば、桑原勇進「国家の環境保全義務序説(3)(4完)」自治研究71巻7号87頁以下、8号100頁以下（1995）、青柳幸一「環境権と司法的救済」同『個人の尊重と人間の尊厳』(1996年)所収を参照。

(9) 小山（前出注(1)）47頁。
(10) 小山（前出注(1)）135頁以下。
(11) ちなみに、基本権保護義務論においては、基本権保護を具体化した法律制定され、第一次的要請である国家の作為義務がひとまず充足された後には、第二次的な要請として、その法律が代替措置なしに廃止されてはならないという、不作為の要請が生じる（小山（前出注(1)）154頁参照）。このように、第一次的要請および第2次的要請の中身は、一見すると基本権保護義務と環境保護とで内容が異なるように見えるかもしれないが、規範的側面に焦点を当てるか、保護の客体ないし実態面に焦点を当てるかという、切り口の相違に過ぎない。

なお、環境については、環境に大きな負担を与える行為であっても過去においてそれが適法に行われ続けてきたわけであり、「既存の環境を破壊してはならない」という第一次的要請自体が存在していなかった。他方、基本権保護義務の場合には、保護義務論の登場以前にすでに、多くの個別法において「他人を害してはならない」という禁止が成立していた。したがって、保護義務については、「他人を害してはならない」という命題の存在を前提に、既存の禁止が緩和される場合（妊娠中絶の期限モデルなど）や、新しい危険が登場した場合（遺伝子工学や原子力の平和利用など）に、その問題がこの命題に包摂されるのかどうか、また、包摂されるとして、それをいかに具体化すればよいかを個別的に検討すればすむことになる。しかしながら、環境保護については、第一次的命題の確立自体がまず課題となるというところにも、看過できない相違があるように思われる。

(12) 松本和彦「基本権の保障と論証作法──ドイツ連邦憲法裁判所の国勢調査判決を素材にして(1)〜(3)」阪大法学45巻1号45頁以下、2号95頁以下、5号791頁以下（1995年）。
(13) *R. Alexy*, Theorie der Grundrechte, 1985, S. 420f.
(14) もちろん、憲法が要請する下限（Untermaß）を下回らないことが条件となる。
(15) *R. Alexy*,（前出注(13)）S. 423.
(16) 環境保護に関して、理念的権利と抽象的権利が区別されず、理念的・抽象的権利と表記されることがある（その例として、岩間・前掲論文など）。しかし、私見では、両者は明確に区別されるべきであり、環境権は抽象的権利の要件を満たしておらず、理念的権利と呼ぶべきものであると思われる。
(17) このような傾向を示すものとして、松浦寛「環境権の根拠としての日本国憲法13条の再検討」榎原猛先生古稀記念『現代国家の制度と人権』（1997）166頁を参照。

II 環境と憲法

⒅ 他方、新しい人権のうちでも人格権・プライバシー・名誉保護には、基本権保護義務論が当然に妥当することになる。D・グリム（上村都訳）「連邦憲法裁判所における意見表明の自由」名城法学49巻4号159頁以下（2000）参照。

⒆ 小山（前出注(1)）47頁。

⒇ 詳しくは、小山（前出注(1)）143頁以下を参照。

(21) 要するに、第三者保護的な照射効にせよ、防禦権的な照射効にせよ、環境保護の基礎づけの文脈では、関連を持つものではない。照射効が環境保護に奉仕するのは、環境保護が別途、憲法的に基礎づけられた後のことである。ひとたび環境保護が憲法法益であることが承認されれば、環境保護に促進的ないしは阻害的影響を与えうる法律の解釈・適用に対して、照射効が働くことになる。

(22) 代表的な見解として、阿部照哉「新しい人権としての環境権」ロー・スクール20号9頁を参照。

(23) 小山（前出注(1)）136頁以下。

(24) この問題に関する比較的初期の研究として、戸波江二「西ドイツにおける基本権解釈の新傾向（1～5）」自治研究54巻7号82頁～11号111頁（1978）、青柳幸一「基本権の多元的機能」同（前出注(8)）個人の尊重と人間の尊厳76頁以下を参照。また、ドイツの学説として、P・ヘーベルレ（井上典之編訳）『基本権論』（信山社、1993）を参照。

(25) 連邦憲法裁判所の判例において狭義の給付請求権の先例となったのは、いわゆる大学定員制判決（BVerfGE 33, 303＝ドイツ憲法判例研究会編『ドイツの憲法判例』（1996）234頁以下〔戸波江二執筆〕〔第2版・2001年、信山社〕）である。基本法12条で自由権として保障された「養成場所を自由に選択する権利」からいわゆるタイルハーベ・レヒテを導き出したこの判決は、しかしながら、この法理は、日本国憲法においては、憲法26条の実効化の観点は提供するものの、同条の合理的解釈が与える範囲を超える救済をもたらすわけではない。

(26) *G. Hermes*, Das Grundrecht auf Leben und Gesundheit, 1987, S. 119.

(27) 私人の通行車両による周辺住民の住環境の悪化は、一見すると、不特定多数の経済合理的行動による環境負担的行為であるが、その責任は、道路を整備した国家に帰責させることができる。また、市場経済のフレーム・ワークも国家の法秩序がそれを具体化し、維持するものであるが、市場経済自体を「人間の尊厳に値する生存」を危害する悪だとまで言うことはできないであろう。他方、いわゆるレクレーショナル・ヴィークル（RV車）が宣伝され、それまでは立ち入れなかった場所にまで自家用車が乗り入れ、環境や生態系の破壊を引き起こすような場合

には、市場の需要・供給関係という見えざる神の手が引き起こした環境破壊であると言うことができるかもしれない。しかし、この場合でも、人間相互の社会生活においては立場の（少なくとも理念的な）互換性があるのに対し、人間と自然との間には立場の互換性がいっさい成立しないと言う点で、事情は根本的に異なると言うことができよう。

(28) 手続を通じた基本権の実効的保障について、詳しくは、笹田栄司『実効的基本権保障論』(1993、信山社) を参照。

(29) BVerfGE 88, 203＝ドイツ憲法判例研究会編『ドイツの最新憲法判例』46頁（小山剛執筆）。

(30) *Jarass/Pieroth*, GG, 5. Aufl., 2000, Vorb. vor Art.1 Rdnr. 13.

(31) BVerfGE 49, 89 (141 f.). もっとも、いわゆるオゾン・スモッグ決定は、最高次の法益が危険にさらされているのではないことを理由に、立法者の広範な形成自由を承認している（詳しくは、小山（前出注１）88頁、111頁を参照）。

(32) 例えば、ディーゼル車対策についての国の無策は、本稿の立場からは何の正当化根拠も見いだしがたいものである。

(33) 小山（前出注１）84頁以下。

(34) 小山（前出注１）90頁以下、99頁以下。

(35) 例えば*Chr. Enders*, Die Privatisierung des Öffentlichen durch die grundrechtliche Schutzpflicht und seine Rekonstruktion aus der Lehre von den Staatszwecken, Der Staat, Bd. 35 (1996), S. 351 (381).

(36) 立法者の基本権保護義務違反に関するもっとも緩やかな統制密度である「明白性の統制」においても、違憲となりうる場合があることについて、小山（前出注(1)) 88頁、111頁に紹介した判例を参照。

(37) D・ムルスヴィーク（岡田俊幸訳）「国家目標としての環境保護」栗城=戸波=青柳編『人間・科学技術・環境』257頁（266頁）。

(38) 小山（前出注(1)) 71頁。

(39) もちろん、それを過小評価してはならない。愛知万博会場跡地利用に関して博覧会国際事務局＝BIEの批判と自民党の衆議院選挙対策が新住宅市街地開発事業にとどめを刺したことは記憶に新しい。

(40) G・ヘルメス「生命倫理問題および環境問題における国の保護義務」栗城=戸波=青柳編（前出注(37)) 161頁（178頁）。

(41) *Jarass/Pieroth*,（前出注(30)) Art. 20a. 以下では煩をさけるため、個別の引用はしない。

Ⅱ　環境と憲法

(42)　D・ムルスヴィーク（前出注(37)）268頁以下。
(43)　H=H・トゥルーテ／山本隆司訳「ドイツにおける行政法および行政法学の発展（上）（下）」自治研究75巻2号3頁、3号17頁（1999）、トゥルーテ／川又伸彦訳「秩序法と自主規制の間の環境法」自治研究75巻9号42頁（1999）。

10 自然環境の利用と保全
——生態系保護の憲法論——

飯 田　　稔

　はじめに
1　生態系保護とその目的
2　環境法制の憲法問題
3　環境保護の憲法化——ドイツの場合
　むすび

はじめに

　健康で文化的な最低限度の生活（憲法25条1項）を営むために、一定の良好な自然環境が不可欠であることは論を俟たない。憲法学は、そうした環境に対する国民の利益を「環境権」として構成し、これに法的保護を与える手法を模索してきた[1]。実際にも、環境基本法をはじめとするさまざまな立法を通じて、わが国の環境法制もようやく整備の途を辿りつつある[2]。いまや、自然環境の保全が、21世紀に向けて取り組むべき大きな課題の1つであることを疑う者はなかろう。
　しかし、われわれ人間にとって、自然環境は単なる維持・保全の対象にとどまらない。水と空気、日光（これらとて、自然の一部にほかならないが）だけで生きることのできない以上、人間は、何らかの形で自然に働きかけて、そこから食物その他、生存に必要な資源を獲得する必要がある。いわば自然の「利用」であり、それは常に、生のままの自然に対する人為的な関与、介入を意味する。人間が、よりよい生活を求めて自然の開発を行なうとき、介入の程度がいっそう増大することは言うまでもない。
　人間は、自然への関与なしに生きることはできない。だが、過度の介入が自然の能力の限界を超えてしまうと、人間の生活条件そのものを破壊することになる。

II 環境と憲法

かくて、人間と自然環境とはある種の緊張関係に立つ。sustainable development（持続可能な開発、もしくは発展）[3]というスローガンの示唆するように、持続可能でなければならないが、開発自体は不可避なのである。

こうした逆説的な関係は、法的側面にも現われる。一方で、自然への働きかけが、人間の生活基盤を形作るところからすれば、自然環境の利用は、法的保護に値する利益と言わねばならない。自然への関与をすべて禁止することは、人間に生存を許さないことである。他方、限界を超えた介入は、自然を破壊し、人間の生存を危険にさらす結果となるから、これを規制する必要がある。自然環境の保全が、法により義務づけられねばならないゆえんである。自然の利用がどこまで認められ、どこから制限されるのか。その決定は常に、どの自然を保護するのかという実践的・政治的決断を伴うであろう[4]。

さて、保全の唱えられている自然環境にもさまざまあるが、本稿では、野生動植物を中心とした生態系の問題を取り上げよう。古来、人間は、各種の動植物を利用し、生存および生活に役立ててきた。現在、法はこれをどのように規制しているか。そしてその規制は、憲法的観点からいかに評価されるのか。

1 生態系保護とその目的

(1) 法律による保護

初めに、わが国の現行法が、生態系保護のためにいかなる規律をおいているか、簡単に見ておきたい。地域的な自然環境を対象とした自然公園法や自然環境保全法も、生態系の保護に仕えるものであるが、ここでは、野生動植物に関する法律に限定する。

(イ) 野生動物の保護について、わが法制の中心をなしてきたのは、鳥獣保護及狩猟ニ関スル法律（鳥獣保護法）であった。同法は、日本に生息するあらゆる種類の鳥獣を対象に、その保護のための法的枠組みを定め、また捕獲（殺傷を含む）を規制したものである。

まず、都道府県知事が、環境庁長官の定める基準に従って、鳥獣保護事業計画

を策定する（1条の2第1項）。そこでは、鳥獣の保護蕃殖のために設ける鳥獣保護区（8条の8）や休猟区（9条）のほか、鳥獣の人工増殖や棲息状況の調査などに関する事項が定められる（1条の2第2項）。

他方、狩猟鳥獣以外の鳥獣の捕獲は、原則として禁止される（1条の4第1項）。狩猟鳥獣の指定は環境庁長官が行なうが（同2項）、保護蕃殖のため必要な場合には、狩猟鳥獣であっても、捕獲を禁止または制限することができる（同3項）。

狩猟は免許制とされ（4条）、狩猟者の登録を要する（3条、8条の3）。狩猟場所や方法についても規制がある（10条、11条、15条、16条、19条の3など）。また、捕獲鳥獣の流通を規制するため、ヤマドリの販売（13条の2）や違法に捕獲した鳥獣の譲渡（20条）を禁止し、特定の鳥獣およびその加工品の輸出入を制限している（20条の2）。

本法は、主として狩猟行為を規制したもので、鳥獣を積極的に保護するという観点は弱い。というのも、本法はそもそも、1918（大正7）年に狩猟法として制定されたという経緯がある。鳥獣保護に関する諸規定は、1963（昭和38）年の法改正で初めて加えられたにすぎない[5]。

(ﾛ) 保護という視点からより重要なのが、絶滅のおそれのある野生動植物の種の保存に関する法律（種の保存法）であろう。同法は、野生動植物が生態系の重要な構成要素であり、また自然環境の重要な一部として人類の豊かな生活に欠かすことのできないものであることを認めて（1条）、絶滅のおそれのある国内外の野生動植物種の保存をはかるための制度を設けたものである。これは、絶滅のおそれのある野生動植物の種の国際取引に関する条約（いわゆるワシントン条約）に対応した、国内法の整備という意味をもっていた。

本法の保護対象は、野生動植物のすべてではなく、「絶滅のおそれ」があると認められたものに限られる。国内的および国際的に希少な野生動植物が政令で定められるほか（希少野生動植物種、4条）、特に緊急に保存をはかる必要のある種については、環境庁長官がこれを指定する（緊急指定種、5条）。これらの動植物種の個体は、捕獲や採取、殺傷、損傷が禁じられ（9条）、譲渡や輸出入の禁止（12条、15

II　環境と憲法

条）、違法輸入者に対する原産国への返送命令（16条）等が定められている。

　とりわけ国内の希少野生動植物種については、生息環境を保全するため、生息地等保護区が指定される（36条以下）。また、減少した個体数の回復や生息環境の維持のため、環境庁長官の定める保護増殖事業計画（45条）の下、国や地方公共団体、その他環境庁長官の認定を受けた者（民間団体など）は、保護増殖事業を行なうことができる（46条以下）。

　本法は、鳥獣保護法に比べると、国、地方公共団体の責務をより積極的に定めているが、適用範囲や実効性について、さまざまな問題点が指摘されてもいる[6]。

　(ハ)　そのほか、学術上の価値の高い動植物は、天然記念物または特別天然記念物として保護の対象となる（文化財保護法2条1項4号）。動植物そのもののみならず、動物の生息地や植物の自生地も保護を受ける。だが、ことがらの性質上、野生動植物のすべてを保護するものではなく、その一部に限定されている[7][8]。

(2)　保護の目的

　このような野生動植物の保護は、いかなる目的に出るものか。

　ある論者によれば[9]、野生動植物保護の目的は、大きく2つあるという。人間に役立つ価値（instrumental values）の保護と、自然がもつ内在的な価値（intrinsic values）の保護である。人間に役立つ価値とは、動植物の保護を人間の利益や欲求を実現するための手段と考えるものであり、これは、経済的な価値（economic values）と非経済的な価値（non-economic values）とに分かれる。他方、野生動植物の内在的な価値とは、人間の利益になるか否かという人間の立場からの判断と関係なく、動植物自身のもつ内在的な価値であり、生き物としての生きる権利であるとする。野生動物の保護法制は、まず、消費的な経済的価値を目的とするところから始まったが、その後、美的、文化的、教育的といった非経済的価値の保護へと向かった。そして、近年に至って、あらゆる生き物は、人間のために有益か否かに関わりなく、生きる権利をもち、尊重さるべきものだとする動物の内在的価値が認識されるようになった、と指摘している[10]。

　かかる観点から現行法を見るとき、そこには明らかに、人間に役立つ価値の優

位を認めることができよう。

　鳥獣保護法は、鳥獣保護事業を実施し、および狩猟を適正化して鳥獣の保護蕃殖、有害鳥獣の駆除および危険の予防を図り、もって「生活環境ノ改善及農林水産業ノ振興ニ資スルコトヲ目的」としている（1条）。本法が、狩猟法として誕生したことは先に述べた。いまなお、その目的は、主として経済的価値の促進におかれているのである。

　種の保存法は、野生動植物が生態系の重要な構成要素であることを認めつつも、それが自然環境の重要な一部として「人類の豊かな生活に欠かすことのできないものである」ことを指摘する。そして、絶滅のおそれのある野生動植物の種の保存を図ることにより良好な自然環境を保全し、もって「現在及び将来の国民の健康で文化的な生活の確保に寄与することを目的」とするのだという（1条）。

　文化財保護法にあっても、文化財を保存かつ活用して「国民の文化的向上に資するとともに、世界文化の進歩に貢献する」ことが、主たる目的とされている（1条）。

(3)　人間中心主義と生態中心主義

　かくて、わが法制は、人間中心主義の自然観の下に構成されていることがわかる。これに対しては、生態中心主義的自然観が対置されることになろう[11]。

　西欧に伝統的な考え方によれば、自然は人間と峻別され、人間の利用の対象、諸利益の源泉と位置づけられた。自然の保全や利用の制限が考えられても、それは、将来世代の利益のためにする現在の規制や、発展途上国の人々の生活に配慮した先進国の独占禁止など、あくまで人間を中心に据えたものであった。

　ところが、生態中心主義は、人間を生態系という共同体の一構成員と位置づけ、他の動植物と対等かつ相互依存的な存在であると理解する。各構成員は、それ自体の固有の価値に基づいて存在するのであって、自然は人間のためにあるのではない。

　生態系共同体の倫理は、全構成員の同価値を基礎とした平等主義の下に構成される。人間と動植物とは、対等な主体間の倫理的関係に立つ。そこでは、生態系

のルールに従うことが善、背くことが悪と見なされる。自然の利用についても、生態系を撹乱しない限度で許容されるにすぎない。将来の世代や途上国の人々の利益を考えるだけでは十分でなく、生態系そのものの利益を考慮した利用がなされねばならない。

　このようにして、生態中心主義の自然観の下では、人間は、自然の利用について、生態系そのものに対して義務を負うことになる。かかる環境倫理を法の世界に転化させたのが、「自然の権利」論であった。自然は単なる権利の客体ではなく、それ自体が権利主体であって、権利侵害に対しては、法的防禦を考えることが可能であり、かつ必要だというのである[12]。

　しかしながら、こうした考え方は、環境政策の提示、環境倫理の教化の際の指針とはなっても、法制度の構成原理となり得ないことは明らかである。なぜなら、生態系という抽象的観念はもちろん、個別具体的な動植物も、それ自体は法運用の担い手たり得ないからである。

　そもそも、生態系の利益といい、自然の権利といっても、「人間が」そのように考えているというにすぎない。人間の判断が正しいか否か、動植物がそれを良しとするか否か、自然は黙して答えない。生態中心主義もまた、その具体的運用は、人間の手に委ねられざるを得ないのである。われわれの思考は、所詮、「人間の立場から」という限界を免れないのであって、観念の世界でこれを回避してみても無益であろう[13]。

　「健康で文化的な最低限度の生活を営むため」に、一定の良好な自然環境が不可欠だ、と先に述べた。畢竟、自然環境の保全は、人間による、人間の利益の自己抑制である。環境問題は、すぐれて人間の問題であり、だからこそ、われわれ人間が自覚的に取り組んでいかねばならないものなのである。

2　環境法制の憲法問題

(1)　法律による基礎づけ

　さて、上述のごとき環境政策的・倫理的議論の重要性を否定するものではない

が、本稿の関心は、主として法的側面にある。現行法は、環境保全という政策をどのように正当化しているだろうか。

現在、生態系ないし野生動植物保護の施策に法的根拠を与えているのは、環境基本法である。同法は、環境の保全について、環境の恵沢の享受と継承等（3条）、環境への負荷の少ない持続的発展が可能な社会の構築等（4条）、および、国際的協調による地球環境保全の積極的推進（5条）という3つの基本理念を定めた。そのうえで、環境の保全に関する基本的施策の確保すべき事項を掲げており、その一つが、「生態系の多様性の確保、野生生物の種の保存その他の生物の多様性の確保が図られるとともに、森林、農地、水辺地等における多様な自然環境が地域の自然的社会的条件に応じて体系的に保全されること」である（14条2号）。

(2) **憲法論としての環境法制**

しかし、生態系を含む自然環境という空間は、多くの場合、何人かの所有に属しており、その利用は個人の財産権（29条1項）の一部をなす。また、農業や漁業といった伝統的産業は、自然を利用し、その恵みを享受して初めて成り立つ職業である（22条1項）。のみならず、既に述べたように、人間が生きるためには自然への関与が不可欠であるとするならば、自然を利用する権利は、生存権（25条1項）から派生する権利と見ることもできよう。そうだとすれば、自然環境を保全し、その利用を制限するためには、下位法たる法律で正当化するだけでは十分でなく、憲法に根拠を求めることが必要となる。

わが憲法学は、これまで、こうした環境法制の根拠を憲法29条2項に求めてきたようである。同条項に基づく規律には、消極目的の規制（内在的制約）と積極目的の規制（政策的制約）があると理解した上で（いわゆる規制目的二分論）、自然環境の保全は後者に属すると考えられてきた。

例えば、佐藤功教授によれば、財産権に対する制約には、積極的・社会経済政策的規制があり、国土利用計画法や自然環境保全法などによる規制は、29条2項の「公共の福祉」に適合する規制として許容されるという[14]。中村睦男教授も、文化財保護法による文化財の保護のための規制や、自然環境保全法や自然公園法

II　環境と憲法

による自然環境の保全のための規制などを、政策的制約ないし積極的目的による規制の例としている[15]。

近年、かかる目的2分論に疑問が投げかけられるようになった。佐藤幸治教授は、公害防止や自然環境の保全、あるいは文化財保護などの各種規制法の領域は、内在的制約原理と政策的制約原理が混在しているという[16]。戸波江二教授も、公害規制や自然環境保護規制を、積極・消極のどちらに属するか不明確な規制であるとする[17]。さらに、長尾一紘教授は、消極的規制と積極的規制という2つの類型の双方にかかるものとして自然環境保全法等による規制があり、いずれの類型に該当するかについて判然としないものとして——あるいは、第3の類型に属すべきものとして——文化財保護法による規制がある、と説いている[18]。だが、2分論に従うか否かはともかく、これらの見解も、環境法制の憲法上の根拠を29条2項に求めている点では同様だとしてよかろう[19]。

(3) 公害規制と生態系保護

だが、ひとくちに環境法と言っても、公害規制と生態系ないし野生動植物保護とは、必ずしも同列に論じ得ないところがある。

環境法が公害法として現われる限り、その憲法的正当化は困難ではない。公害とは、大気汚染や水質汚濁等によって、人の健康または生活環境に被害を生ぜしめることをいうが(環境基本法2条3項参照)、何人も、他者の生命や身体、健康に対して危害を加える権利を有しないから[20]、有害な汚染物質の排出を制限あるいは禁止しても、憲法上、特に問題となることはない。かかる規制は、内在的制約と呼ぶにせよ、加害原理と呼ぶにせよ、既存の憲法学の枠組みの中で説明しうることがらである（13条）。

わが国の環境法制は、まず、公害法として始まった[21]。国レベルに限って言えば、1958（昭和33）年の公共用水域の水質の保全に関する法律（水質保全法）と工場排水等の規制に関する法律（工場排水規制法）をその嚆矢とする（水質二法）。いくつかの個別立法の後、公害対策の基本的枠組みを設けるべく、公害対策基本法（1967（昭和42）年）が制定された。これらの法律は、もっぱら公害の抑止を目的

としており、その限りで、当該規制が個人の権利の不当な制約と見なされる余地はなかった。

　しかしながら、環境法の目標が、明らかな環境破壊たる公害への対処だけでなく、より快適な、質の高い環境の維持・保全という方向に向かうと、それと対立する諸権利の制約を根拠づけることは難しくなる。生態系の維持・保全や、絶滅のおそれのある野生動植物種の保護が、環境政策的・倫理的には望ましいとしても、そのための規制の(憲)法的正当性は自明ではない。自己の所有する山林で観賞用の動植物を採取したり、野生生物を捕獲して市場に流通させたりする行為は、直ちに他者の権利・利益を侵害するものではないのに、なぜ制限されねばならないのか。

　現行法は、動植物の保護に当たって、財産権など個人の権利への配慮や、公益との調整を行なうべきことを命じている(種の保存法3条、文化財保護法70条の2第1項等)。学説の中には、かかる規定は保護の実効性を弱めるとする批判が少なくない[22]。しかし、環境保全に、既存の個人の権利に優位する正当性のあることを論証しない限り、かかる批判の法的説得力は乏しい。われわれは既に、動物保護のためと称する規制が、ある種の産業に致命的な打撃を与えてきた例を知っている。関係者は、そうした規制を安んじて受け入れているわけではない[23]。

　そのような政策を基礎づけるものこそ環境権にほかならない、との主張はあり得よう。だが、公害規制の根拠が、消極的な環境権または自由権としての環境権であるのに対し、生態系保全や野生動植物保護の根拠は、それを越えて、より積極的な環境権、もしくは社会権としての環境権に求められねばなるまい。憲法典に明文のない、しかも作為請求権となると、憲法上の権利性の弱いことは否定できないように思われる。

　かくて、積極的な環境保全のためにする個人の権利制限を、既存の憲法解釈の枠組みで根拠づけることにはいささかの困難を伴う。そうだとすれば、憲法典自体の中に新たな根拠規定を導入することも考えられよう。そしてそれこそが、ドイツの歩んだ途であった。

II 環境と憲法

3 環境保護の憲法化——ドイツの場合

(1) 狩猟の権利と動物保護

ドイツ連邦共和国基本法は、一定の事項について、連邦に、ラントの立法のための大綱的規定（Rahmenvorschriften）を発する権限を付与した（75条1項）。その1つに、狩猟制度（jagdwesen）、自然保護および風致の保全がある（同3号）。

本条項に基づいて、連邦狩猟法（Bundesjagdgesetz）が制定され（1952年）、狩猟権（Jagdrecht）や狩猟免許（Jagdschein）、狩猟の制限や権利行使の際の義務といった事項を規律してきた。それによれば、狩猟権とは、一定の地域で、当該権利に服する野生動物を育成し、これに狩猟を行ない、これを領有する排他的権利である（法1条1項1文）。狩猟権に服する鳥獣は、法2条1項に列挙されている。

しかし、この権利は、本法によって初めて創設されたものではない。それは、基本法14条1項の保障する所有権の一内容と解されてきた[24]。所有権にもさまざまあるが、そのうちの土地所有権には狩猟権が含まれる。この権利は、所有地（Grund und Boden）の上で所有者に帰属する、所有地と不可分に結びついたものなのである。確かに、それは独立の物権ではなく（狩猟法3条1項参照）、所有者が単独で狩猟権を行使するには、敷地面積（Grundfläche）が狩猟区域（Jagdbezirke）の大きさをもたねばならない（法7条）といった制約を受ける。だが、面積が小さい場合でも、複数の土地が共同の狩猟区域として併合され（法8条）、所有者らが狩猟共同体（Jagdgenossenschaft）を形成し、これが狩猟権の主体となる（法9条）という形で、権利行使の可能性が開かれている。

こうして、狩猟権に基づく野生動物の捕獲は、憲法上の所有権から派生する法的利益という位置づけをもつ。のみならず、判例は、狩猟権に・所有権以上の保護を与えたこともあった[25]。

他方、ドイツでも、野生動物の保護の必要性が認識されていることは言うまでもない。そのための規制として、例えば、野生動植物種の保護規則（Bundesartenschuzverordnung）が定められた（1980年）。だが、狩猟権に服する動物は、原則とし

て、同規制にいう特別の保護を受ける動物（規則1条）に当たらない。現実には、狩猟可能な種の多くは、その存続が危機にさらされているにもかかわらず、保護を受けることができなかったのである[26]。そこで、かかる事態に対処すべく、野生保護規則（Bundeswildschutzverordnung）が制定された（1985年）。これは、狩猟法36条1項の授権を受けて、狩猟権に服する鳥獣についても、その捕獲や利用を禁止しようとするものである（規則2条1項）。

しかし、この規制も、実際には抜け道が多く、危機に瀕した狩猟可能な動物のために、効果的な種の保護を与えるものではないとの評価があった[27]。こうしてドイツでは、動物保護も含めた環境保全[28]の法的根拠をいっそう強化することが、大きな政治課題の1つとなったのである。

(2) 基本法20a条とその射程

1994年10月27日の改正法律によって、基本法20a条が追加された[29]。同条は、「国は、来るべき世代に対する責任を果たすためにも、憲法に適合する秩序の枠内において立法を通じて、また、法律および法の基準に従って執行権および裁判を通じて、自然的生活基盤を保護する」と規定している。

本改正の目的は、環境保護という価値に憲法ランクの位置づけを与えて、環境問題の解決を促進することにあった。例えば、基本法20条の社会国家原理に基づいて、国家が経済成長に向けた政策を推進する場合など、これまで基本法に環境保護規定が欠けていたため、経済的利益と環境的利益が衝突したときには、常に前者が優位し、環境改善を阻害してきたのではないかと考えられたのである。

学説には、憲法改正を不要とする見解も有力であった[30]。環境保護に必要な法律は、特段の憲法規定がなくとも制定可能であり、むしろ、曖昧な国家目標を規定すると、法治国原理や民主制原理を損なうおそれがあるというのである。だが議会は、かかる批判を斥けて、基本法改正の途を選択した。

本条が、何よりもまず、人間の生活環境の保護・改善を目指すものであることに疑いはない。「来るべき世代に対する責任」は、現在の人間に課されることになるが、そこには、人間中心主義的な自然観を看取することができる。本条自体は、

II 環境と憲法

いわゆる国家目標規定であり、個人の基本権を定めたものではないが、これに基づく政府の施策によって、環境被害を受ける者にとっては基本権を拡張する効果を、また環境負荷を与える側にとっては基本権を制限する効果を持つことが期待されている[31]。

さて、本条は、人間の生活環境としての自然を越えて、生態系そのものの保護にも役立つのだろうか。

この点については、懐疑的な見解も見られる。例えば、Bernsdorffによると、動物の保護は、部分的に憲法ランクの保障を受けるにすぎないという。まず、20a条の対象となり得るのは、家畜や農業用動物、実験動物、動物園やサーカスの動物などでなく、自然界に生きる動物の種のみである。その上、動物自体の保護は、間接的なものにとどまる。動物の生活空間が侵害されたとき、その質的ないし量的な程度によっては人間の自然的生活基盤をも侵害することになるが、その場合に、生活領域の破壊を通じて生じた限りにおいて、動物の保護が考えられるにすぎないとしている[32]。

また、Wolfも、本条にいう自然的生活基盤の保護とは、個体の保護ではなく共同利益の保護であるから、20a条は個々の植物や動物、ビオトープ（生命体の小生活圏）を保護するものではないとする。同条から、個別の動物を不要な苦しみから護する憲法上の義務が生ずるわけではないというのである[33]。

だが、基本法20a条が導入されて、ようやく数年を経たにすぎない。現在のところ、本条を積極的に援用した連邦憲法裁判所判決は認められないようである[34]。国家目標規定という性格からすれば、本条が環境保全のためにいかなる効果を発揮するかは、これに拘束された国家の諸機関が具体的にどのような運用を行なうかに依拠するところが大きいものと思われる。いたずらに評価を急ぐことなく、今後の展開を注視しておくことが必要なのではなかろうか。

むすび

良好な自然環境を保全し、生態系を維持することの必要性は、政策的には疑い

の余地はない。法律学の課題は、そのための法的構成を考案し、かかる政策の正当性を現行法秩序の中に適切に位置づけることにある。

環境保全のためには、われわれ人間が自然を利用することを制限しなければならない。だが、個人にとって、自然の利用は、憲法上の諸権利から派生する法的利益の1つと見るべき側面をもつ。人間が、他の動植物を捕食して生命を維持する生物である以上、一定程度、自然の利用は許容されねばならないし、そのような職業に従事する者の権利は保護されねばならない。環境保全のためとはいえ、こうした権利を制限し、あるいは禁止するには、十分な正当化根拠が必要となろう。

わが国では、環境保全の法的根拠が、主として法律におかれているのに対し、ドイツでは、これに憲法レベルの正当化を付与する途が選ばれた。よりよい自然環境を享受するために、伝統的な個人の権利の制限もやむなしと考えるのであれば、そのための積極的な根拠づけが不可欠である。もっぱらそれを法律解釈、憲法解釈の展開に俟つのか、あるいは、改正によって実法典に明文の根拠を与えるのか。ドイツ的な手法は、われわれにとっても示唆するところがあろう。だが、いずれにせよ、それは最終的には、国民自身の政治的・実践的決断によって答えられねばならない問題である。

(1) 環境権に関する論考は、枚挙に遑がない。岩間昭道「環境権と日本国憲法」ドイツ憲法判例研究会編『日独共同研究シンポジウム　人間・科学技術・環境』(1999年、信山社)に、わが国の環境権論の要旨と実務への影響が簡潔にまとめられている。他方、環境権に固有の保護法益があるか否かについて、疑問を唱える見解もある。桑原勇進「環境権の意義と機能」ジュリスト増刊『環境問題の行方』(1999年) 参照。

(2) 近年、相次いで環境法の「教科書」が著わされている。例えば、阿部泰隆・淡路剛久編『環境法』(初版1995年、第2版・1998年)、松村弓彦『環境法学』(1995年)、同『環境法』(1999年)、吉村良一・水野武夫編『環境法入門』(1999年)など。環境法学が、独立した1つの学問領域として認知されつつあることを示していよう。また、日本弁護士連合会　公害対策・環境保全委員会編『野生生物の保

Ⅱ　環境と憲法

護はなぜ必要か』（1999年）など、実務家の取り組みも注目される。
(3)　環境と発展に関する世界委員会（WCED）の報告書（Our Common Future 1987）は、持続可能な開発（発展）を、「将来の世代がその欲求を満たす能力を損なうことなく、現在の世代の欲求を満たすような開発（発展）」と定義づけた。この経緯について、例えば、高村ゆかり「持続可能な発展（SD）をめぐる法的問題」（前掲『環境問題の行方』）等参照。
(4)　ルートガー・ホネフェルダー、有賀　健訳「どの自然を保護するのか」栩澤能生編『環境問題と自然保護――日本とドイツとの比較』（1999年）。
(5)　平成11年の同法改正について、東海林克彦「鳥獣保護法の改正と野生鳥獣の保護管理」季刊環境研究114号（1999年）参照。
(6)　関根孝道「似て非なるもの　日米『種の保存法』の比較法的考察」阿部泰隆・水野武夫編『環境法学の生成と未来』（1999年）。
(7)　山村恒年「自然環境保全の法と課題」前掲『環境問題の行方』に、これら現行法の問題点がまとめられている。
(8)　国のみならず、地方公共団体も独自に野生動植物の保護に当たっている。例えば、川津雄一「東京都の保護上重要な野生生物種について」環境管理23号（1999年）参照。
(9)　坂口洋一「野生生物保護の法原則」地球環境法研究2号（1998年）。
(10)　同1―3頁
(11)　生態中心主義については、さしあたり、関根孝道「環境倫理と自然利用――大地の倫理が問う自然利用のあり方」環境経済・政策学会編『環境倫理と自然経済』（1997年）参照。
(12)　わが国でも、いわゆる自然の権利訴訟がいくつか提起されている。山田隆夫「奄美自然の権利訴訟の提起するもの―環境法の今日的課題」自由と正義49巻10号（1998年）では、関係者自ら、かかる訴訟の意義と問題点を論じている。
(13)　実際、人間は決して、あらゆる動植物の保護を考えているわけではない。人間が「有害」と見なすならば、それらは躊躇なく駆逐の対象となる。例えば、「有害鳥獣魚S.C.人間　勝つのはカラスか自治体か！」日経エコ21（2000年5月）参照。

　　北村喜宣「野生生物起因の被害への対応制度」季刊環境研究114号（1999年）は、保護鳥獣による人体および財産への加害が、どのように補填さるべきかを論じている。保護鳥獣以外による加害について直接の考察はないが、そこに示唆されているように、被害者の側からすれば、補填されない損害を与える鳥獣は駆逐

するほかないであろう。

(14) 佐藤功『憲法（上）〔新版〕』483頁（1983年）。
(15) 樋口・佐藤・中村・浦部『憲法II』240頁（1997年）。
(16) 佐藤幸治『憲法〔第三版〕』570頁（1995年）。
(17) 戸波江二『憲法〔新版〕』288頁（1998年）。
(18) 長尾一紘『日本国憲法〔第3版〕』272頁（1997年）。
(19) このほか、内野正幸教授は、「自然的・文化的環境の保護」を、いわゆる加害原理や国益（！）と並ぶ人権制約正当化事由としている（内野「国益は人権の制約を正当化する」長谷部恭男編『リーディングズ　現代の憲法』（1995年））。だが、そこには、それ以上の特段の理由づけは見られない。
(20) 人間のあらゆる行為が、憲法上の自由として一応の保護を受けるとする立場からは、環境破壊をもたらす汚染物質の排出も、一般的行為自由（13条）に属し、ひとまず憲法の保護を受けることになるはずである。ただ、何らかの根拠をあげて、これを全面的に禁止しても違憲ではないと説くのであろう。筆者自身は、そのような回りくどい法的構成を採らない。
(21) わが国の環境法制の展開については、松本和彦「日本における環境法政策の発展」前掲『人間・科学技術・環境』に簡潔にまとめられている。
(22) 例えば、山村・前掲参照。
(23) 国際捕鯨取締条約（1948年）により設立された国際捕鯨委員会が、1982年に商業捕鯨モラトリアムを決定した。これにより、わが国の捕鯨産業は大幅な縮小を余儀なくされたが、日本捕鯨協会は現在もなお、当該措置を批判するキャンペーンを展開している。
(24) Horst Dreier (hrsg.), Grundgesetz Kommentar I, §14, 36 (1996).
(25) 連邦憲法裁判所は、鷹狩り免許証の申請者に、武器の技術や武器に関する法的知識の証明や、射撃試験の合格を義務づける連邦狩猟法15条5項1文と結びついた7項1文の規定が、法治国家権利（比例原則）と結びついた人格の自由な発展の基本権（基本法2条1項）を侵害する、と判示したことがある（BVerfGE 55, 159〔1980〕）。
(26) J.H. Walter, Schließt die Bundeswildschutzverordnung eine Lücke im Artenschutzrecht?, DÖV 1986, S. 634.
(27) Walter, a.a.O., S. 645.
(28) のみならず、ドイツでは、「動物保護」自体を独立の国家目標として基本法に導入しようとする動きもあった。だが、種々の議論の末、この提案は却けられたと

いう。岡田俊幸「統一ドイツにおける『動物保護』の国家目標規定をめぐる議論」『古川治教授退官記念論文集　伝統と創造』(2000年) に詳しい紹介がある。

(29) 基本法20a条については、vgl. Alexander Schink, Umweltschutz als Staatsziel, DÖV 1997, S. 221; Rainer Wolf, Gehalt und Perspektiven des Art. 20a GG, KritV 1997, S. 280; Norbert Bernsdorff, Positivierung des Umweltschutzes im Grundgesetz (Art. 20a GG), NuR 1997, S. 328.

わが国でも、すでに、ミヒャエル・クレップファー、高橋明男訳「国家目標としての環境保護—基本法新20条のａについて」阪大法学46巻３号157頁 (1996年)、ディートリッヒ・ムルスヴィーク、岡田俊幸訳「国家目標としての環境保護」前掲『人間・科学技術・環境』(1999年)、トーマス・ヴュルテンベルガー、守矢健一訳「環境保護と基本権理論」松本・西谷・佐藤編『環境保護と法—日独シンポジウム』(1999年) などの紹介がある。

(30) Vgl. Stern, Zur Aufnahme eines Umweltschutz-Staatszieles in das Grundgesetz, NWVBl 1988, S. 1; Klein, H.H., Staatsziele im Verfassungsgesetz Empfiehlt es sich, ein Staatsziel Umweltschutz in das Grundgesetz aufzunehmen?, DVBl 1991, S. 729.

(31) 注(29)の諸文献参照。

(32) Vgl. Bernsdorff, a.a.O., S. 331.

(33) Vgl. Wolf, a.a.O., S. 288.

(34) 1997年10月10日の連邦憲法裁判所第１法廷第１部会決定が、景観保護規則 (Landschaftsschutzverordnung) による財産権制限に関連して、簡単に20a条にふれている (NJW 1998, 367)。

11 ドイツ憲法における「環境保護の国家目標規定（基本法20 a 条）」の制定過程

岡 田 俊 幸

　　　は じ め に
　1　前　史
　2　環境保護の国家目標規定の必要性
　3　生態系中心主義と人間中心主義
　4　法律の留保
　5　ショルツ案の意義と評価
　6　妥協の不成立
　7　妥協の成立
　8　基本法20 a 条の成立
　　　結びにかえて

　　　は じ め に

　周知のように、1994年10月27日の第42回基本法改正によって、「国は、将来の世代に対する責任においても、自然的生命基盤を、憲法適合的秩序の枠内において立法を通じて、また法律および法の基準に従って執行権および裁判を通じて保護する。」という文言の20a条が基本法に導入された[1]。環境保護を国家目標として定式化したこの条項が基本法に導入されてからすでに5年以上が経過しており、この条項の解釈論を展開している文献はすでに膨大な数に及んでいる[2]。基本法20a条は、わが国においても大いに注目を集めているところであり[3]、ドイツの諸学説が基本法20 a 条からいかなる規範内容を導出しているのかを解明することは、興味の尽きない1つの重要な研究課題と言えるであろう。しかし、本稿は、基本法20a条に関する諸学説の検討を行おうとするものではない。本稿の目的は、この検討のいわば準備作業として、基本法20 a 条の制定過程を出来るだけ精確に叙述し、この条項についての今後の比較法的研究のための地盤固めを行

II　環境と憲法

っておこうとするところにある。

さて、この条項の起草作業を行ったのは、統一条約5条の委託を受けて1992年1月16日に設置された連邦議会・連邦参議院合同憲法委員会（以下、合同憲法委員会という。）であった。合同憲法委員会は、1992年5月14日の第6回会議で審議を開始し、1992年6月16日の公聴会および1992年11月12日の第12回会議と議論を積み重ね、1993年2月11日の第17回会議および1993年7月1日の第25回会議において審議の上で採決を行った。第25回会議において可決された基本法20 a 条についての合同憲法委員会の勧告案[4]は、その後、キリスト教民主同盟／社会同盟（CDU/CSU）、社会民主党（SPD）および自由民主党（FDP）の3会派共同の基本法改正案[5]として連邦議会に提出され、連邦議会および連邦参議院は、この提案をそのままの文言で受け入れた。したがって、基本法20 a 条の制定過程を解明しようとする本稿においては、合同憲法委員会の審議を合同憲法委員会の議事速記録を主たる史料として整理・分析することが中心的課題となる[6]。

ところで、冒頭に引用した基本法20a条を一読したとき、多くの人々は、何かすっきりとしない回りくどい文言である、という印象をもつに違いない[7]。基本法20a条がこのような回りくどい文言にならざるを得なかったのは、この文言が、CDU/CSU、FDP、SPD、90年連合／緑の党の間のぎりぎりの妥協の産物であったからである。環境保護の国家目標規定の基本法への導入をめぐっては、70年代後半から——主として80年代において——学界および議会の場で激しい議論が繰り広げられたものの、結局のところ基本法改正には至らなかったことは、よく知られている。そこでの政党間の対立が、合同憲法委員会にもそのまま持ち込まれたのである。実際、合同憲法委員会でも、——後で詳しく叙述するように——1993年2月11日の第17回会議で一度採決が行われたが、必要な3分の2の多数に達せず、1993年7月1日の第25回会議で再度の採決が行われ、辛うじて合意に達したのであった。その意味で、70年代に始まり、80年代に1つの頂点に達したこの論争が90年代半ばにおいて一応の到達点を見出したことは、きわめて注目すべきことであり、また、そうであるだけに、政党間の厳しい対立を背後にもつこの条文の起草過程で何が問題点として認識され、それについてどのような議論が

11 ドイツ憲法における「環境保護の国家目標規定（基本法 20a 条）」の制定過程［岡田俊幸］

行われ、そして、どのような形で妥協が成立したのか、大いに興味が引かれるところである。本稿では、これらの諸点を合同憲法委員会の議事速記録を主な史料として明らかにしていきたい。

1　前　　史

1　環境保護の国家目標規定を基本法に導入すべきかどうかをめぐっては、合同憲法委員会の審議に先行して——とくに 80 年代において——、活発な議論が展開されてきたところである。これらの議論の内容は周知のこと[8]であり、ここで検討する必要はないのかもしれないが、合同憲法委員会の審議の検討に先立って、これまでの議論の足跡を必要最小限の範囲で振り返っておくことはやはり必要であろう。

(a)　70 年代においては、清潔な環境を求める権利または人間にふさわしい環境を求める権利＝環境基本権を既存の基本権規定から解釈によって導出しようとする学説が登場し、また、環境基本権を憲法改正により基本法の基本権カタログの中に補充しようとする提案も出されたりしたが、多くの学説はこうした解釈や提案に否定的であった[9]。議論の中心的地位を占めたのは、むしろ、環境保護の国家目標規定を基本法に取り入れるべきかどうか、という論点であった。この論点をめぐっては、学説上、活発な議論が展開されたのであったが、この論争は、専門家委員会「国家目標規定／立法委託」の 1983 年の報告書[10]において「暫定的な頂点」に達したと言われている[11]。専門家委員会は、従来の議論を総括した上で、環境保護の国家目標規定の導入を提案した。専門家委員会は、環境保護の国家目標規定の必要性を次のように根拠付けている。すなわち、環境保護は「存在にかかわる長期的な利益」であり、人間の自然的生命基盤の維持は「国が主要な貢献を行わなければならない根本的かつ高位の任務」となっている（Rdnr. 141.）が、「自然的生命基盤の満足のいく保護が現行憲法においては保障されていない」。つまり、基本法 2 条 2 項および 14 条から国の基本権保護義務が導出される（Rdnr. 132.）が、この国の保護義務の射程範囲は、各々の保護領域に限定されており、「後

II 環境と憲法

世の人々（将来の世代）の生命および健康の保護、公共用地、公共の河川、生態系、種の多様性および気候」などの観点で「少なからぬ保護の欠落部分」が残っている。この欠落部分は、社会国家原理を拠り所として埋め合わせることはできないので、環境保護の国家目標規定を憲法に導入する必要がある（Rdnr. 142.）、というのである。もっとも、専門家委員会は、環境保護の国家目標規定をどのように条文化するのか、という点では一致しなかった。多数意見は、基本法20条1項を、「ドイツ連邦共和国は、民主的かつ社会的法治国家である。ドイツ連邦共和国は、文化および人間の自然的生命基盤を保護しかつ育成する。」と改正し、かつ、これに対応して、基本法28条1項を、「ラントにおける憲法的秩序は、この基本法の意味における共和制的、民主的および社会的な法治国家の諸原則、ならびに文化および自然的環境に対する国の責任に合致していなければならない。」と改正すべきであると提案した（Rdnr. 130.）。これに対して少数意見は、「(1)人間の自然的生命基盤は、国の特別の保護を受ける。(2)自然および環境、ならびに芸術および歴史の記念碑は、すべての人の保護および育成に委ねられる。必要な条件および義務は、法律がこれを規定するが、この法律は、関係する公的利益と私的利益の調整を処理し、国および地方の任務を規律する。」という「より強力に表現されかつきめ細かな文言」の基本法37a条の挿入を提案した（Rdnr. 130.）。

(b) 専門家委員会の報告書を受けて、いくつかの州は基本法改正案を連邦参議院に提出し[12]、また、SPDは、第10立法期において、「自然的生命基盤は、国の特別の保護を受ける。」という基本法20a条と、「ラントにおける憲法的秩序は、自然的生命基盤に対する国の責任にも適合するものでなければならない。」という文を基本法28条1項1文の後に挿入することを連邦議会に提案した[13]。しかし、CDU/CSUは、基本法改正に反対の態度をとり続けた。

ところが、1987年の連邦議会選挙後に状況は一変した。CDU/CSUは、FDPの要求に応じて、環境保護の国家目標規定の導入を連立協定の1事項としてFDPと合意したのである。そこで、第11立法期においては、環境保護の国家目標規定を基本法に導入すること自体については、政党間で争いはなくなった。ところが、第11立法期においては、環境保護の国家目標規定をどのように定式化するのか、

11 ドイツ憲法における「環境保護の国家目標規定（基本法 20a 条）」の制定過程［岡田俊幸］

という点で政党間の対立が表面化した。SPDは、「自然的生命基盤は、国の特別の保護を受ける。」という文言の基本法 20a 条を導入する基本法改正案[14]を、CDU/CSUは、FDPと共同して、「人間の自然的生命基盤は、国の保護を受ける。詳細は、法律がこれを規律する。」という文言の基本法 20 a 条を導入する基本法改正案を連邦議会に提案した[15]。CDU/CSUとSPDの対立点は、3つある。第1の対立点は、国家目標規定を人間中心主義的に定式化するか、それとも生態系中心主義的に定式化するか、という論点であり、CDU/CSUは、国の保護を受ける対象を「人間の」自然的生命基盤と規定することを求めたのに対して、SPDは、こうした限定を付けず、たんに「自然的生命基盤」と規定することを求めた。第2は、「優先条項（Vorrangklausel）」にかかわる対立であり、SPDは、他の国家目標との関係で環境保護にある種の優位を与えるために、自然的生命基盤は「特別の保護」を受ける（unter dem *besonderen* Schutz）と規定することを要求したのに対して、CDU/CSUは、環境保護の国家目標規定は他の国家目標と同格におくべきであり、環境保護に対する特別の保護を放棄すべきだと主張した。第3の対立は、「法律の留保（Gesetzesvorbehalt）」をめぐるもので、CDU/CSUは、立法者の環境保護政策の主導権が行政権や裁判所によって奪われないように、環境保護の国家目標規定に「詳細は、法律がこれを規律する。」という条項を装備することを求めたのに対して、SPDは、こうした留保は必要ないと主張した。第 11 立法期においては、このような政党間の対立は解消されず、結局、CDU/CSUの提案もSPDの提案も憲法改正に必要な 3 分の 2 の多数は得られなかった。

2　このように平行線を辿った政党間の論戦に仕切り直しの機会を与えたのが、ドイツ統一であった。1990 年 8 月 31 日に両ドイツ政府の間で締結された「ドイツの統一の回復に関するドイツ連邦共和国とドイツ民主共和国の間の条約」、いわゆる統一条約は、「将来の憲法改正」と題する 5 条において、統一ドイツの立法機関に対して、「基本法への国家目標規定の採用」について検討するよう勧告しており、この規定を受けて合同憲法委員会は基本法への環境保護の国家目標規定の導入について審議したのである。

　第 11 立法期における政党間の対立の構図は、合同憲法委員会の審議にもそのま

227

II 環境と憲法

まの形で持ち込まれた。この対立の構図は、合同憲法委員会に先立って審議が行われた連邦参議院憲法改革委員会において鮮明に示されている[16]。すなわち、連邦参議院憲法改革委員会は、3分の2の多数により、「生命の自然的基礎は、国の特別の保護を受ける。」とする20a条を基本法に挿入するように勧告したが、これに対して5つのラントは、「国は、生命の自然的基盤を国の法律上の秩序を通じて保護する。」とする基本法20a条を提案している。環境保護の国家目標規定については、合同憲法委員会の審議における委員たちの労力の大部分は、すでに述べた政党間の対立をどのようにして克服するのか、その解決策の模索に向けられていた、と言えるだろう。以下では、合同憲法委員会において政党間の妥協がどのようにして成立したのか、その経緯を詳しく叙述することとしたい。

3 ところで、ドイツ統一によって、環境保護の国家目標規定をめぐる議論は新たな局面を迎えることになった。合同憲法委員会の議論の背景をなすものとして、2つの動きを指摘しておきたい。

第1は、1990年から1993年にかけて制定された旧DDRの諸ラントの憲法において環境保護の国家目標規定が盛り込まれたことである[17]。すでに旧西の州憲法にも環境保護の国家目標規定が取り入れられており[18]、旧DDRの諸ラントにおける憲法制定は、環境保護の国家目標規定を有しない基本法の例外性を一層際立たせることになった。

第2は、「エコロジー」を、民主制、自由と自己決定、社会的基本権と並ぶ「中心思想」の1つとして構想された憲法草案である「ドイツ諸州により民主的に構成される連邦のための評議会」憲法草案が登場したことである[19]。この憲法草案は、統一ドイツのための「新憲法」制定を求めて旧DDRの平和革命を担った人々や西の市民運動家や憲法学者などを中心として組織された評議会が作成したものである。評議会憲法草案も、基本法20a条に以下のような環境保護の国家目標規定を導入することを提案していた。

「(1) 現在および将来の世代の自然的生命基礎は、自然がそれ自体のために国の特別の保護を受けるのと同様に、国の特別の保護を受ける。

(2) 連邦、州および市町村は、現時点のおよび予想される生態系の負担を記録

し、かつ、生態系の関する重要な決定、計画、事業および措置のすべてについて情報を提供する義務を負う。」

　90年連合／緑の党は、評議会憲法草案20ａ条を──若干の修正を加えた上で──合同憲法委員会に提出している。もっとも、評議会草案の意義は環境保護の国家目標規定の導入に尽きるものではない点に注意する必要がある。評議会草案の特徴は、環境保護の国家目標規定だけでは生態系の保護には不十分であると評価し、環境保護にかかわる様々な提案を行っていることにある。その主要なものを列挙すれば、以下のようになる。第1に、評議会草案は、前文において、「すべての生命の基盤を維持する」意思を表明し、20条1項において、ドイツを「共和制的、民主的、社会的かつエコロジー的な連邦国家」と性格付け、さらに、1条2項において、「自然的生命基盤の維持および将来の世代に対する責任」を表明することにより、「生態系に対する責任の告白」を行った。第2に、評議会草案は、環境保護の国家目標規定の導入により生態系保護を国に義務付けるだけではなく、生態系保護の観点からの個人の基本権の制約を明示した。評議会草案14条によると、立法者は、所有権の行使が同時に公共の福祉、「とくに自然的生命基盤の維持」に役立つように配慮し(3項)、また、公用収用は、公共の福祉のために、「とくに自然的生命基盤の維持のために」許される（4項）。第3に、評議会草案は、5ｂ条2項において、「特別の危険をともなう研究」を「公に届け出る」ことを義務付け、こうした研究が「人間の尊厳を侵害するか、または、自然的生命基盤を破壊する」性質を有する場合には、法律により研究の自由を制限することを認めた。第4に、評議会草案は、生態系保護の観点から政治的意思形成過程の再編を行った。評議会草案は、法案について生態系保護の観点から態度表明または異議申立を行なうなどの形式で連邦の立法および行政に協力する「生態系保護評議会」を設置し(53b条)、また、技術が自然的生命基盤に及ぼす危険を測定する「技術評価委員会」を設置し（45条)、さらに、生態系にかかわる重要な事業については連邦環境大臣の同意を必要とすると規定する65条3項により連邦環境大臣の「拒否権」を導入した。最後に、評議会草案は、環境保護団体に対して、環境保護にかかわる行政手続に参加する権利および、その限りで、訴権を与えた（19条5項）。

Ⅱ 環境と憲法

評議会憲法草案の行った諸提案は非常に斬新なものであり、さらに立ち入った紹介・検討を行なう必要があると思われるが、それは別の機会に譲ることにしたい[20]。

2 環境保護の国家目標規定の必要性

1 それでは、合同憲法委員会の審議の紹介・検討を始めることにしよう。まず、環境保護の国家目標規定を基本法に導入すべきであるという点については、政党の間で「今日のみならず、数年来」(Jürgen Schmude, 6. Sitzung, S. 25) 争いのないところであり、合同憲法委員会においても、環境保護を国家目標規定として基本法に導入することそれ自体については、政党間ですぐに合意が形成された (Sabine Leutheusser-Schnarrenberger, 6. Sitzung, S. 24; Wolfgang Ullmann, 6. Sitzung, S. 29; Gerhard Friedrich, 6. Sitzung, S. 42)。ただし、CDU/CSUは、基本法への国家目標規定の導入に原理的に消極的であって、SPDなどの提案した社会的国家目標規定の導入に反対したのである[21]から、環境保護の国家目標規定に限って何故「例外として」賛成するのか、その理由を説明する必要に迫られた。合同憲法委員会においてSPDが、環境保護の国家目標規定の必要性に関しては「環境保護の緊急性」の増大を簡単に指摘した (Schmude, 6. Sitzung, S. 25.) のにすぎないのに対して、CDU/CSUは、環境保護の国家目標規定に例外的に賛成する理由を次のように説明している。

第1に、CDU/CSUは、環境保護の国家目標と他の国家目標の性質の相違を強調した。まず、環境は、「おそらく目下の展開に基づいて不利益を被っているであろう個別の集団」の生活基盤ではなく、「すべての人間」の生命基盤を意味するもので、グローバルな性格のものである (Bertold Reinartz, 6. Sitzung, S. 35.)。すなわち、労働や住居の国家目標は、「人間の個別的な生活欲求」に応えようとするものであるのに対して、環境保護は「すべての人間の包括的な目標」である。また、環境保護の目標は、「被造物全体に対する人間の責任」にかかわる。人間は、すべての被造物のための「受託者の地位(Treuhänderstellung)」を占め、この点で、「環

11 ドイツ憲法における「環境保護の国家目標規定（基本法20a条）」の制定過程［岡田俊幸］

境保護」の国家目標については、「人間に関連する基本法の憲法適合的秩序」にすでにその基礎を有する他の国家目標とは異なった評価が下される（Reinartz, 6. Sitzung, S. 52.）。

第2に、CDU/CSUは、環境保護の国家目標に反対する「基本法の母たち・父たちの決断」が下されていないことを指摘した。すなわち、基本法の制定者は、「労働」、「住居」の領域で国家目標規定の導入を意識的に放棄したのに対して、環境保護は当時、「労働」、「住居」のように戦後期の緊急問題とは意識されていなかった。基本法の父たち・母たちにとって、環境保護を基本法に規定するなどということは思いもよらないことであった。したがって、基本法は意識的に沈黙したのだ、という論拠は、社会的国家目標とは異なり、環境保護の国家目標には当てはまらない（Hans-Joachim Jentsch, 6. Sitzung, S, 54 f.）。

2　(a)　すでに述べたように、合同憲法委員会は、1992年6月16日に「国家目標と基本権（基本法3条と6条を除く）」を主題とする第2回公聴会を開催した。この公聴会には、参考人として各党の推薦により9名の研究者が招聘された。その9名とは、ミュンヘン大学教授バドゥーラ（Peter Badura）、フランクフルト大学教授デニンガー（Erhard Denninger）、ボン大学教授イーゼンゼー（Josef Isensee）、ビーレフェルト大学教授リュベ・ヴォルフ（Gertrude Lübbe Wolff）、ベルン大学教授ミュラー（Jörg P. Müller）、ハンブルク経済政治大学（Hochschule für Wirtschaft und Politik in Hamburg）教授ペヒ（Norman Paech）、キール大学教授シュミット・ヨルツィッヒ（Edzard Schmidt-Jortzig）、オルデンブルク大学教授シュテルツェル（Dieter Sterzel）、テュービンゲン大学教授ヴィツトゥーム（Wolfgang Graf Vitzthum）であった。公聴会においては、社会的国家目標規定および環境保護の国家目標規定を基本法に導入すべきか否かについて研究者の見解が示されたが、研究者の見解の分布図は社会的国家目標規定と環境保護の国家目標規定では対照的であった。すなわち、社会的国家目標規定の導入については、イーゼンゼー、バドゥーラ、ヴィツトゥームの3名が反対し、デニンガー、シュテルツェル、ペヒ、リュベ・ヴォルフ、ミュラー、シュミット・ヨルツィッヒの6名が（程度の差はあるにせよ）賛成し、研究者の間で見解が真っ向から対立した

II 環境と憲法

のに対して、環境保護の国家目標規定の導入については、公聴会に出席した9名の研究者のうちイーゼンゼーを除く8名が賛成を表明している。以下、環境保護の国家目標規定の導入の必要性についての研究者の見解を検討しよう。

(b) まず、理論的にもっとも興味を引かれるのは、社会的国家目標規定の導入に対して反対したバドゥーラとヴィツトゥームが「環境保護」の国家目標規定の導入について例外的に賛成するのは何故なのか、その理由である。この点、バドゥーラは、環境保護の国家目標は、他の国家目標とは異なって、「産業社会にとって国内的にも世界規模でも、また今日においても未来においても特徴的であるところの、基礎的でかつ継続的な遂行が必要な国家任務を表示している、という独自性を有する」からだと説明している（Badura, Stellungnahme, S. 6）。また、ヴィツトゥームは、国家目標規定の導入は国家目標規定が「純粋な」解釈機能を有する場合には正当であると主張しつつ、国家目標規定はこの例外的な場合に該当すると判断した。何故なら、「生態系の保護および育成の見地を基本法の中に解釈の方法により発見しようとするあらゆる努力は、解釈論的にあまり満足すべきものではないことが示された」からである。環境保護の国家目標規定の導入により、「研究の自由や宗教の自由（ユダヤ教の典礼に従った家畜の屠殺（Schächten））といった形式的に制約を受けない基本権は、より高度の法的安定性をもって制約され、かつ保護され得る」のである。例えば、動物保護は基本法の権限規範から導出されないので、動物保護のための研究の自由の制約は、憲法上の基礎付けが弱かった（Vitzthum, Stellungnahme, S. 11; ders., Öffentliche Anhörung, S. 62）。

他の研究者の見解も紹介しておこう。まず、シュミット・ヨルツィッヒは、国家目標規定の導入は、①「実際に現下の日々（Tag）をこえて妥当する目標、目的、任務であり、かつこの共同体の実存的な任務にかかわるもの」であり、②この任務の領域において、憲法上の基礎付けがないと政治と行政に過大な要求をすることになる場合に限られるべきである（Schmidt-Jortzig, Öffentliche Anhörung, S. 18; ders., Stellungnahme, S. 2）と主張しつつ、環境保護の国家目標規定については、① 環境保護の任務は、長期的に「最高度の（allergrößt）重要性」をもち、かつ② 従来の諸手段では任務の効果的な遂行が「過大な要求である（überfordert)」こと、少なくとも従来の手段では十分ではないことが示されているので、その導入を「一義的に望ましいもの（eindeutig erwünscht）」と判断した（Schmidt-Jortzig, Stellungnahme, S. 3.）。こうしたシュミット・ヨルツィッヒの見解は、ヴィツトゥームの見解と同じ論理構造をもつものと評価されよう。

　つぎに、バドゥーラ、ヴィツトゥーム、シュミット・ヨルツィッヒとは「異なる憲法政策の基準」（Vitzthum, Stellungnahme, S. 14.）に依拠しつつ環境保護の国家目標規定の導入を求めた研究者の見解に目を向けよう。まず、デニンガーは、「市民の自由の脅威者」から「給付・配分主体」へという国家の役割の変遷を指摘しつつ、この状況においては「根本的であると認識されかつ合意の得られる生存それ自体と共同生活の諸条件を、国家目的、国家目標または基本的な国家任務の形態で憲法の中に書き込むことは有意義であり、かつ首尾一貫している」と主張し（Denninger, Stellungnahme, S. 6 f.）、さらに、重要な国家目標を選別する基準として、①国家目標がすべての人に関係するものであること、および、②「人間の肉体的・精神的生存にとって不可欠の諸前提」、つまり「個人ないし人類の生活・生存条件」が問題となっていることの2つの基準を挙げ、「自然的生命基盤の保護」はこの基準を充足していると主張している（Denninger, Stellungnahme, S. 11）。また、シュテルツェルは、憲法は権力を抑制する機能だけではなく「将来の法展開を嚮導する機能」をも有し、「将来の社会的展開に方向性を与える」ものである、つまり、憲法は、「社会の政治的・文化的自己理解を映し出し、それに応じて決定的な政治的根本決断を規範的拘束力をもって記録する場所」であるととらえつつ（Sterzel, Stellungnahme, S. 1)、環境保護の国家目標規定の導入によってのみ「法秩序と法実務のエコロジー的な新たな方向付け」を作動させることができるので、環境保護の国家目標規定の導入は「不可欠である」と主張した（Sterzel, Stellungnahme, S. 3）。

　その他、社会的基本権の導入を強く求めるペピは、「旧い」社会権と環境保護に対する「新しい」要求を、①自然的資源の破壊も、社会的基本権の要求と同じく、憲法上の自由権（学問の自由、生産の自由および消費の自由）の過度の利用の現代的帰結である点、②失業問題や住宅不足のように、自由のプロセスによって問

II 環境と憲法

題を解決できず、国家権力による「社会の自己拘束」を必要とする点で共通するものと見て、この点に環境保護の国家目標規定など[22]の導入の正当化を求める (Peach, Stellungnahme, S. 3)。また、公聴会においてリュベ・ヴォルフ[23]とスイスの憲法学者ミュラー[24]が各々の立場から環境保護の国家目標規定などについて独自の提案を行っていることも注目される。

(c) 最後に、環境保護の国家目標規定の導入にただ1人反対したイーゼンゼーの発言に耳を傾けてみよう。イーゼンゼーは、提案されている諸条文について、そこからどのような効果が生じるのかがまったく不明確であることを厳しく批判した。イーゼンゼーは、環境保護の国家目標が「唯一の新しい国家目標」として基本法に導入された場合、他の利益と並列して環境保護を列挙している既存の諸規範が解釈し直されるのか否か、環境保護が一夜にして他の競合する私的および公的利益、例えば、所有権の保護や公共の安全よりも重要なものとなるのか、といった問題に関して「法的不安定性」が惹起される可能性を示唆している。イーゼンゼーは、環境保護はすでに基本権保護義務を通じて憲法ランクが付与されているが、1つの国家目標を他の国家目標からとくに選んで憲法上強調することにより、どのような実際的効果が生ずるのか、という問題が残されていること、そして、これは、本来、憲法制定者が決断しなければならないはずであるが、驚くべきことに、通常の憲法改正とはまったく異なって、環境保護の国家目標規定の実定化の実際的帰結について提案者自身が公聴会において研究者に質問している始末であること、したがって、提出されている諸条文は実際的効果について「不明確」であって、比較衡量における比重や優先順位が変更されるのか否かについての実際の決定は、解釈者、すなわち、行政や裁判所によって下されることになることを指摘し、これでは憲法改正者の名に値しないと批判した (Isensee, Öffentliche Anhörung, S. 54f.)。さらにイーゼンゼーは、「エコロジー的原理主義」に対する危惧を語る。すなわち、環境保護の目標がすべてに優越し、「疑似宗教的エネルギー」とこの目標が結び付き、その結果、いかなる比較衡量も受け入れられなくなる、というのである。加えてイーゼンゼーは、もし環境保護の国家目標規定が基本法20条に補充されたならば、それは、「議会制デモクラシーに対してエコ

ロジー的抵抗権を行使するための自己授権の梃子」として解釈されることにもなりかねない、とも指摘した (Isensee, Öffentliche Anhörung, S. 55)。しかし、このようなイーゼンゼーの厳しい反対論も、環境保護の国家目標規定の導入の必要性についての政党間の合意を揺らすことはなかった。

3 生態系中心主義と人間中心主義

1 このように、環境保護の国家目標規定を基本法に導入することが望ましいことについては、政党間でも研究者の間でもほとんど異論はなかった[25]。しかし、環境保護の国家目標規定の条文をどのように作成すべきかという点については、合同憲法委員会の審議でも、政党間の対立は直ちに表面化した。

第1の対立点は、生態系中心主義か人間中心主義かをめぐる対立である。CDU/CSUは、基本法20 a条の保護法益の範囲の画定に際しては、人間中心主義にとどまるべきであり、保護法益は文言上「人間の」自然的生命基盤と定式化されるべきであると主張した。人間中心主義は、「人間が中心にある基本法の価値秩序に合致する」(Jentsch, 6. Sitzung, S. 55)からである。まさに、「神と人間とに対する責任を自覚し」とする前文、「人間の尊厳は不可侵である。」とする基本法1条、および「人権」のカタログとしての基本権カタログは、「人間が基本法の中心点に位置している」ことを示している。環境保護の国家目標規定から「人間」という言葉を取り除くことは、「基本法の構造的改造の推定」を根拠付ける可能性があるので、賛成できない。「人間は、文化国家および文化国民のルールによるとしても、生物についての自由な使用権(Disposition)を保持しなければならない」(Günter Klein, 6. Sitzung, S. 44)。さらに、「ハエと人間を同一平面上におくことは、生物をどんなに高く評価したとしても、そして、動物保護にどんなに熱中したとしても、……非常に問題である」(Franz-Hermann Kappes, 6. Sitzung, S. 40)。

これに対してSPDは「人間の利害および利益との関連付け」に反対し、生態系中心主義的な環境保護条項の導入を主張する（したがって、保護法益を「自然的生命基盤」と定式化し、これに「人間の」という限定を付けることに反対する）。SPDは、「自

II 環境と憲法

然と被造物の全体連関性」の尊重が必要であり、「人間のための利用への指向性に道を開くこと」も「人間のための利用に限定すること」も環境保護にとって有害であると認識し、自然はそれ自体として保護されなければならないと主張した (Schmude, 6. Sitzung, S. 25)。

2 生態系中心主義か人間中心主義かという論点は、公聴会において研究者の間でも見解が分かれた。

デニンガーとシュテルツェルは、生態系中心主義を支持した。デニンガーは、「生命の基盤 (Grundlagen des Lebens)」という「人間中心主義的ではない (nicht-anthropozentrisch)」文言のほうが——「種の多様性の保護および資源の保存をよりよく保障する」ので——好ましいと主張した (Denninger, Stellungnahme, S. 14.)。シュテルツェルも、「人間にかかわらない (nichtmenschlich) 自然」という保護法益に法律上のランクだけではなく、憲法ランクも与えるべきだと説いた。何故なら、これにより、「基本法と我々の法秩序に根源的に内在する人間中心主義、つまり人間中心主義的な一面性 (Vereinseitigung) に対して一定の対重をおくことができる」からである (Sterzel, Öffentliche Anhörung, S. 60; ders., Stellungnahme, S. 3)

これに対して、イーゼンゼー、ヴィツトゥームおよびシュミット・ヨルツィッヒは、人間中心主義の立場を擁護した。イーゼンゼーは、人間の尊厳は不可侵であると規定する基本法1条1項を引き合いに出しつつ、「人間の生存にかかわる重要な利害を——たとえ遠くからであっても——危険にさらす環境保護のすべての形態は、違憲の憲法である」と断定する。イーゼンゼーは、「国家は人間のために存在するのであって、リスのために存在するのではない」ので、「保護されなければならない自然的生命基礎は、何よりもこの世の主人としての人間の生命基盤である」こと、そして、「このことは、[基本法] 1条において不可侵なものとして措定されており、革命によってのみ変更を加えることができる」ことを主張した (Isensee, Öffentliche Anhörung, S. 56)。シュミット・ヨルツィッヒは、基本法1条に基づく「国家性の中心的な人間連関性 (Menschenbezogenheit)」の下では、「自然自体のための自然」もつねに人間と関連付けられているので、人間中心

主義が明文化されなくとも人間中心主義であることに変更はない、と説いた (Schmidt-Jortzig, Öffentliche Anhörung, S. 59; ders., Stellungsnahme, S. 3)。ヴィツトゥームは、どのような文言の環境保護規定も——したがって、生態系中心主義的に見えるものあっても——「憲法の統一」および憲法解釈のその他の準則によって解釈され、結局のところ「人間」に関連付けられなければならないので、生態系中心主義か人間中心主義かという対立は憲法政策的に「不毛」であると主張した (Vitzthum, Stellungnahme, S. 12)。

なお、リュベ・ヴォルフは、「環境が人間の生命基盤として保護されるべきか、それとも、それ自体のために保護されるべきか」という問いは、「自然の環境のどの要素が長期的に我々人類の存在および生存条件にとっても重要であるのか」などということを我々は決して知ることができないであろうから、「誤った、実務にとって執行不可能な二者択一」を提起しているとして、問題設定そのものを疑問視している (Lübbe Wolff, Stellungnahme, S. 7)。

3 ところで、生態系中心主義か人間中心主義かという政党間の対立は、文言上は、保護対象を「自然的生命基盤」と定式化するか、「人間の自然的生命基盤」と定式化するか、という点に現れる。注目すべきは、イーゼンゼー、シュミット・ヨルツィッヒおよびヴィツトゥームの議論の特徴は、環境保護の国家目標規定は、条文の文言にかかわりなく (つまり、「人間の」という限定がなくとも)、体系的解釈から必然的に人間中心主義に立脚するものと解釈される、という点にあり、したがって、彼らの主張は、「人間の」自然的生命基盤という文言を採用せよというものではないことである。実際、ヴィツトゥームは、「規範の明晰性」および「法的安定性」のために人間中心主義的な文言を採用することが好ましいと主張した (Vitzthum, Stellungnahme, S. 12) が、シュミット・ヨルツィッヒは、人間中心主義の文言上の明示は「余計なもの」であると主張し(Schmidt-Jortzig, Öffentliche Anhörung, S. 59.)、結論的にはデニンガーの見解と一致した。公聴会の後の合同憲法委員会の審議においてCDU/CSUは、「基本法全体における人間連関性(Menschenbezogenheit)」を理由として (Reinartz, 17. Sitzung, S. 3; Friedrich-Adolf Jahn. 17. Sitzung, S. 11)、「人間の」自然的生命基盤という文言を放棄し、この

Ⅱ　環境と憲法

点ではSPDと妥協することになる。

4　法律の留保

1　第2の対立点は「法律の留保」である。CDU/CDUは、国は「その法律上の秩序（durch seine gesetzliche Ordnung）」により環境を保護する、または「詳細は、法律がこれを規律する。」といった文言によって、国は環境保護を法律によって遂行することを条文上明確化することを要求した。もっとも、ここで「法律の留保」なる言葉を使用することは、「法律の留保」が「基本権ドグマティークに由来する概念」であるので、ミスリーディングである。正確には、ここでは、環境保護の領域において他の利益・法益との利益衡量を行うために当然に必要な「具体化留保（Konkretisierungsvorbehalt）」が問題となっているというべきである（Rupert Scholz, 6. Sitzung, S. 47）。

さて、CDU/CSUは、「法律の留保」を放棄できない理由をこう述べる。環境保護の任務は、「他の保護法益および国家任務との綿密な比較衡量が必要」であるが、立法者のみがこれを遂行することができ、それ故、専門裁判所（Fachgerichte）に委ねてはならない。とくに環境にかかわる微妙な法領域では、裁判所は、こうした法律の留保がないと、「その判決に際して主観的基準を前面に押し出す」誘惑を駆られる可能性がある。法律の留保によって、「立法者は、まさに攻撃的に（offensiv）この義務を引き受け、かつ憲法裁判所に対してもこれを引き合いに出すことができる」（Jentsch, 6. Sitzung, S. 55）。法律の留保は、「不適切に裁判官国家（Richterstaat）に接近することがない」ことを確保する。法律の留保がなければ、「環境保護の国家目標の絶対化（Verabsolutierung）の印象」が強化される可能性がある（Klein, 6. Sitzung, S. 44）。

これに対してSPDは「法律の留保」を拒否する。その理由はこうである。国家目標規定に法律の留保を付与すると、「国家目標はまったくないしほとんど無価値になる。何故なら、この国家目標から何が出てくるのか、この国家目標が何を意味するのか、どのような重要性をもつのか、といった点について、法律による多

11 ドイツ憲法における「環境保護の国家目標規定（基本法20a条）」の制定過程［岡田俊幸］

数決で決定されることになるからである。国家目標は、そうでなくても、この国家目標の遵守からの著しい逸脱やその著しい無視に対して非常ブレーキをかける弱い法的制度である。国家目標は、この弱点をこえてさらに弱体化させてはならない」(Schmude, 6. Sitzung, S. 25)。

2 つぎに、この論点についての公聴会の議論に目を向けよう。注目すべきは、研究者の多くは法律の留保の必要性を否定していることである。公聴会において、法律の留保が必要であると主張したのは、バドゥーラとイーゼンゼーの2名にすぎない。バドゥーラは、計画法上および建築法上の衡量原則に関連して、もし環境保護の国家目標に、環境保護の比重は法律によりはじめて決定される、という趣旨の留保条項を装備しないとすれば、環境保護の国家目標は卓越した重要性を有し、環境保護の国家目標が職場の創出、経済成長、交通経済といった他の国家目標に劣位するのは「特別の止むを得ない必要性」がある場合に限られることになると指摘した上で、このことは、行政の計画裁量が現行法とは異なるものになるという意味で「法律の改正」に他ならないと批判し、法律の改正にならないように環境保護の国家目標規定に法律の留保を付けるべきだと主張した (Badura, Öffentliche Anhörung, S. 50)。また、イーゼンゼーは、「憲法の統一」という解釈準則があるので国家目標規定には法律の留保は本来必要ないと解しつつも（したがって、後から述べるデニンガーやリュベ・ヴォルフに見解に同意しつつも）、とくに「環境保護」の国家目標規定の場合には、「このルールを飛び越えかねないという危惧」、「ある種の濫用の心配」があると考えて、「憲法教育的用心の合図」として法律の留保による「明確化」が必要だと主張した (Isensee, Öffentliche Anhörung, S. 55 f.)。

これに対して、デニンガー、リュベ・ヴォルフ、シュミット・ヨルツィッヒ (Schmidt-Jortzig, Stellungnahme, S.3)、ヴィツトゥーム、ペヒおよびミュラーは、「法律の留保」の必要性を否定した。

まず、シュテルツェルは、法律の留保は、環境保護の国家目標を「第2級の国家目標」へと降格させると批判するとともに、環境保護の国家目標は、法律の留保条項をもたない社会国家規定と同じ程度の「高位 (Dignität)」をもたなければな

239

II 環境と憲法

らないと主張した (Sterzel, Öffentliche Anhörung, S. 60)。ミュラーも、法律の留保は、国家目標からその憲法的性質を実質的に奪い、環境保護をその方法および程度について全面的に立法者に委ねることになるとして、法律の留保の採用に反対した (Müller, Stellungnahme, S. 9)。

つぎに、リュベ・ヴォルフとデニンガーは、国家目標規定に法律の留保を付すことを要求するのは、「法律の留保がなければ裁判所や行政官庁が、環境保護の諸要求を自己の裁量により法律上の根拠なくしてまたは現行法に反して憲法から直接的に導出しようとする誘惑に駆られるかもしれない、という懸念」(Lübbe Wolff, Stellungnahme, S. 8)、国家目標規定の「直接的憲法執行に対する不安」(Denninger, Stellungnahme, S. 8) によるものと分析しつつ、こうした懸念や不安には根拠がないと指摘する。何故なら、連邦憲法裁判所の確立した「本質性理論」によると、環境保護措置が第三者の基本権に本質的に影響を与える限り、この措置には法律上の根拠が必要であるから、法律の留保を伴わない国家目標規定が基本法に導入されたとしても裁判所や行政が法律の根拠もないのに環境政策を推進し始めるなどということはあり得ないからである (Lübbe Wolff, Öffentliche Anhörung, S. 34)。こうした理由から、リュベ・ヴォルフもデニンガーも、環境保護の国家目標規定に特別の法律の留保を加えることは「余計である」と主張した (Denninger, Stellungnahme, S. 8)。

加えて、デニンガーは、法律の留保がなければ、裁判所は判決に際して主観的な基準を前面に押し出す可能性がある、という懸念についても、司法に対するこうした不信は根拠のないものであると批判し、さらに、かりにこのような懸念に一理あるとしても、留保条項は「除去対策 (Abhilfe)」として不適切であると主張した。何故なら、裁判官は、自己の基準を——客観的なものであれ、主観的なものであれ——つねに彼によって適用されるべき法律上の規範の解釈に流入させることができるからである。「法律上の秩序」や「憲法適合的秩序」も、裁判官の規範具体化・解釈によって発見される形態における秩序に他ならないので、法律の留保は、国家目標規定の場合も、基本権の場合と同様に、右の事態を阻止することはできない (Denninger, Stellungnahme, S. 9 f.)。この点、ヴィツトゥームも、

一方において、国家目標規定が既存の法律の解釈に与える影響として法律に規定された「個別の衡量原則の改変」(Vitzthum, Öffentliche Anhörung, S. 62) を危惧しつつも、他方において、国家目標規定は「法秩序の統一を支える」もので、「解釈準則の意味で法律の執行においても裁判の枠内においても遵守されなければならない」ものであると解し、国家目標規定は立法委託または法律の留保と結び付くが、立法委託または法律の留保は国家目標規定のこの「地位」を変更するものではなく、立法委託または法律の留保は、裁判所が国家目標規定を解釈によって動員する (einsetzen) ことを妨げるものではない、と指摘している (Vitzthum, Stellungnahme, S. 13)。また、リュベ・ヴォルフは、国家目標規定に法律の留保を付け加えると、外見上は、「三権に向けられている一般的な憲法委託からむしろ立法委託になる」と解しつつも、「たしかに立法委託は文言上は立法権にのみ向けられている」が、「立法委託に体現された憲法の価値決断は、各々の権限を行使する際に他の国家権力を拘束する」(Lübbe Wolff, Stellungnahme, S. 7)、つまり、この価値決断は、「その権限の枠内で執行権および裁判権によって考慮されなければならない」のであるから、法律の留保の有無は結果として「実際の法実践的相違」を導かないと指摘した (Lübbe Wolff, Öffentliche Anhörung, S. 34)。

このように研究者の多くは、環境保護の国家目標規定に法律の留保を付けることは必要ないと見ているのであった。

5　ショルツ案の意義と評価

1　以上のような政党間の対立状況の中で合同憲法委員会の議長の1人であるショルツ (Rupert Scholz) は、妥協案として、「自然的生命基盤は、憲法適合的秩序の枠内において国の保護を受ける (Die natürlichen Lebensgrundlagen stehen im Rahmen der verfassungsmäßigen Ordnung under dem Schutz des Staates)」とする文言を提案した。ショルツ案は、「憲法適合的秩序の枠内において」という定式によって、生態系中心主義と人間中心主義との対立、そして最大の難問である法律の留保をめぐる対立を一挙に解消しようとするものであった (Scholz, 6. Sitzung,

Ⅱ 環境と憲法

S. 47)。

　1992年11月12日の第12回会議においてショルツ案の趣旨について、以下のような説明がなされた。

　まず、SPDのシュムーデ (Jürgen Schmude) は、こう解説した。「まず第1に、たしかに、法律の留保はこの法文の中にはもはや存在しない。しかし、憲法適合的秩序への言及が、1つの枠を作り出す。この中で新しい国家目標はその持ち場を有し、その配置を見出すことになるだろう。第2点は、人間中心主義的な指向性にかかわる。人間の利害への指向性は、提案のテクストにおいて明文では規定されていない。こうした指向性は、我々にとっても受けれられないものであろう。しかし、憲法適合的秩序の枠は、当然のことながら、人間の利害を非常に強く関与させ、その重要性を強調している。これによって、将来の国家目標の解釈の枠内ですべてを一緒に考慮することができるが、国家目標自体もこれによって不適切に狭められることもない」。なお、この提案における「憲法適合的秩序」は、「基本法20条の概念内容に対応し、基本法2条および9条における同じ文言の概念内容に対応するものではない」(Schmude, 12. Sitzung, S. 3)。

　また、この提案の「作者」であるショルツは、自己の提案に以下のような注釈をつけた。「もし環境保護規定が完全に隔離されてかつ他の保護法益との関連付けもないままに憲法の中に配置されたならば、環境保護は不相応な優位を獲得する。何故なら、環境保護は、他の潜在的または現実的に対立している保護法益との十分な関連付けをもたないであろうからである。これが、立法留保 (Gesetzgebungsvorbehalt)、……立法権のための具体化留保の存在理由である。この問題は、……環境保護の国家目標を憲法適合的秩序の文脈におくことによって解決することが可能である。……憲法適合的秩序の概念は、基本法20条に関連付けられているのであり、基本法2条1項の意味で語っているのではない。何故なら、これは、実際、法律の留保ないし立法留保の回りくどい言い回しにすぎないからである。……憲法適合的秩序との関連付けは、環境保護を潜在的または現実的に対立している法益との照準枠 (Bezugsrahmen) にはめ込む。」環境保護は、経済的自由権も含む法治国家原理や雇用の創出やエネルギー供給を含む社会国家原理と対立する可能

11 ドイツ憲法における「環境保護の国家目標規定（基本法20a条）」の制定過程［岡田俊幸］

性がある。憲法適合的秩序への関連付けにより、「必要な憲法内在的均衡」が配慮される（Scholz, 12. Sitzung, S. 25 f.）、と。

2 ショルツの提案した妥協案は、公聴会においても議論の対象となった。合同憲法委員会の委員から、研究者に対して、「憲法適合的秩序による保護」という定式と「法律による保護」という定式に本質的相違があるのか、さらにショルツの提案をどのように評価すべきか、といった質問が出された（Hermann Bachmaier, Öffentliche Anhörung, S. 45; Arno Walter, Öffentliche Anhörung, S. 49）。

ショルツ案は、公聴会において研究者にはあまり好意的に受け入れられなかったと言えるだろう。まず、法律の留保が必要であると主張したバドゥーラは、法律の留保は「国家目標の相対化」であると同時に「立法者の任務と責任の強調」であると指摘しつつ、ショルツ案は後者の趣旨を表現していない、と批判した（Badura, Öffentliche Anhörung, S. 51.）。つぎに、法律の留保に反対する立場からもショルツ案は批判された（Sterzel, Öffentliche Anhörung, S. 60）。例えば、デニンガーは、「憲法適合的秩序」は「形式的および実体的に憲法適合的な諸規範の総体」であるので、シュルツ案と法律の留保に本質的相違はなく、ショルツ案は「問題の言い換え」にすぎない、と発言した（Denninger, Öffentliche Anhörung, S. 53）。ミュラーも、「憲法適合的秩序の枠内において」という定式は基本権領域に由来するものであるが、環境保護は基本権としてではなく、国家任務として構想されていること、環境保護は、憲法適合的秩序をともに構成する（mitkonstituieren）ものであり、憲法適合的秩序の留保の下におかれるものではないこと、他の国家任務との必要な衡量はすでに「憲法の統一の原則」から生じることを指摘し、この留保は不必要でありかつ適切ではない、と批判した（Müller, Stellungnahme, S. 5.）。ペヒも、「憲法適合的秩序」の指示は、基本法1条3項に基づく3権の直接的拘束を基本権に限定せず国家目標規定にも及ぶことを回避しようとするものでなければ、「余計」であるから、ショルツ案は明らかに基本法20a条の保護任務の名宛人を立法者に限定しようと意図するものであり、したがって、「たんなる妥協の形式」にすぎないと批判した（Peach, Stellungnahme, S. 9; ders., Öffentliche Anhörung, S. 57）。

II 環境と憲法

　これに対して、シュミット・ヨルツィッヒは、この定式は「一定の解釈条件の下では大いに受け入れられる（gut akzeptabel）」と評価した。彼は、「憲法適合的秩序」という構成要件メルクマールを基本法2条1項のそれと等しく解釈するのではなく、基本法9条2項、20条3項、28条1項1文で規定されているそれと同様に解釈するという点で合意されるならば、これは「まあまあの（passabel）」の提案である、と発言した（Schmidt-Jortzig, Öffentliche Anhörung, S. 59）。また、ヴィツトゥームは、憲法の「情報提供機能」を重視する立場からショルツ案を肯定的に評価した。彼は、一方において、「憲法適合的秩序の枠内において」という文言は「衡量留保」であるが、こうした留保は憲法政策的に必ずしも必要なものではない、と指摘する。何故なら、ある原則の実現は他の原則が許容する範囲においてのみ可能であることは憲法の枠内では自明であり、また、「憲法の統一」の解釈原理からしても利益衡量原則は国家目標規定に内在する原理と見ることができるからである。したがって、この衡量条項は情報提供機能を有するにすぎない（Vitzthum, Stellungnahme, S. 13）。しかし他方で彼は、公聴会の討論の中では、むしろ、憲法の「情報提供機能」を重視し、この条項は「規範明確性および法的安定性」に役立つことを、次のように指摘している。「憲法は他の多くの機能の他に情報提供機能（Informationsfunktion）をもっている。……憲法に係わる人々（Verfassungsbetroffenen）、つまりここでは市民に対する明確化機能（Klarstellungsfunktion）の枠内では、憲法適合的秩序のこの第一次的な枠組みを明示的に採用し、不明確なところを生じさせないことは意味のあることであろう。そもそも、この情報提供機能の視点からみると、この言明が憲法テクストから直接に導出されるのか、解釈によって探求することができるにすぎないのか、ということには、違いがある」（Vitzthum, Öffentliche Anhörung, S. 29）。

　このようにショルツ案については、公聴会でも評価が分かれた。公聴会の後に行われた、環境保護の国家目標規定をめぐる合同憲法委員会の審議は、各政党がショルツにより案出された妥協案を受け入れることができるか否かに収斂されることになる。

6 妥協の不成立

1　SPDは、1992年11月12日の第12回会議の後、ショルツ案を正式の案として合同憲法委員会に提出した[26]。SPDによって提出されたショルツ案（以下、SPD案と言うこともある）は、1993年2月11日の第17回会議において審議の上、採決に付された。この会議の審議においてSPDの提案に対してFDPが賛成の意思を表明し（Burkhard Hirsch, 17. Sitzung, S. 5）、さらに、90年連合／緑の党とヘッセン州も――それぞれ独自の案を提出している[27]が――SPD案に賛成することを表明した（Ullmann, 17. Sitzung, S. 5; Joseph Fischer, 17. Sitzung, S. 7）。したがって、ショルツ案が合同憲法委員会で可決されるかどうかはCDU/CSUの態度により決まることになった。

2　CDU/CDUは、SPD案に反対の態度を示し、「生命の自然的基盤は、国の保護を受ける。詳細は、法律がこれを規律する。」という条文を提案した[28]。また、バイエルン州も、「国は、自然的生命基盤を国の法律上の秩序を通じて保護する。」という条文を提案した[29]。CDU/CSUの主張はこうである。

まず、CDU/CSUは、「基本法全体における人間連関性（Menschenbezogenheit）」という観点から、明文で人間中心主義を規定することは放棄できると考えた（Reinartz, 17. Sitzung, S. 3; Jahn. 17. Sitzung, S. 11）。CSU/CSUは、従来は「人間の」自然的生命基盤という文言を主張してきたが、今回の案では「人間の」という言葉は削除されている。

しかし、CDU/CSUは、法律の留保は放棄できないと主張した（Reinartz, 17. Sitzung, S. 3）。「基本法への国家目標の採用の法実務的効果について、学問上も著しい不明確性、それどころか多様な見解が存在する」こと、「いわゆる第2権および第3権――行政および裁判――における国家目標の解釈および適用は、ほとんど解明されていない」ことが指摘され、国家目標規定が「立法者の政策的な形成の自由に触れるものではないことを疑問の余地のないものにしなければならない」ので、法律の留保が必要だと強調された（Reinartz, 17. Sitzung, S. 3 f.）。

II 環境と憲法

　他方でCDU/CDUは、ショルツ案の問題点を「非常に様々な解釈」がなされる点に見出す（Jentsch, 17. Sitzung, S. 7）。つまり、ショルツ案は、それぞれが都合のよいように解釈できる点が問題なのである。CDU/CDUのヤーン（Friedrich-Adolf Jahn）は、SPDによるショルツ案の解釈はCDU/CSUとはまったく異なると見る。彼は、1993年10月8日の報告者会合の議事録から、SPDが、ショルツ案の解釈に関連して、法律の留保もなく、人間中心主義ではない、という自己の立場を再認識していることを確認した（Jahn, 17. Sitzung, S. 12）。実際、SPDは、第17回会議の審議では、「この法文は、当然に何よりもまず、環境保護を今や法律によっても形成するという立法者の任務を含む。しかし、これに加えて、この法文は、立法者が判断の余地を残しておいたような疑義事例において、裁判所および行政に対する1つの方向付けを含む。我々の提案した法文が立法者に対してだけ向けられている、という考えは、間違っている。」（Schmude, 17. Sitzung, S. 2）と説明しており、この説明は、憲法規範の具体化に際しての立法者の優位を強調するCDU/CSUの立場（Jentsch, 17. Sitzung, S. 8）とは力点の置き方が異なる。結局、CDU/CSUは、「この開かれた解釈可能性」の故に、明文で規定された法律の留保を放棄できる状況にないと判断したのである（Reinartz, 17. Sitzung, S. 4）。

　また、バイエルン州は、最近のドイツでは重要な行政決定が行政裁判所によって下されているという認識の下、「法律の留保が含まれていない」ショルツ案のような国家目標規定を憲法に導入すると、行政裁判所が対立する利益の衡量に際してさらに広い範囲で立法者の地位につく可能性がある、と批判した（Edmund Stoiber, 17. Sitzung, S. 5f.）。連邦政府も、SPD案に反対し、CDU/CSU案とバイエルン州案を支持した。何故なら、「個々の裁判所の昨今の諸判決の経験」は、「責任の負うことのできる環境政策はまさにその時々に非常に困難な利益衡量を必要とすることを示している」が、SPD案は、「裁判所が利用し尽くすことを常としている裁量の余地だけを拡張する」点で有害だからである。連邦政府は、「環境保護の国家目標規定の開かれた概念内容の故に、立法者がこの概念内容を具体化すると同時に、様々な利益を拘束力をもって衡量することが必要である」こと

を強調した（Eduard Lintner, Parl. Staatssekretär beim Bundesminister des Innern, 17. Sitzung, S. 8)。

3 こうした状況において採決が行われた。まず、90年連合／緑の党案から採決に付され、基本法14条2項・3項および19条5項の改正・補充が、圧倒的多数の反対（賛成2票、棄権4票）で否決され、20 a条の提案も、圧倒的多数の反対（賛成3票、棄権7票）で否決された。つぎに、ヘッセン州の提案が、賛成26票、反対28票、棄権6票で否決された。さらに、バイエルン州の提案が、賛成22票、反対35票、棄権4票で否決された。そして、CDU/CSUの提案が、賛成27票、反対33票、棄権2票で否決された。最後に、SPDの提案も、賛成41票、反対21票、棄権1票により、3分の2の多数を僅差で獲得することはできなかった（17. Sitzung, S. 14)[30]。

7　妥協の成立

1　こうして、基本法への環境保護の国家目標規定の導入は今回もまた挫折するかに見えた。しかしながら、基本法への環境保護の国家目標規定の導入については各党とも異論のないところであり、1993年2月11日の第17回会議の後、数回にわたって政党間で非公式の会合がもたれ、妥協案が探られた。そして、異例のことながら、この論点は、1993年7月1日に開催された第25回会議で再び議事日程に載せられることになった。

SPDは、改めて以下のような条文を提案した。

「国は、将来の世代に対する責任においても、自然的生命基盤を、憲法適合的秩序の枠内において立法を通じて、また法律および法の基準に従って執行権および裁判を通じて保護する。」[31]

これに対してCDU/CSUは、以下のような条文を提案した。

「自然的生命基盤は、将来の世代に対する責任においても、憲法適合的秩序の枠内において立法を通じて、また法律の基準に従って執行権および裁判を通じて保護される。」[32]

II　環境と憲法

　SPD案とCDU/CSU案の相違は、以下の点にある。すなわち、SPD案は、「法律および法の基準に従って（nach Maßgabe von Gesetz und Recht）」となっているのに対して、CDU/CSU案は、「法律の基準に従って（nach Maßgabe der Gesetze）」となっている点がそれである。「および法（und Recht）」という文言を挿入すること、あるいは削除することに、どのような意味があるのだろうか。1993年7月1日の第25回会議の審議は、この論点を軸として展開された。

　2　ところで、SPD案にもCDU/CSU案にも、「将来の世代に対する責任においても」という、思想的にきわめて注目される文言が採用されている点も注目される。しかし、何故、審議の最終段階になって突然に「将来の世代に対する責任においても」という文言が入ったのか、その経緯は必ずしも明らかではない。合同憲法委員会第25回会議において、SPDのフォーゲル（Hans-Jochen Vogel）が、SPD案について、「将来の世代に対する責任という思想をバイエルン憲法から受け継いでいる」（Hans-Jochen Vogel, 25. Sitzung, S. 8）[33]と説明した以外に、この文言が採用された経緯やこの文言の趣旨についての発言はなかった。

　もっとも、合同憲法委員会が公聴会に出席する研究者に送付した質問表には、「将来の世代の利益」を明示的に条文の中に取り入れることが望ましいか、という質問項目も含まれていたので、合同憲法委員会の委員たちに「将来の世代」についての問題意識がなかったわけではない。実際、ヘッセン州は、公聴会において、自然的生命基盤の保護の問題は、「現在の世代」よりも「将来の世代」にかかわるので、文言上、環境保護の「時間的次元」を考慮することができないかと質問し（Ulrike Riedel, Öffentliche Anhörung, S. 46）、公聴会の後には、「生命の自然的基盤は、国の特別の保護を受ける。将来の世代の生命利益は、とくに尊重されなければならない。」という「将来の世代」に言及する条文を提案している[34]。

　公聴会においては、この質問に対する研究者の対応は分かれた。一方において、「生命の自然的保護は、将来の世代の利害を含めて、未来の次元を当然に含む」ので、「将来の世代」を明示しなくても、環境保護の国家目標には「時間的に長期的な次元」は備わっていること（Vitzthum, Öffentliche Anhörung, S. 62; ders., Stellungnahme, S. 11）、「環境の保護を目標とする憲法委託は、特別の言及がなく

とも当然にこの意味で解釈されなければならない」(Lübbe Wolff, Stellungnahme, S. 7) ことを理由として、「将来の世代」の明文化は必要ないとする見解が表明された (Badura, Öffentliche Anhörung, S. 52)。他方、これに対して、デニンガー、シュテルツェル、ペヒの3名は、「時間的次元」を明文で言及することに賛成した (Denninger, Öffentliche Anhörung, S. 54; Sterzel, Öffentliche Anhörung, S. 61; Peach, Öffentliche Anhörung, S. 58)。デニンガーは、「将来の世代の保護をも目的としていることを明確にしておくこと」は意味のないことではなく、むしろ「非常に有益である」(Denninger, Öffentliche Anhörung, S. 54) と主張した。しかし、いずれにせよ、すでに述べたように、基本法20a条に「将来の世代に対する責任においても」という文言が含まれるに至った経緯は明らかではない。

3 (a) さて、SPD案は、「国家目標の古典的な表現形式であり、テューリンゲン憲法における表現形式に非常に密接に準拠して」いる。また、この文言は、「基本法20条3項によって妥当していることを再現したものである」(Vogel, 25. Sitzung, S. 8)。このように、SPD案は、ショルツの案出した妥協案に基本法20条3項を付け足したある意味でとても素朴なものである。それでは、CDU/CSUは、何故SPD案を受け入れることができないのだろうか。それは、CDU/CSUは、SPD案の「および法」という文言が「環境保護の内容の形成に際しての裁判権の優越の突破口」(Jahn, 25. Sitzung, S. 21) となる可能性を懸念するからである。CDU/CSUのヤーンは、「はっきりとした法律の留保にとって何が十分なのか」という点が議論の核心ととらえ、十分な法律の留保は「法律の基準に従って」という文言においてもっともよく定礎することができると見る (Jahn, 25. Sitzung, S. 9)。彼によれば、CDU/CSUは、「この問題がカールスルーエで決定されることを望まない」。SPD案では、「環境保護が将来、立法機関によってではなく、裁判所によって決定される危険がある」(Jahn, 25. Sitzung, S. 10)。同じく、「比重を議会から裁判所へとずらさないために法律の留保が必要だ」と考えるCDU/CSUのフリードリヒ (Gerhard Friedrich) は、「連邦憲法裁判所よりも、むしろ第1審の行政裁判所を恐れる」、と発言した (Friedrich, 25. Sitzung, S. 10 f.)。CDU/CSUのアイルマン (Horst Eylmann) も、「法律の解釈および運用の問題に際してなんと

II 環境と憲法

か正当化できる限界まで近づこうとする否定しがたい傾向」を「特別の裁判権（Sondergerichtsbarkeit）」、つまり行政裁判権、社会裁判権、財政裁判権に見出し、「国家目標規定が必然的に一次的に立法者に向けられていることを憲法において明確にすることもなお意味がある」と評価した（Horst Eylmann, 25. Sitzung, S. 16）。

　(b)　他方でCDU/CSUは、SPDに対して、「および法」という文言は基本法20条3項に当然に存在しているのであるから、それを放棄することはできないか、と質問した（Jahn, 25. Sitzung, S. 9）。

　この問いに対してSPDは「および法」という文言の採用を重視する理由をこう述べる。それは、何よりもまず、国家目標が「1つの価値決断を下し、かつ限界事例に対して1つの方向性を与える」点にある。すなわち、「法律が裁判所と行政を拘束するのは当然である。導入する国家目標は、法律において直接に明文で規定されていることをこえて疑義問題・限界問題に対して1つの方向性を与える場合にのみ、実際にその名に値するのである」（Schmude, 25. Sitzung, S. 12）。また、「法」という文言の削除は、環境保護の国家目標の「これまでの苦悩に満ちた歴史」に照らして、将来の解釈者に対して「とんでもない（verheerend）意味」をもつ。何故なら、「立法機関における政治的多数派に対してまったく他からの方向付けもなく最終的かつ独占的発言権を与える」という意図がそこにはっきりと認識できるからである（Schmude, 25. Sitzung, S. 12）。

　(c)　合同憲法委員会においてこの論点に関してCDU/CSUとSPDの調停役を務めてきたショルツは、ここでもCDU/CSUとSPDとの調停を試みた。まず、ショルツは、SPD案の「および法」という文言は、「基本法20条3項に直接的に準拠している」という魅力があると指摘する。そして、基本法20条3項の「法」は、支配的見解に従って「憲法」と言い換えられるので、SPD案の「法」もこのように解釈されなければならない、と述べた（つまり、「法」への拘束は「憲法適合的秩序」への拘束と等しいということだと思われる）。また、ショルツは、CDU/CSU案は、立法者の優位を明確に規定している点で「決定的な進歩」と評価する。しかし、この進歩が、環境保護も「絶対的かつ優先的な法益」ではなく、他の競合する法益

11 ドイツ憲法における「環境保護の国家目標規定（基本法20a条）」の制定過程［岡田俊幸］

との衡量留保の下におかれるということであるならば、このことは、「憲法適合的秩序の枠内において」という文言によってすでに表現されているとする。結局、ショルツは、両者に「実質的な相違」はないと見る。何故なら、「国家目標の概念は、少なくともドイツ憲法学における支配的解釈によれば、排他的な立法委託ではない、むしろ立法者の優位を当然の前提として……他の2つの権力にとって1つの解釈要素でもある造形様式（Figuration）だ」からである（Scholz, 25. Sitzung, S. 13 f.）。

　しかし、ショルツの説明にCDU/CSUもSPDも納得しなかった。SPDのリムバッハ（Jutta Limbach）は、基本法20条3項の意味における「法」の解釈について、この概念は「憲法」だけではなく「超実定法」も含むと批判した。「ナチズムの時代の経験」の結果である「法律および法」という対概念によって「純粋に実証主義的な立場」を克服しようとしたのである（Jutta Limbach, 25. Sitzung, S. 15）。CDU/CSUのガイス（Nobert Geis）も、「および法」という文言が基本法20条3項の繰り返しにすぎないのであれば、基本法20条3項がある以上、それは「余計なもの」であり、もし「法」という概念がそれ以上のこと、つまり、裁判所が環境保護を継続形成する（fortbilden）のだということを意味しているとすれば、SPD案には賛成できない、と従来の主張を繰り返した（Nobert Geis, 25. Sitzung, S. 12）。

　(d)　以上の叙述から、「および法」のいう文言をめぐるCSU/CSUとSPDの対立は、法律の留保をめぐる従来の対立のバリエーションと理解することができよう。そして、結局のところ、CSU/CSUとSPDの対立は解消されないまま、採決が行われることになった。しかし、1993年2月11日の第17回会議とは異なって、今回の採決では、SPD案が3分の2の多数を獲得できる可能性は十分にあった。何故なら、FDPや90年連合／緑の党に加えて、CDU/CSUの一部の委員もSPD案に賛成することを表明していたからである。すなわち、まず、CDU/CSUのフリードリヒは、SPD案により「一見明白に（glasklar）条文化された法律の留保」を獲得することはできないが、しかし法律の留保はそこに「実質的に十分に定礎されている」と見て、SPDの提案を受け入れる用意のあることを示唆した（Friedrich, 25.

II　環境と憲法

Sitzung, S. 11)。CDU/CSUのアイルマンも、今回も政党間の妥協が成立しないと、「この委員会、さらには議会の尊敬がもう一度著しく損なわれる」ので、SPD案に賛成すると述べた (Eylmann, 25. Sitzung, S. 16)。FDPのオットー (Hans-Jochim Otto) も、第17回会議で否決されたショルツ案＝旧SPD案がもっとも適切であり、新SPD案は「内容も文言も不恰好なもの (Ungetüm)」と批判しつつも、CDU/CSU案ではなくSPD案に賛成するであろうと発言した (Hans-Jochim Otto, 25. Sitzung, S. 11 f.)。また、ヘッセン州のフィッシャー (Joseph Fischer) は、SPD案は「考えられ得る最高のもの」ではないが、「支持できる (vertretbar)」ものなので、SPD案に賛成すると発言し、他方で、「国家目標を法律の留保の方向へとこれ以上水増しすること」に釘を刺した (Fischer, 25. Situng, S. 9)[35]。

　それでは採決の結果を見てみよう。まず、CDU/CSUの提案は、賛成25票、反対32票、棄権2票により否決された。つぎに、SPD案は、賛成43票、反対14票、棄権3票で可決された (25. Sitzung, S. 46)。こうして、SPD案は、必要な3分の2の多数を僅差で獲得し、基本法への環境保護の国家目標規定の導入は、合同憲法委員会の最終勧告の中に辛うじて盛り込まれることになったのである。

8　基本法20a条の成立

　1　以上のような紆余曲折を経て、合同憲法委員会は、環境保護の国家目標を規定する20a条を基本法へ挿入することを勧告するに至った。合同憲法委員会の答申を受けて、いよいよ基本法改正について連邦議会および連邦参議院で審議が始められようとしていた。この議会審議を念頭において、合同憲法委員会の勧告した基本法20a条に対して、いくつかの論評が寄せられた。

　(a)　公聴会において環境保護の国家目標規定の導入に対して1人反対の論陣を張ったイーゼンゼーは、合同憲法委員会の勧告した基本法20a条に対しても、公聴会で表明した見解に立脚して批判を加えている[36]。イーゼンゼーは、合同憲法委員会の勧告案を、従来の憲法改正とは異なって、法実践的利益に役立つものでも、法的に何か変更を加えようとするものでもなく、「ずっと以前から社会のすべ

11 ドイツ憲法における「環境保護の国家目標規定（基本法20a条）」の制定過程［岡田俊幸］

ての集団によって承認されている国家目標を憲法上の祭壇に祭り上げること、つまり、それを言わば憲法上聖人の列に加える(kanonisieren)」ことを眼目とするものと見る。イーゼンゼーによると、まず、新しい憲法規範は、市民がどのみちすでに知っている国家目標を市民に教示しようとするものである。ここでは、憲法は、法的効果を活性化させようとするものではなく、「国家教育的および国民教理書的目的」に仕えようとするものである（「国民の入門書（die Fabel der Nation）」としての憲法）。また、環境保護の国家目標規定を推進する者にとっては、「法実践的な改正目標」ではなく、「住民の統合」が重要であった。つまり、すべての住民は各々、その希望を憲法に再確認すべきなのである。ここでは、憲法は、「多元的社会に、その共通の価値および確信の記録文書として役立つべきものであり、かつ世俗的プロテスタントの基本欲求を充足すべきもの」である（「国民の聖書」としての憲法）。イーゼンゼーは、「これによって、原則的に法学的に運用可能で法的に審査可能な規定に限定され、まさにこの自制により比類のない統合成果を収めた基本法の表現法に変更が加えられた」と批判した（S. 257 f.）。

他方で、イーゼンゼーは、この国家目標が「完全な実務的実効性」を獲得する可能性を危惧する。イーゼンゼーは、明文化されていない他の国家目標、例えば、「国内の安全」、「エネルギー供給」、「経済促進」、「完全雇用」といった国家目標と環境保護の国家目標との関係が不明確であり、環境保護が経済成長の配慮などの他の公共の任務に対して優越する可能性があると指摘し、環境保護の優越は、環境保護に必要な費用は国民経済から調達されるのであるから、中期的には環境保護自体にも損害を与えることになるし、また、旧DDRの諸ラントの経済復興も困難にすると警告した（S. 258）。また、イーゼンゼーは、環境保護の国家目標規定は、新しい条項は内容的に何らかの変更を加えるものでなければならないとして、どんな事があって何らかの変更を解釈によって引き出す、という反射作用を法律家に与える、と指摘し、「学説と裁判所の解釈競争は必至である」と予測する。とくに政治的期待が新しい条項と結び付き、これにより、環境政策の問題における決定が立法者から裁判所に移動する傾向が強まる、と批判した（S. 259）。

最後に、イーゼンゼーは、環境保護の国家目標の一面的実定法化の危険（「すべ

II 環境と憲法

てに優先する環境保護（Umweltschutz über alles）」という「偏狭的解釈」）を封じるためのもっとも効果的な手段として、「経済成長」、「社会的市場経済」、「国内の安全」といった他の国家目標を環境保護の国家目標と並んで導入すべきであると主張する。とくに、「国は、何人に対しても各人の法益の安全を保障し、私的暴力を禁止する。」という文言の「国内の安全」の国家目標を基本法に挿入するように求める。イーゼンゼーによると、「国内の安全」の国家目標は、内容的に新しいものをもたらすものではないが、環境保護の国家目標を「それは市民に対して私的暴力、つまり市民的抵抗または戦闘的抵抗の正当化根拠を与えるものではなく、民主的法治国家の平和統一体・決定統一体の内部で効果を発揮するものである」と理解するための「国家教育的効果」を有する（S. 260）。

(b) また、SPDを理論的に支援しているハノーファー大学教授ハンス・ペーター・シュナイダー（Hans-Peter Schneider）は、合同憲法委員会の勧告案が議決された直後の論文で、法律の留保という厄介な主題を背後に押しやった「合理的な」ショルツ案がCDU/CSUの有力者によって妨害されて葬られた「スキャンダル」を批判し、ショルツ案を手直しした——そして最終的に合同憲法委員会で可決された——SPD案は、内容的にはショルツ案と一致している上に、基本法20条3項が環境保護にも妥当するという「自明なこと」を規範化したにすぎないところもあるので、この不快な「故障（Panne）」は予定されている立法機関の審議において修理されなければならない、とはっきりと述べていた[37]。

2 このように、合同憲法委員会の勧告した基本法20 a条に対しては、まったく正反対の立場から批判が寄せられた。しかし、各政党とも基本法20 a条のこうした問題点は重々承知の上で基本法20 a条の文言に合意しているのであって[38]、合同憲法委員会の答申を受けて行われた、基本法改正についての議会の審議において、合同憲法委員会の審議の過程でようやく見出した解決策を覆そうとする動きがあるはずがなく、合同憲法委員会の勧告した基本法20 a条は、CDU/CSU、SPDおよびFDPの3会派によって、そのままの文言で基本法改正案として提出され、連邦議会においても連邦参議院においても、そのままの文言で可決された[39]。こうして、とにもかくにも環境保護の国家目標規定が基本法に導入され、

70年代からの長い議論の歴史に終止符が打たれたのであった。

結びにかえて

　以上の叙述により、基本法20a条の制定過程はほぼ明らかにされたと思われる。合同憲法委員会における政党間の対立点は、① 環境保護の国家目標規定を生態系中心主義的に定式化すべきか、それとも人間中心主義的に定式化すべきか、という点と、② 環境保護の国家目標規定に法律の留保を付けるべきかどうか、という点にあった。結びにかえて、この2つの論点について基本法20 a条の解釈論と絡めて簡単に検討しておこう。

　まず、第1の論点については以下のことが言えよう。基本法20 a条は、国は「自然的生命基盤」を保護すると規定し、「自然的生命基盤」に「人間の」という限定を付けていない。この点は、生態系中心主義を唱えたSPDを満足させるものであった。しかし、CDU/CSUは、「基本法全体における人間連関性」という観点から、明文で人間中心主義を規定することは放棄できると考えた（7・2）のであり、「自然的生命基盤」という概念は「人間の」という限定がなくとも人間中心主義に立脚していると理解している。したがって、生態系中心主義と人間中心主義との対立は、合同憲法委員会の審議においては決着がつかなかったと見るほかない。

　そのため、現行の基本法20a条は生態系中心主義に立脚するものと解することも人間中心主義に立脚するものと解することも可能である。例えば、ある学説は、この規定は「黙示的にではあるが」、人間中心主義に立脚するものと解釈している。その論拠として3点が挙げられている。すなわち、第1に、「自然的生命基盤」の保護は、当然のことながら人間に、または環境における人間の責任ないし地位に向けられているのであり、憲法の条文においては「自然的生命基盤」が語られているとしても、「人間との関連付け」は不可避である。第2に、「将来の世代に対する責任」という文言の「将来の世代」は、「人間の」将来の世代と解してはじめて意味があり、かつ伝統的な用語法に合致する。それは決して、「ノロ（Rehe）やモミ（Tannen）」の将来の世代ではない。第3の論拠は体系的解釈である。基本

255

II 環境と憲法

法1条は、基本法に後から導入された憲法規範といえども、すべての国家権力を拘束する「人間の尊厳」や「人権」に反するものであってはならない、という明確な基準を設定しており、これによって基本法は、全体として人間中心主義的につくられている。「憲法適合的秩序」との関連付けを通じて環境保護の国家目標は人間中心主義の文脈に埋め込まれるのである[40]、と。これに対してSPDのフォーゲルは、こうした理解に異議を申し立てる。たしかに、この条文は「将来の世代」に言及することにより「人間中心的次元」を際立たせているし、環境保護は人間のために必要であることも疑いの余地はない。しかし、環境保護はこれに限定されるわけではない。将来の世代に対する責任において「も (auch)」という文言が示しているように、「自然それ自体のための自然の保護」という別の視点も併存し得る。また、フォーゲルは、基本法20 a条が生態系中心主義に立脚していることは、人間の尊厳を中心におく憲法とも合致すると指摘する。何故なら、自然の一部としての人間が自然を好き勝手に利用してはならないこと、自然をそれ自体として価値のあるものとして尊重することは、まさに人間の尊厳に属するからである。自然を人間の行動の環境破壊的効果から保護しようとするこの国家目標規定の名宛人は、人間および人間のつくる国家共同体である。したがって基本法79条3項は、人間中心主義的な理解の根拠とはならない[41]、と。こうした基本法20 a条をめぐる解釈の対立は、現行の基本法20 a条が人間中心主義か生態系中心主義かという政党間の対立に決着をつけたものではないことを鮮やかに示している[42]。

第2の論点の検討に移る。基本法20a条は、国は自然的生命基盤を「憲法適合的秩序の枠内において立法を通じて、また法律および法の基準に従って執行権および裁判を通じて」保護すると規定している。合同憲法委員会においては、「憲法適合的秩序の枠内において」および「法律および法の基準に従って」という言い回しをめぐって激しい議論が繰り広げられた（7と8の叙述を参照）。そもそもCDU/CSUが環境保護の国家目標規定に法律の留保を付けることを強く求めたのは、環境保護が法律を通して遂行されるべきことを強調し、裁判所が環境保護の国家目標規定から多くの規範内容を導出し、環境政策における立法者の裁量の余地を狭

めてしまうことを警戒したからであった（5・1、7・2および8・3(a)を参照）。基本法20ａ条がすっきりとしない回りくどい文言になってしまったのは、まさにこの点をめぐる政党間の対立に起因するのである。

　それでは、「憲法適合的秩序の枠内において立法を通じて、また法律および法の基準に従って執行権および裁判を通じて」という文言に解釈上どのような意味があるのだろうか。皮肉なことに、合同憲法委員会が多大な精力を注いで見出したこの文言について、学説は非常に冷淡な解釈を与えている。例えば、この文言は、基本法20条で規定されていることを繰り返したにすぎないのであって、「もっぱら宣言的および象徴的意味」をもつにすぎない[43]とか、「自明なことを表現したにすぎない」ので「余計である」[44]などと説かれている。すなわち、自然的生命基盤の保護は、基本法20ａ条で明文化されていなくても、基本法20条3項から導出されるように「憲法適合的秩序の枠内において」行われるのであり、執行権および裁判は、基本法20ａ条で改めて言及されていなくても、基本法20条3項により法律と法に拘束されるのである。結局、CDU/CSUの期待とはまったく正反対に、基本法20ａ条からいかなる規範内容が導出されるかは、「憲法適合的秩序の枠内において立法を通じて、また法律および法の基準に従って執行権および裁判を通じて」という文言により影響されることはないのである。むしろ、基本法20ａ条の規範内容は、国は「将来の世代に対する責任においても」自然的生命基盤を「保護する」という合同憲法委員会ではあまり議論がなされなかった文言をどのように解釈するかにかかっていると言えよう[45]。

　ともあれ、基本法20ａ条の成立により、ドイツの学会の関心も、環境保護の国家目標規定を基本法に導入すべきか否かという憲法政策論から、現行の基本法20ａ条についての憲法解釈論へと移行した。基本法20ａ条の解釈論を展開する論文もすでに数多く公表されている。これらの学説を検討することが筆者の今後の課題となる。

(1)　BGBl. I, S. 3146. 統一後の基本法改正の全体については、初宿正典「最近のドイツの憲法改正について(1)、(2・完)」自治研究71巻2号（1995年）3頁以

II 環境と憲法

　　下、71 巻 3 号 (1995 年) 3 頁以下を参照。基本法 20a 条の翻訳に際しては、同論文 (71 巻 3 号 4 頁) および初宿正典訳「ドイツ連邦共和国基本法」高田敏・初宿正典編訳『ドイツ憲法集 [第 2 版]』(信山社、1997 年) 218 頁 (第 3 版・2001 年) を参考にした。

(2) 例えば、*Helmuth Schulze-Fielitz*, in: Horst Dreier (Hrsg.), Grundgesetz-Kommentar, Bd. II, 1998, Art. 20a の文献目録を参照せよ。

(3) 第 60 回日本公法学会の第 1 部会 (1995 年 10 月 10 日) における「環境権と司法的救済」と題する青柳幸一教授の研究報告 (同「環境権と司法的救済」公法研究 58 号 (有斐閣、1996 年) 103 頁以下、106 頁) においても、1995 年の日本法哲学会「環境問題の法哲学」における高田敏教授のコメント「環境問題と法哲学」(日本法哲学会編『環境問題の法哲学』(有斐閣、1996 年) 100 頁以下、103 頁以下) においても基本法 20 a 条に言及されている。基本法 20 a 条については、すでに、広渡清吾「統一ドイツにおける基本法改正の諸問題・2」法律時報 67 巻 9 号 (1995 年) 95 頁以下、97 頁以下 (同『統一ドイツの法変動――統一の 1 つの決算』(有信堂、1996 年) 329 頁以下)、亀田健二「建築管理計画の策定段階での環境影響評価および自然保護――ドイツ建設法典の一側面」榎原猛・阿部照哉・佐藤幸治・初宿正典編『国法学の諸問題　宮田豊先生古稀記念』(嵯峨野書院、1996 年) 319 頁以下、浅川千尋「最近のドイツにおける社会的基本権と社会的国家目標規定をめぐる議論について」榎原猛先生古稀記念論集『現代国家の制度と人権』(法律文化社、1997 年) 448 頁以下が検討を加えている。また、翻訳として、ヴィンフリート・ブローム (大橋洋一訳)「社会的基本権と憲法における国家目標規定」自治研究 70 巻 5 号 (1994 年) 59 頁以下、70 巻 7 号 (1994 年) 29 頁以下、ライナー・ヴァール (小山剛・吉村良一訳)「環境保護と憲法」立命館法学 237 号 (1994 年) 1112 頁以下、ミヒャエル・クレップファー (高橋明男訳)「国家目標としての環境保護――基本法新 20 条の a について」阪大法学 46 巻 3 号 (1996 年) 157 頁以下、ディートリヒ・ムルスヴィーク (拙訳)「国家目標としての環境保護」ドイツ憲法判例研究会編 (栗城壽夫・戸波江二・青柳幸一編集代表)『人間・科学技術・環境』(信山社、1999 年) 257 頁以下がある。なお、関連して、竹下賢「環境国家論の現代的意義――環境基本法をてがかりとして」関西大学法学論集 44 巻 4・5 合併号 (1995 年) 131 頁以下、桑原勇進「国家の環境保全義務序説――基本権との関係を中心に(1)～(4・完)」自治研究 71 巻 5 号 (1995 年) 108 頁以下、6 号 (1995 年) 81 頁以下、7 号 (1995 年) 87 頁以下、8 号 (1995 年) 100 頁以下も参照。

(4) 吉田栄司「ドイツ憲法問題合同調査会最終勧告」ジュリスト 1036 号 (1993 年)

77頁以下を参照。
(5) BT-Drucksache 12/6633.
(6) 以下の叙述においては、合同憲法委員会の議事速記録、つまり、①Gemeinsame Verfassungskommission, Stenographischer Bericht, 6. Sitzung vom 14. Mai 1992; ②Gemeinsame Verfassungskommission, Stenographischer Bericht, 2. Öffentliche Anhörung vom 16. Juni 1992 "Staatsziele und Grundrechte"; ③ Gemeinsame Verfassungskommission, Stenographischer Bericht, 12. Sitzung vom 12. November, 1992; ④Gemeinsame Verfassungskommission, Tonbandprotokoll, 17. Sitzung vom 11. Februar 1993; ⑤Gemeinsame Verfassungskommission, Stenographischer Bericht, 25. Sitzung vom 1. Juli 1993 の分析・再構成が行なわれることになる。以下、議事速記録を引用する場合には、会議の特定を行なった（例えば、Gemeinsame Verfassungskommission, Stenographischer Bericht, 6. Sitzung vom 14. Mai 1992 は、6. Sitzungと略す）上で、発言者名、会議、該当頁数を脚注の形で示すこととする。後に述べるように、公聴会には9名の研究者が出席したが、彼らは、合同憲法委員会に意見書(Stellungnahme)を提出している。この意見書は、公聴会の議事速記録に資料として収録されている。以下、公聴会の審議における発言は、発言者名と該当頁数を割注の形で（例えば、Isensee, Öffentliche Anhörung, S. 49. と）引用する。また、意見書については、研究者名と該当頁数を割注の形で（例えば、Badura, Stellungnahme, S. 3. と）引用する。合同憲法委員会の審議を整理・検討した文献としては、*Arnd Uhle*, Das Staatsziel „Umweltschutz" im System der grundgesetzlichen Ordnung—Zum dem von der Verfassungskommission empfohlenen Art. 20 a GG—, DÖV 1993, S. 947; *Klaus G. Meyer-Teschendorf*, Verfassungsmäßiger Schutz der natürlichen Lebensgrundlagen. Empfehlungen der Gemeinsamen Verfassungskommission für einen neuen Art. 20 a GG, ZRP 1994, S. 73 があり、本稿も大いに参考にした。
(7) こうした印象は筆者の独断ではない。例えば、*Dietrich Murswiek*, Staatsziel Umweltschutz (Art. 20 a GG), NVwZ 1996, S. 222 (222). は、「この規定は、言明の明晰性および簡潔性の点で必ずしも秀作というわけではなく、成功した憲法美学 (Verfassungsästhetik) の模範例として称賛するには程遠い。」と指摘している。
(8) 70年代の論争については、阿部照哉「ドイツにおける憲法上の『環境権』論争」法学論叢100巻4号（1976年）1頁以下、松浦寛「西ドイツ基本法における『環

II 環境と憲法

境基本権』の法的地位と性格」阪大法学114号（1980年）63頁以下、ラインハルト・ノイマン（松浦寛訳）「環境保全とボン基本法」阪大法学120号（1981年）121頁以下参照。80年代の論争については、マルチン・クッチヤ（清水誠訳）「西ヨーロッパ、とくにドイツ連邦共和国における環境保護の現実的諸問題」法律時報61巻2号（1989年）80頁以下、浅川千尋「西ドイツにおける国家目標規定『環境保護』をめぐる最近の議論について——国家目標規定としての社会的基本権論の一断面」阪大法学156号（1990年）105頁以下、同「基本法改正論議と国家目標規定について」天理大学学報171号（1992年）179頁以下、高田篤「ドイツ統一直前のボン基本法(2)——その評価と争点」自治研究66巻12号（1990年）110頁以下、臼井雅子「西ドイツ連邦共和国における環境（基本権）の動向——論争小史」早稲田大学大学院法研論集58号（1991年）27頁以下を参照。

(9) *Dietrich Murswiek*, in: Sachs (Hrsg.), Grundgesetz-Kommentar, 2. Aufl. 1999, Art. 20 a Rdnr. 3 は、「ほぼ一致した拒否」にあったと分析している。

(10) Bundesminister des Innern/Bundesminister der Justiz (Hrsg.), Staatszielbestimmungen/Gesetzgebungsaufträge, Bericht der Sachverständigenkommission, 1983. 以下、この報告書は、欄外番号を割注の形で引用する。専門家委員会「国家目標規定／立法委託」とは、SPDとFDPの連合政権時代の1981年秋に連邦法務大臣および連邦内務大臣により設置された委員会で、憲法、行政法、環境法、労働法・社会法を専門とする7名の大学教授によって構成されていた（注目すべきことに、合同憲法委員会の公聴会に出席した9名の研究者のうち、バドゥーラ、デニンガー、ミュラーの3名は専門委員会の委員も務めていた）。専門家委員会は、1982年4月16日から1983年8月8日まで13回の会議を行なった上で、1983年に報告書を提出した。この報告書において、専門家委員会の委員は、「労働」、「環境保護」および「文化国家」という3つの主要な領域については、国家目標規定の導入が望ましいという点で一致した（Vorwort）。

(11) *Michael Kloepfer*, in: Bonner Kommentar (77. Lfg. Oktober 1996), Art. 20 a Rdnr. 1.

(12) ヘッセン州の提案（BR-Drucksache 247/84.）およびシュレースヴィッヒ・ホルシュタイン州の提案（BR-Drucksache 307/84.）。

(13) BT-Drucksache 10/1502.

(14) BT-Drucksache 11/10. なお、SPDは、第10立法期と同じ基本法28条1項の改正も主張している。

(15) BT-Drucksache 11/7423.

⑯　連邦参議院憲法改革委員会においても、「国家目標としての環境保護の憲法上の保障は、環境保護の重要性についての最近の数年に成長した共通の確信を記録する（dokumentieren）」という理由ですべてのラントが環境保護の国家目標規定の導入には合意した。しかし、環境保護の国家目標規定をどのように条文化するかという段階になると、生態系中心主義か人間中心主義かという対立、および法律の留保をめぐる対立がここでも現れた（BR-Drucksache 360/92, Rdnr. 132 ff.）。

⑰　ブランデンブルク州憲法39条および40条、メクレンブルク・フォーアポメルン州12条、ザクセン州憲法10条、ザクセン・アンハルト州憲法35条、テューリンゲン州憲法31条。

⑱　バーデン・ヴュルテンベルク州憲法86条、バイエルン州憲法141条、ベルリン州憲法31条、ブレーメン州憲法11a条、ハンブルク州憲法前文、ヘッセン州憲法26a条、ニーダーザクセン州憲法1条2項、ノルトライン・ヴェストファーレン州憲法29a条、ラインラント・プァルツ州憲法69条、ザールラント憲法59a条、シュレースヴィヒ・ホルシュタイン州憲法7条。

⑲　*Bernd Guggenberger / Ulrich K. Preuß / Wolfgang Ullmann* (Hrsg.), Eine Verfassung für Deutschland, 1991. クラトーリウム編（小林孝輔監訳／ドイツ国法研究会・グルッペ'94訳）『21世紀の憲法──ドイツ市民による改正論議』（三省堂、1996年）。

⑳　評議会憲法草案の「エコロジー」にかかわる諸規定については、前原清隆「未来の世代の権利・序説」平和文化研究（長崎総合科学技術大学）15集（1992年）45頁以下がすでに検討を加えている。なお、90年連合／緑の党は、生態系保護評議会の設置について、「議会法」をめぐる審議の中で合同憲法委員会に提案している（Kommissionsdrucksache Nr. 48.）。また、「エコロジー的基本権制約」についても、ブレーメン州によって合同憲法委員会に提案された（Hennig Scherf, 6. Sitzung, S. 48）。

㉑　合同憲法委員会は、「国家目標」という主題の下で環境保護の国家目標規定だけではなく、「労働」、「住居」、「社会保障」、「教育」、「文化」といった社会的国家目標規定についても審議の対象としていた。周知のように、基本法は、基本法20条および28条においてドイツ連邦共和国は「社会的」法治国家であると宣言しているが、基本法20条および28条に含まれる「社会国家原理」を個別の国家目標の形で「具体化」しようとする提案が、SPDや90年連合／緑の党から合同憲法委員会に提出されたのである。社会的国家目標規定については、環境保護の国家目標

II 環境と憲法

　規定とは異なって、合同憲法委員会において政党間の合意が形成されることはなかった。しかし、合同憲法委員会において環境保護の国家目標規定は社会的国家目標規定と絡めて議論されているので、本来ならば、社会的国家目標規定の基本法への導入をめぐる審議も併せて検討の対象としなければならない。しかし、紙幅の都合上、社会的国家目標規定をめぐる合同憲法委員会の審議の紹介・検討は別の論文に委ねることにした（拙稿「統一ドイツにおける『社会的国家目標規定』をめぐる議論について」和光経済33巻1号（2000年）43頁以下）。この論文において筆者は、国家目標規定を基本法に導入すべきかどうかについての政党ないし研究者の態度決定の分岐点は、憲法理解、つまり、そもそも憲法テクストの任務はどうあるべきか、そして憲法テクストの内容はどうあるべきか、についての理解にあると考えて、各政党ないし各研究者の憲法理解を抽出することを試みた。CDU/CSUの基本的な立場は、その憲法理解に照らして国家目標規定の導入に対して原理的に反対であり、しかし「環境保護」の国家目標規定の導入は「例外的に」に容認するというものである。これに対してSPDと90年連合／緑の党は、一定の憲法理解に立脚しつつ、労働、住居、社会保障、教育、文化などの国家目標規定の導入を含めて国家目標規定の導入に原理的に積極的であり、したがって、「環境保護」の国家目標規定の導入にも賛成であった。このように、まったく正反対の方向からではあるけれども、両陣営の間で「環境保護」の国家目標規定の導入そのものについては一致をみたのである。ただし、本文で述べたように、CDU/CSUは、基本法への国家目標規定の導入に原理的に反対しているのであるから、「環境保護」の国家目標規定の導入に限って何故賛成するのか説明する必要があったのである。なお、同じことは研究者の見解にも妥当する。筆者が社会的国家目標規定の導入に反対するバドゥーラとヴィットゥームが環境保護の国家目標規定については何故賛成するのか、その理由が「理論的にもっとも興味が引かれる」と書いている（3・2(b)）のはその趣旨である。

(22)　ペヒは、国家目標規定だけでは「主題の複雑性」に対応できないとして、基本法2条1項へのエコロジー的基本権制約の導入、ラントに対しても環境保護の国家目標に義務付けるための基本法28条の改正、エコロジー評議会および技術評価委員会の設置、団体訴訟などの導入の主張した（Peach, Stellungnahme, S. 10）。

(23)　リュベ・ヴォルフは、憲法の「統合効果」に関連して、市民が環境保護の国家目標の導入を支持する場合に、市民は、「効果のない声明」ではなく、生態系の「より実効的な保護」を求めているはずであるから、「効果のない紙の上だけの信仰告

11 ドイツ憲法における「環境保護の国家目標規定（基本法20a条）」の制定過程［岡田俊幸］

白」の役割しか果たさない国家目標規定は、憲法の統合力を強化するのではなく、逆に「政治への倦怠」を悪化させるものだ、という考えは的外れではない、と指摘し、「たんなる象徴的な声明」にとどまらない国家目標規定として、以下のような文言の条項を提案した（Lübbe Wolff, Stellungnahme, S. 10）。

　［基本法20 a条］「(1)　自然的環境は、国の特別の保護を受ける。環境の保護は、効果の連関性に関する知識が不完全であるために否定することのできない危険を回避するためにも、法律上の根拠に基づく第三者の権利の制約を正当化する。(2)　環境法の領域における施行規則は、草案の段階で公表されなければならない。関心を有する住民（Öffentlichkeit）に対して立場表明の機会が与えられなければならない。草案作成に諮問委員会が関与する場合、関心を有する多様なサークルが適切に代表されるものとする。」

［基本法19条］［(5)　環境行政による環境法の侵害に対して、認可された環境団体に行政裁判所への出訴の途が開かれる。詳細は、連邦法律がこれを規律する。」

　リュベ・ヴォルフによれば、この提案は次のような考慮に基づく。第1に、自然的環境の保護は一般的に不可知（Nichtwissen）という諸条件においてのみ保障することができるので、環境保護のための制限的な措置は不確実性の諸条件の下でも許容されることを明文で明らかにすべきである（Lübbe Wolff, Stellungnahme, S. 7）。第2に、環境法の領域における施行規則の作成に対して、多元性および透明性を確保する準則を憲法で規定すべきである。環境領域の法律は、環境保護の水準を一般条項の形式で定めており、環境水準・安全水準についての現実の規範的決定は、施行規則のレヴェルにおいて下されているが、施行規則は、専門家、とくに利害関係のある経済界からの専門家の関与の下で、しかし部分的には住民参加がないままに作成されている。こうした、民主的な立法過程からの本質的決定プロセスの移転は「不可逆的」であるが、憲法は、こうした展開がもたらした「手続的制御能力」の喪失を、民主的な規範化手続の本質的諸要素――公開（Publizität）、関与の開放性（Beteiligungsoffenheit）、特殊利益への引き渡しに対処する制度的予防措置――を環境法上の施行規則に対しても規定することによって阻止することができるし、かつそうすべきである（Lübbe Wolff, Stellungnahme, S. 9）。第3に、団体訴訟は、法律により導入することも可能であるが、「環境法の執行における法律適合性の確保、したがって法治国家性の確保にとっての団体訴権の根本的な重要性」の故に、この権利を憲法で規定することが適切である（Lübbe Wolff, Stellungnahme, S. 8）。

(24)　ミュラーは、環境保護の国家目標は「実質的にも（sachlich）、法的にも、さら

II　環境と憲法

に国際レヴェルにおける憲法の現代的展開に照らしても絶対に必要である」こと、「この国家任務は重要であり、かつ多くの法分野および国家作用を貫通しているものなので、様々な箇所でこの国家目標に言及することは有意義である」ことを指摘し、環境保護は、①前文において、②所有権保障において（社会的義務と並んで）、および③国家目標として（例えば基本法20 a条として）言及され得ると主張した。そして、ミュラーは、「①生命の自然的基盤は維持されなければならず、必要かつ可能な範囲において、修復されなければならない。／②すべての国家機関は、その憲法上の作用の枠内において、国の活動および民間の活動によるこの義務の履行に尽力する。」という条項を提案した。これに加えて、ミュラーは、（法律の留保を伴った）原因者負担原理と、環境、自然、湖沼河川、森林および気候の保護のための国際的な努力に関する促進または参加についての国の義務を規定することが望ましいと説いた。また、ミュラーは、国家目標規定の「主観法的側面」を明確化しておくことも考慮すべきだとして、「環境保護に関する諸規定の瑕疵ある執行によって被害を受けたことを疎明できる程度に主張する者は、何人も出訴の権利を有する。この出訴権は、5年以上存続する環境組織に対しても与えられる。」という条項を提案した（この条項は、彼とケルツにより作成された新スイス連邦憲法草案にも含まれている。参照、小林武「A・ケルツおよびJ・P・ミュラーによる新スイス連邦憲法草案(1984年)〔試訳〕」南山法学9巻1号(1985年)85頁以下。）ミュラーによれば、この条項は、国家目標規定の主観法的側面を法律の留保におく一方で、すべての国家機関（とくに立法者）の客観的義務としての環境保護の国家目標を法律の留保に服させない、いう長所をもつ（Müller, Stellungnahme, S. 7f.）。

(25)　環境保護の国家目標規定を基本法に導入するとしても、それを基本法のどの場所に挿入するかも1つの争点となる。すでに見たように、専門家委員会多数意見は、環境保護の任務を基本法20条1項（および28条1項）に規定することを提案している。環境保護は「社会生活の実存的諸条件の確保」であり、「すでに基本法20条1項で規定されている基本的な国家目標、とくに社会的国家原理と同じレベルにおかなければならない」と考えたからである。すなわち、専門家委員会多数意見は、①環境保護は、「基本法20条1項の伝統的国家目標の挑戦にも劣らない重大な挑戦」を今後十数年にわたってドイツに突き付ける課題であって、環境保護の国家目標規定を基本法20条1項に位置付けることは「この規定の価値枠組(Dignitätsrahmen)」に合致し、②基本法20条1項への位置付けは、「そこに定礎されている国家構造規定のランクと調和する」と見たのである（Rdnr. 153）。こ

11 ドイツ憲法における「環境保護の国家目標規定（基本法20a条）」の制定過程［岡田俊幸］

れに対して、少数意見は、「基本法20条1項の改正の法的効果に見通しがつかない」という理由で、環境保護の国家目標規定を基本法第2章に、つまり基本法20a条か基本法37a条に挿入することを主張していた（Rdnr. 154）。

　この論点について、合同憲法委員会においては、環境保護の国家目標規定を基本法20a条に独自の条項として挿入する点で政党間に争いはなかった。もっとも、環境保護の国家目標規定の条文上の位置付けについて議論がなかったというわけではなく、公聴会において、CDU/CSUのラインアルツは、社会的連邦国家との関連させて環境保護の重要性を強調するような基本法20条1項の補充（例えば、「ドイツ連邦共和国は、民主的かつ社会的な連邦国家であり、その法律的秩序の枠内において被造物および人間の生命の自然的基盤を保護する。」）は代替案として意味があるか、と質問し（Reinartz, Öffentliche Anhörung, S. 46）、研究者から応答があった。環境保護条項の基本法20条1項への位置付けについては、バドゥーラ、デニンガー、シュミット・ヨルツィッヒが反対の意見を述べた（Schmidt-Jortzig, Öffentlcihe Anhörung, S. 59）。バドゥーラは、基本法20条1項は言わば「連邦共和国の国家形態に対する根本規範」であり、これに他の文言を付加することは「憲法のこの根本規範の構造におけるある変化」をもたらすこと（Badura, Öffentliche Anhörung, S. 52）を、デニンガーは、基本法20条は「基礎的な国家構造」を規定しており、国家目標規定によって不必要に「混乱させ」たり「豊富化させ」たりしてはならないことをその理由として挙げた（Denninger, Öffentliche Anhörung, S. 53）。基本法20a条への位置付けについては、公聴会で目立った反対意見は出なかった。唯一バドゥーラが、基本法20a条への挿入も「20条における民主制と21条における政党制度との連関性」を「断ち切る」という欠点をもつので、基本法第2章の中の「もう少し後のどこか」におくべきだと発言した（Badura, Öffentliche Anhörung, S. 52）。これに対して、デニンガーは、基本法20条と21条の間に生ずる「断絶」は、それ程重大なものではない（Denninger, Öffentliche Anhörung, S. 53）、と反論している。

　ショルツによると、合同憲法委員会は、環境保護の国家目標規定（基本法20a条）と基本法20条との「空間上・編集上の接近性」を、自然的生命基盤の保護は、基本法20条1項に列挙されている国家目標および国家構造原理に「ランクと重要性において匹敵するような高位の、基礎的な、かつ国家の責任にも属する任務である」ことによって根拠付けている。環境保護の国家目標規定が基本法20条1項に挿入されなかったことにより、①基本法20条4項に依拠した「エコロジー的抵抗権」を確立しようとする解釈論的企図が最初から阻止され、②環境保護の

265

II　環境と憲法

　　国家目標規定は、基本法 20 条 1 項で保障された社会国家原理などとは異なって、基本法 79 条 3 項の適用領域には入らないことが明確化される (*Rupert Scholz*, in Maunz/Dürig, Grundgesetz, Kommentar, Art. 20 a (Oktober 1996 Lfg. 32). Rdnr. 28 f.)。

(26)　Kommissionsdrucksache Nr. 38. なお、SPDは、従来、環境保護の国家目標の重要性を強調するために、自然的生命基盤は国の「特別の」保護を受ける、という文言を主張してきたが、妥協を成立させるために「特別の」という文言の挿入を主張することは取りやめた (Schmude, 17. Sitzung, S. 2)。

(27)　90 年連合／緑の党案 (Kommissionsdrucksache Nr. 45)、ヘッセン州案 (Kommissionsdrucksache Nr. 9)。

(28)　Kommissionsdrucksache Nr. 47.

(29)　Kommissionsdrucksache Nr. 49.

(30)　もともとはCDU/CSUにより提案された妥協案を当のCDU/CSUが合意できなかった経緯は必ずしも明らかではない。1992 年 11 月 12 日の第 12 回会議でCDU/CSUのアイルマンは、さしあたり報告者の範囲で発見した 1 つの法文が、CDU/CSUにおいても賛成が得られることを「幾許かの確信をもって (Mit einiger Zuversicht)」期待している、と語っていた (Eylmann, 12. Sitzung, S. 10)。合同憲法委員会の報告者たちはショルツ案で妥協が可能であると見ていたようである。実際、1993 年 1 月 14 日の報告者会合では、CSUを除く各会派はショルツ案に同意していた (Heuer, 25. Sitzung, S. 13)。しかし、1993 年 1 月のある時点でバイエルン州政府と連邦政府がショルツ案では法律の留保が不十分にしか実現されていないと判断して以降、CSU/CSUも反対の立場で固まったようである (*Uhle*, a.a.O. (Anm. 6), S. 950)。なお、広渡前掲註(2)法時論文 97 頁は、この点、「この案を妥協しすぎだと批判するCDU/CSU議員団長ショイブレの介入によって与党議員の若干が反対に回」ったためと説明している。

(31)　Kommissionsdrucksache Nr. 95.

(32)　Kommissionsdrucksache Nr. 94.

(33)　バイエルン州憲法 141 条 1 項 1 文は、「自然的生命基盤は、次の世代に対する責任も心に銘記しつつ (auch eingedenk der Verantwortung für die kommenden Generationen)、各人および国家共同体の特別の配慮に委ねられる。」と規定している。これは、1984 年の憲法改正により導入されたものである。なお、改正前のバイエルン州憲法 141 条については、阿部泰隆「万民自然享有権――北欧・西ドイツにおけるその発展と現状(2)、(3)・完」法学セミナー 297 号 (1979 年) 77 頁以

下、298号（1979年）108頁以下を参照。

(34) Kommissionsdrucksache Nr. 9. SPDのフォーゲルがヘッセン州案に対して「共感」を示していることは注目される。彼は、「次の世代の生活利益から目を離すべきではない」という考えは、広い範囲でコンセンサスが得られるであろうと述べている（Vogel, 17. Sitzung, S. 12 f.）。

(35) なお、PDS/LLはSPD案に反対した。PDS/LLは、我々が、「自ら認めているようにこの領域で多くを変えることを望まないCSUすら賛成する用意のあるような文言」しか持っていないことを「遺憾」とし（Heuer, 25. Sitzung, S. 13)、「そうでなくとも基本権よりも弱いこの国家目標」がさらに弱体化されていることを批判し、この国家目標が「疑似薬（Placebo）」となってしまうことを恐れる（Heuer, 25. Sitzung, S. 21)、と述べた。

(36) *Josef Isensee*, Zwischen Volkskatechese und Juridifizierung: Staatsziel Umweltschutz. Die Neue Ordnung, 1993, S. 256. 以下、この論文の該当頁数は脚注の形で引用する。

(37) *Hans-Peter Schneider*, Das Grundgesetz—auf Grund gesetzt? Die Deutschen haben wenig Talent zur Verfassungsreform, NJW 1994, S. 558 (559).

(38) SPDのフォーゲルは、1993年7月1日の第25回会議で、「我々はもはや『国は、自然的生命基盤を保護する。』という平明な言明に戻ることができないとすれば」、という限定を付して、CDU/CSUにSPD案への賛成を求め、「我々がここで基本法20条3項を繰り返したとしても、連邦共和国の権威を失墜させるものではなく、我々は、この問題をまずまずの（erträglich）仕方で最終的に解決することができる」と述べていた（Vogel, 25. Sitzung, S. 18)。また、フォーゲルは、合同憲法委員会の答申が出された直後の論文においても、妥協の成立した条文は、「回りくどく、かつ憲法上自明なことで飾り付けられている」とはっきりと述べている（*Hans-Jochen Vogel*, Die Reform des Grundgesetzes nach der deutschen Einheit—Eine Zwischenbilanz—, DVBl. 1994, S. 497 (499))。他方、CDU/CSUのショルツも、「この言い回しは文言上、前に挙げたもの［＝ショルツ案——筆者］よりも非常に長たらしいものであるにもかかわらず、この言い回しは、構成要件としては、密度の濃い前の定式が表現しようとしていることと完全に一致する」と指摘している（*Rupert Scholz*, Die Gemeinsame Verfassungskommission von Bundestag und Bundesrat. Auftrag, Verfahrensgang und Ergebnisse, ZG 1994, S. 1 (22))。

(39) BT-Plenarprotokoll 12/238, S. 21029 B; BT-Plenarprotokoll 12/241, S.

Ⅱ　環境と憲法

21283 D ff.; BR-Plenarprotokoll 674. Sitzung, S. 508 C.
(40)　*Meyer-Teschendorf*, a.a.O. (Anm. 6), S. 77.
(41)　*Vogel*, a.a.O. (Anm. 38), S. 500.
(42)　この点、筆者の分析とはやや異なり、青柳・前掲注(2) 106 頁は、「そこ［基本法 20 a 条——筆者］には、『自然的な生活基盤』を限定するものとして『人間の』という文言が挿入されなかった。それは人間中心主義をとらないことを示しているといえる。しかし、このことは、生態系中心主義が勝利したと単純にみるべきではないと思われる。むしろ、そのような二者択一な発想を超えた、両者を統一的に把握する見解に基づくものであると解される。すなわち、人間の生活の基盤は人間以外の生物の生命が十分に保護されていない場合には維持されないのであり、生態系の保護それ自体も人間の自然な生存の保護になる、ということである。このような『生命体中心主義』とも称することのできる考え方は、妥当な見解であると思われる。」と述べ、基本法 20 a 条は「生命体中心主義」に立脚するものと理解している。生命体中心主義という理解についてはさておき、本文の叙述から明らかなように、少なくとも制定過程では、人間中心主義と生態系中心主義を「統一的に把握する見解」は示されていない点に注意する必要がある。
(43)　*Uhle*, a.a.O. (Anm. 6), S. 952.
(44)　*Alexander Schink*, Umweltschutz als Staatsziel, DÖV 1997, S. 221 (225).
(45)　この点は、ムルスヴィーク・前掲注(2) 259 頁および*Murswiek*, a.a.O. (Anm. 7), S. 223 が指摘するところである。

12 ボン基本法の環境保全条項(20a条)に関する一考察

岩 間 昭 道

1 はじめに
2 20a条
　1 法的性格　2 保全の対象　3 「将来の世代に対する責任」
　4 「憲法的秩序の範囲内」　5 保　全
　(1) 保全の内容　(2) 保全の水準
3 むすび

1 はじめに

　ドイツにおける環境法の権威であるミヒャエル・クレプファー（Michael Kloepfer）が、1994年の論説の中で、将来の国家は環境保全を基本的任務とするような「環境国家」（Umweltstaat）とならなければならないし、また実際にそうなるであろうと述べているように[1]、テクノロジーの驚異的発達が予想される21世紀において、環境保全はすべての国家が対処しなければならない最も重要な課題のひとつとなることは疑いがない。1970年代に入り、スイスを嚆矢として、オランダ、オーストリー、ドイツ等のヨーロッパの多くの国で環境保全条項が憲法改正により憲法典に採用されることになったのもこうした事情による[2]。
　我国では、1970年の日弁連の会合で、環境保全の課題に対処するために、新しい人権として環境権が提唱されるとともに、将来は環境権に関する独自の規定が憲法に採用されるべきことが提唱されたが[3]、憲法学説では、環境保全の課題はもっぱら憲法の解釈によって対処されるにとどまり、環境保全条項を憲法に採用すべきだとする主張はほとんどみられなかった。しかし、2000年2月に国会の両院に設置された憲法調査会では、世論[4]や前述した諸外国の動向を背景にして、環境保全条項の採用が重要な検討対象となることが予想される。したがって、こうし

Ⅱ　環境と憲法

た状況にかんがみると、憲法改正により日本国憲法に環境保全条項を採用すべきかどうか、採用する場合にはどのような内容のものであるべきかといった問題を検討しておくことは、今日の我国の憲法学説にとって喫緊の課題であるように思われる。そこで、この小論では、右の問題の検討に資するために、1994年の憲法改正によって採用されたドイツの環境保全条項（基本法20ａ条）の内容を概観することにしたい。

2　20ａ条

旧西ドイツでは、1970年代に入ると、環境保全条項を基本法に採用すべきだとする主張がみられるようになり、その後活発な論議を経て、統一後の1994年に、連邦議会と連邦参議院によって設置された両院合同憲法委員会（Gemeinsame Verfassungskommission）の提案にもとづいて、同年10月27日の法律により、環境保全条項が20ａ条として基本法に採用された[5]。採用された基本法20ａ条は、次のとおりである。

「国は、自然的生命基盤を、将来の世代に対する責任においても、憲法的秩序の範囲内で、立法によってかつ法律と法の基準にしたがって、執行権と裁判により保全する」

このように、基本法20ａ条は、国の環境保全責務を定める。以下、若干の学説をとおして、同条の意味を概観することにする。

1　法的性格

(1)　20ａ条は、学説上、国家目標（Staatsziel）を定めた規定、すなわち、国家目標規定（Staatszielbestimmung）と解されている。ところで、国家目標規定とは何かが問題となるが、一般には、国家目標規定とは、「一定の任務―事項的に範囲を限定された目標―の継続的な遵守あるいは遂行を指示する法的拘束力をもった憲法規範」と定義されている[6]。したがって、学説では、20ａ条は公権力を法的に拘束する法規範としての性格をもった規定と理解されていることになる。こうし

た理解は、たとえば、20a条は「たんなる（憲法政策的な）プログラムという性格をもった原則」を超えて、国家の権限担当者を「積極的かつ適切な環境保全政策に義務づける」規定だと説くルーペルト・ショルツ（Rupert Scholz）の見解に典型的にみることができる[7]。

(2) かように、20a条は公権力を法的に拘束する法規範としての性格をもつとすると、問題は環境保全という国家目標を実現すべき第一次的責務を負うことになった立法権を同条がどの程度拘束するかにある。この点については、同条の制定過程にみられた対立[8]にほぼ対応した形で、学説上も、立法府の裁量をひろく認める立場と限定する立場の対立がみられる。

(イ) 立法府の裁量を概してひろく認めようとするのはショルツである。すなわち、ショルツは、「環境保全という国家目標規定」は「とくに立法を通して、社会現実における変転する具体的な状況に応じて常に新たに現実化されなければならないような一種の『永続的な具体化委託（permannennter Konkretisierungsauftrag）』として理解される」と述べつつ、この「委託」は「内容的には未決定のままである」とする。換言すれば、環境保全という国家目標は、「国家にある任務を課すが、その任務が具体的にどのように実現されるべきかについては何も語っておらず」、したがって、「国の環境保全政策の一切の措置はそれが20a条によって強制的に命じられている、あるいは逆にその不作為は憲法命令に対する違反を意味するという意味での憲法執行（Verfassungsvollzug）ではない」とする。つまり、「環境政策は、20a条という国家目標規定が妥当することになった後でも、第一には政治部門、とりわけ立法府の裁量的決定事項である」と主張するのである[9]。もっとも、ショルツは、後述するように、20a条の実現にあたって立法府に裁量の余地が認められないような例外的な場合がありうることを認めるが、全体としては、20a条の実現にあたって立法府に裁量の余地をひろく認める立場にたっているとみることができる。

(ロ) これに対して、20a条の実現にあたって立法府の裁量を概して限定しようとするのは、ディートリッヒ・ムルスヴィーク（Dietrich Murswiek）である。すなわち、ムルスヴィークは、国家目標規定は国家機関に対して憲法上その追求を

II 環境と憲法

義務づけるような基本目標を設定するが、「目標実現のための手段の選択は立法者の裁量に委ねられており、また、不明確に定式化された目標の具体化も立法者に委ねられている。ここから、立法者の広い形成の余地が生じる」と説く。しかし同時に、「立法者の形成の余地は無制約なものではない。拘束力のないプログラム規定と異なって、国家目標規定は、拘束力のある義務を含んでいる。このことは、この国家目標規定から、立法者の形成の余地を制限する具体的な法的諸要求を導出することができる、ということを前提としている」[10]と主張している。こうしたムルスヴィークの主張については、彼が、20 a 条からどのような「法的諸要求」を導き出しているのかが問題となるが、この点については後述することにする。

2 保全の対象

(1) 20 a 条により国が保全を義務づけられるのは、「自然的生命基盤」(natürliche Lebensgrundlage) である。「自然的生命基盤」という言葉は、州憲法で採用された環境保全条項でひろく使われていたものである。この言葉は、合同憲法委員会では「環境」(Umwelt) とほぼ同義に用いられた[11]が、具体的に何を意味するのかについては、学説上必ずしも一致した理解はみられない。ただ、次の2点については、ほぼ一致しているようである。

(イ) 第1に、保全の対象となるのは「自然的」な生命基盤あるいは環境だ、ということである。換言すれば、社会的・経済的・精神的および文化的な生命基盤は20 a 条による保全の対象には含まれず、したがって、たとえば建築様式や遺跡等の文化遺産は20 a 条による保全の対象とはならない、ということである[12]。こうした解釈は、一般に憲法制定者の意図によって根拠づけられている[13]。

(ロ) 第2に、「自然」には原生林のように人間によって創出されたものではないものだけではなく、景観のように人間によって形成され、改変されたものも含まれるということである[14]。

(2) 以上の2点を除いて、「自然的生命基盤」が何を意味するのかについては、必ずしも一致した見解は見られない。すなわち、「自然的生命基盤」をもって、①「それなしには生命が長期にわたって存続することができないような財」と比較的

狭く理解する説[15]、②「人間、動物および植物の生命が依存しているすべての自然条件」を意味し、そこには、「それなしには生命が長期にわたって存続することができないすべての環境財」のほか、「それなしには生理学的にみて健康な生存が不可能であるような自然的財も属する」と比較的ひろく理解する説[16]、③「自然的生命基盤」については「一般に承認された拘束力ある定義」は存在せず、「具体的な保護財を確定することは、第一次的には立法府の責任」であるとして、内容の確定を立法府に委ねる説[17]、に分かれている。

(3) 保全の対象としての「自然的生命基盤」の解釈に関連して論議されたのは、「自然的生命基盤」を人間中心に解釈するのかそれとも生態系あるいは自然環境中心に解釈するのか、という問題である。

(イ) 人間中心主義（Anthropozentrik）の立場

合同憲法委員会で20a条を人間中心に定式化すべきことを主張したのは、キリスト教民主・社会同盟であった。すなわち、同党は、ドイツの「憲法秩序によれば、人間こそ一切の国家的規制と措置の基準かつ中心」であるから、「環境それ自体に人間と対等の憲法上の固有価値を承認」し、「環境を固有の権利から保全すること」はドイツの憲法秩序と一致しないとし、こうした立場から、20a条の制定にあたっては、「国は人間の自然的生命基盤を保全する」という定式を支持した[18]。

学説上、こうした人間中心主義の立場にたつのはショルツである。ショルツはいう。

「20a条の中で『人間』の生命基盤と明示的に述べられていないとしても——憲法体系を全体としてみると、人間に原則的に関連づけるような国家目標規定が問題となっていることは疑いはない。——基本法は、1条1項の人間の尊厳という原則に示されているように、全体として人間中心に構想されている。こうした点からすると、問題となりうるのは、明示されていないとしても、『人間』の自然的生命基盤を憲法の保護のもとにおくことである。20a条のなかで自然的生命基盤が語られているとき、基本法の人間中心の基本構想の中では、人間との関連は不可避である」[19]。

II 環境と憲法

(ロ) 生態系＝自然環境中心主義（Okozentrik）の立場

これに対して、緑の党などは、合同憲法委員会で、20 a 条を生態系中心に定式化すべきことを主張した。すなわち、同党は、「全体としての自然を外見上は相互に独立したようにみえる部分領域に解体することはできない。すなわち、動物、植物およびその他の被造物には、むしろ固有の憲法上の生命権（Lebensrecht）が承認されなければならない。換言すれば、環境も固有の権利により憲法上の保全の対象でなければならない」とし、20 a 条は、「現在および将来の世代の自然的生命基盤は、自然と同様に、それ自体のために国の特別の保護を受ける」と定式化されるべきことを主張した[20]。

学説上、こうした自然環境中心主義に近い立場にたつのはムルスヴィークである。ムルスヴィークはいう。

20 a 条で保全されるのは、「自然的生命基盤それ自体であり、したがって動物および植物の生命基盤である。それ故、自然環境は、それが人間の生命基盤であるかぎりで保全されるばかりではなく、独立した保全対象であり——基本法によりその固有の価値において尊重される。それにもかかわらず、中心は人間の生命基盤の保全である。このことは、基本法全体が個人とその尊厳の保全を目指していることから明らかとなる」。しかし、他方で、「基本法１条１項の人間の尊厳の保障から基本法は自然をそれ自体のためにも保全することを許さないと帰結すること、あるいは20 a 条はただ人間中心主義的にのみ理解することができると帰結することは正しくない。むしろ、自然環境を人間の固有の利益や欲求とはかかわりなく尊重し保全することは人間の尊厳に適合する。——環境は具体的に人間の役に立つことが認められないところでも人間の利益から保全されなければならないということには十分な理由がある。最も重要な理由は、我々の理解には限界があるという経験的に証明された認識、換言すれば、我々は生態的連関や我々の行為がもつ効果について非常に僅かしか知らないという認識は、自然にはできるだけ少なく介入すべきこと、とりわけ継続的かつ不可逆的な損傷を回避すべきことへと我々を必然的に導くということである」[21]。

かように、ムルスヴィークも、20 a 条による保全の中心は人間の自然的生命基

盤としつつも、自然環境もその固有の価値にもとづいて尊重し保全されるべきだと説き、ショルツとは原則的に異なった立場にたつ。もっとも、こうした原則的立場の違いにもかかわらず、両者の間には具体的にどの程度の違いがあるのかは必ずしも明らかではない。たとえば、いわゆる「動物保護」(Tierschutz)の問題[22]についてみると、自然環境もその固有の価値にもとづいて尊重し保全されるべきだと主張するムルスヴィークが、20ａ条にいう「自然的生命基盤」の保全には、「避けることができる生存圏の破壊」から野生動物を保護することは含まれるが、「種にふさわしくない飼育及び避けることができる苦痛や生存圏の破壊から個々の動物を保護すること」は含まれないと説くのに対して[23]、基本的に人間中心主義の立場にたって動物保護に関する国家目標規定を別途採用することに反対するショルツが、その根拠として、そうした国家目標規定は「人間中心的に構成されている基本法の全体系に適切に接合しない」ことのほか、動物保護は「広義の環境保全に含まれており、それ故—少くなくとも、基本的には—20ａ条に含まれている」ことを挙げている[24]。したがって、以上の点にかぎっていうと、両者の間には実際にはそれほどの違いはないのではないのかという疑問も生じる。実際、クレプファーは、「人間中心主義と自然環境中心主義の結論は臨界領域では重大な違いはな」く、のみならず、極端な人間中心主義も極端な自然環境中心主義も基本法のもとで維持することは困難であり、したがって、両者の争いは「表見的な」ものにすぎないとさえ述べている[25]。

以上の問題とも関連して、20ａ条により、国は「自然的生命基盤」をどの程度保全する責務を有するのかという保全の内容ないし程度が問題となるが、この点については、後述する。

3 「将来の世代に対する責任」

20ａ条は、国は自然的生命基盤を「将来の世代に対する責任」においても保全しなければならないと定めるが、この「将来の世代に対する責任」(Zukunftverantwortung)はどのような法的意味を有するのであろうか。この点について、ムルスヴィークは、該責任は自然的生命基盤の保全の方法と範囲に関し次のような法

II 環境と憲法

的帰結を生ぜしめると説く。すなわち、①有害物質による環境財に対する負荷の法的評価にあたっては、現在の効果に照準を合わせるだけではなく、何年にもわたる負荷の堆積も考慮されなければならないこと、②再生不能な資源は節約して使用されなければならないこと（節約の原理Sparsamkeitsprinzip）、③再生可能な資源は、持続性の原理（Nachhaltigkeitsprinzip）を遵守して使用されなければならないこと、④「リスク」の評価にあたっては、今日行われた環境への介入の有害な効果は何年もたった後に初めて認識できるようになるということが考慮されなければならないこと、である[26]。このほか、クレプファーは、この「将来の世代に対する責任」を有意味にしようとするならば、たとえば、立法審議に参加できる「将来の世代の受諾者」（Nachweltbeauftragt）の制度を創設することによって、「長期責任」（Langzeitverantwortung）を制度化することが不可欠だと主張する[27]。

4 「憲法的秩序の範囲内」

20a条は、国は自然的生命基盤を「憲法的秩序（verfassungsmassige Ordnung）の範囲内」で保全すべきことを定める。学説は、一般に、この留保は環境保全が他の国家目標や憲法的利益と原理的に同格であることを明らかにしたものと解している。もっとも、この同格性（Gleichordnung）の原理を、環境保全が他の国家目標や憲法的利益に優位しないという点に重点をおいて理解する立場と、環境保全が他の国家目標等に劣らないという点に重点をおいて理解する立場の別がみられる。

(1) 同格性の原理を、概して環境保全が他の国家目標や憲法的利益に優位しないという点に重点をおいて理解するのはショルツである。ショルツはいう。

「環境保全という国家目標を『憲法的秩序』と関連づけた」ことの中に、「憲法改正立法者の基本的なメッセージが存在している」。すなわち、「環境保全は絶対的な保護法益あるいは優先権をもった保護法益ではなく、他の保護法益との関係で均衡化され調整されるべき相対的な保護法益である」ということ、換言すれば、「環境保全と、同様に憲法

上正当性をもつが場合によっては環境保全と対立しさえする利益あるいは保護法益（たとえば、新しい産業施設や職場の創出等）との間には憲法に適合した比例的均衡が確立されなければならない」ということである。20a条は、人格の自由な発展の権利等の自由権や社会国家原理等との間に緊張関係にたつが、「憲法の統一性の原則は、これらすべての場合に保護法益間の不断の均衡を要求する」。環境保全と「基本権との衝突の場合にも、原理的同格性から出発されなければならない。基本権への侵害は、それが20a条にもとづいているがゆえに憲法上許されるわけではない。衝突の場合に、基本権は環境保全に原則的に優位しないが、原則として劣位におかれるわけでもない。一方的優位の決定は排除される。基準となる調整原理は、比例原則である」。立法者に他の国家目標や法益との衡量を認めず、環境保全に絶対的に優位する地位を認めようとする立場は、「基本法が定める民主的・社会的法治国の全体系を『環境法治国』（ökologischer Rechtsstaat）へと転換させようとする考え方」であり、こうした考え方の帰結は、「自由で社会的な経済秩序という基本法上保障された体系を広範囲にわたる経済外的な国家統制に代置すること」であるが、20a条は、「こうしたたぐいの一切の努力とイデオロギーを退けた」のである[28]。

(2) これに対して、同格性の原理を、環境保全は他の国家目標や憲法的利益と矛盾しない限りで最大限実現されるべきだとする最適化命令（Optimierungsgebot）を定めたものとして理解するのはムルスヴィークである。すなわち、ムルスヴィークは、「国は自然的生命基盤を『憲法的秩序の範囲内』で保全するという定式」は、「環境保全は他の憲法規範や国家目標に優位せず、それらと調整されなければならない」ということを明らかにしたものだとしつつ、20a条は、「自然的生命基盤は原則として他の公的任務の実現を不可能にすることなしに法上および事実上可能な限り保全されなければならない」という「最適化命令」を定めたものと解すべきだと主張し、また、環境保全と他の国家目標との原理的同格性は、環境保全の利益が具体的な問題状況に関連して他の国家目標に対して劣位におかれることを排除するものではないが、「ドイツにおける人間の生存にとって不可欠な生命基盤の存続が危険にさらされている」ような場合には、「他のすべての国家任務の遂行およびすべての基本権の行使は、人間の生存がそもそも存続している

ことを前提」とし、したがって、「この生存の基礎の破壊は、他のいかなる国家任務によっても正当化することができない」ものである以上、「憲法にもとづいて環境保全の絶対的な優位が生じる」と主張する[29]。

5 保　　全

(1) 保全の内容　　20a条にもとづいて、国は自然的生命基盤を「保全」する責務を有するが、この責務により国は具体的にどのような行為をすること—あるいはしないこと—を義務づけられているのであろうか。この点について、以下、ムルスヴィークの見解を中心に概観することにする。

(イ) ムルスヴィークによれば、自然的生命基盤を「保全」するとは、以下の作為あるいは不作為を意味する。

① 第1に、自然的生命基盤への侵害を防止することである。ここには、(a)確実に環境財に損傷を与えることになるような積極的行為を行わないこと、(b)環境財の使用を節約することによって、将来の再利用の機会を奪わないようにすること、(c)第三者による自然的生命基盤の侵害を防止すること、が含まれる[30]。

② 第2に、自然的生命基盤の破壊を促進しないことである。この場合、自然的生命基盤の破壊を「促進する」とは、具体的にどのような行為を意味するのだろうか。ムルスヴィークによれば、20a条は「絶対的な環境保全」を義務づけているわけではないから、たとえば住宅建設のように環境負荷を伴った行為を推進すること自体はここでいう「促進」にあたらないが、そのさいに、国が原因者に環境侵害と結びついた費用を負担させることなく当該侵害を認める場合には「促進」にあたることになる[31]。

③ 第3に、すでに発生している自然的生命基盤への侵害を積極的に除去することである[32]。

④ 第4に、人間の関与なしには維持できない自然的生命基盤を保護し、育成することである[32]。

第5に、「リスク」に対して事前配慮を行うことである[33]。

(ロ) 以上がムルスヴィークにより20a条により国の責務とされた「保全」の内

容である。このうち、5番目のリスクに対する事前配慮について、若干説明しておくことにする。

「リスク」(Risiko) とは「理論上はありうるが現実にはほとんど起こりそうもないが故に、危険 (Gefahren) の水準に達しない損害発生の可能性」をいうものとされている[34]。ところで、ルドルフ・シュタインベルク (Rudorf Steinberg) によれば、遺伝子技術等にみられるような科学技術の発達により新しいリスクが社会的に産出され、その結果、今日の社会は「リスク社会」(Risikogesellshaft) となりつつある[35]。しかし、他方で、クレプファーが指摘するように、「リスクの完全な除去を要求すること」は自由に対する過度の制約をはじめとした様々な問題を生ぜしめることになり[36]、したがって、こうしたリスクにどのように対処するかは21世紀の国家と社会にとって重要な課題となる。かような状況のもとで、ドイツでは、国はリスクに対してどこまで事前配慮をするべきかが論議され、学説では該配慮を20ａ条にもとづく国の責務とすることに概して積極的な立場と消極的な立場が主張されている。

① リスクに対する事前配慮を国の責務とすることに概して積極的なのはムルスヴィークである。すなわち、ムルスヴィークは、20ａ条の「保全」には、「国家が介入しなければ確実に発生するような損害の防止」だけではなく、原則として「リスクに対する事前配慮」(Risikovorsorge) も含まれるとし、「環境財にとっていかなるリスクが回避されなければならないのか、毀損または破壊のリスクは環境財についてはどの程度まで許容されうるのか」については、「比例原則」(Verhältnismaßigkeitsprinzip) が大雑把な方向づけを提供しうるにすぎないと述べつつ、「それなしには人間の生存が長期的には不可能かあるいは重大な病気の頻発を伴わざるをえないような環境財」が問題となる場合には、「当該環境財が破壊されるほんのわずかの蓋然性でも国家の行動を義務づけるのに十分である」と主張し、国はリスクに対しても一定限度にせよ事前配慮をする責務があることを認める[37]。

② これに対して、リスクに対する事前配慮を国の責務とすることに概して消極的なのはショルツである。ショルツは、リスクに対する事前配慮を国の責務と

Ⅱ　環境と憲法

した場合生じるであろう「予防国家」化の危険性を指摘しつつ、以下のように、リスク配慮に慎重な姿勢をとる。ショルツはいう。

「現代国家は―『リスク社会』(Risikogesellschaft) が成長をとげる中で―益々リスクの防止とコントロールを配慮する国家に向っている」。しかしながら、「リスクを配慮する国家あるいはそれに対応した『予防国家』(Praventionsstaat) への根本的転換」は、「社会的かつ自由な法治国の基本原理と一致しがたい」。「自由かつ社会的法治国は、安全を提供し、危険を防止しなければならず、リスクに関する決定を均衡のとれたコントロール可能なものにしなければならず、また、適切な基本権保護義務を果たさなければならない。しかしながら、こうしたことからリスクを配慮すべき国家の一般的責務は生じない」。すなわち、「リスクが不可避的にあるいは間違いなく法益侵害のおそれに転化するような場合、または国家の不作為が過小禁止 (Untermassverbot) の原則に抵触するような場合にはじめて、リスク配慮は国家を拘束する責務となるであろう」[38]

(2)　保全の水準

20 a 条にもとづいて国は上記のような保全行為を行う責務を有するとした場合、どの程度の保全行為を行うことが義務づけられているのかが次に問題となる。しかしながら、この点について 20 a 条は具体的には何も明示していない。このため、クレプファーは、責務とされている保全の水準に関する決定は原則として立法府の自由に委ねられているとし、ただ、「自然的生命基盤が立法府により全体として公然と無視されるような場合」にのみ 20 a 条違反が生じるにすぎないと説く[39]。

これに対して、20 a 条からこうした実務上重要でない「環境立法からの完全な撤退」以上の有意味な規範的言明を引出し、そのことによって立法府の形成の自由をできるだけ限定しようと試みるのはムルスヴィークである。すなわち、ムルスヴィークは、20 a 条の目的、制定史、規範の連関性から、保全の水準に関する以下のような 5 つの「手掛かり」(Anhaltspunkt) を引出す。

(イ)　第 1 に、「生命基盤としての環境財が維持されなければならないとされてい

ること」から、「最小限の要求として、長期的に人間の生存のための前提条件をなすすべての財は維持されなければならず、しかも、それは少なくとも今日の住民の数に匹敵する数の人間が健康を著しく害されることなく生存し続けることができるような範囲で維持されなければならないということ」が生じるほか、「野生の動植物にとっては、少なくとも種としての存続を可能にするような条件が維持されるかあるいは回復されなければならない」ということが生じる[40]。

(ロ) 第2に、「自然的生命基盤は、他の公的任務の実現を不可能にすることなしに、法的かつ実際的に可能な限度で最大限保全されなければならない」ということである。というのも、20ａ条は、「産業社会の存続を前提としており、したがって、そうした社会構造とそれと結びついた生活様式がそれなしには不可能であるような一定の環境負荷をも前提としている」からである[40]。

(ハ) 第3に、20ａ条は少なくとも「一般的な悪化の禁止（allgemeines Verschlechterungsverbot）」を意味する、ということである。すなわち、ムルスヴィークによれば、憲法改正立法者は20ａ条制定時の環境状況を不満足とし、環境状況の改善のためには20ａ条が必要だと判断したのであるから、20ａ条によって国の環境政策は1994年の環境状況を「改善するように配慮することを原則的に義務づけられて」おり、国は、「いかなる場合にも、この状況が全体として悪化しないように配慮しなければならない」のである[41]。

(ニ) 第4に、持続性の原理から、再生可能な資源については、将来の利用を不可能にするような利用は許されないという準則が生じる[42]。

(ホ) 第5に、自然的生命基盤への介入は正当化を必要とする、ということである。すなわち、自然的生活基盤へのあらゆる介入は、「公共の福祉」あるいは「個人の自由」を「実現するために必要かつ適切なものでなければなら」ない。したがって、「原則として回避可能な一切の環境侵害は20ａ条に反」し、「少なくとも、様々な等価値的な手段を利用することができる場合には、環境に負荷を与えることが少ない、環境にやさしい手段が選択されなければならない」のである[43]。

ムルスヴィークによって提示された以上の5点の「手掛かり」はたしかに抽象的である。しかし、少なくとも、20ａ条は種の保存を命じているとする解釈や

II 環境と憲法

自然的生命基盤への介入は正当化を要し、環境によりやさしい手段の選択を命じているとする―LRAの基準に類似した―解釈は、保全の水準を決定するにあたって実際にも重要な意義をもつように思われる。

3 む す び

環境保全条項を憲法改正により基本法に採用した意義はあったのであろうか。1994年に憲法改正が行われてからまだ日が浅い今日の時点でこの問題を評価することが適当なのかどうかという問題があるほか、私自身この問題を立入って検討する用意は現在のところないので、ここでは、この問題の一端についてごく簡単に触れるにとどめたい。

前述したように、旧西ドイツでは、1970年代に入って、憲法改正により何らかの環境保全条項を基本法に採用すべきだとする主張がみられるようになり、80年代に入ると、環境保全に関する国家目標規定の採用の是非をめぐって活発な論議が展開されることになった。そして、ムルスヴィークによれば、多くの市民や政治家は、ドイツで環境保全が十分でないのは基本法に環境保全条項が欠けているからだと考えて、憲法改正により環境保全に関する国家目標規定を基本法に採用することを支持したが[44]、多くの法学者は、基本法に環境保全条項がなくても環境保全に必要なすべての法律を制定することはできるから、あえて憲法改正により環境保全条項を憲法に採用する必要はないとする立場をとった[45]。たしかに、① 環境保全は20 a 条が採用される以前においても国家の基本的な任務であったこと[46]、② 20 a 条が採用された後でも、他の国家目標や憲法利益に対して環境保全に原則的な優位が認められることになったわけではないこと、③ ムルスヴィークにより20 a 条のもとで他の国家目標に対して絶対的優位が認められた「生存に必要な最低限度の自然環境」（ökologischer Exisitenzminimum）の保全も、20 a 条の採用以前においても学説により基本法上保障されていると解されていたこと[47]、④ 国の環境保全責務は社会国家条項（20条）等によって一定程度定められていたとする解釈も存在していたこと[48]等を考慮すると、環境保全条項を基本法

に採用した意義はあまりないようにみえる。しかしながら、他方で、① 社会国家理念にもとづいた経済成長等の国家目標に対して、環境保全は20a条により原則として対等の憲法原理としての性格をもつことが明らかにされたこと、② 社会国家条項（20条）が「人間相互の関係」に関わり、「社会的に公正な関係の創出」をめざすものであるのにたいして、環境保全においては「人間の自然および環境に対する関係」が問われており、したがって、国の一般的な環境保全責務は社会国家条項によって根拠づけることはできず、20a条によってはじめて基本法上根拠づけられるにいたったこと[49]、③ ムルスヴィークにより国の責務として提示された「法的帰結」や「手掛かり」等は20a条の解釈論としてはじめて提示されえたものであること、④ 20a条は国民にとって大きな教育効果をもつと同時に、憲法の統合機能を強化すること[50]、⑤ 20a条は立法政策に対する指針として大きな意義をもつこと[51]を考慮すると、環境保全条項を基本法に採用したことの意義は決して小さくはないように思われる。むしろ、クレプファーが指摘するように、21世紀の国家は環境保全を国の基本的責務とする「環境国家」を目指さざるをえないのだとすると、今後の課題は、環境保全条項を憲法に採用することを前提としたうえで、環境保全と自由を調和的に実現することができるような社会の仕組みとそれを基礎づける新しい憲法理論を構築することにあるように思われる[52]。

(1) M. Kloepfer (Hrsg.), Umweltstaat als Zukunft, 1994, S. 37. ちなみに、クレプファーによれば、「環境国家」とは「自らを環境保全の目的と同定化し、環境保全を優位する任務とする国家」をいう (ibid., S. 4)。
(2) 1970年代に入り、ヨーロッパでは、スイス（1971）、ギリシャ（1975）、ポルトガル（1976）、スペイン（1978）、オランダ（1983）、オーストリア（1984）、ラトヴィア（1992）、リトアニア（1992）、エストニア（1992）、ドイツ（1994）で、憲法改正により環境保全条項が憲法典に採用されたが、これらの国で採用された環境保全条項の内容は一様ではない。大別すると、① 第1に、国の環境保全責務のみを定めるものがある。たとえば、ポルトガル憲法（9条）は、「環境および自然を保全し、天然資源を保持すること」を「国家の基本的な任務」とし、オランダ憲法（21条）は、環境を保全し改善すべき公権力の責務を定め、ギリシャ憲法（24

II 環境と憲法

条1項）は、自然環境及び文化環境の保全は国の責務であると定める。また、オーストリア憲法は、「空気、水、土地を清浄に保つための措置や騒音による障害を防ぐための措置」により「人間の生命基盤としての自然環境を有害な影響から守る」ことを意味する「包括的な環境保全」に対する国の責務を定める。②第2に、国および国民の環境保全責務を定めるものがある。たとえば、リトアニア憲法（53条3項）は、環境を有害な影響から守るべき国と国民の責務を定める。③第3に、国民の環境保全責務のみを定めるものがある。すなわち、エストニア憲法（53条）は、人間及び自然の環境を保全し、環境に損傷を加えた場合にはそれを補償しなければならない国民の責務を定める。④第4に、国および国民の環境保全責務のほか、国民の環境権を定めるものがある。すなわち、スペイン憲法は、45条1項で、「各人は人格の発展にふさわしい環境を享受する権利を有し、かつそれを保持する義務を負う」と定め、同2項で、公権力は「環境を保全しかつ回復する」ために、「天然資源の合理的な利用について配慮しなければならない」と定める。⑤第5に、国の環境保全の責務と国民の環境権を定めるものがある。たとえば、ラトヴィア憲法（第8節115）は、国は、環境条件に関する情報を提供し、環境の維持と改善を奨励することによって、「各人が博愛的な環境の中で生存する権利」を守らなければならない旨定める。ちなみに、憲法典に何らかの環境保全条項を定める国は、1991年の時点で、40ヵ国以上に達している（D. Shelton, Human Rights, Enviromental Rights and the Right to Environment, 28 Stanford Journal of International Law 104 (1991))。

(3) 大阪弁護士会環境権研究会編・環境権（1973）87頁。

(4) 1993年3月に読売新聞社が行った世論調査によると、憲法改正により環境権を採用することを支持するものは7割をこえている（読売新聞1999年3月22日朝刊）。

(5) 20a条の制定の経緯については、Vgl.; M. Kloepfer, Umweltrecht, 2. Aufl., (1998) S. 120f.；阿部照哉「ドイツにおける憲法上の『環境権』論争」法学論叢100巻4号（1977）1頁以下、松浦寛「西ドイツ基本法における『環境基本権』の法的地位と性格」阪大法学114号（1980）67頁以下、浅川千尋「最近のドイツにおける社会的基本権と社会的国家目標規定をめぐる議論について」現代国家の制度と人権（榎原猛先生古希記念論文集）（1997）448頁以下、広渡清吾・統一ドイツの法変動（1996）329頁以下。

(6) M. Kloepfer, Umweltschutz als Verfassungsrecht: Zum neuen Art. 20a GG, DVBl 1996, S. 74；なお、国家目標規定については、ヴィンフリート・ブローム

（大橋洋一訳）「社会的基本権と憲法における国家目標規定」自治研究70巻5号（1994）59頁以下、同7号29頁以下を参照。

(7) R. Scholz, in: Maunz/Dürig/Herzog (Hg.), Grundgesetz, (Lfg. 32 1996) Art. 20a Rdn. 18.

(8) 20a条の制定にあたっては、各政党間でいくつかの点で対立がみられた。そのひとつが、20a条の実現にあたって立法府の裁量をどの程度認めるかであった。すなわち、キリスト教民主・社会同盟（CDU/CSU）は、環境保全は経済成長等の憲法に根拠をもつ他の法益や目標と均衡のとれた形で実現されるべきであるとする立場にたって、20a条の実現にあたって立法府の裁量をひろく認める定式、すなわち、「国は、人間の自然的生命基盤を保全する。詳細は法律で定める」という定式を支持した。これに対して、社会民主党（SPD）は、CDU/CSU案は環境保全の実現の方法と程度を単純立法者に委ねてしまい、その結果、環境保全という国家目標を「第二級の国家目標に格下げすることになる」として同案に強く反対し、国は「自然的生命基盤を特別に保全する」という法律の留保を伴わない定式を支持した（R. Scholz, a.a.O., Rdn. 23）。

(9) R. Scholz, a.a.O., Rdn. 35.

(10) ディートリッヒ・ムルスヴィーク（岡田俊幸訳）「国家目標としての環境保護」ドイツ憲法判例研究会編・人間・科学技術・環境（1999）260頁；Vgl. D. Murswiek, in: Sachs (Hg.), Grundgesetz, 1996, Art. 20a Rdn. 17。

(11) R. Scholz, a.a.O., Rdn. 36；なお、憲法制定者は「自然的生命基盤」を「環境」と同義に使用するとともに、「環境」を「精神的・社会的環境」（psycho-soziale Umwelt）から区別された「自然的環境」（natürliche Umwelt）の意味で使用した（ibid., Rdn. 36）。

(12) ibid., Rdn. 36.

(13) ibid., Rdn. 36；ちなみに、州憲法で文化遺産等が保全対象に含められる場合には、自然的生命基盤とは別個に明記されるのが普通である。たとえば、バイエルン州憲法3条2項（1984年改正）は、「国は、自然的生命基盤と文化的伝統を保全する」と定め、バーデン・ヴュルテンベルク州憲法86条（1986年改正）は「自然的生命基盤、景観および芸術・歴史・自然の遺産は、国と地方公共団体による保全と配慮を享受する」と定める。

(14) M. Kloepfer, Umweltrecht, S. 125.

(15) Müller-Bromley, Staatzielbestimmung Umweltschütz in Grundgesetz, 1990 S. 104（M. Kloepfer, Umweltrecht, S. 124での引用による）.

II 環境と憲法

(16) D. Murswiek, a.a.O., Rdn. 29；参照、ドイツ憲法判例研究会編・前掲書261頁。

(17) R. Scholz, a.a.O., Rdn. 36.

(18) R. Scholz, a.a.O., Rdn. 38; D. Murswiek, a.a.O., S. 656.浅川・前掲論文454-5頁参照。

(19) R. Scholz, a.a.O., Rdn. 39.

(20) ibid., Rdn. 39；なお、緑の党の案については、浅川千尋「西ドイツにおける国家目標規定『環境保護』をめぐる最近の議論について」阪大法学40巻2号(1990)105頁を参照。

(21) D. Murswiek, a.a.O., Rdn. 23-25.

(22) 20 a 条の制定にあたって、合同憲法委員会は、同条にいう「自然的生命基盤」には「動物保護」は含まれていないとする立場をとったため、「動物保護」に関する国家目標規定を別途定めるべきかどうか論議されたが、結局定められなかった(R. Scholz, a.a.O., Rdn. 37)。なお、この点については、参照、岡田俊幸「統一ドイツにおける『動物保護』の国家目標規定をめぐる議論」『伝統と創造』（古川教授退官記念論文集）(2000) 171頁以下、浅川・注(6)論文455-6頁。ちなみに、いくつかの州憲法には、「動物保護」に関する明文規定が採用された。たとえば、バイエルン州憲法141条（1984年改正）は、「動物は生物及び被造物として尊重され、保護される」と定め、チューリンゲン州憲法(1993) 32条は、「動物は生物かつ被造物(Mitgeschöpfe)として尊重される。動物は種にふさわしくない飼育及び避けることができる苦痛から保護される」と定めるほか、ブランデンブルク州憲法(1992) 39条3項、ニーダーザクセン州憲法(1993) 6 b条が同様の定めをしている。

(23) D. Murswiek, a.a.O., Rdn. 31.

(24) R. Scholz, a.a.O., Rdn. 37；ちなみに、「動物保護」は20 a 条の保全の対象に含まれているとする見解は、合同憲法委員会の公聴会で、バドゥラ(Peter Badura)やデニンガー(Erhard Denninger)によっても主張された（岡田・前掲論文173頁）。

(25) M. Kloepfer (Hg.), Umweltstaat als Zukunft, S. 12.

(26) ドイツ憲法判例研究会編・前掲書262-3頁；D. Murswiek, a.a.O., Rdn. 32；なお、「リスク」については後述する。ちなみに、いくつかの州憲法では「節約の原理」を明文化している。たとえば、ブランデンブルク州憲法(1992) 39条4項は、「州の環境保全政策は、原料を節約して利用・再利用すること、及び、エ

12 ボン基本法の環境保全条項（20 a 条）に関する一考察［岩間昭道］

ネルギーを節約して利用することをめざさなければならない」と定めるほか、チューリンゲン州憲法（1993）31条3項、バイエルン州憲法（1984年改正）141条も「節約の原理」を明文化している。

⑵ M. Kloepfer, Umweltrecht, S. 126；ミヒャエル・クレプファー（高橋明訳）「国家目標としての環境保護」阪大法学46巻3号（1996）167頁参照。

⑻ R. Scholz, a.a.O., Rdn. 41-42.

⑼ D. Murswiek, a.a.O., Rdn. 58-9；ドイツ憲法判例研究会編・前掲書271-2頁。

⑽ ドイツ憲法判例研究会編・前掲書263-4頁：D. Murswiek, a.a.O., Rdn. 33-38.

㉛ 同263-4頁；ここから、ムルスヴィークは、20 a 条は費用帰責原則として原因者負担原則（Verursacherprinzip）を要求していると解すべきだと主張し、この点に20 a 条の「実務上の意義」があるとする（同書265頁）。ちなみに、クレプファーは、こうした解釈に反対する（クレプファー・前掲論文167頁）。

㉜ 同書263頁：ibid., Rdn. 33-36.

㉝ 同書263頁：ibid. Rdn. 36.

㉞ M. Kloepfer, a.a.O., S. 118；なお、リスク概念については、参照、桑原勇進「国家の環境保全義務序説（四・完）」自治研究71巻8号（1995）110-112頁。

㉟ R. Steinberg, Der ökologischer Verfassungsstaat, 1998, SS. 11, 25ff；ちなみに、シュタインベルクによれば、人口の増加、資源の有限性、経済発展への要求等にかんがみると、人類の未来は科学技術の革新にかかっているが、科学技術の革新は新しいリスクの産出を伴わざるをえず、こうした意味では「リスク社会」は人類の繁栄にとっての「不可避的な前提条件」である。しかし、同時に、「リスク社会」は人間の生存の基礎をなす自然環境を脅かすことになる。こうして、シュタインベルクによれば、「自然的生命基盤」を保全することは現代立憲国家にとっての重要課題となり、近代に成立した立憲国家は、今日では「環境立憲国家」（ökologischer Verfassungsstaat）という新しい段階をめざすことになる（ibid., SS. 25ff.）。そして、シュタインベルクは、こうした認識にもとづいて、「テクノ・ストラクチャーの支配」に堕することなく「環境立憲国家」が成立するための条件を追求する（ibid., SS. 379ff.；参照、ルドルフ・シュタインベルク（小野寺邦広訳）「環境立憲国家について」ドイツ憲法判例研究会編・前掲書235頁以下）。

㊱ M. Kloepfer, a.a.O., S. 118.

㊲ D. Murswiek, a.a.O., Rdn. 49-50；前掲書268-9頁。なお、クレプファー

II 環境と憲法

　　も、リスクが「危険」の水準に達したときにはじめて対処しようとしても手後れ
　　だとして、「リスク」を「適切に減少させる」ことが環境政策の課題だと説き、リ
　　スクに対する事前の配慮にある程度積極的な姿勢を示している（M. Kloepfer
　　(Hg.), Umweltstaat als Zukunft, S. 15）。
(38) R. Scholz, a.a.O., Rdn. 9-10.
(39) M. Kloepfer, a.a.O., S. 128.
(40) D. Murswiek, a.a.O., Rdn. 42-43；前掲書266頁。
(41) ibid., Rdn. 44；なお、ムルスヴィークは、たとえば、道路や工場の建設等は
　　具体的な場所で「悪化」を生じさせることになるが、こうした「悪化」にたいし
　　て他の個所での改善が行われる等の適切な調整がなされるならば、こうした「悪
　　化」は「一般的な悪化の禁止」に反するわけではないとする（ibid., Rdn. 44）。
(42) ibid., Rdn. 45.
(43) ibid., Rdn. 46-7；前掲書267-8頁。
(44) ムルスヴィークによれば、多くの市民や政治家は「社会保障や社会的公正を配
　　慮する国の責務は、基本法20条の社会国家目標によって定められて」おり、そこ
　　から「経済成長に向けた経済政策を推進する国の責務が導出」され、したがって、
　　「経済的利益とエコロジー的利益が衝突した場合、基本法に環境保全規定が欠けて
　　いるかぎり、常に経済的利益が勝利する」と考えた（前掲書257-8頁）。なお、環
　　境保全条項の採用をめぐる論議については、阿部・前掲論文5頁以下、松浦・前
　　掲論文68頁以下、浅川・前掲注(20)論文121頁以下参照。
(45) ドイツ憲法判例研究会編・前掲書258頁。もっとも、クレプファーは、1994年の
　　論説の中では、環境保全の重要性にかんがみ、環境保全に関する国家目標規定を
　　基本法に採用することを支持している（M. Kloepfer (Hg.), Umweltstaat als
　　Zukunft, (1994) S. 38）。
(46) Vgl., D. Murswiek, a.a.O., Rdn. 14.
(47) 「生存に必要な最低限度の自然環境」は、たとえば、基本法2条2項により（M.
　　Kloepfer, a.a.O., S. 116）、あるいは2条2項と1条1項の結合により（R.
　　Scholz, a.a.O., Rdn. 8）、基本法上保障されていると解されていた（この点に
　　ついて、参照、阿部・前掲論文7頁、松浦・前掲論文77頁）。
(48) 参照、松浦・前掲論文67頁。
(49) ライナー・ヴァール（小山剛・吉村良一訳）「環境保護と憲法」立命館法学237
　　号（1994）188頁、R. Scholz, a.a.O., Rdn. 30。
(50) 環境保全に関する国家目標規定の採用を支持する人々は、同規定が市民に対し

て私的領域で環境を保全するように行動する教育的効果をもつことを期待した（浅川・前掲論文111-2頁）。また、ヴァールによれば、環境保全に関する国家目標規定の採用を支持する人々が重視したのは、その採用により、「市民にとって憲法が内容において魅力的なもの」となり、「市民が憲法および国家とアイデンティファイできる」ようになること、つまりは、「憲法の統合機能」が強化されることであった（ライナー・ヴァール・前掲論文184、202頁）。また、クレプファーも、環境保全に関する国家目標規定を採用することの意義として、環境保全という法益が強化されることのほかに、憲法を市民により身近なものにするという政治的意義を指摘している（クレプファー・前掲論文185頁）。

(51) クレプファー・前掲論文75-6頁。
(52) クレプファーは、一方で、「環境を手に入れたが、自由が損傷を蒙ることになるならば、それは人間にとって一体何になろうか」と問いつつ（ibid., S. 3）、他方では、「自由を守ったとしても、環境が損傷を蒙るならば何になろうか」と問い（ibid., S. 37）、こうして、将来の「環境国家」は、両者の間に「最適化（Optimierung）の道」を発見し、「健全な環境」と「人間的な政治システム」の両方を確保しなければならないと主張する（ibid., S. 37）。

13 憲法問題としての環境裁判の現在
――環境権・人格権と差止請求の概観――

井　上　典　之

　　はじめに
　1　「環境権」論と裁判所の応答
　　(1) 権利としての「環境権」
　　(2) 裁判所の消極的反応
　2　「人格権」論に基づく環境裁判
　　(1)「人格権」に基づく差止請求とその適法性
　　(2) 受忍限度と公共性
　3　環境裁判の限界と将来への課題

　　はじめに

　1960年代以降、我が国における高度経済成長のマイナスの側面として、各地で工場や大規模公共施設による公害が発生した。それは、大気汚染、水質汚濁、騒音、振動などによる著しい環境の悪化と、人間の生命・健康に対する被害をもたらし、深刻な社会問題にまで発展した。このような現実に直面したとき、まず、人間が人間として生存するためには環境の破壊による個人・住民に対する被害が発生する前に、被害の原因である公害を除去し、その被害を減少させることが肝要であるとの認識が生み出された。以上の説明は、通常、環境保護についての問題を論ずる際の一般的な出発点として指摘されているものである。そこには、公害に端を発する環境破壊とそれによる被害の発生という事実についての確認と、そこから生じた社会問題に対処する必要性という規範的レベルでの問題の指摘が含まれている。そして、この後者の規範的レベルでの観点から公害による環境破壊および人間に対する被害の除去のための法的手段として提唱されたのが、人権

としての「環境権」というものであった[1]。

この「環境権」というものは、公害対策の1つとして1969年に制定された東京都公害防止条例において、憲法25条の生存権の派生原理としての「健康で安全かつ快適な生活を営む権利」が「公害によってみだりに侵されてはなら」ず、他者のそのような権利を侵害する「公害の発生原因となるような自然及び生活環境の破壊行為」の禁止、および、都民のその権利を保障する義務を果たすために東京都は「あらゆる手段をつくして公害の防止と絶滅をはか」ることという原則の明示的列挙、ならびに、翌1970年3月の東京における公害に関する国際シンポジウムにおける宣言の中の「健康や福祉を侵す要因にわざわいされない環境を享受する権利」という文言に端を発し、当時、公害裁判への取り組みにおいて訴訟を続行していく上で新しい権利の必要性を感じていた大阪弁護士会所属の弁護士によって積極的に受けとめられ、基本的人権として確立することが提唱されたことに由来し[2]、環境保護の法的理念において重要な意義を与えられるに至ったものである。そこで以下では、裁判を行う上での必要性から提唱された「環境権」が実際にどのような内容のものとして、またどのように裁判所によって扱われているのかを、それが問題とされた公共施設・事業の差止請求事件を取り上げることで概観し、その上で、環境破壊によって生ずる被害に対する裁判上の救済をめぐる憲法問題の内容の検討を行い、環境保護における1つの憲法的側面の現状を簡略的に考えてみることにする。

1 「環境権」論と裁判所の応答

(1) 権利としての「環境権」

環境を保全し、良好な環境の中で国民が生活できるようにするために新しい人権としての「環境権」が提唱されたという背景からすれば、その内容が「われわれには、環境を支配し、良き環境を享受しうる権利があり、みだりに環境を汚染し、われわれの快適な生活を妨げ、あるいは妨げようとしている者に対しては、この権利に基づいて妨害の排除または予防を請求し得る権利がある」[3]とされた

のも当然のことであった。そして、高度経済成長の負の遺産として我が国が公害・環境破壊の先進国になっていたことも手伝って、学説は、「自然環境との関係で成立する一種の『人格権』」ととらえるか、人間の「生物的存在としての生存権」ととらえるかといったニュアンスの相違はあるものの、概ね「環境権」論には好意的な立場を示している[4]、とされる。

　しかし、一般的な理解に基づいて、「環境権」を「健康で安全かつ快適な生活を維持する条件としての良好な環境を享受する権利」ととらえると、「良好な環境」という言葉によって何を取り上げるのかという点で「環境権」の射程および法的権利性に違いが出てくる。これについては、特に「環境権」提唱の出発点において、「長年にわたって築きあげてきた社会的環境、すなわち、道路、港湾、橋などのような社会生活に不可欠な要素、あるいは、長い間馴れ親しんできた景観、あるいは人間の歴史の上に築かれた文化的遺産といったものも、広く人間生活を豊かにする価値のある資源という意味においてこの『環境』の中に包含されるべきであ」り、「これらの環境は、われわれが健康で文化的な生活を営むうえにおいて必要不可欠のものであるから、これを利用しうる機会は、当然万人に平等に保障されていなければならない」[5]として、「環境権」にいう「環境」の範囲は非常に広くとらえられていた。そのために、その後の「環境権」論では、人間の生活に関わる大気、水、日照、静穏などの自然環境だけでなく、広く寺院、遺跡・家並みなどの歴史的・文化的環境や道路や港湾、橋、公園・学校、電気やガスなどのライフラインといった社会的環境をも含むとする主張がなされ、必ずしもその範囲についての意見の一致をみずに展開されていた[6]。そして、自然的景観の一部を成し、人間にとってかけがえのない文化を形成し、ひとたび失われると取り返しのつかない価値を有すると考えられる歴史的な文化遺産[7]はともかくとして、社会的環境に含まれる公共施設は、その性質上、多少なりとも自然的な環境の保全と矛盾・対立するものであって、そのように矛盾・対立するものが同じ「良好な環境」を構成する要素とされることは、「環境権」提唱の本来的な目的と矛盾するだけでなく、その憲法上の権利としての性格（請求内容の必要性・不可欠性・緊急性）が弱められる結果になってしまう、との考えが憲法学説から主張される[8]。

Ⅱ　環境と憲法

　以上のように、「環境権」の射程をどこまで認めるのかという問題はあるものの、「環境権」を提唱する学説においては、少なくとも自然環境の保全をその中心におくという点での意見の一致[9]は存在しており、そのような観点から、「環境破壊に対する抵抗概念」という意味での「理念としての環境権」[10]、すなわち、環境保全ないしは環境保護のための積極的な施策（すなわち立法の整備による環境保護）を国・自治体に求める憲法上の根拠として「環境権」が利用できるということ（換言すれば、国・自治体という公権力による環境保護のための政策の立案とそれを実現するための憲法上の権限に関する正当化根拠として「環境権」が機能し得るということ）にも異論はない[11]。しかし、「環境権」が憲法上の権利として、言い換えると人権として提唱された背景には、公権力に積極的施策を行うための権限基盤を付与するためだけではなかった。むしろ、「環境権概念は、様々な公害裁判・環境権裁判で主張された」[12]と指摘されるように、より良い環境の中で生活を送るという観点から、そのような環境の享受を妨げられないとの側面に依拠して、公権力や私的事業者による環境破壊を予防・排除し、環境破壊によって被った損害の回復を裁判上求めるための請求権を引き出す根拠として「環境権」は利用されることを意図していた。そこで次に、この「環境権」の本来的機能領域になると考えられていた環境裁判の場面で、裁判所は、一体「環境権」についていかなる応答を行っているのかを概観することにする。

(2)　**裁判所の消極的反応**

　「環境権」を環境破壊の予防・排除のための請求権を引き出す根拠として裁判上用いる場合、通常、原告は、「環境権」侵害に基づく事業等の差止めを求めることになる。そして、それと同時に、環境破壊によって被った損害の回復を求めて、被害者は、損害賠償請求を行うことになる。このような「環境権」を根拠とする事業等の差止めおよび損害賠償請求が求められた訴訟は数多く存在する。例えば、航空機の騒音被害に対する夜間運行の差止めと騒音被害による損害賠償（大阪国際空港訴訟、厚木基地訴訟など）、火力発電所あるいは原子力発電所の建設・操業の差止め（伊達火力発電所建設差止訴訟、女川原発建設・操業差止訴訟、もんじゅ建設・

操業差止訴訟など)、湖の総合開発計画に基づく諸施設建設工事の差止め（琵琶湖総合開発計画差止訴訟)、道路の騒音・自動車の排気ガスによる侵害の差止め（国道43号線訴訟など）など、問題とされる状況も多岐にわたる。しかし、このような訴訟の数にも関わらず、最高裁判所はもとより、下級裁判所においても、今までのところ「環境権」に基づく請求をことごとく退ける判断を下している[13]。唯一、女川原発訴訟の第一審判決[14]が、裁判上の請求権の根拠としての「環境権」について、「原告らの主張する環境権が実定法上明文の根拠のないことは被告の指摘するとおりであるものの、権利の主体となる権利者の範囲、権利の対象となる環境の範囲、権利の内容は、具体的事案に即して考えるならば、必ずしも不明確であるとは即断し得ず、環境権に基づく本件請求については、民事訴訟法上、請求権として民事裁判の審査対象としての適格性を有しないとはいえない」とする好意的な判断を下しているにすぎない。ただ、この仙台地裁による東北電力に対する原告の訴えの適法性を根拠づけるための言明も、「原告らの環境権に基づく本件差止請求も、本件原子力発電所が原告らの環境に対し運転又は建設の差止めを肯認するに足りるほどの危険性があるか否かという点にかかるものということができる点においては、人格権に基づく請求と基本的には同一である」との判断が付け加えられており、「環境権」それ自体が独立した差止請求権の根拠として認められていたわけではない[15]。

　裁判所が「環境権」に基づく請求を否定する主たる理由としては、憲法との関係で「環境権」なる人権を明文で保障する規定の不存在が挙げられる。通常の場合、「環境権」の根拠規定としては、国民の生命・自由・幸福追求に対する権利を保障した包括的人権規定としての憲法13条と健康で文化的な最低限度の生活を営む権利を保障した憲法25条が考えられている[16]。しかし、このような見解に対して、伊達火力発電所建設差止訴訟の第一審判決[17]は、給付の内容「を基礎づけるところの権利の存否については、本案審理の問題として扱うのが相当」との判断から訴えの適法性は承認しつつ、本案での権利の存否について、「環境権の憲法上の根拠とされる13条や25条は、国の国民に対する責務を定めた綱領規定であり、これらの規定自体は、個々の国民に、国に対する具体的な内容の請求権を付与し

II 環境と憲法

たものではなく、国以外の私人を相手とする私法上の具体的請求権を定めたものでもない」とした。ここでは、憲法13条や25条の具体的権利性に対する消極的判断と、国以外の私人に対した場合の当該規定の私権性の否定が決め手になるような論法が用いられている。ただ、この事件で札幌地裁は、上述の判断に続けて、「環境を普遍的に一定の質を持ったものとして、地域住民がそれに対する排他的支配権を共有すると考えることは困難であって、立法による定めがない現状においては、それが直ちに私権の対象になり得るだけの明確かつ強固な内容および範囲を持ったものであるかどうか、甚だ疑問なしとはしない」という見解も示した。

同じような論法は、道路の供用による一定量の騒音および二酸化窒素の居住地内への侵入の差止めを求めた国道43号線訴訟の第一審判決[18]でも展開される。そこでは、「環境権は、個々の住民が地域的な生活環境を破壊する行為に対し、訴訟においてその差止めを求めることができる権利」であるとする原告の主張に対して、そのような主張による「環境権」は「物権など個々の権利を有する者に限って従来認められてきた妨害予防及び妨害排除請求権の行使を、これら個々の権利を有しない者にも広く権利として行使することを承認し、訴訟における当事者適格や訴の利益に関する審査を経ることなく、すべての訴訟を通じて環境の保全を図ることを目的とする」ものと考えられるが、「現行法上環境の保全については、国民や住民の多数決原理による民主的な選択に基づく立法及びこれを前提とする行政の諸制度を通じ、総合的な視点に立って実現すべきことが期待されているところであり、訴訟という限られた場において、また限定された対立当事者間において、これを実現すべきものとはされていない」とされた。そして、結局は、「環境権には、全く実定法上の根拠がないのみならず、その成立要件、内容、法律効果等も極めて不明確であり、これを私法上の権利として承認することは法的安定性を害し、到底許されるものではない」との判断が下された[19]。また、総合開発事業の一環を成す公共施設工事が地域の生態系を破壊し、水質の悪化等による住民の健康等に様々な被害をもたらすとして、琵琶湖をレクリエーションの場として利用し、そこを水源とする周辺の水道受給者等が当該工事の差止めを求めた琵琶湖総合開発計画差止訴訟の第一審判決[20]は、差止請求の根拠たる法的権利につ

いて、「憲法13条、25条の規定にしても、そもそも、憲法は国家と国民との間を規制するものであり、これにより私法上の権利を基礎づけることは困難で、また、憲法25条は、国の国民一般に対する政治的責務を定めた綱領規定であり、かかる規定からは私法上の権利の発生を根拠づけ難い」との判断と共に、「環境権なるものは実定法上の根拠もなく、その内容、要件等が抽象的で、不明確である等の多くの難点が存し、到底認めることができない。環境の問題は、私法上の権利義務についての紛争を解決するために設けられた民事訴訟ではなく、国民ないし住民の民主的選択に従い、立法及び行政の制度を通じて公法的規制により処理されるべきものである」との判断を下した。これらの裁判所による言明を総合的に考えてみると、裁判所の「環境権」否定の理由としては、実定法上の根拠の不存在と共に、「環境権」の持つ様々な権利としての問題点が挙げられることになる。すなわち、「環境権」は、その基盤たる各個人の権利対象となる環境の範囲、言い換えると、環境を構成する内容、性質、地域的範囲等が限定できず、差止めの法的根拠たる私権性を認めることが困難であること、自然環境ないしは地域的環境のような万人に共通する利益を一部の者のみが排他的に支配できるとする権利を認める根拠および裁判の及ぶ範囲についての疑問が存するということ、現行法上環境保全は訴訟という限られた場ではなく、まず民主的決定に基づく調整によること、などである[21]。ただ、このような否定理由は、実は前述の女川原発訴訟第一審判決の判断の中で示されている通り、「具体的・個別的事案」に即して考える限り一定の範囲において克服可能な場合もあると考えられ、ほとんどの裁判所による判断のように、一般論として単純に「環境権」の権利性の否定から訴えを不適法としたり、あるいは請求を簡単に退けたりする理由として十分なものとなっているのかどうか、という点についてもう少し検討を要する問題になるといえるように思われる。

II 環境と憲法

2 「人格権」論に基づく環境裁判

(1) 「人格権」に基づく差止請求とその適法性

以上のように、裁判所は、「環境権」に基づく請求には確かに消極的な姿勢を示すが、環境破壊に対して救済者たる役割を全面的に放棄しているかといえば、必ずしもそうとは言い切れない部分もある。要するに、裁判所は、いわゆる「プライバシーの権利」や「自己決定権」のようなある程度その内実を特定・明確化できるものとは異なり、「環境権」という得体の知れない不確かなものを新しい人権・憲法上明文で保障されていない権利として承認することを拒んでいるのである（同じことは憲法学説で主張されている「平和的生存権」にも妥当する）。したがって、環境破壊が特定の人間ないしは人間集団の生命や健康あるいは日常生活に対して具体的で不利益的に影響を及ぼす限り、裁判所は、従来から一般的な個人的権利として認められてきた「人格権」の名において、妨害の排除ないしは予防の請求の法的根拠を認めればよいと解することになる(22)。

この「人格権」論は、個人の生命・身体・生活に関わる利益が各人の人格に本質的なものであるという見地から、その総合的な保障を「人格権」という名称の下に認めようとするものである。そして、特定の個人の人格的利益の侵害にわたるような環境破壊については、憲法13条等による憲法的価値づけを基礎にして、当該個人の人格にとって不可欠で明確な内容を持つものであることが認められる場合には、その人格的利益が公法上もしくは私法上の法理と手続に従って保護されるべきであるのは当然であるので、新たな「環境権」という概念を用いなくても「人格権」の名において裁判上の請求権を基礎づければよい(23)、とされるのである。

この点については、我が国初の本格的な公害予防・環境保全訴訟として、国によって管理・運営されている大規模公共施設としての空港への航空機の夜間時間帯における離発着の差止めが求められた大阪国際空港訴訟の第2審判決(24)が、「個人の生命・身体・精神および生活に関する利益は、各人の人格に本質的なも

のであって、その総体を人格権ということができ、このような人格権は何人もみだりにこれを侵害することは許されず、この侵害に対してはこれを排除する権能が認められなければならない」との判断で示した。そして、その上で、大阪高裁は、「人は、疾病をもたらす等の身体的侵害行為に対してはもとより、著しい精神的苦痛を被らせあるいは著しい生活上の妨害を来す行為に対しても、その侵害行為の排除を求めることができ、また、その被害が現実化していなくともその危険が切迫している場合には、予め侵害行為の禁止を求めることができるものと解すべきであって、このような人格権に基づく妨害排除請求権が私法上の差止請求の根拠となり得るものということができる」として、「原告らの人格権に基づく差止請求を認容するので、原告ら主張の環境権理論の当否については判断しない」という見解を展開した。その結果、この人格権に基づく差止・損害賠償請求という構成がその後の環境裁判で広く採用されることになったのである。

環境破壊に対する差止請求権を導き出すための根拠としての法的権利たる「人格権」の存在が認められることによって、裁判所において人気のない「環境権」という憲法上の権利に依拠しなくても個人の静穏な生活に対する妨害排除請求の訴えが裁判上適法とされるきっかけは与えられるようになった。ただ、勿論だからといってすべての裁判上の差止請求に対する障害が「人格権」論によって突破されたわけではない。例えば、大阪国際空港訴訟の最高裁判決[25]は、国側によって展開されてきた異議[26]を採用し、以下のように公権力の行使に基づく権力分立原理と訴訟手続法上の形式論[27]によって、環境問題に対処すべき裁判所の救済権限に対する障害を新たに創り出した。「そもそも法が公共用飛行場についてこれを国営空港として運輸大臣が自ら設置、管理すべきものとしたゆえんのものは、これによって航空行政権の行使としての政策的決定を確実に実現し、国の航空行政政策を効果的に遂行することを可能とするにある。そのような国営空港の特質を考慮に入れるならば、空港の離発着のためにする供用は運輸大臣の有する空港管理権と航空行政権という2種の権限の、総合的判断に基づいた不可分一体的な行使の結果であり、被上告人（＝原告・地域住民：井上）の請求は、事理の当然として、不可避的に航空行政権の行使の取消変更ないしはその発動を求める請求を包

II 環境と憲法

含することになる。そうだとすると、行政訴訟の方法によりなんらかの請求をすることができるかどうかはともかくとして、いわゆる通常の民事上の請求として私法上の請求権を被上告人らが有するとの主張の成立すべきいわれはなく、狭義の民事訴訟の手続により一定の時間帯につき本件空港を航空機の離発着に使用させることの差し止めを求める請求にかかる部分は、不適法というべきである」。結局、この最高裁大法廷判決によって、妨害排除のための差止請求という裁判救済を求めることの実体法上の適法性を「人格権」論によって突破しようとする原告・住民の立論に対して、権力分立原理に基づく訴訟手続の形式論でその請求が不適法として却下されてしまったのであった[28]。

　この訴訟手続の形式論に基づく論法は、基地の地域住民によって同じく民事訴訟により航空機の夜間離発着についての差止請求が行われた厚木基地訴訟の最高裁判決[29]でも用いられている。そこでは、確かに軍用基地としての飛行場の供用行為の法的性質についての言及はないが、基地周辺住民との関係での自衛隊機の運航に関する防衛庁長官の権限行使の性格を「公権力の行使」に当たる[30]として、原告・住民による人格権に基づく夜間の航空機の離発着差止めという「請求は、必然的に防衛庁長官に委ねられた……自衛隊機の運航に関する権限の行使の取消変更ないしその発動を求める請求を包含することになるものといわなければならないから、行政訴訟としてどのような要件の下にどのような請求をすることができるかはともかくとして、右差止請求は不適法というべきである」との判断が下された。結局、民間用であろうと軍用であろうと大規模公共施設としての空港・飛行場周辺の住民が人格権侵害を理由として夜間の航空機の供用差止めを民事訴訟で求めても、最高裁は、それを不適法として実体判断に至らず、妨害排除という直接的な救済に対しては消極的姿勢を崩さなかったということができる。

　人格権に基づく差止請求の適法性についての裁判所の消極的判断は、道路の設置管理権者としての国の責任が問われた前記国道43号線訴訟の第一審判決[31]でもみられた。そこでは、一定値を超える騒音と二酸化窒素を居住地内へ侵入させる道路の供用の差止請求の「内容は、考えられる限りのあらゆる作為を並列的、選択的に求めているもの」であって、それは「複数の措置（作為）についての請求

を包含し、その作為の内容が特定されているとは到底いえない」として、抽象的不作為請求を不適法と判断しながらも、それに付け加えて、「道路の供用廃止、自動車の騒音や排ガスの規制強化、交通規制のいずれかの措置を求める趣旨であるとすれば、それはいずれも行政行為を求める結果となり、それぞれの権限を有する行政庁を相手とする行政訴訟を提起すべきものである」として、民事訴訟による差止請求が不適法であるとされたのであった。

ところが、この第1審の判断に対して、第2審判決[32]はそれを覆し、差止請求の適法性は認めた。その理由として、第1に、原告の求める抽象的不作為による差止「請求が許容されるためには、まず少なくとも原告らに属する排他的な権利の違法な侵害がある場合でなければならない」として、差止請求の根拠についての判断が示された。それについて、大阪高裁は、前記大阪国際空港訴訟の第二審判決のときと同じように、「人は、平穏裡に健康で快適な生活を享受する利益を有し、それを最大限に保障することは国是であって、少なくとも憲法13条、第25条がその指針を示すものと解される。かかる人格的利益の保障された人の地位は、排他的な権利としての人格権として構成されるに値する……。もっとも、人格権として保護されるべき法益は、生命、身体及び健康から日常の平穏かつ快適な生活まで多様であるが、それらの侵害に対して差止が容認されるのは、その侵害が基本的に違法と判断される場合でなければならない。……確かに、人格権には差止という強力な効果が付与されるだけに、その内容が明確であることを要するのはいうまでもないところ、一般論としてその外延になお不明確な部分がないわけではなく、それをどのように画すべきかは一箇の問題であることは否定でき」ないが、「原告らが主張する保護法益が、人格権の中心的内容になることは動かし難いところで、そこに疑義を差し挟む余地はないというべく、重要な法益の違法な侵害が存する限り差止請求権が派生すると解すべきであって、一般論として外延が不明確であるからといって、人格権の法的構成自体を否定してかかる論には左袒できない」として、「人格権」論に基づいて差止請求権を根拠づけた[33]。その上で、大阪高裁は、第一審が提示した差止請求の不適法性を否定するために、「被害を受けている者が、その被害を将来に向けて回避するという観点から、直截に救

済を求めるには、原因の除去を求めることが必要であると同時に、それで十分というべきである」として、原告の求める抽象的不作為請求の趣旨の特定性を認定すると共に、「抽象的不作為としての差止は、その目的を達成する方法として、行政庁による道路の供用廃止、路線の全部または一部廃止及び自動車の走行制限といった交通規制等の公権力の発動によることを要する場合のほか、道路管理者による騒音等を遮断する物的設備の設置等の事実行為も想定できるところ、原告らは、公権力の発動を求めるもので」はなく、「本件は管理権の作用を前提とするところ、それにもかかわらず異別に解しなければならない特段の事由は認め難いというべきである」として、民事訴訟による差止請求の適法性を認定した。最高裁判決[34]も、民事訴訟たる差止請求そのものの適法性には触れずに道路という公の営造物の供用差止にかかる実体判断を示したことから、少なくとも道路騒音に関しては、大阪国際空港訴訟や厚木基地訴訟の最高裁判決で展開された訴訟手続上の形式論的問題の射程外にあることが示されている[35]。

(2) 受忍限度と公共性

国道43号線訴訟の第2審判決[36]や最高裁判決[37]が示す通り、道路の騒音等による生活妨害については、人格権侵害に基づく民事訴訟としての差止請求それ自体の適法性は認められた。しかし、本案においてその請求が認められるためには、「騒音等の程度が、社会の一員として社会生活を送る上で受忍するのが相当といえる限度を超えているかどうかによって決せられる」べきものと考えられる違法性の審査を行い、騒音の程度がその受忍限度を超える違法なものと認定されることが必要とされる。そこでは、侵害の態様とその程度、被侵害利益の性質とその内容、侵害行為の公共性、発生源対策、防止策、行政指針および地域性等を総合的に判断することが必要とされるが、住民の受ける「被害の内容が日常生活における妨害にとどまる」のに対して、「本件道路がその沿道の住民や企業に対してのみならず、地域間交通や産業経済活動に対してその内容及び量においてかけがえのない多大な便益を提供しているなどの事情」を考慮すれば、結果としては差止めを認容しなければならないほどの違法性は認められないと判断されることにな

る。ここに、訴えの適法性のハードルをクリアした後の違法性判断における受忍限度と公共性の問題が出てくるのである。

このように、たとえ「人格権」に基づく差止請求の適法性が認められてもそれだけで原告の請求が簡単に認容されるわけではないことは、多くの「人格権」論に基づく環境裁判が示すところである。例えば、琵琶湖総合開発計画差止訴訟の第一審判決[38]は、「人格権に基づく差止請求権が発生するか否かは、抽象的には、被侵害者の被る（もしくは、被るであろう）人格権の侵害の程度と差止により侵害者の活動の自由を制約することにより発生する損害を比較し、侵害の程度が被侵害者の受忍限度内か否かにより決せられるべきものである」とした上で、立証の程度について、差止請求はそのような「受忍限度を越えた侵害の発生が高度の蓋然性をもって立証できたときに、認められるものと解するのが、相当である」との判断を下している。そして、これらの問題について差止請求の一般原則という形で示しているのが長良川河口堰建設差止訴訟の第1審判決[39]である。そこでは、この一般原則を次のように述べた。「およそ、公共的な目的を有する事業の差止請求が認容されるためには、差止めの対象とされた事業の実施によって、請求者の排他的な権利が侵害され、又は将来侵害されるおそれがあり、その侵害行為によって請求者に回復し難い明白かつ重大な損害が生じ、その損害の程度が、当該事業によってもたらされるべき公共の利益を上回る程のものであって、その権利保全することがその事業を差止めることによってのみ実現されることを高度の蓋然性をもって立証することを要するものと解すべきである。しかも、当該事業によってもたらされる公共の利益を犠牲にしても、なおかつその事業を差止めることによって請求者の権利を保全することが、社会、公共の見地からも容認されるものであることも必要とすると解するのが相当である」[40]。

このように、公共事業そのものを差止めようとする場合には、事業の公共性が請求認容の前に大きく立ちはだかることになる。この点は、女川原発訴訟の第一審判決および第2審判決でも見られる。しかし、そのような公共性は、問題とされる公共事業そのものの危険性あるいは公共施設による被侵害利益の侵害そのものを否定するするわけではない。例えば、女川原発訴訟の第一審判決は、「本件原

II　環境と憲法

子炉施設においては、一般環境への放射性物質の放出を抑制するための対策が講じられているものの、その運転により一定の放射性物質を環境に放出することは避け難く、……抽象的には、原告らの生命・身体に障害発生の可能性があることは否定し得ない」としながらも、「しかしながら」として、「電力需要の観点からして、本件原子力発電所の必要性が存在することを考え合わせると、原子炉施設に求められる安全性とは、その潜在的危険性を顕在化させないよう、放射性物質の放出を可及的に少なくし、これによる事故発生の危険性、平常運転時の被曝線量をいかなる場合においても、社会観念上無視し得る程度に小さいものに保つべき安全確保対策を講ずることによって、放射線による人間の生命・身体に対する障害の発生の可能性が社会観念上無視し得る程度に小さい場合には、原子炉施設の運転による生命・身体に対するおそれがあるとはいえないものとして、人格権又は環境権の違法な侵害に基づく差止請求を認めることはできないものと解すべきである」との結論を導き出した[41]。また、この事件の第2審判決も、「本件原子力発電所については、現時点において、一定の運転の必要性が認められる一方、これによって控訴人（＝原告：井上）らに被害をもたらす具体的な危険性があるとは認め難く、したがって、本件請求は理由がない」としながらも、「今後の本件原子力発電所及び他の原子力発電所等における運転状況ないしトラブル発生の状況、原子力発電所の必要性をめぐる各種の状勢の変化……などにより、将来において、本件原子力発電所の長期的ないし一般的な差止め（仮処分を含む。）を肯定すべき事態が生ずるかどうかは、別個の事柄というべきである」[42]とする。このような判断には、一般的なレベルでの電力需要から生ずる原子力発電所の必要性を環境一般および原告・住民の生命・身体に対する抽象的な危険性と比較して前者に軍配を上げ、差止請求の法的根拠たる「人格権」の内容となる生命・身体に対する障害発生の危険性が小さければその具体的侵害は発生しないとの見解が示されている。これに対しては、「環境保全の必然性がもつ本質からみて、いかなる『公共（公益）事業』といえども、環境保全の必然性を免れることができず、それに適合していなければならないという法則性が客観的に成立して」おり、ましてや「国民の生命・身体・健康に悪影響をあたえたり、侵害したりする『公共（公益）事業』は論

外であり、本来的に存在理由をもちえ」ない[43]、と考えることができるのではないだろうか。

この受忍限度あるいは公共性の問題は、国道43号線訴訟でより大きな疑問が投げかけられる。というのも、そこでの損害賠償請求について、最高裁は、「本件道路の公共性ないし公益上の必要性のゆえに、被上告人（＝原告：井上）らが受けた被害が社会生活上受忍すべき範囲のものであるということはできず、本件道路の供用が違法な法益侵害に当た」るとして、過去に発生した被害・損害の事後的救済には原告・住民側の主張に一定の理解を示している[44]からである。この点について、最高裁は、「施設の供用の差止めと金銭による賠償という請求内容の相違に対応して、違法性の判断において各要素をどの程度のものとして考慮するかにはおのずから相違があるから、右両場合の違法性の有無の判断に差異が生ずることがあっても不合理とはいえない」[45]と説明する。しかし、これでは、「原告は、論理的には、賠償請求権の消滅時効の完成を防ぎつつ、差止めを求めることができない侵害に対する賠償を請求して、繰り返し訴訟を提起せざるをえない結果となる」[46]。また、この事件の原告は、決して本件道路の完全な供用の差止めを求めていたわけではなく、実は損害賠償請求事件で最高裁が「実施された環境対策は、巨費を投じたものであったが、なお十分な効果をあげているとまではいえない」としたものについての改善要求、つまり騒音と二酸化窒素の基準値への削減を請求内容としていたにすぎない。そのような場合でも公共性を理由に差止請求が否定されるということは、結局、「原告らの被侵害利益が、本件道路を走行する自動車の発生する騒音等によって侵害されている」が、「差止請求の場合には、損害賠償と異なり、社会経済活動を直接規制するものであって、その影響するところが大きい」との懸念[47]が先行し、環境破壊そのものを直接防止しようとするわけではない過去に発生した生命・身体・生活利益への被害の賠償請求には応ずるが、環境保全そのものについては依然消極的であり続けている裁判所の姿勢が典型的に示されているものととらえることができるのではないだろうか。

II　環境と憲法

3　環境裁判の限界と将来への課題

　これまでの内容からも分かるように、裁判所は、公共施設・事業に対する差止請求についての環境裁判と呼ばれる訴訟において、問題の解決にかなり消極的な姿勢をとり続けている。そこには、歴史的・文化的環境をも含めた環境保全といった環境問題への対応は、立法や行政という積極的な国・自治体の活動がその本来的権限を持つのであって、裁判所の守備範囲ではないと考えている面がある[48]。また、科学技術上の問題が争いとなる事例において、例えば、女川原発訴訟の第一審判決では、「もしも、人間社会において存在する物質・機器・施設等、あるいは営まれる経済活動が、すべて、人間の生命・身体に対する侵害又は侵害の可能性が零でなければならないとするならば、原子力発電所のみならず……現代社会における文明の利器はそのほとんどがその存在を否定されざるを得ない」として、基本的には原子力発電所の危険性の存在についての立証責任を原告・住民側に負わせながら、危険性欠如の立証の必要性についてはその大半を被告側に課し[49]つつ、被告側によって提示された相当の根拠に基づき、原子力発電所の安全性についての合理性（公衆の被爆線量当量限度についての我が国の法令による規制数値の合理性および原子炉施設の基本設計に係る安全対策確保についての安全審査における原子力安全委員会の判断の合理性）が判定されている。結局、確かに、単に法的評価だけでなく科学技術的な争点をも内包する環境問題について、専門的見地から法制度において立法が整備され、環境問題への対策が立法や行政によって行われている現在、はたして裁判所はどこまで積極的にその領域に関与できるのか、ということは今後検討する必要があろう[50]。

　しかし、環境破壊によって個人が現実に被害を被っている場合、その救済は、やはり裁判所の守備範囲に入る。その場合には、過度に立法や行政への配慮さらには様々な訴訟形式上の理屈が本当に裁判所の救済権限の障害となるか否かは、もう少し詳細な検討を要する。ただ、そのような場合であっても、個人の生命や健康に対する侵害あるいは生活上の不利益が目に見える形で発生しているケース

が念頭におかれ、その限りで「人格権」を具体的請求の法的根拠となし得るにすぎないと考える点は問題となる。というのも、差止請求認容のための受忍限度の判定における公共性の問題が示すように、また、長良川河口堰建設差止訴訟の第２審判決(51)による「本件堰ゲート扉の閉鎖により、地震、洪水、高潮、津波などの災害の際に、控訴人ら個人個人の人格権が侵害される具体的な危険が存することや、本件堰ゲート扉閉鎖を伴う運用を継続することによる地盤漏水、環境破壊等により、控訴人ら個人個人の人格権が侵害される具体的な危険が存することは認定できない」との判断が示す通り、「人格権」論では、被侵害利益が結局は個人的なものとなるにすぎず、環境裁判の大きな目的の１つである生態系の保護をも含めた自然環境保全という問題には到底対処しきれないことはいうまでもないからである。そしてこの点は、一定基準以上の大気汚染物質の排出差止請求を認容した尼崎公害訴訟の第一審判決(52)を考慮に入れても同じことがいえる。すなわち、そこでは確かに、道路の「供用が沿道居住原告にもたらしている侵害は、単なる生活妨害というものではなく、人の呼吸器疾患に対する現実の影響であって非常に重大で」あり、「道路の限度を超えた供用を継続することは、沿道の広い範囲で、疾患の発症・憎悪をもたらす非常に強い違法性があり、それでも、なお、それらの道路の限度を越える供用を公益上の必要性のゆえに許容せざるをえない状況が阪神間に存するとは考え難い」として差止認容のための違法性を認定しており、その限りで裁判所の判決が環境保全について一定の効果を及ぼすことになるとはいえるが、その前提として、そこでの差止請求を「あくまで、健康被害又はその現実的危険が存在しているとの事実に基づくもの」と解し、その法的根拠を原告らの個人の「生命・身体を脅かされない人格的利益」に基づく人格権的請求権とする点では、この判決も従来の環境裁判と実質的にかわらないからである(53)。そこには、裁判上の請求の法的根拠としての「人格権」論の先行概念として、そもそも「環境権」を人間の生命・健康を守るための手段として展開してきたという問題が前提として存在する。確かに、人権としての「環境権」は、「人間としての権利」という人権の定義自体との関係で、その保護法益を人間の生命や健康、生活利益に求めなければならなかったという事情がある。その意味で、環

II 環境と憲法

境保全そのものが目的になるのではなく、将来をも含めた人間の生命・健康・生活利益を保護利益として、「環境権」が当該利益を守る手段に押しとどめられていた点は、実体的権利としてのレベルで再考を要するものといえる[54]。その際には、「環境破壊があれば、誰でもがすぐに差止めを起こせるのが環境権だということで議論を立ててしまったため、何か環境権の議論がおかしくなってしまった」ということを反省して、「環境権の狙いにしているのは、従来のような健康被害、あるいは人格権侵害という所まで行かない環境破壊の段階で、司法的な判断が受けられないと、環境ひいては人の健康なども守れないのではないか、という問題意識から出発している」ということを十分に認識し、その上で、「環境をどう保全するのかが本当の争点で、そのような争点を争う手段が日本の場合にはない」ということとの関係で、「自分の生命、身体、財産に侵害がないと、こういう問題については、行政の専権で誰も争えない」ということで本当にいいのか[55]という点について、訴訟制度の創設をも含めた法技術的なレベルでの議論の展開も今後は必要になろう。

自然環境というものは、決して個人的な支配の対象物ではあり得ず、それは、むしろ、個人はもとより地域や時間をも超えて人間が共有すべき公共物である。将来の人類のためにエコロジー論の観点から生態系の破壊を早い段階でくい止めるのに役立つような「環境」問題のための憲法論の理論構成を行い、その内容形成を精緻化していくことが次の世紀・世代に向けての現在の1つの大きな課題となっているように思われる。

(1) このような説明として、例えば、浦部法穂『[新版]憲法学教室Ⅰ』303頁(1994)では、「1960年代のいわゆる高度経済成長期以来、公害問題が深刻化し、大気汚染や水質汚濁は、直接に人の生命・健康を侵害するまでになった。こうした公害を防止し環境の保全を推進しようとする運動の中から、『環境権』という新しい権利の主張が生まれてきた」とするし、芦部信喜『憲法学Ⅱ人権総論』363～364頁(1994)も、「1960年代に始まる高度成長と表裏して大量に発生した……公害は、環境を著しく悪化させ、それに伴って、環境を保全し良好な環境の中で国民が人としての尊厳とそれに値する福祉を維持しつつ生活することができるよう、新し

い人権としての環境権が提唱されるに至った。これは、人の生命・健康を維持するためには、環境の破壊による個人や地域住民に対する被害が現実に生じる前に原因である公害を除去し、あるいは減少させること……が肝要だという認識に基づく」とする。また、高見勝利「環境権」畠山武道・木佐茂男・古城誠編「環境行政判例の総合的研究」（1995）3～5頁では、「公害問題の発生と『環境権』の登場」とする項目の中で「1950年代に始まる日本経済の復興とその後の高度成長は、同時に、全国各地で、……大規模な環境破壊をもたらし、多くの人々の健康に深刻な被害を与えた。それは……公害問題として社会問題化し、……1970年の初め、『環境権』という新しい権利が提起された」と述べているし、中富公一「環境権の憲法的位置づけ」ジュリスト増刊「憲法の争点［第3版］」（1999）158頁でも、「環境権概念の登場とその背景」とする項目で同じような説明がなされている。

(2) この点の詳細については、前掲・高見論文（注(1)）3～5頁参照。

(3) 仁藤一＝池尾隆良「『環境権』の法理」法律時報43巻3号154頁（1971）158頁参照。

(4) この点の指摘として、棟居快行「環境破壊に対抗する人権――環境権」浦部法穂編「憲法キーワード」50頁（1991）参照。

(5) 前掲・仁藤＝池尾論文（注3）158頁参照。

(6) この点に関して、前掲・芦部文献（注1）362頁では、「環境権の概念」として「一般には、健康で快適な生活を維持する条件としての良い環境を享受し、これを支配する権利」と解しているが、「この場合、大気、水、日照などの自然的な環境に限定する見解と、遺跡、寺院などの歴史的文化的環境や道路、公園、学校、あるいは電気、ガスなどの社会的環境を含める見解とがある」と指摘する。また、野中俊彦・中村睦男・高橋和之・高見勝利「憲法Ⅰ［新版］」456頁（1997）では、「良い環境を享受する権利」という意味での環境権の「内容に関しては、『環境』とは自然環境だけを指すのか、文化的遺産も含むのか、さらに社会環境も含むのかをめぐって種々の議論がある」とする。

(7) この問題と関連して、必ずしも「環境権」が取り上げられたわけではないが、学術研究者らが史跡指定の解除処分の取消を求めた伊場遺跡訴訟では、原告の学術研究者らは、憲法13、23、25、26条によって国民には「文化財享有権」が保障されており、学術研究者は国民を代表する資格において史跡解除処分の違法性を争うことができると主張した。これについて、最高裁判決（最判平成元年6月20日・判例時報1334号201頁）は、「文化財享有権なる観念は、いまだ法律上の具体

II 環境と憲法

的権利とは認められ」ず、文化財の「学術研究者が行政事件訴訟法9条に規定する当該処分の取消しを求めるにつき『法律上の利益を有する者』に当たるとは解し難く、また、本件条例、法（＝静岡県文化財保護条例ならびに文化財保護法：井上）その他の現行の法令において、所論のような代表的出訴資格を認めていると解しうる規定も存しない」として原告適格を否定する判断を下した。これに対して、阿部泰隆「伊場遺跡訴訟——研究者の原告適格」判例時報1358号172頁（1989）175〜176頁では、「文化的環境享受権に関する限り、憲法の13条などの諸規定から導いたとしても、その権利性はまだ国民全員に共通する弱く抽象的な権利」にすぎないが、「文化財享有権は一人一人にとってはまだ強固な権利ではないが、抽象的にせよ権利であり、国民みんなに共通する生活利益であ」り、「研究者の学術上の利益はこうした国民の利益の基礎の上に立っている」のであって、「文化財保護の実際の担い手は行政だけではなく、研究者の活動である」ことを考慮すれば、「本件学術研究者は文化財の享有という国民に共通する憲法上の抽象的利益を有するにとどまらず、さらに他の国民と区別された個別的な利益があるものとして、原告適格を認められるべきであったと思う」とする。

(8) 例えば、前掲・芦部文献（注(1)）362頁では、文化的環境や社会的環境をも含める見解「をとると、環境権の内容が広汎になりすぎ、権利性が弱められる」とするし、奥平康弘「憲法III憲法が保障する権利」426頁（1993）では、環境権の「範囲を広くとり対象をふやすのは、景気良くみえるが、その分だけ権利としての請求内容の必要性、不可欠性（場合によれば緊急性）に欠けることになり、憲法上の新しい権利として承認され得る度合いが少なくなる」と指摘する。

(9) 佐藤幸治「憲法〔第3版〕」624〜625頁（1995）では、「新しく主張される権利が一般にそうであるように、『環境権』も広狭様々な意味をこめて語られる（広くは文化的・社会的環境をも含めて観念される）が、その本来的意味は自然環境の保全にあることを確認しておく必要がある」とする。また、青柳幸一「個人の尊重と人間の尊厳」172頁（1996）では、「従来の多数説によれば、環境権とは、『良好な環境を享受し、それを支配する権利』であるが、ただしその範囲は自然環境に限定される」と指摘する。

(10) これは、環境権概念の3つの側面の1つとして挙げられている。前掲・中富論文（注(1)）158頁参照。

(11) この点について、前掲・野中等「憲法I」（注(6)）456頁では、「『良い環境を享受する権利』という意味での環境権は、『健康で文化的な最低限度の生活』を維持する上での必要最小の条件であるから、憲法25条によって根拠づけられ、またそ

れは幸福追求の基本条件であるから憲法13条によっても根拠づけられる。そしてこのような環境権の理念は立法・行政において尊重されなければならない。このあたりまでは多くの学説が認めるところである」としている。

(12) 前掲・中富論文（注(1)）158頁参照。この点については、これ以外にも多くの憲法のほとんどすべての教科書が指摘するところである。

(13) この点の指摘もほとんどの憲法の教科書などでなされるところである。例えば、前掲・芦部文献（注(1)）363頁では、学説の主張する環境権は理念的性格が強く、「そのためか、判例は環境権にはきわめて消極的である。そういう権利自体が裁判上認められた例はいまだ存在しない」とするし、前掲・野中等「憲法Ⅰ」（注6）457頁では、「環境権は、一連の公害裁判、環境裁判とよばれる訴訟において原告側が主張するところとなっている。しかし今までのところ最高裁判所の判断は示されていないし、下級裁判所の判決においても、これを正面から認めたものはない」とする。また、前掲・高見論文（注(1)）9頁でも、「環境権は、一連の公害訴訟において、原告側が主張してきたところのものである。しかし、最高裁判所はもとより、下級裁判所も、いままでのところ、この主張を受け入れたものはない」とする。

(14) 仙台地判平成6年1月31日・判例時報1482号3頁。

(15) なお、この訴えの適法性に関する仙台地裁の判断は、本件第2審の仙台高裁においても維持されている（仙台高判平成11年3月31日・判例時報1680号46頁）。

(16) この点は、学説上、「環境権」の法的性格と関連づけて論じられ、通常は、「環境権は、——公権力による積極的施策を要求するとともに、公権力からの侵害を排除するという——公権力に対して両面価値的な関係に立つ複合的権利である」（前掲・高見論文（注(1)）7頁参照）として、例えば、前掲・芦部文献（注(1)）362〜363頁では、環境権は「人が人間としての尊厳を保ち健康で文化的に生存するうえで不可欠なものであるが、その実現は公権力による積極的な環境保全ないし改善のための施策に待つところ極めて大きいので、その面では社会権として性格づけられ」、その「憲法上の根拠は25条ということになる」が、「環境権は、環境破壊を予防し排除するために主張された権利であり、そういう良い環境の享受を妨げられないという側面では自由権であるから、複合的な性格を持つ権利」であって、この側面では13条と25条の両方によって憲法上競合的に保障される、とする。

(17) 札幌地判昭和55年10月14日・判例時報988号37頁。

(18) 神戸地判昭和61年7月17日・判例時報1203号1頁。

(19) なお、この国道43号線訴訟の第2審判決（大阪高判平成4年2月20日・判例時

Ⅱ　環境と憲法

報1415号3頁)も、この点に関しては、「環境権なる権利については、実定法上の根拠が認め難いうえ、その成立要件及び内容等も極めて不明確であり、これを私法上の権利として承認することは、法的安定性を害することになり、許容できない」との判断を示している。
(20)　大津地判平成元年3月8日・判例時報1307号24頁。
(21)　なお、前掲・青柳文献(注(9)) 173頁では、判例が「環境権」の具体的権利性を否定する論拠として、「第1に、実定法上の明文の根拠がないこと」、「第2に、憲法13条と25条の法的性質に関して」のもの、「第3に、権利の未熟性」、そして「第4に、環境権の権利概念の曖昧さや脆弱さに比較して、それに期待されている不可侵的で絶対的な予防ないし排除の法的効果が強烈」であることが挙げられている。この第4の論拠を示すものとしては、例えば、長良川河口堰建設差止訴訟の第1審判決(岐阜地判平成6年7月20日・判例時報1508号29頁)が、「流域住民が長良川から多くの恩恵を受けているとの前提の下に、このような良好な自然環境を享受し得る利益を、環境権として、その侵害に対して差止めという形での法的保護を認めるべきである」とする原告の主張に対して、「差止めは、相手方に作為又は不作為を命じてその権利の行使を直接制約するという強力な手段であることにかんがみれば、憲法13条及び25条並びに環境基本法……3条及び8条をもって、環境権を私法上の権利として認める根拠とすることはできない」との判断の中に含まれていると考えられる。
(22)　これについては、本文で示す大阪国際空港訴訟や国道43号線訴訟の他にも、例えば、前述の女川原発訴訟の第一審判決(前掲・注(14))では、「およそ、個人の生命・身体が極めて重大な保護法益であることはいうまでもなく、個人の生命・身体の安全を内容とする人格権は、物権の場合と同様に排他性を有する権利というべきであり、生命・身体を違法に侵害され、又は侵害されるおそれのある者は、人格権に基づき、加害者に対し、現に行われている侵害行為を排除し、又は将来生ずべき侵害を予防するため、侵害行為の差止めを求めることができるものと解するのが相当である」とするし、長良川河口堰建設差止訴訟の第2審判決(名古屋高判平成10年12月17日・判例時報1667号3頁)では、「良好な自然環境の享受を目的とする環境権は、絶対的な権利に基づく民事差止等の請求の法的根拠としては十分とはいえない」が、「本件における控訴人らの環境権、安全権に関する主張事実の内容は、控訴人らの個々の生命、身体、健康等が侵害され、又は、侵害される危険があることを包含するとみられ、その意味で人格権侵害に関する主張がなされていると解される」ので、「控訴人らの本件請求は、環境権ないし安全権に

基づく請求としてではなく、本件堰による人格権の侵害を予防ないし排除する趣旨の請求（人格権に基づく差止請求、妨害排除請求ないし原状回復請求等）として、その法的根拠を肯定し得ることとなる」とする。

(23) この点に関して、前掲・芦部文献（注(1)）364〜365頁では、「環境権」は確かに「抽象的な法的権利の域」を出ないが、「地球規模で環境の保全が重大な関心事となり、環境権に関する規定を設ける憲法や国際的な文書が注目を集めるようになった状況を勘案すれば、抽象的な権利あるいは生成中の権利であっても、憲法25条・13条によって憲法的に価値づけること自体に重要な意義」があり、「そういう価値づけを基礎として人格権として明確な内容を持つものであることが認められる場合、その人格的利益が公法上もしくは私法上の法理と手続に従って保護されるべきことは当然であ」る、としている。これに対して、琵琶湖総合開発計画差止訴訟の第一審判決（前掲・注(20)）では、「原告らは、人格権を、人間の生存のための基本である個人の生命、身体の安全、自由及び生活等に関する利益の総体であると定義し、憲法13条、25条の規定をその根拠とするが、憲法は、国家と国民との間を規制するものであり、右規定から私法上の権利を基礎づけることはできない」との見解を示す（但し、この判決でも、民法1条ノ2の規定から「これは、民法が私法上個人の人格的利益を最高のものとして宣言したものと解釈できる」として、人格権に基づく差止請求の適法性そのものは否定していない）。

(24) 大阪高判昭和50年11月27日・判例時報797号36頁。

(25) 最大判昭和56年12月16日・民集35巻10号1369頁。

(26) 原田尚彦「環境権と裁判」37頁（1977）では、大阪高裁判決に対して、「被告国の側には、本判決が公共施設の差止めを認めたことは三権分立に反するとの強い異論があるといわれている。法律審である上告審では、案外こんな点が、……重要な論点として争われることになるかもしれない」との懸念が表明されていた。

(27) 原田尚彦「行政判例の役割」90頁（1991）では、この点に関連して、「差止請求を却下するかどうかの問題は、……実体法上の議論ではなく、法形式にかかわる、いわば手続法上の問題である」と指摘する。

(28) この大阪国際空港訴訟の最高裁判決について、小林直樹「大阪空港判決の基本思想——最高裁の『司法の限界』論を中心に」ジュリスト761号14頁（1982）16〜17頁では、差止請求却下の理由の問題点として、第1に、「最高裁は、過去の被害の賠償については積極的に是認したけれども、それが公害の抜本的解決にならず、被害者の救済という点でも不十分たらざるをえないものであることは、旧来の公害裁判の実態が示してきたところである」にもかかわらず、差止請求の否定判断

Ⅱ 環境と憲法

には「公害問題の解決について本腰を入れ、被害者たちの救済に努力しようとする意志も情熱も、そこには見られない」こと、第2に、「差止め請求を斥けた仕方において、最高裁の行政部に対する〝謙譲〟＝へりくだりが今回も目立っている」が、「こうした行政権への過度の謙譲は、問題の解決を回避もしくは歪曲することによって、司法権の任務をその範囲で放棄するに等しい結果」になってしまうこと、第3に、「判決は、人格権について何らの言及もせず、〝環境（及び人権）重視か、空港の公共性優先か〟という一般の注目を集めていた問題にも立入らず、もっぱら本件が民事訴訟として不適法だと断定した」形式主義は、「総じて人権の保障に任ずべき司法の役割を形式論理によって著しく閉ざし、ひいては憲法の負託に応えない仕儀となったと判定される」ことを挙げている。

(29) 最判平成5年2月25日・民集47巻2号643頁。

(30) この点に関して、大阪国際空港訴訟の最高裁判決は「『航空行政権』の作用が原告らに対しいわゆる公定力等の効果をともなって受忍義務を課すところの、公権力行為であることを具体的に論証しようとはしていない」（前掲・原田「行政判例の役割」（注(27)）90頁参照）と指摘されていたことに対して、厚木基地訴訟の最高裁判決は、「自衛隊機の運航に伴う騒音等の影響は飛行場周辺に広く及ぶことが不可避であるから、自衛隊機の運航に関する防衛庁長官の権限の行使は、その運航に必然的に伴う騒音等について周辺住民の受忍を義務づけるものといわなければならない。そうすると、右権限の行使は、右騒音等により影響を受ける周辺住民との関係において、公権力の行使に当たる行為というべきである」として簡単にではあるが、防衛庁長官の権限行使の「公権力」性を論じている。

(31) 前掲・注(18)参照。

(32) 前掲・注(19)参照。

(33) この点について、判例時報1415号4頁の無記名のコメントでは、この判断は大阪国際空港訴訟の第2審判決と同趣旨であり、下級審における人格権法理の定着を示すものとしている。

(34) 最判平成7年7月7日・民集49巻7号2599頁。

(35) この点について、本多滝夫「道路公害と被害者救済」別冊ジュリスト「行政判例百選Ⅱ［第4版］」（1999）342頁、343頁では、この国道43号線訴訟の最高裁判決は、「最高裁判所が、公共施設の種類（少なくとも道路）および請求内容によっては大阪国際空港訴訟判決や厚木基地第一次訴訟判決の枠組みを用いない場合があること、その意味で、これらの判決の先例としての射程は必ずしも長いものではないことを示した判決として評価できよう」としている。

(36) 前掲・注(19)参照。
(37) 前掲・注(34)参照。
(38) 前掲・注(20)参照。なお、この判決では、結局、「原告らの人格権の侵害(将来の侵害も含む)を、認めることはでき」ないとして、差止請求は棄却されている。
(39) 前掲・注(21)参照。この判決では、結局、「本件堰の建設を含む本件事業は、給水・利水を目的とする公共の利益(洪水調節及び水資源開発)をもたらすものである」としてその公共性を認定し、洪水疎通能力の拡大を図る計画、塩水遡上による塩害発生の予測、都市用水の取水・供給を必要とする水需要の予測「は、いずれも相当の合理性を有するものであり、これらを前提として本件堰を建設することに、その差止めを認めなければならないような違法は何ら認められない」、また、「本件堰の建設により、長良川の自然環境に与える影響は、……環境を破壊する程度のものとは認め難く、また、生じることが予測される影響については、被告において、これを軽減する適切な対策を講じており、環境に対する配慮も行っているものと認めることができる」として、差止請求は棄却されている。
(40) なお、本件の第2審判決(前掲・注(22))では、判決時にすでに河口堰建設工事は完了していたために、原告は堰ゲート扉の閉鎖の禁止請求を追加していたが、その請求が「認容される要件としては、本件堰ゲート扉の閉鎖により、控訴人(＝原告：井上)らの個人個人の人格権が受忍限度を越えて侵害される具体的な危険があることが必要である」としている。
(41) 前掲・注(14)参照。
(42) 前掲・注(15)参照。
(43) 影山日出彌「大阪空港控訴審判決と『公共性』論」法律時報48巻2号27頁(1976)32頁参照。
(44) 最大判平成7年7月7日・民集49巻7号1870頁。
(45) 前掲・注(34)参照。
(46) 浅野直人「国道43号線事件最高裁判決をめぐって」判タ892号97頁(1996)100頁参照。なお、そこでは、「差し止めを否定せざるを得ないという実質的な判断があるのであれば、むしろ、公共性等を理由に差止めを否定しうるとする論理を直截にしたうえで、将来の損害に対する差止めに代わる『補償』の論理を導入することも改めて検討されてよい」とする。
(47) 前掲・注(19)参照。なお、このような懸念に対して、例えば、神戸秀彦「国道43号線公害訴訟最高裁判決について」法律時報67巻11号12頁(1995)17頁では、「差止といっても、道路の供用自体の廃止ではなく、基本的には、被害の程度との対

II 環境と憲法

応関係で考えれば足りるわけであり、現に請求されている」ものの「達成に必要な手段は、車線削減や防護壁などの設置といった多様で、かつ部分的なものであり得るのである」とする。また、橋本博之「国道43号訴訟」法学教室182号24頁（1995）27頁では、「損害賠償請求について受忍限度を超えた『違法な』ものと判断される道路の供用について、被害者側が何故に（差止請求を退けられて）受忍を強いられ続けなければならないのか」と指摘する。

(48) 前掲・小林論文（注(28)）20頁では、大阪国際空港訴訟の最高裁判決についての批判の中で、「いわゆる環境権訴訟について、総じて裁判所は〝立法待ち〟で、実定規範が明示しない限り動かない――いいかえれば公害の〝現状肯定〟になる態度をとる――という消極性がめだっている」として、この問題点をはっきりと指摘している。

(49) この点については、長良川河口堰建設差止訴訟の第一審判決（前掲・注(21)）でも、「河川工学等諸科学の粋を集めた本件堰の安全性を問い、その建設の差止めを求める本件訴訟は、未来予測にかかわる科学裁判の性質を有するものであり、右安全性について、現在の科学的、専門技術的知見に基づく合理的な判断がなされなければならない。しかも、本件堰の安全性に関する立証資料は、被告側がこれを保持していることを考慮すると、公平の見地から、本件堰の安全性については、被告において、まず、その安全性に欠けることがないこと……を相当の根拠及び資料に基づき立証する必要があるものと解すべきである」として、科学裁判における立証責任の配分に関する同様の原則的立場が示されている。

(50) この点と関連して、松井茂記「日本国憲法」575頁（1999）では、独特の憲法観からではあるが「環境権」を基本的人権と認めることに否定的な立場を示した上で、「環境保護は、環境権を権利と認めて裁判所によって図られるべきではなく、政治プロセスを通して達成されるべきであろう」との指摘がなされている。

(51) 前掲・注(22)参照。

(52) 神戸地判平成12年1月31日・判例時報1726号20頁。

(53) なお、この尼崎公害訴訟は、結局、大阪高裁で平成12年8月29日の和解勧告が行われ、同年12月8日に和解するに至って終結した（その内容については、法律時報73巻3号68頁参照）。

(54) この点で、「そもそも、環境権は、人権なのであろうか」との観点の下で「人権と環境保護の関係」を問い、憲法の全体的な性格や観念に直接関係する憲法の基礎をなす「自然観」の検討を通して「環境権」論を考えようとする前掲・青柳文献（注(9)）173～177、182～185頁の考察・研究は興味深い視点を提示している。

(55) この主張については、淡路剛久・大塚直・北村喜宣・(司会)森島昭夫「〈研究会〉公害・環境判例の軌跡と展望」ジュリスト1015号227頁（1993）236〜239頁の淡路発言参照。

14 環境訴訟と裁判を受ける権利
——取消訴訟の原告適格について——

片 山 智 彦

はじめに
1 環境行政訴訟と第三者の権利・利益
2 「法律上の利益」の侵害と原告適格
3 裁判を受ける権利と原告適格
結びに代えて

　　　　　　　　　はじめに

　「裁判を受ける権利」について規定する憲法32条は、民事事件、行政事件に関しては、原告となって裁判所の裁判を求める権利を付与する規定である、というのが一般的な理解である[1]。そして、そこでいう「裁判」とは、訴えを却下する訴訟判決（決定）ではなく、訴訟上の請求の当否についての裁判、すなわち、本案の裁判でなくてはならない。

　しかし、誰が、どのような場合に、裁判所に訴えを提起して、本案の裁判を受けることができるのか、別の言い方をすれば、憲法32条と民事訴訟法または行政事件訴訟法の定める訴訟要件[2]はどのように関わり合うことになるのか、という問題は未だ十分に解明されたとはいえない。

　一般に、裁判を受ける権利は、自己の権利・利益の侵害に際して裁判所による救済を受ける権利と定義される[3]。しかし、そこでいうところの「権利・利益」、「侵害」という概念が具体的に何を意味するのかは必ずしも明確ではない。

　他方で、現実の裁判制度に目を向けてみると、行政訴訟においては、少なくとも最高裁の判例理論を前提とする限り、本案の裁判を受けることが極めて困難であることが指摘されてきた[4]。そして、このことは、特に、授益的処分の取消訴訟における処分の名宛人以外の第三者の原告適格との関わりで問題とされている。

　ところで、この取消訴訟における原告適格の問題は、とりわけ、環境・公害訴

II 環境と憲法

訟において問題となる。環境や公害に関わる行政分野においては、個々の行政処分が、いわゆる二重効果的行政処分として、処分の名宛人ではないという意味での「第三者」の権利・利益にも大きな影響を及ぼすという状況がしばしば見られるからである。そういう意味で、取消訴訟の原告適格論の主戦場の一つが環境・公害訴訟であったことは至極当然であったといえる。

こうした現状をふまえて、以下では、環境行政訴訟としての取消訴訟における原告適格に焦点を当てながら、憲法32条による「出訴保障」の中身について考察を加えることにしたい。

1 環境行政訴訟と第三者の権利・利益

まず、最初に、環境行政訴訟において問題となる、処分の名宛人以外の第三者の「権利・利益」とその「侵害」について、さしあたり、最高裁の主な裁判例を素材として考察を加えることにしたい。

環境訴訟における原告適格に関する最高裁の代表的な裁判例は、周知のように、長沼事件における、最高裁昭和57年9月9日第1小法廷判決である[5]。いうまでもなく、同訴訟は、農林大臣によってなされた森林法に基づく保安林指定解除処分の合法性を争点として、処分の名宛人ではない、保安林指定を解除された森林の周辺住民が提起した当該処分の取消訴訟である。

最高裁は、判決の中で、取消訴訟の原告適格について、いわゆる「法律上保護された利益」説の立場に立って、当該処分の対象となる森林の周辺住民のうち、「直接の利害関係を有する者」(森林法27条1項)に限って原告適格を承認した[6]。その際、最高裁が、「法律上の利益」(行訴法9条)と認めたのは、農業用水、飲料水の確保及び洪水の予防についての「直接の利害関係を有する者」の利益である。

すなわち、ここでは、水資源の確保、洪水予防という点において、生命、身体、財産などの利益の保護が問題となったわけである。もちろん、森林法に基づく保安林の指定が違法に解除されたとしても、直ちに、渇水や洪水が生じるわけではなく、処分それ自体によって「直接の利害関係を有する者」の実質的な権利・利

益が直接に侵害されたとはいえない。そういう意味で、ここでは、取消訴訟を、「直接の利害関係を有する者」の権利・利益の侵害を事前に防止する手段として位置づけることができよう。

他方で、最高裁は、平和的生存権侵害の主張については、保安林指定解除処分が取消されれば、自衛隊の基地建設が不可能になることを認めつつ、跡地利用の問題は「法律上の利益」には関わらないとして、平和的生存権侵害の危険の回避についての利益は、「法律上の利益」にあたらないとしている。この点では、仮に平和的生存権が法的な権利・利益を構成するとしても、その直接的な侵害の予防のために処分の取消訴訟を提起することは許されないとされたことになろう。

ついで、最高裁は、伊達火力発電所事件では、火力発電所の用地確保のための埋立についての北海道知事による埋立免許、竣工認可の取消訴訟において、周辺海域において漁業を営む権利を有する者の原告適格を否定した（最高裁昭和60年12月17日第3小法廷判決[7]）。

この裁判では、原告の一部は、埋立海域を漁業権の対象から除外する組合の議決は無効であるとして、埋立海域において漁業を営む権利を有していると主張し、かかる権利をもって自らの原告適格を基礎づけようとした。しかし、最高裁は、漁協による漁業権の限定の議決は有効であるとして、そうした主張を斥けている。

もっとも、海面の埋立工事は、周辺の海域の環境にも、大なり小なり一定の負荷を与えるものであるから、周辺海域において漁業を営む者の漁業を営む権利を侵害することにつながる場合がありうる。しかし、最高裁は、問題の法律は、そうした権利に対して「法律上の利益」としての資格を与えるものではないというのである。

その後、最高裁は、新潟空港訴訟において、処分によって直接に権利・利益を侵害されるわけではない周辺住民に、定期航空運送事業免許の取消訴訟の原告適格を認めている（最高裁平成元年2月17日第2小法廷判決[8]）。最高裁が、判決の中で、「法律上の利益」と認めたのは、新路線の航空機等の騒音による障害を受けないという空港の周辺住民の利益である。その際、最高裁は、当該行政法規及びそれと同一目的の関連法規によって形成される法体系の下での処分の根拠規定の趣

旨から、処分の根拠法規は、周辺住民の健康上の利益を「法律上の利益」として保護していると解している。

この事案の場合、空港の周辺に住む住民の騒音による被害は、免許によって直接生じるわけではない。したがって、むしろ、ここでは、処分の取消によって、周辺住民の健康被害を事前に防止することができるという点が、前面にでてくることになる。

こうした事情は、開発許可取消請求事件において、近隣住民に原告適格を認めた、最高裁平成9年1月28日第3小法廷判決[9]の場合も同様である。そこでも、開発許可という名宛人にとっての利益処分は、当然のことながら、第三者たる近隣住民の権利・利益を何ら直接的に剥奪または制限するものではないのである。

しかし、最高裁は、危険な土地についての安全対策が設計上講じられていることを開発許可の基準とする都市計画法33条1項7号の趣旨及び目的、保護しようとしている利益の内容、性質に照らして、同条項は、周辺住民の生命、安全を個々人の個別的利益としても保護していると解している。

それゆえ、そうした利益の「法律上の利益」性が肯定され、処分の取消訴訟の原告適格が肯定されることになるのである。ここでは、生命、身体の安全が「法律上保護された利益」とされていることになるが、行政処分による生命、身体の直接的な侵害が問題となったわけではない[10]。

2　「法律上の利益」の侵害と原告適格

取消訴訟の原告適格に関する先の4つの裁判例における最高裁の見解は、「法律上保護された利益」説として、すでに判例として確定したとみることができよう。他方で、こうした取消訴訟における原告適格に関する最高裁の判例については、行政法学及び憲法学において、これまでも様々な角度から検討がなされてきた。そして、そうした研究は、多くの場合、最高裁判例における「法律上の利益」概念の内容を問題とするものであった。

しかし、本稿の主たる関心は、行政事件訴訟法9条の「法律上の利益」概念そのものの解釈について、新たに何らかの提言を行うということにあるわけではな

い。本稿のテーマは、環境行政訴訟における原告適格をめぐる現在の判例・学説の状況をふまえて、あくまで、裁判を受ける権利の視点から、原告適格要件の憲法上の意義を再検討することである。そうした視点から、以下では、「法律上の利益」概念の本質と行政処分による「権利・利益の侵害」の2点に注目することにしたい。

そこで、まず最初に、「法律上の利益」概念の本質を問題とすることにする。環境訴訟において問題となる被侵害利益としては、生命、身体、財産などをあげることができるが、最高裁は、そうした権利・利益のうち、あくまでも行政処分の根拠法規（実体法規）が保護しているものだけが、「法律上の利益」にあたると解してきた。

もちろん、最高裁は、第三者の原告適格を肯定するために、第三者の権利・利益を保護することを示す明文規定の存在を要求するという、長沼事件判決で示された厳格な態度を緩和しつつあるようにみえる。

たとえば、その後、新潟空港訴訟において、処分の根拠法規が、第三者の権利・利益を、個々人の個別的利益としても保護しているか否かを判断する際に、処分の根拠法規およびそれと同一目的の関連法規によって形成される法体系の中での処分の根拠規定の意義を考慮している。

また、最高裁は、開発許可取消請求事件では、近隣住民の生命、身体という被侵害利益の重大性を考慮して、「法律上の利益」を拡張的に解釈しているという見方もできる[11]。

とはいえ、最高裁は、あくまで、処分の根拠法規を原告適格の判断の基準とする立場を堅持しており、先のいくつかの裁判例が示すように、法体系や被侵害利益の重大性は、処分の根拠法規の趣旨・目的を判断するための考慮要素であるにすぎない。

こうした最高裁判例のいう「法律上の利益」概念は実体法上の概念であると考えることができる。すなわち、最高裁の判例は、処分の根拠法規という実体法規に照らして原告適格を判断しようとするものであるといえる。つまり、本案の裁判の要件として、訴訟要件の1つである原告適格要件が、ここでは純粋に実体法

II 環境と憲法

上の概念に結びつけられていることになる。こうした立場を、ここでは、実体法説とよぶことにしたい。

しかし、原告適格を含め（広義の）訴えの利益が本案の裁判の要件とされる実質的な根拠の1つは、端的に言えば、いわゆる訴訟経済をはかることにあるとされてきたといえよう。すなわち、原告適格要件は、あくまで、訴訟制度の運用の合理化のために設けられたものとするのが一般的な考え方である。裁判所あるいは被告の負担という見地から、裁判所が取り上げるに値しない事件を排除するのが、原告適格要件の機能であるとされるのである[12]。

ところが、最高裁判例のように原告適格を実体法に固定されたものととらえることになれば、訴訟を却下すべきか、本案の裁判を下すべきかという訴訟上の判断が、必ずしも訴訟法上の観点を十分に考慮に入れて制定されているとはいえない実体法の規定に縛られることになる。

したがって、場合によっては、本案の裁判をすることに訴訟法的な考慮においては問題がないか、むしろ、本案の裁判が望ましいとされるにも関わらず、本案の裁判が許されないこともありうる。

こうした最高裁判例の実体法説に対しては、訴訟法上の観点をより重視すべきとする批判がなされている。すなわち、行政事件訴訟法9条にいう「法律上の利益」は、本案の裁判を受けるための訴訟追行上の利益であり、原告適格は本案の裁判を受ける訴訟上の地位と考えるべきだとされるのである[13]。

そして、「法律上の利益」の有無の判断は、誰がその訴訟追行を担当するのが紛争解決のために必要かつ適切かという見地からなされるべきだとされる[14]。

また、「法律上の利益」を実体法上の利益ととらえる従来の一般的な考え方は、利益と利益侵害の明確な区別を欠くものである、という指摘もなされている[15]。つまり、行政事件訴訟法9条にいう「法律上の利益を有する者」とは、「法律上の利益を侵害された者」を意味するのではないとされるのである[16]。

そして、「法律上保護された利益」説は、行政事件訴訟法9条の文言をその根拠としているが[17]、同条は「処分によって法律上の不利益を受ける者」とは規定していないとして、文言上も、「法律上の利益」は、実体法上の利益ではなく、訴訟

法上の利益を指していると理解すべきであるというのである[18]。こうした考え方を、ここでは、最高裁判例の実体法説と対比して訴訟法説とよぶことにする。

　こうした、「法律上の利益」の本質をめぐる実体法説と訴訟法説の考え方の違いは、後にみるように、裁判を受ける権利と原告適格の関係について考察を加える場合にも、1つの重要な視点を提示するものである。

　ところで、この点必ずしも明確ではないが、訴訟法説が指摘するように、おそらく、これまで多くの学説は、「法律上の利益」を実体法上の利益ととらえた上で、行政事件訴訟法9条は、「『法律上の利益』を侵害された者」についてのみ原告適格を認める規定であると理解してきた、と解することができるように思われる[19]。

　同じことは、最高裁の判例についてもいえることである。1で取り上げた最高裁のいくつかの判例からも明らかなように、最高裁は、取消訴訟の原告適格は、行政庁の処分により、自己の権利または法律上保護された利益を侵害された者、または、そうした権利・利益を必然的に侵害されるおそれのある者にのみ与えられると明確に判示している。

　こうした定式は判例・学説において繰り返し援用され、一種の公式であるかのように扱われている。しかし、最高裁判例の上記の判示には、別の角度からみた場合、裁判を受ける権利の観点からも極めて注目に値するにも関わらず、これまであまり議論されることのなかった内容が含まれている。

　すなわち、最高裁判例の定式が示すように、最高裁は、処分による第三者の権利・利益の直接的侵害が原告適格を肯定するための必須要件と考えているわけではないのである。最高裁の定式は、裏を返せば、処分によって直接的に自己の法律上保護された権利・利益を侵害されていなくとも、処分がなされた結果それらの権利・利益が「必然的に侵害されるおそれ」があれば、取消訴訟の原告適格が認められることを示しているからである[20]。実際、上記の長沼事件や新潟空港訴訟、開発許可取消請求事件では、周辺住民の生命、身体、財産などが処分によって直接侵害されているわけではない。

　それゆえ、確かに、最高裁判例は、「法律上の利益」という概念については、そ

II　環境と憲法

の実体法的性質にこだわることによって、それを狭く理解しており、このことは、処分に関わる権利・利益の侵害に対する実効的な救済の保障を妨げるおそれがある。しかし、他方で、最高裁は、第三者の権利・利益の行政処分による直接的な侵害がなければ、その原告適格を肯定しないという立場をとっているわけではない。この点では、最高裁判例は、権利・利益の侵害に対して予防的な保護を保障するものであると解することもできるのである。いうまでもなく、このことは、権利・利益の実効的な保護に資するものであるといえよう。

　もっとも、行政事件訴訟法9条に関する最高裁の先の裁判例のどこからも、生命、身体の実効的保護をはかるという観点を読みとることはできない。おそらく、最高裁が権利・利益の直接的な侵害を要件としていないことは、「法律上の利益」を「法律上保護された利益」とみる判例の解釈にもともと含意されていた考え方であるといえるのではないだろうか。

　すなわち、最高裁は、「法律上の利益」たる特定の権利・利益の実体行政法規による保護は、違法な処分に続く事実上の侵害行為の予防のための取消訴訟による保護をも当然に含むものであるととらえている、と推測できるのである。結局、行政事件の場合、少なくとも取消訴訟に関する限りでは、保護されるべき権利・利益の内容とそれに対する救済方法が、結果的には、行政法（実体法）で規定されていることになるのである[21]。

　ただし、「法律上の利益」の必然的な侵害のおそれがどの程度の因果関係ないし蓋然性の存在を意味しているのか。そして、そうした危険の存否の判断が、被侵害利益の重要性に依存するのか、依存するとすればどの程度関わることになるのか。こうした点について、最高裁判例には未だ不明確な点が多々残されている。

　いずれにしても、「権利・利益の侵害」概念を中核とした裁判を受ける権利の通説的定義と、「『法律上の利益』の必然的な侵害のおそれ」という最高裁判例の言い回しがどのように関わることになるのかという問題は、裁判を受ける権利の内容にも関わる興味深い論点を提起するものである。

3 裁判を受ける権利と原告適格

(1) 裁判を受ける権利と出訴の保障

では、1、2での検討をふまえて、裁判を受ける権利と取消訴訟における原告適格の関係をどのように考えるべきなのであろうか。この問いに答えるためには、まず第1に、憲法32条による出訴保障の内容を明確化する必要がある。なお、ここでは、裁判を受ける権利に含まれる様々な手続上の権利のうち、本案の裁判を受ける権利を、あくまで便宜上、訴権とよぶことにしたい[22]。

古典的な定義によれば、裁判を受ける権利は、「政治権力から独立の公平な司法機関に対して、すべての個人が平等に権利・自由の救済を求め、かつそういう公平な裁判所以外の機関から裁判されることのない権利」である[23]、ということになる。したがって、裁判を受ける権利を保障する憲法32条は、当然に出訴の保障を含むはずである。

しかし、かつては、民事訴訟法、行政事件訴訟法などにおいて定められた訴訟要件については、それが裁判所への出訴を限定するものであるにも関わらず、憲法32条との関係において立ち入って論じられることが少なかった。むしろ、憲法32条は、法律上の訴訟要件を充足した訴訟について訴権を保障したものであるかのように扱われていたのである。

周知のように、そうした状況に1つの転換点を記したのが、憲法学説による「基本権訴訟」論の提唱であった。この学説によると、憲法32条は、実体的基本権に訴権性を付与して実体的請求権とするものであるとされる[24]。そして、法律上の訴訟要件、訴訟類型に関わらず、実体的基本権侵害に対しては、実体的基本権を防御・回復するために当事者が提起する訴訟（基本権訴訟）が許されるべきだとされるのである[25]。

すなわち、そこでは、憲法32条は、法律上の訴訟要件をクリアした訴訟についての訴権を保障したにすぎないという考え方、論者のいう「訴訟法の留保」[26]観念が明確に斥けられることになる。その上で、実体的基本権侵害を要件として憲法上の訴権が保障されることになるのである。

II 環境と憲法

もっとも、こうした見解に対しては、基本権以外の権利・利益の救済という点で十分とはいえない[27]、基本権といえるかがいきなり問題となるという意味でかえって訴訟の成立を困難にする可能性がある[28]、といった批判がなされることになる。しかし、「基本権訴訟」論を提唱する学説も憲法32条が基本権以外の権利・利益の侵害に対して訴権を付与するものではないと理解しているわけでは必ずしもないようである[29]。いずれにせよ、少なくとも、基本権の侵害に対しては、基本的には、法律上の訴訟要件に関する規定の如何に関わらず、憲法上の訴権が保障されているという考え方が現在では有力であるといえる[30]。

さらに、憲法32条における訴権の保障についての理解は、憲法76条1項の規定する司法権の理解とも密接に関わる。裁判を受ける権利の保障は、憲法上の司法権の付与と表裏の関係にあるとされているからである。すなわち、憲法32条は、司法権の対象となる事件について、訴権を保障したものと解するのが、現在の多数説の立場といえよう[31]。

また、憲法から直接に出訴保障を導く学説は、裁判を受ける権利の限界は司法権の範囲によって画されるとしている[32]。こうした見方が正しいとすれば、司法権の概念と範囲の如何によって、まさに裁判を受ける権利の内実が確定されることになる。

この点、現在では、憲法76条1項が規定する司法権は行政事件にも及ぶと解するのが通説であるといえる。したがって、裁判を受ける権利は行政訴訟についての訴権を当然に含むことになる。通説の根拠としては、日本国憲法上の司法権がアメリカ流の観念であること、憲法に行政裁判所に関する規定が存しないこと、憲法81条が「処分」についての違憲審査を認めていることなどが指摘されるのが通例である[33]。また、このことに絡んで、日本国憲法は、行政事件に関して、列記主義から概括主義に移行したとされている（行政国家から司法国家へ）[34]。

問題は、そこでいう「行政事件」とは何かという点である。通説的見解によれば、司法権は「事件・争訟」に及ぶとされており、行政事件もこうした事件・争訟（「法律上の争訟」）の一部を構成するということになる。そして、事件・争訟とは、当事者間の具体的な権利・義務または法律関係についての紛争であって、法

14 環境訴訟と裁判を受ける権利［片山智彦］

を適用して終局的な解決が可能なものとされている[35]。では、こうした通説の立場に立つ場合、行政訴訟の原告適格についていかなる帰結が導かれることになるのであろうか。

　この点、いわゆる「司法権の本質」論によれば、憲法76条1項の規定する司法権は、具体的な事件・争訟について、法を適用することによってそれを解決する作用である、と定義される[36]。そして、「具体的紛争の当事者がそれぞれ自己の権利義務をめぐって理をつくして真剣に争うことを前提にして、公平な第三者たる裁判所がそれに依拠して行う法原理的な決定に当事者が拘束される構造」が司法権の本質であると理解されることになる[37]。

　さらに、この学説は、「実体的権利の存否を確定することが中核をなしつつ、なお、それを前提に然るべき救済手段を与え、事件・争訟の適正な解決をはかる作用も当然に司法権の内実をなすと解しなければならない」としている[38]。こうした司法権の理解は、それと表裏の関係をなす裁判を受ける権利を、事件・争訟の存在を前提として、法律上の規定の有無に関わらず、権利・利益の侵害に対して実効的救済を保障した権利と理解する立場に結びつくことになる[39]。

　また、「司法権の本質」論については、民事訴訟法学における有力な学説によって、次のような理解がなされている。すなわち「司法権の担い手としての裁判所を『法原理部門』として位置付け、『法原理』による『権利』の確定を司法権の作用の中核に据え、ハード・ケース（現代型訴訟）においても『権利』の原理的確定を重視し……、また確定された権利の「救済」を司法権の内実に組み込んだ、佐藤教授の司法権論は、その実質において、司法の役割を『権利』の『救済』＝保障に見出すのに極めて近いように、わたくしには思われる」[40]。

　そして、そこに示されているように、この有力説は、司法の役割は権利の保障にあるとする。つまり、憲法の全体構造において司法の占める地位に照らして、実体法規範によって認められた権利・利益（実質権）を対審構造を持つ手続において確定し、権利侵害に際して救済を与えることによってそれを司法的に保護することが、司法の核心的役割であると考えるのである[41]。そして、裁判を受ける権利は、司法の役割に対応して、権利を有する者に対する司法的救済を保障するも

のであると理解されることになる[42]。

　これらの学説の立場を前提とするのであれば、憲法32条は、基本権や法律上の権利・利益の侵害に対して、裁判所による救済を保障したものと解することができる。むろん、裁判を受ける権利が、権利侵害に対して裁判所による救済を求める権利であるということは、権利・利益の侵害を憲法上の原告適格要件とする、ということを直ちに意味するわけではない。しかし、最低限、権利を侵害された者には出訴が保障されなければならないということはいえるであろう。

　そうだとすれば、不利益処分の名宛人に対しては、憲法32条は、基本的には、処分の取消ないし無効確認といった直接的で、通常は最も有効な救済を求める権利を保障していると解すべきではないだろうか。

　確かに、この場合にも、国家賠償（公の賠償）請求訴訟が許されるのであれば、取消訴訟などの抗告訴訟の原告適格を否定することができると解する余地もある。しかし、損害賠償請求訴訟による抗告訴訟代替論については、国家賠償が処分による権利侵害に対する実効的救済方法であるとは限らない[43]、損害賠償請求訴訟は処分の違法宣言機能において十分なものとはいえない[44]、といった問題が指摘されている。それゆえ、すでに、実効的救済という観点から、国家賠償の可能性を理由に憲法上の原告適格要件以上に厳しい原告適格要件を取消訴訟に課すことは正当化されないとする見解も主張されているのである[45]。

(2)　環境行政訴訟における出訴の保障

　環境事件においても、行政処分によって、自己の基本権または法律上の権利その他の一定の利益を侵害された者は、当該処分の取消訴訟や無効確認訴訟など処分の違法性を直接争う訴訟について、憲法上の訴権を有するものと解されなければならないであろう。

　取消訴訟の原告適格に関する現行の行政事件訴訟法9条が、憲法適合的解釈を施しても、なお行政処分によって自己の権利その他の一定の利益を侵害された者が提起した取消訴訟における本案の裁判を、憲法上正当とされるべき理由なく許さないとするものであれば、該規定は違憲といわざるをえない[46]。

　ただし、憲法32条による訴権の保障の対象となる権利・利益の内容は、そこに

基本権が含まれることは認められているにせよ、現在の時点ではなお明確になっているとはいえない。ただ、訴訟提起の可能性それ自体が立法者の政策的裁量的意思によって決定されるべきではないという観点からすれば、そうした権利・利益の内容が法律による規定に全面的に委ねられていると解することはできないとする見解は基本的には妥当なものといえよう[47]。したがって、行政事件訴訟法9条にいう「法律上の利益」は、当然に、処分の根拠法規それ自体によって個々人の個別的利益として保護された権利・利益に限定されると解することはできない。

もっとも、前述の環境行政訴訟における最高裁のいくつかの判例についていえば、生命、身体、財産、漁業を営む権利などといったそこで問題となっている権利・利益は、いずれにしても、幸福追求権や財産権、職業選択の自由などとして憲法上も保護されているといいうるであろう。

むしろ、問題なのは、権利・利益の内容というよりも、権利・利益の「侵害」の意義である。すなわち、環境行政訴訟における原告適格は、典型的なケースにおいては、第三者が、名宛人に対する授益的処分の取消を裁判所に請求する際に問題となる。そして、すでに見たように、そうしたケースにおいては、第三者は、名宛人に対する行政処分それ自体によって、直接に、自己の権利・利益を制限され、または、剥奪されたわけではないのである。

それゆえ、授益的処分の名宛人などによってなされる事実行為による第三者の権利・利益の侵害に対して、差止訴訟や損害賠償請求訴訟などの民事訴訟の途が開かれているのであれば、たとえ、取消訴訟の原告適格が否定されたとしても、憲法32条の観点からは十分ではないかという疑問が生じることになる。

ところが、最高裁は、処分の結果、第三者の「法律上の利益」が必然的に侵害されるおそれがある場合にも、第三者に取消訴訟の原告適格を認めている。それゆえ、最高裁のいう意味での「『法律上の利益』の必然的な侵害のおそれ」と憲法32条に関する通説がいうところの「権利・利益の侵害」概念の相関関係の解明が必要とされる。

この問題についての1つの考え方は、憲法32条との関係で、「権利・利益の侵害」概念をある程度ふくらみを持ったものとして理解する、というものであろう。

II　環境と憲法

たとえば、「『法律上の利益』の必然的な侵害のおそれ」をも「権利・利益の侵害」に包摂しうると考えるという立場がありうる。その場合には、権利・利益の侵害に対して裁判所による救済を与えるという憲法32条の趣旨や憲法上の司法権の意義から、「権利・利益の侵害」という要件にどの程度のふくらみを持たせることができるかが問われることになる。

もう1つの考え方は、「権利・利益の侵害」概念を文字通りに理解した上で、いわば予防的救済という観点から、第三者に取消訴訟の原告適格を認めるというものである[48]。そして、ここで注目されるのが、行政訴訟における実効的権利保護に関する議論である。

従来の通説は、裁判を受ける権利の保障を裁判拒絶の禁止として形式的に理解していたが、今日では、裁判を受ける権利は、権利侵害に対する実効的ないし効果的な権利保護を保障していると解する見解が有力である[49]。すなわち、単に何らかの訴訟形式で裁判所への出訴が認められていれば、憲法上問題がないと割り切ることは妥当ではないとされることになる。

したがって、取消訴訟における第三者の原告適格について考察する際にも、憲法上の実効的権利保護の要請を考慮する必要がある。それゆえ、権利・利益の侵害が処分によって直接に生じるわけではない場合であっても、憲法によって取消訴訟についての訴権が保障される場合もありうることになる。こうした見地からみた場合、「法律上の利益」の本質に関する実体法説には疑問とされるところが多いように思われる[50]。

まず、「法律上の利益」の存否の判断は取消訴訟という救済手段を認めるか否かの判断の一面を構成するものである。裁判を受ける権利の保障という点からみた場合、そうした判断は、あくまで、行政処分の名宛人でない第三者たる原告の基本権または法律上の権利その他の一定の利益の実効的保護という観点からみて、取消訴訟の訴権を原告に付与することが憲法上の要請か否かについての訴訟上の判断を基礎とするものでなければならない。

こうした見地からは、実体法説は、問題の実体法が、取消訴訟の原告適格の問題を適正に考慮した上で制定されているということによって正当化されなければ

ならないはずである。しかし、実際には、立法に際して原告適格の範囲は考慮されていないといわれている[51]。もし、そうだとすれば、「法律上保護された利益」説の立場に立った場合には、単なる偶然で原告適格が決定されるという不合理が生じることになる[52]。また、この点に関わって、立法的対応が遅れがちな日本では市民の権利救済の途が閉ざされることになるという指摘もある[53]。加えて、そもそも、実体法説の立場に立つ最高裁判例は、処分の根拠規定を訴権のカタログとみるもので、列記主義をとることにもなる[54]。

もちろん、「法律上保護された利益」説には、判断基準がそれなりに明確であるという大きなメリットがある。しかし、最高裁判例にみられるように、処分の根拠規定の体系的位置づけや侵害される権利・利益の性質、侵害の程度を考慮して、根拠法規の趣旨、目的の拡張的解釈が行われる場合には、そうしたメリットはかなりの程度減殺されることになる[55]。

こうしたことから見て、「法律上の利益」の有無の判断は、あくまで訴訟法的な考慮に基づいて、誰にどのような形式の訴訟について原告適格を付与することが、憲法上の実効的権利保護の要請に適合的かという観点からなされなければならない。

「法律上の利益」概念は訴訟法レベルの概念であって、その有無は取消訴訟を正当化するだけの利益があるかという観点から判断すべきとする見解[56]は、基本的には、支持されるべきであろう。すなわち、裁判を受ける権利の保障という点からみても、先の訴訟法説が妥当とされるべきではないだろうか。

もっとも、行政処分による直接的な権利・利益の侵害が問題となる事件と比較して、授益的行政処分の結果として第三者の権利・利益の侵害が生じる場合には、訴訟形式の選択について、立法政策に委ねられる範囲はより広くなるとはいえるであろう。しかし、後者のケースについても、立法府は、憲法上の実効的権利保護の要請を考慮することを義務づけられる。

とはいえ、その内容を憲法解釈上一義的に確定することは容易ではない。しかし、憲法の観点から、立法裁量の行使を方向付けるいくつかの要素を取り出すことは決して不可能ではない。

Ⅱ 環境と憲法

　この点では、たとえば、憲法は、司法的人権救済を含む、包括的・体系的・実効的な人権救済を保障しているとした上で、その内容として、救済方法の包括性・体系性、作為型侵害の未然防止の優先の原則、原状回復の原則、直接的救済方法の優先の原則、根元的解決をもたらす救済方法の優先の原則をあげる学説が注目される[57]。こうした基準をより明確かつ具体的なものとしていくことが今後求められることになろう。

結びに代えて

　本稿では、環境行政訴訟における最高裁判例を素材として、取消訴訟における原告適格の問題について、憲法学の視点から若干の考察を加えた。最後に、原告適格について憲法の視点から考察する場合に留意すべき若干の点と今後の課題について簡単にまとめて結びに代えることにしたい。

　まず、従来、原告適格について憲法の観点から議論する場合には、「法律上の利益」を処分の根拠法規が個々人の個別的利益として保護している権利・利益に限定することが裁判を受ける権利を侵害しないかが問題とされることが多かったといえる。

　もちろん、それは検討の方向として決して間違ってはいない。しかし、環境行政訴訟における第三者の原告適格について論じる場合には、それに加えて、権利・利益の「侵害」という概念をどのように理解するのかが1つの重要なポイントになる。

　その際、自己の権利・利益の行政処分による直接的な侵害に対する訴権の保障としての憲法32条理解にとどまることはできない。たとえ、権利・利益の侵害が、行政処分によって直接に生じる場合でなくとも、権利保護の実効性という観点から、予防訴訟的な性格を持つものとしての取消訴訟について、第三者の原告適格を肯定することが憲法上の要請となる場合があるからである。

　また、裁判を受ける権利の観点から取消訴訟の原告適格の有無を判断する場合には、その制定に際して訴訟法的な考慮が十分になされているとは必ずしもいえない、実体行政法規の趣旨、目的に厳格に拘束されると考えるべきではない。基

本的には、あくまで、原告の実効的な権利保護を求める権利を基点として、裁判所の負担や被告の利益などを考慮した上で、いかなる救済方法が憲法上保障されているのかを判断しなければならない。

　今後は、取消訴訟における原告適格の有無の具体的な判断基準を提示するために、憲法32条が定める出訴保障の範囲について、権利・利益の侵害に対する実効的権利保護の観点からの再検討作業をさらに進める必要がある。

　それは、原告適格にとどまらず、処分性、(狭義の)訴えの利益を含めた、(広義の)訴えの利益の憲法学的再検討を促すことにもなろう。これらの作業に取り組むことが、筆者の今後の課題である。

(1)　佐藤幸治『憲法（第3版）』（青林書院、1995年）611頁、芦部信喜『憲法（新版補訂版）』（岩波書店、1999年）231頁など
(2)　(広義の)訴えの利益は、本案の裁判の要件であるというのが通説である。伊藤真「訴えの利益」雄川一郎ほか編『現代行政法大系(4)―行政争訟(1)』（有斐閣、1983年）238頁参照。
(3)　芦部・前掲書註(1)232頁、松井茂記『日本国憲法』（有斐閣、1999年）510頁など
(4)　松井茂記『裁判を受ける権利』（日本評論社、1993年）174頁以下など参照。
(5)　民集36巻9号1679頁以下。
(6)　「法律上保護された利益」説の立場に立つ判例については、下級裁判所のものも含め、芝池義一「取消訴訟の原告適格判断の理論的枠組み」『京都大学法学部創立百周年記念論文集第2巻』（有斐閣、1999年）72頁以下参照。
(7)　判例時報1179号56頁。
(8)　民集43巻2号56頁。
(9)　民集51巻1号250頁。
(10)　古城誠「定期航空運送事業免許取消訴訟の原告適格」塩野宏ほか編『行政判例百選II（第4版）』（有斐閣、1999年）414頁は、「行政処分の相手方は、処分によって法律上の拘束を受けるから権利を侵害されるが、第三者は、その利益を保護されなかっただけであり、権利を侵害されるわけではない」と指摘している。
(11)　金子正史「開発行為許可処分取消訴訟の原告適格（上）（下）」自治研究74巻4号18頁以下、5号49頁以下（1998年）など参照。
(12)　泉徳治「取消訴訟の原告適格・訴えの利益」鈴木忠一、三ヶ月章編『新・実務

Ⅱ　環境と憲法

　　民事訴訟法講座第 9 巻』（1983年）54頁、岡村周一「取消訴訟の原告適格」杉村敏正編『行政救済法 1 』（有斐閣、1990年）106頁など参照。また、原田尚彦『訴えの利益』（弘文堂、1973年） 1 頁は、「訴えに対して本案判決が与えられるためには、訴えの内容である当事者の請求が、国家の裁判制度を利用して解決するにたるだけの実際的価値ないし必要性を有するものと認められうるものでなければならない」という。

(13)　山村恒年『行政過程と行政訴訟』（信山社、1995年）164頁。

(14)　山村・前掲書注(13)164頁。芝池義一「行政事件訴訟法における『法律上の利益』」法学論叢（京都大学）142巻 1 号（1997年） 4 頁も、原告適格は、取消訴訟の提起を正当化する「法律上の利益」が存するかどうかで判断すべきとする。

(15)　芝池・前掲注(14) 4 頁。

(16)　芝池・前掲注(14) 3 頁。

(17)　なお、原田・前掲書注(12) 6 頁も、「法律上保護されている利益救済説」が行政事件訴訟法 9 条の文理に最も調和した解釈を提供しているという（むろん、原田教授は同説をとるわけではない。）。もっとも、阿部泰隆『国土開発と環境保全』（日本評論社、1989年）276頁が指摘するように、最高裁判例がなぜ「法律上保護された利益」説をとるのかは、その判旨からは明確とはいえない。

(18)　芝池・前掲注(14) 3 頁。

(19)　芝池・前掲注(14) 2 頁以下。芝池・前掲注(6)71頁は、「法律上保護された利益」説、「法的な保護に値する利益」説は、それぞれ、「法律上保護された利益の侵害」説、「法的な保護に値する利益の侵害」説と呼ぶのが正確であるとされる。小早川光郎「抗告訴訟と法律上の利益・覚え書き」『政策実現と行政法』（有斐閣、1998年）44頁も、従来の解釈論においては、自己の法的利益の侵害がなければ「法律上の利益」がないとされてきたとする。

(20)　この点については、高木光「訴えの利益論の再検討―事実行為論の立場から」神戸法学雑誌35巻 2 号（1985年）426頁以下。

(21)　竹下教授は、民事訴訟について、権利侵害に際しての救済方法は、実体法の中で請求権という形で定められているとする（竹下守夫「民事訴訟の目的と司法の役割」民事訴訟雑誌40号〔1994年〕18頁）。

(22)　新堂幸司『新民事訴訟法』（弘文堂、1998年）214頁は、訴権を本案判決を求める権利として構成し、裁判を受ける権利の中核として位置づけるべきとされる。訴権論については、笹田栄司「『訴権』の憲法的理解」『公法学の開拓線』（法律文化社、1993年）57頁以下など参照。

(23) 芦部信喜「裁判を受ける権利」芦部信喜編『憲法Ⅲ人権(2)』(有斐閣、1981年)275頁。
(24) 棟居快行『人権論の新構成』(信山社、1992年)292頁。
(25) 棟居・前掲書注(24)292頁。
(26) 棟居・前掲書注(24)288頁。
(27) 藤井俊夫『事件性と司法権の限界』(成文堂、1992年)27頁、村上裕章「憲法と行政訴訟—両者の関係についての一試論」北大法学論集46巻4号(1995年)6頁。
(28) 藤井・前掲書注(27)26頁。
(29) 棟居・前掲書注(24)294頁注(18)では、基本権訴訟はあくまで補充的なものであって、先の批判はあたらないとされている。
(30) 遠藤比呂通「憲法的救済法への試み—基本的人権の法的含意—(2)」国家学会雑誌102巻7=8号(1989年)93頁、笹田栄司『実効的基本権保障論』(信山社、1993年)331頁以下、松井・前掲書注(4)184頁(事実上の損害あれば憲法上出訴可能とする)など。
(31) 泉・前掲注(12)53頁、松井・前掲書注(4)137頁、村上・前掲注(27)34頁など。ただし、松井教授は、一定の立法裁量を承認されるが、その限界は裁判を受ける権利によって画されるとされる(松井・前掲書注〔4〕137頁)。
(32) 棟居・前掲書注(24)315頁、松井・前掲書注(4)183頁以下。
(33) 村上・前掲注(27)7頁以下参照。
(34) 村上・前掲注(27)2頁。
(35) 佐藤・前掲書注(1)293頁以下、野中俊彦ほか『憲法(2)(新版)』(有斐閣、1997年)200頁〔野中俊彦〕、芦部・前掲書注(1)300頁以下など。
(36) 佐藤・前掲書注(1)293頁以下。
(37) 佐藤幸治『現代国家と司法権』(有斐閣、1988年)57頁。
(38) 佐藤・前掲書注(1)299頁。
(39) 松井・前掲書注(4)197頁。
(40) 竹下・前掲注(21)14頁。
(41) 竹下・前掲注(21)10頁。また、亘理格「行政訴訟における『裁判を受ける権利』論序説—『法律上保護された利益』説批判」『憲法制定と変動の法理』(木鐸社、1991年)133頁では、行政訴訟、特に抗告訴訟の目的については、民事訴訟以上に権利・利益の保護に重点を置いて理解されるべきことが指摘されている。
(42) 竹下・前掲注(21)12頁。
(43) 松井・前掲書注(4)185頁。

Ⅱ　環境と憲法

(44)　村上・前掲注(27)37頁以下。
(45)　松井・前掲書注(4)185頁。
(46)　なお、戸松秀典『憲法訴訟』（有斐閣、2000年）102頁では、現行の行政事件訴訟法でも、裁判所の裁量権の行使によって、訴えの利益の要件を緩和することが可能であるとされている。笹田教授も、「法律上保護された利益」説には相当の解釈の幅があり、基本権の投影、基本権の直接適用によって、裁判を受ける権利と行政事件訴訟法9条のギャップを埋めることは十分可能とされる（笹田栄司『裁判制度』〔信山社、1997年〕197頁）。
(47)　亘理・前掲注(41)134頁。
(48)　たとえば、第三者の提起する取消訴訟を一種の予防訴訟として位置づけることを示唆する学説がある（塩野宏ほか「現代型行政訴訟の検討課題」ジュリスト925号19頁（1989年）〔小早川光郎発言〕）。
(49)　棟居・前掲書注(24)291頁以下、笹田・前掲書注(30)331頁以下、松井・前掲書注(4)156頁、村上・前掲注(27)39頁、笹田栄司「『裁判を受ける権利』の再生と行政裁判手続」長谷部恭男編著『リーディングズ現代の憲法』（日本評論社、1995年）180頁など。
(50)　亘理・前掲注(41)143頁も、抗告訴訟による争訟可能性の判断の基準を個々の実体法規のみに求めることには根本的な疑問があるという。
(51)　阿部・前掲書注(17)276頁、山村・前掲書注(13)208頁。この点、中川義朗「取消訴訟における『第三者』の原告適格の基準としての基本権適用論序説」『公法学の開拓線』（法律文化社、1993年）は、行政法規は、多くの場合、行政処分の名宛人以外の第三者の利益を全く考慮していないか、ほとんど無視しているとする。
(52)　阿部・前掲書注(17)301頁。
(53)　伊藤・前掲注(2)247頁。「法律上保護された利益」説に対する批判については、岡村・前掲注(12)115頁以下参照。
(54)　山村・前掲書注(13)188頁。
(55)　伊藤・前掲注(2)248頁は、根拠法規の技巧的解釈によって裁判の安定性が失われるおそれがあるという問題が生じることになるという。また、宮崎良夫「原告適格」成田頼明編『行政法の争点（新版）』（有斐閣、1990年）210頁も、「行政処分の具体的な要件規定ではなく、法律の目的規定や関連法規から原告適格性を根拠づけるというのはかえって恣意的な解釈を生み出す虞があろう」と指摘している。
(56)　芝池・前掲注(14)4頁。
(57)　竹中勲「実効的人権救済権論」佐藤幸治ほか編『憲法50年の展望Ⅱ自由と秩序』（有斐閣、1998年）360頁。

15　将来世代の権利としての環境権
——環境基本条例を中心に——

　　　　　　　　　　　　　　　　　　　　　小　林　　　武

　　はじめに——環境権の実現と21世紀への憲法理論
　1　環境保護のための条例の課題
　　(1) 環境基本法と環境保護条例
　　(2) 地方分権と自治体環境施策
　2　「将来世代の権利」概念の展開状況
　　むすびにかえて

はじめに
　　　——環境権の実現と21世紀への憲法理論——

　良好な環境の享受が基本的人権として承認されるべきことが認識されるようになったのは、環境の深刻かつ不可逆的な破壊の現象を背景としている。これを国際的水準で最初に示したといえるものは、周知の、1972年ストックホルムにおける国連人間環境会議の出した人間環境宣言であり、その中には、「自然のままの環境と人によって作られた環境は、ともに人間の福祉、基本的人権、ひいては生存権そのものの享受のため基本的に重要である」こと、また、「人は、尊厳と福祉を保つに足る環境で、自由、平等および十分な生活水準を享受する基本的権利を有するとともに、現在および将来の世代のため環境を保護し改善する厳粛な責任を負う」[1]ことが謳われていた[2]。ここでは、環境の享有が現在のみならず将来世代の基本的人権であるとの思想が余すところなく明示されている点に、まずもって留意しておきたい。この会議の前後から、世界各国において、環境権を導入した憲法や環境保護立法が登場している。
　わが国でも、まず、1969年の東京都公害防止条例が、当時の危機的な公害状況を背景にして、都民は公害によってみだりに侵されてはならない「健康で安全か

Ⅱ　環境と憲法

つ快適な生活を営む権利」を有し、都はこれを保障する最大限の義務を負うとの環境権の発想をとり入れていた。また、1970年に国際社会科学評議会が開催した公害国際シンポジウムで採択された「東京宣言」は、人たるもの誰もが「健康や福祉を侵す要因にわざわいされない環境を享受する権利と、将来の世代へ現在の世代が残すべき遺産であるところの、自然美を含めた自然資源にあずかる権利とを、基本的人権の一種としてもつ」との一文を含むものであった[3]。そして、同年、よく知られているように、日本弁護士連合会が、環境権の提唱をおこない、それが基本的人権であるにとどまらず差止め請求などの訴えを起こすことのできる具体的な私法上の権利としても認められるべきであると主張した。

しかし、それは、今なお実定法律の明文がなく(1993年の環境基本法にも環境権規定は導入されなかった)、学説でも、多くは司法上の手段となりうる具体的権利としては扱われず、裁判例にも、この意味での環境権を承認したものはない。とはいえ、環境権は、こうしてなお理念的なものにとどまる部分をもつとはいえ、基本的人権としての確立をみており、実定環境法との関係においても、その最上位の基本原理として位置づけられているといえる。とくに、近時続々と制定をみた環境基本条例の中では、たとえば、その嚆矢である1991年の川崎市環境基本条例が、市民の「安全で健康かつ快適な環境を享受する権利」(2条1項)を、また、94年の大阪府環境基本条例が、「良好で快適な環境を享受することは、府民の基本的な権利である」(前文)ことを、それぞれ謳うに至っている。

以上のようなわが国における環境権の流れをふまえて、本稿は、「未来志向の憲法論」のありようを探ろうとする本書の中で、環境論に、主として条例の果たす役割という角度で接近しようとするものである。本書で、環境にかんする法・政策を扱う論稿は多くあって、国の対応、環境行政および自治体の環境保護政策などのテーマについては他に予定されており、そのことを考慮して、本稿では条例論を中心にする。その際、地方分権改革と自治体の環境施策との関連に留意し、加えて、「未来志向の憲法論」の課題と関連させて、環境の享受を将来世代の権利として位置づける、いわゆるエコロジー憲法論に言及したいと思う。

1 環境保護のための条例の課題

(1) 環境基本法と環境保護条例

(1) 現在の環境政策の基礎となる法原理は、環境基本法および諸環境基本条例の中に表現されている、とされる[4]。環境基本条例をとりあげて自治体の環境保全における役割を論じるに先立ち、環境基本法につき一瞥を与えておきたいと思う。

環境基本法の対象とする「環境」は、大気、水、土壌ないし地盤、森林や原野、農地、自然の海浜や水辺、野生の動植物、日照、景観、静穏、歴史的・文化的遺産などに及び、広範かつ多様である。同法は、環境を構成するこれらの要素の中から、その汚染・悪化をもたらす現象、すなわち、大気汚染、水質汚濁、土壌汚染、騒音、振動、地盤低下および悪臭をとり出して「公害」を概念づけ、その対策をはかるものである。1967年成立の公害対策基本法にそった定義が、この93年の環境基本法に受け継がれているのである。

すなわち、環境基本法は、それまで公害対策基本法を中心とする法体系と自然環境保全法を中心とする法体系の2つに分かれていた公害・環境法制を統合し、さらには廃棄物問題や地球規模での環境問題をも含めて、それらを総合化したものである。それは、従来、汚染物質の排出規制と被害者への補償を中心としていたのを、環境基本計画の策定（15条）など、環境保全のための手段を多様化させた点で、また、「持続的に発展することができる社会が構築されることを旨と〔する〕」（4条）として、「永続可能な発展」（sustainable development）の概念をとり入れた点でも、「日本の環境政策と法を21世紀に向けて前進させる可能性を持っている[5]」との評価がなされてもいる。

しかしまた、環境基本法は、基本法一般がそうであるところの、「枠組法」にとどまることのほか、少なからぬ問題点をかかえている。まず、何より、環境権の明文化が見送られたことであるが、同法は、基本理念として、環境の保全は「現在及び将来の世代の人間が健全で恵み豊かな環境の恵沢を享受するとともに人類の存続の基盤である環境が将来にわたって維持されるように適切に行われなけれ

II 環境と憲法

ばならない」（3条）と定めるにとどまり、環境の恵沢を享受することを「権利」と性格づけるところへは進まなかった。立法者側は、上記規定を、「いわゆる環境権の趣旨とするところ」を表現したものである[6]とし、また、「権利の内容とその及ぶ範囲が明確でないと、本来の権利とは言え」ないから環境権の導入は見送った[7]としている。たしかに、これを、「現在および将来世代の市民に対して良好な環境を保障することを目標にした行政展開を通じ、関係者の協働によって、『環境権』の内容を実現しなければならないということであろう[8]」と読むことは可能である。とはいえ、論じるまでもなく、法が行政の実現すべき目標を掲げることと、市民にこの実現を要求しうる「権利」を付与することとの間には、歴史の中で検証済みの格段の差がある。今日、環境権を、実定法上救済可能な具体的権利として明文化するところまで一気に進むことは困難であるにしても、権利宣言的な形で導入されただけでも大きな前進であり、そのことが環境基本法には期待されたのに、それが峻拒されたのである[9]。また、「持続的に発展することができる社会」をいう4条にしても、「健全な経済の発展を図りながら」とされているのであって、ここには、環境・経済のいわゆる調和条項の復活として解釈される余地がある[10]。そして、地球環境保全のために国際的協調をいう（5条）ときも、それが国際環境法の重要な理念であることは疑いないが、地球環境破壊の主要部分が先進国にあることを踏まえているのでなければ、「国際協調」は、汚染原因者を隠蔽して責任を分散することを意味するものとなろう[11]。――このようにして、環境基本法は国の環境法政策の次世紀にわたる方向を示すものであるという場合、その複合的ないしアンビバレントな性格に留意すべきである、と考える。

(2) わが国の公害・環境行政は、国に先行して、地方自治体から始まったところに特色がある。深刻な環境破壊・公害現象に直面して、各地で公害防止条例、さらに環境影響評価条例が制定されたのである。これは、偶然であるどころか、必然的にもたらされた事態であるといえる。

すなわち、一方で、公害現象・環境問題は、全国一様でなく、質的・量的に、地域ごとに自然的・地理的また社会的な特性・個性をもって現われるという「公害の地域性」、その対策には各種の多角的・総合的な規制・施策を要するという「総

合行政確保の要請」、および、規制の手法が日進月歩であることが求められるという「規制の機動性・先取り性」を特徴とする。他方、地方自治体は、今日、地域的統治団体として広範な政治権能をもつ地方政府であるところ、地域の実情に明るく、環境の破壊や被害の状況を的確に把握し、また住民に密着して民意を吸収しやすい位置にある。そして、上記の環境問題の性格に照らしても、自治体は、公害の地域性に応じたキメ細かい施策をなしえ、また、自治体の権限が首長のもとに統一されるところから環境行政の総合的実現が達成しやすく、さらに、機動的で迅速な対応をするのに適しているといえる[12]。こうした点から、地方自治体は、環境行政の第一次的責任を負うにふさわしい地位にあり、地方自治法上も、1974年の改正で、「公害の防止」を固有の自治業務として追加したのである（2条3項7号。なお、1999年改正の新法〔2000年4月1日実施〕では、3項は改められている）。

　そこで、多くの自治体は、条例によるほか、公害防止協定などの協定を締結する方法や要綱を用いた行政指導の手法などによって環境行政を進めてきたのであるが、ここでは、条例に絞って述べる。地方自治体は、条例を、「自治事務に関し」、また、「法律の範囲内で」「法令に違反しない限りにおいて」制定することができる（憲法94条、地方自治法14条1項）わけであるが、伝統的な論点を整理のみしておくなら、ひとつに、財産権を条例で規制できるか否かの問題があった。が、今日の憲法学説では、条例による財産権規制も認められるとする立場が一般的であり、判例（奈良県ため池条例判決〔最大判1963.6.26刑集17巻5号521頁〕）も、条例による規制を合憲としている。もうひとつに、旧来の通説的見解が、法律がすでに規制している事項については当該法律の明示的委任なしに条例で二重に規制することができない（いわゆる法律先占論）としていたことの問題である。これについては、1970年代には、公害の激発状況に国の規制では十分対応できないことが明らかになって、法令が指定からはずした施設なども規制対象とする「横出し」条例や、法令よりも厳しい規制基準を定める「上乗せ」条例が制定されるようになった。その根拠として、国の法令には全国一律の最小限度規制を定めたにとどまり、地域の必要があれば独自の追加的規制を許す趣旨のものがあるという「ナ

II 環境と憲法

ショナル・ミニマム論」があり、これが今日では有力になっている。加えて、いくつかの法律では、法律自体に上記の「上乗せ」・「横出し」を認める規定が追加され、立法的に解決された（大気汚染防止法4条1項・32条、水質汚濁防止法3条3項・29条参照）。

1990年代に入り、地方自治体の環境保全施策にかんする最も基本的な事項を定めたものとして「環境基本条例」が、都道府県・政令指定都市を中心に、続々と制定された。そのほとんどは、1993年の環境基本法に即して、94年以降の数年間に集中している。ただし、環境影響評価条例でも先鞭をつけた自治体である川崎市は、国の法律制定に先立つ91年に環境基本条例を制定した。これは、いわゆる理念条例ではあるが、全庁横断的な条例として、市のすべての部局に行政目標を示し、市の施策を環境面から統合する機能を有している。また、先にふれたように、環境権を明文化している。この点は、94年の大阪府条例も同様であるが、理念的権利であることを免かれていないとはいえ、裁判規範としての具体的な環境権の成熟を誘導する積極的意義をもつことが確認されよう[13]。

もっとも、環境基本条例の評価にあたって、そこで環境権が明文化されているか否かだけを基準にすることは、いうまでもなく早計である（なお、条例中、環境権の規定が、前文・本文いずれでなされているかは、その規範的効力の有無ないし効力とはかかわりがないことも、ここで念のため付記しておきたい）。たとえば、東京都環境基本条例であるが、それは、大阪府条例の4か月後、同じ1994年に制定されたもので、これも、良好な環境を享有する権利を謳っている。すなわち、先の都の公害防止条例の文言を受けて、前文で、「もとより、すべての都民は、良好な環境の下に、健康で安全かつ快適な生活を営む権利を有するとともに、恵み豊かな環境を将来の世代に引き継ぐことができるような環境を保全する責務を担っている」とする。しかし、ここでは、上記引用文の後段が直ちに都民の責務規定となっていて切角の権利を低めてしまっていることの他に、何より、この都環境基本条例は、構成のみならずその内容も、環境基本法に酷似していて、条例が独自に上乗せ・横出しした規定はほとんど見当らない。住民側が要求していた、措置請求権・環境監査制度・市民参加手続き・総合アセスメント制度・環境行政総合調

整機関・環境都市計画の指針などは、いずれも実らなかった、といわれている[14]。このことは、国の施策に合わせ、またその指示を待つのではなく、地方自治体が主体性をもって制定した川崎市条例が、環境権を明記したことの他に、環境政策を市の政策全般の「基底」として位置づけたこと、計画目標の数量的設定、計画策定手続への市民参加、審議会の独立性の強化、計画執行体制の整備などの先進面をもつ[15]ことと、相当に異なるものといわざるをえない。

　環境基本条例は、その一端を上に垣間見たように、多数の自治体が環境基本法にならって制定したものであるが、それらは、「環境基本計画」をもつ点で共通している。つまり、地域において目標とすべき環境状態を、環境基本計画(ないし環境管理計画)の形で画定するという手段である。たしかに、これを、たんに抽象的な計画にとどまらせることなく、環境行政の目標となりうる操作可能な具体性・定量性を備えた詳細なものにしていくならば[16]、21世紀の環境政策の課題に応えるものとして機能するといえよう。ただ、私は、加えて、条例論の原点に立ち還って、自治体は、環境基本条例を含む環境保全のための広範な条例を制定するとき、住民福祉と地域内の環境保全に必要とされる施策を講じることは自治体固有の事務であり、国の拘束を受けることなく自主的判断にもとづいて立法をなしうること、そして、この原点を踏まえた条例が期待されていることを強調しておきたいのである。

　「未来志向の憲法論」という角度から環境基本法および環境基本条例をみるとき、とりわけ、それらが、環境の確保を——それを権利とするか行政目標とするかの別はあれ——将来世代とかかわってとらえている点に、私は刮目する。すなわち、環境基本法が、「現在及び将来の人間が健全で恵み豊かな環境の恵沢を享受する」(3条)という文脈をもち、また、環境基本条例は、川崎市が、市の環境政策は「良好な環境を将来の世代に引き継ぐことを目的として展開するものとする」(2条1項)とし、大阪府が、府条例は「現在及び将来の府民の健康で文化的な生活の確保に資することを目的とする」(1条)と定め、そして東京都も、都条例は「現在及び将来の都民が健康で安全かつ快適な生活を営む上で必要とする良好な環境を確保することを目的とする」(1条)と規定している点である。ここに示さ

Ⅱ 環境と憲法

れた、将来世代の権利ないし地位を展望する考え方について、のちの2章の検討課題としたい。それに先立ち、今日の自治体の環境施策のありようを、地方分権の推移に照らして概観しておこう。

(2) **地方分権と自治体環境施策**
(1) 国・地方自治体関係の対策化を目指すとされる地方分権一括法が、1999年7月16日に成立した (2000年4月1日から施行)。その中心にある改正地方自治法が21世紀の自治体環境施策のありようを、いずれにせよ方向づけるものであることは、疑問の余地のないところである。

そこで、まず、この地方分権改革によって、環境行政にかんして国と自治体とがどのように関係づけられたかを、有益な先行業績[17]に依拠して整理しておきたい。3つの分野でこれをみるに、第1に、大気汚染・水質汚濁防止などの公害行政については次のように整序された。すなわち、①環境基準、規制基準、規制対象施設等の設定にかんする事務、総量削減基本方針の制定、総量規制対象地域・項目の指定にかんする事務は、従来どおり国の直接執行事務とされた。②水質・交通騒音にかかる環境基準の類型のあてはめ、総量規制基準の設定、燃料使用基準の策定、大気汚染・水質汚濁・土壌汚染・交通騒音の状況の監視および測定計画の作成にかんする事務は、法定受託事務となった。③公害防止計画その他の計画の策定、上乗せ基準の設定、改善命令等規制の実施にかんする事務、測定にかんする事務、報告徴収・立入検査にかんする事務、関係行政機関等に対する要請・意見等その他の事務は、従来は機関委任事務であったが、自治事務に転換された。ただし、この公害行政の分野では、分権の方向での一定の成果は認められるが、公害のような地域性の強い課題についてさえ多くの法定受託事務が残ったことの問題が指摘されている。

第2に、自然環境保全行政の分野では、機関委任事務の多くが、逆に、直接執行事務に切り替えられている。自然環境保全法にもとづく自然環境保全地域特別地区および同海中特別地区内の工作物の設置等の許可等と、「絶滅のおそれのある野生動植物の種の保存に関する法律」にもとづく特定国内種事業をおこなうもの

に対する指示等の事務、自然公園法にもとづく国立公園にかかるほとんどの事務がそれにあたる。ただし、国定公園にかかる機関委任事務は、特別地域・特別保護地区等の指定等にかんする事務が法定受託事務に、また、工作物の設置許可や改善命令等の実施にかかる事務が自治事務に、それぞれ分類されている。

そして第3に、いわゆる「まちづくり」環境行政では、自治事務化と権限移譲が相当に進んだ。たとえば、都市計画区域の指定等、市街化区域・市街化調整区域、地域地区、都市施設、市街地開発事業、市街地開発事業予定区域にかんする都市計画決定は、建設大臣の事前の関与を伴なってではあるが、自治事務化された。また、都市計画決定を原則として市町村の権限とし、都道府県の都市計画決定を限定する方向で、用途地域、都市施設、市街地開発事業にかんする都市計画決定は、相当部分が自治事務として市町村に移譲された。さらに、都市緑地保全法にもとづく緑地保全地区における建築物の新築許可、現状回復命令等の権限や「都市の美観風致を維持するための樹木の保存に関する法律」にもとづく保存樹木等の指定等が自治事務に移された。加えて、建築基準法にもとづく機関委任事務も、ほとんどが自治事務化されている。

(2) こうして、改正地方自治法で機関委任事務制度がともあれそれ自体は廃止されたことにより、自治体の条例権の拡張がもたらされた。環境施策としてこれまで自治体が、違法とされることを懸念して要綱などで対応していたものの多くについて、規制力ある条例によって措置を講じることが可能になったと考えられる。すなわち、同法は、「普通地方公共団体は、地域における事務及びその他の事務で法律又はこれに基づく政令により処理することとされるものを処理する」（2条2項）と定めた上で、14条1項において、「普通地方公共団体は、法令に違反しない限りにおいて第2条第2項の事務に関し、条例を制定することができる」とした。つまり、従来の機関委任事務は、国の事務であるため条例制定権の対象とならないとされてきたが、今回、これが廃止されて自治事務と法定受託事務に整理され、いずれも地方自治体の事務とされたことに伴ない、条例を制定することが可能になったのである。

そのうち、法定受託事務については、分権の検討過程で、法律の委任なしには

II　環境と憲法

条例はつくれないとの解釈が公的に表明されていた（地方分権推進委員会の勧告および地方分権推進計画では、「地方公共団体の条例に委ねる必要がある場合には、法律又はこれに基づく政令により明示的に委任する必要があるものと解される」とされていた）が、改正地方自治法14条１項では、とくに自治事務と区別しない扱いとなった、という経緯がある。この点にかかわって、「法定受託事務は、法律又はこれに基づく政令により処理することとされる事務であり、事務の詳細について法令で規定されていることが通常であることから、条例の制定範囲は自治事務よりも限定される場合が多いことが一般的には予想される」とする行政側の見解[18]がある。実態としては、そうした状況の発生もありえようが、条例の制定権は自治権の根幹であることに照らして、法定受託事務であっても、地方公共団体として受託したものである以上、条例で定めをすることのできるのは当然である[19]、との見地を基本に置くことが重要であろう[20]。

　以上のような改正地方自治法における条例のありように照らすなら、今後の自治体の環境施策は、これをより実効的なものとすることが可能となったといえる。たとえば、これまで各地の自治体が採用していた自然環境保全条例、景観保護条例、まちづくり条例などのいわゆる行政指導条例を、法的義務づけを伴う条例とすることができる。また、廃棄物行政については、処理施設の設置許可が都道府県知事などへの機関委任事務であったために、これまでも地域の自然環境や土地利用との調和をはかるような区域規制、周辺住民への情報公開、公聴会等の事前手続、施設設備基準の上乗せ等の必要が痛感されていたにもかかわらず、そのための条例制定は困難であった。それが、今回、産業廃棄物処理施設の設置許可は法定受託事務とされて（一般廃棄物処理施設については都道府県あるいは保健所設置市・特別区の自治事務とされた）、条例づくりでこれに臨むことができるようになった。さらに、都道府県が、知事の権限に属する事務を、市町村長と協議した上で、条例によって市町村へ委託することができる（252条の17の２）との、条例受託事務のしくみが設けられたことも注目に値する。これを善用するなら、基礎自治体の環境保全施策の権限強化に資することになろう。

　改正地方自治法、広く地方分権一括法が真に地方自治の前進をもたらすもので

あるかについての評価は、その成り立ちと内容双方にわたる慎重な検討を要する[21]。ここでは、その点を留保した上で、同法のもつ、地方自治体の環境施設の柱となるべき条例の機能を強化する側面に光を当てた次第である。これが21世紀にかけていかに展開するかは、中央政府と地方自治体の関係、自治体行政を支える主体の努力、また住民の要求と運動など、多様で複合的な要因にかかっているといえよう。

2 「将来世代の権利」概念の展開状況

(1) 環境基本条例を主な検討素材にして新しい時代の環境・生態系の保護に小考を巡らせようとする本稿は、先に一再ならずふれたとおり、この条例のいくつかにおいて「将来世代の権利」がとり入れられたことに注目している（環境基本法も、権利概念は欠如しているものの、将来世代の環境享受への配慮を謳っていて注目される。このことも後述する）。この「将来世代の権利」なる概念は、わが国憲法理論では十分には注目されておらず、用いられていても、説得のための論理立てにとどまることが多いと思われる。しかし、この概念は、ドイツ語圏諸国の憲法現象に即してすぐあとにみるとおり、実定憲法上にも位置づけられているものであって、その射程は広い。わが国の環境基本条例の場合も、この概念を導入したことのもつ客観的意義は、これを導入した立法者の理解をおそらくは超えて、きわめて大きいものがあるといわなければならない。そこで、この概念について、以下にその展開状況をみることとしたい。その際、ドイツ語圏諸国、とくにスイスを参照するが、ただ、ここでは、そのほとんどを前原清隆教授の一連の先駆的な研究[22]に負っている（筆者自身の作業は、スイス新連邦憲法（後述）に言及したこと以外に、それをおこなう時間的余裕をもちえなかった。先の課題とすることを誓って、寛恕を請いたいと思う）。

そこで、若干の整理をしておくなら、そもそも、法において将来の世代に言及することは、法の本質が既存状態の安定にあることに反し、また、現代世代の権利を正当化するための論理にほかならないと考えられてきたため、世界的に、「将

Ⅱ　環境と憲法

来の世代」が法概念として登場したのは例外的であり、これまでに3度みとめられるにとどまる、とされる。すなわち、近代初期(ヴァージニア権利章典、合衆国憲法、ジロンド憲法草案等)、第2次世界大戦後の核時代到来期（国際連邦憲章、および、ほかならぬ日本国憲法)、そして、現在の地球規模の環境破壊期である[23]。その中で、日本国憲法が、「われらの子孫」（前文）や「将来の国民」（11条、97条）を掲げて恒久平和と国民主権および基本的人権の保障を謳う憲法であることの意義は大きい。そして、「将来世代の権利」概念は、世代間の公正という新しい平等観を意味し、またしたがって生物圏ないし生態系の「永続可能な発展」のための政治経済制度の創出を、不可欠のものとして要求するのであって、それは、国制の姿としては、生態系の中に人間社会を位置づけた憲法である、いわゆる「エコロジー憲法」に結実することになろう[24]。その憲法上の課題として、まさに三位一体のものであるところの〝人間・環境・科学技術〟の問い直しが浮上するのである[25]。

(2)　さて、「将来世代の権利」が、実定憲法上の錨着をみている国がある。一例として、1999年4月18日の国民投票で、1874年連邦憲法を全面改正し、それを2000年1月1日より発効させたスイスをとりあげるなら、その新憲法は、前文において、「被造物（Schöpfung）に対する責任」および「将来世代に対する共同の成果と責任」を謳い、また、連邦の国家目的（2条）として、国土の「永続的（nachhaltig）発展」（2項）、また、「自然的生存基盤の持続的（dauernhaft）保全」（4項）を掲げた上で、その後の多くの規定の中でこれを具体化している。すなわち、「環境および国土計画」にかんして、「永続性」との条文見出しを付しつつ、「連邦および邦は、一方では、自然とその更新力との間の長期にわたってつり合いのとれた関係をつくり出し、また他方では、自然を人間による使用に耐えうるようなものとするために努力する」（73条）と定め、また、「環境保護」の条文見出しで、「連邦は、人間およびその自然的環境を、有害または不快な作用から保護することにかんして、規則を制定する」（74条1項）と定めたほか、国土計画、水、森林、自然環境の保全、漁撈および狩猟、動物の保護について詳細な規定を置いている（75条〜80条）。さらに、アルプス地域の通過往来を、人・動物・植物の生存領域を害さ

ない範囲に限定すること（84条1項）、エネルギー政策の実施にあたっては環境に支障のない供給のために尽力すること（89条1項）、農業については、生態学上の業績達成のために助成し、また自然に親密で環境と動物に好意的な生産方式を奨励すること（104条3項a・b号）などを定めた条項が見出されるのである。

そして、「被造物への責任」を体現した条文として、次の2か条は、きわめて詳細な内容を備えた注目すべきものである。

第119条（人間の領域における生殖医療および遺伝子技術）
① 人間は、これを生殖医療および遺伝子技術の濫用から保護する。
② 連邦は、人間の胚形質・遺伝形質の関係領域にかんする規則を制定する。
　　連邦は、その際、人間の尊厳、人格および家族の保護に配慮し、とりわけ、次の諸原則に配慮する。
　a．人間の胚細胞および胎児の遺伝形質への侵害を許容しないこと。
　b．人間のものでない胚形質・遺伝形質を人間の胚形質の中に混入し、または両者を配合してはならないこと。
　c．生殖幇助の手続きは、妊娠不能または重大な病気の伝染の危険を除くのに他の手段のない場合に、かつ、子どもに一定の特質をもたらす目的や研究を促進する目的でない場合にのみ、用いられてよいこと。女性の体外で人間の体細胞に受精させることは、法律により定められるべき条件の下でのみ許容されること。ただし、相当多数の人間の卵細胞を女性の体外で胚へと成長させてよいのは、それを即時に女性に移植させることができる場合に限られること。
　d．胎児の寄贈およびあらゆる種類の代理母は、許容されてはならないこと。
　e．人間の胚形質や、胎児から生ずるものをもって取引の対象としてはならないこと。
　f．人間の遺伝形質が検査され、記録され、または公開されてよいのは、本人の同意があるか法律の規定にもとづく場合に限られること。
　g．人が自己の血統にかんする記録を入手することが、保障されなければならないこと。

II 環境と憲法

第120条（人間以外の領域における遺伝子技術）
　① 人間およびその環境は、これを遺伝子技術の濫用から保護する。
　② 連邦は、動物、植物その他生物の胚形質・遺伝形質の関係領域にかんする規則を制定する。その際、連邦は、生けるものの尊厳（Würde der Kreatur）ならびに人間、動物および環境の保全を顧慮し、かつ、動植物の形態の遺伝子上の多様を保護する。

こうしたエコロジー憲法への志向は、当然ながら、広い背景をもっている。ドイツの場合、これを最初に構想した最初のものは、1991年の「クラトーリム草案」であるとされる。これは、統一したドイツ全体の憲法制定に向けて広範な論議を促進すべく起草されたものであるが、国家の負う責任の範囲を、将来の生態系の連鎖と将来世代にまで拡大したところにその最重要の根本思想があった。これがその後の動向に、無視することのできない影響を与えることとなり、1994年には基本法が改正されて20ₐ条の新設をみるが、それは、「国は、将来世代に対する責任を果たすためにも、憲法的秩序の範囲内において立法を通じて、また、法律および法の基準にもとづいて執行権および裁判を通じて、自然的生活基盤を保護する」というものである。また、旧東ドイツ地域の新5州で1993年までに制定された州憲法にも、同様の規定が導入されている。そして、ヨーロッパ・レベルでも、ヨーロッパ議会が1994年に決議したヨーロッパ連合憲法草案の前文および目的規定（2条）に環境保護が明記されるとともに、連合により保障されるべき人権として環境の尊重を求める権利が規定されている。加えて、これを背景に、同年、ドイツ・スイス・オーストリアの法学者グループが、ヨーロッパ連合の目標設定をエコロジーの次元で補完して「環境連合」へと拡大することを提唱している。さらに、1997年に、マーストリヒト条約を改正したアムステルダム条約において、永続可能な発展という目標がヨーロッパ連合の任務に加えられ、環境保護の要請があらゆる政策分野で考慮されるべきことが規定されたのは、きわめて重要である[26]。

スイスの場合も、先に掲出しておいた連邦憲法の生殖医療および遺伝子技術にかんする条項が、当然のことながら、にわかに登場したのではない。1980年のア

ールガウ邦憲法において、「被造物の尊厳」の概念が、「学術の教授および研究ならびに芸術活動は自由であり教授および研究は被造物の尊厳を尊重しなければならない」（14条）という文脈で用いられたのが実定憲法上の最初の実例とされる。その後、1987年に、生殖医療・遺伝子技術の濫用に反対する、いわゆるベオバハター・イニシアティブが出され、長期間の検討を経て強化された提案となり、それが、1992年5月17日の国民投票による部分改正として憲法法典に挿入された。それを、此度の全面改正でも維持したのである[27]。なお、この連邦憲法全面改正作業の過程で出された民間憲法草案のひとつに、アルフレッド・ケルツとヨルク・パウル・ミュラーにより作成されたもの（1984年）があるが、それが「将来世代のためにも健康で生命の尊厳に値する環境を保全する責任を自覚し」て憲法を制定する（前文）との規定を含んでいたことも、大きな注目を集めたものであった[28]。

「将来世代の権利」の概念は、もちろん、未だ十分に成熟したものではなく、むしろ多くの検討課題を蔵している。すなわち、まず、この概念の機能の両面性、つまり、人権を、時間軸で垂直的に拡張する役割を果すと同時に、将来世代と自然に対する責任あるいは義務が、個人の自由の新たな内在的制約原理として登場することで、とくに研究の自由や所有権に対して制約機能をいとなむという人権縮減的側面をももつことである。また、権利の享有主体の拡張がさらに推し進められれば、自然の固有価値性、ひいては自然の権利の承認までに至ることになるが、「権利」が動物に帰属させられるものであるかは、人間の尊厳の理念にかかわる、未解決の深刻な問題であり、それが行きつくなら、「人権」は、その存立根拠を失なうことになる。そして、将来世代および自然への志向は、当然に現代世代および人間の責任ないし義務の強調を導くわけであるが、そのことで、それに対応する国家の位置づけも見直されることになろう[29]。

むすびにかえて

わが国において環境基本条例が「将来世代の権利」概念をとり入れたことは、これをめぐる議論に活気を与え、それをとおして、新時代における、より高次の

Ⅱ　環境と憲法

環境保全の法理をもたらす一契機となりうるかも知れない。その際、確認すべきは、先にふれたとおり、日本国憲法が各国憲法に先んじて、すでに第2次大戦直後期において未来志向の憲法として制定されていることである。これは、エコロジー法体系を構想するためにあたって、それを支える何よりの強い基盤であるといえよう。

なお、あたかも本稿執筆中の2000年1月23日、国の公共事業に対する環境保護を争点とした、吉野川可動堰建設にかかわる住民投票が、徳島市においておこなわれた。それは、投票率が50％を超えない場合には開票しないという、異例の内容をもつ条例にとづいて実施されたものであるが、投票結果はその条件を充たしたうえ、圧倒的多数が建設に反対するものであって、今後の公共事業政策のあり方に大きなインパクトを与えた。ここは住民投票それ自体を論じる場ではないが[30]、環境保全に向けられた民主的経路をあざやかに示す事例として、未来志向の環境憲法理論の構築のためにもきわめて重視されるべきものといわなければならない。

(1)　訳は、阿部泰隆＝淡路剛久（編）『環境法』（有斐閣・1995年）32頁〔淡路執筆〕を参照した（強調の頭点は、筆者（小林）によるもので、以下も同様である）。
(2)　さらに、「永続可能な発展」（sustainable development）の概念が最初に用いられたとされる、1980年に国際自然保護連合・国連環境計画・世界野生生物基金が刊行した『世界自然保護戦略』、1987年発表の、国連環境と開発に関する世界委員会いわゆるブルントラント委員会の報告書『われらの共有の未来』、1992年ブラジルで開催の国連環境開発会議いわゆる地球サミットで採択された「環境と開発に関するリオ宣言」、また、1995年にデンマークで開催のいわゆる社会開発サミットで採択すべく国連開発計画により準備された「世界社会憲章草案」などでも、将来の世代への言及がなされている（参照、前原清隆「未来の世代と憲法」〔後出注(23)〕262〜263頁）。
(3)　訳は、富井利安＝伊藤護也＝片岡直樹『新版・環境法の新たな展開』（法律文化社・1998年）60頁〔富井執筆〕を参照した。
(4)　北村喜宣「環境法政策の現状と課題――市民参加・行政手続・情報公開・地方分権」法律時報69巻11号（1997年）6頁。

(5) 吉村良一＝水野武夫（編）『環境法入門——公害から地球環境問題まで』（法律文化社・1999年）25頁〔吉村執筆〕。
(6) 環境庁企画調整局企画調整課（編著）『環境基本法の解説』（ぎょうせい・1994年）98〜99頁。
(7) 環境基本法の制定にあたって指導的役割を果たした森島昭夫教授の見解（富井・前掲（注3）27頁による）。
(8) 北村・前掲（注4） 6頁。
(9) 富井・前掲（注3） 27頁。
(10) 山村恒年『検証しながら学ぶ・環境法入門——その可能性と課題』（昭和堂・1997年）67頁。
(11) 淡路・前掲（注1） 33頁。
(12) 原田尚彦『環境法』（弘文堂・1981年）142〜143頁。さらに、吉村＝水野・前掲（注5）104頁以下〔中井勝巳執筆〕参照。
(13) 山村・前掲（注10）207〜208頁、富井・前掲（注3） 69〜70頁。
(14) 菅原敏夫「東京都環境基本条例の課題と市民の役割」リサイクル文化編集グループ（編）『検証・環境基本法』（リサイクル文化社・1995年）155〜156頁。
(15) 須田春海「川崎市環境基本条例と環境自治体」リサイクル文化編集グループ・前掲（注14）177頁。
(16) 北村・前掲（注4） 6頁。
(17) 人見　剛「地方分権と環境法」法学セミナー531号（1999年）70頁以下。
(18) 地方分権・自治立法研究会『分権対応　条例・規則の手引』（ぎょうせい・1999年） 6頁。
(19) 参照、安本典夫「新たな地方自治制度の形成：『地方自治推進委員会第一次勧告——分権社会の創造』をめぐって」ジュリスト1110号（1997年）55頁。
(20) 兼子　仁『新 地方自治法』（岩波新書・1999年）も、「法定受託事務は、同時に法律に基づく自治体の事務でもあるので、全く国の事務だったかつての機関委任事務とはちがって、議会審議による条例をつくることができると解される（1999年5月26日衆議院特別委における自治大臣答弁が同旨）」としている（170頁）。
(21) 参照、小林　武「『地方分権』法制の現在と地方自治実現への課題」杉原泰雄先生古稀記念論文集刊行会編『21世紀の立憲主義——現代憲法の歴史と課題』（勁草書房・2000年）593頁。
(22) 前原清隆「未来の世代の権利・序説——ドイツ統一の憲法思想に見る現代憲法思想の一課題」平和文化研究15集（1992年）45頁以下、同「未来の世代と憲法」

Ⅱ　環境と憲法

　　長崎総合科学大学・長崎平和文化研究所（編）『ナガサキの平和学』（八朔社・1996年）258頁以下〔「未来の世代」論文として引用〕、同「環境権と憲法——豊かな自然を子孫に伝えるために」法学セミナー509号（1997年）72頁以下、同「世界人権宣言50周年の周辺——世代間責任の国際宣言の動向」長崎平和研究 3 号（1998年）61頁以下、同「ドイツ語圏のエコロジー憲法構想の動向」平和文化研究22集（1999年）49頁以下〔「エコロジー憲法」論文として引用〕など。

(23)　前原・前掲「未来の世代と憲法」論文259頁以下参照。

(24)　前原・前掲「エコロジー憲法」論文49頁参照。

(25)　この点で、現代国家の法体系が「人間の尊厳」をその原点に置いていることについて、人間の存在価値に立ち返って問い直すべきであるとする問題提起が、わが国でも、つとに小林直樹教授によってなされていた（1971年公法学会報告「人権理念の根本的検討」『公法研究』34号および1997年憲法記念日講演「人権価値を根本から考える」〔『憲法問題』 9 号所収〕。なお、併せて参照、『憲法政策論』〔日本評論社・1991年〕51頁以下・141頁以下）が、同教授の近稿がいうとおり、「法学界（とくに憲法学界）で、この問題提起に答えた例を今日まで見ない」（「法の人間学的考察(Ⅱ)」法学協会雑誌116巻 1 号〔1999年〕45頁）のが実情である。まさに今日、エコロジー憲法現象の動向にかんがみて、このテーマの研究を憲法論としても深め、問題提起に応えなければならないのであろう。

(26)　前原・前掲「エコロジー憲法」論文50頁以下による（基本法の訳には一部手を加えた）。なお、クラトーリウム草案については、その全訳として、大川睦夫＝前原清隆（訳）「民主的に組織されたドイツ諸州連邦のための評議会　ドイツ諸州連邦憲法草案（1991. 6 .29）」長崎総合科学大学紀要33巻291頁以下がある。

(27)　前原・前掲「エコロジー憲法」論文62頁以下参照。なお、「将来世代の権利」の憲法構想にとってとりわけ重要な研究上の貢献は、スイスの故ペーター・サラディン教授によってなされている（Peter Saladin, Verantwortung als Staatsprinzip, Bern, 1984; ders., Menschenrechte und Menschenpflichten, in: E.-W. Böckenförde/R. Spaemann, Menschenrechte und Menschenwürde, Stuttgart 1987, S. 267ff.; Saladin/C.A. Zenger, Rechte künftiger Generationen, Basel 1981 usw.）。これらについての検討は、前原・前掲「未来の世代」論文265頁以下および「エコロジー憲法」論文66頁以下に詳しい（筆者にとっても、研究課題である）。

(28)　これの全訳は、小林　武「A．ケルツおよびJ.P．ミュラーによる新スイス連邦憲法草案（1984年）〔試訳〕」南山法学 9 巻 1 号（1985年）85頁以下で、また、

その連邦憲法全面改正作業過程上の位置づけは、同『現代スイス憲法』（法律文化社・1989年）149頁以下で、それぞれ試みている。なお、この草案が両起草者の子どもたち——スイスの将来世代——にささげられていることは、まことに印象的である。
(29)　前原・前掲「エコロジー憲法」論文75頁以下参照。
(30)　住民投票についての小考は、さしあたり、小林　武「廃棄物問題と住民の法的地位・序論——住民投票の意義にふれて」南山法学23巻1=2号（1999年）への参照を請う。

16　自治体の環境保護政策
　　——地方分権における課題——

　　　　　　　　　　　　　　　　　　駒　林　良　則

　　はじめに
　1　自治体環境保護政策と自治権
　2　分権改革における自治体環境行政
　3　環境行政における広域協力体制
　　まとめにかえて

　　は じ め に

　自治体の環境保護政策は、昭和30年代以降の高度経済成長に伴う地域環境の悪化とその深刻化に対処する形で積極的に取り組まれるようになり、いわゆる公害行政の分野では一定の成果を挙げてきた。しかし、近時ではそうした産業型公害よりも、自動車公害や生活系排水による水質汚濁さらには廃棄物問題に象徴されるような都市・生活型公害が顕著となり、それへの対策にも取り組まざるを得なくなっただけでなく、さらには、地球規模の環境汚染が深刻となるなかで、いわゆる地球環境問題への地域における対応も焦眉のこととなった。また、環境問題が圧倒的に都市において惹起するという現実を直視するならば、都市における高度土地利用や都市景観をも対象とする都市環境問題というものがクローズアップされ研究の対象とされるようになったことも当然の成り行きであった[1]。こうした自治体の環境対策をめぐる状況の変化に対応して、環境に関わる自治体行政組織も、総合的な環境行政を遂行しうる体制づくりを目標に整備されてきたといえよう。

　1993年に制定された環境基本法は、環境問題が上記のように大きな変容と広がりをみせ、またそれ故に、行政を含む我が国社会全体で解決しなければならない

II　環境と憲法

最重要課題であるとの認識に立って、さらにはそのための消費型社会から循環型社会への社会システムの変革を目指してその基本的施策のプログラムを示すとともに、その実施手段としてこれまでの規制的手法に加えて経済的手法など多様な手法を用いることなどを内容とするものであった。環境基本法のもとで環境保全に関する法律が体系化されることとなり、また、1997年には環境影響評価法が制定された。

これらの動きを背景にして、「環境行政は、消極的な狭隘な『公害』の予防と救済から脱皮し、より広範でかつ積極的な『環境管理』対策へと発展」[2]するという、環境行政の理念の転換が強調されるようになった。

ところで、環境基本法は、7条において地方公共団体の責務を規定し、さらに36条でそれをいわば敷衍して、「国に準じた施策及びその他のその地方公共団体の区域の自然的社会的条件に応じた環境の保全のために必要な施策を、これらの総合的かつ計画的な推進を図りつつ実施するものとする」とし、その際都道府県は、主として広域にわたる施策および市町村の実施する施策の総合調整を行う、と定めている[3]。環境問題は、本来的には地域において発生するものであるから、地域環境を保全する責務を負うべき自治体が、その地域の特性に応じた対策を講じねばならない。そのために、自治体は、すでに述べたように、単なる規制的手段だけでなく、様々な行為形態によって環境政策の実現を目指しているし、また、最近の自治体独自の環境施策も——国の環境政策に先駆けとなるような実績は公害対策を筆頭に多くあることは周知のことであるが——注目に値するユニークなものがある[4]。

くり返しになるが、環境政策の実現には、規制的手法のみならず、様々な手法を組み合わせなければならないであろう。政府は環境基本法に基づき環境基本計画を制定したが、自治体においても、当該自治体が達成すべき環境の目標を定めこれを実現するための具体的施策を示した地域の環境管理計画[5]を策定することが、第1に挙げられるべき手法であろう。温暖化対策地域推進計画など環境各分野毎の実施計画はその下位に位置づけられよう。つまり計画という手法が地域の環境問題の施策推進の中心となっている。第2に、例えば、自動車公害とりわけ

二酸化窒素濃度の改善のための電気自動車や天然ガス自動車など低公害車への転換または普及促進のために、低公害車購入に対する助成・融資がなされているが、こうした環境保全のために民間へ資金融資をすることによって、民間活動を環境負荷の軽減へと誘導することが挙げられる。第3に、環境教育の普及や環境情報の発信など環境問題に対する住民への啓発が挙げられる。環境教育・学習によって、住民の環境問題への関心が高まるとともに、自治体の環境行政全般に対する市民の参画の前提にもなるであろう。こうした要請に応えて、先進的な自治体では環境学習センターを開設するようになった。

　自治体環境保護政策は、このように計画的で総合的な体系の下に実施されなければならないのであるが、その中心に位置づけられるのは、当該地域の環境政策理念の提示と環境管理計画[5]の策定実施を中核とする環境基本条例である。環境基本条例制定の動きは、平成3年制定の川崎市環境基本条例を嚆矢として、環境基本法制定後、都道府県において急速に拡大したが、これは環境を含めた当該地域の生活環境の保全・創造を目指す、いわゆる地域づくり・まちづくりに呼応する動きとみることができる。これは、地域の自主性自律性の確立を標榜する地方分権とも通底するものであり、自治体が自らの地域を見つめ直し地域の生活環境の整備を行う地域づくりの一環として環境行政が位置づけられるようになってきたことは、重要な進展とみることができよう[6]。

　さて、今回の地方分権改革が地域の自己決定の拡充を目指したものであり、そのために機関委任事務廃止や必置規制の緩和など国の地方への関与の縮減に力点が置かれる結果となったのは、周知のとおりである。これを事務権限委譲についていえば、国から地方への委譲よりも府県から市町村への委譲が目立っており、環境行政の分野においても特に公害規制の分野ではいわゆる特例市を中心に府県からの委譲がなされた[7]。今後、分権が進展することに伴って、自治体の環境保護政策の実施は、近隣市町村間及び都道府県と市町村の連携など一層の広域的取組が要請されると思われるが、本稿は、そのための課題を探ることを目的とするものである。それ故、環境の分野において今回の地方分権で実現した国と都道府県と市町村の権限関係を検討してみる。但し、そのまえに、自治体が環境保護政策

II 環境と憲法

を実施することができる憲法上の根拠とはいかなるものかについて少し触れておくことにしたい。自治体に憲法上保障された自治権の内容のひとつとして、環境保全が挙げられることがあるからである。

1 自治体環境保護政策と自治権

以上みたように、自治体は、環境分野についてかなり独自な形で政策を形成し実施してきたのであるが、それは自治権との関係でどうみるべきであろうか。この点に関しては、以前より主張されている「固有の自治事務論」を取りあげるべきであろう。論者によって違いはあるが、例えば原田尚彦教授によると、憲法が地方自治を保障している以上、地方公共団体の事務のなかでもその中核的事務については、国の法律規定のいかんにかかわりなく地方自治体がその責任と権限において実施していくべきであり、かかる事務は自治体に不可欠な事務であるとして、住民の健康な生活環境の保持とともに地域の環境保全をその内容として挙げている[8]。また、原田教授が主張する「固有の自治事務」説によると、固有の自治事務に留保された分野に対して法律上の規制措置が定められた場合には、その法律を違憲とするのではないが、当該法律規定を全国一律のナショナルミニマムの規制とみなして条例による上乗せ・横だしをすることを容認するという効果をもつ、とする[9]。言い換えると、かかる法律によっても自治体の条例制定権は制約されるのでなく、その法律が条例による独自の規制を著しく限定するときには、当該法律自体の違憲の可能性が出てくることになろう[10]。

但し、この理論では、具体的に何が固有の自治事務領域たる地域環境保全の事務なのか、判然としない。この点に関しては、磯部力教授の見解がより明快である。磯部教授は、自治体（行政）の本来的役割を、府県であれ市町村であれその区域内の住民の福祉向上のために総合的な生活環境秩序を維持し整備していくこと、つまり地域的な「生活環境秩序の管理」に求めている[11]。そして、同教授は、自治権の根幹をなすものとして、自治体の「地域環境管理権限」を提唱しているのである[12]。自治体住民の生活環境の整備は「核心的自治事務領域」と位置づけら

れ、地方自治の内容を規定するものとされ、その具体的内容は広い意味での環境行政（公害規制、自然環境保護、公共施設、土地利用規制）と捉えられている[13]。

　要するに、磯部教授は、憲法によって保障されるべき自治体行政の具体的中身を総合的な生活環境秩序の管理と捉えて、それが「地方自治の本旨」の内容であると認識されているのである[14]。既に述べたように、この「総合的な生活環境の管理」が自治体行政の本来の役割であると認識されており、これに従うならば、この管理権限の拡充こそが地方自治の伸長につながることになろう。

　もっとも、原田教授自ら指摘されているように、「固有の自治事務」の領域は、固定化されず社会の変化に対応して動態的に形成されるものであるため、環境保全における個別具体の事務権限が「固有の自治事務」になるか否かが明確に線引きできるわけでなく、加えて、環境保全が国と都道府県と市町村がその役割に応じた機能分担をして遂行すべき典型的な行政領域であることから、ある事務が地方から国の直接執行になったからといって、それを直ちに問題視することはできない。そこで地方自治の本旨にふさわしい自治体のあり方を考えるとき、自治体の事務の範囲とともに、それをどれだけ自由に処理できるかが改めて問題となる。今回に分権改革においては、結果として権限移譲の問題よりも国の関与の問題――その縮減――が注目されたのであり、言い換えるならば、自治体の有する事務処理の自由度を高めることに焦点があてられたのである。これについては後述するが、自治権の観点からすると、環境分野において機関委任事務がかなり自治事務化されたことは一応の肯定的評価を下すことができるであろう。しかし、留意しなければならないのは、以上の議論の前提としてきた「自治事務」自体が今次の地方自治法改正によって法定受託事務と同様に地方公共団体の事務として法定され、法定受託事務とは国の関与面など相対的な違いにすぎなくなったとの理解が示されていることである。これまでの自治事務概念が、機関委任事務との対比のなかで自治権との密接な連関を含意していただけに、新たな「自治事務」概念を自治権とどのように整合的に理解すべきなのか、検討していかねばならない。

Ⅱ 環境と憲法

2 分権改革における自治体環境行政

(1) 地方分権改革における自治体権限の推移

　まず、今回の分権改革以前の国と地方の権限関係に少し触れておきたい。従前の公害規制の分野では、概していうならば、国は、規制に関する一律の基準の設定や規制の対象となる施設の設定を行い、それ以外の権限、例えば、総量規制基準の設定、届出の受理、監視・命令・勧告・測定・立入検査等の執行的事務権限は都道府県知事が主として担い、但し、そのうちでも執行的事務を中心に、都道府県から各法の政令で指定都市、中核市及び政令委任市へ権限が委譲されていた[15]。なお、上乗せ条例制定の権限は都道府県にあった。

　自然保護行政では、自然公園のうちの国定公園における利用計画(保護計画および重要な利用計画を除く)の策定、工作物の新築等の許可は都道府県知事の機関委任事務とされていた。また、都道府県自然環境保全地域の指定、都道府県立自然公園の指定及び公園計画の策定は、都道府県の自治事務となっていた。

　次に、環境保護の分野における今回の分権改革の内容の概略を記しておきたい[16]。地方分権推進委員会は、地域づくり部会とくらしづくり部会の2つの部会制をとって改革作業の審議を進めたが、環境保全は主として地域づくり部会が対象とし、廃棄物関係はくらしづくり部会が扱うことになった。第一次勧告で扱われた機関委任事務の自治事務と法定受託事務との振り分けのなかで、環境の分野に関するものは、地域づくり関連での「土地利用関係」の項目において、鳥獣保護法における保護区の設定及び捕獲の許可事務が自治事務となり、猟区設定の認可も国から都道府県へ移譲され自治事務となったことである。

　第二次勧告において環境分野で権限が国から地方へ委譲されたものとしては、国定公園における特別地域の指定等がある。具体的には、国定公園における特別地域、特別保護地区および集団施設地区の指定・解除・変更に関する事務及び損失補償に関する事務が都道府県に委譲された。ところで、第二次勧告では、逆に都道府県事務から国の直接執行事務に移るものも示されたが、このうち環境に関

連するものは、自然公園法上の国立公園内の軽微な行為許可等に関する事務、自然環境保全法上の届出の受理、中止命令・協議・通知受理に係る事務等、種の保存法上の特定国内種事業者に関連する事務等である。

なお、第2次勧告では、法定受託事務にすべき事務のメルクマールが改めて示されたのであるが(第一章Ⅰ)、そのうち環境保護の分野に関わるものは、「(2)根幹的部分を国が直接執行している事務」のうちの〈①国が設置した公物の管理の及び国立公園の管理並びに国定公園内における指定等に関する事務〉と〈③環境保全のために国が設定した環境の基準および規制の基準を補完する事務〉である。①については、国立公園内における軽微な行為許可等の事務、国定公園内の特別地域・特別保護地区等の指定等に関する事務が例示され、③については、環境基準の類型あてはめ（水質・交通騒音）に関する事務、総量規制基準の設定に関する事務、大気汚染・水質汚濁・土壌汚染・交通騒音の状況の監視に関する事務が挙げられた。

さらに、第2次勧告では、公害関係の分野について、「国と地方公共団体が相互の役割分担を明確にしつつ、対等・協力の立場で連携を強化してい（く）」ことを目途として次のように権限が分類整理された。①環境基準、規制基準、規制対象施設等の設定に関する事務、総量削減基本方針の制定、総量規制対象地域・項目の指定に関する事務は、従来通り国の直接執行事務とする。②環境基準の類型あてはめ（水質、交通騒音）、総量規制基準の設定、大気汚染・水質汚濁・土壌汚染・交通騒音の状況の監視及び測定計画の作成に関する事務は、環境基準、規制基準の設定等根幹的部分を①のとおり国が行う事務であることから、法定受託事務の「メルクマールの(2)の③」より、法定受託事務とする。③公害防止計画の策定、上乗せ基準の設定、改善命令等規制の実施に関する事務、測定に関する事務、報告徴収・立入検査に関する事務、関係行政機関等に対する要請・意見等その他の事務は自治事務とする。

最後に、第4次勧告では、第3次までの勧告が国から都道府県への権限委譲を先行させたため、特に市町村への権限委譲に焦点があてられたのであるが、その際考慮されたのは、「行政ニーズが集中し、事務処理に必要とされる専門的知識・

II 環境と憲法

技術を備えた組織を整備することが可能と思われる市町村から、人口規模に応じて段階的に権限を委譲することも必要」(第4章)であるとして、一定の人口規模に応じて権限をまとめて委譲することであった。その結果、環境保護の主要な分野については、以下のようになった[17]。

 i 都道府県から指定都市（主要なものを例示）
- 近郊緑地特別保全地区の指定（首都圏近郊緑地法、近畿圏の保全区域の整備に関する法律）
- 緑地保全地区の指定（都市緑地保全法）

 ii 都道府県から指定都市及び中核市（一部の事務については保健所設置市を含む）
- 大気汚染の公表と関係行政機関への協力依頼等（大気汚染防止法）
- 宅地造成工事規制区域の指定（宅地造成等規制法これは指定都市に委譲済）

 iii 都道府県から特例市（人口20万以上）
- 騒音規制法・悪臭防止法・振動規制法に関する規制地域の指定、規制基準の設定及び公示、関係行政機関の長への協力依頼等（騒音規制法、悪臭防止法、振動規制法）
- 特定施設の届出等の受理、計画変更命令等、常時監視、公表、報告徴収、立入検査等（水質汚濁防止法。なお、これは同法施行令で委任されている市は委譲済）
- 指定物質排出者に対する指導、助言及び勧告、報告徴収（瀬戸内海環境保全特別措置法）

 iv 都道府県からすべての市
- 史跡・名勝・天然記念物の軽微な現状変更等の許可（文化財保護法）

 v 都道府県からすべての市町村
- 鳥獣の捕獲飼育等の許可（鳥獣保護法。なお委譲する事務の範囲については都道府県条例で定める）

なお、関与については、第二次勧告において、都道府県が公害規制個別法における計画策定においては国との合意を要する事前協議を行うこととしたほか、公

害規制個別法における都道府県ないしは政令で定める市の行う改善命令等においても、国民の健康被害の発生を防止するために緊急の必要があるときは、国は必要な「指示」を出せることとなった。また、第3次勧告でも、自然環境保全法や自然公園法に関わる関与が挙げられた。

(2) **分権改革における環境行政の評価**

　そもそも環境行政における国と地方の分担はどうあるべきかという原則論について、例えば、大塚直教授は、環境問題のもつ地域性を考慮するならば、自治体とりわけ市町村の権限を強化して、国はナショナルミニマムとして基準の設定や広域的根幹的事業とともに情報提供や資金助成等による自治体支援を担うべきであるとする。しかし他方で、全国的な対応あるいは国全体での調整が必要な事務については、自治事務ではなく法定受託事務になる可能性を認めている[18]。今回の分権改革のうち、公害規制の分野では、すでにみたように、国は環境基準等の役割を主に担うこととなり、性質上狭域的な公害である騒音・悪臭・振動に関する諸権限が都道府県から市町村の委譲され、これに対して、大気汚染及び水質汚濁についてはこれらの公害のもつ広域性が考慮されて都道府県に権限が留保されたと思われる。これらの点を先程の原則論に則してみれば、——法定受託事務が幾分多い嫌いはあるものの——一定の評価がなされてよいと思われる。

　これに対して、鈴木庸夫教授は、自然保護の領域の分権を扱った論文においてではあるが、分権の議論が環境庁の権限の委譲を巡って行われていることを批判し、環境行政における分権の是非は我が国の環境保全にそれが望ましいか否かによってなされるべきである、としている。そして、全国的視野で保護が必要であるという理由だけでは国の権限になるわけではないことを強調し、むしろ国は国際的な地域環境問題や地球環境問題に重点を移行すべきである、と主張する[19]。こうした見方も分権の評価において重要であろう。

　環境行政に関する今回の分権改革について、これを全体的にみると、既に述べたように、国から地方への権限移譲は多いとはいえず、都道府県から市町村(その規模を別にして)への移譲が目立つ程度である。しかし、これとても現実にはこれ

II 環境と憲法

まで多くの府県では市町村へ事務委任を実施しており、おおかたの府県はそれを追認ないしは拡大したものとして捉えているであろう。その限りでは、現状が大きく変化したという認識は、都道府県市町村ともに有していないであろう。

しかし、環境概念に良好な住環境の実現も含めて捉えることが通例となっているとき、今回の分権改革において都市計画決定の多くが市町村の権限となったことは評価されるべきであり、さらに今後環境保護の分野における国から地方へのさらなる権限委譲がなされる可能性も十分にある[20]。また、今回の分権改革では人口20万以上の市にしか委譲できなかった都道府県の権限を、後述する条例による事務処理の特例制度によって、その規模に満たない市町村にも委譲する[21]ことによって市町村の権限強化が図られる可能性もあることは銘記しておくべきである。

3 環境行政における広域協力体制

環境基本法は、環境保全に関する施策について、国及び地方公共団体が「相協力するものとする」と明記しており（40条）、さらに地方公共団体相互の広域的協力も要請している。都道府県が制定する環境基本条例にも、環境基本法のこの規定を受けて、広域的な施策について他の地方公共団体と協力して推進する旨の規定が存在する。また、環境保全施策をめぐる当該府県と市町村との整合性が要請されており、さらに、市町村の行う環境施策への当該府県の支援が明記されているものがある[22]。

ところで、環境基本法は36条で環境施策における都道府県と市町村の役割分担に関して、都道府県は、主として広域にわたる施策および市町村の実施する施策の総合調整を行う[23]、としている。一般に、都道府県と市町村の関係[24]における、分権の進展をも見据えた都道府県の担うべき役割は、市町村への支援と市町村間の連絡調整、さらに、広域的自治体として積極的に当該地域を形成する主体であることから主に専門性の高い事業及び大規模な事業の実施であるといわれている。そして、具体的には、市町村への権限委譲に伴う市町村関係職員への専門

的研修、人材を都道府県でプールするなどの市町村への助言・支援、市町村間での連携関係を確立するための情報提供及び技術支援などが考えられ、また大規模事業としては、総合防災体制、水資源開発、環境保全などが挙げられよう[25]。

　分権改革の結果、都道府県と市町村の関係については、都道府県と市町村の対等性を前提にした協力関係、即ち、一方的な指導ではなく「助言」と「支援」関係の樹立が期待されることになる。これは、対等な立場での人事交流を含む双方向の意思疎通を念頭に置いている。そこで、都道府県条例の規定のなかで、例えば、都道府県の当該施策への市町村の協力を責務として明記しているもの、あるいは市町村への関与の形式として市町村への「指導」を規定しているものがみられるのであるが、都道府県と市町村の対等の関係が前提である以上、適切とはいいがたい[26]。これまでに多くの府県でこうした規定の見直しがなされていると思われる。

　この点では環境行政に関わる都道府県条例においても、例えば、環境基本条例のなかに、市町村に対して環境施策の策定とその実施についての責務規定を置いているものがあり[27]、見直しが求められることになった。今後、地方分権の進展により環境保全行政の権限が市町村へ委譲されるに伴い、市町村独自の環境行政組織の整備と人材育成が不可避なものとなろうが、それを支援するためには都道府県の協力が不可欠である[28]。府県がもつ環境保全の専門的知識・技術を前提にして、市町村の環境行政へ助言することが期待される。そこで、例えば、前述のように都道府県の環境基本条例における市町村の責務規定を見直す際に、環境保全施策における市町村との連携、協力ないしは調整等を同条例のなかに明記することが望まれよう。

　とはいえ、自治体環境行政の現状をみると、規模の大きい市は別にしても、一般の市町村において環境行政を専門的に扱う組織体制が整備されている自治体は少ないであろう。そこで、府県から市町村への「支援」としては、公害規制等に携わる技術系職員を府県から市町村へ派遣するという人的支援が中心であろう。また、府県の環境保全部局が市町村の環境行政担当者を集めて環境行政に関する情報交換を主たる目的とした会議の開催も支援といえるだろう。つまり、現状の

II 環境と憲法

　市町村の環境行政は、府県にかなり依存したものと言えなくはないが、見方によっては、相互の連携が取られているということもいえるだろう。

　環境行政における府県と市町村の連携という面で指摘しておくべきことは、大気汚染や水質汚濁の法制度における各種届出事務は府県の事務であるものの、これまでその届出の受理については地元市町村を経由することがかなり多くみられた、ということである[29]。こうした実務の扱いは、かかる届出に関する情報が市町村の公害規制権限にも有用であることを考慮して、市町村を経由させることで当該届出に関する情報を府県と市町村が共有することを目的とするもので、公害規制の実効性ないしは機動性を高めることを期待した、府県と市町村の連携であると評価することもできる。しかし他方で、府県と市町村の対等性の見地からは、本来不要な経由事務を市町村にさせていることになり問題となる。従って、こうした取扱とは別に、府県と市町村の情報の共有化を図る方策を考えるべきである。

　要するに、都道府県と市町村の関係は、その地域によって異なり、また、繰り返し述べてきたように、自治体の取り組むべき環境問題も地域によって大きく様相が違う。環境行政における都道府県と市町村の権限関係も画一である必要はないといえるのではないか。また、都道府県からの権限委譲も画一的一方的になされるべきではなく、委譲相手の市町村の意向に沿って実施されねばならないであろう。そのためにも、今回の地方自治法改正によって創設された都道府県から市町村への条例による事務委任制度は、市町村の意向を十分に踏まえたうえで、活用されてよい。

　最後に、廃棄物問題に象徴されるような府県域をおける課題に対処するためには、いわゆる広域連携の必要性が唱えられている。広域連携といっても現在のところ、特定問題の取り組みに関する情報交換が主な内容となっているが[30]、今後環境問題に対する自治体の自主的な解決が求められることになれば、政策の形成にも踏み込まざるえない。そのためにも特定の課題毎の自治体間のネットワークがより強化されねばならないだろう。

まとめにかえて

　自治体の環境保護政策は、現在も多くの課題を抱えている。この施策は突き詰めていけば、環境負荷を如何に軽減させるかという目的になるが、自動車公害を例に挙げるまでもなく、軽減のための規制的手法には限界があり、社会全体が自主的に環境負荷を減らす方向へ誘導していくことになる。例えば、最近自治体がISO14001認証を率先して取得する傾向にあるが、これは、取得することによって、企業等への環境負荷軽減への自主的取組を促す目的がある。また自治体は民間の自主的な取り組みを支援するため、啓発・教育施策と資金助成を進めていかねばならないということも冒頭述べたとおりである。

　さらに、これもすでに触れたことであるが、地球規模での深刻な環境汚染は、近い将来地球上の生物の生存を脅かす恐れがあるという認識が急速に広まっており、今後生態系を維持することが可能かどうかの瀬戸際に立っているといっても決して大袈裟ではない。自治体の環境保護施策もこのような視野にたって構築していく必要がある。そのためには、自治体政策全般が、環境基本条例に趣旨に沿って環境に配慮したものにならなくてはいけない。環境重視の政策体系の構築が急務であることは多言を要しないが、府県の現状においては、縦割り行政のために庁内での政策調整の必要性が認識されている。既に、そのシステムのありかたと調整ルールついては、先進的自治体に関して紹介・検討されているところである[31]。今後は、こうした総合的な環境行政の推進のための庁内調整システムをどう機能させるかが、一般市町村レベルでも課題となってくるであろう。住民と密接な関係にある市町村のレベルでは、積極的な環境情報の公開を前提に住民参加システムを構築していくべきであろう。

　地方分権型社会の到来は、確かに、国が今後の地方との関係をどのように構築していくかで、大きく影響されるだろうが、官主導の社会から民間主導の社会への転換は大きな潮流として不可避であろう。行政全体としても、そうした流れのなかでNPOなど民間組織とどのように関係し役割分担すべきかを考えなくては

II 環境と憲法

ならない。既に、NPOを支援する条例制定をする自治体も現れており、自治体のNPOへの取組は顕著となってきた。環境政策の分野では、既に行政と環境NPOとのパートナーシップを構築することが積極的に議論されている(32)。

このようにして、自治体の環境保護行政は、民間との役割分担を近い将来の視野に入れつつ、生起する環境問題に機敏に対応できる組織編成を、都道府県と市町村が協力して構築しなければならない時期にきているように思われる。

(1) 戦後の都市環境問題の推移を瞥見しているものとして、参照、大塚直「都市環境問題における「政策と法」」岩波講座現代の法第4巻『政策と法』65頁以下。
(2) 原田尚彦「公害・環境政策法制の推移と現状─公害対策から環境管理へ」ジュリスト1015号（1993年）43頁。
(3) 自治体における環境保護政策の変遷に関して概略的には、猿田勝美「公害・環境をめぐる課題と対策」ジュリスト1015号（1993年）213頁以下、宮崎正寿「環境の保全・創造と地方公共団体の役割」澤井安勇編『自治体・地域の環境戦略2　分権化時代の地域環境政策』（ぎょうせい、1994年）14頁以下など参照。
(4) 門山泰明「地方公共団体における地域環境施策の動向」澤井安勇編・前掲書24頁以下参照。
(5) この計画は、「〇〇市環境基本計画」などその名称は問わない。環境管理計画の概念とその内容に関して、宇都宮深志「環境基本条例と環境基本計画」ジュリ増刊『新世紀の展望2 環境問題の行方』（1999年）251頁以下、255頁。環境基本条例の内容的特徴として、宇都宮深志「環境基本条例と環境基本計画」ジュリ増刊『新世紀の展望2　環境問題の行方』（1999年）253頁以下。また、環境基本条例の内容と運用を調査したものとして、北村喜宣「環境基本条例と行政意思決定システム」阿部泰隆＝水野武夫編『環境法学の生成と将来』山村恒年先生古稀記念論集（信山社、1999年）79頁以下。
(6) こうした地域形成における環境政策の位置づけについて、澤井安勇「地方分権と地域環境政策」同・前掲書3頁以下、田中充「自治体環境行政の新たな展開」環境と公害26巻3号（1997年）19頁以下参照。
(7) もっとも、後に述べるように自然保護の分野では、国の直接執行事務になったものがある。
(8) 原田尚彦『地方自治の法としくみ（全訂2版）』（学陽書房、1995年）66─7頁。なお、同教授は、別の著書において、住民の安全、健康及び福祉を保持するため

の権力的規制行政は地方公共団体の固有の自治事務にふさわしいものであり、その核心を公害行政や地域環境保全行政が担うもの（同『環境法〔補正版〕』（弘文堂、1994年）141―2頁）、とされている。

(9) 原田尚彦『地方自治の法としくみ』66頁。

(10) しかし、現実の問題として、山下淳教授は、環境アセスメント法と既存の環境アセスメント条例との関係を例にひいて、両者の制定の先後に関わらず、法律の条例に対する優位性を指摘する。山下淳「都市と自治体」岩波講座現代の法第9巻『都市と法』253頁以下。

(11) これを敷衍すると、磯部教授によれば、20世紀において自由権から社会権へ人権理論の基本的価値が変化したが来る21世紀には環境権へと転換するとし、従って、それに対応する行政システムは「地域自治的な環境利用秩序というものを根幹においた、本質的に分権的な行政と法のシステム」にならざるをえない、と主張する。要するに、「基本的に地域社会の単位での、より人間的かつ自治的な環境管理秩序」を確立することが、地球規模での環境・資源問題に的確に対処するうえでも重要であるという（磯部力「自治体行政の特質と現代法治主義の課題」公法研究57号（1995年）154頁）。

(12) 磯部力「自治体行政の特質と現代法治主義の課題」167頁、173頁参照。

(13) 磯部力「地域環境管理者としての地方公共団体と条例」環境法研究13号（1980年）147頁。

(14) 磯部力「自治体行政の特質と現代法治主義の課題」172頁。

(15) この点を詳述すると、公害規制各個別法の政令委任規定により事務が委任されている。大気汚染防止法31条により、同法施行令13条1項で明記された市の市長へ同項所定の権限が委任される。同2項では同項所定の権限が指定都市と中核市の市長に委任される。悪臭防止法18条により、同法施行令2条1項では同項所定の権限が市町村長にされる。さらに同2項では同項所定の権限が指定都市及び中核市の市長に委任される。振動規制法23条により、同法施行令5条1項の1号から7号まで列記された知事の権限が市町村長に委任される。同2項では同項所定の権限が指定都市及び中核市の市長に委任される。騒音規制法25条により、同法施行令4条1項1号から8号までの知事の権限が市町村長に委任される。同条2項では同項所定の権限が指定都市及び中核市の市長に委任される。水質汚濁防止法28条により、同法施行令10条1項1号から10号までの知事の権限が同項明記の都市（指定都市、中核市、その他を含む）の市長に委任される。

(16) 今回の分権改革における環境行政の権限の変化について、人見剛「地方分権と

Ⅱ 環境と憲法

環境法」法学セミナー531号（1999年）70頁以下。礒野弥生「環境問題と分権の課題」ジュリスト増刊『新世紀の展望2　環境問題の行方』（1999年）246頁以下。

(17) なお、廃棄物行政に関しては、産業廃棄物処理施設の設置許可が知事の機関委任事務から都道府県の法定受託事務となり、一般廃棄物処理施設の設置許可が自治事務となった。

(18) 大塚直・前掲99頁。

(19) 鈴木庸夫「環境行政と地方分権」千葉大学法学論集11巻2号（1996年）87頁以下。同教授によると、環境行政についての分権の議論の仕方として、第1に環境行政における分権の対象の問題と分権に関する評価の問題を明確に区別する必要があること、第2に、現実の分権論議は、あきらかに環境庁の権限を前提に行われていること、第3に、こうした分権論議とは別に、環境行政における分権の評価としては「環境権的アプローチ」――つまり環境行政とは良好な環境の確保を図ることを目的とするすべての行政であり、従って環境庁の権限のみならず他の「間接的環境行政」も含む――が必要であり、環境行政における地方分権の是非は我が国の環境保全にとってそれが有効かどうかに係っている、とする。但し、この論文が分権推進委員会の中間報告の時点である点を考慮する必要がある。

(20) 地方分権推進委員会第4次勧告は、「政府においては、さらに積極的に地方公共団体への権限の委譲に取り組むことが必要である」（第4章）と述べ、権限委譲が引き続きなされることを要望している。

(21) 例えば、大阪府は、その独自の「大阪版地方分権推進制度」に基づき、先に示した第4次勧告で都道府県から全ての市に委譲することとなった文化財保護法による「史跡・名勝・天然記念物の軽微な現状変更等の許可」を府下の3町（美原町、太子町、豊能町）に委譲している。

(22) 例えば、滋賀県環境基本条例6条及び7条。この点も含め都道府県環境基本条例における都道府県と市町村の関係については、北村喜宣『環境政策法務の実践』（ぎょうせい、1999年）263頁以下参照。

(23) これは、地方自治法ではその改正された2条5項において都道府県の機能として規定されたものと整合する。なお、ここでは改正された地方自治法について詳細に触れるつもりはない。

(24) 都道府県と市町村の関係は、言うまでもなく地域により異なり、また市町村といっても指定都市とその道府県との関係はほぼ対等であるといわれている。ここでは、一般抽象的なレベルでの都道府県と市町村の関係をモデルとして考えている。

⑳　参照、大阪府地方制度研究会『地方制度に関する調査』（平成7年3月）
㉖　なお、条例規定の見直しの関しての国の見解として、古田孝夫「地方分権一括法の施行に伴う条例等の整備に関する一考察」地方自治625号（1999年）126頁以下参照。
㉗　これは環境基本法7条のアナロジーであろう。
㉘　大西潤「地方公共団体における環境行政組織」澤井安勇編・前掲書262頁。
㉙　また、府県の公害防止条例に基づく独自の事務についても同様の取扱がなされるものと思われる。
㉚　廃棄物問題など広域的に処理する必要のある課題における自治体間の協力について、礒野弥生「自治体と環境行政」環境と公害26巻3号（1997年）15―6頁参照。
㉛　北村喜宣「環境基本条例と行政意思決定システム」85頁以下、下井康史「行政の意思決定システムの現状と課題」法学セミナー531号（1999年）62頁以下を参照。
㉜　自治体と環境NPOの関係に関する問題については、村田哲夫「環境問題とNGP・NPOの役割」都市問題88巻4号（1997年）57頁以下参照。

17 環境と開発

石 村 　 修

はじめに
1　接続可能な発展
2　国家の責任
3　地方自治と環境

はじめに

　普通に暮らしている人間からするならば、西暦2000年もいざ到来してみると格別の変化なく日々が過ぎて行くという感がするであろう。しかし、本稿のテーマである「環境と開発」に関しては、2000年は少なくとも危機意識をもってなんらかの積極的な対応を求められていた年であり、その間に改善のための作業が続けられてきたことを想起しないわけにはいかない。その例証を代表的には2つの報告書からわれわれは知ることに成る。その一は、世界各国の環境問題に関する専門家からなるローマ・クラブ（MITグループ、メドウズ他著）がまとめた、『成長の限界―人類の危機・レポート』(1972)である[1]。その二は、当時のアメリカ合衆国カーター大統領により作られたグループがまとめあげた報告書『西暦2000年の地球』(1980)である[2]。両報告とも1970年代の時点で、きたる近未来の2000年を視野に入れ、人口を始めとする特定のファクターを考慮するならば、地球レベルでの人為的な調整が必要であり、それを欠くともはや取り返しのつかない悪環境が生まれると警告している。地球規模で考慮するようになった「環境と開発政策」への対応につき、問題関心を共有する意味で、2つの報告を紹介することから本稿を始めることにしたい。

　両書とも人間の存在と地球環境を考える限りで、まず考慮すべきファクターと

Ⅱ　環境と憲法

して「人口」を考慮し、地球に存在しうる世界人口の最大値から発想している。ローマ・クラブが警告する論点は、「加速度的に進みつつある工業化、急速な人口増加、広範に広がっている栄養不足、天然資源の枯渇、および環境の悪化」の5つである。第二の報告書も「人口、国民総生産、気候、技術、食料、漁業、森林、水資源、エネルギー、燃料資源、非燃料鉱物、環境」を分析対象としている。この環境悪化へと至る因果関係を生み出す基として、幾何級数的に成長する人口と経済成長を挙げている点もほぼ同様である。これに対処する積極政策は、報告のタイトルにもなっている「技術と成長の限界」をそれぞれ対応する諸国が認識し、もって来るべき時代は「均衡状態の世界」を作り出すことを目標にしている。確かに人口と資本の成長は、主権国家の枠組みと諸国間の地域空間に内在する、長年に渡って創り出した偏差を生み出してきた。先進国（北）と発展途上国（南）との間の人口と資本成長のアンバランスは、いわゆる南北問題としてこれを生み出した主権国家の側自体からは、もはや解決することができない段階にすでに達していた。そこで提示された人口の成長率と国民総生産の成長率との相対的な関係からして、最終的な2000年への予測は「世界の豊かな国と貧しい国の間の絶対的なギャップを、容赦なく拡大していくであろう」（同30頁）というものであった。すでに環境経済学によってほぼ不可欠なものとして定式化されてきた、「人口、資本、サービス、資源のフィードバック・ループ」が地球的規模で実現されるならば、世界システムにおける成長は止まるはずである。

　アメリカ報告が最も執着する人口問題は、遠い将来において地球に現実的に居住しうるマキシマムの人口を300億というところに設定している[3]。産児制限を課したとしても、人口はある程度維持されなくてはならず、その観点から増えつづける宿命にあるが、そのカーブをすでにヨーロッパが達しているように緩やかにすることが目標とされてくる。75年からして2000年には64億の人口が予測され、その増加率は55%であり、その内の10分の9は開発途上国における人口増加であるとされた。アメリカ商務省統計局によれば、1999年7月18日、世界人口は60億人を超えた[4]。ところが2000年を前にして世界人口増加が鈍化しだしている。当初見こんだ68億人の数値は、2010年にまで延長修正されている。国家政策

としてなされている開発国での人口抑制政策が効果を生んでいる状態であるが、2025年には80億人にはなる計算である。次なる問題として「人口ボーナス」と呼ばれている若年労働者を労働市場にいかに反映させるかがこれらの諸国では深刻な事例となっている。この労働力を受け入れるだけの経済基盤があれば、経済発展までも保障されてくるからである。

　成長を維持するためには、物質的条件と社会的条件が必要とされている。例えば冷戦の終了は社会的な条件を飛躍的に改善したように、人間の努力によって良い方向へ変えて行くことが可能である。しかし地球の生態学的システムと関係する物質的条件は有限の部分もあり、それを完全に使い切ってしまわないようにするための配慮が必要であることは当然である。人口の増加は第一に食料問題に反映されてくるが、北ではもっぱらより快適な生活空間を享受するために、必要十分な住居を求め、エネルギーを消費し、新しい工業製品を求める。アメリカ合衆国、欧米、そして日本による過剰な消費社会を転化し、「再生可能な資源の持続可能な利用範囲で」、既存の人口を養わなければならないと言われている[5]。北と南の異なった消費行動は、すでに指摘した「食料・天然資源」において意味を異にしてきたのであり、その結果「開発」の意味も違ってきていたのである。開発が生み出すであろう負の遺産である「汚染」は、もはや今日では北では多くは生み出されず、北に蓄積されるのはリサイクルしえないゴミであるにすぎない。これに比して、南では問題は増殖する人口のための犠牲を伴う耕地の拡大であり、北から押しつけられた汚染を伴う危険な生産であり、粗悪な必要も無い工業製品の押しつけである。こうした構造に対して、楽観主義的対応もありうるであろうが、成長の限界を知るローマ・クラブは、何らかの技術的解決によって汚染へと至る成長＝開発を止めなければならないとする。つまり、成長に自主的な限界を課すということになる。例えば、エネルギーに関して、自然のエネルギーがあったにも関わらず、人間は技術の力で「化石燃料から原子力・プルトニウム」へと至ったが、この開発は悪魔による誘いであって、魅力の下に隠された醜さを自覚すべきであろう。

　アメリカ・グループがまとめた報告は、その調査規模が広大であり綿密であっ

II　環境と憲法

たが故に、そこで示されたデーターと予測はかなり客観的である。ただしこの報告では具体的な対応策が提示されるわけではない。ここでの予測は悲観的な結果を読みこんでおり、砂漠化は2000年で＋492、密林は－446万haとなっている（『西暦2000年の地球』1・392頁）。具体的にはサハラ砂漠の拡大と南米での森林破壊が当面の問題である。1年に九州と四国を合わせた広さに相応する約600万haが近年砂漠化しているので、この数値はむしろ悪化して示されることになろう。そうなると実に氷に閉ざされていない陸地面積の21％が砂漠となり、人間の活動空間としては無の場所となってしまう。他方で進行する森林破壊により、森林面積は現在の地球全面積5分の1から6分の1へと激変し、生物種を減らす生態系の変化だけでなく、地球の温暖化を促すことになる。成長を止める方法として、「リサイクル、汚染防止、産児制限」がありうるわけだが、財政的な負担をどこが負担するかの初歩的な次元ですでに障害にぶつかる。さらに、プラトンの時代からすでに提示されてきた成長を止める思想は（同154頁）、国家利益や多国籍企業の思惑と開発独裁のエゴイズムによって阻まれてきたのが現実である。したがって、報告書が結論付けている多くの問題提起の内、本稿がさらに議論を煮詰めていくべき点は、その(8)が示す「前例のないほどの規模での一致した国際的な行動と共同の長期計画が必要」とする箇所となる。

　「はしがき」としてはすでに長く書き過ぎたかもしれないが、環境と開発をめぐる議論の今日的位相を確認するためにはこれでも急いだのかもしれない。「環境」は、フランス語のmillieuから派生してきたように、個人を中心にした空間の保持を念頭にしてきた関係で人格権に添う形で生まれてきた[6]。しかし、環境は社会・国家さらには地球規模での環境の保持、しかも将来的に保持されなければ意味がない以上、環境維持に関して、地球・国家・地方自治の各段階で配慮されなければならないはずである。他方で、「開発」（Development）とは「経済開発」の意味であり、それは「政治改革の過程」として扱われるので[7]、環境政策と一体となって議論することが必要である。開発は経済効果を生み出すと宣伝するが、自然環境破壊を伴うことは口にしないのを常とする。これを逆転させた政策が環境アセスメントであり、これの徹底は開発至上主義への懐疑の現われであったと言えよ

う。環境は単に人間の生存や生活の基盤を提供するだけでなく、生産のための資源を供給してくれるからである。要は環境を守るべき価値とする着想が必要なのである。本稿では、環境と開発は調整しながら考慮しなければならないという大方の議論と同一歩調をとるものの、さらに環境が開発に優先するという立場に立ってバランスが保たれなければならないとの視点に立ち、以下地球(1)、国家(2)、地方自治(3)のそれぞれに章を分けて概括していくことにする。

1 持続可能な発展

いわゆる「環境経済論」が体系化されだしたのは1970年代になってからであり、「人間と自然との間の物質代謝」過程のありかたを考え、この過程の崩壊を止めるための政策もその範疇に入れている点で、これは新たな経済学分野の誕生である[8]。それは効率、利潤、生産力といった市場経済のみを基準にするのではなく、広範な自然科学の法則も経済学の中に取り込もうとするものであった。簡単には自然と人間との友好関係を築きあげようとするものであり、都市と農村、工業国と発展途上国とのバランスを配慮することであった。ここでは少なくとも環境を後世に残すべき資源とする発想が必要であり、「環境資源」を再生産可能なレベルに留めて置かなければならないことになる。しかし、狭義の経済の論理は、各種の開発を必然化し、とくに、発展途上国は他国資本の開発を受け入れ、この開発を継続・拡大することによってのみ経済発展がありうるとされ、環境破壊の事実を隠蔽する傾向があった。

「地球を回復する」という命題は、全ての人類的課題であり、地球的な段階で実行されて行かなければならないことになった。最大の敵である、エネルギーの過剰な使用によって生み出されたCO_2（二酸化炭素）の発生量を削減することであり、そための確実な方策を提示しなければならない。ここでの発想は、先に示した既存の人口の生活を維持するための豊かさを維持しながら、天然資源の消費量を押さえることである。つまり「技術開発」によって地球全体の持続的な発展を確保しようとするものである。発展途上国の国民が車や電気製品を使用すること

II　環境と憲法

を前提にして考えると、化石資源の消費が2050年では現在の3倍は必要と想定されている[9]。このことは、有限な化石資源を枯渇させ、CO_2を増やすだけの方策に陥ることになるが、これに対抗するのには技術力によって効率を高められた自然エネルギーの活用とエネルギー消費の削減、そして徹底したリサイクルの実現ということになる。2000年からの2050年に向けてのメッセージとなる「ビジョン2050」によれば、次ぎの3点が持続的な開発（発展）を可能とする条件となる。つまり、「(1)エネルギーの利用効率を3倍にすること、(2)物質循環のシステムをつくること、(3)自然エネルギーを2倍にすること」である（小宮山165頁）。「環境と開発」は、対立概念ではなく総合概念となったのである。

　本稿の中心テーマである「環境と開発」の両概念をあえて両立させようとする努力として、「持続可能な開発」（Sustainable Development、以下SDと略）の用語が用いられてきた。この用語も実は多義的に用いられ、最初の「最大維持可能漁獲量」から始まって[10]、その使用や邦訳の仕方について批判されてもいるが、国際会議の主用場面でも認知され、一定の価値評価がなされてきている。Developmentを「開発」と訳すか「発展」と訳すかは、確かに意味を微妙に異にするかもしれない[11]。以下テーマとの関係で「開発」とするが、必ずしもマイナスの要素のみを含むものではないことに注意を払う必要がある。最も多く引用されるのは1987年の「環境と開発に関する委員会」の報告『地球の未来を守るために』（Our Common Future）である。この委員会は日本国政府（当時の原環境庁長官）の提唱によりノルウェー首相ブラントラントを委員長として発足した国連環境特別委員会で練られ、報告書は国連総会にて正式に決議されている。それに依れば、SDとは「将来の世代の欲求を充たしつつ、現在の世代の欲求も満足させるような関係をいう。」また「人間の欲求と願望を満たすことが開発の大きな目標である」とし[12]、開発途上国の人々が生きていく上で必要不可欠な生活水準を維持できるような配慮がなされなければならないとし、そのためには消費水準を一定程度に保つ必要があるとしている。ここには従来からあった、環境と開発を単なる交換概念として使ったり、南北対立を拡大させようとする態度はない。むしろ分かりやすい表現をもって、環境を私達の住むところとし、開発を「その中で私達の生活

をよくするよう努力すること」として、環境と開発をあらゆる国や社会にとって不可分な目標としている点に注目しなければならない。成長の限界を知りつつ、それでも可能な普遍的な生活水準のレベル・アップを計ろうとしたものであった。

　環境か開発かの二者択一的問いかけは、国防の問題と同様にして実はナショナル・インタレストの問題であるとされ、北の市民運動を母体とした環境保護主義と南の独裁・軍事政権を支える発展的な開発主義という政治思想の対立でもあった。こうした対立を解消すべき努力が国連を中心にして冷戦の終了以前に開始されてきたことは、21世紀を前にした環境問題の深刻な状況が認識され出したからでもある。われわれはその端緒と不完全な成果を、1972年のストックホルム国連人間環境会議に見ることができた。ここで人間中心からなる環境権が正面から国際舞台で初めて議論されたものの、問題となった環境と開発は実にアンバランスな状況の中で妥協を見た。前文1号はまず、環境を自然環境と人によって作られた環境と併記し、開発国に対して開発の権利を認めているからである。つまりその前文4号に依れば、「開発途上国は、開発の優先順位と開発の保全、改善の必要性を念頭において、その努力を開発に向けなければならない」と開発国の主張を受け入れていた[13]。先進国は抱え込んだ公害問題の解決に悩み、途上国はとにかく将来の豊かさを保障するであろう開発に関心をもったがゆえに、国家利益の対立をそのまま文言に書き表さなければならなかったのである。同様の視点を同109の行動勧告の11「開発は環境保護によって、妨害されてはならない」にも観ることになる。ストックホルム会議は後述（2章）するように、環境問題解決に関して国家主権の壁が存在することを認めたものの、国際機関を中心にした環境と開発への統合的な対応の方向を将来的な問題として示唆していた。それは、同原則13の「統合的な開発計画」の箇所や、次ぎの措置としての国連総会の決定に基づく国連環境計画（UNEP）の設置に概観される。開発国に与えられたのは、環境政策を考慮した開発であり、他方で先進国は、発展途上国の環境保護のために財政的・技術的援助をなさねばならない（原則9・12）とされた。

　その後このUNEPは、砂漠化防止の事項等で一定の役割は果たし、国際自然保護の観点から各種の国際的な取り決めがなされた。1980年は各種の国際機関が連

II 環境と憲法

合して環境問題に対応する傾向を明確にし、国連自然保護連合が国連環境計画と世界自然保護基金の支援をえた「世界自然保全戦略」（WCS）は、その性格をはっきりさせている。ここでは明瞭にSDが今後の環境戦略の中心課題であるとされていた[14]。これをさらに確立させたのが、すでに指摘したブラントラント委員会であった。環境法の教科書では必ず触れられるほど著名なこの報告書は当面の地球環境の保護を意図した限りで要請課題が多く、示された戦略も具体化を欠いた点はどうしても拭いきれなかった。その課題を繰り返すと、「① 西暦2000年までに持続的開発を達成し、また、これを永続するための長期戦略を提示すること。② 環境保全に対する関心が、開発途上国と社会的・経済的発展段階の異なった国々の間での協力に結び付くようにするとともに、人間、自然、環境及び開発の相互関係に配慮した共通かつ相互補強的な目標を達成するための方策について勧告すること。③ 国際社会が環境問題に対してより効果的に取り組むための方策を検討すること。④ 長期的な環境問題及び環境の保全と増進に成功するための適切な取組み、今後数10年間の行動に関する長期的計画と国際社会が掲げていくべき目標に関する共通の認識の形成に資すること」[15]、であった。ここで分析された事項は、すでに本稿のはしがきで指摘した2つの報告とほぼ同様であるものの、平和や安全保障といった社会的な条件を加味した点が新たなところであり、将来的な戦略をSDとしている点が特色となっている。しかし、SDの内実が概ね2つの経済発展に呼応した対立を前提にし、結果的には先進国に各種の負担を負わせる格好になるがゆえに、ここでも国家の壁と遭遇せざるをえないことは明かであった。最終的に示された原則に意味があるとすれば、むしろ環境に対する「国家責任」の箇所であり、SDに関しては新しい提言は無かったと言えよう。

1992年6月、国連環境会議（UNCED）が地球の反対側のリオデジャネイロで開催された。先のストックホルムと異にし、地球環境を悪化する要因はより明瞭・深刻になり、その取組みは急務を要した。「地球の温暖化、オゾン層の破壊、森林の減少、砂漠化、酸性雨、海洋汚染、生態系の破壊」等が議題とされた。この会議の成果として現された「環境と開発（発展）」に関するリオ宣言は「アジェンダ21―持続可能な開発のための行動計画」としてまとめられており、ここでSDが本

格的に中心課題となったことに触れないわけにはいかない。まず原則1において人類中心主義に基づく発想が示され、「人類は、持続可能な開発という課題の核心に位置する」とした。もちろんこの開発も無条件にではなく、「開発の権利は、現在及び将来の世代の環境及び発展に関する必要性に衡平に合致するように実現されなければならない」（原則3）とし、「持続可能な発展と不可分なものとして環境保全」（原則4）があるとした。問題はここで使用されているSDがいかなる観点から用いられているかと言う点になる。再三繰り返して述べてきたように、SDは多義的な意味で用いられてきたわけで、ここでは原則5が記している「持続可能な開発のための不可欠の要請として、貧困を除去するという」課題を担うことになる。そこで問題となってくるのは原則6の「発展途上国への配慮」の内容であり、これらの諸国に先進国が「特別の優先順位」を与えることの意味である。経済成長主義を是認する対応は、結局ストックホルム宣言と同様の線に落ち着いてしまい、北が南に譲歩しすぎではないかとの印象を受る。例えば緩和されたCO_2基準が開発国に与えられたとしても、地球全体の排出量を考慮しなければならないことは誰でもわかっている。むしろ「先進国の役割としては、今後は途上国の経済成長の方向を環境調和型で進めるようにもっと働きかけるべきではなかった」[16]かであろうか。

　アジェンダ21は、表題が示すようにSDを実践するために4部に分かれ、それぞれが詳細であり具体的である。今日の社会的、経済的問題がピックアップされ（1部）、物理的開発条件（2部）に加えて、社会的開発条件（3・4部）が提示される点で現実的である。次なる問題はこれを実行する組織運営にあり、持続可能な開発委員会（CSD）が組織され、すでに開催されて調整にあたっている。しかしこうした国際会議をリードしてきたのは、アメリカを始めとする北の諸国であった。これらの諸国のグローバル戦略に絡まってこれまで進展してきたわけで、開発国のエゴイズムだけを批判するわけにはいかない。最後に最新のOECDの報告書を読みながら、SDを概観することにする。

　OECDによって97年に報告された『グローバル時代の環境戦略』は、副題を「持続可能な世界の発展をめざして」とあり、これまでのアジェンダ21等に見られる

II 環境と憲法

SD戦略が、実はOECDによって立案されて来たものであるとの背景が明かされている[17]。冷戦の終了は国際政治を安全保障の観点のみから洞察するのではなく、開発協力への公的資金協力のあり方を変えたと想定し、「共通の利益を達成するための真に国際的なパートナーシップに支えられたものでなければならないというコンセンサスを築くこと」を課題としている（『グローバル時代の環境戦略』17頁）。しかし、わが国のODAのあり方を含めて、先進国が金銭や技術の援助をする場合には何らかの期待が込められ、残念ながらその限りでのグローバリズムであった。本報告はこれを隠蔽する意図で、「人間中心の開発と経済のグローバル化」との命題を立て、「① 人間が開発の主体であり、すべての人々のためのQOL（生活・生命の質）改善がその目的であるという明確な認識　② 発展途上国が、財、サービス、資本、技術のグローバルな移動の空前の拡大に参加し、それから利益を受ける必要性」（同17頁）を挙げていた。さらに95年にDAC（開発援助委員会）によって発表された「開発パートナーシップ」声明は、広範囲に渡る経済成長への参画と環境の持続可能性の調和を考慮し、来るべき21世紀への多面的な展望を示したものであった。

　この報告はあくまでもOECDからの基準による、開発途上国に向けたメッセージであり、その視点を踏まえて評価しなければならないであろう。この戦略が、「① 経済的福祉　② 社会開発　③ 環境の持続可能性と更正」、を含んでいる点はリオ宣言を意識してのことになる。経済福祉では、極貧状態にある人々の割合を2015年までには、半分にすること、社会開発では、「初等教育、ジェンダー間の平等、ベーシック・ヘルス・ケア、家族計画」にそれぞれ課題をもち対応する。そして環境の持続可能性については、「2015年までに資源を失いつつある現在のトレンドを逆転させるために2005年までにすべての国において持続可能な開発のための国家戦略を駆使することである」（同23頁）とする。社会開発は北だけでなく南の諸国にとって必須であり、環境教育を含めて十分に実現されることこそが、このSDを実行する上で不可欠であり、開発そのものが持つ負の要素はここには無い。

　SDが今後成功するか否かは、第1に先進国が過剰な消費生活を慎み省エネを努

め、環境に優しい政策を明確にしこれを実行することである。さらに、先進国が行なってきた利益中心の経済手法を国際機関の監視の下で抑制し、経済助成に関しても環境を考慮することを必至とし、環境と対立することになる開発を告発して行かなければならないはずである。ヨーロッパでは独自の基準に基づいて環境保護を進めており[18]、環境経済学からは当然視される環境保護を目的にした製造者・消費者双方の公的負担（環境課徴金・環境税・補助金・デポジット制）が導入され、経済活動が環境保護の枠内に収まりつつある。問題は持続可能を意識しない国家による開発を、国際機関がいかに監視できるかにかかってくるのである。

2 国家の責任

ストックホルム宣言は、責任の所在につき「地方自治体及び国の政府は、各々の管轄権内における大規模な環境政策と実施に関し最大の責任を負う」（7号）、とするだけで抽象的であった。この時点では、国家主権の制限への強力な異議が存していたからであり、「国家は、国連憲章及び国際法原則に従って、自国の資源をその環境政策に基づいて開発する主観的権利を有」（原則21）する、との玉虫色の条文を置いた。逆に読めば国際法に明確に抵触する惧れはなかったわけであるから、国家は自国の領土を自由に開発する自由が与えられていたのである。リオ宣言はこの点を改善する努力をなし、国家は一方で国際法の原則に従った開発をする権利をもつと同時に、他国ないし区域の環境に損害を与えないようにする配慮をし（2号）、地球環境の悪化をなした場合は、それぞれに見合った責任を負う（7号）ことなった。その他、国家の責務に対応する条文は多く、例えば、科学技術協力（9号）、環境立法制定（11号）、環境被害者への補償立法（13号）、有害活動や物質の移動の禁止（14号）、環境紛争の平和的解決（26号）と多面的である。これらはSDを実行するとの観点で不可欠であると見なされたわけだが、国際法の世界では依然として環境問題の主役が国家であり、国家目標に掲げられた範囲で環境保護が課せられていることになる。国家はその法体系の中で、憲法ないし基本法等の形で環境立法を行なって国家目標を具体化し、国際社会へはその国内法適用を便

II 環境と憲法

宜的に応用しているにすぎない。環境の保護を確たるものとするためには、国内法と国際法がリンケージして規範的に将来に対しても保護すべき「環境」という利益を設定する必要がある。

こうした観点からして、国際法でも「共通利益概念」として環境を認定する試みがあることが注目される。つまり、国際社会においても、「国家を介在とせずに、国家の構成員である個人に直接かかわる利益がある。これは、普遍人類社会に共通の利益概念と考えられる」とする[19]。具体的には、その共通利益（普遍的価値）とは人道法や国際環境法ないし地球環境法といわれる分野であり、具体的な立法を待たずともその利益は絶対命題として存立し、国内法と国際法はそれの具体化を図るという発想になる。しかし、人道法はともかく、環境法も遡及して共通利益とする根拠は薄く、むしろ、現代法からの要請として共通利益と想定することで十分ではないだろうか。そこでSDがこの共通利益を守り、他方で国家の利益を満たし、次いで人間の生存や生態系を破壊することになる環境破壊を食い止める有効な政策に成り得ると判断した上で、国際機関はこれをキーワードとして用いてきたことになる[20]。

国家によって規範的な程度は異にしているものの、国内法での環境法制は先進国においてはほぼ整った状態にある。国際法が環境の遵守につき国家に委ねた部分が大きいのは国内法の充実によるが、他方で国家の国際責任の確保が困難な状況にあるからでもある。つまり、広範な意味での国際法上の環境法制の整備が求められてくる。例えば、「原子力損害、海洋汚染損害、宇宙損害等は、高度の危険性を内蔵する活動から生ずる第三者損害について、原因行為の違法性とか故意・過失の有無を問わず、直接または間接に国家の危険責任を定めるようになった」[21]。海洋、空域、はたまた宇宙は原則的には公共空間であるので、その限りで国家の環境保護の観点からする責任は国際機関によって追求する慣行が生まれ、これを条約として規定してきたのである。さらに、自国の主権域にある領域は本来的には主権が及ぶ関係からして、その処分権は国家に帰属するものの、ことが「環境の利益」である限りで主権の制約が課せられるようにもなった。例えば国際海洋法条約は192条において、あらゆる海洋環境全般について保護する国家の義

務を規定している。また、新たな傾向として、環境に関しては第三国までが告発できるシステムが形成されてもいる。例えば、「オゾン層を破壊する物質に関するモントリオール議定書」(1989)では、締約国間で義務の不履行について、事務局に意見を具申し、場合によっては是正を求めることになっている[22]。

　国際違法行為から生ずる国家責任とは別個にして、先に述べた共通利益を保護する観点で、たとえ国際法上違法ではなくとも国際責任が生ずる場合があることを明記すべきである。条約法草案が示す「全ての国家の共通利益であると同時に全ての国家の自己利益」こそその内容と言えよう。少なくとも、SD概念が成功するためには、国家主権は制限されて行かなければならないことは、地球がひとつであり、この地球には人間と共存すべき他の生命体も共存しているからである。ここで言えることは、今後、環境に関しては国家主権は一層後退しなければならないこと、他方で、われわれが居住する身近な自治体からさらに環境問題は見直して行かなければならないと思われる。

3　地方自治と環境

　地方自治の分野で、住民の直接民主制の実現や住民自治が主張されて久しい。とくに、わが国に於いては現憲法と伴に地方自治の制度が保障されることになり、地方自治のあり方は、常に縦割り行政に反発し住民の利益を守る観点で検証されてきた。今次の行政改革の結果、地方自治が真に復権したかどうかは異論のあるところであり、国と地方自治との間の関係は依然として、その権限をめぐって綱引きを強いられているのが現状であろう。環境の問題で言えば、環境庁が設立(1971)されたもののその権限は弱く、国の開発の許認可は建設省を初めとする監督官庁に分割されてきた。地方自治体の段階でも、大気や水質といった事項について法や条例に従ってそれぞれ独立して審査・判断がなされている。しかし、環境は各種の要素から構成され、それぞれが連鎖して作用している関係からして、これを総合的に判断することの合理性は一層高くなってくるはずであり、行政組織の観点から環境関連組織の統一化、指導力の強化が求められて当然ではないだ

II　環境と憲法

ろうか。

　この数年で生じた地方自治体での環境問題を争点とした住民投票の経緯を辿ってみると、環境と開発をめぐる政策論争は、わが国では実は国と地方自治との争いとして顕著になってきていると思われる。1996年原発建設をめぐる全国初の住民投票が、新潟県巻町で行なわれ、反対60.86％をえたことに始まり、注にあるような結果をえている[23]。これらはこれまでの国が上から提示してきた公共事業(開発)のあり方を、住民の立場から根本的に問うものであった。つまり、国の政策としてなされる開発が、特定の者への利益誘導型のものであり、その地域にとって本当に必要なことか否かが問われてきたのである。沖縄の事例は、基地は全国どこでも良く、政治・経済的に弱いところにしわよせがあった典型例である。建設省が進める吉野川可動堰計画の賛否を問う投票結果、圧倒的多数で否決される結果(2000年1月24日)が出されても、建設省と徳島県知事は計画の白紙撤回を宣言していない。何のための開発なのかが問われており、ダムや堰に代表される開発が、わが国独特の河川がもってきた長所を無くし、生態系に重大な影響を与える愚行にならないようにする配慮が必要であることは言うまでもない。こうした先例を受けてさらに現在、環境と開発の狭間で動いている事例が多くある。愛知万博は名目的には海上の森で繰り広げられる「自然の叡智」を売り物にした国際博覧会の開催であるが、実際には万博後の宅地造成のための新住宅開発事業が主目的であり、この間の説明が不充分であったとされるものであった。これらの事例はあちこちでおこるボタンの掛け違えの典型例であるが、縮小を含めて計画の再検討が進められている。

　以下、残された紙面で私の居住する近くで展開されている「三番瀬」の埋め立てをめぐる事例研究をしておくことにする[24]。三番瀬とは、東京湾の最北部に位置し、千葉県船橋・市川・浦安・習志野市の南沖に広がっている浅瀬干潟を指す通称である。東京湾は明治以来干拓されてきたが、今や三番瀬と葛西沖にある三枚洲、盤州干潟、富津干潟が残されているに過ぎず、三番瀬は約1,200haの海面積という最大域をもっている。三番瀬が重要なのは、東京湾内で最大の残された干潟と遠浅の海が広がっている関係で、「東京湾全体の生態系保全、水質保全、そし

17 環境と開発［石村　修］

て漁業という文化資源をこの海域は担っている」、という重要性がある(25)。生態系の面から指摘すれば、遠浅の海域は酸素を多く含み、多くの生物の良好な住みかとなり、夏には他所からの逃げ場ともなっている。また、渡り鳥にとってもわが国で現在残された最高の通過点・休憩地になり、これを観察する人間と生物との交流が繰り返されてきた。水質保全の点では、東京湾に流れこむ大量の有害物の内、窒素やリン除去の役割を担ってきた。

　時は1961年まで遡るが、京葉臨海工業地帯造成の一環として、千葉県がこの三番瀬の埋め立てを計画したことに始まる。千葉県は長年に渡って保守王国であり悪名高い開発優先県であり、房総半島の内側の海岸はほとんど開発され、内陸部はゴルフ場となり、開発の後に人工的な公園を作ることを繰り返してきた。この計画も円滑に遂行される予定であったが、オイル・ショックの影響を受けて計画は工業用地から都市再開発へと変更された。複数の市をまたがる事業であるがゆえに計画は難航し、また環境庁の指導もあり時間を費やした結果、千葉県が740haの埋め立てを発表したのは93年になってであった。ところで知事の諮問機関である「県環境会議」（林雄二郎会長）は、慎重に問題に対処する観点から環境補足調査を求めていたが、この調査結果を待たずに県の計画の変更が余儀なくされた格好になった。99年になって同調査の影響予測編がまとめられ公表され、この広大な埋め立ては「三番瀬の自然に対する影響大」と判断し、計画の見直しを求めた。こうした経緯を支えたのは、各種の団体からなる市民運動であったことは明白であり、遂に県のお膝元の船橋・市川市を動かし、両市が埋め立ての大幅縮小を求める要望書を提出した。そして遂に99年6月には県は埋め立て面積を当初の約7分の1になる101haに変更する見直し案を発表するに至った。県は自らが設置した学識者らからなる「計画策定懇談会」（黒川洸座長）での議論を継続させたが、2000年2月23日になって101haのままの計画案を具体化させた（注(26)の図参照）。これに依れば、市川市では街作り支援地（25ha）、下水道処理（20ha）、公園緑地や道路（45ha）を確保した。船橋市では、埠頭用地（5ha）、緑地（6ha）を確保した。建設省が計画している問題の第2湾岸道路については、全面高架式から高架と地下方式に変更になった。

II　環境と憲法

　最終の決断は県環境会議を経て県が行なうことになっているが、さらに検討すべき事項は残されていると思われる。そもそも県環境会議は、県内の大規模開発を計画段階でチェックする機関であり、三番瀬の環境問題を総合的に検討するには適切ではなかった。また、策定懇談会がもっている組織上の限界もあり、改めて「県、地元自治体、市民団体代表、専門家」からなる協議会を組織し、残された問題を検討する必要がある。

　この問題はやがて市民の関心事となり、千葉県知事選挙での争点の一つとなったことは理の当然であった。それは国内の各地で「環境と開発」が問われる中で、諫早湾と三番瀬は日本全国での関心事となったからであり、とくに千葉県にあっては長年の開発優先政策へのツケが県内各地で顕著となったからである。2001年4月22日に開票された結果、県民は三番瀬開発について「白紙撤回」を掲げていた堂本暁子氏を選択した。市民が支えた候補者が既成政党の候補者を破った点、千葉県で初めて女性の知事が誕生した点も異例であるが、すでに県議会を通過してきた政策に反旗を翻した点においても画期的であった。新知事は「住民の意見を聞いた後、里海の再生を目指す」と約したが、県議会側の「必要最小限に見直した計画が水泡に帰する」との立場と対立するのは必死である。市民側はさっそく「三番瀬市民センター」というNPOを登録し、「里海」の青写真を提示している。これに続く船橋市長選（6月24日）でも、全ての候補者が三番瀬計画の見直しを表明していた。里海という発想は、現在の悲惨なコンクリート護岸（とくに浦安地区が酷い）に代わって、「海と人が共生していた在りし日の海辺、当たり前のように存在し、生きもの豊かな海辺」を作りだすことである。この都会に隣接するこの地に里海が再生されることこそ重要なのである[27]。

　では、これまでの経緯を踏まえた上で、何が問題であったのかまとめてみよう。本稿の全体のテーマと関連させて「環境と開発」の観点から言及するならば、三番瀬問題は、限りなく環境に力点が置かれなければならない事例であったと思われる。その最大の理由は、敢えて開発（埋め立て）をしてまで、豊かな自然を破壊する積極的な根拠がないからである。下水道処理施設、さらに人工的な干潟や公園、はたまた第2湾岸道路は、埋め立てしてまでこの地に作る必要はないことで

ある。むしろ、浦安市・市川市等での直立護岸を元に戻したりして、人と自然が触れることができる環境修復を図っていくことが必要なのではないだろうか。本稿で繰り返し触れてきたSDの実践とはこの点までも含んで、始めて真の働きをすると思われる。「三番瀬から、日本の海は変わる」のスローガンは決して大げさではなく、今後の動向に注目していきたい。

(1) メドウズ他、大来佐武郎監訳『成長の限界─ローマ・クラブ「人類の危機」レポート─』(ダイヤモンド社、1972)。本稿の性格からして引用すべき文献は多いが、以下紙面の関係で最小限にしてある。
(2) アメリカ合衆国政府、逸見謙三・立花一雄監訳『西暦2000年の地球 1・2』(家の光協会、1980・81)。
(3) この地球が養える人の数である人口扶養能力は、研究者によりさまざまであるが、今日では160億とされているのですでにその数値は近いところにある。
(4) http://204.193.246.62/public.nsf
(5) ドイツの環境学者ワイゼッカーによって提唱された、「ファクター4」がその内容と成る(朝日新聞社説、2000年2月13日)。さらに、加藤三郎「地球の有限性と物的成長の限界」岩波講座『地球環境学1』(岩波書店、1998) 71頁以下。
(6) 渡辺光『環境論の展開』(環境情報科学センター、1977)参照。また、邦語の「環境」は仏教用語であり、その意味するところは原意と若干違っているようである。
(7) オーウエンズ、鹿島正裕訳『開発と自由』(風光社、1991) 6頁。悪政は腐敗を導くが、政府が良ければそれだけで開発が正当化されるわけではない。
(8) 例えば、植田・落合・北畠・寺西『環境経済学』(有斐閣、1991)、アジア経済研究所編『テキストブック開発経済学』(有斐閣、1997)等。この内、前書3章(落合担当)は、環境税の導入を数式をもって説明している。
(9) 小宮山宏『地球持続の技術』(岩波新書、1999) 162頁。
(10) 加藤久和「『持続可能な開発』の概念─その歴史的展開と今後の具体化の課題」環境研究73号(1989)参照。アジアの問題として、西川潤「アジアにおける『持続可能な発展』」環境経済・政策学会編『アジアの環境問題』(東洋経済新報社、1998)が示唆的である。さらに、宇都宮深志『開発と環境の政治学』(東海大出版、1976)は、開発と環境保全の統合化について論じている。
(11) 高島忠義『開発と国際法』(慶應義塾大学出版会、1995) 31頁。発展は自動詞で

Ⅱ　環境と憲法

開発は他動詞であるために、発展は内発的な意味をもっている。全ての国が自立的に発展しうるのではないため、一般的には開発と訳されている。
(12)　環境と開発に関する世界委員会、大来佐武郎監修『地球の未来を守るために』（福武書店、1987）66〜7頁。
(13)　本稿では条文は各種の『条約集』や『環境六法』を参照した。
(14)　作本直行「『持続可能な開発』の概念と法原則」横浜国際経済法学2巻2号（1994）129頁。
(15)　注(12)の6頁。
(16)　注(14)の132頁。
(17)　OECD、井上昭正・松嶋美由紀訳『グローバル時代の環境戦略―持続可能な世界の発展をめざして』（三修社、1999）16頁以下参照。
(18)　山田洋『ドイツ環境行政法と欧州』（信山社、1999）、本書の門田〔**20**〕・鈴木〔**21**〕報告も参照。
(19)　大谷良雄「国際社会の共通利益概念について」同編『共通利益概念と国際法』（国際書院、1993）15頁。
(20)　高村ゆかり「『Sustainable Development』と環境の利益」注(19)同書363頁以下。本論文では、ストックホルム会議以前と以後に区分して、その変遷を明らかにしている。
(21)　山本草二『国際法』（有斐閣、1985）531頁。
(22)　注(20)の380頁、注(11)の433頁、等参照。
(23)　なお、住民運動と環境保全について、阿部泰隆『国土開発と環境保全』（日本評論社、1989）第4部、宮本憲一『環境と開発』（岩波書店、1992）213頁以下を参照。

条例制定による住民投票の結果

自治体 （投票日）	テーマ	投票率 (%)	得票率 (%)
新潟県巻町 (1996・8・4)	原子力発電所建設	88.29	反対　60.86 賛成　38.55
沖縄県 (96・9・8)	日米地位協定の見直しと米軍基地の整理縮小	59.53	賛成　89.09 反対　8.54
岐阜県御崇町 (97・6・22)	産業廃棄物処理施設建設	87.50	反対　79.65 賛成　18.75

宮崎県小林市 (97・11・16)	産業廃棄物処理施設建設	75.86	反対 賛成	58.69 40.17
沖縄県名護市 (97・12・21)	米軍代替ヘリポート基地建設	82.45	反対 条件付き反対 賛成 条件付き賛成 （四者択一）	51.64 1.22 8.14 37.19
岡山県吉永町 (98・2・8)	産業廃棄物処理施設建設	91.65	反対 賛成	97.95 1.77
宮城県白石市 (98・6・14)	産業廃棄物処理施設建設	70.99	反対 賛成	94.44 3.77
千葉県海上町 (98・8・30)	産業廃棄物処理施設建設	87.31	反対 賛成	97.58 1.66
長崎県小長井町 (99・7・4)	採石場新設・拡張	67.75	新設賛成 新設反対 拡張賛成 拡張反対	50.39 44.97 51.90 43.38
徳島市 (2000・1・23)	吉野川可動堰建設	54.99	反対 賛成	90 8.20

（朝日新聞、2000年1月24日）

(24) 朝日新聞の千葉県版を参照した他、三番瀬フォーラムが発行するブックレットを参考にした（同フォーラムは、http://www.sanbanze.com/で調べられる）。

(25) 風呂田利夫「東京湾の環境と三番瀬の生態系」三番瀬ブックレット3、11頁。

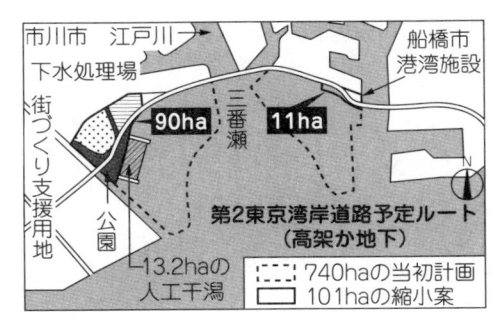

(26)

(27) 安達宏之「三番瀬からの現状報告」第4回国際影響評価学会日本支部研究発表論文集33頁（2000年5月27日）。

18 騒音・振動問題

西埜　章

　はじめに
1　騒音・振動の受忍義務の法的根拠
2　騒音・振動と補償
3　ドイツ法と日本法の比較検討

はじめに

　現代社会においては、ある程度の騒音・振動は、社会生活上不可避なものとして、受忍せざるを得ない。しかし、現実には、しばしばそれをはるかに上回る騒音・振動が発生している。このような場合に、被害者はこれに対してどのような法的対抗手段を有するかが問題となる。

　騒音・振動は、環境基本法の定める典型7公害に含まれており、人の健康または生活環境に密接に係わる被害である。環境問題の重要な一環でありながら、これまでは、文献における取扱いはあまり熱心とはいえず、実務においても事後的な賠償問題に焦点があてられすぎていた。静穏な環境の中で生活したいという人間としての当然の要求に対して、現在の我が国の立法・判例・学説は必ずしも十分に対応しきれていない。ドイツの立法・判例・学説の動向を概観し、比較検討することによって、問題点の所在が明確になってくるであろう。

　騒音・振動についての主要な問題は、①騒音・振動を周辺住民が受忍しなければならないか、②騒音・振動による損失に対して周辺住民は補償を請求することができるか、の2点である。前者の問題は、いわば受忍義務の法的根拠の問題であり、これまで我が国においてほとんど意識的に論じられることはなかったが、ドイツの文献においては、これについていくらか意識的に触れているものがある。

Ⅱ 環境と憲法

この点についてドイツ法と日本法を比較することは、差止請求の問題を考察するについて有意義であろう。

後者の補償の問題は、我が国においては損害賠償責任の問題として論じられてきたが、ドイツにおいては損失補償責任の問題として扱われる傾向にある。これは、我が国においては、事業損失の損失補償的構成として参考となるものと思われる。

本稿は「騒音・振動問題」と題されているが、紙数の制約上、主として騒音を考察対象にしている。振動についても、基本的には同じ考え方が妥当するものと思われるが、これについては必要最小限で触れるにとどめる。また、騒音・振動の発生源は、工場・事業場、建設工事、道路・空港等さまざまであるが、本稿では、道路・空港から発生するものに限定して考察する。さらに、受忍限度の具体的基準（数値）をどこに設定するかの問題についても、本稿では言及しないことにする。

1 騒音・振動の受忍義務の法的根拠

(1) ドイツにおける判例・学説の動向

(イ) 受忍義務の法的根拠の必要性　道路や空港からの騒音被害に対して周辺住民はしばしば受忍を強要される。しかし、周辺住民に受忍を義務づける法的根拠がどこにあるのか、必ずしも明確ではない。法治国家である以上、国民は法的根拠なしに受忍を義務づけられることはないはずである。

この点については、連邦通常裁判所の判例は、比較的簡単に受忍義務を肯定している。例えば、高圧線下の土地に対する補償の要否が問題となった事案において、1973年1月25日判決（BGHZ60, 119）は、電力線は一般的なエネルギーを供給するという公共的任務に奉仕するものであるということを理由に、土地所有者の受忍義務を根拠づけている。また、道路新設による騒音被害に対する補償の要否が問題となった事案において、1975年3月20日判決（BGHZ64, 220）は、道路の供用（Widmung）と同時に沿道者は騒音の受忍を義務づけられる、と述べている。

このように、判例上では、事業の公共性や道路の供用行為から一般的な受忍義務が引き出されているが、学説上では、受忍を義務づけるためには法的根拠を要するとする見解が少なくない。F．オッセンビュールは、「市民を侵害するイミッシオンは、特別の正当化を必要とする。判例の見解に反して、公益に奉仕し、生活に必要で公共の福祉のための機能を果たす公共施設に対する一般的な受忍義務は存在しない。むしろ、そのような高権的なイミッシオンは正当化を必要とする。当該市民の受忍義務は、法的に根拠づけられなければならない。どのような法的根拠がそのような受忍義務を根拠づけるかは、もちろん多くの点において争われている」と説いている[1]。

(ロ) 民法1004条・906条　法的根拠としては、まず、民法1004条が考えられる。同条1項は、所有者に侵害の除去・差止請求権を認めているが、その2項は、「差止請求権は、所有者が受忍の義務を負っているときは排除される」と規定している。従って、受忍義務がある場合には、差止めを求めることができないことは明らかである。しかし、どのような場合に受忍義務があるのかは、別の法条の定めるところによる。別の法条としては、民法906条がある。同条1項は、土地の所有者は、隣接地からのガス・臭気・騒音・振動等から発する侵害を、それが土地の利用を侵害しないか、あるいは非本質的に侵害するにすぎない場合には、当該侵害を禁止することができない、と規定している。また、同条2項は、重大な侵害を受ける場合であっても、その侵害が隣接地の「地域通常の利用」（ortsübliche Benutzung）によってもたらされるものであり、利用者に経済的に期待される措置によっては阻止され得ないときは、土地の所有者はこれらの排出を禁止することができない、と規定している。

(ハ) その他の実定法上の根拠　民法906条2項を高権的イミッシオンに類推しようとする場合には、道路や空港からの騒音・振動が「地域通常の利用」によってもたらされたといえるか否かが問題となる。道路や空港からの騒音・振動の排出は、一般に、「地域通常の利用」によるものというのは困難であろうから、民法906条の類推には限界があることになる[2]。

そこで、受忍義務には法的根拠が必要であると解する立場に立てば、そのよう

II 環境と憲法

なものとして、まず、行政行為(Verwaltungsakt)を規定する法律上の根拠が考えられる。すなわち、土地所有者は、法律に基づく行政行為による作用を受忍しなければならないから、この行政行為を規定する法律上の根拠が受忍義務の法的根拠ということになる。また、行政契約も、それによって土地所有者がイミッシオンの受忍を義務づけられる場合には、法的根拠となり得る[3]。

行政行為として具体的に挙げられるのは、計画確定裁決(Planfeststllungsbeschluß)である。連邦行政手続法75条2項1文は、計画確定裁決が不可争となった場合は、計画事業の差止請求権、当該施設の除去または変更請求権もしくはその利用の差止請求権は排除される、と規定している。従って、道路等の計画確定裁決が不可争力を有するようになった場合には、道路等から発生する騒音・振動に対しては周辺住民に受忍義務が生ずることになる[4]。そのほか、連邦イミッシオン保護法14条・22条、航空交通法11条、建設計画(Bebaungsplan)が法的根拠として挙げられることもある。

(2) 我が国における判例・学説の動向

(イ) 受忍義務の法的根拠の必要性　空港・道路から発生する騒音公害に対して、しばしば差止請求訴訟と損害賠償請求訴訟が提起される。これまでの判例動向は、損害賠償請求は一部認容するが、差止請求は却下または棄却するというものである[5]。差止請求を不適法として却下するか、適法としたうえで棄却するかはともかくとして、現実において差止請求が認められないことになれば、被害者としては依然として騒音被害を受忍せざるを得ないことになる。しかし、周辺住民が何故に騒音被害を受忍しなければならないのか、その法的根拠は必ずしも明確ではない。差止請求を拒否しつつ、損害賠償を認めるという判例動向からすれば、被害の発生は違法と評価されるのであるから、違法な騒音被害の受忍を定める法律上の規定がなければならないはずである。法治国家においては、法的根拠なくして受忍の義務を課することはできないからである。

従って、問題状況はドイツ法におけるのとほぼ同様であるが、我が国においてはこれまでほとんど論議されることがなかった。事業の公共性(社会的有用性)か

ら差止請求を認めることができないとの判断が先行して、その法的根拠の問題にはあまり目が向けられなかったためである。

㈵　判例の動向　　それでも、受忍義務について判示している裁判例も若干存在する。厚木基地訴訟の上告審判決（最判平成5・2・25民集47巻2号643頁）は、自衛隊機の飛行の差止請求について、次のように述べて、基地周辺住民の受忍義務を導き出している。「防衛庁長官は、自衛隊に課せられた我が国の防衛等の任務の遂行のための自衛隊機の運行を統括し、その航行の安全及び航行に起因する障害の防止を図るため必要な規制を行う権限を有するものとされているのであって、自衛隊機の運行は、このような防衛庁長官の権限の下において行われるものである。そして、自衛隊機の運行にはその性質上必然的に騒音等の発生を伴うものであり、防衛庁長官は、右騒音等による周辺住民への影響にも配慮して自衛隊機の運行を規制し、統括すべきものである。しかし、自衛隊機の運行に伴う騒音等の影響は飛行場周辺に広く及ぶことが不可避であるから、自衛隊機の運行に関する防衛庁長官の権限の行使は、その運行に必然的に伴う騒音等について周辺住民の受忍を義務づけるものといわなければならない。」

これに近い考え方は、新潟空港訴訟の上告審判決（最判平成元・2・17民集43巻2号56頁）においても示されていたし、さらには、大阪空港訴訟の上告審判決（最（大）判昭和56・12・16民集35巻10号1369頁）における伊藤正己裁判官の補足意見の中にも見出すことができる。伊藤裁判官の補足意見は、「航空運送事業の免許を付与し、あるいは事業計画変更の認可をするについて、法は、運輸大臣が当該事業活動による第三者の法益侵害の可能性の有無及びその程度を考慮してその拒否の判断をすべきものとし、これによって第三者の権利、利益を可及的に侵害から擁護することとするとともに、なおも避けえざる不利益はこれらの者において受忍すべき義務を課しているものと解するのが相当であ（る）」というものであった。

民事上の差止請求を適法とする裁判例においても、結論においては、請求は棄却されている。その理由は、例えば、小松基地訴訟の1審判決（金沢地判平成3・3・13判時1379号3頁）によれば、「未だ社会生活上受忍すべき限度を超えるものとはいえない」ということである。同判決においては、損害賠償請求の関係では「航

II 環境と憲法

空機騒音による被害が受忍限度を超えたものとして、違法性を帯びるものと認めるのが相当である」というのであるから、騒音の程度は「通常の程度」を超えていることは明らかである。それにもかかわらず、差止請求の関係では受忍すべき限度を超えていないというのは、結局、自衛隊機の離着陸は有事における防衛行動を円滑に実施するためのものであり、「公共性」が高い、ということからである。このような考え方は、国道43号線訴訟の上告審判決（最判平成 7・7・7 民集49巻 7 号1870頁）においても示されている。同判決は、「原審は、……本件道路がその沿道の住民や企業に対してのみならず、地域間交通や産業経済活動に対してその内容及び量においてかけがえのない多大な便益を提供しているなどの事情を考慮して、上告人らの求める差止めを認容すべき違法性があるとはいえないと判断したものということができる」として、原審判断（大阪高判平成 4・2・20判時1415号 3 頁）を是認している。

このような判例動向に対して、受忍義務の法的根拠について比較的厳しい判断を示している裁判例もある。例えば、厚木基地第 2 次訴訟の 1 審判決（横浜地判平成 4・12・21判時1448号42頁）は、「我が国においては、法律による行政の原理とくに法律の留保の原則が、実定法上の原則として承認されているから、右のように公権力の行使に当たる事実行為が認められるためには、法律上それを基礎づける根拠がなければならない。しかも、それは、講学上いわゆる目的規範・組織規範・手続規範等では足りず、行政庁が一方的に行う事実行為を受忍すべき法的義務を国民に課する根拠規範でなければならない」としたうえで、自衛隊法、生活環境整備法等の諸規定を検討して、結論として、いずれの規定も「原告らに自衛隊機の運行活動に伴って生ずる騒音を受忍すべき義務を課す根拠規範であるということはできない」と判示している[6]。このような考え方は、すでに、大阪空港訴訟の最判昭和56年（前掲）における団藤重光裁判官と中村治朗裁判官の反対意見の中に見出すことができる。

(ハ) 判例の検討　大阪空港訴訟の最判昭和56年（前掲）は、周辺住民の受忍義務について触れるところはないが、前記伊藤裁判官の補足意見がこれを説明している。すなわち、運輸大臣には周辺住民の法益侵害に配慮して航空運送事業の

免許や事業計画変更の認可をなすべき義務があり、その反面において、その義務を尽くしてもなお避け得ざる不利益については、周辺住民にこれを受忍すべき義務を課している、という理論構成である。そこでは、受忍義務は、運輸大臣の免許・認可という行政処分に当然付随するものとして導き出されている。新潟空港訴訟の最判平成元年（前掲）は、航空機の離着陸に伴いある程度の騒音が発生することは不可避であることから、周辺住民の受忍義務を根拠づけている。厚木基地訴訟の最判平成5年（前掲）は、周辺住民への影響に対する防衛庁長官の配慮義務を前提にして、自衛隊機の運行には騒音の発生が不可避であることから、周辺住民の受忍義務を引き出している。

　これらによれば、受忍義務の法的根拠は、行政庁の行政処分（あるいはその行政処分の根拠規範）に求められており、騒音被害の発生はそれに当然付随するものとして捉えられている。法令の規定に基づいて行政処分が適法有効になされている限りは、そのことは同時に騒音被害の受忍義務を包含しているものと理解すべきである、というわけである。

　民事上の差止請求を適法とする裁判例は、事業の公共性を理由に受忍限度を未だ超えていないとして、請求を棄却している。ここでは、事業の公共性が高いことが、差止請求を棄却する理由とされている。ただ、最近になって、尼崎公害訴訟1審判決（神戸地判平成12・1・31判時1726号20頁）は、事業の公共性が高いことを認めながらも、身体権の侵害が重大であることから差止請求を一部容認しており、若干変化が見られるようになってきた。

　航空機の離着陸には騒音の発生は不可避である。その騒音の程度が「通常の程度」内のものであれば、周辺住民がこれを受忍しなければならないのは当然である。この場合には、法的根拠の問題は格別生じない。しかし、「通常の程度」を超える場合であっても、それがすべて法的根拠に基づかないものといえるか否かは1つの問題である。航空機の離着陸には騒音の発生が不可避であることからすれば、「通常の程度」を超えることは、空港の供用行為、航空運送事業の免許付与行為、自衛隊機の運行に関する防衛庁長官の権限行使等を定める法規定に当初から含まれていたことであり、騒音の発生はこれらの行為に通常随伴するものとして、

Ⅱ　環境と憲法

周辺住民の受忍を義務づけるものと解することも不可能ではない。裁判例における受忍義務の説明は、十分とはいえないが、基本的には妥当なものと評することができる。

　民事上の差止請求を適法とする裁判例も、そのほとんどは、結論において、「公共性」を理由に請求を棄却している。通常の程度を超えるが公共性の故にそれでも受忍すべき限度があるというのは、一般論としては正当である。この受忍すべき限度を、以下、「特別の受忍限度」と呼ぶことにする。問題は、「公共性」が特別の受忍限度内の騒音に対して受忍すべき義務を課する法的根拠といえるか否かということである。周辺住民に受忍義務を課するには、騒音を発生させる事業に「公共性」がなければならないことは当然であるが、これが法的根拠であるとまでいえるかどうかが問題となる。「公共性」についての前掲裁判例をみると、公共性が高いことが直ちに受忍義務の法的根拠であるかのような説明になっており、説明不足であることは否めない。この点では、ドイツの連邦通常裁判所の判例におけるのとほぼ同様の状況にある。

　差止請求を適法としつつもこれを棄却するという前掲裁判例は、違法性段階説に立脚している。これは、賠償違法と差止違法を区別し、差止めの場合の違法性の方が強くなければならないとする見解である。このことを強調する裁判例としては、小松基地訴訟の金沢地判平成3年（前掲）、国道43号線訴訟の控訴審判決（前掲）、同上告審判決（前掲）等を挙げることができる。差止請求を不適法として却下する前掲裁判例は、違法性段階説に立脚するものではないが、差止請求を斥ける点では、違法性段階説とそれほど相違するものではない[7]。

　(二)　学説の動向　　文献は、一般に、周辺住民に受忍義務を課するためには、実体的・手続的規定が必要であると説いている。

　その主要なものを紹介すれば、「部外者である付近住民を法律関係の当事者としてまき込むことを予定する特段の手続ないし実体法上の定めのない以上、部外者たる国民にまで受忍義務を課すといった法的効果をもつものではない」[8]、「かりに免許や事業計画の変更が第三者の法益侵害の可能性を考慮している……としても、そのことから、第三者は自己の法益侵害を争うには免許や事業計画の変更の

取消訴訟を提起する以外に方法がないというような効力が生ずるものではない。そうした効力を認めるには法律がとくにその必要を認めてかかる効果を付与したと解すべき特段の根拠を要する」(9)、「『名宛人に許された活動に通常伴う周辺（第三者）への影響』の中には、通常の日常生活上私人相互間で当然受忍しなければならないような……不利益の程度を超えるものもあり得る（例えば、建設された公共施設等による日照・振動・騒音・臭気等のいわゆる『事業損失』の中には、しばしばこのようなものがあり得よう）。少なくともこう言った場合、本書の考えによれば、行政行為による第三者の利益の『侵害』ということになるのであって、右に見たような意味での（第三者の立場をも充分に衡量した上での）法律の根拠（もしくは、先に見たような、広い意味での適正手続）が必要になる、ということになる」(10)、などの見解である。

(ホ)　学説の検討　　このように、学説は、一般に、周辺住民に受忍義務を課するためには、明文の法的根拠が必要であるが、自衛隊法その他の法令上には受忍義務を定めた規定は存在しない、と解している。このような考え方からすれば、周辺住民には受忍義務はないのであるから、騒音被害に対しては当然、民事上の差止請求をすることができるということになるはずである。

学説が、通常の受忍限度を超えるが特別の受忍限度内にある騒音被害に対しても差止請求を認容すべきであると主張するのであれば、論旨は一貫している。しかし、差止めの場合の受忍限度は損害賠償の場合の受忍限度よりも高いと考えるのであれば(違法性段階説)、差止請求は棄却され、騒音被害を受忍しなければならないことになるから、その法的根拠が示されなければならない。法的根拠が存在しないことは、前記学説自身の説くところであるから、そこには理論的一貫性が欠けているのではないかと思われる。

2　騒音・振動と補償

(1)　**ドイツにおける判例・学説の動向**

(イ)　**補償の段階的構成**　　補償は、3段階において行われる。①連邦行政手続

II 環境と憲法

法による補償、②連邦イミッシオン保護法による補償、③収用的侵害の理論による補償である。

連邦行政手続法74条は、その2項2文において、道路等の計画確定手続においては、他人の権利への不利益な作用を回避するための予防措置が講じられていなければならない、と規定し、同項3文において、そのような予防措置が実施し得ないか、あるいは計画事業と両立しない場合は、当事者は金銭による相当な補償を求める請求権を有する、と規定している。これについての訴訟は、行政裁判所の管轄である。

連邦イミッシオン保護法41条によれば、道路等の新設または本質的な変更にあたっては、それによって騒音被害が発生しないようにされなければならない(防音壁の設置やトンネル化等)が、そのために不釣り合いなほどの出費を必要とする場合にはこの限りではない、となっている。そこで、このような能動的な防音措置が講じられない場合について、42条は、その1項1文において、一定の限界を超える場合には、建築物の所有者は金銭による相当な補償を求める請求権を有する、と規定し、その2項1文において、補償は建築物の騒音防止措置(防音窓ガラス等)に必要な費用である、と規定している。これについての訴訟は、民事裁判所の管轄である。

最後に、収用的侵害(enteignender Eingriff)の判例理論による補償が認められることがある。前2者が収用的限界を超えない程度の侵害に対する補償であるのに対して、収用的侵害による補償が認められるのは、騒音等による侵害が収用的限界を超えた場合である。収用的侵害を理由とする訴訟は、民事裁判所の管轄である。収用的侵害については、次に項を改めて検討することにする。

㈡　収用的侵害　　連邦憲法裁判所の1981年7月15日の決定(BVerfGE 58, 300.砂利採取事件)[11]は、収用的侵害の理論に対して大きな影響を与えるものであった。事案は、砂利採取事業を営んでいた者が、事業継続のために水管理法上の許可を申請したところ、採取場所が水保護地区に指定されており、市の地下水取水施設からわずかしか離れていないことを理由に拒否されたので、許可申請の拒否は営業及び土地所有権への収用的侵害であるとして、これに対して損失補償の

請求をしたというものである。基本法100条に基づく連邦通常裁判所の呈示を受けて、連邦憲法裁判所の決定は、「市民が自己に向けられた処分の中に公用収用を見出すとき、彼は、これに対する法律上の請求権基礎が存するときにのみ、補償を請求することができる。これが欠けているときは、行政裁判所において侵害行為の取消しに努力しなければならず、これをしないで、法律によって認められていない補償を請求することはできない。法律上の根拠が欠けているが故に、裁判所もまた補償を命ずることはできない」と判示した。

連邦憲法裁判所は、右の決定に続いて、1988年11月30日の決定（BVerfGE 79, 174）において、はじめて道路騒音について判断した。事案は、大都市のはずれにある土地に地上権を有し、そこに建てられた住宅に住んでいる者が、その土地のすぐ近くを通る4車線道路の建設計画に反対して、予想される交通騒音を理由に沿道者の保護を求めて憲法異議の訴えを提起したというものである。連邦憲法裁判所は、結論において憲法異議の訴えを斥けたが、交通騒音に対する補償については、概略、次のように判示している。「基本法14条3項は、憲法上の判断の基準としては問題にならない。建設計画は、公用収用を引き起こさない。憲法上の意義における公用収用の本質的メルクマールは、個人の財産権への国家的Zugriffである。公用収用は、基本法14条1項1文によって保護されている具体的主観的法的地位の完全な、あるいは部分的な剥奪を目標にしている。ここでは、それに反して、土地の所有者は交通騒音のどの程度を受忍しなければならないか、ということが問題になっている。それは、基本法14条1項2文の意味における財産権の内容及び限界規定（die Inhalts-und Schrankenbestmmung des Eigentums）の問題であり、それ故、基礎にある法的規定とその適用が財産権基本権と一致するか否かは、この憲法規範によって判断されるべきである。その際、保護された法的地位の非常に狭い限界づけがあったとしても、それは、基本法14条3項の適用を導くことにはならない。財産権の違憲の内容規定（Inhaltsbestimmung）は、同時に憲法上の意味における『収用的侵害』ではなく、内容規定と公用収用の相違の故に、公用収用に変化するものではない。両者の異なった位置づけは、内容規定が権利者の受ける負担の強度のために、それが補償請求権の採用によって緩和されると

II 環境と憲法

きにのみ基本法と一致し得るような場合においてさえも、妥当性を有している。内容規定が保護された権利の利用を実際上不可能にし、権利がそれでもって完全に無価値にされた場合に、基本法14条3項の適用が考慮されるか否かは、ここではそのような場合が存在しないから、それ以上の検討を必要としない。」

このような連邦憲法裁判所の判例動向の下では、一見する限り、収用的侵害の理論は、その存在余地を全面的に否定されたように見受けらる。連邦憲法裁判所の1981年の決定以後、学説上は、そのような見解が少なくない。しかし、これに対しては、連邦憲法裁判所の判例に一理あることを認めながらも、その射程距離を制限し、収用的侵害の理論の存在余地を肯定する見解も有力である。収用的侵害の場合には、被害者はその侵害に対して防御することができず、連邦憲法裁判所の考え方はここでは妥当しないからである。連邦通常裁判所は、1984年3月29日の判決（BGHZ 91, 20）において、連邦憲法裁判所の決定によっては収用的侵害の責任制度は消失させられないとして、市の浄水場からの悪臭に対する補償を肯定している。

1988年の連邦憲法裁判所の決定についても、文献においては、連邦憲法裁判所の「調整義務ある内容規定」（ausgleichspflichtige Inhaltsbestimmung）[12]と収用的侵害は要件においても効果においても重なっており、それ故、収用的侵害には存在余地がない、との見解が主張されている[13]。しかし、これに対しても、連邦通常裁判所の1993年3月25日の判決（BGHZ 122, 76）は、連邦空軍基地の周辺に居住する者が空港騒音による地価の低下を理由に連邦に対して損失補償を請求したという事案において、依然として、収用的侵害の法形態を維持すべきである、と判示している。文献においては、この連邦通常裁判所の判決を支持して、連邦憲法裁判所の「調整義務ある内容規定」という観念は厳密には自己矛盾である、との見解が有力に説かれている[14]。補償義務ある内容規定の及ぶ範囲は、行政手続法74条2項3文や連邦イミッシオン保護法42条2項1文に条に基づく補償請求権どまりであって、地価の低下等の損失については収用的侵害の理論によらざるを得ない、というのがその理由である。

収用的侵害の存在余地を肯定したとしても、狭義の公用収用とは異なり、収用

的侵害は基本法14条3項2文の付帯条項(Junktimklausel)の要件を充たしていないから、連邦憲法裁判所の判例の出現以降は、収用的侵害の法的根拠をもはや基本法14条に求めることはできない。そこで、連邦通常裁判所の前掲1984年判決と1993年判決は、法的根拠をプロイセン一般ラント法序章74条・75条の「一般的犠牲原則」(allgemeiner Aufopferungsgrundsatz)、あるいは「一般的犠牲思想」(allgemeiner Aufopferungsgedanke)に求めている。

(2) **日本における判例・学説の動向**

(イ) 判例の動向　道路・空港等から発する騒音被害（事業損失）に対しては、判例はこれまで国家賠償法2条1項に基づいて国・公共団体の損害賠償責任を肯定してきた。これは、事業損失補償の性質について、いわゆる損害賠償説に立っているものといってよい。大阪空港訴訟の最判昭和56年（前掲）は、「国家賠償法2条1項の営造物の設置又は管理の瑕疵とは、営造物が有すべき安全性を欠いている状態をいうのであるが、そこにいう安全性の欠如、すなわち、他人に危害を及ぼす危険性のある状態とは、ひとり当該営造物を構成する物的施設自体に存する物理的、外形的な欠陥ないし不備によって……危害を生ぜしめる危険性がある場合のみならず、その営造物が供用目的に沿って利用されることとの関連において危害を生ぜしめる危険性がある場合をも含み、また、その危害は、営造物の利用者に対してのみならず、利用者以外の第三者に対するそれをも含むものと解すべきである」と判示している。国道43号線訴訟の最判平成7年（前掲）も、ほぼ同じ判断枠組みを示している。

(ロ) 学説の動向　事業損失補償の性質については、学説は、損害賠償説、損失補償説、結果責任説等に分かれている。損害賠償説は、事業損失補償の性質を損害賠償として理解し、損失補償説は、これを損失補償として理解する。結果責任説は、損害賠償でも損失補償でもない、第3の類型としての結果責任の一種であるという。そのほか、損害賠償であるか損失補償であるかの区別は不要である、との見解もある。

(ハ) 判例・学説の検討　判例・通説は損害賠償説に立っている。この損害賠

II 環境と憲法

償説に対する主要な批判は、不法行為は違法なものであり、本来阻止されなければならないにもかかわらず、差止請求を認めず、それが行われることを許容するということは、法治国家においては説明困難ではないか、ということである。差止請求が認められないのであれば、被害の発生は、むしろ適法なものとして捉えられるべきであり、損失補償説の説くところが妥当ということになる。

ただ、このことは、通常の受忍限度を超えてはいるが予見・認容された範囲（特別の受忍限度）内にとどまっている被害についていえることであって、予見・認容された範囲をも超える被害については、別の考察を必要とする。この種の被害は、当初から予見もされず認容もされていなかったのであるから、法的根拠を有せず、適法でないことはいうまでもない。従って、特別の受忍限度を超える被害に関する限りでは、損害賠償説の説くところが妥当である。

結果責任説は、事業損失の特色を適切に捉えているものと評価することができる。しかし、前述のように、事業損失が当初から予見され、やむを得ないものとして認容されていることからすれば（特別の受忍限度内のものに限る）、そこに意図的な侵害（公用収用等）の場合との本質的な差異を見出すことは困難である。区別不要説は、事業損失補償の法的性質を問題とすること自体に疑問を提起するものであるが、事業損失補償の位置づけが不明確なままでは、かえって被害者救済のアプローチに支障が生ずるおそれがある。とりわけ、差止請求の可否について問題となるであろう。

3　ドイツ法と日本法の比較検討

(1) 受忍義務の法的根拠

受忍義務の法的根拠については、我が国においては、ドイツにおけるほどには意識的に論じられてこなかった。裁判例や文献の中にいくらかこれについて触れているものが見受けられるにしても、必ずしも理論的検討を経たものとはいえないように思われる。しかし、差止請求を認めない判例・通説の下では、その当否はともかくとして、その法的根拠が明確にされなければならないはずである。法

治国家においては、法的根拠なくして国民に受忍義務を課することはできないからである。我が国において問題意識が薄かったのは、騒音問題についての基本的な関心が損害賠償による事後的な救済に置かれすぎていたことの反映である。

そこで、ドイツにおける学説の動向を参考にしながら、我が国の判例動向に補足的説明を加えれば、次のように理論構成することができる。すなわち、道路・空港の供用行為等は周辺住民に対する騒音影響を不可避のものとして伴っている。行為の当初から予見・認容されていたものであるから、騒音等の程度が特別の受忍限度内にとどまっている限りは、行政庁の権限行使の法的根拠をもって同時に受忍義務の法的根拠と解すべきである。そうでなければ、道路・空港の供用行為等は現実に不可能となる。これに対する民事上の差止請求は、特別の受忍限度内にある限りは、結局、受忍限度を超えていないものとして棄却されざるを得ないであろう。

(2) 損失補償

騒音被害は事業損失の一種であるが、事業損失に対する補償の性質については、我が国においては、これまで一般に損害賠償として理解されてきた。文献においては、「この意味での『法律の根拠』が無い場合には、『事業損失』につき第三者の受忍義務は本来生じ得ず、第三者は損害賠償を求め得ることになるのであって、受忍義務の存在を前提とした損失補償が与えられるものと考えるべきではない」と説かれている[15]。しかし、騒音被害の発生は、それが特別の受忍限度内にとどまっている限りは差止請求が認められず、従って適法な侵害であるとすれば、これに対する填補責任の性質は、損害賠償ではなくて、損失補償であるということになる[16]。損害賠償の性質を有するのは、特別の受忍限度をも超えて騒音被害を発生させる場合である。

このように、特別の受忍限度内の騒音被害については差止めが認められず、周辺住民がこれを受忍しなければならないものとすれば、これをもって違法な侵害と理解することは疑問である。何故に違法な侵害を受忍しなければならないのか、その説明が必要となるが、それは法治国家においては困難であろう。差止めが認

II 環境と憲法

められないのであれば、むしろ、その侵害は適法なものとして理解されるべきである。ここでは、ドイツにおける収用的侵害の理論が参考にされるべきであろう。

(1) Fritz Ossenbühl, Staatshaftungsrecht, 5. Aufl., 1998, S. 314.
(2) Vgl. Hans-Werner Laubinger, Der öffentlich-rechtliche Unterlassungsanspruch, Verwaltungsarchiv 80 (1989), S. 298. マルクス・レーネンバッハ(松本博之訳)「環境保護の個別的・集団的手段としての請求権と訴訟」松本博之=西谷敏=佐藤岩夫編『環境保護と法──日独シンポジウム』194頁(1999年)参照。
(3) Vgl. Ossenbühl, a.a.O., S. 314; Laubinger, a.a.O., S. 295f.
(4) Vgl. Manfred Aust/Rainer Jacobs, Die Enteignungsentschädigung, 4. Aufl., 1997, S. 171.
(5) 最近の尼崎公害訴訟1審判決(神戸地判平成12・1・31判時1726号20頁)が初めて差止請求を一部認容しており、注目される。
(6) ただし、同判決は、厚木基地における騒音は自衛隊機と米軍機の双方によるものであり、自衛隊機による騒音の程度を把握するに足るだけの証拠はないから、自衛隊機による受忍限度を超える侵害行為及び被害の存在を認めることはできないとして、差止請求を棄却している。
(7) 伊藤高義「国道43号線訴訟判決の問題点」判タ638号22頁(1987年)参照。
(8) 原田尚彦『行政判例の役割』93頁(1991年)。
(9) 阿部泰隆『行政救済の実効性』73~74頁(1985年)。
(10) 藤田宙靖『<第三版>行政法I(総論)〔再訂版〕』92頁(2000年)。そのほか、同旨のものとして、大塚直「厚木基地第一次、横田基地第一、二次訴訟最高裁判決について」ジュリスト1026号57頁(1993年)、畠山武道「厚木基地第一次訴訟」別冊ジュリスト『公害・環境判例百選』131頁(1994年)等がある。
(11) この決定については、西埜「憲法上の所有権概念と地下水利用権──砂利採取事件」ドイツ憲法判例研究会編『ドイツの憲法判例』256頁以下(1996年、第2版・2001年)参照。
(12) 連邦憲法裁判所の「調整義務ある内容規定」については、西埜「財産権の制限と損失補償の要否」法政理論32巻1号21~23頁(2000年)参照。
(13) Harmut Marer, Der enteignende Eingriff und die ausgleiches-pflichtige Inhaltsbestimmung des Eigentums, DVBl. 1991, S. 784; ders., Allgemeines Verwaltungsrecht, 11. Aufl., 1997, S. 720; Martin Jaschinski, Der Fortbe-

stand des Anspruchs aus enteignendem Eingriff, 1997, S. 129ff.
(14) Ossenbühl, Anmerkung, JZ 1994, S. 263 f.
(15) 藤田・前掲注(10)93頁。
(16) 伊藤・前掲注(7)21〜23頁、西埜『損失補償の要否と内容』212〜214頁（1991年）。

19 日本の廃棄物処理と再生利用の法体系一覚書

平 松　　毅

　はじめに
1　環境基本法
2　循環型社会形成推進基本法
3　廃棄物の処理及び清掃に関する法律
4　資源の有効な利用の促進に関する法律
5　容器包装に係る分別収集及び再商品化の促進に関する法律（容器包装リサイクル法）
6　特定家庭用機器再商品化法（家電リサイクル法）
7　食品循環資源の再生利用等の促進に関する法律
8　建設工事に係る資材の再資源化等に関する法律
9　国等による環境物品等の調達の推進に関する法律（環境物品調達推進法又はグリーン購入法）
　おわりに

はじめに

　平成12年4月、第147通常国会では、廃棄物に関する多くの法律が制定・改正された。特に、廃棄物法制の基本理念を定める「循環型社会形成推進基本法」が制定され、加えてこれを具体化する多くの法律が制定或いは改正された。すなわち「食品循環資源の再生利用等の促進に関する法律」「建設工事に係る資材の再資源化に関する法律」が制定され、加えて「再生資源の利用の促進に関する法律」が「資源の有効な利用の促進に関する法律」に改められ、「廃棄物の処理及び清掃に関する法律」及び「産業廃棄物の処理に係る特定施設の整備の促進に関する法律」も一部改正され、廃棄物処理法制は、循環型社会へ向かって転換することになった。そこで、この機会に、我が国の廃棄物処理に関する法制を、これらの立法資料などを参考にしながら概観することにした。従って、本稿は、既存の資料

II 環境と憲法

に基づく素描に過ぎないことをお断りする。

1 環境基本法

「環境基本法」は、平成5年に制定された。その理念は、1992年のリオデジャネイロ宣言で採択された「持続可能で環境負荷の少ない経済社会を構築する」ことにあり、それを達成するために環境基本計画を策定し、環境基準を定め、この基準に合わせて個別法を制定・改廃することとしている。それは、個別施策のための基本的な大綱を定める法律であり、国民の権利や義務にかかる規定は、個別法である「大気汚染防止法」「水質汚濁防止法」「振動規制法」「騒音防止法」「海洋汚染防止法」などに規定され、基本法に規定されていない。

この法律4条は、環境保全の基本理念として「……環境の保全に関する行動がすべての者の公平な役割分担の下に自主的かつ積極的に行われるようになることによって、……環境への負荷の少ない健全な経済の発展を図りながら持続的に発展することができる社会が構築されることを旨とし、及び科学的知見の充実の下に環境の保全上の支障が未然に防がれることを旨として、行われなければならない。」(第4条)と定め、第6条以下でこの理念に基づく国の責務、地方公共団体の責務等を定めている。

このうち、第8条は事業者の責務について、事業活動によって生ずる「煤煙、汚水、廃棄物等の処理その他の公害を防止」すること及び「物の製造、加工又は販売その他の事業活動を行うに当たって、その事業活動に係る製品その他の物が廃棄物となった場合にその適正な処理が図られることとなるように必要な措置を講ずる責務を有する。」ことと定め、これに基づいて37条は、汚染者負担の原則(Polluter Pays Principle)について定め、国及び地方公共団体は、このような負担をさせるための措置を講ずることとしている。これには、「自然公園法」29条による原因者負担、「公害防止事業費事業者負担法」に基づく費用負担、「海洋汚染及び海上災害の防止に関する法律」41条に基づく費用の徴収、42条の38に基づく費用の徴収、「自然環境保全法」37条に基づく原因者負担金の徴収、「公害健康被害

の補償等に関する法律」52条に基づく汚染負荷量負荷金の徴収、第62条に基づく特定負荷金の徴収、「下水道法」18条の2に基づく汚濁原因者負担金の徴収などがある[1]。

　国は、環境を保全するために、環境基本計画を策定する。この計画において「循環」が環境政策の長期目標として定められ、この目標において、人間活動に係わる「経済社会システムにおける物質循環」の確保とそれを通じた大気、水、土壌、生物という環境中における自然の物質循環の保全が唱われており、このための施策として大気環境の保全、水環境の保全、土壌環境・地盤環境の保全、廃棄物・リサイクル対策、化学物質の環境リスク対策という5つの政策分野が示された。これを受けて、後述する「循環型社会形成推進基本法」が制定された[2]。

　第16条では、公害対策を進めていくための行政上の目標値である環境基準を定めることとしている。環境基準は、大気汚染、水質汚濁、地下水、土壌汚染、騒音についてそれぞれ定められ、更に人の健康保護に関する環境基準値が、カドミウム、シアン、鉛、六価クロムなどについてそれぞれ定められている。

　この環境基準を達成するための国の施策は、多岐に亙っている[3]。

　第1に、土地の形状の変更、工作物の新設その他これらに類する事業を行う事業者は、事前に環境影響評価を行うことと定める（20条）。これを受けて、平成9年6月に環境影響評価法が制定され、11年6月から施行された。

　第2に、公害防止、自然環境保全のための土地利用の規制、施設設置規制、開発行為の規制など環境を保全するために支障を生ずる行為を規制するための措置をとることとした（21条）。

　第3に、環境への負荷を生じさせる事業活動を行っている事業者が、環境への負荷を低減させるための施設設備を行う場合に経済的な助成を行い、或いは負荷の低減に努めるように誘導するために、課徴金、デポジットなどの経済的負担を課することとした（22条）。

　第4に、野生生物の保護、下水道の整備、廃棄物の分別収集など、環境への負荷を低減させるための公共施設を整備する（23条）。

　第5に、製品が廃棄物となった場合の環境への負荷を事業者が評価する措置（ラ

II 環境と憲法

イフサイクルアセスメント）及び再生資源など環境への負荷が少ない原材料の利用を促進する措置（エコマーク製品、グリーンマーク製品）を講じる。

第6に、環境保全に関する教育・広報活動を行う。

第7に、民間団体による再生資源回収活動などを促進する。

その他、情報提供、調査、監視、公害紛争処理などの措置について規定している。この規定に基づいて公害紛争処理法が制定され、総理府に公害等調整委員会が、都道府県に公害審査会がおかれている。健康被害の救済に関しては、昭和62年に「公害健康被害の補償等に関する法律」が制定された[(4)]。

2 循環型社会形成推進基本法[(5)]

平成12年「循環型社会形成推進基本法」が制定された。この法律が制定された背景にあるのは、次のような事情であった。

(1) 近年、廃棄物発生量が、一般廃棄物5千万トン（その内訳は、生ゴミ30％、容器包装25％、紙25％、自動車10％、家電製品2％、衣料品2％、家具2％、その他パソコン、ガス機器など）、産業廃棄物4億トン（その内訳は、電気・ガス・熱供給・上下水道業20％、建設業19％、農業19％、鉄鋼業7％、鉱業7％、パルプ・紙7％、化学5％、食料品製造業3％、その他13％）の高水準で推移していること。

(2) 他方、リサイクル率は、平成8年度で一般廃棄物で10％、産業廃棄物で42％にとどまっていること。

(3) 廃棄物処理施設が逼迫しており、現在（平成8年）の最終処分場残余年数は、一般廃棄物で8.8年、産業廃棄物で3.1年であること。

(4) このため不法投棄が増大し、平成10年度には1,273件と平成5年度の4.6倍に増大したこと。

このため、この法律は、廃棄物・リサイクル対策の基本的な枠組法として、「循環型社会の形成は、これに関する活動が、その技術的及び経済的な可能性を踏まえつつ自主的かつ積極的に行われるようになることによって環境への負荷の少ない、健全な経済の発展を図りながら持続的に発展することができる社会の実現が

推進されることを旨と」（3条）するという基本理念を定めた。その上で、物質循環を確保する観点から廃棄物・リサイクル対策を一体的に推進するために、副産物や廃棄物などの発生資源(副産物や廃棄物などの総称)の取扱いに関して、次のような優先順位を定めた。

第1に、原材料の効率的利用等による廃棄物の発生を抑制すること(リデュース reduce)。具体的には、製品の省資源化・長寿命化設計、修理体制の充実、容器包装の利用の合理化、生産工程の合理化による副産物の発生の抑制をはかる。

第2に、次の段階としては、使用済製品又はその中から取り出した部品等をそのまま使用する再使用（リユース）、使用済み製品等を再生して原材料として利用する再生利用（マテリアル・リサイクル）することとし、具体的には、再使用が容易な設計をし、再生利用のための部品を統一化し、再生利用部品の販売等を行うこととした。

第3に、リサイクルできないときには、原材料として使用し、最終処分の前にエネルギーとして利用すること（サーマルリサイクル）とした。

以上の原則に基づく、物質の循環を基調とする社会を構築するため、具体的施策としては、国は、次に掲げる措置のうち、適切な措置を選択して、規制、誘導、啓発、助言等の措置をとることとしている。

第1に、排出者に対しては、物質の循環を基調とする社会を構築するため、その立場に応じて発生抑制（リデュース）、再使用（リユース）、再生利用（リサイクル）、適正処分がなされるように、規制、啓発等の措置をとる。

第2に、個々の物品の耐久性・リサイクルの容易性・環境負荷の低減等についての自己評価を通じた発生抑制、リサイクル、適正処理を確保し、同時に副産物や廃棄物などの発生資源の引取・引渡ルートの整備及びリサイクルを実施する。

第3に、副産物や廃棄物などの発生資源の適正な処理を確保するため、地方公共団体における処理のあり方に関する枠組を整備し、技術的支援を行う。

第4に、副産物や廃棄物などの発生資源の処理に伴う公害の防止のための規制を行う。

第5に、リサイクルが社会に根付くためには、リサイクル市場の育成が重要で

II 環境と憲法

あるため、リサイクル事業者の育成、国等によるリサイクル製品の率先購入などを推進する。

第6に、循環型社会の構築に向けて事業者を誘導するため、融資などの経済的助成やごみ処理手数料など、ごみ処理の負担を課する措置をとる。

第7に、以上のほか、国は、調査の実施、技術の振興、情報の提供等を行うこととしている。

3 廃棄物の処理及び清掃に関する法律[6]

この法律は、廃棄物の排出を抑制し、及び廃棄物の適正な分別、保管、収集、運搬、再生、処分等をすることにより、生活環境の保全を図ることを目的としている。近年、産業廃棄物等の適正な処理に支障が生じ、悪質な不法投棄が増大したことなどから、平成9年に大改正がなされたが、その後平成12年にも廃棄物処理施設に係る規制の強化、産業廃棄物管理票制度の見直し、廃棄物の不適正処理を防止するための改正がなされた。

この法律で廃棄物とは、「ごみ、粗大ごみ、燃え殻、汚泥、糞尿、廃油、廃酸、廃アルカリ、動物の死体その他の汚物又は不要物であって、固形状又は液状のもの」（2条）と定義されている。

廃棄物は、大きく一般廃棄物と産業廃棄物に分けられる。一般廃棄物は、PCBを使用した部品、ばいじん、感染性一般廃棄物などの特別管理一般廃棄物とその他の廃棄物に分けられ、産業廃棄物は、特定有害産業廃棄物、感染性産業廃棄物などの特別管理産業廃棄物とその他の産業廃棄物に分けられる。

(1) 一般廃棄物

市町村は、地方自治法2条4項により、都市像の理念を明らかにする基本構想を定め、それに基づく基本計画を定めなければならないが、これと整合するように廃棄物処理計画を定め（6条）、一般廃棄物を生活環境の保全上支障が生じないうちに、収集、運搬、処理しなければならない（6条の2）。その上で、一般管理

廃棄物と特別管理一般廃棄物毎に、焼却する場合の基準が施行令第3条に詳しく規定されている。これによると、特別管理一般廃棄物は、埋立処理又は海洋投棄することはできないこととされた。

イ 廃棄物処理施設の設置

市町村以外の者が廃棄物処理施設を設置する場合には、都道府県知事の許可を得なければならず、その際、設置に伴う生活環境影響調査書を添付しなければならない。知事は、申請書等を公衆の閲覧に供し、関係市町村長の意見を聞かねばならない。許可の基準は

a 厚生省令が定める技術上の基準に適合していること。
b 周辺地域の生活環境の保全に適正な配慮がなされていること。
c 生活環境の保全に関して専門家の意見を聞くこと。

と定められた（8条の2）。

ロ 最終処分場の設置

埋立終了後は、埋め立てた廃棄物により長期にわたり浸出水の処理等の費用が必要となるため、最終処分場の設置者は、埋立終了後に必要となる維持管理費用を予め環境事業団に積立て、埋立終了後、毎年維持管理費用を取り崩すこととされた（8条の5）。

ハ 一般廃棄物の再生利用

省令で定められる一般廃棄物の再生利用を行おうとする者は、厚生大臣の認定を受けることができ、認定を受けた者が行う再生利用については、廃棄物処理業の許可及び施設設置の許可を要しないこととされた。

(2) **産業廃棄物**

イ マニフェスト制度

産業廃棄物は、事業者自らが処理しなければならない（10条1項）。しかし、すべての事業者が自己処理することは無理なので、処理を委託業者に委託することが認められている。廃棄物を排出した事業者が、廃棄物の処理を委託する際には、処理業者に産業廃棄物管理票を交付し、処理終了後は、処理業者からその旨を記

載した管理票の写しの送付を受けることにより、適正な処理を確保する仕組みである（マニフェスト制度）。具体的には、次のようである。[7]

　a　排出事業者は6枚複写の管理票に必要事項を記入し、収集運搬業者に渡す。
　b　収集運搬業者は、署名して1枚を排出事業者に渡し、残り5枚を処分業者に渡す。処分業者は、5枚のうち2枚を収集運搬業者に渡し、収集運搬業者は2枚のうちの1枚を排出事業者に渡す。
　c　処分業者は、処分が終了したときは、3枚のうちの1枚を収集運搬業者に、1枚を排出事業者に返送する。
　d　排出事業者は、管理票により指示通りの処分が行われたかどうかを検査する。業者は、それぞれの管理票を5年間保管しなければならない。

ただし、事業者の負担を軽減するために、財団法人日本産業廃棄物処理振興センターが設けられ、排出事業者は、管理票に代えて、マニフェストにかかる情報を産業廃棄物処理振興センターのネットワークを通じて登録し、報告を求めることができることとされた。

しかし、旧法の下では、このマニフェスト制度が適正に機能しなかったため、虚偽の産業廃棄物管理票の交付の禁止、廃棄物の焼却の禁止の規定を設け、これに違反した者に罰則を課することとし、更にこれらの規定に違反した者、不法投棄を要求した者等を、現状回復等の措置命令の対象とする改正が行われた。

　ロ　不法投棄

不法投棄が行われた場合には、不法投棄者に現状回復させるべきであるが、これができない場合に備えて産業廃棄物適正処理推進センターが設けられ、産業界に資金の拠出を求め、現状回復する都道府県等に対して基金から資金を支払う仕組みが設けられた。

　ハ　産業廃棄物処理施設

産業廃棄物処理施設のうち、廃油、廃酸、廃プラスチックなど14種類の中間処理施設及び3種類の最終処分場が、産業廃棄物処理施設として、その構造及び維持管理に関する規制が加えられている。最終処分場の設置者は、埋立処分終了後の維持管理を適正に行うために、埋立処分の終了まで、毎年度維持管理積立金を

環境事業団に積立て、終了後は維持管理のために、維持管理積立金を取り戻すことができることとした。

　ニ　廃棄物処理センター

　厚生大臣は、特別の管理を要する廃棄物等(感染性、爆発性等を有するために人の健康に被害を与えるおそれのある産業廃棄物)の適正かつ広域的な処理の確保に資することを目的として、都道府県毎に1個に限り、廃棄物処理センターを設置することができる。

　ホ　生活環境保全上の支障の除去

　廃棄物処理基準に適合しない処分により、生活環境保全上の支障が生じた場合には、都道府県知事及び市町村長は、その支障の除去等のために必要な措置を命ずることができ、処分者等が自ら措置を講ずる見込みがないときは、自ら支障の除去等の措置を講じ、その費用を当該処分者等に負担させることができる。厚生大臣は、事業者による産業廃棄物の適正な処理の確保を図るための自主的な活動を推進するため、全国を通じて1個の産業廃棄物適正処理推進センターを指定することができることとした（改正法は、平成12年10月から施行される）。

4　資源の有効な利用の促進に関する法律[8]

　平成11年9月に、ダイオキシン対策関係閣僚会議において、2010年には廃棄物の減量化の目標値を現在（平成8年度）の半分（最終処分を一般廃棄物の25％から13％）にするため、廃棄物の発生を現状から5％減量し（5,300万トンから5,000万トン）、リサイクル率を現状の10％から24％に向上させる目標をたてた。

　また、産業廃棄物についても、最終処分を現在（平成8年度）の半分（最終処分を産業廃棄物の14％から7％）にするため、平成8年度の産業廃棄物4億2千6百万トンのリサイクル率42％、焼却等44％、最終処分14％から、2010年に発生する4億8千万トンのリサイクル率48％、焼却等45％、最終処分7％にリサイクル率を向上させ、最終処分を7％とする目標値を定めた。

　この法律は、この目標を達成するため、使用済物品等及び副産物の発生を抑制

II 環境と憲法

し、並びに再生資源及び再生部品の利用による資源の有効な利用を促進するための措置を講ずることを目的として制定された。ここでいう再生資源とは、使用済物品等又は副産物のうち、原材料として利用することができるものをいう。

そして、副産物の発生抑制が可能なものとして政令で定める業種を「特定省資源業種」といい、再生資源又は再生部品を利用することが可能なものとして再生資源又は再生部品の種類毎に政令で定める業種を「特定再利用業種」といい、使用済物品等の発生を抑制することが必要なものとして政令で定める製品を「指定省資源製品」といい、廃棄された後その全部又は一部を再生資源又は再生部品として利用することが必要なものとして政令で定める製品を「指定再利用促進製品」といい、廃棄された後それを再生資源として利用するために分別回収するための表示をすることが必要なものとして政令で定める製品を「指定表示製品」といい、廃棄された後当該製品の製造販売業者が自主回収し、それを再資源化することが可能なものとして政令で定めるものを「指定再資源化製品」という。

イ　特定省資源業種

産業廃棄物の最終処分場の削減に資するため、工場で発生する副産物（スラグ、汚泥等）の発生を抑制すると同時に、発生した副産物に係る再生資源の利用促進に事業者が取り組むことを事業者に義務づけている。このため、主務大臣は、主務省令で、副産物の発生抑制のために取り組むべき措置を定め、そのための指導・助言をすることができる。特定省資源事業者は、副産物の発生抑制のための計画を作成し、主務大臣に提出する。主務大臣は、それが不十分であるときは、勧告、公表又は関係審議会の意見を聞いた上で、勧告に係る措置をとるよう命令することができる。ただし、命令する場合は、公開の聴聞を行った後でなければならない。命令に違反した者には50万円以下の罰金を課すことができる。

主な副産物としては、鉄鋼業では、鉱滓、汚泥、ばいじんがあり、そのうち鉱滓が指定副産物に指定されている。紙・パルプ製造業では、汚泥、燃え殻、紙くずがあり、このうち汚泥は熱源としての利用などが考えられる。化学工業では、汚泥と廃酸が多く、汚泥を石膏及びセメント等に利用することが考えられている。電気業では、ばいじん、汚泥、燃え殻があり、このうち石炭灰（ばいじん）が指定

副産物に指定されている。非鉄金属製造業では、汚泥、鉱滓、金属くずがある。

ロ　特定再利用業種

特定再利用業種としては、a　紙製造業(古紙の利用を促進)、b　ガラス容器製造業（カレットの利用を促進）、c　建設業（土砂、コンクリート塊、アスファルト・コンクリート塊の利用を促進)が指定されている。主務大臣は、再生資源又は再生部品の利用を促進するために、その利用に関する判断の基準となるべき事項を定め、再生資源又は再生部品の利用について必要な指導・助言をすることができる。更に、この判断の基準に鑑みて再生資源又は再生部品の利用が著しく不十分であるときは、勧告、公表、そして関係審議会の意見を聞いた上で勧告にかかる措置を命ずることができる。

ハ　指定省資源化製品

主務大臣は、指定省資源化製品に係る使用済物品等の発生を抑制するため、使用後に廃棄される量が多いなどの要件を充たす製品を指定省資源化製品として指定し、その製品の省資源化、長寿命化をはかる設計や修理体制の充実などについて判断の基準となるべき事項を定め、指定省資源化事業者に対して、使用済物品等の発生の抑制のために必要な指導・助言をすることができる。更に、使用済物品等の発生の抑制が、判断の基準に照らして著しく不十分であるときは、勧告、公表、そして審議会等の意見を聞いた上で勧告に係る措置を命ずることができる。対象として想定される製品には、自動車、パソコン、大型家具、ガス・石油機器、ぱちんこ台、家電等がある。

ニ　指定再利用促進製品

使用され、廃棄された後に、それを再生部品として利用することが再生資源又は再生部品の有効な利用を図る上で特に必要なものとして政令で定めるものを「指定再利用促進製品」といい、使用後に廃棄される量が多く、部品等の再使用が可能であるなどの要件を充たす製品を指定し、部品等の再使用が容易な製品設計や再生部品を再使用することを事業者に義務づけている。主務大臣は、省令で、再生資源又は再生部品の利用のための判断の基準となるべき事項を定め、再生資源又は再生部品の利用の促進に関して指定再利用促進事業者に指導・助言するこ

II 環境と憲法

とができる。更に、事業者による利用の促進が判断の基準に照らして著しく不十分であるときは、必要な勧告、公表、そして審議会等の意見を聞いて勧告にかかる措置を命ずることができる。

「指定再利用促進製品」(改正前の「使用後に容易にリサイクルできるように構造・材質等を工夫すべき製品」である第一種製品)としては、自動車、ユニット型エアコンディショナー、テレビ受像機、電気冷蔵庫、電気洗濯機及びニッカド電池を使用する16種類の機器(電動工具、パソコン、コードレスホン等)が指定されており、それぞれを製造する業者毎に、例えば、ニッカド電池の取外し容易化、部品材料の分別にかかる工夫などの努力目標が示されていた。指定再利用促進製品としては、更に、自動車、パソコン、複写機、ぱちんこ台などが対象として想定される。

ホ　指定表示製品

これは、使用され、廃棄された後、それを再生資源として分別回収するに際し、類似の製品との識別が困難な物品が混合された場合に再生資源として回収・利用することが困難であるために、分別回収するための表示を行うべき製品として政令で指定された製品をいう。指定表示製品(改正前の「分別回収するための表示をすることが当該再生資源の有効な利用を図る上で特に必要なもの」である第二種指定製品)としては、スチール製の缶、アルミニュウム製の缶、ペットボトル、密閉型アルカリ蓄電池(ニカド電池)が指定されていたが、2000年4月から紙製容器包装及びプラスチック製容器包装も分別収集及び再商品化の対象となった。定められた表示をしない業者に対しては、表示事項を表示し、又は遵守事項を遵守すべき旨の勧告、公表、そして審議会の意見を聞いた上で勧告にかかる措置をとるよう命ずることができる。更に高度なリサイクルを行うためには、プラスチック製容器包装の材質表示(例：ポリエチレン、ポリプロピレン)も必要であるが、それは消費者に分別排出を求めるための表示とは性格が異なることと、未だ材質表示に基づいた材料リサイクルが行われる状況にないことなどのため、材質表示については業者の自主的な取り組みを促すにとどめることとされた。

ヘ　指定再資源化製品

使用され、廃棄された後、それを当該製品(他の製品の部品として使用される製品

を含む。）の全部又は一部に再資源化することが技術的及び経済的に可能であり、かつ、当該製品の製造・加工・修理又は販売業者が自主回収することが経済的に可能であるものとして政令で定めるものを「指定再資源化製品」という。使用後に廃棄される量が多く、事業者による効率的な回収・再利用が可能な製品が指定されるが、対象として想定されているのは、パソコンや二次電池等である。二次電池は、電池メーカー主導のもとで自主的な回収の努力を行っているが、回収の目標率40％に対して20％と低迷しているので、製造事業者が、販売店ルート等を活用した製品の回収・リサイクルを計画的に進める取組を支援することが必要であり、この法律はその枠組みを設けることにある。

　主務大臣は、「指定再資源化製品」に係る再生資源又は再生部品の利用を促進するため、使用済「再資源化製品」の自主回収、再資源化の目標、市町村から引取を求められたときの方法、その他必要な事項に関し、指定再資源化事業者の判断の基準となるべき事項を定める。自主回収及び再資源化が主務大臣が定めた判断の基準に適合している場合には、指定再資源化事業者は、単独で又は共同して、その旨の認定を受けることができる。主務大臣は、判断の基準を勘案して、指導・助言することができる。自主回収及び再資源化が、判断の基準に照らして著しく不十分であるときは、勧告、公表、又は審議会等の意見を聴いて勧告に係る事項を命令することができることとされている。

　ト　指定副産物

　これはエネルギーの供給又は建設工事に係る副産物であって、その全部又は一部を再生資源としての有効利用が促進されるように品質等を工夫すべきものとして、政令で定めるものをいう。現在、改正前の法律による指定副産物として、高炉による製鉄業及び製鋼・製鋼圧延業から発生する鉄鋼スラグ、電気炉から発生する石炭灰、建設業から発生する土砂、コンクリートの塊、アスファルト・コンクリートの塊、木材が指定されている。主務大臣は、指定副産物に係る再生資源の利用を促進するため、再生資源の利用の促進に関する判断の基準となるべき事項を定め、判断の基準を勘案して、指導・助言することができる。更に再生資源の利用が著しく不十分であるときは、勧告、公表、更に審議会の意見を聞いた上

Ⅱ　環境と憲法

で勧告にかかる措置を命ずることができる。

更に、この法律の実効性を確保するために、報告、立入検査の権限、違反に対する50万円以下の罰金が規定されている。この法律は、平成13年4月から施行される。

5　容器包装に係る分別収集及び再商品化の促進等に関する法律（容器包装リサイクル法）[9]

この法律は、一般廃棄物のうち、容器包装廃棄物の占める割合が容積比で6割、重量比で2～3割に達していることを背景に制定され、平成9年からガラス瓶とペットボトルを対象として施行され、平成12年4月から完全施行され、紙製容器包装及びプラスチック製容器包装も対象とされることになった。

容器包装は、特定容器と特定包装に区分され、特定容器とは、鋼製、アルミニュウム製、ガラス製、段ボール製、紙製、ポリエチレンテレフタレート製、プラスチック製、その他の容器とこれらの栓、ふた、キャップなどがこれに該当し、特定包装とは、商品全体の2分の1を越える面積を包んでいる特定容器以外のもので、包装紙と生鮮食料品に用いられているラップフィルムなどをいう。

特定事業者は、消費者が分別排出し、市町村が分別収集した分別基準適合物を、その使用量又は製造量に応じて再商品化する義務を負うことになった。ここにいう特定事業者とは、特定容器製造等事業者(輸入事業者を含む。以下同じ。)、特定容器利用事業者及び特定包装利用事業者をいう。分別基準適合物とは、市町村が分別収集計画に基づいて分別収集したものをいい、アルミ、スチール、無色ガラス、茶色ガラス、その他の色ガラス、紙パック、段ボール、その他の紙、ペットボトル、その他のプラスチックをいう。その際、蓋を取り外し、洗浄することなどは、住民又は市町村の負担となっている。

再商品化の方法には3つあり、1つは、製品の原材料又は製品として譲渡しうる状態にすること、2つは、自ら製品の原材料として利用すること、3つは、自ら燃料以外の用途で製品として使用することをいう。具体的には、市町村が分別収集したガラス瓶をカレット化すること、ペットボトルをフレーク化又はペレッ

ト化することをいう。特定事業者は、分別収集したものを、指定法人に再商品化を委託し、再商品化義務量に指定法人への委託単価を乗じて算出された委託料を払うことによって、再商品化の義務を履行したものとみなされる（なお、アルミ缶、スチール缶、紙パックについては、有償又は無償で譲渡できることが明らかなので、再商品化の対象とされていない。）。全素材を対象とする指定法人としては、財団法人日本容器包装リサイクル協会が指定されている。指定法人は、すべてを再商品化事業者に委託して、再生処理を行っている。

循環型社会形成推進基本法の施行にともない、今後は、次のような措置が求められている。ガラス瓶については、リターナブル瓶の利用促進に加え、軽量瓶の開発、紙製容器包装については、簡易包装の推進、通い函の利用など梱包財の利用の合理化、プラスチック製容器包装については、シャンプーなどにみられる詰替製品による供給形態などを他の製品に拡大することなどである。この法律は、平成12年4月から施行されたが、多くの問題点が指摘されている。

第1に、リサイクルコストの大半を占める収集・運搬、中間処理経費（キャップの取外しなど）が市町村の負担となっている。

第2に、事業者による過剰包装の抑制など容器包装の見直しが見込めない。この結果、ペットボトルの生産量は年間33万2千トンであるが、その16.9%が回収されているにすぎず（平成11年）、また、プラスチックの年間生産量は1,450万トンであり、そのうち回収されたのは2万トンにすぎないなどの実態が報告されている。

6 特定家庭用機器再商品化法（家電リサイクル法）[10]

一般家庭から排出される家電製品は、平成9年度で84万トンで、そのうち4品目（テレビ、エアコン、冷蔵庫、洗濯機）は年間60万トンで、その内60%が処理業者に、40%が市町村で処理されているが、全体の50%は埋立処理され、50%が破砕され、その殆どが廃棄されている。

そこで、この法律は、小売業者及び製造業者等による特定家庭用機器廃棄物の

Ⅱ　環境と憲法

収集、運搬及び再商品化等に関する措置を講ずることを目的として制定された。従って、この法律は、前述した「資源の有効な利用の促進に関する法律」の特別法に位置付けられる。大臣は、対象機器廃棄物の収集、運搬及び再商品化の基本方針を定めることとされ、それに基づいて、小売業者は、過去に販売した対象機器及び新製品販売時に消費者から排出されたこれらの家電製品（なお、両院の付帯決議で、パソコン等の回収、資源化のシステムの確立も求められている。）を引き取り、製造業者に引き渡す義務があることとされ、その際、消費者に回収費用及び再商品化の費用を請求することができる。

　製造業者等（輸入業者も含まれる。）は、機器の耐久性の向上、修理体制の充実及び再商品化等に要する費用を低減するための適切な措置をとることは当然であるが、機器が廃棄物となった場合には、予め指定した取引場所において、自らが製造又は輸入した対象機器を、再商品化等に要する費用と共に引き取り、それを再商品化等の基準に従って再商品化等を実施することとされた。ここでいう再商品化とは、廃棄物となったものから部品及び材料を分離し、これを部品又は原材料として利用する行為又は有償・無償で譲渡しうる状態にする行為をいい、再商品化等の等とは、上述の再商品化に加えて、燃焼の用に供する行為（熱回収という。）も含まれることをいう。冷蔵庫やエアコンに含まれる冷媒用フロンガスの回収・分解もこれに含まれる。製造業者は、政令で定める再商品化等を実施すべき量に関する基準に従い、再商品化等をしなければならない。その際、消費者から排出された製品が、製造業者に届くよう管理伝票制度（マニフェスト制度）が導入された。管理票は、小売店が発行し、廃棄物収集運搬業者を経由して、製造業者等の確認を経たものを運搬業者を通じて回付されたその写しを消費者に発行することにより、消費者は不適正な処理がなされていないことを確認することができる。

　主務大臣は、廃棄物となった対象機器の引取り及び再商品化を確保するため、製造業者等に指導・助言することができ、更に引取り及び再商品化等に必要な行為を行わない業者等に対し、勧告、命令を行うことができる。

　なお、製造業者等が倒産したり、再商品化できない中小業者の委託を受けたり、過疎地などにおける引き渡しなどの業務を実施するために、主務大臣は、指定法

人を指定することができる。この法律は平成10年に制定されたが、本格施行は平成13年からとされた。

7　食品循環資源の再生利用等の促進に関する法律[11]

　食品廃棄物は、従来の基準によると、食品製造段階で発生するものは産業廃棄物であり、売れ残りなどの食品流通段階及び調理くずなどの消費段階で発生するものは一般廃棄物として処理されていた。これらのうち、製造段階で発生する産業廃棄物は年間340万トン、売りのこりなどの流通段階で発生するもの600万トン、家庭で発生するもの1,000万トンと見込まれている。このうち、肥料や飼料に再資源化されているものは、産業廃棄物のうちの48％だけで、一般廃棄物の99％以上は焼却処理されていた。
　そこで、この法律は、食品廃棄物の発生の抑制・減量及び再生利用を促進するための方策について定める。この法律の対象となる食品関連事業者とは、食品の製造、加工、卸売、小売及び飲食店など食事の提供を業として行う者である。
　主務大臣は、食品循環資源（食品廃棄物のうち有用なもの）の再生利用等（発生の抑制及び減量も含む。）の促進に関する基本方針（基本的方向、量に関する目標、具体的措置）を定める。その上で、主務大臣は、この法律の目標を達成するために取り組むべき措置に関し、判断の基準となるべき事項を定める。この基準に基づいて主務大臣は、食品関連事業者に対し、指導・助言、勧告、公表、そして勧告に係る措置を命令することができる。命令違反に対しては、50万円以下の罰金が定められている。
　更にこの法律では、再生利用を促進するため、食品循環資源の肥・飼料化を行う優良な事業者の登録制度を設け、製造するリサイクル製品の安全性を確保すると同時に消費者の選別に資することとした。また、一般廃棄物は市町村内で処理することとされているので、これを越えて運搬する場合は運搬先の市町村の許可が必要であるが、それらの業者については、廃棄物処理法、肥料取締法、飼料安全法の特例措置（製造販売の届け出不要など）を定め、ある程度まとまった量の食品

II 環境と憲法

循環資源を効率的に処理できることとした。加えて、食品関連事業者が、肥・飼料化を行う農林漁業者等と共同して再生利用事業を行う場合についても、これを認定する制度を設け、廃棄物処理法などの法律の特例措置を定めた。

8 建設工事に係る資材の再資源化等に関する法律[12]

建設廃棄物は、産業廃棄物全体の排出量の2割(8,200万トン)、最終処分量の4割(3,700万トン)を占めているほか、不法投棄量(39万トン)の9割を占めている。すなわち、不法投棄量のうち、木屑が43％、建設廃材(コンクリート塊等のがれき類)が34％、その他の建設廃棄物(塩ビ管等の廃プラスチック、ガラスなど)が11％を占め、合計で88％を占めている。このため、建設廃棄物のリサイクルは、重要な課題であるが、建設廃棄物のリサイクル状況を品目別に比較すると(平成7年)、アスファルト塊のリサイクル率は81％で、砕いて再生アスファルトや路盤材になり、コンクリート塊のそれは65％で、同様に砕いて路盤材になり、建設発生木材のそれは40％で、チップ化して木質ボード等に、建設汚泥のそれは14％で、脱水して埋め戻し土に、建設混合廃棄物は11％で、品目別に選別後、品目毎に再資源化している。

このように、リサイクル率は低い反面、建築解体廃棄物の発生量は、1995年と比較して、2000年には2倍、2005年には3倍、2010年には4倍になることが推計されている。

この法律では、主務大臣は、建設工事にかかる資材の有効な利用と廃棄物の適正な処理を図るため、特定建設資材(コンクリート、アスファルト、木材など、資源の有効な利用を図ることが特に必要なものとして政令で指定されたもの)に係る分別解体及び再資源化のための基本方針を定めるものとされている。この中には、特定建設資材廃棄物の再資源化の方向、目標の設定、再資源化されたものの利用の促進のための方策なども含まれる。そして、都道府県知事は、この基本方針に即し、当該都道府県における特定建設資材に係る分別解体と再資源化の実施に関する指針を定める。

一定規模以上の建築物等の建設工事については、この指針に従い、一定の技術水準に従って分別解体を行うことにより、現場分別と再資源化を推進する。このため、一定規模以上の解体工事又は新築工事の発注者は、一定事項を都道府県知事に届け出なければならず、受注者は、発注者に対して、主務省令で定める基準に従って分別解体する旨を記載した書面を交付して説明し、請負代金の内訳として解体工事費を明記しなければならない。その際、都道府県知事は、分別解体に必要な助言を行い、或いは必要な措置を命ずることができる。再資源化等が完了したときは、発注者に書面で報告すると共に、再資源化の実施状況に関する記録を作成しなければならない。

解体工事業を営もうとする者は、都道府県知事の登録を受け、解体工事施行の技術上の管理を司る者で、基準に適合する技術管理者を選任し、その者の監督の下で解体工事を施行し、解体工事の現場毎に一定事項を記載した標識を掲げ、かつ、営業所毎に帳簿を備え、一定事項を記録しなければならないこととされた。

9 国等による環境物品等の調達の推進に関する法律（環境物品調達推進法又はグリーン購入法）

この法律は、環境への負荷の少ない持続的発展が可能な社会の構築を図るため、環境物品等への需要の転換を促進することを目的とし、そのために国、地方公共団体、事業者及び国民の基本的な責務を規定している。この法律の全面施行は、平成13年4月1日を予定している。

おわりに

最後に、倉阪教授は、我が国の廃棄物処理関係法律の立法過程に関する興味ある指摘をしていれるので、最後に、これを紹介して結びとしたい[13]。

第1に、リサイクル法の立法過程においては、資源の有効利用を図るという観点から通商産業省が、廃棄物の減量化を図るという観点から厚生省が、環境の保全を図るという点から環境庁が、リサイクル制度の所掌を主張し、結局、廃棄物

II　環境と憲法

の再生利用のうち、厚生省は廃棄物の抑制と再生までを廃棄物処理と認識してこれを分担し、再生資源の利用は通産省で行うことになった。この結果、廃棄物の再生と再生資源の利用を別の省庁が担当することになり、両者の間にミチマッチが生じた。すなわち、廃棄物の再生（鉄、アルミ、古紙、ペットボトルなど）は急速に進められたが、再生資源の利用拡大が確保されず、値崩れを起こしたというのである。これに対して、環境保全に関する施策の総合調整をおこなう環境庁は、単にリサイクル法の基本方針を通産省等と共同して作成するにとどまり、ミスマッチを調整する任務を果たすことができる立場におかれなかったというのである。

第2に、環境基本法第37条には、汚染者負担原則が定められているが、それは製品に係る製造者、流通業者、小売業者、消費者、自治体の間で、責任を共有すべきであるという議論であるが、OECDやEUにおける汚染者負担の原則は、政府が税金を用いて汚染防御のための費用負担を行うことを原則として否定するためのものであった。しかし、我国では、一般廃棄物の処理責任が市町村にあることを前提として、廃棄物の再生を廃棄物処理の一環として認識したために、分別回収、中間処理のための費用は市町村が負うこととされ、再商品化見込量を超えて回収された資源は、納税者の負担で保管されることになったと指摘している。

第3に、商品の設計段階で未然の負荷要因を除去することが最も効果的な環境保全対策であるという考え方に基づいて、製品の設計者が第一義的な処理費用負担者となるべきだというのが設計者責任の考え方であるが、家電リサイクル法では、既に家庭内で使用されている家電製品については廃出時に請求するしかないこと、購入時点では将来の処理費用が不明であることを理由に、廃家電の廃出時に処理費用を求めることにしたが、これは設計者責任の原則に適合しないと指摘している。なぜなら、設計者責任は、インセンティブ効果が生ずる程度に、量や質に応じて課せられるべき経済的負担であるから、実際の廃棄物処理費用と等しくならなければならないということはないというのである。

(1)　石川禎昭「廃棄物・リサイクル関係法令早わかり」（平成11年1月、オーム社）60頁。

(2) 「循環型社会基本法の制定について―廃棄物・リサイクル対策の総合化」(平成12年1月、環境庁)
(3) 石川禎昭・前掲文献47～8頁
(4) 第147回国会衆議院環境委員会会議録第4号36頁
(5) 「循環型社会構築に関する基本的枠組み法案について」(平成12年1月21日) 環境庁、「循環型社会形成推進基本法案参考資料」(平成12年4月)環境庁、「循環型社会形成推進基本法案の趣旨」(平成12年4月) 環境庁
(6) 石川禎昭・前掲文献68頁以下、「廃棄物の処理及び清掃に関する法律等の一部改正について」、「廃棄物の処理及び清掃に関する法律及び産業廃棄物の処理に係る特定施設の整備の促進に関する法律の一部を改正する法律案参考資料」(平成12年第147国会提出) 厚生省
(7) 石川禎昭・前掲文献111頁
(8) 改正前のこの法律の概要については同上、改正後の内容については、「再生資源の利用の促進に関する法律の一部を改正する法律案(仮称)」 平成12年3月 通商産業省、「再生資源の利用の促進に関する法律の一部を改正する法律案関係資料」(第147回通常国会、通商産業省) を参照した。
(9) この法律の概要については、石川禎昭、前掲文献、村田徳治「容器包装リサイクル法完全実施への課題」晨1999年9月号、植田和弘「再商品化から考えるリサイクル」晨1999年9月号を参照した。
(10) この法律の概要については、石川禎昭・前掲文献ほか、第147回国会衆議院環境委員会会議録第6号18頁以下を参照した。
(11) 「食品循環資源の再生利用等の促進に関する法律案関係資料」(平成12年3月) 農林水産省・厚生省、「食品循環資源の再生利用等の促進に関する法律案について」(平成12年4月) 農林水産省、「食品廃棄物の排出の抑制及び再資源化の促進方策の概要 (検討中)」農林水産省 第147国会「食品循環資源の再生利用等の促進に関する法律案参考資料」(平成12年3月、農林水産省・厚生省) を参照した。
(12) 「建設工事に係る資材の再資源化等に関する法律案の概要」(平成12年3月) 建設省「建設工事に係る資材の再資源化等に関する法律案要綱」
(13) 倉阪秀史「我が国のリサイクル制度の課題」ジュリスト増刊「環境問題の行方」1999年5月191頁以下

本稿執筆後、国会の委員会会議録などその後に得られた資料に基づいて加筆した「循環型社会における廃棄物の処理、再使用及び再生利用の法体系」を法と政治第

Ⅱ　環境と憲法

　52巻1号（2001年4月）に発表したことをお断りする。

20 EC環境法と国内法
―― ドイツの議論を中心に ――

門 田 孝

　　はじめに――国際問題としての環境保護
　1　EC環境法
　　(1) EC環境法の展開　　(2) EC環境法の基本枠組み
　2　EC環境法と国内法
　　(1) EC環境法と「国家の単独行」　(2) EC環境指令の国内法への転換
　　をめぐる問題
　　(3) EC環境指令の国内法的効力
　3　むすびに代えて

はじめに――国際問題としての環境保護

　工業化の広がりと開発の進展に伴い国境を越えての環境汚染が深刻度を増し、さらに地球温暖化やオゾン層破壊にみられるような地球規模での環境破壊が指摘される現在、環境問題はますます国際的な関心事となりつつある。このような状況にあって、環境法の領域も単に国内法のレベルのみにとどまってよいはずはない。

　実際、地球環境問題に対する国際的取組みは、国連でも重要な政策課題として認識されるに至っている。その契機となったものとして、「人間環境宣言」を採択した1972年のストックホルム国連人間環境会議を挙げることができるが、こうした動きは1990年代以降にいっそう活発になっていった。1992年には、環境と開発に関する国連会議（地球サミット）がリオデジャネイロで開かれ、今日よく知られた「持続可能な開発」（または「持続的発展」、sustainable development；nachhaltige Entwicklung）という基本理念を盛り込んだ「環境と開発に関するリオデジャネイロ宣言」（リオ宣言）が発表されるなど、地球環境問題に対処していくうえでの国

II 環境と憲法

際的な大枠が示された。その他にもこれと相前後するかたちで、海洋・大気汚染への対処、オゾン層の保護、有害物質の規制、あるいは生態系・生物種の保全などに関して、様々な国際条約が整備されてきている[1]。

このような主として国際条約による地球規模での取組みと、国内法レベルでの環境政策の間には、さらに地域的な国際環境法がみとめられる。そしてこの分野でも欧州共同体（以下「共同体」ないし「EC」と略記する[2]。）の法制は、ひとつの先進的なモデルを提示するものとなっている。一般に、国連を中心とした全世界的取組みに際しては諸国の利害が複雑に絡み合い、ややもすると妥協的なものになりがちなのに対し、EC環境法等にあっては、遵守されるべき基準や規範的拘束力などの点で一歩ふみこんだ内容を盛りやすいといえよう。しかしながら、このような地域的国際環境法でどこまで規制すべきか、とりわけ構成国の国内法との関係をどう調整すべきかをめぐっては、なお困難な問題が生じる場合も少なくない。本稿でもこうしたEC環境法に着目し、とりわけ構成国の国内法との関係という観点から、その特徴と問題点の一端を探ってみたい。

以下ではまず、本稿のテーマを考察するのに必要な限りでEC環境法の展開と制度の概要を素描した後、主としてドイツにおける議論を素材に、EC環境法と国内法との関係に関連して提示される論点のいくつかを考察することとする。

1 EC環境法[3][4]

(1) EC環境法の展開

EC環境法は、欧州統合の諸段階に応じて徐々に進展していった。ECにおける環境政策のひとつの転機となったのは、1987年に発効した単一欧州議定書である。これにより、「環境」は当時の欧州経済共同体（EEC）条約の中に独立した「編」として挿入されたのである（旧EC条約130r条[現行174条]以下）[5]。ECはそれ以前から環境問題に積極的に取組んできたが[6]、この議定書により、ECの環境政策に対する条約上の根拠が与えられることとなった。次いで欧州連合の創設を謳ったマーストリヒト条約（1993年11月発効）において、「環境」は、ECの任務のなか

に、「環境に配慮した持続的でインフレーションを伴わない成長」の促進（旧EC条約2条参照）として言及され、さらにその政策リストの1つに「環境の分野における政策」が挙げられた（同3条k項［現行3条1項］）。

　1999年5月1日に発効したアムステルダム条約の下、環境保護に関する規定はいっそう強化された。第1に、改正後のEC条約では、共同体の任務のひとつに「高水準の環境保護と環境の質の向上」（2条）が挙げられ、旧条約と比べても環境への配慮がより明確に打ち出された。第2に、リオ宣言でも用いられた「持続的な発展」の促進という観点からの環境保護の要請は、いわゆる「横断条項」（Querschnittsklausel）として総論部分（6条）に置かれ[7]、これにより環境保護は共同体の全ての政策に組み込まれることとなった（なお、直接「環境」という言葉は用いられていないが、「均衡的かつ持続的な発展」は欧州連合の目標としても、またECの目的としても明記されている（欧州連合条約2条およびEC条約2条参照））。第3に、域内市場に関わる法制の接近との関連で環境保護に関する規定が改正され、特にECによる法制接近のための調和措置にもかかわらず、構成国が環境保護を理由として独自の国内規定を導入しうることが明確化された（95条参照）。

　環境問題に対するECの実際の取組みは早く、EEC時代の1973年にはすでに第1次環境行動計画（―76年）が策定され、その後、第2次（1977―81年）、第3次（1982―86年）および第四次環境行動計画（1987―92年）を経て、第五次行動計画まで実施された[8]。この間、ECは枚挙に暇がないほど多くの環境関連法を発しており、ほんの一例を示すなら、たとえば1985年の環境影響評価（Umweltverträglichkeitsprüfung）に関する指令[9]、1990年の環境情報開示に関する指令[10]、1991年の有害廃棄物に関する指令[11]、1993年の環境監査規則（Öko-Audit-Verordnung）[12]、あるいは1996年の環境汚染の総合的回避・削減に関する指令（IVU-Richtlinie）[13]などはよく知られている。

(2)　EC環境法の基本枠組み

　EC環境法に関する法源として重要なのは、他の政策領域同様、一次的法としてのEC条約（以下では、適宜単に「条約」と略記する）である。環境に関する規定は、

II　環境と憲法

とりわけ「共同体の政策」のひとつとしての「環境」を定めた条約第3部第19編（174条以下）に見出すことができるが、後述するように、域内市場の実現に関する第95条も重要な役割を果たしている。

条約174条は、いわば共同体の環境政策に関する原則規定である。その目的としては、① 環境の維持および保護並びにその質の向上、② 人間の健康の保護、③ 天然資源の細心かつ合理的な利用、そして、④ 地域的または世界的な環境問題を処理するための国際的段階における措置の促進が挙げられる（174条1項）。次に、環境政策遂行に際しての原則については、「共同体の環境政策は、共同体の個々の地域における事情の多様性を考慮しながら、高い保護水準を目的と」し、「未然防止および予防の原則」、「環境破壊はその根源を優先的に正すという原則」、および「原因者負担の原則」（Verursacherprinzip）（「汚染者負担の原則」（principle that the polluter should pay）ともいう。）に基づくとされる（同条2項）。

環境政策に関するECの政策決定手続とその対象を定めるのが、第175条である。それによると、EC環境政策の目的を達成するため、理事会はいわゆる共同決定手続（251条）により、かつ経済社会委員会および地方委員会と協議した後、必要な共同体の行動を決定する他(175条1項)、主に財政的性質を有する諸規定や、土地利用、水資源管理の分野における措置、およびエネルギー供給に関わる措置については、委員会の提案に基づき、他の機関と協議のうえ、原則として全会一致で定めるものとされる(同条2項)。こうした点からまずECに期待されるのは、環境に関する種々の二次法（規則・指令等）の定立であり、前述した環境行動計画も、本条で認められた権限により策定されたものである。

なお、この174条および175条の規定は、あくまでも「環境」を主眼にした政策遂行に関する場合であり、「域内市場の実現」との関連で環境が問題になる場合は、95条が適用される。すなわち欧州理事会は、域内市場の確立・運営のために、欧州委員会の提案に基づき欧州議会の意見を聴いた後、特定多数決の手続にしたがって、構成国の法制を接近させる措置をとることができるが（同条1項参照）、その際「委員会は、……環境保護……の分野において第1項の提案をなすにあたっては、高い水準の保護を基礎とし、とりわけ科学的成果に裏づけられた新

しい展開を考慮に入れる」(同条3項1文)ものとされ、「欧州議会と理事会もまた、それぞれの権限の範囲内で同様の目的を追求する」(同第2文)ことを求められる。具体的な環境政策に際して95条によるか、175条によるかは、実際には判然としない場合も少なくない。

2　EC環境法と国内法

　環境問題に関するECと構成国との間の権限分担については、必ずしも単一の基準が見出されるわけではないが、一般論としては、ECと構成国間の権限分担に関する条約上の一般原則が、環境法の領域にも妥当する。すなわち共同体は、条約によって付与された権限および定められた目的の範囲内で行動し(条約3条1段)、共同体の専属的管轄に属さない領域については、いわゆる「補完性の原理」(同条2段)に従って、「問題となった行動の目的が構成国によっては十分達成できず、……共同体によってより良く達成できる場合にのみ、そしてその限度において活動する」。この点、環境政策の資金調達および実施は、第一義的には構成国の管轄である(175条4項)。また、「第175条に基づいてとられる保護措置は、構成国がより厳格な保護措置を維持し、もしくは導入することを妨げない」(176条)。こうした点から、いわゆる「国家の単独行」(nationale Alleingang)の問題が生じてくる((1)参照)。他方、175条1項にいう、環境政策の目的を実現するために「共同体がとるべき行動」として考えられるのは、第249条に定められた種々の法定立の可能性である。このうち実際に重要な役割を果たすのは、他の法分野と同じく「指令」(Richtlinie)である。このため環境指令の国内法への転換((2)参照)、およびその国内法的効力((3)参照)をめぐっては様々なかたちで問題になる。以下、欧州裁判所の関連判例を紹介しながら、こうした問題点の一端をみていくこととしたい[14]。

(1) EC環境法と「国家の単独行」

　環境保護の分野で、国家は自国の特殊な事情等から、単独で独自の措置をとる

II 環境と憲法

ことが認められているが、それはEC条約に違反するものであってはならない。こうした「単独行」（Alleingang）の是非は、実際には、環境保護か自由な通商かをめぐって問題となることが多い。例えばある国が、独自の環境基準を設け、これに合致しない他国の製品の輸入を禁じる場合などである。この場合は、EC条約175条・176条ではなく、95条（旧100a条に当たるが大幅に改正されている）が問題になる。

フランス共和国体対共同体委員会事件（$EuGH$, Rs. C-41/93）は、まさにこのような事例であった。そこでは、木材・繊維の処理剤であると同時に有害物質でもあるPCP（ペンタクロロフェノール）の規制に関するドイツの「単独行」が問題となった。

1991年3月21日に当時のEEC理事会は、危険物質の取引と使用に関する構成国の法律、規則または行政規定を接近させるための指令76/769を改正する指令91/173（ABl. 1992 C334, S. 8）を採択し、これによって市場に供される物品に濃度0.1％以上のPCP、その塩およびエステルを用いてはならない旨が定められたが、ただ、工業加工および構成国の文化遺産を構成する建築物の特殊処理において、合成剤ないし加工剤として木材の処理および繊維の鉱染に使用する場合は例外とされていた。同年8月2日に、ドイツ連邦共和国は、旧EEC条約100a条4項（現95条4項）により共同体委員会に対し、指令91/173に代わって、より厳格な規制を採用した国内法である1989年のPCP禁止令（PCP-Verbotsverordnung）（BGBl 1989 I 2235）を適用し続けることを通知し、委員会は、1992年12月2日の決定により（ABl. 1992 C334/8）これを承認した。この委員会決定に対し、フランスは委員会を相手取って欧州裁判所に提訴し、委員会の承認は100a条4項の要件を備えることなくなされたものであり、自由な通商を妨げるため違法であると主張した。

欧州裁判所はフランスの訴えを認める判決を下した。裁判所によれば、域内市場の確立と運営に向けて要請される構成国間の法制接近に対する例外を認めるに際しては、委員会は、問題となった構成国の国内法が、100a条4項（現95条4項）にいう重大な必要性を根拠としており、構成国間の通商の恣意的差別ないし潜在的制限ではないことを確かめなければならない。しかしながら、本件においては

かかる例外を認めるうえでの実質的な理由が示されていないというのである。「みたところ委員会は一般的な文言でドイツの規則の内容と目的を記述し、そしてこうした規則が100a条4項に合致すると述べるにとどまっており、本件において100a条4項に含まれる全ての要件が満たされていると、委員会が考える事実上および法的な理由が説明されていない。」(Rs. C-41/93, Rdnr. 36.) したがって問題となった委員会決定は、規則、指令および決定について、それが依拠する理由を述べることを求めた条約190条（現253条）の本質的な手続き上の要請に違反しており、原告のその余の主張を考慮するまでもなく、無効であると判断されたのである。

　ここでは結局、委員会決定に至る手続上の瑕疵が問題にされており、環境保護に関する実体的問題にまで立ち入ってはいないが、少なくとも、「国家の単独行」には実質的根拠づけが必要であることは明らかにされたといえる。実際に、EC環境法において「国家の単独行」をいかなる場合に、どの程度認めるかは困難な問題である。この点、新EC条約95条、175条および176条には以前に比べてより詳細な要件が定めてあるが、これらの要件を今後さらに精緻化していく必要がある他、問題の「単独行」が、比例原則など一般的な法原則に合致するものであるか否かも検討される必要があるといえよう。

(2) EC環境指令の国内法への転換をめぐる問題

　ECの2次的法として「規則」と並び重要な機能を営む「指令」は、規則と異なり、「それが向けられた構成国に対し、達成されるべき結果については拘束力を有するが、形式および方法の選択は国家の機関に委ねられる」(条約249条3項)。既に述べたように、環境法については指令が重要な役割を演じているため、環境保護に関するEC指令の国内法への転換（Umsetzung）のあり方は、様々な場面で問題になり得るのである。

　この問題に関連して、ここでは共同体委員会対ドイツ連邦共和国事件（*EuGH*, Rs. C-361/88）をとりあげてみよう。これは、大気中の鉛濃度に関する共同体指令の国内法への転換を、通常の法律ではなく行政規定の一種である技術指針(Tech-

II　環境と憲法

nische Anleitung）で行うことの可否が問題となった事例である。

　共同体は、二酸化硫黄および粉塵の大気中濃度における限界値および目標値に関する1980年7月15日の指令80/779（ABl. 1980 L229/30）、および大気中の鉛濃度に関する1982年12月3日の指令82/884（ABl. 1982 L 378/15）を発し、大気中の二酸化硫黄、粉塵および鉛濃度の限界値を定めた。これらの指令は、一方で構成国間での競争における条件の不平等を是正することを目指し、他方で健康保護と環境保全を目的とするものであった。構成国は、それぞれ指令80/779については1983年4月1日から、指令82/884については1987年12月3日から、限界値を守るために必要な措置をとることを義務づけられていた。これに対してドイツ連邦共和国は、こうした限界値の遵守が、連邦イミッシオン防止法およびそれを施行するために制定された1986年2月27日の大気清浄に関する技術指針（TA Luft）（GMB I 1986, S. 95）によって達成できると判断し、国内法化に向けて新たな措置をとらなかった。これに対して共同体委員会は、ドイツが両指令とも合法的な国内法転換を行っていないとして、旧EEC条約169条（現226条）に基づき、欧州裁判所に訴えを提起した。なおこの事件で、問題となったTA Luftに定められた限界値が、指令で要請された限界値を超えるものでないことについては争われていない。

　欧州裁判所は委員会の訴えを認めた。まず、指令が国内法に転換されるための一般的な条件について、裁判所はいう。「当裁判所の判例によれば……、指令の国内法への転換は、その規定が形式上かつ文言上特別の法規定に再現されることを必ずしも要請するものではない。指令の内容によっては、一般的な法的枠組みであっても、それが実際に当該指令の完全な適用を明白かつ確実に保証し、当該指令が個人の請求権を基礎づけるものであるなら、名宛人がその権利についてすべて知ることができ、場合によっては国内裁判所でそれを主張することができる状態にあるのであれば、それで十分である。」（Rs. C-361/88, Rdnr. 15.) しかしながら裁判所の見解では、本件にあっては指令を国内法に転換するための有効な要件が満たされていないという。すなわち第1に、TA Luftの適用範囲は限られていて、連邦イミッシオン防止法4条にいう許可を必要とする施設にしか適用されないが、ECC指令に定める限界値の要請は構成国の全領域に適用されることを意

図したものである。第2に、とりわけ、こうしたTA Luftは行政に対する拘束以上のものではなく、第三者が権利を侵害された場合に、裁判所に救済を求める道が開かれていない。すなわち「個人が、自らの権利の範囲につき確信をもつことができ、場合によっては国内裁判所でそれを主張し得るということはできず、また、その活動がイミッシオンを引起すところの者が、自らの義務の範囲につき十分に知らされるということもできない。」(Rdnr. 20.)結果的に、「争う余地がないほどの拘束力をもち、具体的、確定的、かつ明白に」(Rdnr. 21.)指令の実施が行われたことは証明されていないとされたのである。

一般に指令については、その要求する結果を達成するための形式および方法の選択は国家の機関に委ねられるとされるが、それが全くの白紙委任でないことはこの事例からも明らかであろう。要するに、指令の要求する結果が実質的に達成されるように、国内法は整備されなければならないのである。とりわけ注目されるのは、本件指令のように、その目的が個人の健康を保護するものであるような場合、指令の定める基準に違反した場合には裁判において是正を求める具体的な請求権が個人に付与されるものと解されていること、したがって指令の国内法化に際しても、こうした請求権が実質的に保障されるように国内法に転換されるべきであると解されていることである。こうした点は、とりわけ個人の健康保護を視野に入れた公害法の分野などにおいては、重要な意味をもつものとして評価できるであろう。

(3) EC環境指令の国内法的効力

EC環境指令が本来の趣旨に従って国内法に転換されたなら、その国内法的効力の問題自体そもそも生じない。EC環境指令の国内法的効力が問題になるのは、当該指令が全く国内法化されない場合、あるいは不完全なかたちでしか国内法化されなかった場合である。そして既に述べたとおり、指令は、規則と異なり国内法において直接的効力を有しないというのが一般的な理解であるが、ただこの点については、欧州裁判所は一定の条件の下、EC指令の直接的効力を認めている。すなわち、ある指令が国内法化のための期間経過後も国内法に転換されておらず、

II　環境と憲法

かつ当該指令が、その内容からして無条件的(unbedingt)で十分に明確(hinreichend bestimmt)であり、個別事例に適用可能な場合には、個人は、国家に対し、国内の官庁および裁判所において自分に有利な指令の規定を援用することができるというのである(*EuGH*, Rs. 14/83, Rdnr. 23ff)。なお、このような国家対個人の関係にかかわる、いわゆる「縦の第三者効力」(vertikale Drittwirkung)に加え、私人間の「横の第三者効力」(horizontale Drittwirkung)についても様々な議論があるが、こうした点は、とりわけ事業者対市民という対立構造を生じやすい環境法の領域にあっては、検討されるべき課題といえるであろう[15]。

　EC指令の直接的効力が認められるのは、典型的には、当該指令が個人の主観的権利を基礎づけており、このため個人が国内の裁判所等において直接当該指令を援用できるような場合である(いわゆる「主観的直接効」)。しかしながら、欧州裁判所は、EC環境指令に関して、その「客観的直接効」をも認めた。環境影響評価に関するEC指令の直接効をめぐって争われた、1995年の欧州共同体委員会対ドイツ連邦共和国事件、別名グロースクロイツェンブルク(Großkreutzenburg)発電所事件(*EuGH*, Rs. C-431/92)がそれである。

　グロースクロイツェンブルク発電所事件においては、EC指令の国内法化が遅れたため、国内法化以前に、指令に従わずになされた火力発電所施設建設の許可が問題になった。ドイツ連邦共和国のダルムシュタット県幹部会は、1989年8月31日の通知により、プロイセン・エレクトラ(Preussen Elektra)株式会社に対し、グロスクロイツェンブルク火力発電所に発電施設を新たに建設することを許可した。しかしながら、EEC理事会の発した、特定の公的および私的事業に際しての環境影響評価に関する1985年6月27日の指令85/337 (ABl. L. 175, S. 40)による環境影響評価は、国内法化の期間が当該指令12条1項により1988年7月3日に経過していたにもかかわらず、実施されなかった(当該指令は、ドイツにおいては、1990年8月1日に発効した1990年2月12日の法律(BGBl. I S. 205)によりはじめて国内化されている)。これに対し共同体委員会は、ドイツに対して書簡を送り、問題となった施設においては指令による環境影響評価が必要である旨を示すと共に、旧EEC条約169条(現226条)に従いドイツの意見を求めた。2度にわたるドイツの回答

が満足のいくものではないと判断した委員会は、169条に基づいて欧州裁判所に訴えを提起し、ドイツが指令による環境影響評価を行うことなく火力発電所施設の新設を許可した点において、構成国の協力義務を定めた旧EEC条約5条(現10条)、および共同体諸機関の法定立について定めた189条(現249条)に違反する旨の確認を求めた。

　欧州裁判所は、委員会の訴えを認める判決を下した。裁判所はまず、訴えが不適法だとするドイツの主張を退けた[16]。そして指令の直接的効力が認められるのは当該指令が個人の主観的権利を認めている場合のみだとするドイツの主張に応えて、裁判所はいう。「訴えの中で委員会は、ドイツ連邦共和国に対し、該当する事業の環境影響を調査するという、指令により直接課せられた義務を具体的な場合において果たさなかったと非難するのである。したがって問題になるのは、当該指令が、主張されたような義務を定めたものと解釈されるべきか否かである。こうした問題は、当裁判所が判例で認めてきた、国内法化されていない指令の無条件的でかつ十分明解かつ正確な規定を、個人が国家に対し直接援用する可能性の問題とは無関係である。」(Rs. C-431/92, Rdnr. 26.) そして本案においても、問題となった指令の諸規定が、「十分に明解かつ明確(hinreichend klar und bestimmt)ではなく、したがって、具体的な義務を誤解の余地なく(unmißverstandlich)定めて……いない」(Rs. C-431/92, Rdnr. 37.) とするドイツの主張を退け、裁判所は個々の規定を審査した後、「問題となった諸規定は、一定の事業に環境影響評価を受けさせるという誤解の余地のない義務を、所轄の国内官庁に課している」(Rs. C-431/92, Rdnr. 40.) と述べたのである。

　本件において、指令の「客観的直接効」が認められた意義は大きいと言えるであろう。とりわけ、個人の具体的請求権とは直接には関係がないかにみえる自然環境保護等の領域などにおいては、環境指令を構成国に適用していくうえで、本件で採られた手法は参考になるのではなかろうか。もっとも、ここで指摘された「誤解の余地のないこと」(Unmißverständlichkeit)は、それまでの「無条件的」で「十分に明確」の要件との関係でどのように理解されるべきものなのか、そこには一定の要件の緩和をみてとることができるのか等については、今後なお検討され

II 環境と憲法

るべき課題と言えるであろう。

3　むすびに代えて

　本稿で素描したEC環境法と構成国国内法との関係についての問題の多くは、実はEC法の全ての領域についてもあてはまるものである。その意味では、本稿で行った作業は、EC法と国内法との関係という一般的なテーマを、主として環境法が問題になった場面に限定して考察したにすぎないと言えなくもない。それでも、単に「経済共同体」にとどまらず、環境法の分野でもより緊密な結びつきを模索するECの姿を垣間見ることはできたのではないかと思う。この分野でもECは、一方で、構成国の事情に配慮してその独自性を尊重しつつも、他方で、主に環境指令を通じてEC環境法の規範を構成国へ適用していこうとする姿勢を明らかに示している。

　もっとも、ECの環境法・環境政策のもたらした実際の成果如何となると、今のところ必ずしも芳しいものではないようである。実に、EC環境法の大きな特徴のひとつは、実はそれが遵守されていないことにあるとさえ言われる。「欧州環境法は、深刻な執行不足によって特徴づけられる」[17]と。われわれは、気候変動枠組条約の実施に向けた京都会議での積極的取組み、あるいは遺伝子組替食品をめぐるアメリカ合衆国との対立などに目をやるとき、ECは「環境先進地域」であるとの印象を抱きがちである。そのこと自体はあながち誤りとも言えないであろうが、そうしたECをもってしても環境保護にいまだ実を上げるに至っていないことは、見方を変えるなら環境問題の克服がいかに困難であるかを端的に示すものともいえよう。しかしながら、「人類共通課題」としての環境問題の認識が広く共有されている現在、様々な分野で先駆的な試みを展開するECの環境政策の行方は、今後いっそう注目されていく必要があると言えるのではなかろうか。

　(1)　参照、岩間徹「環境条約の最近の動向と課題」ジュリスト増刊・環境問題の行方（1999）302頁以下。

(2) 以下、特にことわらない限り、「共同体」ないし「EC」という語は、広義のECを構成する3つの共同体のうち、欧州石炭鉄鋼共同体および欧州原子力共同体を除いた「狭義の欧州共同体」の意味で用いることとする。

(3) ここに「EC環境法」を厳密に定義すれば、EC(広義)の一次法である3つの共同体条約(EC条約、欧州石炭鉄鋼共同体条約、および欧州原子力共同体条約)とその追加議定書(およびそれらの欠缺を埋める一般的法原則)に加え、二次法である規則・指令・決定・勧告・意見等(EC条約249条参照)のうち、「環境」に関連する法規範の総体を意味するものということになるが、そのなかでも本稿では特に、EC条約の規定を主たる考察の対象とする。

(4) EC環境法については、最近の動きまでカバーしたものとして、参照、阿部泰隆=淡路剛久編・環境法[第2版](1998、有斐閣)80頁以下(柳憲一郎執筆)、奥真美「EC環境法政策の動向」ジュリスト増刊・環境問題の行方(1999)338頁以下。

(5) 周知のように、「欧州経済共同体」は、マーストリヒト条約により「欧州共同体」と名称変更され、それに伴い「EEC条約」も「EC条約」に改められ、かかるEC条約はさらにアムステルダム条約によって大幅に改正された。本稿では、この改正前のものをEEC時代のものも含めて「旧EC条約」ないし「旧条約」と記し、現行のEC条約と区別することとする。

(6) 単一欧州議定書発効以前においても、ECは、域内市場に向けての構成国間における法の調整について定めた条約100条(旧94条)に基づいて、単一の環境基準による競争条件の不平等を是正したり(例えば、後述3(2)参照)、場合によっては共同体の必要な行動に向けて適当な措置をとることを理事会に認めた一般条項たる条約308条(旧235条)に基づき、生活条件や雇用条件の向上に取り組む中で、数々の環境法を制定し、環境政策を展開してきた。

(7) EC条約第6条「環境保護の要請は、とりわけ持続的発展を促進するために、第3条に挙げられた共同体の政策と行動を画定し遂行するにあたって組み込まれなければならない。」

(8) その内容に関して、参照、奥・前掲注(4)340頁以下。

(9) RL 85/337/EWG des Rates v. 27. 6. 1985, AB1EG 1985 L 175, S. 40.

(10) RL 90/313/EWG des Rates v. 7. 6. 1990, AB1EG 1990 L 158, S. 56.

(11) RL 91/271/EWG des Rates v. 21. 5. 1991, AB1EG 1991 L 377, S. 20.

(12) VO (EGW) Nr. 1836/93 des Rates v. 29. 6. 1993, AB1EG 1993 L 168, S. 1.

(13) RL 96/61/EG des Rates v. 24. 9. 1996, AB1EG 1996 L 257, S. 26.

II 環境と憲法

(14) 本節でとりあげる諸問題に関しては、なお参照、*R. Schmidt*, Einführung in das Umweltrecht, 5. Aufl. (1999) §8.

(15) 欧州裁判所は、「横の第三者効力」は認めていないといわれる。vgl. *EuGH*, Rs. C-91/92. なお参照、*H.D. Jarass*, Grundfragen der innerstaatlichen Bedeutung des EG-Rechts (1994); *C. Langenfeld*, Zur Direktwirkung von EG-Richtlinien, DÖV 1992, S. 955.

(16) 訴えの適法性に関してはなお、いまだ国内法化されていない指令を単に「適用しなかった」ことをもって、条約169条（現226条）にいう構成国の義務不履行といえるか否かも、本件では問題になったが、ここで直接は扱わないこととする。

(17) *R. Schmidt*, (o. Fußn.14), S. 255.

21 EC環境情報指令とドイツ環境情報法

鈴 木 秀 美

　はじめに
1　ドイツ情報公開法制と環境情報法
2　ドイツ環境情報法
3　欧州裁判所の1999年判決
　おわりに

は じ め に

　欧州共同体（以下では、「EC」と略記）[1]は、1990年6月7日、環境政策への市民参加を促進し、それによって環境保護の実効性を高めることを目指し、EC構成国に環境情報開示請求権の導入を義務づける環境情報指令（Umweltinformationsrichtlinie）[2]を採択した。ドイツは、この指令を国内法に置き換えるため、1994年7月8日、環境情報法（Umweltinformationsgesetz）[3]を制定した。これにより、それまで一般的な情報公開法制をもっていなかったドイツにも、環境情報に限定されているとはいえ、はじめて情報公開制度[4]が誕生した。ただし、ドイツ環境情報法は、成立の段階から、環境情報指令の国内法への置換が十分に行われていないという批判[5]を受けていた。欧州委員会も、ドイツに対する条約義務不履行訴訟の提起に踏み切り、1999年9月9日に下された欧州裁判所判決[6]は、ドイツ環境情報法の一部規定について指令違反を確認した。

　本稿では、ドイツにおける広義の情報公開法制を概観したのち、環境情報法によって確立された環境情報公開制度の概要と問題点を明らかにしたうえで、前述の欧州裁判所判決を分析することにより、環境政策の手法としてECが採用した環境情報公開制度がドイツにおいてどのように定着しようとしているかを明らかにしてみたい。

II 環境と憲法

1 ドイツ情報公開法制と環境情報法

(1) 広義の情報公開法制

ドイツでは、伝統的に、わずかの例外を除き、行政庁の保有する文書は市民に非公開とされてきた[7]。この伝統は、連邦レベルにおいては、環境情報を除き、今日もなお維持されている[8]。市民に対する行政情報の開示は、行政庁の裁量に委ねられており、市民は行政庁に対する一般的な情報開示請求権をもたない。ただし、一定の条件のもとで、市民に行政情報の入手を可能にしている制度があるため、実際にはこれらの制度を通じてかなりの程度の行政情報が市民に公開されている[9]。たとえば、行政手続法29条は、同法13条の意味における行政手続の関与人に、自己の法的利益を主張し、または防禦するために必要な範囲内で文書閲覧権を認めている[10]。環境汚染防止法、原子力法、水路法および遺伝子技術法などの許可手続においては、異議申立てのために何人にも文書閲覧が認められている。また、さまざまな計画確定手続にも同様の規定がある。この他、連邦と州のデータ保護法に基づき自己情報の開示制度が存在する[11]。さらに、連邦議会に設置された請願委員会が行政苦情を処理するオンブズマン的機能を果たしており、連邦議会規則112条3項によって請願者には請願処理の結果が理由とともに通知されるため、請願制度を通じて行政情報が市民に公開されている[12]。このため、ドイツが情報公開法制をもたない理由として、一般的に、既存の制度の枠内で相当程度の行政情報が市民に公開されており、情報公開法の必要性が意識されていないことがあげられる[13]。この他に、ワイマール期の経験から直接民主制を原則として廃止したドイツにとって、直接民主制と親近性をもつ情報公開制の採用には抵抗があること、だれにでも行政庁の保有する文書を閲覧する権利があるという考え方は、個人の権利救済に主眼をおくドイツ行政法にはなじまないこと、情報公開を通じて行政に参加し、また行政を監視するという考え方は学説レベルでは紹介されていても、一般にはまだあまり知られていないことなども情報公開法の導入がドイツで議論されない理由であるとみなされてきた[14]。

(2) 知る権利と情報公開法制

日本の憲法学では、知る権利に請求権的性格を認めたうえで、それが「具体的権利となるためには、請求権者の資格、公開される情報の範囲、公開の手続・要件、救済方法などを定める法律（情報公開法）の根拠を必要とする」と解する抽象的権利説[15]が通説的位置を占めている[16]。他方、ドイツでは、基本法（憲法）5条1項によって保障されている知る権利（情報の自由）は、「国家からの自由」として理解されており、請求権としての性格は認められていない[17]。基本法5条1項1文によれば、「各人は、言語、文書、図画によって自己の意見を自由に表明し流布する権利、および一般に近づくことのできる情報源から妨げられることなく知る権利（Recht, sich aus allgemein zugänglichen Quellen ungehindert zu unterrichten）を有する」。学説・判例は、この規定によって情報の自由（Informationsfreiheit）が保障されていると理解する。情報の自由が保障する自由な情報の受領・収集は、意見表明の前提としての意見形成にとって不可欠である。同時に、表明された意見の自由な受領を保障することによって、意見表明の自由の実効性が確保される。情報の自由は、ナチスの時代におこなわれた国家による世論操作や外国ラジオ放送の聴取禁止などの経験にてらして、基本法に明文で規定されるに至った。情報の自由は、情報の受領・収集を公権力によって妨げられないという意味で、国家からの自由を保障するものであり、国家に対する一般的な情報開示請求権を根拠づけるものではないと解されている。また、情報の受領・収集の対象も、「一般に近づくことのできる情報源」、具体的にはマス・メディアなど不特定多数にむけて情報を伝達・公開するためのものに限定されている。行政文書は、通説・判例によれば、「一般に近づくことのできる情報源」にはあたらないと解されている[18]。

このような基本法5条1項の解釈は、一般市民の意見形成の基礎となる情報が、主として情報入手・加工・伝達のプロであるマス・メディアを媒介として一般市民に伝達され、それによって公的意見と個人の意見が形成されるというコミュニケーションの形態を前提としている[19]。連邦憲法裁判所は、1966年のシュピーゲル判決[20]において、プレス（印刷メディア）は代表民主制において国民と選挙によって選出される国民代表との間を継続的に結びつけている機関であると同時に、

Ⅱ 環境と憲法

国民代表を監視する機関であるとみなした。また、同裁判所は、いわゆる第3次放送判決[21]以来、放送が意見形成のメディアであると同時に、そのファクターであることを前提として、放送の自由を、自由な意見形成に奉仕する自由(dienende Freiheit)と解している。このように、意見形成の過程においてマス・メディアの果たす役割を重視する考え方は、各州のプレス法にもみうけられる。各州のプレス法は、行政庁にマス・メディアに対する情報提供を義務づける規定を設けており、この規定に基づいてマス・メディアには行政庁に対する情報開示請求権(Informationsanspruch)[22]という特権が認められている。

ドイツの情報法制においては、基本法が、情報の自由の対象を、マス・メディアに代表される一般に近づくことのできる情報源に限定し、そのマス・メディアに、プレス法によって行政庁に対する情報開示請求権を認めるという仕組みが採用されている。基本法が保障する情報の自由の理解[23]や、プレス法にマス・メディアの情報開示請求権が規定されていることなどからも、一般市民が情報公開制度を通じて行政情報にアクセスし、それによって行政を監視するという考え方がドイツにとってなじみの薄いものであったということが明らかになる。

2 ドイツ環境情報法

(1) EC環境情報指令とその国内法への置換

チェルノブイリの原発事故の際に情報の欠如が問題になったことや、とくにイギリスで行政の透明性をめぐる議論が活発になったことなどを背景として、1987年、ECは、環境保護のための第4次行動計画において、構成国の行政庁において環境情報への一般的なアクセスを可能にすることを提案した[24]。これが契機となって、1990年6月7日にEC理事会で環境情報指令が採択された[25]。情報公開の対象が環境情報に限定されたのは、環境保護の分野において情報の欠如がとくに顕著であり、またEC構成国にはドイツのように情報公開制度をもたない国も含まれており、一般的な情報公開法を導入するための政治的前提条件が整っていなかったためである。

EC立法のひとつの法形式である「指令」(Directive)[26]は、「達成されるべき結果」

のみについてひとつまたは複数の構成国を拘束し、その結果を達成するための形式・方法の選択を構成国に委ねる。指令の発令によって、構成国には定められた期限内に指令を国内法に置換する義務が生じる。指令は、EC構成国の法制度の間に違いがあることを前提として、これを相互に調整するために用いられる。指令は、「規則」(Regulation)とは異なり、直接的効力をもたないが、構成国が期限内に指令を国内法に置換しなかった場合、または指令の国内法への置換が十分に行われなかった場合、理事会または委員会は、現行EC条約226条(旧EC条約169条)に基づいて、EC条約上の義務不履行を理由として当該構成国を欧州裁判所に提訴することができる。また、置換の期限が守られなかった場合や、国内法への置換が不十分であった場合には、その構成国における指令の直接適用の問題[27]が生じる。学説には異論があるものの、欧州裁判所の判例は、このような場合について、一定の条件のもとで指令の直接適用を認めている[28]。ドイツ連邦憲法裁判所も、欧州裁判所の判例実務を確認している[29]。

　ECで環境情報指令が採択されたことにより、ドイツ[30]は、1992年12月31日という期限付きで環境情報指令の国内法への置換を義務づけられたが、国内における行政側の抵抗が強く、期限内に義務を履行することができなかった。そこで連邦環境大臣は、指令の国内法への置換義務不履行を理由とする欧州委員会の欧州裁判所への提訴を回避するために、1992年12月23日付けの各州環境省に対する通達によって、環境情報指令の直接適用を認めるという異例の措置をとった[31]。

　ドイツ連邦政府は、1993年10月20日の閣議決定に基づき、11月5日、連邦環境省の担当官がまとめた最終草案を基礎とする環境情報法政府草案を連邦参議院に提出した。連邦政府は、12月17日に表明された連邦参議院の見解に政府の見解を添付して、1994年3月22日に政府草案を連邦議会に送付した[32]。連邦議会は、政府草案の他、この間に提案されていた同盟90・緑の党の法案[33]についても審議したが、最終的には政府草案を一部修正のうえ採用した。環境情報法は、1994年7月8日に認証され、7月16日に発効した。これにより、ドイツ情報公開法制においてはじめて、対象が環境情報に限定されているものの、請求者の個人的利害関係とかかわりなく一般的に開示請求権を認める情報開示請求制度が誕生した。

II 環境と憲法

(2) 環境情報法の内容

(1) 概　要

　環境情報法は全11条からなる。この法律は、「行政庁が保有する環境に関する情報 (Information über Umwelt) の自由な利用 (Zugang)、および当該情報の普及 (Verbreitung) を保障し、ならびにこうした情報の利用を可能にするための基本的な条件を確定することを目的とする」（1条）。この法律に基づいて、何人（請求権者）も、行政庁の保有する環境に関する情報（環境情報）の自由な利用（文書の閲覧等）を、当該情報が存在している行政庁など（対象機関）に対し、権利（環境情報請求権）として要求することができる。

　ただし、環境情報法には、請求権の対象機関が「環境保護の任務を果たさなければならない行政庁」に限定されており、環境情報の利用方法について申立人に選択権がなく、利用方法は行政庁によって決定され、進行中の行政手続に関連するデータは不開示とされ、不開示事項についての規定が明確でなく、手数料が高いなどの問題があった。これらの問題のいくつかについては、ドイツ国内の裁判所または欧州裁判所の判例[34]が、環境情報に好意的 (umweltinformationfreundlich) な環境情報法の解釈・運用を求めたり、指令違反を確認したりしている。

(2) 請求権者

　環境情報の自由な利用は、請求権として「何人」にも保障される（4条）。従って、国籍もしくはEU市民権の有無、または利害関係の有無を問わず、あらゆる自然人と私法上の法人は、この法律に基づいて環境情報の自由な利用を権利として要求することができる。

(3) 環境情報

　利用の対象となる「環境に関する情報」とは、① 水域、大気、土壌、動植物界、および自然の生活圏の状態についてのデータ、② これらの状態を悪化させる、もしくはその可能性のある、たとえば騒音のような、障害の原因となる活動を含む活動、もしくは措置についてのデータ、または、③ 環境保護のための行政

技術的な措置および行動計画を含めて、①に掲げた環境分野を保護するための活動または措置についてのデータをいう（3条2項）。

環境情報は、「文書、図画またはその他の情報媒体（Informationsträger）」の中に存在していなければならない。「情報媒体」という概念は、1991年の「旧ドイツ民主共和国（東ドイツ）の国家公安局の書類に関する法律」[35]の6条1項1号にならったものである。それによると情報媒体とは、その形態とは無関係に、情報が記録されたあらゆる媒体を意味する。コンピュータを用いる電子的情報媒体もこれに含まれる。

(4) 対象機関と実施機関

請求権の対象機関は、まず、「3条1項に定められた、連邦、州、市町村および市町村連合の行政庁、ならびにその他の公法上の法人の行政庁」（2条1号）である。この法律における「行政庁」（Behörde）とは、「環境保護の任務を果たさなければならない、行政手続法4条1項の意味におけるあらゆる官公署」である（3条1項1文）。ただし、法の定立または法規命令の発令に際して活動する範囲内における最上級の連邦官庁および最上級の州官庁、何人にも適用される法規定によってのみ環境に関係する事項を顧慮しなければならない行政庁、ならびに裁判所、刑事訴追庁および懲戒庁は、この法律における行政庁から除外されている。

ここでは、「環境保護の任務を果たさなければならない」の意味がとくに問題となる。政府草案理由書[36]によれば、「環境保護の任務を果たさなければならない行政庁とは、環境保護を主要任務とするすべての行政庁である」とされ、「水法、廃棄物法、自然保護法、土壌保全法、環境汚染防止法、化学製品法、原子力法を執行しなければならない行政庁」が例として示されている。これに対して学説には、対象機関が限定されていることへの批判がある[37]。道路建設官庁、連邦水路の計画、建設、維持などを任務とする官庁のほか、国土計画および建設基準計画を策定する官庁のように、主要任務は環境保護以外の領域にあるものの、二次的に重要な環境保護の任務を果たさなければならない行政庁も、対象機関にあたると理解すべきであるというのである。また、欧州委員会は、環境情報法が「裁判所、

II　環境と憲法

刑事訴追庁および懲戒庁」を一般的に対象機関から除外していることを指令違反とみなし、条約義務不履行訴訟の対象の１つとした。ただし、1999年の欧州裁判所判決は、この争点については欧州委員会の主張を退けた[38]。

なお、請求権の対象には行政庁だけでなく、「環境保護の分野において公法上の任務を果たし、行政庁の監督に服している自然人または私法上の法人」も含まれる（２条２号）。EC構成国では、環境保護の分野における公法上の任務が、私法の行為形態によって果たされる機会が増えている。そこで、環境情報指令の目的を実効的に達成するため、環境情報法の適用範囲は自然人および私法上の法人にまで拡大されている。

実施機関については９条において、この法律の実施は申立てのあった情報が存在している行政庁の権限であると規定されている。環境情報開示請求権の対象が自然人および私法上の法人の場合には、これを監督する行政庁が法律を実施する。

(5)　請求権の内容

環境情報法に基づく請求権は、「環境情報の自由な利用」をその内容とする（４条１項１文)[39]。環境情報の利用方法について、「行政庁は、申立てに基づいて情報を付与し、文書を閲覧させ、または情報媒体をその他の方法により利用させることができる」（４条１項２文）。「情報の付与」（Auskunftserteilung)には、文書だけでなく、口頭や電話による案内・説明なども含まれる。なお、日本において行政庁の行う「情報の提供」は、広報誌の発行や資料室の設置など「行政機関が法的に義務づけられることなく、任意に、住民に対して情報を提供する様々な形態をさす」[40]が、環境情報法における情報の付与の場合には、行政庁が情報請求権に対応する義務を負うことになる。「文書閲覧」（Akteneinsicht）とは、文書を調査し、メモおよびコピーをとる機会を申立人に与えることをいう。日本では、政治資金規制法の閲覧規定について政治家の収支報告書のコピーをとることを認めないという解釈[41]があるが、ドイツ環境情報法においては、行政手続法の「文書閲覧」と同様に、文書閲覧にはコピーをとることも含まれると解釈されている[42]。

環境情報法４条１項２文の規定をそのまま解釈すれば、環境情報の利用が認め

られるとしても、利用方法の決定は行政庁の裁量に委ねられており、申立人の側に選択権はない。学説の多くは、これに対して批判的である[43]。行政庁が情報の付与を選択する場合には、行政庁による編集・加工によって、情報の改竄、短縮、恣意的選択などが行われる危険がある。市民が直接に文書を閲覧できる場合に限り、このような危険は回避されるため、情報利用の方法については、文書閲覧を原則とすべきであるというのである。

この規定については、1996年12月6日の連邦行政裁判所判決[44]が、環境情報指令を手がかりに行政庁による裁量の範囲を限定する解釈を採用した。申立人がどのような方法によって環境情報を利用するかについては、原則として行政庁が判断を下す。ただし、利用方法についての申立人の希望には、それが濫用にあたらない限り、特別な意義が認められる。希望の方法を拒否する場合、行政庁は、その理由を説明する義務があるほか、別の方法を選択することによって申立人の情報開示請求権を縮減してはならないというのである。この判旨は、同裁判所の1999年3月25日の判決[45]によっても確認されている。

(6) 申立ての手続

環境情報利用の申立ては、十分に特定されており、とくに申立てが3条2項の意味におけるいずれの情報に向けられているかが明確にされなければならない（5条1項）。申立てに対しては、2カ月以内に決定が下されなければならない（5条2項1文）。なお、情報を付与するか、または情報媒体を利用させる場合、行政庁にデータの内容上の正確さを審査する義務はない（5条2項2文）。申立ての迅速な処理のため、50名を超える者による同一形式の申立てについての手続が6条に規定されている。

環境情報法は、申立ての手続にとって必要な事項のみを規律し、その他の事項については連邦と州の行政手続法によってこれを補充するという方法を採用した[46]。しかし、行政手続法の規定すべてが環境情報法に基づく申立てに適用できるわけではない。このため、環境情報法の手続に関する規定についても、境情報指令の目的を十分に達成していないという指摘がある。なお、申立ての様式につ

Ⅱ　環境と憲法

いて環境情報法に明文の規定はないため、環境情報の利用を求める申立ては、書面だけでなく、口頭や電話などによっても認められる。

(7)　請求権の排除および制限

環境情報請求権の実効性は適用除外項目に左右される。このため、立法過程において適用除外の範囲をめぐって激しい議論が展開された。環境情報法では、環境情報請求権が排除され、または制限される項目について7条と8条が規定している。

ａ）「公的利益の保護」のための請求権の排除および制限（7条）

環境情報法7条1項は、「請求権が存在しない場合」として、情報の開示が、①国際関係、国防、または行政庁の審議の秘密に触れる場合、②公共の安全にとって著しい危険を招く可能性がある場合、③裁判手続もしくは刑法上の捜査手続が進行している期間中、または手続に基づいて行政庁が入手したデータに関しては行政庁の手続が進行している期間中、④情報の開示によって3条2項1号に規定された環境財が、著しくまたは持続的に侵害されることが懸念される場合、⑤3条2項3号に規定された、環境分野の保護のために行政庁が行う措置の成果が脅かされることが懸念される場合をあげている。

また、7条2項は、公的利益の保護のために請求権に制限を設けている。それによると、⑥申立ては、それがまだ完成していない書類、処理が終わっていないデータ、または行政内部の報告に関連している場合には拒否される。⑦濫用であることが明らかな申立ては拒否されなければならない。⑧行政庁は、私人である第三者が法的な義務がないにもかかわらず提供した環境情報の利用を、当該第三者の同意なしに決定してはならない。

これら8つの項目については多くの問題が指摘されている[47]が、なかでも③のうち、行政庁の手続が進行している期間中の行政手続に関連するデータについて請求権が存在しないという問題が最大の争点となっている。環境情報指令3条2項1文は、裁判手続、捜査手続とともに、事前手続(Vorverfahren)の対象となる情報を適用除外とした。政府草案は、この「事前手続」という概念を「行政庁の

手続」として具体化した。これに対して学説の多くは、行政庁の手続に関連する環境情報を適用除外とすることは、環境情報指令の目的に適合しないと批判してきた[48]。欧州委員会も、この規定を条約義務不履行訴訟の対象とし、この争点については、前述の欧州裁判所の判決によってドイツの条約義務不履行が確認された[49]。

　b）「私的利益の保護」のための請求権の排除および制限（8条）

　8条1項は、請求権が排除される項目として、個人データの保護、知的所有権（とくに著作権）の保護、ならびに技術上の秘密（Betriebsgeheimnis）および営業上の秘密（Geschäftsgeheimnis）をあげる。生産方法や研究計画などは技術上の秘密に、生産高、市場戦略、顧客リストなどは営業上の秘密にあたる。私的利益を保護するために設けられた制限としては、8条1項によって保護された情報の開示について決定を下す前の「当事者の聴聞」がある（8条2項1文）。

　これらの項目のうち、個人データの保護に関連して請求権を排除する規定が明確でないと批判されている[50]。この規定によれば、情報の開示によって個人に関するデータが明らかになり、それにより当該個人の保護に値する利益が侵害されるおそれがある場合、請求権は存在しない。ところが、そこには個人データ保護の要請と環境情報の利用の要請が対立した場合、どちらを優先させるかについての基準が設けられておらず、問題の解決は行政庁による個別事例ごとの衡量に委ねられている。しかし、個人データを含む環境情報の公開は、人格の自由な発展を保障する基本法2条1項に基づく自己情報決定権の制限となる[51]。学説の一部は、8条1項の規定には、基本権を制限する法律に要求される明確性が欠けており、従って違憲の疑いがあると指摘している。同様の指摘は、技術上の秘密および営業上の秘密を理由に請求権を排除する規定についてもみうけられる。不開示事項について行政庁に具体的基準を与えるためにも、どのような場合に環境情報請求権を優先すべきかについて、衡量の手がかりとなる例示規定を法改正によって付け加えるべきであるという指摘もある[52]。

Ⅱ　環境と憲法

(7)　手　数　料

　環境情報法に基づく職務行為について、手数料および経費の徴収を認める10条は、立法過程において政治的にも、法的にも最も激しく議論された規定である[53]。環境情報法では、手数料によって当該職務行為のために見込まれる費用が支弁される。環境情報指令は、情報の付与についての手数料(例えば、コピー代金)の徴収については規定しているものの、環境情報の利用について決定を下すために要した経費(人件費や消耗品費など)、とりわけ利用を拒否する場合の経費について手数料の徴収を認めてはいない。環境情報の利用にとって障害となるような手数料の徴収は、環境情報指令の目的にも適合しない[54]。欧州委員会は、前述の条約義務違反訴訟において、人件費などを含むことによって高額な手数料が徴収されるだけでなく、利用を拒否する場合にも手数料の徴収が可能になる環境情報法の手数料規定を環境情報指令違反であると主張し、欧州裁判所の判決もこの主張の一部を認めた[55]。

(8)　救　済　制　度

　環境情報法には、情報の利用が拒否された場合の権利救済に関する明文規定が設けられていない。このため、利用拒否についての裁判は、行政訴訟法による一般的な法律上の救済制度に依拠することになる。

　ここで問題となるのは、利用拒否が裁判所で争われる場合、裁判所が問題の拒否決定をどのように審査するかということである。例えば、アメリカには、インカメラ審理、すなわち「非公開決定の当否を判断するために、裁判所が行政機関の記録の内容を非公開で審理できる」[56]制度がある。これにより、アメリカの裁判官は、非公開とされた記録を裁判官室で直接に検討したうえで判決を下すことができる。

　ドイツでは、行政庁は、行政訴訟法99条1項1文によって、裁判所に対して文書提出および情報提供を義務づけられている。ただし、同条1項2文に例外規定があり、問題となっている書類が法律によって(例えば、防衛、国際関係、憲法擁護との関係で)秘密保持の対象とされている場合には、権限のある最上級監督官庁は

裁判所に対する文書提出および情報提供を拒否することができる。この場合、原告からの申立てにより、裁判所は、問題の文書を直接に検討することなく、拒否のための法的要件が満たされていることを行政庁が十分に疎明したか否かを判断する。従来の判例によれば、行政庁に義務づけられた疎明に関する要求は厳しいものではないため、行政庁が秘密保持の必要性を根拠に裁判所への文書提出を拒否した場合、裁判所はこれを認める可能性が高い。それゆえ、環境情報の利用が拒否された場合について、裁判所によるより実効的な審査を可能にするためには、新しい制度の導入が必要となる。環境情報法の立法過程では、アメリカのインカメラ審理も含めていくつかの可能性が検討されたが、最終的には何の対策も講じられなかった。学説には、行政訴訟法99条についての従来の判例は、環境情報指令の目的達成にとって十分とはいえないため、秘密保持のための文書提出拒否について行政庁による理由付け義務と説明責任をより厳しくすべきであるという指摘もある[57]。

3　欧州裁判所の1999年判決

(1)　事実の概要

　1994年に成立したドイツ環境情報法には、前述したいくつかの点で環境情報指令の要請を満たしていないという問題があったため、欧州委員会は、旧EC条約169条に基づき、条約義務不履行訴訟のための手続に着手した。欧州委員会は、まず、1995年3月14日付の督促状によって、ドイツに対し、ドイツによる情報環境指令の国内法への置換が、共同体法上の義務を十分に履行したか否かについて意見の提出を求めた。ドイツ政府は、義務を履行していると反論した。そこで欧州委員会は、1996年9月26日、この問題について理由を付した意見を発表し、2ヶ月以内に欧州委員会の意見に従うことをドイツ政府に要求した。しかし、ドイツ政府がこの要求を拒んだため、欧州委員会は、1997年に欧州裁判所に提訴した。

　欧州委員会が問題にしたのは、①環境情報法3条1項3号において「行政庁」の概念から「裁判所、刑事訴追庁および懲戒庁」が除外されていること、②環境情報法に部分開示についての規定が設けられていないこと、③環境情報法7条1

II 環境と憲法

項2号において行政庁の手続が進行している期間中の情報開示請求権が排除されていること、④ 環境情報法10条による手数料についての規律が、ア）行政庁の労働時間などを考慮に入れていることと、イ）情報開示が拒否される場合の手数料徴収を認めるていることである。

1999年9月9日に下された判決において、欧州裁判所判決[58]は、前述した4つの争点のうち、争点②、③および④イ）について、ドイツ環境情報法が環境情報指令に違反していることを確認したが、争点①と④ア）については、欧州委員会による条約義務不履行の主張が立証されていないとして欧州委員会の主張を退けた。以下では、指令違反とされた3つの争点について、欧州裁判所が示した判断を検討する。

(2) 環境情報の部分開示

環境情報指令3条2項は、第1文で環境情報の不開示事由を列挙したうえで、第2文において、行政庁が保有する情報は、不開示事由に該当する情報を区分して除くことが可能である限り、当該部分を除いた部分が抜粋して（auszugsweise）提供されると規定する。欧州委員会は、環境情報法において当該規定の国内法への置換が行われていないと主張した（前出・争点②）。欧州委員会によれば、法的安定性の要請を満たすためには、当該規定に対応する明確な規定が必要である。これに対し、ドイツ政府は、環境情報法4条、7条および8条ならびに行政実務および連邦行政裁判所の判例によって、情報が抜粋して提供される可能性は十分に確保されており、明文規定は不要であると反論した。

この争点についての欧州裁判所の判断は以下の通りである。欧州裁判所の判例によれば、「指令の置換は、かならずしも指令の規定を明文の、特別な法規定に形式的・逐語的に引き継ぐ必要はない。もしも、それが実際に指令の完全な適用を十分明確に（klar und bestimmt）保障している場合には、一般的な法的コンテクストによって、置換は果たされうる。ただし、判例によれば、法的状況が十分明確であり、誰もがその権利を知り、この権利を場合によっては裁判所において主張することができるという状態に受益者が置かれていることが必要である」。

法務官が指摘する通り、「ドイツでは、環境情報を抜粋して提供する義務が、法的安定性が保障され、かつ情報について申立てをしようとする者が、自己の権利を知ることができるほど明確には保障されていない」。連邦政府は、手数料一覧の3.3．に「公的利益または私的利益の擁護のために、多くの事例においてデータが選び出されなければならない場合にはとくに」、2000マルクから1万マルクの手数料を徴収すると定められていることにより、環境情報を抜粋して提供する義務が置換されていると反論した。欧州委員会が、この反論に対する告訴をしていないため、欧州裁判所はこの点について判断を下す必要はないが、かりに手数料一覧の3.3．の定めが置換にあたる場合にも、これは環境情報指令3条2項2文による義務づけの一義的な置換には適していない。連邦の行政庁のみに妥当する手数料一覧に、情報の抜粋した提供について言及する定めが含まれていたとしても、それは、「情報開示を申し立てる者を、誰もがその権利を知り、この権利を場合によっては裁判所において主張することができる状態におくための適切な手段にはならない」。

(3) 行政庁の手続が進行している期間中の情報

欧州委員会は、環境情報法7条1項2号によって行政庁の手続が進行している期間中の手続に関連する情報について請求権が排除されていることが、環境情報指令3条2項1文に列挙された不開示事由に含まれる「事前手続」と比べて広範であると主張した（前出・争点③）。連邦政府は、「事前手続」とは、ドイツでは裁判手続に先行し、その結果が行政裁判所における裁判手続において事後審査されうるすべての行政手続を包括するものであると反論した。

欧州裁判所は、1999年の判決以前に、メクレンブルク対ピネベルク事件についての1998年6月17日の判決[59]によって、この争点についての判断を示すことになった。この判決は、ドイツのシュレースヴィヒ・ホルシュタイン上級行政裁判所の移送決定に基づいて下されたものである。この事件では、1993年、メクレンブルク氏がピネベルク郡に対して、「西周辺地域」の建設についての景観保護行政庁の意見をコピーで入手したいと申し立てたところ、当該意見は評価を含むもの

II 環境と憲法

であるため環境情報に該当しないし、当該意見は進行中の計画確定手続に関連するものであるとの理由によって、情報開示を拒否された。メクレンブルク氏の情報開示請求は、計画確定庁が、周辺地域建設にあたり、景観保護と自然保護を適切に考慮に入れたか否かを確認することを目的としていた。情報開示を求めるメクレンブルク氏の訴えに対して、1995年6月30日の第1審判決は、当該情報は環境行政法7条1項1号の「審議の秘密」にあたるとしたが、上級行政裁判所は、移送決定によって、欧州裁判所に環境情報指令における「環境に関する情報」および「事前手続」の意味についての先決裁定を求めた。

欧州裁判所の1998年の判決は、このうち環境情報指令3条2項第3ダッシュの「事前手続」の意味について、次のように判示した[60]。情報開示請求権の排除を認める当該規定は、「もっぱら裁判的性格もしくは準裁判的性格をもつ手続、またはいずれにせよ行政法上もしくは刑法上重要な違反が確認された場合には必ず制裁を科すことになる手続に妥当する。それゆえ、この関係において『事前手続』とは、直接、裁判上の手続または刑法上の捜査手続きに先行する手続の部分であると理解されなければならない」。この解釈は、指令の成立史によっても確認可能であるほか、EC構成国で用いられている言語の比較を通じても正当化される。「事前手続」は、裁判所への提訴によって争うことの可能なすべての行政行為をさすものではない。したがって、環境情報指令の「事前手続」の概念は、次のように解釈されなければならない。すなわち、事前手続にあたるのは、環境情報法7条1項2号の意味における行政手続のうち、「本来の手続が開始される前に、証拠を得るためまたは刑法上の捜査手続のため、それが、直接、裁判上または準裁判上の手続に先行し、実施される場合に限られる」。

1998年の判決が、以上のような判断を下していたため、条約義務不履行訴訟についての1999年の判決は、1998年判決の判示を確認したにすぎない。

(4) 手 数 料

欧州委員会は、環境情報法の規定が、環境情報指令5条の手数料についての規律にも適合しないと主張した。なぜなら、環境情報法は、情報が提供された場合

の手数料を適切な額に限定していないだけでなく、情報開示が拒否された場合にまで手数料の徴収を許しているからである。このうち、欧州裁判所によって指令の要請に適合していないと判断されたのは、主張の後半部分（前出争点④のイ）である[61]。

　欧州委員会によれば、環境情報指令5条は、情報へのアクセスの申立てが拒否された場合の手数料の徴収を許していない。拒否の場合には、環境情報指令の意味における「情報の提供」がなされていないからである。また、環境情報手数料規則に定められた拒否の場合の手数料徴収は、情報開示請求権の制限が、環境情報指令によって確定された基準によってのみ、かつそこに明文で列挙された事由に限って許されるというこの指令の基本構想に反する。これに対し、連邦政府は、指令を発令する根拠となっているEC条約130s条（現行EC条約175条）が、行政手数料の基準を定める権限を理事会に与えていないため、環境情報指令5条が、拒否の場合の手数料徴収を禁止していないと解釈することは可能であり、また「情報の提供」という概念から、拒否の場合の手数料徴収禁止は帰結されないなどと反論した。

　欧州裁判所によれば、環境情報指令5条が、構成国に手数料徴収の権限を与えているのは、情報の「提供」についてであって、情報開示の申立てに対応する職務行為の実施についてではない。また、「環境情報への自由なアクセスを保障し、この自由なアクセスのあらゆる制限を防ぐという指令の目的は、各人の情報を求める申立てを妨げるような解釈と矛盾する。情報開示の申立てが拒否される場合にも徴収される手数料は、適切であるとはみなされえない。なぜなら、そのような場合には、実際に、指令5条の意味における情報の提供はなされないからである」。

(5) 本判決の影響

　欧州裁判所の1999年判決によって、ドイツ環境情報法が、環境情報の部分開示（前出・争点②）については環境情報指令の置換を行っていなかったことが、行政庁の手続きが進行している期間中の情報（前出・争点③）および手数料（前出・争点④

のイ）については置換が不十分であったことが確認された。

　EC条約228条(旧171条)によれば、欧州裁判所が構成国の条約義務不履行を確認した場合、当該国は、判決に従うのに必要な措置をとらなければならない。このため、連邦環境省は、環境情報法改正作業に着手し2000年6月に改正案を公表した[62]。それによると、情報入手の方法が申立人によって決定されること（4条1項3文における行政庁の裁量の制限）、情報開示請求権の排除または制限が認められる理由が存在する場合にも、それ以外の情報は、区別することが可能な限り提供されること（4条2項）、2ヶ月の期間内に情報開示請求が認められるか、拒否されること（5条2項1文）が明文化される。また、事前手続に関する情報についての排除理由が、懲戒手続および秩序違反法上の手続に限定され（7条1項2文）、手数料の徴収は申立人に実際に情報が提供された場合に限定され、手数料の額も情報開示請求権の効果的行使が可能な範囲に限定される（10条1項）。これにあわせて手数料徴収規則も一部改正される。

　この度の改正では、環境情報法についての欧州裁判所の1998年判決と1999年判決のほか、連邦行政裁判所が1996年12月6日、1999年3月25日、同年10月28日[63]に下した環境情報に好意的な判決も顧慮されている。欧州裁判所と連邦行政裁判所の判例は、行政文書について市民に対する非公開を伝統としてきたドイツにEC環境情報指令の公開性の要請を根付かせるうえで重要な役割を果たしており、学説からも多くの支持を集めている。

おわりに

　環境情報法の制定が重要な契機となり、1990年代、ドイツでも環境情報にとどまらない、一般的な情報公開制度をめぐる議論が活発になった。

　州のなかには、ブランデンブルク州のように、一般的な情報公開法を制定する州もあらわれた。旧東ドイツ地域に誕生したブランデンブルク州は、1992年に制定された州憲法において公文書を閲覧する権利（21条4項）を保障した。1998年には、「文書閲覧および情報アクセス法」[64]の制定によって、同州は、ドイツにおいてはじめて一般的な情報公開法をもつ州となった。その後、1999年にはベルリ

ン[65]が、2000年にはシュレースヴィヒ・ホルシュタイン[66]が、それぞれ情報自由法を制定した。

連邦レベルでも、1998年の連邦議会選挙によって誕生したドイツ社会民主党と緑の党の連立政権は、同年10月20日の連立協定のなかで、連邦レベルでも情報自由法を制定することにより、市民に行政情報への一般的なアクセス権を保障するという目標を設定している。連邦政府は、2000年夏の間に政府草案をまとめ、連邦の行政庁を対象機関とする情報自由法の早期成立をめざす予定であるという[67]。

学説においても、情報公開を通じて市民が行政に参加し、また行政を監視するという考え方を支持する見解が増えつつある[68]。「環境情報法は、各人の環境情報へのアクセス権を(しかも、正当な利益または法的利益の証明とはかかわりなく)導入することによって、限定的な文書公開という従来の原理との決別を必然的にもたらす」[69]という指摘の通り、環境情報法の制定は、ドイツへ一般的な情報公開制度を導入するための地ならしとしての役割を果たしているとみてよいであろう。

(1) いわゆるマーストリヒト条約により欧州連合(EU)が創設されるとともに、欧州経済共同体(EEC)は、欧州共同体(European Community：EC)と改称された。他方、EU創設以前から、欧州石炭鉄鋼共同体(ECSC)、欧州原子力共同体(EURATOM)、EECの3つの共同体は、欧州共同体(European Communities：EC)と総称されてきた。EU創設後も、共同体立法権を有する環境政策の主体はEC(マーストリヒト条約以前のEEC)である。EUとECについて詳細は、山根裕子『ケースブックEC法』1頁以下(東京大学出版会・1996)参照。

(2) ABl. L 158, S. 56 v. 23. 6. 1990. Vgl. A. Turiaux, Zugangsrechte zu Umweltinformationen nach der EG-Richtlinie 90/313 und dem deutschen Verwaltungsrecht, 1995.

(3) BGBl. 1994 I, S. 1490.解説書として、Fluck/Theuer, Umweltinformationsrecht, 1994; Schomerus/Schrader/Wegener, Umweltinformationsgesetz, 1995; R. Röger, Umweltinformationsgesetz, 1995などがある。このほか、A. Scherzberg, Freedom of information - deutsch gewendet: Das neue Umweltinformationsgesetz, DVBl. 1994, 733 ff.; A. Turiaux, Das neue Umweltinfor-

mationsgesetz, NJW 1994, 2319 ff.; A. Theuer, Der Zugang zu Umweltinformationen aufgrund des Umweltinformationsgesetzes (UIG), NVwZ 1996, 326 ff.などの雑誌論文が公表されている。

　　ドイツ環境情報法については、山田洋「EC環境情報公開指令とドイツ」比較法32号（1995）〔同『ドイツ環境行政法と欧州』31頁以下（信山社・1998）〕、藤原静雄「ドイツ環境情報法(1)〜(7)」自治研究72巻3号、5号、6号、7号、73巻1号、6号、74巻6号（1996〜1998）〔同『情報公開法制』所収、221頁以下（弘文堂・1998）〕、ライナー・ピッチャス（藤原静雄訳）「ドイツにおける環境情報法の成立、その大要及び適用」自治研究74巻11号（1998）32頁以下、円谷峻「EC／EU・ドイツにおける環境情報開示請求権」横浜国際経済法学8巻3号（2000）1頁以下の解説がある。藤原静雄教授による環境情報法の訳は、同・前掲『情報公開法制』249頁以下の逐条解説中ほか、ドイツ憲法判例研究会編『人間・科学技術・環境』437頁以下（信山社・1999）に附録3として所収。

(4)　宇賀克也『情報公開法の逐条解説』1頁以下（有斐閣・1999）によれば、「広義の情報公開のなかには、政府の裁量により行われる情報提供制度、私人の開示請求権の行使を前提とせずに情報公表が義務づけられている情報公表義務制度、開示請求権の行使に応じて行われる情報開示請求制度が含まれる」。情報開示請求制度には、「特別の利害関係を有する者のみに開示請求権を付与する主観的情報開示請求制度と、請求者の個人的利害関係とかかわりなく国民や住民一般に開示請求権が付与されている客観的情報開示請求制度がある」。情報公開法によって情報公開制度を確立することは、客観的情報開示請求制度の創設にその本質がある。

(5)　Vgl. M. Reinhardt, Umweltinformation als subjektives Recht, Die Verwaltung, 1997, 161ff.

(6)　この判決の詳細は、後述3を参照。

(7)　Theuer, 前掲注(3), NVwZ 1996, 326の指摘。

(8)　ドイツ統一にともなう憲法改正論議のなかで、公文書を閲覧する権利の保障を含む憲法改正案も登場したが、実現には至らなかった（Vgl. Vom Grundgesetz zur deutschen Verfassung, Denkschrift und Verfassungsentwurf, vorgelegt von Kuratorium für einen demokratisch verfaßten Bund deutscher Länder, 1991）。同書の邦訳として、クラトーリウム編（小林孝輔監訳）『21世紀の憲法──ドイツ市民による改正論議』61頁以下（三省堂・1996）参照。

(9)　ドイツにおける広義の情報公開制度については、St. W. Lodde, Informationsrechte des Bürgers gegen den Staat, 1996, S. 23 ff.; H.-U. Erichsen, Der

Zugang des Bürgers zu staatlichen Informationen, Jura 1993, 180 ff.; 藤原・前掲注(3)『情報公開法制』366頁以下参照。

(10) 海老沢俊郎『行政手続法の研究』239頁以下（成文堂・1992）、岩本浩史「文書閲覧の法的性格と機能(1)・(2)」法学論叢143巻2号（1998）47頁、144巻3号（1999）67頁以下参照。

(11) 藤原静雄「ドイツの個人情報保護制度」堀部政男編『情報公開・個人情報保護』（ジュリスト増刊）287頁以下（有斐閣・1994）参照。

(12) 請願制度については、鈴木秀美「ドイツ・オンブズマンと請願委員会」議会政治研究37号（1996）45頁以下参照。

(13) たとえば、浜田純一「西ドイツにおける行政情報の告知と広報」ジュリスト臨時増刊『情報公開・プライバシー』136頁（有斐閣・1981）、総務庁行政管理局監修『情報公開——制度化への課題』146頁以下（第一法規・1990）の資料、山田洋「情報公開と救済——ドイツの現状と課題」市原昌三郎先生古稀記念論集『行政紛争処理の法理と課題』199頁（法学書院・1993）〔同・前掲注(3)『ドイツ環境行政法と欧州』73頁以下〕、三宅弘「情報公開立法と知る権利(1)」法律時報65巻12号（1993）19頁。

(14) たとえば、平松毅『情報公開』（有斐閣・1983）252頁、藤原・前掲注(3)『情報公開法制』243頁注(5)の指摘。

(15) たとえば、芦部信喜「表現の自由の内容」法学教室171号（1994）〔同『憲法学III』所収、270頁以下（有斐閣・1998）〕。

(16) 田島泰彦「知る権利と情報公開制度」高橋和之・大石眞編『憲法の争点』（ジュリスト増刊）110頁（有斐閣・1999）の指摘。

(17) BVerfGE 27, 71. 野中俊彦「知る権利と報道の自由　西ドイツ」ジュリスト507号（1972）91頁以下、石村善治「西ドイツの知る権利と情報公開制」清水英夫編『情報公開と知る権利』153頁以下（三省堂・1980）〔石村善治『言論法研究II』131頁以下（信山社・1993）〕参照。

(18) Chr. Starck, in: Mangoldt/Klein/Starck, GG I, 4. Aufl. 1999, Art. 5 Abs. 1, 2 Rdnr. 49の指摘。判例として、BVerfG NJW 1986, 1243; BVerwGE 47, 247 (252). 情報公開法導入を主張するロッデも、基本法5条1項から一般的な情報開示請求権を直接に導出することは困難であると考えている（Lodde, 前掲注(9), S. 128 ff.）。

(19) M. Kloepfer, Öffentliche Meinung, Massenmedien, in: Isensee/Kirchhof, HdbStR, Bd. II, 1987, §35 Rdnr. 35 ff.

II 環境と憲法

(20) BVerfGE 20, 162. 判例評釈として、石村善治「国家秘密と報道の自由」ドイツ憲法判例研究会『ドイツの憲法判例』131頁以下（信山社・1996）。

(21) BVerfGE 57, 275. 鈴木秀美『放送の自由』69頁以下（信山社・2000）参照。

(22) Löffler/Ricker, Handbuch des Presserechts, 3. Aufl., 1994, S. 114 ff. ドイツのメディア法については、鈴木・前掲注(21)11頁以下参照。

(23) ただし、F. Schoch, Öffentlich-rechtliche Rahmenbedingungen einer Informationsordnung, VVDStRL Heft 57 (1998), S. 158 ff., 188 ff. のように、インターネットなど情報技術の発展を背景にして、情報の自由の理解、とりわけ「一般に近づくことのできる」というメルクマールの従来の理解や、防禦権的機能を中心とする理解について、修正の必要性を指摘する学説もあらわれている（D. König, Das Umweltinformationsgesetz - ein Modell für mehr Aktenöffentlichkeit?, DÖV 2000, 45 ff, 54の指摘）。

(24) ABl. 1987, C 70, S. 1 ff.

(25) 環境情報指令成立の経緯について、Wgener, Schomerus/Schrader/Wegener, 前掲注(3), Europarechtliche Grundlagen, Rdnr. 1.

(26) 指令の性格について、R. Streinz, Europarecht, 4. Aufl. 1999, Rdnr. 384 ff. EC／EU法の概説書として、山根祐子『新版・EU／EC法』（有信堂・1995）、レイン（庄司克宏訳）『EU法の手引き』（国際書院・1998）がある。

(27) Vgl. A. Scherzberg, Die innerstaatlichen Wirkungen von EG-Richtlinien, Jura 1993, 225 ff.

(28) 1970年以来、EC裁判所の判例として確立されている。詳細は、Streinz, 前掲注(26), Rdnr. 394 ff.

(29) BVerfGE 75, 223; NJW 1988, 2173.

(30) 連邦国家のドイツでは、基本法によって立法権限が連邦と州に配分されている。環境分野の立法権限のうち、大気、騒音、廃棄物は、連邦と州の競合的立法権の対象とされている。この分野では連邦の法律が制定された場合、州独自の法律を制定することはできない。また、水資源、土地利用、自然保護に関しては、連邦に大枠についての立法権（大綱的立法権）があり、州がその枠内で詳細について定める。これ以外の、基本法が連邦に立法権を明示的に付与していない分野は州の立法権の対象となる。すべての法律の執行は、基本法が定める例外（外交、連邦財政、国防など）を除いて州の行政庁が行う。環境情報法の立法にあたっては、連邦法による包括的規律に対して州側から異論も唱えられた。ただし、本稿では、連邦制に起因する問題には立ち入らないことにしたい（環境分野の立法権限の配

分についてはさしあたり、Röger, 前掲注(3), S. 176 ff.)。
(31) この通達は、NVwZ 1993, 657に掲載されている (詳細については、Röger, 前掲注(3), S. 20 ff.)。
(32) BT-Drucks. 12/7138 v. 23. Marz. 1994.
(33) BT-Drucks. 12/5696 v. 20. Sept. 1993.
(34) 環境情報法についての判例の概観は、R. Schmidt, Neuere höchstrichterliche Rechtsprechung zum Umweltrecht, JZ 1997, 1042 ff. (1045 f.); ders., Neuere höchstrichterliche Rechtsprechung zum Umweltrecht, JZ 1999, 1147 ff. (1149 f.).
(35) BGBl. I 1991, S. 2272.
(36) BT-Drucks. 12/7138, S. 11.
(37) たとえば、Schomerus, in: Schomerus/Schrader/Wegener, 前掲注(3), §3 Rdnr. 13ff.; Scherzberg, 前掲注(3), 735.
(38) 詳細は、後述3を参照。
(39) Vgl. J. Weber, Der Anspruch nach §4 Abs. 1 UIG und seine Beschränkungen zum Schutz öffentlicher Belange, 1997, S. 135 ff.
(40) 日本における情報公開と情報提供の相違について詳細は、兼子仁ほか『情報公開・個人情報条例運用事典』28頁 (悠々社・1991) 参照。
(41) 三宅弘「情報公開条例の活用から立法へ」法学教室198号 (1997) 5頁の指摘。
(42) たとえば、Röger, 前掲注(3), §4 Rdnr. 24.
(43) たとえば、Röger, 前掲注(3), §4 Rdnr. 20; Scherzberg, 前掲注(3), 736 f.
(44) BVerwGE 102, 282. 判例評釈として、R. Röger, Das Recht des Antragstellers auf Wahl des Informationszugangs im Rahmen der Ermessenentscheidung nach §4 Abs. 1 Satz 2 UIG, DVBl. 1997, 885 ff.; R. Hendler, Anm., JZ 1998 245 f.
(45) BVerwG, 108, 369 = JZ 1999, 1166 ff. 判例評釈として、Chr. Gusy, Anm., JZ 1999, 1169 f.; D. Murswiek, Anm., JuS 2000, 202 f.
(46) BT-Drucks. 12/7138, S. 9.
(47) Schrader, in: Schomerus/Schrader/Wegener, 前掲注(3), §7, Rdnr. 7 ff.; 藤原・前掲注(3)『情報公開法制』278頁以下。
(48) Theuer, 前掲注(3), 330の指摘。
(49) この問題についての欧州裁判所の判断は、後述4を参照。
(50) Scherzberg, 前掲注(3), 740 f.

II 環境と憲法

(51) 自己情報決定権については、平松毅「自己情報決定権と国勢調査」ドイツ憲法判例研究会編『ドイツの憲法判例』42頁以下（信山社・1996）参照。

(52) Röger, 前掲注(3), §8, Rdnr. 33 f.

(53) Schomerus, in: Schomerus/Schrader/Wegener, 前掲注(3), §10 Rdnr. 1.

(54) Scherzberg, 前掲注(3), 744.

(55) この問題についての欧州裁判所の判断は、後述4を参照。

(56) 松井茂記『情報公開法』43頁（岩波書店・1996）。

(57) Wegener, in: Schomerus/Schrader/Wegener, 前掲注(3), §4 Rdnr. 34 ff.；藤原・前掲注(3)『情報公開法制』269頁以下。

(58) EuGH, Urteil v. 9. 9. 1999, Rs C-217/97 (Kommission/Deutschland), Rspr 1999 I, 5087＝NVwZ 1999, 1209＝EuZW 1999, 763.本判決全文は、欧州裁判所のウェブページ (http://www.curia.eu.int/) に掲載されている。判例評釈として、F. Becker, Das Urteil des Europäischen Gerichtshofs zum deutschen Umweltinformationsgesetz, NVwZ 1999, 1187 ff.

(59) EuGH, Urteil v. 17. 6. 1998, Rs C-321/96, Rspr 1998 I, 3809＝EuZW 1998, 470＝NVwZ 1998, 945＝DVBl. 1998, 1176＝NJW 1999, 1175. 判例評釈として、Pitschas/Lessner, Anm., DVBl. 1999, 226 ff.; Chr. Schrader, Europäische Anstöße für einen erweiterten Zugang zu (Umwelt-) Informaionen, NVwZ 1999, 40 ff.

(60) 欧州裁判所は、「環境に関する情報」の意味については、「環境に関する情報」について定める環境情報指令2条(a)は、景観保護行政庁が計画確定手続に関与した範囲内で示した意見が、「環境保護の利益に関連して計画確定についての決定に影響を与えることに適している場合に」、当該意見に適用されると解釈されなければならないと判示した。

(61) 前半部分（争点④のア）については、欧州委員会の訴えが、環境情報法の当該規定の実務における具体的適用が、環境情報指令5条の意味における適切な額を越える手数料の徴収に至るか否かという問題に関連づけられていないとみなされた。

(62) 環境情報法改正案は、環境保護に関するその他のEC指令の国内法への置換のための法案とともに、"Artikelgesetz"として2000年秋にも連邦議会と連邦参議院に提出される（連邦環境省のウェブページ (http://www.bmu.de/) 参照）。［なお、環境情報法改正案は、2000年11月に連邦議会（BT-Drucks. 14/4599）と連邦参議院（BR-Drucks. 674/00）に提出された。］

(63) BVerwG, Urteil v. 28. 10. 1999 - 7 C 32. 98, DÖV 2000, 247 ff. この判決は、欧州裁判所の判例をも考慮に入れつつ、必ずしも一義的とはいえない環境情報法7条1項2号についての解釈を示した。同規定は、裁判手続、刑法上の捜査手続、または行政庁の手続が進行している期間中について、環境情報開示請求権を排除しているが、その際、3つの手続を列挙したうえ、最後に「手続に基づいて行政庁が入手したデータに関して」という限定を付している。この事件では、この限定が、3つの手続すべてに及ぶのか、それとも3つめの行政庁の手続のみに妥当するかが問題となった。連邦行政裁判所は、この限定は3つの手続すべてに及ぶという原審のバーデン・ヴュルテンベルク上級行政裁判所の解釈を退け、この限定が妥当するのは3つめに挙げられた行政庁の手続のみであると判示した。

(64) Akteneinsichts- und Informationszugangsgesetz (AIG) v. 10. März 1998 (GVBl. Bbg. 1998 I, S. 46). 同法をはじめ、欧州とドイツにおける情法公開法制の発展について、Tätigkeitsbericht 1999 des Landesbeauftragten für den Datenschutz und für das Recht auf Akteneinsicht, Landtag Brandenburg Drucks. 3/731, Teil B, Akteneinsicht und Informationszugangがある（この報告書は、同州のデータ保護と文書閲覧権についての担当官のウェブページ (http://www.brandenburg.de/land/lfdbbg/)に掲載されている)。米丸恒治「ブランデンブルク州行政情報公開法——ドイツにおける一般的な情報公開制度」行政管理研究85号（1999）3頁以下も参照。

(65) Gesetz zur Förderung der Informationsfreiheit im Land Berlin (Berliner Informationsfreiheitsgesetz-IFG) v. 15. Okt. 1999 (GVBl. Berl. 1999, S. 561). 同法の翻訳が、米丸恒治「ベルリン州情報自由法」立命館法学267号（1999）250頁以下に掲載されている。同「ベルリン州情報公開法案」行財政研究42号48頁以下（2000）も参照。

(66) Gesetz über die Freiheit des Zugangs zu Informationen für das Land Schleswig-Holstein (Informationsfreiheitsgesetz für das Land Schleswig-Holstein-IFG-SH) v. 9. Febr. 2000 (GVOBl. Schl.-H. 2000, S. 166).

(67) Die Welt online (http://www.welt.de/) v. 17. Juli 2000に掲載されたドイツ社会民主党院内会派広報担当者の発表による。

(68) 環境情報法を手がかりに、一般的な情報公開法の可能性を検討するものとして、König, 前掲注(23); A. Hatje, Verwaltungskontrolle durch die Öffentlichkeit-eine dogmatische Zwischenbilanz zum Umweltinformationsanspruch, EuR 1998, 734 ff. 環境法の1つの手法としての環境情報開示制度の意義については、

Ⅱ　環境と憲法

　　M. Eifert, Umweltinformation als Regelungsinstrument, DÖV 1994, 544 ff.; Schoch, 前掲注(23), S. 185 f.; ピッチャス・前掲注(3)32頁以下。Vgl. R. Pitschas, Das Informationsverwaltungsrecht im Spiegel der Rechtsprechung, Die Verwaltung 2000, 111 ff.
(69)　König, 前掲注(23), 55の指摘。

［2000年8月20日脱稿］

Ⅲ 科学技術と憲法

22 憲法23条の学問の自由

松 元 忠 士

はじめに
1　民主制と学問の自由
2　学問の自由の規範的意味
むすび

はじめに

　憲法23条は「学問の自由」を保障しているが、ここに言う「学問」が何を意味するのか法文からは全く明らかではない。学説も判例も学問の概念を自明のものと前提しているかの如くである。一般的な慣用語法に従えば、学問とは自然や人間社会におけるあらゆる現象について真理を探求する精神活動であり[1]、伝統的な学問論によれば、認識の成果として知識の体系化されたもの[2]ということが出来よう。
　学説においても、憲法上の定義づけの試みがないわけではない。ある見解は、「真理の探求を目的として行われる人間の論理的知的な精神活動」である[3]といい、あるいは「論理的手段をもって真理を探求する人の意識または判断作用乃至その体系」と解している[4]。これらの定義づけにおいて若干の相違があるとしても真理を探求する論理的な精神活動ないし作用であるという点で一致している。他の多くの学説もこの点で多く異論を見ないであろう[5]。

III 科学技術と憲法

　ところで、現代の多様化した学問状況と学問理論の中でこのような真理探求の精神活動が学問としてどこまで行われているのであろうか。妥当しているのであろうか。現代の学問は、単に専門分化し多様化しているだけでなく、学問的関心、技法、機能等の質が大きく変化しているのである。次のような見解が今日の学問の変化を示していると言えよう。即ち、「今日の学問の体系はそのような（操作可能な＝筆者）道具的な知識の体系という姿をとっているというのが現代科学の基本的な特質です。」学校での「知識はすべて道具的な理性、道具的な知識です。それゆえその知識が真理とどうかかわるのか、そもそも真理とは何かということはほとんど問題にならない[6]」と。この見解では、今日の学問は真理を探求しなくなっているという。

　現代の学問が全く真理の探求を止めているかは異論があるとしても、今日の目的・応用研究に見られる様に、有用性の観点から道具的な知識の開発、体系化、理論化が進み、容易に技術と結合してあるいは行動基準として社会的利用に供せられていることは否定できないようである。

　こうなると、もっぱら真理の探求を目的とする自律的な純粋学問を保護対象として来た学問の自由の基本権はどうなるであろうか。どのように理解されるべきであろうか。基本権は、学問が社会奉仕の道具と化し、本来の使命を終えたことにより、空洞化し崩壊したと見るべきであろうか[7]。安易にそう解してはならない。

　現代民主制下の学問は、もはやもっぱら真理を探求する純粋な学問という単一の精神領域とみなすことは出来ない。それは学問領域が急速に拡大し、著しく専門分化し、学問の内容、方法、性格、機能といった点においても多様化したことにより、複雑な問題を提起するに至っているのである。

　第1に、多様な学問観の下で学問の性格、機能が変化し、また世界的な冷戦の激化に伴って自己目的な学問と宗教教義、政治的教義やイデオロギーとの区別が要求されたり[8]、あるいは応用研究と単なる技術開発との区別が政策的判断により左右されることが生じたりして、学問の境界領域が極めてむつかしい専門的判断を要するようになったことである。この点の日本の裁判訴訟の判例は[9]、アメリ

カ合衆国に比べ遙かに少いが、大学の内部運営、人事運営に於いてしばしば問題となって来たといってよい[10]。

第2に、最近の急速な応用科学の発達は、遺伝子組換実験、遺伝子治療、ヒト・クローン研究、原子力研究等に見られるように、人間の生命、身体や環境に危険をもたらす虞れが生じたため、それらのより高い価値の人権保護のため研究それ自体を何らかの程度に制限せざるを得なくなった[11]。ここでも研究の及ぼす危険性について高度に専門的な判断と制限の立法措置のあり方が問題となる。

第3に、大学にしろ、研究所にしろ所属する研究者は研究手段として研究費ないし研究助成金なしに殆んど研究活動を維持することは出来ない。国または大学から正当な理由なく研究資金を打切られたり、大幅削減された場合には学問の自由の侵害となると解される。また、研究助成金等が恣意的に選別され配分された場合も同様である。

第4に、行政官庁や企業その他から委託を受けて特定の行政目的、社会的経済的目的のための目的研究、委託研究も、それらが一般に認められた学問研究の手続、手法に基いて学問的良心に従って行われる限り、学問の自由の保護範囲である[12]。ただ、研究成果が正当な理由なしに秘密とされる研究契約は学問の自由の範囲外である。

第5に、国家が直接学問活動ないしその成果を権力的手段で制限、禁止したり、ある学説を公定するような一見極めて明白な自由侵害行為は姿を消している。ただ、国の文部行政機関が国立大学の内部運営、とりわけ管理職等の教員の人事運営に関与する余地が残っており、如何なる理由で、如何なる場合に許されるか、許されないかなお未解決の問題とされている。

第6に、現代民主制の下では、学生の学習権、さらに国民の学習権が憲法23条に含まれると解される[13]が、それぞれ大学の実情に合わせて制度上それらを具体化する条件整備を図るほかはない。一般国民にも大学の図書館の利用や特定講義、講座の受講を認める措置が取られるべきであり、そのため国家が必要な助成を行うことが求められている。

以上は、わが国の戦後の、あるいはここ数十年の学問生活の営みの中で、学問

III 科学技術と憲法

の自由の基本権が蒙った構造変化によって生じた問題状況であり、かつ新しい課題の提起であり、新しい規範的意味の形成である。現代民主制における学問の自由はその射程範囲が著しく拡大されると同時に、規範内容が複雑になり、自由の限界も新しい理解を必要とするに至っている。

これらの理論的課題は余りにも大きく、本稿では紙面の制約もあって堀り下げた論及は無理なので、基本権の現代的変化を素描しながら若干の問題提起をしたい。

1 民主制と学問の自由

従来、国家から自由な学問の保護は、学問が国家に対し中立的立場を維持し、純粋に真理探求の精神活動に専念することにより正当化された[14]。学問が宗教や国政に関与すれば、逆に教会や国家から干渉を受ける動機を与え、学問の自由は維持し得なかったからである。

また、学問の理念も現実の生々しい宗教、政治、経済生活の利害関係から一定の距離を置いて観察することが真理探求に不可欠な客観的認識の条件を確保し得ると考えられたのである。学問は現実社会に身を置きながら、現実社会に対して批判的に距離をおくことにより、公正な認識に仕えることが出来る[15]とされた。このように、学者はいわゆる〝象牙の塔〟において純粋に知的関心から真理の探求に専心することが可能となり、この純粋学問が自由と自治によって保護されるべきものとされてきたし、現在なお憲法23条の学問の自由基本権はこの種の学問を核心的な対象としていると解される[16]。

しかし、国家は同時に早くから学問の社会的効用に注目し、これを利用しようと努めて来た。最初は、部分的に選択的に、第一次世界大戦開始以後は大々的に、そして組織的に計画的にである[17]。国家だけでなく、企業や他の社会集団も学問を有用な道具的知識や技術として利用し、自らも積極的に開発する研究体制を作り上げるに至ったのである。これらの研究の殆んどは技術開発、有用な知識や理論の開発を目指す目的研究である。国家は科学技術の振興を図るため1995年11月

科学技術基本法を制定し、その法的基礎を与えた[18]。国家は社会的有用性を基準に科学研究を誘導し、方向づけを与えるに至ったのである。

現在、学術研究の分野においてこのような目的研究が圧倒的な比重を占めているが、純粋学問の研究の価値が決して乏しくなったわけではなく、憲法23条の学問の自由の基本権がその保護対象としているのも依然このよう自己目的な、自律的学問である。巨視的に見れば純粋学問の成果は、その普遍的真理のゆえに広く承認を受け、人類の共有財産として人類文化の発展に寄与している。純粋学問は、真理の啓発力により人間の地域的、民族的、宗教的な偏狭、迷信、偏見等から人間を解放し、自由な人格形成への道を開き、そのことにより人間的自由の発達に大きな貢献を果して来たし、現に果しているといえる。純粋学問は、直接的には社会生活に実用価値を提供しないが、究極的には人間の精神的解放の働きにより人間の自由の獲得に大きな役割を果しているといってよい[19]。

ただ、純粋学問もそれが国民の人格形成に生かされるためには、教育過程において子どもの発達に合わせて教育学的な加工を受けて編成され、教育材として学習される必要がある。学校制度においては、教師の教授活動は下級学校に下るにつれて教育的性格が強まり、上級学校の方に上るにつれて学問的性格が強くなるが、いずれも学問的知識、事実関連の観察、批判的分析と総合、立証等といった学問的手法や思考力を大なり小なり養うことになる。

学問は、確かに国家目的に奉仕せしめることが可能であり、明治憲法下の帝国大学令（第1条）は「帝国大学ハ国家ノ須要ニ應スル学術技芸ヲ教授シ及其蘊奥ヲ攷究スルヲ以テ目的トス」と定め、帝国大学の目的を国家目的に応ずる学問研究と教授に限定していた。このような大学規定は、真理探求の学問活動を国家目的の範囲内に制限し、その逸脱を統制する結果をもたらし、真の意味で「学問の自由」を認めることが出来ないのである。国家目的への学問の制限は、ある学問が国家秩序を脅すと認められるや否や必ずこれに権力的抑圧を加え、これを排除しようと努めるのである[20]。

これに対して、人権尊重の原理に立つ民主制においてのみ無制限の真理の探求の活動が認められる。現行学校教育法52条は、「大学は、学術の中心として、広

III 科学技術と憲法

く知識を授けるとともに、深く専門の学芸を教授研究し、知的、道徳的及び応用的能力を展開させることを目的とする」として、純粋学問の考えを基本としつつ、巾広い市民教育の任務を大学目的に加えている。この目的規定は、純粋学問概念を否定したものとは考えられず、市民教育に対応した基礎研究や応用的研究をも広く任務と定めたものと解されよう。教育基本法（2条）は人格形成の「教育の目的」を達成するため「学問の自由」の尊重を定めており、大学における学問は、もはや純粋学問に限定されず、純粋学問を基本としつつも民主主義教育、民主的人格形成に必要な多様な応用的学問を包含していると解して誤りではない。憲法23条も民主制を基礎に個人の尊厳に基づいて学問の自由を保障していると解されるから、教育基本法の学問観と全く同一であり、むしろこの学問観は憲法23条の学問観を具体化したもの解される。

この点で、ナチス政権の学問迫害を経験したハンス・ケルゼンが「特に学問の自由は、客観的認識の可能性に対する信念に基づくものとして、最も重要な意味において、デモクラシーの本質に属するのである。合理的科学の尊重、従って、形而上学的または宗教的思弁の侵入・迫害から学問の自由を守ろうとする傾向は、政治的自由主義の影響の下で形成された現代のデモクラシーの重要な特色である。」と述べている[21]のは注目される。個人の人格的主体性を認めず、ことごとく市民的自由を剥奪し、冷酷な強制力の使用により画一的集団化を要求する全体主義独裁は、その思想的正当化を合理的科学によってではなく形而上学的ないし宗教的思弁によって図らざるを得ず、学問の自由を否定することになる。逆に、個人の人格的主体性、従って理性的自律性を前提として自由な真理の探求によってより一層の人間的自由と幸福を求める民主制は、ケルゼンの述べるように学問の自由と深く結びついていると言えよう。立憲民主主義の基礎の上に、市民的自由と連携して学問の自由は初めて確実な保障を受ける。

民主制における学問の自由は、学問に対する大衆の無知と偏見によって必ずしも正しく支持されるとは限らないし、学問成果が悪用されることを自律的理性によって必ず防止しうるというわけではない。にもかかわらず、民主制にとって学問の自由は政治的自由を擁護するためにも必須の要件である。民主制にあっては、

国民は主権者として等しく政治参加の義務を有するが、それはとりもなおさず政治問題への自由な討論への参加を意味する。すなわち、ここにあっては「政治問題はすべて、公然と、遺憾なく論議さるべであり、学者と教師は、どれか一つの政治体制を受け入れなければならない義務はないが、しかし各自は、自己自身の偏見を知って、あらゆる政治的な行動と考え方とを公然とまた合理的に論議すべき義務を有する」し[22]、そのため学問の自由を必要とする。ここでは学問の自由は、民主制の原理によって政治的自由と深く結びついていることが理解される。民主社会においては、自由な科学的探究は、人間の自己決定にとって不可欠な要素であり、それゆえ学問の自由もまた民主制に不可欠な基本権となる。

2　学問の自由の規範的意味

学問の自由の憲法上の意味は、他の自由権と同様、第1に国家権力からの自由である。学問活動の領域は、単一の過程ではなく、多様な内容を持っているそれぞれ独自の精神的活動形態である。学問活動は、常に真理の探求とその成果を核心的内容としつつ公開の学問的コミュニケーションの過程[23]であり、それぞれ活動の性格、形態、場所に即して自由保障が要求される。

(1) 研究の自由

学問は、まず研究の成果であるから研究なしに学問は存在し得ず、学問の自由は研究の自由から出発する。研究とは狭義においては真理探求を目的とし、認識対象と方法の選択、認識手段の選択、配置、認識内容の体系化、認識内容の解釈、批判的吟味、論証等の一連の精神活動である[24]。憲法23条の「学問」は広義の応用研究も含む。研究の結果が誤謬に終ったものも学問的研究である。現実の研究は試行錯誤の作業の結果であるから誤謬は避け難く、誤謬が研究の進歩を促す。このような一部または一連の精神活動が研究であり、学問は研究を通じての真理の探求を意味するから、研究の自由は学問の自由の核心的内容である。研究の自由は研究活動とその成果について国家から干渉を受けない自由である。研究

III 科学技術と憲法

成果の自由は学説の自由として学問の自由と同一に帰する。

ここで干渉を受けない自由とは、ある学説を制限、禁止してはならないというだけでなく、ある学説に不利益を与えてはならないことも意味する。大学の研究者に対する学説を理由とする懲戒、解雇、昇給昇格の拒否、研究費の支給停止等がこれに当たる。もっとも、大学教師の学問思想、学説の故に国家機関である文部大臣が国立大学の教師を罷免することは明治憲法下において行われた[25]が、日本国憲法の下ではこのような事例は全く見られない。ただ、占領下において総司令部顧問により共産主義教授の辞職勧告が行われたことがある[26]。

国家がある学説を公定した[27]り、国民、学校や大学に強制することは、この学説に特権を与えるだけでなく、これと反対の学説を事実上圧迫する結果をもたらすが故に自由侵害である。

国家がある学説を資金面で優遇することが自由侵害となるか否かは微妙である。一般的公共政策に基づいて合理的基準による優遇は自由侵害にならないが、恣意的あるいは政治的意図による優遇の場合には自由侵害となる[28]。逆に、国家が正当な理由なくある研究にその学説の故に決定されていた研究補助金を途中から打切る場合も自由侵害となる。また、国家が合理的理由なくある学説を差別取扱いした場合も自由侵害となると解されるが、この場合はその研究者に対する憲法14条の平等原則違反となることも生ずるであろう。

憲法の保障する学問の自由は、大学における学問活動のみを対象とするものではなく、私人、公私法人の研究機関、研究施設における学問活動であれ、およそ一切の学問活動を対象とするものである[29]。ただ、公私法人等の研究機関の研究は多くは特定の目的に供するための研究であり、目的研究としてテーマの選択、研究の方法等制約を受けることがある。しかし研究者としての自己責任が認められる限り、自由の保障が認められるであろう。新聞社や出版社の研究活動は一般に営利目的が強く付随するため憲法21条の言論出版の自由により保護される。これに対して、私人の研究は、歴史的にみて言論出版の自由で保護され、特に学問の自由による保護でなければならないという格別の動機が乏しかったという事情があるが、学問の自由の権利に対して資格を有すると言える。

歴史的に沿革的に学問研究の担い手として学問の自由を要求し、憲法規範の成立に決定的に寄与したのは大学の教授団であり[30]、今日においても大学は学問の自由の保障なしに存立し、その使命を果すことは出来ない。現代社会において学問研究の主体が拡大しつつあるとはいえ、組織的に自由な研究活動を営み、研究成果の生産と伝達、普及と蓄積という公共的役割を担っている機関は大学の外になく、依然大学と大学教師は格別に重要な学問の自由の権利主体である。

下級学校は、純粋学問の研究を目的とする機関ではないとしても、固定した知識、技能、態度を獲得する訓練の場でもなく、知識の自由な伝達と共に自由な探求と討論により批判的創造的能力を発展させる学問的学習の場である[31]。そうだとすれば、憲法23条の学問の自由は、とくに教育機関においては学問的知識の伝達だけでなく、学問の教育学的応用を広く認め、学問的教材を批判的反省的に吟味し、科学的思考を養う学習と教授の自由を保障する。この観点から下級学校教師にも23条の学問の自由が憲法26条の子どもの学習権に対応して認められることになる[32]。

(2) 研究発表の自由

研究者がその研究成果を自己の内心に止めている限り、その結果は公開の場で討論されずに学問的対話は不可能である。その結果、研究結果の真理性は確証し得ず、学問的価値も評価され得ない。学問研究は公開の学問的コミュニケーションを前提として営まれ、自己実現を達成するのであるから研究の自由は研究の発表の自由と不可分である。研究の自由は、すでに研究発表の自由を含んでいると解することも出来る。

明治憲法下の政府がある学説を一方的に違法と認定し、その学術書を発売頒布禁止の行政処分に処したような行為は[33]如何なる理由があったとしても憲法23条違反であり許されない。ただ、研究成果の発表であっても、その内容が盗作や偽証であったり、あるいはプライバシーの明白な侵害を含むような場合には、その発表は民事裁判の判決によって差止めされることが生ずる[34]。また、ある人々に対する人種差別、性差別、社会的差別を含む場合も、その差別行為や表現

III 科学技術と憲法

が被差別者に一般に容認されないほどの損害、打撃を与える場合には発表の差止めや制裁が行われることが生ずる[35]。むろん、内容が差別か否かの判定は十分に慎重を要する。

人種差別撤廃条約（1969年発効）4条(a)は「人種的優越または憎悪に基づく思想のあらゆる流布」を法律によって処罰されるべき犯罪であることを宣言している。このような流布は、科学的な文書の体裁をとってなされている場合でも処罰されるべきであると論じられている[36]。学問的研究の内容が、一般的にはこの条項に該当する事例は殆ど見られないと言えるが、全くないとは言い得ない。

女性の人権侵害については、滋賀医科大学のK元助教授が患者女性の性器を写真に無断で撮り、著書の『日本女性の外性器』に掲載したとされる問題で大津地方法務局は、無断撮影による人権侵犯の事実を認め、元助教授に対し「説示」文書を出した[37]。同書の回収も女性団体の求めに応じて行われた。女性の人権侵害という観点からだけでなく、患者の人権侵害という観点から、例えば人体実験は許されない[38]が故に、その研究発表も禁止され得る。患者のカルテや情報の不正な使用も許されないであろう。

研究自体が禁止されれば、当然研究発表もあり得ない。最近急速に発達した先端科学技術の研究、とりわけ遺伝子技術、遺伝子治療技術、クローン研究等の研究は、人々の生命、身体あるいは自然の環境に重大な損害を与える危険があり、その危険の大きさと影響が確実に予測出来ないため、安全性や倫理的問題を考慮して研究自体の制限規制が行われている[39]。とりわけ人のクローン研究に対して1997年に学術審議会と科学技術会議が研究助成金を支出しないことを決定し、さらに1998年に文部省は「大学等におけるヒトのクローン個体の作製に関する研究の規制に関する指針」を官報で告示し、規制を行った。同指針は人の体細胞の核を、核を除いた卵細胞に移植する研究も禁止している。

遺伝子組換え実験（組換えDNA実験）については、昭和54年文部省告示第42号の指針で規制されたが、その後安全性も可なり判明してきたため規制は緩和される方向にある。これらの研究活動の規制は、いずれも文部省の指針、各大学の規則等に依るもので国家的法的規制としてではなく、法的拘束力はない。これらの研

究の危険性がもしとり返しのきかない重大なものであれば、これらの研究規制は研究の自由を制限するのであるから法律の制定に依るべきであろう。なお、大学の付属病院等での患者の治療は、例え研究成果の応用であったとしても医療行為で[40]あり、研究の自由は適用されない。

(3) 教授の自由

学問の自由と教授の自由とは、概念上区別される。教授の自由は学校教師が学生に教える自由であり、必ずしも学問研究の自由と不可分に結合しているとは限らない[41]。しかし、わが国の大学法制においては帝国大学令（1条）以来、伝統的に研究と教授の結合が制度上の原則とされ、現行の学校教育法（52条）においても維持されている。大学教師は自己及び他人の研究成果を、講義、演習、ゼミ、実習等において学問的に教授することを職務上の義務とされているところから、学問の自由に教授の自由が含まれると解される。教授の自由は、教師の職能的自由であり、その担当する科目の範囲内において教授内容、方法の選択の自由のほか教科書や教材の選択、実験、実習に必要な材料、用具や補助手段の使用等の自由を含む。教授の自由は、これらの教授活動について国家権力からの自由であるが、実際に意味を持つのは大学の管理権、監督権から職務命令や何らかの干渉を受けない自由である。ただ、大学教師の教授活動は、国公私立大学を問わず専門職の職務上の義務として行われるのであるから、教授内容や方法が余りに専門性の水準が低く、学生に対する教育効果が乏しいと判定される場合には職務上の失格として解雇されることがある[42]。また、担当授業やその他の職務に関して職務上の逸脱、怠慢があったと認定される場合もその行為に対し学問の自由は保障されない[43]が、学問の自由保護の立場から専門的審査が求められる。

教授の自由の限界については、ドイツ連邦共和国基本法5条(3)が「教授の自由は、憲法に対する忠実を免除するものではない」と定めた規定のような法律上明記された制限はない。しかし、憲法23条の学問の自由に含まれる教授の自由は、あくまで学問的内容をもった教授を対象とするものであるから、特定の政治運動を支持したり、反対する言動は自由保障から除外されるであろう。教育基本法8

III 科学技術と憲法

条2項は、「特定の政党を支持し、又はこれに反対するための政治教育その他の政治活動」を明示的に禁止している。ここでは禁止の対象を「特定の政党」に絞っている趣旨を汲んで解釈する必要があろう。しかし、政治学や法律学の教授が現実の政治問題について学問的立場から意見を述べるのは自由であり、この条項は適用されない。政治的教養のための教育は自由である。

教室で使用される教科書、教材等については、他人のプライバシー侵害、差別表現、わいせつ表現の記述がある場合は、それらの使用は形式上は教授の自由の保障を受けないが、それらの判定は学生の批判的能力をも考慮して熟練した専門的判断を必要とする。基本権衝突の場合、より高い法的価値が保護される[44]。

学生の学習の自由も学問の自由の範囲に含まれる。この自由は個々の学生が学問学習を通じて豊かな人格形成を図ることが目的であるが、同時に積極的な学問学習活動を通じて大学の学問的教育の水準を向上させる狙いをも有する。学生の学習の自由は、教師の教授の自由に対応したものであり、教授の自由が制限されれば学習の自由は機能せず、学習の自由が制限されても教授の自由は十分その機能を発揮し得ない相関関係にある[45]。学生は、大学の諸規則の下で聴講の権利、ゼミナール、演習、実習への参加の権利、図書館その他の施設を利用する権利を有する[46]が、学習の自由はこれらの諸権利と一体となって効果を発揮する。大学は学生にとって学問的学習の場であるだけでなく、スポーツ、芸術その他の文化活動の場でもあり、教育効果の高いこれらの活動は憲法21条の言論、表現の自由で保障される[47]。

大きな論争点の1つは、下級学校の教師が憲法23条の教授の自由の保障を受けるか否かという点であり、学説、判例とも伝統的にはドイツ憲法学説に倣って否定的であった[48]。この学説では、大学の学問と教授の自由は研究者が自己責任でそれ自体を目的として行う純粋学問の研究とその学問的教授の自由であって、知識の訓練を主とする下級学校の教育には適用されないとされてきた。ここでは、学問的研究成果の教育学的応用は規範的適用範囲から除外される。

わが国の否定説によると、下級学校は学問研究よりは、むしろ児童生徒の心身の発達に応じて普通教育を施すことを目的とすること、児童生徒は年少であって

批判的能力を備えていないことなどを理由に、教授の自由は否定されるとする[49]。これは学問の自由の狭義の理解によるものである。

これに対して、教授の自由の肯定説は下級学校においても教育の本質として真理教育や学問的思考力の育成が要請されるなど、学問と教育との内在的関連性が密接であることを理由としている[50]。

下級審の杉本判決（東京地判昭和45・7・17行集21巻7号別冊1頁）は、教師の教育の自由については憲法23条の学問の自由の一環として認められるとしながら、下級教育機関において教育を受ける児童生徒に対しては、理解能力の未熟さから学問研究の結果をそのまま与えることは妥当でなく、教育的配慮がなされなければならないが、「このような教育的配慮が正しくなされるためには、児童、生徒の心身の発達、心理、社会環境との関連について科学的知識が不可欠であり、教育学はまさにこのような科学であり」、「こうした教育的配慮をなすこと自体が一つの学問的実践であり、学問と教育とは本質的に不可分一体というべきである」と、教育学の実践を同時に学問的実践とみなし、学問と教育の不可分一体性を根拠として教授の自由を認めている。最高裁学力テスト事件判決（最大判昭和51・5・21刑集30巻5号615頁）は、教師の教育の自由について「子どもの教育が教師と子どもの間の直接の人格的接触を通じ、その個性に応じて行われなければならないという本質的要請に照らし、教授の具体的内容及び方法につきある程度自由な裁量が認められなければならないという意味においては、一定の範囲における教授の自由が保障されるべきことを肯定できないではない」と限定的な教師の教授の自由裁量権を認めている。この判決は、子どもの人格形成という人格教育の観点から教授の自由を根拠づけており、その点では評価されるが、科学的認識と批判的思考力の育成という憲法23条の「学問的教授」との関連はどうなるのか、またどの程度の、どの範囲の自由が認められるのか不明確である[51]。いずれにせよ、下級学校の教育の自由は、子どもの人格形成を目的とした、学問成果の教育学的応用と実践という性格をもつ精神活動の自由であり、憲法26条の教育を受ける権利と一体不可分の結合により保障を受けると解される。

III 科学技術と憲法

(4) 大学の自治

憲法23条は、簡潔に「学問の自由」を定めるのみで、大学の自治について触れていない。が学説はこれを一般に学問と教授の自由を制度的に保障するものとして23条に含まれると解している。伝統的学説は、「特に学問の自由として保障されるのは、実際問題としては、主として……大学における研究および教授の自由または単に大学の自由である」「大学の自由が、さらに大学の自治を、その当然のコロラリーとして、含むことが理解される。」この説では、大学自治の根拠は「もっぱら最も高い程度の純粋学術の研究および教授を任務とする研究教育機関」としての大学の自由の保障である[52]。この見解は、知的技術的応用研究を考慮することなく、もっぱら真理の探求を目的とする純粋学問の研究と教授を保護対象としている点でドイツ理想主義に立つドイツ憲法学説とも一致する伝統的学説である。最高裁のポポロ事件判決もほぼ同様に「大学の学問の自由と自治は、大学が学術の中心として深く真理を探求し、専門の学芸を教授研究することを本質とすることに基づくから、直接には教授その他の研究者の研究、その成果の発表、研究結果の教授の自由とこれを保障するための自治とを意味する」(最大判昭和38・5・22刑集17巻4号370頁) と解している。

憲法23条の保護対象とする「学問」をこのように純粋学問とその教授に限定し、これを大学自治の法的根拠とすることは、教育基本法の個性豊かな、人格形成を目指す民主主義教育の教育目的(同1条)や学校教育法の民主的市民教育の大学目的(同52条)に合致するであろうか[53]。何より社会生活と結びついた多様な応用専門的研究とそれらの教授と学習とは憲法23条の学問の基本権解釈からどう捉えられるのであろうか。学校教育法の大学目的（52条）は、「深く専門の学芸を教授研究」とすることの外、「知的、道徳的及び応用的能力を展開させること」を目指しており、同法の研究と教授は、「純粋な学術の研究」とその教授よりも遙かに広いものであることは疑いない[54]。

現代の憲法23条の学説は、このような伝統的な学問の自由、大学自治論に批判的であり、すでに新しい理論的試みが行われている。学問の自由の市民的自由説は、学問の自由は個人の自由以上のものがあり、これを保障する大学の自治は、

「制度的自由、職能的自由及び機能的自由の総合」として理解されるという[55]。この説は、大学の自治内容としては「教育研究の対象と方法に関して自主決定権」、教育研究者の「人事に関して自治保障」、大学の「財政及び施設管理に関してある程度の自主性」等が認められるべきだとする[56]。これらの自治内容という点では、日本の大学の実情に合わせて列挙したもので、前述東大ポポロ事件最高裁判決の趣旨とほゞ同様である。前述の諸自由の考え方は、全く新しい意欲的な問題提起であり、大学制度とその運用が日本の場合と可成り異なるアメリカ研究者の理論提起がどこまで妥当するのか、より厳密な検討を加えるべき課題が残されているように思われる。

　これに対して教育学者から研究自治・研究の自由を基礎とする伝統的な大学の自治の変容がみられるとして、学生の「教育をうける権利・学習権」を前提に、「大学教授とその集団には教育責任を果すための教育の自由と自治権が保障される」という「大学教育自治」論が提唱されている[57]。この説と基本的には同様の立場から、大学自治の保障を憲法26条にも求め「学問研究と教育の科学的・実践的な統一の〝場〟としての〝大学〟の自治」論が説かれている[58]。多少力点を異にするが、ほゞ同じ立場から大学の自治は、「国民の知的探究の自由・真実を知る権利・学習の権利など、国民の基本的人権の保障を集約した自由概念であり、国民（学生）の教育権と学問研究権の保障に基礎づけられた大学という学校が有する教育自治権である」という[59]。いずれも多少重点の違いがあるが大学の自治における教育権保障の要点を重視したものといえる。いずれにしろ、現代民主主義体制の下においては、大学は専門的研究を通じて広く国民の学習権に応えるべき開かれた自治が保障されるべきものと解される。ただ、学生の自治参加は、基本的には学生個人の利益のため学習条件の充実、改善に資するものであるから大学の自治は、なお憲法23条の学問の自由に根拠をもつものと解するのが妥当であろう[60]。

Ⅲ　科学技術と憲法

むすび

　憲法23条の学問の自由の規範構造の変化は、学問研究の活動がその社会的有用性のゆえに国家、社会から益々大きな成果への期待と要求をつきつけられてきたことにより、避け難い現象であったといえよう。真理探求を目的としない応用研究がどの国でも圧倒的な比重を占めている。否、真理の探求という学問の本質さえその実在性が疑いを持たれている。学問論の中で真理とは何かが再三問われていること自体学問的真理の不確実性を示している。

　真理の問題は憲法学の対象ではない。憲法学はただそれを所与のものと受け取るのみである。社会奉仕的学問が繁盛すればするだけ、その学問研究は外部の期待、要求に、研究資金に益々依存するようになり、学問の自由は実質的に益々社会的制約を蒙ることは明白である。とりわけ、特定の技術開発を目指す目的研究の多くは、契約による委託研究であり、契約の自由により学問の自由が不当に制約される恐れがある。その典型的事例の1つが秘密研究である。

　次に、現代の学問研究はその対象を無限に拡大しつつあり、不可避的に生命、環境、他人の権利、人権の尊重といった倫理問題——その多は同時に法律問題となりうる——に遭遇せざるを得ず、この面からの制約を受けるに至った。しかし倫理による学問の自由の制限は、高度の専門的判断とそれによる決定を必要とするので、その決定をどのような機関、手続、法的手段で行うか、制度面の整備が必要となっている。この問題は当然当該学会の主体的取組みが求められる。この面では学問研究自体の倫理性も問われるわけで、学問の自由はこの倫理性に支えられている。

　学問研究の社会形態が多元化するにつれ、学問の自由の対象や方法も多元化する傾向にあるが、にもかかわらず依然大学と大学の研究者が学問の自由の最も重要な担い手であり、大学に於ける学問研究が最も重要な自由の保護領域である。大学は伝統的に真理探求を目指す純粋学問の研究を任務として来たし、比重が低下しているとはいえ、この任務は今日益々重要である。大学の学生に対する教育

の内容となっているものこの研究成果であり、将来の重要な研究財として貯えられるのもこの研究成果である。

　ただ、今日の大学は学生の多様な応用的能力を養う大衆的高等教育機関となっており、もはや純粋学問のみでは学生の学習権の要求に対応出来ないことは明白である。大学教師も大学の目的、目標に即した研究活動のほか、教授活動、大学行政への参加が求められており、もっぱら真理探求を目指す純粋学問を根本前提とする大学の自治は修正を余儀なくされている。大学における学問の自由は、国家権力による干渉の防禦だけでなく、社会からの不当な介入に対しても自律性を確保しつつ、しかし社会の声をも取り入れる開かれた共同体の自由である。憲法23条の保障する大学の自治は、大学共同体の構成員である教師、学生、職員がそれぞれの地位と権利において研究教育の任務を遂行し、あるいは支援する共同体の自治と言えよう。そこでは常に相互批判を伴うコミュニケーションの機能に必要な思想、言論、表現の自由が学問の自由と共に不可欠である。

(1)　久保田きぬ子「思想・良心・学問の自由」清宮四郎＝佐藤功編集『憲法講座２』118頁。
(2)　田村徳治『学問論の研究』（1959年）24頁。
(3)　伊藤正已『憲法』（新版、1994年）278頁。
(4)　種谷春洋「学問の自由」芦部信喜編『憲法Ⅱ』（1978年）３頁。
(5)　憲法上の学問の概念定義としては、若干問題が残る。というのは、これらの定義で「論理的知的な」とか「論理的手段をもって」という規定の仕方は、学問の実体的内容に立入っているから、個々の学問内容に介入することなく学問の範囲か否か判定出来ないことになる。このことを避けるためには学問の外的形式的定義づけしかないことになる。
(6)　隈谷三喜男『大学はバベルの塔か』（1981年）133頁。
(7)　現代の科学者によると、「純粋に数学的な記述や単純な物理現象以外には、客観的・科学的な真理というものがあるかどうかは、きわめて疑わしい」という（柴谷篤谷「反科学論」（1981年）43頁）。そうだとすると社会科学分野の真理は一層疑わしいといえる。しかし、自然科学的客観的認識の意味での真理よりも広い真理概念を認めるとすれば、憲法23条の学問の基本権の前提が崩壊していると捉え

III 科学技術と憲法

る必要はないと思われる。
(8) 大学教員に対するイデオロギー統制は戦後自由主義陣営においても共産主義陣営においても世界的に行われた。わが国でも1950年頃、進歩的と見られた教師が茨城大学、神戸大学、山口大学等で不採用となり、山形大学では教員の解雇が行われた。
(9) ポポロ事件（最大判昭和38・5・22刑集17巻4号370頁）が、学生の演劇集会について憲法23条に云う学問活動か否かを判断した最高裁として唯一のものである。
(10) とりわけ、私立大学では、経営管理機関である理事会や理事長が教育、研究内容に介入する事例が屡々みられるといわれている（山崎不二夫・岩尾裕純・水田洋編『大学問題について』（1971年）80頁）。
(11) 研究の材料が爆発物や化学薬品などで危険物である場合、安全性確保のため研究の制限が加えられることは、19世紀から理解されていたが、研究の成果そのものの危険性による制限は、現代的問題である。
(12) 純粋学問の立場からすると、目的研究や委託研究はもっぱら真理探求を目指す大学の目的に反すると解されて学問の自由の保護を受けないものとみられていた。
(13) このことは、とくに教育法学者により強調されている。後述する通り、杉本判決や最高裁学テ判決によっても確認された。
(14) P. Paulsen, Die Deutschen Universitäten und Das Universitätsstudium 1902, S. 325.
(15) ヴォルフガング・シュルフター、住谷一彦=樋口辰雄訳『価値自由と責任倫理』（1984年）31頁。
(16) わが国の伝統的学説は、このように解して来た（宮沢俊義『憲法II—基本的人権（新版）』（1974年）396頁）。
(17) どの国でも科学技術の開発と利用のために国家が科学技術政策を推進し、研究体制を整備するようになった。わが国については、鎌谷親善「第1次大戦と研究体制の構築」『科学と国家と宗教』（1995年）218頁以下。アメリカ合衆国については、デュプレ・レイコフ、中山茂訳『科学と国家』（1965年）参照。
(18) 同法の立法趣旨と解説については、尾身幸次『科学技術立国論』（1996年）を参照。
(19) 科学的探究の必要性を国家や社会にとっての有用性にではなく、人間の自由を構成することに求める見解として、フランツ・ノイマン、H．マルクーゼ編、内山=三辺=倉沢=萬田訳『政治権力と人間の自由』（1971年），296頁。純粋学問が世

界事象の客観的認識と理解を与えるというその機能自体が人間の自由にどれだけ大きな役割を果たしたか測り知れない。

(20) 明治憲法下の学問弾圧については、向坂逸郎編著『嵐のなかの百年――学問弾圧小史』(1962年) 参照。

(21) ハンス・ケルゼン、古市恵太郎訳『民主政治の真偽を分つもの』(1984年) 68頁。

(22) 注(19)の文献310頁。

(23) 公開の場での意見の発表と討論の重要性を説いた古典的文献として、J.S. ミル、早坂忠訳『自由論』(世界の名著38) 231頁以下。このことは学問についてもそのままあてはまる。

(24) Bruno Binder, Die Verfassungsrechtliche Sicherung der Wissenschaftsfreiheit in Österreich, Wissenschaftsrecht, Band 6, Heft.1, 1973, S. 4. この研究の概念は、真理探求の純粋学問についての試みであり、憲法23条の「学問」については応用研究も含めて広く捉える必要がある。

(25) 昭和8年刑法上の学説に問題があるとして、文部大臣により罷免された京都大学法学部の瀧川幸辰教授の事件が典型的事例である。その他にも、文部省の圧力により、形式上学内手続をとって辞職を強いられた教授もいた。

(26) 1949年、CIE (総司令部民間情報教育局) 教育顧問W．C.イールズ博士は、新潟大学開校式において「共産党員は思考の自由をもっていない」という理由で、共産主義教授に対して積極的に断固たる立場をとることを勧める講演を行った。大学教授については明確な資料はないが、小・中・高校教員についてはおよそ1,700人ほどのレッド・パージが行われたといわれる。(伊ヶ崎暁生『大学の自治の歴史』(1965年) 114頁)。

(27) 昭和10年の美濃部達吉の天皇機関説事件においては、政府は、憲法上の天皇機関説を否定し、天皇主権論に立つ国体学説を公定した。

(28) 戸波江二『憲法』(1998年) 76頁は、恣意的配分は、違憲としている。

(29) 通説である (芦部信喜「学問の自由(1)」法学教室 (1993) №157、80頁『憲法学Ⅲ〔増補版〕』(2000年) 205頁)。

(30) 世界の憲法史において最初に学問の自由を憲法上の基本権として定立したのは、ドイツのフランクフルト憲法 (152条) である。基本権の成立については、松元忠士『ドイツにおける学問の自由と大学自治』(1998年) 67頁以下。

(31) 下級学校の伝統的な教育観は、下級教育機関は学問研究よりはむしろ児童生徒の心身の発達に応じて普通教育を施すことを目的とするものであること、児童生

Ⅲ　科学技術と憲法

徒は年少であって批判的能力を備えていないこと等を理由に教授の自由の保障を下級学校に適用することを否定するものであった（否定説として橋本公亘『日本国憲法』（1990年）244～5頁）。この見解に対しては学習権説から強い批判が加えられている。

(32)　憲法23条の「学問の自由」と憲法26条の「教育の自由」を統一的に理解する見解として、堀尾輝久『教育の自由と権利』（1977年）57頁。子ども・国民の学問学習の自由を憲法23条に求める学説として、兼子仁『教育法（新版）』（1978年）202～3頁。なお、教師の教育の自由は、学問の自由規定のほか憲法26条、教基法10条1項等複合的構成をとる傾向にあるといえよう。

(33)　明治憲法下においては、とりわけ出版法（26条）が、皇室の尊厳を冒瀆し政体を変改し又は朝憲を紊乱せんとする事項を、27条が安寧秩序を紊し風俗を害する事項を禁止しており、学術書や論文でさえ発売頒布禁止の行政処分が行われた（池田政章「戦前における治安立法の運用とその実態」法律時報臨時増刊「治安立法」第30巻12号17頁以下）。

(34)　盗作については、その部分の程度に応じて無条件に不法行為が生ずる。偽証については、それが他人にどれだけの損害を与えたかによって取扱いは異なる。プライバシーについてもその侵害の程度や態様が問題となるであろう。研究の過誤による民事上の責任については、Andeas Heldrich, Freiheit der Wissenschaft-Freiheit zum Irrtum ? 1987, 参照。

(35)　アメリカ合衆国においては、大学の雇用、採用、昇格、テニュア授与等の際の業績審査における、人種、性、その他の差別が公民権法第7章により禁止されている。なお、わが国の一般言論における差別表現の憲法的問題を論じた、内野正幸『差別的表現』（1990年）は、学問的表現の差別問題についても参考となる。

(36)　内野・前掲23頁。

(37)　朝日新聞平成9年7月25日。

(38)　今日生命科学技術の発達によって人体実験の危険性は決してなくなっていない。人間を使っての、および対象とした研究が基本的に適法か否かの論議について保木本一郎『遺伝子操作と法』（1994年）276頁以下。なお、人体に関する生物医学の実験に関する基本的原則の勧告につき1964年世界医学会のヘルシンキ宣言がある。

(39)　保木本一郎「遺伝子工学の公法的統制」公法研究53号、戸波江二「科学技術規制の憲法問題」ジュリスト1022号、ジェラール・コーエン―ジョナタン、建石真公子訳「科学技術の進歩と人権」都立大学法学会雑誌32巻2号291頁以下。

⑷0　患者は、正当な医療を受ける権利があり、患者の自己決定権を無視した専断的治療行為は違法となる。自己決定権については、中村睦男「科学技術の進歩と自己決定権」ジュリスト（1016号）29頁―30頁。

⑷1　教授の自由を下級学校に適用することに反対の意見は、下級学校の教授は学問研究に基づくものでないという点にある。

⑷2　私立の短期大学の助教授の講義内容が低調で、学生からの人望に乏しいなどの理由で助教授の解雇が有効とされた事例として、東海大短期大学助教授解雇事件（東京地決昭46・9・9判時669号97頁以下。）

⑷3　民間企業で職務懈怠を理由にしてなされた懲戒解雇の事例は少なくない。鎌田耕一「2 職務懈怠」季刊労働法177号61頁以下。しかし、大学教員については極めて少ない。アメリカ合衆国の大学教員の職務怠慢を理由とする解雇事例は相当数ある。これらの問題についてTimothy B. Lovain, Grounds for Dismissing Tenured Postsecondary Faculty, Journal of College and University Law, Vol. 10, No. 3; Robert M. Hendrickson, Commentary, Removing Tenured Faculty for Cause, West's Education Law Reportor, (44) 1988.

⑷4　教科書や教材等の学問性や授業科目の必要性、教育効果等を総合的に比較衡量して格別大きなミスがない限り、教材選択の自由が尊重されよう。比較衡量において学問の自由の憲法上の高い価値が考慮される（Werner Thieme, Deutsches Hochschulrecht, 1986, S. 80）。

⑷5　教授と学生の間に学問的討論、対話を通じて相互交渉の過程が大学の特色である（有倉遼吉『憲法秩序の保障』（1969年）166頁）。教授の自由が学生の学習の自由を前提とすることについて、伊藤和衛『学生の基本権と行政参加』（1974年）169頁。

⑷6　大学における学生の権利は、実定法上具体的な規定がなく、今日まで不明確であり、わが国学校教育法制も特有の欠陥である。判例は、特定の学校で教育を受け得ることは、反射的利益に止まらず、その学生の有する権利であることを昭和20年代の営造物理論の有力であった時代においても認めていた（高等裁判所判例集6巻3号81頁以下）。しかし、権利の具体的内容は示されていない。金沢大学事件では大学における一定の試験を受けることが学生の最も重要な基本的権利の一つであることを認めている（金沢地判昭46・3・10判時622号20頁）。

⑷7　日本学術会議大学問題特別委員会の報告書「大学問題について」（1971年）58―60頁は、学生に政治活動の自由を含めて一般的市民的自由として思想・言論への自由を認められるとしている。

Ⅲ　科学技術と憲法

(48)　否定説として、橋本公亘『日本国憲法』(1990年) 244頁。判例としては、東大ポポロ事件最高裁判決(最大判昭38・5・22刑集27巻4号370頁)がこの見解と解される。

(49)　橋本公亘・前掲299頁。

(50)　有倉遼吉「憲法・教育基本法と教育を受ける権利」季刊教育法9号、兼子仁「教育法(新版)」(1978年)、237頁以下。兼子説のように教師の教育権を憲法23条のほか26条教育基本法10条1項等複合的規範に根拠づけるのが有力である(ほぼ同見解として、永井憲一『教育法学の展開と課題』(1983年) 218頁)。

(51)　最高裁判決への批判として、有倉遼吉「教育法学からみた学テ判決」季刊教育法21号、小林直樹「『学テ』判決の考察」ジュリスト618号。

(52)　宮沢・前掲(16)396頁。

(53)　憲法23条の下でも、戦前明治憲法下の学問の自由観念が根強く残り、それによって大学自治論が構成されていたと考えられる。教育基本法の制定に当った田中耕太郎自身教育基本法第1条の教育目的とは異質のドイツの憲法学説(ケットゲン理論)に依拠して大学自治論を説いている(田中『教育基本法の理論』(1965年) 778頁以下。

(54)　教育法令研究会『教育基本法の解説』(1947年) 59～67頁参照。

(55)　高柳信一『学問の自由』(1983年) 277頁。

(56)　高柳信一・前掲277頁。

(57)　兼子仁・前掲(32)285～6頁。

(58)　永井憲一『憲法学の基礎認識』(1975年) 90頁。

(59)　野上修市『解明教育法問題』(1993年) 68頁。

(60)　中村睦男「第23条」『注釈日本国憲法(上巻)』(1991年) 556頁。

23 未出生の生命の憲法上の地位と人工生殖・生命操作技術
──ドイツの理論の問題点と可能性──

嶋 崎 健太郎

　はじめに
1　従来の「通説」の内容
2　人工生殖技術に関する「通説」の諸帰結
3　「通説」の問題点
4　問題点への対応
5　まとめと検討

　はじめに

　本稿は、未出生の生命に基本権主体性を認めるドイツの憲法学の「通説」[1]が、人工生殖・生命操作技術[2]の可否に関していかなる帰結をもたらすのか、そこにはいかなる問題点があるのか、その問題点にどのような対応が可能か、を検討するものである。それにより、人工生殖・生命操作の問題に対するドイツの理論の可能性を探るものである。

1　従来の「通説」の内容

　ドイツにおいて、未出生の生命の憲法上の地位に関する理論は、妊娠中絶の規制問題にはじまり[3]、その後、新たな人工生殖・生命操作技術の規制問題を検討する中で形成・発展してきた。未出生の生命が享有しうる基本権として主要なものは、人間の尊厳[4]（基本法1条1項）及び生命の権利（2条2項）である[5]。

III 科学技術と憲法

(1) 人間の尊厳

ドイツ基本法の人間の尊厳条項は、その主観的権利の側面として、国家に対する個々人の消極的権利としての人間の尊厳を保障するだけでなく、客観法としての側面として、国家に対して個人の尊厳を第三者による侵害から保護すべき義務（国家の基本権保護義務[6]）を課している。人間の尊厳は、「不可侵（unantastbar）」である。

しかし、基本法は、人間の尊厳の具体的内容（積極的概念）については規定していない。そこで、「通説」は、いかなる場合に人間の尊厳が侵害されるか、という消極的概念のみが引き出されるとする。人間の尊厳に対する加害行為は不変ではなく、時代の経過とともに、人間の尊厳の新たな侵害可能性が生ずる。人工生殖などの生殖医学、生命操作技術の発展もその観点から吟味されることになる[7]。

ドイツにおける人間の尊厳の概念には、キリスト教の人間の「神の似姿」論の影響を受けた神学的人間の尊厳論と人間の理性論の影響を受けた世俗的・合理的人間の尊厳論という2つの系譜がある。確かに、基本法は、前文で「神に対する責任（Verantwortung vor Gott）」という文言を用いているが、他方で個人の信教の自由、国家の宗教的中立性を規定しており、神学的人間の尊厳論を憲法解釈の基準とすることは妥当でない。そこで、「通説」は、世俗的・合理的人間の尊厳論を前提にして、人間の尊厳は、人間を他人のための客体、単なる手段、代替可能物におとしめることを禁止しているとしてきた（客体定式）[8]。

(2) 生命の権利

基本法の2条2項は、すべての人に生命の権利（Recht auf Leben）を保障している。これにより人間の肉体的生存が保障される。生命の権利は、人間の尊厳と同様に、主観的権利としての国家に対する防御権であると同時に、国家に対して第三者による侵害から生命を保護すべき義務（国家の生命保護義務）を課している。ただし、基本法の文言上、人間の尊厳条項とは異なり、法律による制限（法律の留保）が認められている。

(3) 未出生の生命の憲法上の地位

ドイツの連邦憲法裁判所は、2度の「堕胎判決」[9]において、妊娠中絶との関連で、未出生の生命も国家の基本権保護義務の対象であるとした。しかし、その保護の始期は明確ではない。また、裁判にとっての必要性がないとして、未出生の生命が基本権主体であるか、それとも客観法的保護を受けるのみか、基本権主体としたら、その始期は何時かについても明らかにしていない。これに対して、学説は判例の明確でない部分に踏み込んでいる。「通説」の大要は以下のとおりである。

① 未出生の人間の生命も、生命権の主体である。生命権の始期は、精子と卵子の結合（受精Befruchtung）の完了の時点である。その後の生命権の発達の過程に、特定の質的な区切りはない（生命の連続性、人格を持つ潜在可能性）。したがって、生命権の始期を胚の全能性の喪失、子宮への着床（Nidation）、脳の形成（脳生）、独立生存能力の形成、さらに出生とする少数説[10]のいずれも恣意的であるとみなす。生命は、人間の尊厳の死活にかかわる基盤であり、人間の生命が存在すれば、そこには人間の尊厳が保障される。したがって、未出生の生命は、受精完了時から生命権の主体であると同時に人間の尊厳の主体である（人間の尊厳と生命権の結合）。

② 人間の尊厳及び生命権の客観法的側面として、国家は未出生の生命を保護する義務を負う（国家の生命保護義務）。保護義務の始期もやはり受精時である。

③ 一般的に、基本権の主体は国家の基本権保護義務の対象である。したがって、人間の尊厳・生命権の主体たる未出生の生命も保護義務の対象として保護される（この点はのちに見るように、1970年代までの妊娠中絶を主たる問題とした時代には疑問視されていなかったが、その後の生命操作技術の発展により修正されつつある）。

2 人工生殖技術に関する「通説」の諸帰結

(1) 人工受精

配偶者間の人工受精それ自体は、ドイツでも特に問題とされない[11]。「通説」の

III 科学技術と憲法

立場でも、精子も卵子も基本権の主体ではなく、受精の終了時点までは、人間の尊厳及び生命権の主体は存在しないし、受精卵はこの技術により、単なる客体ではなく、生という恩恵を受けているからである[12]。また、人工受精が、夫及び妻の意思に基づく限り、夫婦の人間の尊厳は問題とはならない[13]。

夫以外の精子を用いた人工受精（非配偶者間の人工受精）は、ドイツにおいては1960年代までは刑法草案に禁止が盛り込まれるほど激しい抵抗があった。しかし、現在では、倫理的な批判の可能性はあるにせよ、ドイツにおいても次第に受容されてきた[14]。現行の胚保護法も非配偶者間人工受精を規制していない。憲法学説史からみると、初期の学説[15]は非配偶者間の人工受精を人間の尊厳違反としていたが、現在は、非配偶者間の人工受精それ自体を禁止する憲法上の根拠は希薄だとされている。基本権の主体についての先述の「通説」の立場に立っても、配偶者間の人工受精と同様に、人工受精の完了まで基本権主体が存在しないし、生じた生命は自らの存在をこの技術に依拠しているからである[16]。また、夫婦が第三者の精子による受精を望んでいる以上、夫婦が辱められたり道具化されているわけではなく、夫婦の人間の尊厳も問題にならない。

ただし、非配偶者間の人工受精の形態として、日本を含め実施されている匿名の精子又は混合精子の使用した人工受精は、人間の尊厳と結びついた基本法2条1項（一般的人格権）から導かれる「子が自らの出自を知る権利」を害するとされる[17]。この問題は非配偶者間の人工受精それ自体の問題ではないことから、本稿ではこれ以上触れない[18]。

(2) 体外受精及び胚の移植

体外受精とそれに続く母体への胚の移植は、人工受精とは異なり、母体に移植されるまでの胚には人間の手による操作が可能である。体外受精には、配偶者間のそれと非配偶者間のそれがある。ドイツでは現在、胚保護法及び連邦医師会のガイドラインにより、配偶者間の体外受精・胚移植のみ許容されている[19]。

未出生の生命の憲法上の地位に関する「通説」に従う限り、女性の体外で受精した受精卵及びその後成長した胚も、人間の尊厳及び生命権の主体であり憲法上

の保護を受ける。しかし、体外受精卵を安全に母体に移植し、出産に至る限りでは、配偶者間の体外受精それ自体は人間の尊厳・生命権に反しない[20]。理由は人工受精と同様である。

これに対して、非配偶者間の体外受精・胚移植については、優生学的人種改良ための利用や人間が客体として扱われる危険を指摘し、人間の尊厳に反するとの意見がある[21]。しかし、この意見も技術の用い方を問題にしているのであり、配偶者間の体外受精・胚移植と同様に、胚はこの技術により生という恩恵を受けている以上、技術それ自体を例外なく憲法上禁止することは困難である[22]。なお、非配偶者間の人工受精と同様に、体外受精の場合にも、子は自らの出自を知る権利が保障されていなければならない。したがって、子の福祉の観点から、匿名の精子又は（及び）卵子を用いた非配偶者間体外受精は禁止できる（体外受精に関連して、移植されない余剰胚（überzahlige Embyonen）の問題がある。これについては(4)で述べる）。

(3) 代 理 母

養子斡旋法13ａ条の定義によると、「代理母とは、合意に基づき、① 人工受精又は自然受精を受け、又は、② 自己に由来するものではない胚を自分に移植させ、もしくはさらに懐胎し、そして出産後にその子どもを第三者に養子又はその他の方法で永続的に引き渡す用意のある女性をいう」[23]。同法は、あらゆる形態の代理母を有償無償を問わず禁している。また、胚保護法１条１項７号はこれを企図する者を処罰している。

憲法の観点からは、受精の段階から人間の尊厳、生命権の主体性を認める「通説」の立場に立っても、子の福祉の観点から法律で代理母を規制することは違憲ではないが、体外受精と同様に、代理母それ自体を憲法上禁止すべきとすることは難しい[24]。なぜならば、代理母契約の時点では基本権の主体たる受精卵は未だ存在しないこと、子は自らの生を代理母契約から恩恵として受けていること、人間の尊厳は子にとって理想的な家族環境の保障まで含まないと考えられることからである。また、代理母が自由意思で自らを提供する限り、出産後に子を手離さ

なければならない代理母の人間の尊厳は侵害されないといえる。もっとも、代理母契約を認めた場合でも、子が出自を知る権利は妨げられてはならない[25]。

(4) 余剰胚の生産・実験利用

体外受精・胚移植において、1回の移植で妊娠しない場合に備え、又は移植に適した胚の選別ために、1回の移植の必要数よりも多い受精卵が生産されることがある。移植されない胚が余剰胚となり、それはいずれ死滅する運命にある。「通説」の立場から見れば、受精の時点では基本権主体は存在しないものの、余剰胚の意図的生産は殺すための人間の生命の生産であり、また人間（受精卵・胚）は自らの生という利益を全く得ることができず、代替可能物としてもっぱら他者（移植される胚や親など）の道具として利用されのであるから人間の尊厳に反する[26]。また、余剰胚の生命を奪うことになるから、生命権に反し憲法上禁止されるとの説明も可能である。

また、何らかの理由で余剰胚が生じてしまった場合（例えば移植予定の妻の死亡）、余剰胚を医学の発展のための実験に利用すること（胚消費的実験）は、いかに人類の医学の発展に多大な貢献するものであったとしても、基本権主体についての「通説」を前提にすると、当該胚に何の恩恵ももたらさず、他者のために単なる道具として利用されているから、人間の尊厳に反するとされる[27]。人間の尊厳の不可侵性から、保護は絶対的であり、いかに重要であっても他の法益（例えば、医学への貢献）との衡量は不可能である[28]。人間の尊厳は本人の生存可能性とは無関係だから、余剰胚はいずれ消滅することは実験利用の理由にならない[29]。学問の自由も当然制限を受けることになる[30]。

(5) 着床前診断

着床前診断（Präimplantationsdiagnostik）は、体外受精した胚が4から8個の割球となった時期に、その胚から1個ないし数個の割球を取り出して遺伝子分析を行うことである。取り出した割球に遺伝子欠陥が発見されなかった場合には、もとの胚を母体に移植し、遺伝子欠陥が発見された場合には、もとの胚を母体へ移

植しないことで、妊娠後の中絶をしないで済ますことができる点にメリットがある[31]。着床前診断が行われる4から8割球期においては、胚のいずれの割球も同一の遺伝情報を持ち、かつ完全な人間へと分化・成長可能な全能性を有する。異論もあるが、胚保護法は、この着床前診断を禁止しているとみなされている[32]。

受精時から人間の尊厳・生命権の主体性を求める「通説」からすれば、全能性すなわち完全な人間への成長可能性がある限り、着床前の胚から検査のために取り出された割球も、基本の主体である。したがって、基本権主体についての「通説」の立場からは、上で述べた胚消費的な実験と同様に、検査のために割球（胚）を取り出し、検査で消費することは、人間の尊厳を侵害することになる[33]。この点「通説」内から異論もある。取り出された割球は放置しておけば死滅するから、成長可能な独立の権利主体とは認めない説や、取り出された割球はもとの胚と遺伝情報が同一であるから、割球はもとの胚の一部であるとして独立の主体性を否認する説がそれである[34]。しかし、「通説」のごとく受精からの基本権主体性を前提とする限り、前者の説については、生存可能性を基本権主体の条件とする点で、後者の説については遺伝子決定論に立っている点で説得力に疑問があろう。

(6) 生殖系列細胞の遺伝子改変

医学の発達は、今日、人間の細胞に外から遺伝子病気の原因となる遺伝子を人為的に補い又は制御する遺伝子治療を可能にしている[35]。遺伝子治療の対象は、体細胞と生殖系列細胞に分けられる。現在各国で実施されている治療は、体細胞対象に限定されている。生殖系列細胞の遺伝情報を改変する治療は個体のみならず将来の世代に対して不測の危険をもたらすためである。ドイツの胚保護法5条も、治療目的も含め生殖系列細胞（Keimbahnzellen）の遺伝子情報の改変を禁止している。生殖系列細胞には、精子・卵子、受精卵、全能性のある胚細胞、その他遺伝子情報の伝達にかかわる細胞が含まれる（胚保護8条3項）[36]。

現在実用化されていないが、将来、遺伝子治療による遺伝情報の改変が、生殖系列細胞の中でも精子・卵子に対して実施可能となる。この場合に、基本権主体性を受精時から認めるドイツの「通説」の立場からも、精子・卵子は基本権主体

Ⅲ 科学技術と憲法

ではないので、治療時には基本権主体は存在しない[37]。したがって、国家は精子・卵子を遺伝子改変から保護すべき義務を有しないことなる。

また、遺伝子治療が、受精卵以後の生殖系列細胞に対して実施された場合、遺伝子情報の改変の結果は、むしろ、将来の世代の人間に悪い影響として顕われる可能性がある（例えば、人類の遺伝子プールの減少）[38]。しかし、ドイツの「通説」をもってしても、将来の世代の人間は、現在の基本権主体ではないから、将来の世代には基本権保護は及ばないことになる。また、仮に、遺伝子治療による遺伝子情報の改変が特に重篤な遺伝病などの治療ないし予防に確実な効果があるとすれば、それは基本権主体本人にとっては恩恵をもたらすということができるのであり、基本権主体本人の人間の尊厳や生命権、その主体に対する国家の保護義務を理由に禁止することは難しい。こうして、とりわけ生殖系列細胞への遺伝子改変の場合には、従来の「通説」は、「基本権主体の不存在」[39]という問題に直面する。ヒトクローン作成の場合も同様である。

3　「通説」の問題点

以上から、従来のドイツの「通説」に対しては、つぎの問題点が指摘されうる。

(1) 基本権主体の不存在

まず直前で述べたように「基本権主体の不存在」の問題がある。人工生殖技術・生命操作は、現在存在しない将来の世代の人間に影響を及ぼす。しかし、「通説」は、基本権主体の範囲と国家化による客観法的保護の対象の範囲を同一視するため、現在個々の基本権主体が存在しない場合には、将来の世代の人間の尊厳・生命の国家による保護を期待できない（例えば、生殖系列細房に対する遺伝子操作の問題）。

(2) 生命の段階に応じた取扱の困難性

つぎに、現実にはドイツの法制度に採用されている生命の発育段階や状況に応

じた段階的な取扱を困難になることが挙げられる。現実には、連邦憲法裁判所は、胎児の中絶に関して、母体の生命保護の場合（医学的適応事由）以外に、犯罪学的、優生学的適応事由よる中絶を認めている(40)。他方、基本法１条１項は、人間の尊厳を「不可侵」として、絶対的に保障し、他の法益との衡量を拒否している。こうした、様々な適応事由（胎児の側からすれば、自己が抹殺される事由）の憲法学的な説明は、「不可侵の」人間の尊厳の主体としての未出生の生命、その主体に対する国家の絶対的保護義務を前提とする限り困難である。また、受精から着床までの生命に対する胚保護法のあつい保護と、妊娠段階の生命に対する刑法による一定事由の中絶承認という不平等取扱も未出生の生命の人間の尊厳を前提とする限り説明が難しい(41)。さらに、胚保護法による体外にある胚の死滅の禁止と刑法による避妊手段（着床阻止的ピル、リング）の容認も同様である(42)。また、余剰胚が生じてしまった場合（例えば移植予定の母親が死亡した場合）、「通説」を徹底すれば、その余剰胚は永久に廃棄できないことになる（人工子宮が開発されれば、人工子宮で生育・出産させる国家の義務が生ずることになろう）。これらの点は、以前から、レルヒェ、ホフマン、ツィペリウスいった「通説」に批判的な有力学者から指摘されてきた(43)。

4　問題点への対応

(1)　将来の世代の保護（客観法的保護対象の拡大）

前章で指摘した「通説」の第一の問題点（基本権主体の不存在）に対処するために持ち出されるのが基本権の客観法的側面の拡張である。そこでは、従来の「通説」が、基本権主体の範囲と国家による客観法的保護の対象の範囲を同一視していたのと異なり、客観法的保護の範囲を基本権主体が不存在の領域にまで拡張する。例えば、Ｐ．ヘーベルレは、人間の尊厳の保障を「個人を超えた世代間の視点」により補強し、人間の遺伝子プールの平準化と将来の世代に対する影響を与える生殖系列細胞の操作は、人間という存在それ自体の操作に対する予防的防禦の根拠としての人間の尊厳に反するとする(44)。また、Ｄ．グリムは、人間の尊厳

Ⅲ 科学技術と憲法

条項の保護を個々の人間から「種としての人間」へ拡張する[45]。同様の趣旨で、E．ベンダは「不完全性を内容とする人間の本質」を、J．シュピーケルケッターは「人間の基本条件」としての人間の尊厳を主張する[46]。この傾向は従来の「通説」の修正として、「通説」に立つ学者から主張された。

(2) 「人間の尊厳から生命権への移動」

「通説」の第2の問題点（生命の段階に応じた取扱の困難性）を批判して登場したのが「人間の尊厳から生命権への移動」[47]というべき最近の学説傾向である。この傾向は、H．ドライヤー[48]やJ．イプセン[49]といった「新世代」[50]の有力な理論家により唱えられており、もはや無視しえない[51]。例えば、ドライヤーは、最新のコンメンタールの中で、「通説」による人間の尊厳と生命権との結合を批判し、人間の尊厳の侵害と生命の権利の侵害とを区別する。その根拠として、胚は生命の兆候を示していても人間の尊厳に不可欠な条件（自己意識、理性、自己決定能力）を欠いていること等と並んで、両者の無批判の結合により妊娠中絶に関する段階的法的処理に矛盾が生じていることを指摘する。未出生の生命の場合に、人間の尊厳から生命権への移動すなわち基本1条1項から2条2項へ移動することが「段階的な解決」を可能にするために有意義だとする。なぜならば、基本法2条2項の生命権規定の場合には、不可侵をうたう1条1項の人間の尊厳条項とは異なり、法律のよる制限の可能性（法律の留保）が明文で規定されており、生命の発育段階に応じた段階的生命保護が憲法解釈上可能になるからである[52]。

未出生の生命につき人間の尊厳と生命権を切り離すこの見解は、胚の実験利用や、また生殖系列細胞に対する遺伝子治療についても「通説」と異なる結論をもたらす。「通説」は、胚保護法が胚消費的実験を禁止していることを、人間の尊厳原理の必然的具体化とみなしているが、ドライヤーは胚消費的実験の可能性が開かれる。同様に、生殖系列細胞の操作に対する厳格な禁止を、治療的な介入を認める方向で緩和することが可能となる[53]。

同様の傾向は、通説内にもみられる。例えば、「通説」に立ちつつも、ヘーフリンクは、人間の尊厳と生命権は基本権競合の関係であるが、人間の尊厳の保護領

域を限定し、具体的な適用の場面では、人間の尊厳よりも個別的な人権規定である生命の権利が優先的に適用されると説く[54]。この場合「通説」は、ドライヤー、イプセンなどの少数説と接近する。

5 まとめと検討

(1) ドイツの理論は、以上述べたように、未出生の生命の基本権主体性から出発し、人工生殖技術や生命操作の許容範囲と限界を、人権論の立場から理論的に説明しようする。しかし、未出生の生命に受精時から基本権主体性を認めるドイツの「通説」に立った場合でも、生命を生み出す方向で人工生殖や生命操作の技術が用いられる場合には、技術それ自体に対して否定的な結論が導かれるわけではない。憲法論的な批判は、技術そのものよりも、その使用法や形態(例えば、子の出自を知る権利の確保)に向けられることが多い(子の福祉等を理由に技術を法律で規制することは憲法上許容される)。それに対して、これらの技術が未出生の生命を死滅させる方向で用いられる場合には、技術の使用に対して否定的な結論が導かれる(憲法上、技術の禁止が命じられる)。しかし、現実にはドイツにおいても未出生の生命の生育段階に応じて、法制度は未出生の生命の死滅を許容している、あるいは許容せざるをえない(中絶の広い適応事由、避妊手段の許容、余剰胚のあいまいな地位など)。未出生の生命に人間の尊厳の主体性を認める「通説」は、そのような措置を説明することが難しい(生命の段階に応じた取扱の困難性)。そこで「人間の尊厳から生命権への移動」という学説傾向が生じている。他方、科学技術の急速な発達は、人間の遺伝子の改変など、現在の具体的基本権主体ではないが将来の世代へ重大な影響を与えうる生命操作技術を可能にした。従来の「通説」はこの点で新たな問題にぶつかった(基本権主体の不存在)。この問題に対応するために、従来の「通説」は修正され、基本権の客観法的保護の対象を基本権主体の範囲よりも拡張し、将来の世代の利益を保護することが唱えられた[55]。

(2) 「人間の尊厳から生命権への移動」については、「all or nothing の硬直的な解答」[56]を避け、段階的・柔軟な対応を可能にする点で基本的に首肯しうる。ま

た、人間の尊厳と生命権とは多くの場合重なりあうが、理論的には区別しうるからである[57]。例えば、「尊厳死」という概念は人間の尊厳と生命が両立しない場合を示している。また、人質の生命を護るためのハイジャック犯の射殺は犯人の生命権への介入ではあるが、同時に犯人の人間の尊厳への介入と言えるか疑問である。そして、人間の尊厳は絶対不可侵であるが、人間の生命は例外的に介入を受けうる(例えば、正当防衛、人質救出のための発砲(Rettungsschuß))。基本法規定上も生命権は法律の留保が付されている。また、胚消費的な実験などは生命権の問題として扱うことが可能である。

もっとも「人間の尊厳から生命権への移動」は、「尊厳原理の無条件性自体が疑問視され、過度の研究の利益に対して過度に相対化させる」[58]との懸念も投げかけられている。「人間の尊厳から生命権への移動」説にはなお明確化を要する点もある。すなわち、「人間の尊厳から生命権への移動」では、生命権の比重が飛躍的に高まる。その場合、生命権の効力範囲を明らかにする必要がある。ドライヤーは、生命権の始期につき一応、脳の生成時(脳生説)を示唆しているようである[59]が明確ではない。イプセンも、未出生の生命は人間の尊厳同様に生命権の主体でもないとするが、未出生の生命の客観法的保護は未出生の生命にも及ぶとしている[60]。その場合、客観法的保護の始期は何時なのか。イプセンは、筆者のインタビューに対して客観法的保護の始期を着床であると答えている。そうすると、移植前の胚の保護には、生命権が及ばないことになるが、それでよいか。

(3) 基本権主体が不存在の場合の基本権の客観法的保護の対象拡大による将来の世代の保護についても、後述の疑問点もあるが、その理論枠組みは肯定できる。実は、未出生の生命に対し人間の尊厳主体性を否定し、「人間の尊厳から生命権への移動」を唱えるドライヤーやイプセンも、基本権主体が存在しない一定の生命操作(人間の品種改良としての遺伝子操作、ヒトクローン作成)につき将来の世代の利益のために人間の尊厳の客観法的効力を及ぼすことを認めている[61]。したがって、この点では修正された現在の「通説」も少数説も一致している。人間の尊厳の客観法的側面が最後の「緊急ブレーキ」として、人工生殖・生命操作技術に対する歯止めになる余地があるとするのである。理論的には、基本権主体でないこ

とは、ただちに客観法的保護の対象でないことを意味しないといえる。人間の尊厳又は生命権の主体でないからといって、国家は生殺与奪の権利を持つわけではない[62]。従来の「通説」では、ややもすると基本権主体か否かでオール・オア・ナッシングの硬直的な解答が導かれる危険があるが、基本権主体ではないが客観法的保護を受ける対象を想定することにより、柔軟な処理が可能になるというメリットもある。また、この理論枠組みは、基本権主体ではない動物や自然の保護にも応用できる[63]。また、生命・環境倫理学でいう「世代間倫理」を憲法学に採りこむ理論的枠組みともなる。比較法的にも、われらのみならず「われらの子孫」のためにも確定され、現在のみならず「将来の国民」にも基本的人権を保障する日本国憲法（前文、11条、97条）の解釈においてこの点は有益な視点を提供する[64]。

疑問点としては、人間の尊厳の不確定性ゆえに「将来の世代の尊厳」、「人間種としての尊厳」、「人間の基本条件」など客観法的内容に何を盛り込むかである。場合によっては、現在の個々の人間の尊厳と将来の世代の人間の尊厳、個々の人間の尊厳と人間種としての人間の尊厳が対立することも考えられる。例えば、将来の世代のために劣悪な遺伝子を残さなという理由で積極的優生学的人種改良の危険も生ずる。ドイツにおいては、治療を含め、人間に対するあらゆる遺伝子操作を否定する見解もあるが、一般的には、人間を遺伝的に改良することを目的とする積極的優生学的（改良的）遺伝子操作は基本法1条の人間の尊厳に反するが、遺伝性疾患を防ぐという消極的（治療的）優生学的遺伝子操作は厳格な要件の下で許容さうるとの見解が有力である[65]。その場合でも、積極的優生と消極的優生の境界は流動的である。その場合いかなる疾患について治療目的での遺伝子操作が許されるかは、人間の尊厳から一義的に決まるものではなく、最終的には社会的なコンセンサスに委ねざるをえないだろう。その意味で人間の尊厳は万能ではない。クローン技術についても同様である[66]。

(1) もちろんドイツの通説といっても論者により多様であり、流動的である。本稿では論点を鮮明にするために通説の内容を典型化した。その意味でカッコにいれ

III 科学技術と憲法

た「通説」とする。また「通説」の帰結についても「通説」の論理を徹底した場合を念頭においている。

(2) 各種の生殖技術とその問題点につき、玉國文敏「生命科学・生殖技術の進歩と新しい人権」ジュリスト1016号20頁以下（1993）、渋谷秀樹「生殖の自由と生命の尊厳」『岩波講座・現代の法14・自己決定権と法』33頁以下（岩波書店、1998）、金城清子『生命倫理と法』（日本評論社、1998）。日本におけるその現状につき、戸波江二「科学技術の発展と人間の尊厳」ドイツ憲法判例研究会編『人間・科学技術・環境』108頁以下（信山社、1999）参照。ドイツの文献の翻訳として、ウド・シュタイナー（光田督良訳）「基本法による生命保護」駒沢女子大学研究紀要2号209頁以下（1995）参照。ドイツ法圏の現状を概観するには、市野川容孝「生殖技術に関するドイツ、オーストリア、スイスの対応」Studies生命・人間・社会2号65頁以下（1994）、櫛島次郎・米本昌平「先進諸国における生殖技術への対応」ジュリスト1056号130頁以下（1994）、岩志和一郎「諸外国における体外受精と立法」法律のひろば1998年9号53頁以下、が有益である。

(3) 日本において、中絶との関係で胎児の基本権主体性を扱った先駆的論文として、石村修「憲法における胎児の生命権」専修法学論集28号135頁（1978）参照。

(4) 遺伝子操作技術と人間の尊厳の関係につき、保木本一郎『遺伝子操作と法』239頁以下（日本評論社、1994）、戸波江二・前掲（注1）103頁以下、青柳幸一「先端科学技術と憲法・序説」『人間の尊厳と現代法理論』（ホセ・ヨンパルト教授古稀祝賀）631頁以下（成文堂、2000）参照。

(5) 未出生の生命が主体となりうるその他の権利について、Vgl. W. Rüfner, in: Isensee/Kirchhof (Hrsg.), Handbuch des Staatsrechts V, S. 493.

(6) 国家の基本権保護義務につき、小山剛『基本権保護の法理』（成文堂、1998）参照。

(7) 科学技術の進歩に応じ人間の尊厳の内容を動態的に考える必要も生ずる。例えば最近の事例として「損害としての子」事件において「人間の商業化」は人間の尊厳を害するとした連邦憲法裁判所判決、嶋崎健太郎「不妊手術又は遺伝相談に失敗した医師の損害賠償と望まずに生まれた子の人間の尊厳」自治研究74巻11号112頁以下（1998）参照。

(8) 通説による人間の尊厳の内容につき、青柳・前掲（注4）639頁以下参照。人間の尊厳及び生命権の法哲学的根拠につき、小林直樹「法の人間学的考察（II）」法学協会雑誌116巻1号116頁以下（1999）参照。

(9) 第1次堕胎判決につき、嶋崎健太郎「胎児の生命と妊婦の自己決定」憲法裁判

研究会編『ドイツの憲法判例』49頁以下（信山社、1996）、第2次判決につき、小山剛「第2次堕胎判決」同研究会編『ドイツの最新憲法判例』52頁以下（信山社、1999）、両判決の比較として嶋崎健太郎「ドイツにおける胎児の生命権と妊娠中絶判決」憲法理論研究会編『人権保障と現代国家』100頁以下（敬文堂、1995）及びそこで引用の文献参照。

(10) 出生を生命権の始期とするヘルスター説と「通説」の論争につき、嶋崎健太郎「胎児の生命権の根拠」法学新報103巻2・3合併号(1997)233頁以下参照。日本における独立生存可能時説として、光田督良「胎児の権利」駒沢女子大学研究紀要25号8頁(1992)、脳生説として、葛生英二郎・河見誠『いのちの法と生命倫理（新版）』108頁以下（法律文化社、2000）参照。

(11) E. Fechner, Menschenwürde und generative Forschung und Technik, JZ, 1986, S. 659; D. Giesen, in: W. Korff, L. Beck u.P. Mikat (Hrsg.), Lexikon der Bioethik, Bd. 2, S. 312; H. Dreier, in: Dreier, GG, I, Art. 1I, Rdnr. 112.

(12) Vgl. H. Kamps, Das Recht der Reproduktionsmedizin-Ein Überblick, MedR 1994, Heft 9, S. 340; C. Starck, Die künstliche Befruchtung beim Menschen—Zulässigkeit und zivilrechtliche Folgen, Gutachten A für den 56. Deutschen Juristentag, 1986, A21.

(13) ただし、死亡した夫の精子を用いた人工受精は、子の福祉に反し憲法上規制されうる。胚保護法4条1項3号も死亡した夫の精子を用いた人工受精を禁止する。胚保護法の翻訳として柏崎敏義訳『人間・科学技術・環境』（注1）550頁参照。

(14) 市野川・前掲（注2）65頁、岩志・前掲（注2）53頁、参照。

(15) Vgl. G. Dürig, in: Maunz/Dürig/Herzog, GG, Art. 1, Rdnr. 39.

(16) Vgl. Kamps (Anm. 12) S. 340; Starck (Anm. 12), A. 22.

(17) Vgl. C. Starck, in: v. Mangoldt/Klein/Starck, GGI, Art. 1. Abs. 1, Rdnr. 88; BVerfGE79, 256; 96, 56. 反対説として、E. Deutsch, Medizinrecht, 4. Aufl., S. 431.

(18) 詳しくは、光田督良「自己の出自を知る権利と子による嫡出の否認」『ドイツの最新憲法判例』（前掲注9）34頁（信山社、1999）、押久保倫夫「婚外子の父を知る権利と母の人格権」自治研究74巻4号118頁(1998)、海老原明夫「自己の出自を知る権利と嫡出否認」法学協会雑誌115巻3号349頁(1998) 参照。

(19) 岩志・前掲（注2）54頁、市野川・前掲（注2）61頁参照。

(20) In-virto-Fertilisation, Genomanalyse und Gentherapie: Bericht der

Ⅲ 科学技術と憲法

gemeisamen Arbeitgruppe des Bundesministers für Forschung und Technologie und des Bundesminisiters der Justiz (Benda-Kommission), S. 6 f.; Kamps, (Anm. 12) MedR 1994, Heft 9, S. 340.

(21) Kamps (Anm. 12) S. 341.

(22) Vgl. Benda-Kommission (Anm.20), S. 14; E. Benda, Erprobung der Menschenwürde am Beispiel der Humangenetik, in: aus Politik und Zeit geschichte, Beilage zur Wochenzeitung das Parlament, B3/85, 19. Januar 1985, S. 27; Starck. (Anm. 12) A. 36.

(23) 養子斡旋法の翻訳として、根森健訳『人間・科学技術・環境』(注1) 557頁参照。

(24) Vgl. Starck (Anm. 12) A. 36; von Münch/Künig, GG-Kommentar, Bd. 1, 4. Aufl., S. 108.

(25) Vgl. E.M. von Münch, Leihmutterschaft, in: Lexikon der Bioethik, Bd. 2 (Anm.11), S. 594.

(26) Starck (Anm. 12) A34.これに対して、自然の生殖の場合にも、全ての受精卵が着床に至るわけではないから、胚の浪費も正当化されるとの反論がある。

(27) W. Graf Vitznum, Gentechnik und Grundgesetz, in: Festschrift für G. Dürig zum 70. Geburtstag, S. 190; Starck (Anm. 12) A. 34 ff.

(28) H. Bentert, Embryonenforschung, in: Lexikon der Bioethik, 1. Bd. 1, S. 559 f.

(29) M. Pap, Extrakorporale Befruchtung und Embryotransfer aus arztrechtlicher Sicht, 1987, S. 256 f.

(30) Benda-Kommision (Anm. 20), S. 29.

(31) 佐藤孝道『出生前診断』31頁以下参照 (有斐閣、1999)。日本では鹿児島大が日本産科婦人科学会に申請中だが、不承認の方向と報じられている (朝日新聞、2000年2／7朝刊)。

(32) Vgl. A. Schmidt, Pränatalmedizin, in: Lexikon der Bioethik, Bd. 3, S. 55; Deutsch, Medizinrecht (Anm. 17), S. 449.この点に異論もある (市野川・前掲 (注2) 66頁参照)。

(33) C. Starck, in: v. Mangoldt/Klein/Starck, GGI, Art. 1 Abs. 1, Rdnr. 90. 検査のための胚の分割による損傷の危険性も、胚の生命権や身体の不可侵との関係で問題となる。

(34) M.D. Eppelt, Grundrechtsverzicht und Humangenetik, S. 303, 308.

(35) 日本でも、1995年北海道大学において体細胞に対する遺伝子治療が行われた。
(36) H-L. Günther, in: Keller/Günther/Kaiser, Embryonenschutzgesetz, Kommentar zum Embryonenschutzgesetz, §5, Rdnr. 9.
(37) Vgl. Eppelt (Anm. 34), S. 338.
(38) Vgl. C. Enders, Die Menschenwürde und ihr Schutz vor gentechnologischer Gefährdung, EuGRZ 1986, S. 251; M. Pap (ANM. 29), S. 261.
(39) H. Dreier, in: Dreier, GG, I, Art. 1I, Rdnr. 60.
(40) 優生学的適応事由は1995年の刑法改正により廃止されたが、解釈上医学的適応事由に吸収されたとみなされている (A. Eser, in: A. Schönke (Hrsg.), Strafgesetzbuch-Kommentar, 25. Aufl., §218a, Rdnr. 37.)。
(41) もちろん一定の事由の中絶許容は、胎児が母親の胎内にいる状況を考慮してのことだが、基本権主体としての胎児の側からは中絶による死滅と、着床前の消費とは何ら変わりない。
(42) さらに、ドイツでは、1999年、着床後に流産させる「中絶ピル」RU486も許可された。
(43) P. Lerche, Verfassungsrechtliche Aspekt der Gentechnologie, in: v. Lukes/Scholz (Hrsg.), Rechtsfragen der Gentechnologie, S. 108 ff.; H. Hoffmann, Bioethik, Gentherapie, Genmanipulation-Wissenschaft im rechtsfreien Raum?, JZ, 1986, S. 258 ff.; ders, Die versprochene Menschenwürde, AöR, 1993, S. 352 ff.; R. Zippelius, Eingriff in das beginnende Leben als juristisches Problem, in: Würde, Recht und Anspruch der Ungeborenen, Klausur-und Arbeitstagung Kloster Banz 1992, S. 60 ff. Vgl. auch, E. Hilgendorf, Scheinargumente in der Abtreibungsdiskussion, NJW, 1996, S. 761 f.
(44) Vgl. P. Häberle, Die Menschenwürde als Grundlage der staatlichen Gemeinschaft, in: Isensee/Kirchhof (Hrsg.), Handbuch des Staatsrechts I, S. 843, S. 854 f., S. 857.
(45) D. Grimm, Das Grundgesetz nach vierzig Jahren, NJW 1989, S. 1310; A. Laufs, Handbuch des Arztrechts, 2. Aufl., 1999, S. 107 f. Vgl. auch, Pap (Anm. 29) S. 262. 人間の種としての利益につき、保木本・前掲〔注4〕239頁以下参照。
(46) Vgl. Benda (Anm. 22) S. 401; J. Spiekerkötter, Verfassungsfragen der Humangenetik, S. 94.

III 科学技術と憲法

(47) Dreier, in: Dreier, GG, I, Art. 1, Rdnr. 51.
(48) Dreier, in: Dreier, GG, I, Art. 1; ders., Menschenwürde und Schwangerschaftsabbruch, DÖV, 1995, S. 1036 ff.
(49) J. Ipsen, Staatsrecht II (Grundrechte), 2. Aufl., Rdnr. 210 ff. ドイツにおいてこのテキストは、ひろく使用されているPieroth/Schlinkのテキストに対する新たな対抗馬とみなされている。
(50) 筆者のインタビューに対して、イプセン教授が用いた言葉である。
(51) Vgl. G. Luf, Menschenrechte, in: Lexikon der Bioethik, Bd. 2, S. 681.
(52) Vgl. Dreier, in: Dreier, GG, I, Art.1 I, Rdnr. 50 f.
(53) Vgl. Dreier, in: Dreier, GG, I, Art. 1 I, Rdnr. 59 f.
(54) Vgl. W. Höfling, in: Sacks, Grundgesetz, 2. Aufl., Art. 1, Rdnr. 49 ff.; D. Lorenz, in: Isensee/Kirchhof (Hrsg.), Handbuch des Staatsrechts VI, S. 10 f.
(55) 同様に、基本権主体の不存在領域への客観法的保護の拡大として、基本権の精子・卵子への事前的効果（Vorwirkung）も語られる。Vgl. Pap (Anm. 29), S. 261; Starck, (Anm. 12), A 17; Eppelt (Anm. 34), S. 344; U. Fink, Der Schutz des menschichen Lebens im Grundgesetz, Jura, 2000, S. 215.
(56) 青柳・前掲（注4）654頁。
(57) 人間の生命と人間の尊厳との違いについて、ホセ・ヨンパルト『法の世界と人間』231頁以下（成文堂、2000年）参照。
(58) Luf (Anm. 51), S. 682.
(59) ホルスト・ドライヤー（押久保倫夫訳）「人間の尊厳（基本法第1条1項）と生命倫理」『人間・科学技術・環境』（前掲注1）87頁参照。
(60) Ipsen (Anm. 49), Rdnr. 235.
(61) ドライヤー・前掲（注59）94頁以下（Vgl. Dreier, in: Dreier, GG, I, Art. 1, Rdnr. 61; Hofmann (Anm. 43) JZ, 1986, S. 259 f.）。イプセン教授も1998年の筆者によるインタビューで、ヒトクローン製造は、客観法としての人間の尊厳に反する旨示唆していた。
(62) 中山茂樹「基本権を持つ法的主体と持たない法的主体―『人格』をめぐる生命倫理と憲法(2)完」法学論叢143巻4号64頁（1998）、同「胎児は憲法上の権利を持つのか――『関係性』をめぐる生命倫理と憲法学」法の理論19・42頁（2000）参照。
(63) 青柳幸一『個人の尊重と人間の尊厳』186頁（尚学社、1996）参照。

⑷　畑尻剛「憲法問題としての『次世代に対する責任』——『世代間契約としての憲法』をめぐって」本書［2］参照。
⑹　Vgl. Günther (Anm. 36) §5, Rdnr 5; Höfling (Anm. 54), Art. 1, Rdnr. 23; P. Künig, in: von Münch/Künig (Anm. 24), S. 106; Graf Vitznum (Anm. 27) S. 189.
⑹　本稿では、クローン技術の人間への応用については言及できなかった。この点は、2000年9月ドイツ・フライブルクで開催される日独共同研究第2回シンポジウム『人間・科学技術・環境』（ドイツ憲法判例研究会・ドイツ公法学者グループ共催）で取り上げられる予定である（近刊予定の同シンポジウムの口頭報告（根森健）及びschriftlicher Beitrag（光田督良）を参照されたい）。

24 ヒト・クローン技術の法的規制とその根拠

光 田 督 良

はじめに
1 クローン技術概念
2 ヒト・クローン技術規制への道
3 学説におけるクローン技術規制
4 ヒト・クローン技術規制の根拠

はじめに

　1999年11月17日、科学技術会議生命倫理委員会クローン小委員会は、「クローン技術による人個体の産生等に関する基本的考え方」と題する報告書の中で、体細胞からクローン人間を産出することを法律で禁止すべきであるとの結論をまとめた。科学技術庁は、これをもとに法制化の準備を進め、現在、国会で審議中である。この問題に対する従来のわが国の態度は、このような研究に対し政府資金の配分を当面停止する、あるいはクローン技術を用いて個体産出を実施しないことを内容とする指針の設定など、法的規制をとらないものであった[1]。一方で人間の生命の尊重を根拠に、このような研究に対する規制の必要性が主張されている。しかし、他方で、研究の自由も尊重されねばならない。そこで、これらを、法的規制以外の方法で、折り合いをつけようとしていた。
　生物学的意味におけるヒトの個体の発生に、人が関与する技術の最近の発展にはめざましいものがあり、倫理的にも社会的にも法的にも想像も及ばなかった、新たな困難な問題を生来してきている。なかでも、体細胞クローン技術を用いた個体の産出は、これまで開発された、人工受精技術とは質を異にするものである。すなわち、人工受精技術は、母胎内であろうと母体外であろうと、また精子や卵子の提供者如何を問わず、本質的には、「自然の受精」に対し「人工的に補助」す

III 科学技術と憲法

るという性格のものであった。これに対し、核移植による人間個体の産出技術は、自然の受精に対する補助ではなく、まったくの人為的で、発生する個体の遺伝形質への影響を及ぼす方法である。

このようなクローン個体産出に対してどのような規制が考えられるのか、とくに法的規制の可否とその根拠は、避けて通ることの出来ない問題である。ドイツ連邦共和国では、1990年に胚保護法（Das Gesetz zum Schutz von Embryonen）を制定し、その中で、早くも、クローンの産出およびクローン胚の移植（6条）を刑罰を伴って禁止する規定を設けていた[2]。クローン技術をめぐる問題は、人間の生命に関わるゆえに、国家を越えた共通性がある。そこで、ドイツにおける、このようなクローン技術規制導入時の議論は、わが国における同様の問題を検討する際に大いに参考となると思われる。この胚保護法制定の経過およびその内容をめぐる議論については、わが国でも様々な観点からすでに多くの業績が存在している[3]。ただ、それらは、主として、人工受精に関わる部分に集中しており、核移植技術を用いたクローン、キメラ、ハイブリッドなどに関わるものは少なかった。これは、該法律自体の主眼が前者におかれていたことにもよるし、またこの時点では、体細胞からの核移植によるクローンの産出は現実問題とはとらえられていなかったことにもよる。したがって、本稿では、ドイツにおけるクローン技術規制問題を取り上げ、日本の同様の問題への参考としたい。

1 クローン技術概念

(1) クローン技術の要請

クローン技術は人工受精研究の中で発展してきた。人工受精は、基本的には、人為的行為による生殖への補助作用である。この技術は、人間については、何よりも不妊治療として行われている。動物、とくに畜産レベルでは、品種向上や改良を目的として行われる。体外受精を含め人工受精は、自然の生殖過程に人が技術によって関与する。しかし、誕生してくる個体の生命の本質的内容（＝遺伝的形質）は人為的には変更されない。この点で、人工受精は、あくまでも、「生殖過程

への技術的補助」という性格にとどまる。

　一方で、遺伝子技術の発達により、遺伝子の操作ということが行われるようになった。その結果、遺伝子治療や特定の薬品を製造する動物工場なども行われるようになった[4]。その際、細胞分裂により個体の全細胞にこの遺伝形質が発現させるため、遺伝子組換えなど遺伝子操作の対象となるのは核融合した時点での受精卵である。このような操作が行われても、目的とする遺伝形質が、その個体に必ずしも発現しない、あるいは受精を介すれば次世代の個体に必ずしも発現しないなど、生産効率がよくないという問題も生じていた。遺伝子組換えは、成功率が低くコストがかかるため、そこには当然、これを廉価で、大量に生産したいという欲求が生じてこよう。そこで、考えられたのが、確定している情報をもつ体細胞の遺伝子全体を、そっくりそのまま新たな個体に伝える方法（＝体細胞クローン）である。

　クローンは、その言葉の本来の意味（＝小枝）から、全く同じ遺伝情報を有する個体とすれば、一卵性双生児などもクローンということができよう。これは自然のうちに存在する。もっとも、人間の場合その発生確率は、双生児で1対86、3つ子で1対86^2、4つ子となれば1対86^3と非常に少ない。

(2)　クローン技術

a）初期胚分割クローン[5]

　受精卵が4ないし8に細胞分裂しそのそれぞれの細胞が全能性を喪失しない段階で、これをバラバラにし、そのそれぞれを母体に移植すれば、そこには当然一卵性双生児と同じ原理で、一卵性多胎児が誕生する[6]。ここでは、遺伝形質の形成に関しては自然の過程（＝受精）で行われ、一卵性多胎児誕生の過程では人の手が入ること（＝胚分割と胚移植）になる。

b）初期胚核移植クローン

　全能性を有する発育段階にある初期胚の細胞をバラバラに分割し、そのそれぞれの細胞の中に含まれる核を別の複数の未受精卵に移植することによっても、同一の遺伝形質を有する複数の個体が誕生する[7]。この場合、移植するのは全能性を

III 科学技術と憲法

有する核である。その核は、卵子と精子の受精により発生したものである。また、核の提供元は、個体として誕生して存在したことはなく、この核による個体は今回の移植により初めて誕生することになる。

c) 体細胞核移植クローン

体細胞の核移植によるクローン作成は、既に存在していた個体の体細胞から核を取り出し、これを核を除去した未受精卵に移植することにより、精子と卵子による受精という過程を経ないで全能性を有する胚を発生させ、移植により個体の誕生へと進む行為である。従来、全能性を有さないとされていた体細胞の核が、移植した卵において再び全能性を回復し、個体の発生過程を進んでいくことになる。当然に、核移植により誕生した個体の生殖細胞にも核を提供した個体の遺伝情報が受け継がれる。もっとも、自然の生殖能力を有するかどうか現時点では明らかになっていない。また、核移植により誕生した個体の体細胞からの核移植による第2世代クローン個体が誕生するに至っている[8]。

初期胚分割クローンや初期胚核移植クローンは、もっぱら、同一の細胞形質を持った個体を多数産出するために行われる。これに対し、体細胞核移植クローンの場合、この目的に加え、あるいはそれ以上に、既知の個体と同じ細胞形質を有する個体（コピー）を産出することにある。

2 ヒト・クローン技術規制への道

(1) ベンダ委員会報告書

ドイツの胚保護法制定に至る過程の中で大きな役割を果たしているのが[9]、体外受精および遺伝子の分析・治療に関する現状と課題の究明のために1983年に設けられたベンダ委員会の1985年11月の「体外受精、遺伝子分析および遺伝子治療」と題する報告書である[10]。ベンダ委員会の時点で主に検討されたクローン技術は、初期胚分割胚クローンであった。報告書は、核移植クローンにも言及しているが、この方法がすべての動物あるいは人間についても適用可能かどうかは、目下のところ不明であるとしている[11]。そして、票決においても、方法の如何を

問わず、人間を生み出すためのクローン技術は許されないとしている(12)。その理由としては単に「このような方法を人間に適用することは、人間の尊厳に対する重大な侵害である」(13)ことを挙げているにすぎない。本報告書では、どのような点が人間の尊厳を侵害するのか、その内容については、まったく言及されていない。

(2) 胚保護法討議案

1986年4月29日に連邦司法省が討議のために提出した胚保護法の試案は、一般的に「胚保護法討議案」と呼ばれている(14)。その第7条1項は「人為的に、他の胚、胎児又は人若しくは死亡した人と同じ遺伝形質を持つ人の胚の発生及びその発育を行った者は、5年以下の自由刑又は罰金刑に処す」、2項は「第1項による胚を婦女に移植した者も同様とする」との文言で、人のクローン技術を刑罰をもって禁止していた。その理由として、他の人と同じ遺伝的形質を有する人を人為的に発生させる行為は、人間の尊厳に対するとくに重大な侵害である。それはこのような行為が行われる場合、単に人の生命を誕生させることとは異なった目的により、「人間の生命が自己目的として尊重されなくなる」からである。そして、着床前診断のため、胚の一部利用は、これに該当しないとしている(15)。

(3) 連邦議会調査委員会報告書

1987年連邦議会の調査委員会 (Enqete-Kommission) は「遺伝子技術の可能性と危険性」と題する大部にわたる報告書を作成し(16)、生殖医療の分野についても詳細な検討をしている。そのC章「遺伝技術の適用可能性」の6「人遺伝子（遺伝子検診と遺伝子治療）」の中でクローン技術について以下のように言及している(17)。

人は、その肉体的、精神的資質について、他の人の計画や恣意の下におかれているのではなく、「自然の偶然の産物」である。そしてこの事実は、人間相互の独立性とその固有性を確実なものとする(18)。われわれの遺伝的プログラムの形成が、他の人の恣意によって行われることは、自由な人間という本質と一致しない。われわれが、将来の人間の肉体的、精神的能力や資質といった性質を決定することは、何ら正当化できない。このことは「今日の世代による来るべき世代への支

Ⅲ 科学技術と憲法

配、長期的みれば死者による生者への支配」となろう[19]。人間の遺伝的プログラムを恣意的に形成しようとする企てに対する定言的判断(ein kategorisches Urteil)は、人間の育種（Menschenzüchtung）を排除する。これは、人間のクローンとなる、遺伝的に同じ多胎児（Mehrlinge）を恣意的に生み出すことをも排除する。胚へのあらゆる侵襲は、個人の独自性と独立性への侵害となり、「個人のアイデンティティーが操作される」こととなる[20]。

(4) 人間に対する人工受精についての政府報告

1988年2月23日に連邦議会に提出された本報告書は[21]、クローン技術規制の根拠を以下のように説明する。人間の初期胚の分割細胞を増殖することは出来ないとすることを支持する根拠は何ら存在しない。したがって将来、少なくとも理論的には、遺伝的に同一の人間（クローン）の発生する可能性が存在するに違いない[22]。診断目的に役立てる場合に、人の初期胚を分割することが許されるか否かという点で、法律家と医師との間で見解が分かれている[23]。生殖系細胞への核移植が、動物実験の後、人間について行われたとしても、このような実験によって、本人やその子孫にどのような影響が生じるか不明である。

(5) 胚保護法案

1989年10月25日に連邦政府による胚保護法案として連邦議会に提出された[24]。クローン技術規制について規定する第6条1項および2項については、連邦司法省による胚保護法討議案と同じ文言であったが、3項として「未遂は処罰する」が新たに付け加えられた。

その理由の中で、クローン技術禁止の根拠を以下のように説明する。将来の人間にその遺伝的形質を人為的に形成しようと企てることは、人間の尊厳への重大な侵害となる。そのため、6条は、他の胚、胎児、人または死亡した人と同じ遺伝情報を有する胚を人為的に発生させることを禁止する[25]。

一定の条件の下で全能性ある細胞（totipotente Zelle）から人の個体が発生しうるということは別にしても、初期胚を分割し全能性ある細胞にすることが胚もし

くは移植により将来誕生する人に何らかの重大な影響を及ぼす可能性を排除しえない限り、たとえそれが移植を前提とした着床前診断のためであっても、このような分割は許されない[26]。

(6) **連邦議会法務委員会の議決勧告と報告**

1990年10月8日に連邦議会法務委員会により連邦議会に提出された議決勧告と報告において、クローン技術禁止を挙げている。その内容は、1989年10月25日の政府案に変更なしとするだけで、それ以外に説明もない[27]。

このような経過をたどり、1990年12月13日に、胚保護法は成立し、1991年1月1日から施行され、今日に至っている。

(7) **法案および報告書におけるクローン技術規制**

報告書や法案の理由は、受精の時点からヒトの生命は保護に値する、ということから出発している。そして、クローン技術規制を、人間の尊厳に反する、ということから根拠づける。しかし、その際の人間の尊厳の内容となると、ほとんど論じられておらず、わずかに、人の生命の誕生を他の目的のために利用してはならない―人間の手段化の禁止―（討議案）、これは独立性と独自性を侵害する（調査委員会報告）、死者による生者の支配は許されない（同）などがあるだけである。

3　学説におけるクローン技術規制

すでに前章で概観したように、胚保護法制定の過程においては、クローン技術規制について重点があったわけではない。学界においても同様の傾向がうかがえる。そのような中で、多少とも、クローン技術規制について言及している論者の見解を基に、クローン技術規制における問題を検討する。

III 科学技術と憲法

(1) E. ベンダ

a) 人工受精と胚の保護

胚あるいは遺伝子に関する事柄のうちには、サイエンス・フィクションのレベルのものがあり、これに関わることは物笑いの種になるかもしれない。しかし、憲法上の根拠から、規制を要するかどうかは、解答しなければならない問題である[28]。その際の出発点は、今日の憲法解釈の基準で行う[29]。連邦憲法裁判所によれば、基本法1条が出発点とする人間像は、社会性 (Gemeinschaftbezogenheit) と人格の特性 (Eigenart der Person) である[30]。遺伝子治療や分析は、病気に対する援助や健康の拡大といった重要な法益を有するので、憲法上問題とならない[31]。

基本法1条は、具体的な個人を重視しているが、このことによって将来の人間の保護ということが価値のないものにはならない[32]。このことから、胚に対する侵襲を禁止する根拠を正当化する。もっとも、「人工受精が人間の尊厳原理に反するという理由は見当たらない」とする[33]。したがって、国家がこれに介入するのは、社会的害悪となる行為であるか、他人の権利の侵害となる場合である。

b) クローン技術理解

クローン技術を「意図的に、多数の同一の生き物を産出する方法」と理解し、その人間への適用については、空想的なことなので、詳細に検討する必要はない[34]。ただ、人間についてクローンが考えられるのは、親が可能な限り遺伝的に同じ子をもちたいという願望からで、国家レベルではありえない。この親の願望は、不自然で、無分別である[35]。

人間の尊厳から導き出される、生まれてくる人間に対する基本的な要請は、特有的で (eigen)、反復不可能で (unwiederhollbar) あることで、それは、人間の本質から導き出される。同じ人間が多数産出されるならば、それは、人間を本質的におとしめることとなる[36]。

生殖系細胞 (Keimbahnzelle) への核移植もほとんど実現の可能性はない。ただ、人間の人格を形成するのは、遺伝的要素なのか、それとも教育や環境も関わってくるのかは専門家の判断に委ねなければならない。クローンが、基本法1条に反するかどうかの確認は、人間は客体として、つまり他の目的のための単なる

手段として用いられてはならない、という伝統的な見解にしたがうだけで十分である[37]。

(2) A．エーザー
 a) 胚保護の根拠
　人の受精卵(＝胚)は、その時点で遺伝的形質の全てが備わっており、後は成長を待つだけである。胚は、人間への全能性が存在するという意味では、既に人間の「潜在的主体」である。この潜在的主体に対し一切の倫理的地位を否定することはできない[38]。
 b) 初期胚分割胚
　胚として全能性を有する段階で、人為的に細胞分割により多胎児が生み出されることは、比較的無害であるように思われる。そこでは、自然においても発現していること以上のことは何も行われていないからである。もっとも、このような細胞分割が、人間の価値を害さない限りにおいてではあるが[39]。
　これに対し、人為的な多胎児形成は、問題が残る。それは、同一の遺伝形質を持つ個体が望む数だけ作成され、そのことによりその主体から個別性(Individualität)と一回性(Einmaligkeit)が恣意的に奪われるからである[40]。
 c) クローン技術概念と問題性
　核を除去した未受精卵細胞に未分化(全能性をもつ)細胞の核を移植することによって全遺伝情報の移し換えを可能とするクローン技術方法がある。この場合、確かに全ての遺伝情報はそのまま維持されるが、やはり人間の尊厳は侵害されることとなる。その理由は、核を移植された細胞が本来とはまったく別のものになってしまうというだけでなく、同一の遺伝形質を持つ別の個体が数多く存在することになるからである。この点で、クローンは、人間の尊厳の不可侵性、とくに一回性(Einmaligkeit)と非模造性(Unverfalschtheit)に抵触する[41]。

III 科学技術と憲法

(3) A．カウフマン

a) クローン理解

クローン理解としては、体細胞から核を取り出し、それを除核した未受精卵に移植する。この核移植卵細胞を母胎に着床させ、出産させる。このことにより、核移植卵細胞の遺伝形質は、核提供者の遺伝形質とまったく同一になる。そして、動物実験でも、このような核移植によるクローン技術が成功するのは、初期胚からの核の提供の場合だけであり、それ以外の核では目下のところ、成功の見込みはない。したがって、この方法による核移植は、それが実現されるとしても、遙か将来のこととなる[42]。

自然の生殖過程で生起しているのと変わりはないゆえ、体外受精や胚移植を「遺伝子技術(Gentechnologie)」と分類するのは誤りである。クローンでは、個々の遺伝子は完全な形で維持され、変更されているわけではないので、遺伝上の同一性は侵害されていない[43]。

この点で、クローンでは人の特性と非模倣性が危険にさらされるとするエーザーの見解は正確でないとする。このことは、もしクローンが可能となっても、それが倫理的に許されることを意味しない[44]。

b) クローン技術の問題性

クローンを擁護する立場からの「自然もクローン技術している」という主張、またその実例としての一卵性双生児はクローンではないとする見解を批判する。その理由として、一卵性双生児も同一の遺伝子をもつが、それは父と母に由来するものである。これに対し、クローンはたった一つの個体の全遺伝形質が、そのままの形で移し換えられる。このことにより同一の個体がその望む数だけ生み出されることとなる。この点で、人間の尊厳と抵触する。なぜなら、人間の尊厳は、その個別性（Individualität）と一回性（Einmaligkeit）に基づいているからである[45]。

体細胞核移植クローンにより人を誕生させた場合、その人はその事実を知らされることにより、その存在の一切の自然性、自発性、偶然性が奪い取られる。なぜなら、遺伝的に決定されている自己の運命を知らない限りで、人は自由であり

えるからである[46]。

　c) 刑罰による禁止

　予測可能な限りでの将来、体細胞核移植クローンは作成しえない。このような行為に対し刑罰を設けるならば、立法者は物笑いの種になるとして、クローン技術を刑罰を伴って禁止することに反対している[47]。

(4) H. L. ギュンター

　a) 胚保護の根拠

　受精が、後に誕生する人間の遺伝的形質を決定する。このことにより、細胞核の融合の時点から、人間の尊厳、生命の尊重といった基本法の保護を受ける胚は、生命に対する自らの権利を正当に主張することなく、研究者の追求する目的とそのための手段として、用いられることがある。これは、まさに、基本法1条1項への侵襲である。どれほど高邁な研究目的であれ、またその緊急性であれ、人間の尊厳への侵害を正当化する根拠とはなりえない[48]。

　b) クローン技術研究の規制

　実験への扉を常に開いておこうとする者は、それを一歩踏み出せば、人間の生命の相対化と清算 (Saldierung) へ向かう危険にさらされる。これは、まず、研究の一時凍結（Moratorium）に賛成する根拠となろう[49]。研究団体による自己規制は、研究の自由の濫用に対し十分役立つであろうし、状況の変化に柔軟に対応できる。したがって、科学的にフィクションの段階にすぎない事柄を、刑罰で規制することは、科学の発展にとって、有害である[50]。

　遺伝的に同一の人を作ることは、近い将来においては、可能とは考えられない。したがって、クローン技術規制を定める討議案7条は、危険犯(Unternehmensdelikte) としての意義しかない[51]。

(5) 学説におけるクローン技術規制

　学説においては、研究の自由及び職業の自由も無制限ではなく、基本法の基本原理による制約を被るということを前提とする。他方、胚にも基本法によるヒト

III 科学技術と憲法

の生命の保護が及ぶということから出発する。これは、その胚がクローンであったとしても同じことである。

クローン技術による個体の産出は、人間の尊厳に反するとする。その場合の人間の尊厳の具体的内容は、論者によって多少表現に差はあるものの、個別性（Individualitat—エーザー、カウフマン）、特有さ（eigen—ベンダ）、一回性（Einmaligkeit—エーザー、カウフマン）、非模造性（Unverfalschtheit—エーザー）、反復不可能さ（unwiederhollbar—ベンダ）などである。このように、クローン技術規制の必要性およびその根拠については、多少のばらつきはあるのもの、一応の見解の一致が見受けられる。

しかし、その方法という点では見解が分かれる。すなわち、クローン技術というような、現時点ではサイエンス・フィクションにすぎないものを、その想像される危険性を理由として刑罰を伴って禁止することには反対であるとする立場（ギュンター、カウフマン）と、胚の取扱いをめぐる問題の中で刑法的規制を必要とするのはクローン技術だけであるとする立場（エーザー）である[52]。もっとも、1990年に成立した胚保護法では、クローン技術も刑罰を伴って禁止された[53]。

4 ヒト・クローン技術の規制の根拠

クローン技術規制の場合、何よりもクローン個体を誕生させることを規制することに本旨がある。そのため、クローン個体誕生に繋がるおそれがあるクローン胚の作成をも規制することになる[54]。

クローン技術の法的規制の前提として、胚にも基本法によるヒトの生命の保護が及ぶということ、他方で、研究の自由及び職業の自由も無制限ではなく、基本法の基本原理による制約を被るということがあげられる[55]。そしてその根拠として、人間の尊厳が引き合いに出される。そこにおける人間の尊厳の具体的内容は、すでに3、4章で概観したように、個別性、独自性、一回性、非模倣性、反復不可能性、非手段性といえよう。そこで、クローン技術自体の目的、あるいは、この技術を用いる目的との関連において、この根拠をより具体的に考察する。

クローン技術は、まず個体の産出という目的でおこなわれるが、それにも、①同一の遺伝形質を持つ個体を多量に産出する（全ての技術で可能）、②既存の個体と同一遺伝形質を持つ個体（コピー）の産出（体細胞核移植でのみ可能）といった性格がある。次に、個体を産出させることを目的としないでこの技術を用いる目的は、③臓器移植などに用いる臓器を確保するため、個体を完全に産出させないが、その途中まであるいは部分的には形成させる、④基礎的研究に役立てるため、初期胚の作成だけにとどめる、といったことがあげられよう。

人間は、本来、精子と卵子の核が融合し新たな核が形成されることによって誕生する、自然の産物である。このことによって、人間に個別性、独自性が獲得される。しかし、クローン技術により誕生した人は、その遺伝形質の同一性ということから、この個別性、独自性を喪失してしまう[56]。この問題性は、①、②の場合、ともに該当しよう。

クローン個体の産出を望む理由は、（自分である場合もあれば、、自分にとって必要な人である場合もある）ある個体の生命の永続化、あるいは再現の場合である。ここでは、偶然のヒトの誕生自体が問題なのではなく、ある特定の遺伝形質を有することが重要なのである。そこにはヒトの生命の手段化が見受けられ、このエゴイズムに基づく動機は、とうてい容認できず、不自然で、不合理となろう[57]。

既存の個体と同一遺伝形質を持つ人が体細胞核移植により誕生した場合、その人（あるいはその周囲の人）は、核移植元となった人の人生を知ることとなろう。このことによって、誕生した人は、その成長の過程において、常に、その元となった人を意識せざるをえず、また比較されることとなろう。ここには、誕生した人の、人としての存在へ重大な影響が及ぶこととなる。したがって、その誕生した人の人生の一回性、非模倣性あるいは反復不可能性が侵害されることとなる[58]。

クローン技術全般についていえることは、ただ単に人の生命を誕生させるという目的だけでなく、さらに、他の目的が付加されている。これは、個体を発生させないクローン技術の場合、より一層明らかになる[59]。臓器移植のための臓器を確保するために、個体を発生させないが、その臓器だけを確保する目的からのク

Ⅲ 科学技術と憲法

ローン技術も考えられる(60)。この場合、重篤疾患の治療といった医学的目的が存在する。一見、医学的目的はこのようなクローン技術を正当化する理由となるように思われる(61)、しかも、最終的な個体の発生が行われないのである。しかし、ここでも、ヒトの生命が他の目的のために発生させられるという手段化の問題性が存在する。臓器移植のための最適の臓器の確保、あるいは、人間の妊娠や発生のメカニズム、あるいは成長過程の解明など、将来の医療における診断や治療の基礎研究といった他の目的のためだけに人の生命が作成される。いくら人の生命を救う、あるいは医学の発展のためという高邁な目的があるとしても、このような人間の手段化は当然許されない(62)。

以上の議論は、人間に対する姿勢の問題であるから、国の如何を問わず妥当することになる。未出生のヒトの生命に対する保護（あるいはその主体性）についての見解が十分に確立していないわが国において(63)、生命の保護という観点から法的にクローン技術規制を行う場合、その憲法上の根拠、方法について本質的に検討する必要があろう。また、その際、これらの議論が大いに参考となろう。

(1) 遺伝子研究に関わらず、科学技術研究のもたらす危険性とそのコントロールについては、様々な方法が考えられる。一人一人の研究者の倫理観、研究機関や研究団体によるガイドラインの作成（およびその遵守のための研究・倫理審査委員会なども含め）、国家による研究助成の執行を通じてのコントロール、国家によるガイドラインの作成、国家による法的規制（刑罰を伴わない禁止と伴なう禁止）、さらには、発生する影響が一国にとどまらないというような点からも国際的な規制などが考えられる。

(2) ドイツにおいては、未出生のヒトの生命の保護については、まず、妊娠中絶との関係で問題となった。これに関しては、その論拠、とくに基本法上の根拠条文に多少の変更が見られるものの、連邦憲法裁判所は、1975年の第一次妊娠中絶判決以来一貫して、胎児の生命も基本法により保護（あるいは権利）に値するとしてきた（嶋崎健太郎「ドイツにおける胎児の生命権と妊娠中絶判決」『人権保障と現代国家』憲理研叢書3 (1995) 100頁参照）。

人工受精についても、その問題性は、とくに家族法的な観点などから早くから取り扱われてきた。1982年に初めての体外受精児が誕生したことにより、その際

に生じる余剰胚の問題など、胚の生命の保護という問題が、大きくクローズアップされることとなった。ここでも、妊娠中絶問題に際して示されていた、未出生のヒトの生命も保護に値するという考え方の延長線上で、胚もヒトの生命として保護に値する、ということが基本的に認められていた。（もっとも、保護開始の時期については、受精の時点か、着床の時点かということで若干の見解の相違はあった。）この基礎の上に、胚に対するいかなる取扱いを、いかなる方法で保護するかということが主たる関心事となっていた。このようなことから、多くの議論を経た後、胚保護法が成立した。その成立当時、既に未出生のヒトの生命をも基本法で保護するという考え方が成立していたし、そこには、基本権保護に関する保護義務論が控えていたからといえよう（保護義務論については、小山剛『基本権保護の法理』（1998）参照）。

　胚保護法における関心事は、もっぱら体外受精そのものに関わる事柄であり、法律の内容もそのようになっていた。当時、理論的には別にしても、技術的には不可能であったことから、クローン技術には、ほとんど関心が払われていなかった。

　1994年に、イギリスのロスリン研究所で、成体の体細胞の核を未受精卵に移植することによってドリーが誕生した後も、胚保護法、とくにクローン技術規制条項は、改正されることなく今日に至っている。ただ、連邦教育・学術・研究・技術省の下に設けられた、A．エーザーを初めとする7人の委員からなる委員会が1997年4月に提出した「ヒトのクローン—生物学的基礎と倫理・法的評価に関する答申」は、次にように述べている。ヒトのクローンについて、倫理的側面から見て、目的の正当性もなければ、手段としての妥当性も認められない。また、法的観点からは、胚分割の方法でも核移植の方法でも、ドイツの現行法に照らせば、禁止されている。もっとも、これを明確化するために、法律の文言を技術に適合させる必要がある。

(3)　保木本一郎『遺伝子操作と法—知りすぎる知の統制』（日本評論社、1994）、橳島次郎／米本昌平「先進諸国における生殖技術への対応—ヨーロッパとアメリカ、日本の比較研究」ジュリスト1056号（1994）130頁以下、山中敬一「ハンス・ルートヴィッヒ・ギュンター『胚保護に関する法律討議案』」関西法学38巻1号（1988）355頁以下、アリキ・クリスタ／市野川容孝「生殖医療をめぐるドイツ国内の議論——ドイツ胚保護法の成立によせて」生倫研レビュー&レサーチ（生命倫理研究会）（1991）143頁以下、川口浩一／葛原力三「ドイツにおける胚子保護法の成立について」奈良法学会雑誌4巻2号（1990）77頁以下、岩志和一郎「西ドイツに

Ⅲ 科学技術と憲法

おける人の胚の取扱い」L&T、No.6 (1990) 14頁以下、同「体外受精に条件とその限界——西ドイツにおける対応状況」法律時報59巻12号 (1987) 32頁以下など。

(4) 動物、植物に対する遺伝子操作がもたらす生態系への影響については、H.W. Doring, Technik und Ethik; Die sozialphilosophische und politische Disukussion und die Gentechnologie, (1988), S. 105ff.

(5) ドイツでも、クローン技術として、とくに核移植を伴わない初期胚分割の方法を含めるかどうかについて見解の一致があるわけではない。Vgl. K. Groner, Klonen, Hybrid- und Chimärenbildung unter Beteiligung totipotenter menschlichen Zellen, in: Fortpflanzungsmedizin und Humangenetik-Strafrechtliche Schranken? (Hrsg. H.L. Günther u. R. Keller), 2. Aufl., (1991), S. 294. わが国でも、クローン規制の範囲の拡大に懸念すら立場から、初期胚分割による方法や、次に述べる初期胚からの核移植による方法をクローンと把握することに反対が存在する。

(6) 1993年10月、アメリカのジョージ・ワシントン大学の不妊治療の研究チームが、大学の許可を受けて行った基礎実験において、全能性のある段階の初期胚を分割し、一卵性双生児のようにまったく同じ遺伝形質をもつクローンを作成した。移植し着床させないとしたものの、1つの初期胚を2、3個に分割する方法で、17個の初期胚を48個にまでした。横山裕道『遺伝のしくみと不思議』日本文芸社 (1997) 64頁、金城清子「生命誕生をめぐるバイオエシックスNo.13生命の意味を変えるのか―クローン技術―体外受精を開いた道」時の法令1547号 (1997) 44頁参照。

(7) 卵子への核移植は、核のみの移植であるから、移植先の卵子のミトコンドリア内にある遺伝情報と移植した核の遺伝情報とが異なり、誕生する個体の遺伝情報がどのようになるかは必ずしも明らかでない。ドリーについてもその追検が行われており、ドリーの細胞の核の遺伝情報と核を提供した羊のそれとは同じであるが、ドリーの細胞のミトコンドリアの遺伝情報は核の移植先の羊のそれと同じ確率が高いとされている。

(8) 朝日新聞2000年1月25日朝刊。

(9) ドイツでは、クローン技術規制は、胚保護法の中で取り扱われているだけで、独自の問題として取り扱われたことはない。したがって、本節も、胚保護法制定への道とすべきであるが、本稿のテーマから、そのうちクローン技術規制の部分のみに注目する。以下にあげたもの以外に、胚保護に関しては、1985年のドイツ

連邦医師会議のガイドライン、1986年5月16日の「体外受精に関する連邦参議院決議」（BR-Drucks 210/86）、「人の人工受精——許容性と民事法的効果」をテーマとして開催された第56回ドイツ法律家大会民事法部会の決議（Vegl. 56. Deutscher Juristentag, NJW, (1986), S. 3063ff.) も存在する。なお、胚保護法の制定に至るまでの過程については、Vgl. E. Deutsch, Embryonenschutz in Deutschland NJW, (1991), S. 721ff.、および前注(3)に挙げた諸論文参照。

(10) In-vitro-Fertilisation, Genomanalyse und Genterepie, Bericht der gemeinsamen Arbeitsgruppe des Bundesministers für Forschung und Technologie und des Bundesministers der Justiz in: Gentechnologie-Chancen und Risiken, Bd. 6, (1985), S. 1ff.
(11) Vgl.（前注10）S. 34.
(12) Vgl.（前注10）S. 35.
(13) Vgl.（前注10）S. 34.
(14) Der Diskussionsentwurf eines Gesetzes zum Schutze von Embryonen (ESchG), ZRP, (1986) S. 242f. Vgl. Anhang I,（前注5）S. 361f.
(15) Vgl. Anhang I,（前注5）S. 361f.
(16) BT-Durcks 10/6775.
(17) もっとも、その作業はベンダ委員会に依拠しているといわれている（アリキ・クリスタ／市野川容孝（前注3）149頁参照）。
(18) Vgl.（前注16）S.187.
(19) Vgl.（前注16）S.188.
(20) Ebenda.
(21) BT-Drucks 11/1856.
(22) Vgl.（前注21）S. 4 f.
(23) Vgl.（前注21）S. 5.
(24) BT-Drucks 11/5460.
(25) Vgl.（前注24）S.11.
(26) Ebenda.
(27) BT-Drucks 11/8057.
(28) Vgl. E. Benda, Erprobung der Menschenwürde am Beispiel der Humangenetik, in: Genforschung-Fluch oder Segen Hrsg. Rainer Flohl, Gentechnologie-Chancen und Risiken, Bd. 3, (1985), S. 206.
(29) Vgl. E. Benda,（前注28）S. 207.

(30) Ebenda.
(31) Vgl. E. Benda, (前注28) S. 209.
(32) Vgl. E. Benda, (前注28) S. 210f.
(33) Vgl. E. Benda, (前注28) S. 219.
(34) Vgl. E. Benda, (前注28) S. 223.
(35) Vgl. E. Benda, (前注28) S. 224.
(36) Ebenda.
(37) Ebenda.
(38) A. Eser, Strafrechtliche Schutzaspekete im Bereich der Humangenetik, in : Ethische und rechtliche Fragen der Gentechnologie und der Reproduktionsmedizin (Hrsg. V. Braum, D. Mieth, K. Steigler), Gentechnologie-Chancen und Risieken ,Bd. 13, (1987), S. 140f. なお、上田健二訳「アルビン・エイザー 人間遺伝学の領域における慧法的保護の諸側面」同志社法学40巻1号（1988）128頁以下参照。
(39) Vgl. A. Eser, (前注38) S. 144.
(40) Vgl. Ebenda.
(41) Vgl. Ebenda. なお、この点については、西田典之訳「ドイツ法から見た人間遺伝学—人間の遺伝的形質操作についての法的・社会政策学的考察」ジュリスト840号（1985）85頁参照。
(42) Vgl. A. Kaufmann, Der entfesselte Promethens-Fragen der Humangenethik und der Fortpflanzungstechnologien aus rechtlicher Sicht, in: Fluch oder Segen? (Hrsg. von Rainer Flohl) Genthechnologie-Chancen und Risiken, Bd. 3, (1985), S. 272（なお、上田健二訳「縛を解かれたプロメティウス—法的な視点から見た人間遺伝学と生殖技術の問題—」同志社法学37巻4号（1985）100頁以下）。
(43) Ebenda.
(44) Vgl. Ebenda.
(45) Vgl. Ebenda.
(46) Vgl. Ebenda.
(47) Vgl. A.Kaufmann, (前注42) S. 273.
(48) Vgl. H.L. Günther, Der Diskussionsentwurf eines Gesetzes zum Schutz von Embryonen, GA 1987, S. 450. なお、山中敬一（前注3）354頁以下参照。
(49) Vgl. H.L.Günther, (前注48) S. 452.

(50) Vgl. H.L.Günther,（前注48）S. 435f.
(51) Vgl. H.L.Günther,（前注48）S. 455.
(52) ベンダは、法的規制の必要性とその根拠について論じているが、刑罰を伴うかどうか、その方法については言及していない。
(53) 当時の技術水準からすると、核移植によるクローン技術は、ほぼ、空想的な事柄でしかなかった。そのため、クローン技術について論じていながら、その念頭に置いていた技術の（2章で概観したような）内容は、論者によって、多少異なっていた。このことが、議論が必ずしもかみ合わない一因をなしていると思える。
(54) その際、顧慮しなければならないのは、胚保護法の中心をなす体外受精そのものにおける胚の取扱いに関する規制と、クローン技術規制とでは、その方向性が異なるということである。つまり、前者では、胚の破壊によって生じる「生命への侵襲に対する保護」がその目的である。後者では、クローン個体、したがってクローン胚といった「生命を発生させない」ための規制がその目的であった。同じ研究の規制であっても、その方向性はこのように異なっており、人間の尊厳と一言でその根拠が示されるとしても、それぞれについて、その内容は必ずしも同じではない。
(55) Vgl. S.J. Spiekerkötter, Verfassungsfragen der Humangenetik-insbesondere Überlegungen zur Zulässigkeit der Genmanipulation sowie der Forschung an menschlichen Embryonen in, Gentechnologie-Chancen und Risiken, Bd.19,（1989），S. 33ff.
(56) Vgl. K. Gröner,（前注5）S. 300.
(57) Vgl. E. Benda.,（前注28）S. 224.
(58) Vgl. K. Gröner,（前注5）S. 301.
(59) 体外受精についても、人間の誕生に結びつかない胚を発生させることが一切禁止されるならば、クローン胚の発生も一切許されなくなる。これに対し、厳格な要件の下ではあれ、ヒトの誕生に結びつかない胚を発生させることが許されるとき、クローン胚についても同様に考えられるのであろうか。
(60) 中国で成功したとされる、胚性幹細胞を用いた初期胚の発生実験などはこれに該当しよう（参照、朝日新聞2000年1月6日夕刊）。
(61) Vgl. E. Benda,（前注28）S. 208.
(62) Vgl. H.L. Günther,（前注48）S. 450.
(63) 生命という一度侵害されると回復しがたい法益が関わっているだけに、基本権の享有主体たる人間とは何か、といった議論により、限定的の捉えることが妥当

Ⅲ　科学技術と憲法

であろうか（なお、この点については、中山茂樹「基本権を持つ法主体と持たない法主体―『人格』をめぐる生命倫理と憲法学」（一）（二・完）法学論叢141巻6号（1997）47頁以下・143巻4号（1998）50頁以下参照）。

25 脳死移植

柏﨑 敏 義

1　脳の不可逆的停止と臓器移植との連関
2　個人の尊重、自己決定あるいは人類愛
3　同意要件、子ども

1　脳の不可逆的停止と臓器移植との連関

(1)　10月は臓器移植普及推進月間だということをご存じだろうか。私は自治体の広報をみて知ったのであるが、ご丁寧なことに、臓器提供意思表示カード（ドナーカード）の表裏が印刷されていて、それを切り取って使用できるという配慮までなされていた。

　命には限りがある。すべて命あるものにこの言葉はあてはまる。しかし、いま問題とすべきはわれわれ人間の命である。

　心情的には、脳死に対しても臓器移植に対しても否定的、消極的あるいは懐疑的にとらえる人は案外多いのではないかと推測する。臓器移植法（臓器の移植に関する法律）[1]に関するこれまでの論議がそれを物語っている。脳死は、医学的死、社会的死、法的死として認められるかどうかが問われてきている。少なくとも、社会的にも法的にも、脳死、臓器移植を積極的に推進しようという状況でないことだけはいえるであろう。いまわれわれに求められているのは、現実に生じていることをきちんとみて、この問題に対して将来に向けてどう向き合うかの態度決定である。研究至上主義あるいは技術至上主義と呼んでよいであろうか、科学技術の高度な発展によってもたらされた医療技術の驚異的な発展が、人間存在に提起した問題はあまりにも大きい。医療行為は治療行為であるとはいえ一種の危険を

539

III 科学技術と憲法

伴う行為であるから、そこからもたらされるなんらかの帰結に対してわれわれは責任を負うことが求められる[2]。

臓器移植法6条は、全脳死の立場に立って、脳幹を含む全脳の機能が不可逆的に停止するに至ったと判定された者の身体を「脳死した者の身体」といい（2項）、死亡した者が生存中に臓器を移植術に使用されるために提供する意思を書面により表示している場合（1項）に、その身体から移植術に使用されるための臓器が摘出されることとなる（2項）として、脳死と臓器移植が一体のものであるとしている。ここから、いわゆる2つの死が登場し、脳死の場合にのみ臓器移植を可能とする方法ができあがった。

(2) 臓器移植法においては、心臓死と脳死という2つの死は、死の判断基準として並列して、つまり二者択一の選択可能な肢としておかれている。医学的には脳死は人の死であるといわれる。とくに脳幹は不随意神経系（自律神経）の中枢であり、これが血液の循環、呼吸などをコントロールしている。機能的にみれば、脳幹がダメージをうけたときに、生命維持装置を取り付けることによって脳以外の体全体に血液を送り、そうすることによって延命を図るが、血液循環のなくなった脳細胞は壊死に陥り再生不能になる。それはもはや生が蘇ることのない状態になったことを意味する、ということである。死の始点、それが point of no return であり、脳死という死の始まりである。脳死説にはさまざまな見解（存在の観点から脳幹死、大脳死、全脳死、認識の観点から器質死などがある）があるが、これらの見解に共通する前提が point of no return である。もはや治癒の見込みがないということである。この脳死が受け入れられるためには社会的合意がなければならないといわれてきているが[3]、より正確に言えば各自の死生観、家族など親密な人々の納得、社会的承認あるいは文化などの要素がそろって初めて脳死が許容されるといえよう[4]。もちろん、脳死を認めるのは臓器移植のためなどではなく、ましてや国民医療費を抑えるためだなどという発想は論外である[5]。

(3) 脳死は、人の体の一部分である脳が機能しなくなることである。脳死の客観的判断は、もちろん専門医に委ねるべきである。問題は、一般的にいわれている脳死は、「脳」が死んだのではなく、「人」が死んだという理解である。しかし、

議論の混乱を避けるためにも「脳の死」と「人の死」を区別すべきである。ハーバード大学脳死判定基準においても、当初、「不可逆的な昏睡」という表現が使われていたことからも、脳死は「脳の死」ととらえるのが合理的である。生命維持装置の使用によって脳死状態が作り出されるわけであるが、脳死状態を人の死であるとすると、脳死状態を作り出す生命維持装置の使用は治療行為ではなくて殺人行為になってしまう危険がある。人の身体の一部、たとえば足の細胞が何らかの理由で壊死した場合、人が死んだとはいわない。腎臓死とか肝臓死とはいわない[6]。人体において脳とその他の臓器の機能の違いから異なった取り扱いがなされているということであろうが、その異なる取り扱いの理由に対する正当化事由は、少なくとも法的にはない。脳死は医療技術の進歩が生みだした、生体における人の身体の一定の状態であり、極めて人為的・人工的な状態である。ハンス・ヨナスは、「たとえ脳の働きがなくなったとしても、その人が完全に死んではいないのではないかと疑う理由を、われわれは持っている。細かい点が分からず疑いが残っているこの状態において、われわれが採用すべき方針は、生きている可能性の側にできるだけ加担することである。……［そのような者への］侵害行為は……どのような理由があれ決してなされてはならない」と述べている[7]。

　(4)　従来、人の死の判断基準は法律上は基本的には定められていなかった[8]。が、臓器移植法の制定によって、必ずしも明示的ではないが、心臓死という死の判断基準が確認されたことになる。従来はそしておそらくいまでも一般的には心臓死（三徴候死）によって死を判断している社会において[9]、移植によって誰かの命を救うためとはいえ簡単に死の判断基準を変更することには問題がある。人の死は法律で定められるべき性質のものではない。少なくとも、脳死を人の死と認めるべきかどうかについては、社会的合意を無視できない。いや変更したのではなく、2つの死を認めたのだ[10]という場合であっても事情は同じであろう。科学技術の発展とともに必然的に死の判断基準も変化するのだとは必ずしもいえない。このようなことから、心臓死と脳死は並列する概念ではない。脳の不可逆的停止の判定が完全に誤りなく行われることを前提（脳死判定に100パーセントの正しさを求めるのは逸脱であるとする見解もある[11]）として、治療としての臓器移植が可能に

Ⅲ 科学技術と憲法

なる。臓器移植は他の治療行為と異なり、ドナーとレシピエントの存在が不可欠である。いわゆる脳死者はいまだ死亡過程の段階におり生体である。したがって、移植を目的とした摘出に同意することは、他者を救済するため死亡過程を延長することと理解することができる。つまり、自己の意思に反して生命を延長されない権利と、移植のための摘出を承認して自らの死後の扱われ方を選択する権利とは何らの矛盾もないことになる(12)。

生体臓器移植について法はとくに規定してこなかった。それは家族内の問題であり、法が関与すべきことではないという理解が根底にあるからだといわれる。それに対していわゆる脳死を前提とした臓器移植はまさに社会的問題としての位置づけである。生体臓器移植は家族的医療であり、死体臓器移植は社会的医療であるといわれる(13)。

2　個人の尊重、自己決定あるいは人類愛

(1)　脳死にしても臓器移植にしても、あまりにも人工的で人間の尊厳の趣旨に適合しないとなれば、人間の尊厳を軽視し、人間尊重の思想を基礎とする憲法に適合しないとの指摘がある(14)。日本国憲法13条前段は個人主義の原理を明確にしたものであり、社会全体の中に個人を埋没させてしまうことは許されない。個人主義は民主主義の根底であるから、臓器移植を含む医療制度整備は国の責務である（厚生白書平成10年版参照）としても、「『個人の尊重』の理念は『科学技術による人間存在への侵害』に対する『抵抗』の基点としての意味をもっている」といえる(15)。すなわち、実在する具体的個人が尊厳の主体であり、単なる手段や客体として扱われてはならない存在である(16)。そこで意味をもつのが、人格的自律権説あるいは一般的自由権説のどちらの立場に立っても、自立した個人の人格を尊重する自己決定権である。自己決定権は、公権力の干渉を受けないで、自己の個人的な事柄について自ら決定できる権利である(17)。自己の生命、身体の処分に関する自己決定はその一類型である。

(2)　脳死・臓器移植は自己決定に基づいているといわれる(18)。しかし、本当に

そうであるといえるのか[19]。医療の領域で自己決定が重要になってきたのは、医療の専門家であっても、自分の命に関する事柄についてはまかせられない、という人々の意識と医療に対する不信であろう。エンゲルハートは「脳が機能する可能性のない時は人格的生命の可能性はなく、人格は死んだことになる」として、死の定義を全脳指向的にみている。つまり、人は人格として存在する人格的生命[20]であり、カント的にいえば、理性的で自己意識を有する者は目的自体として取り扱われることを要求でき、自己決定的であり、したがって尊厳でもある。ただこの問題において、人格が自明のものであるかどうかは、疑問である[21]。問題は、自己決定をする主体をどのような人間であるととらえるかである。基本的には、「人間が自分の事柄を自分で決定することに他の優れた判断者による決定以上の価値を見出す『自律』価値観」をもった個人であると解されてきている[22]。このような自律的個人が個人として尊重されるのであり、理性的に判断することができる者として存在するのである。すなわち、自律的に判断する者だけが存在を許され、個人の尊厳の根拠が自己決定をなしうる人格に求められることになる。しかし、自己の決定に基づいて輸血を拒否することが認められるとしても[23]、脳死・臓器移植の自己決定はここでいう自己決定であるとはいいにくい。

　脳死はそもそも医療行為を継続するか否かではなく、すでに脳の不可逆的停止状態にあることを示す概念であって、自分は脳死状態になることを「望む」という性質のものではない。臓器移植は、レシピエントにとっては必要な臓器を移植してもらいたいと願うのであるから「移植を望む」という決定はありうるかもしれないが、自己決定したからといって必要な臓器をすぐに調達できるわけではないのであって、やはり自己決定というよりは「願望」である。たしかに、とくに脳死の場合、将来的に自分の人生のどこかにおいて、いわゆる脳死状態におかれることがあったら自分を脳死者と扱ってよろしいと考えることが自己の利益に最も適うものであると、過去のどこかで判断したことがあるとすれば、それを尊重することがその者の人格を尊重することになるということができるかもしれない。もちろん、これは脳死という死を選択したのか、脳の不可逆的停止という一定の状態におかれることを承認しているにすぎないのかの決着をつけなければならな

III 科学技術と憲法

いという前提の問題がある。いずれにせよ、自律的個人が理性的判断によって自己という自律的存在をこの世から抹消することの承認が、個人の尊厳を認めることであるとは考えられない。

脳死・臓器移植の問題は、便宜の問題である。脳死は死の定義としてではなく、臓器摘出の限界を画する基準とすることで十分である[24]。すなわち、臓器を摘出し、移植するという作業に取りかかっていいかどうかを判断する基準として脳死がある。臓器を摘出するというまさにその瞬間においては、その人がヒトであるとは認識しても(死者に対する礼意)、その人が何者なのか、どういう人生を送ってきたのか、そしてその人の人格は、ということはまったく考慮されていない(といっていいだろう)。しかし、脳死を前提とした臓器移植を論じるにはその人が少なくとも法的に意味のある、なにを判断したかを問題としなければならない。

(3) 脳死とはなにを意味するのであろうか。その人がその人でなくなったというのか、それとも生命力の消失なのか。脳幹死は後者を意味する。前者は大脳による人格同一性に根拠をおく考えである。どちらにしても脳死は、現代の公共政策の1つだとされる[25]。

ここで重要なのがパーソン論である。脳死者を待っているのはなにか。暖かな心の交流などではない。ドナーに対する積極的な治療はもはや行わず、首から下をいかに移植に適した状態で保存するかである。これでは最初からドナーの同意などえられそうもない。そこででてきたのがパーソン論である。自律的人間像を貫徹することで、生きる価値ある生命とそうでない生命を区別する[26]。パーソンであるか否かが大きな意味を持つが、それにしても、「線を引くときも引かない時も、どんな線を引くときも、それは必ず、私たちの側の理由に発している。その存在が人である、すなわち殺してはならない存在であると思うのも私であり、そうではないと思うのも私である。……しかじかの資格をもたない存在は生きる権利がない、のではなくて、しかじかの権利をもたない存在を殺してもよいと私達はする、しようと思うということである」というような面を否定できない[27]。これは善意のドナーの生きる権利を侵害するものである。

臓器移植でしか助からない人を見捨てるわけにはいかないというのを博愛精神

であるとして、博愛のために他人の命を代償とすることは許されるのか。それは、サバイバル・ロッタリーになる。他人を助けるために命の侵害が許されるはずがない。しかし、ピッツバーグ大学教授ニコラス・レッシャーは、救命する人の選別をする。その順位は、① 成功の相対的可能性の要因、② 平均余命の要因、③ 家族内での役割の要因、④ 潜在的ではあるが将来に予想される社会的貢献の要因、⑤ 過去になされた功労の要因、である[28]。

(4) 加藤一郎脳死臨調委員長は、「本人がいいと言っているのに、とくに弊害があれば別として、他の人が文句をつけることはないと思うのです。……脳死で判定して臓器を活用して下さいと言っている人に対してまで、それはだめだと他人が言うのは、余計なおせっかいだと思うのですね。」と述べたということらしいが、このような理解は自己決定権論に限界を設けない無制限な自由主義的倫理観である。

臓器移植は、あげたいという善意の人がいて、臓器を移植しなければ助からないから臓器をもらいたいという人がいて、そこで成り立つものであって、なにが悪いのかといわれる。あるいは、臓器提供は人類愛に基づくボランティアであって、生前お世話になった社会に対する奉仕であるといわれる。それはそうであるといえるかもしれない。しかし、倫理的にはそうであるとしても、法的にまったく問題がないかというと必ずしもそうだとはいえない。臓器移植のような最先端の医療技術を使わなければ助からない人がいるからその命を救うべきであるとしても、普通の医療さえ受けられずに失われようとする命を救うべきであるとする声はほとんど聞こえてこない。なぜなのか、なぜ前者の人だけを救わなければならないのか。

(5) 死ぬ権利を自己決定権の問題とすること自体、本人の幸福追求に寄与するかどうか疑わしい。自己決定権の保障という名目の下に医療技術の選択を患者の判断に委ね、あるいは患者に治療決定義務を負わせることを本則とするような医療のあり方は、医師として当然負うべき責任を患者に転嫁するものであり、悪しき平等主義のように思われる[29]。自己決定だからということで、あらゆる責任を自己に押しつけるやり方は本来の趣旨に合致しないであろう[30]。いつの、どのよ

Ⅲ　科学技術と憲法

うな決定が効力を有するかが問題であるといわれる。現在なのか、それとも自分のことをよく考えることができた過去の決定か。しかし、これが単なる利益較量にとどまるのであれば、問題解決として適切な議論とはいえない。

3　同意要件、子ども

(1)　「延命医療、胎児診断、臓器移植や人工臓器の領域での医学の進歩や医学のいっそうの専門分化は、そのどれもが、医療の技術的側面を肥大させ、人間的側面を弱めることになった」[31]。それゆえになおさら、倫理的に、法的に人間の尊厳を中心にとらえなおさなければいけない。

(2)　重要なのが同意の意思表示形式であり、(i)承諾意思表示方式、(ii)反対意思表示方式、(iii)通知方式がある。自己決定の立場からすると、(ii)(iii)は論外になるが、医療の現場からすると新鮮な臓器を多く確保できることになり、好都合なやり方であるといえ[8]、これは、サバイバル・ロッタリー計画による臓器の社会化へと向かう。したがって(i)の方式が好ましいということになりそうだが、臓器移植法6条1項は本人の意思よりも、遺族の意思を優位においている。これは自己決定に反しないか。自己決定は死後の遺体の取り扱いについて、自分の意思が尊重されることを期待する生前の意思から派生してくるものであるが、しかしこの自己決定はここでは遺族の自己決定という形で歪曲されており、それは遺族の手に帰した遺体を移植のための処置に委ねるかどうかは、家族生活を通じて築き上げてきた精神的なつながりに基づいて判断してもらおうというものである。やはりこれはパターナリズムの現れとしかいえない。自己決定を認めたとしても、死者の生前の意思をどこまで尊重しうるのか、実際その人はすでに「いない」わけであるから本人に非難されることもない。ただ、本人が誤った選択をしていないあるいはしないために国家的制度の下で後見的に判断する必要があるということであろうが、余計なお世話ではないといっていいのかどうか。

ドイツにおいて、同意モデルについて広い同意方式を採用した理由としては、これまでこの方式を採ってきたとか、狭い同意方式によるとドナーの数が非常に

少なくなるということがあげられている。他面、理論的には自己決定があげられ、それは人格権の現れであるとし、また憲法は個人を共同社会の一員として理解している、という点があげられる。そもそもドナーが臓器摘出に同意しなければならないのは、生命を侵害してはならないという生命の不可傷性があるからである。一般的に治療行為は本人の利益があるからなされるのであるが、臓器摘出の場合にはそのような利益がない。したがって、ドナーが臓器摘出を承諾することは身体の不可傷性を自分で排除することになる。それが他人を救うという結果をもたらし、そのような判断が人類愛・利他的行為として社会的に賞賛されることになる。

ところで、意思表示カード（ドナーカード）については、臓器移植法6条1項は書面によることを要件としながらもその書式については何らの規定もしていない[32]。意思表示の仕方として問題があろう。将来的に、本人の意思を確認する手段としてリビング・ウィルの法制化を検討してみる意味はあるだろう。現在は、ドナーカードに、脳死であれ、臓器移植であれ、自分の意思を表示しておくということであるが、先に紹介した自治体の広報にも印刷されているように、それで自分のその後の扱いが決まるというのは、自分の命は再生紙ほどの価値しかないということなのであろうか。

また、本人の生前の意思表示が不明確であった場合に、家族の同意だけで臓器摘出を認めようという方向性が検討されている。人類愛からまったくかけ離れた判断である。

なぜそこまでして移植を推進しなければならないのか。最先端の医療技術でしか命を救うことができない者がいるからだというのは、合理性がない。脳死移植は、臓器不足をもたらし、レシピエントの選択において公平性に疑問があり、特定の人の命のために誰かの命が犠牲になり、多額の費用が費やされる、それがひいては差別を助長することになりかねない、というように社会に大いなる混乱をもたらしている。そのようなものを積極的に制度化する必要性、合理性はない[33]。

(3) 脳死判定基準の無呼吸テストは、人工呼吸器を外して自発呼吸の有無を確かめるのであるが、「脳蘇生の可能性を断ち切る」ものであるといわれる。脳死判

定方法が人体への侵襲行為ではないといいきることはできない[34]。現在6歳未満の子どもに対する脳死判定は行われないが、これを改めて6歳以上の場合と同じ項目を24時間の判定間隔時間をおいて行う方向性が示されている。また同時に、親権者の同意があっても本人の意思を確認できないとして、15歳未満の子どもの臓器提供意思は有効とは認められないが、これにも道を開く方向性が検討されている[35]。さらには、意思表示能力のない子どもの臓器提供のために、遺族の承諾だけで臓器提供を可能にするということまで検討されているといわれる。なぜそこまでして脳死者を作り上げたいのか。外国では一般的であるし、日本でそれをすることができなかったら結局外国に行って移植手術を受けなければならず、移植後進国は解消されないといわれる。しかし外国で移植を受けるかどうかを判断することこそが自己決定であり、外国に行かなければならないというのは日本での移植促進の積極的理由とはなりえない。

　子どもが人権享有主体であることに異論はなく、ただ発展段階にあるので人格的に独立した成年に比べ制約を受けることが承認されている[36]。未成年者の場合親権者による代諾が行われる。しかし医療行為においては、このような行為無能力制度とは異なる。ここでは、子どもが自ら決定する場を取り去ってはならないということができるのではなかろうか。

　ところで、拒否の意思を表示していない身元不明者はドナーになる。乳幼児の脳死判定も医師の裁量で可能となってしまう。脳死移植推進国になることは命を軽んじる国になることのような気がしてならないのは思いすごしであろうか。強い者のみが生き残れる競争社会ではなく、公平に安心して暮らせる社会が必要である。

　(4)　ここで考えたいのは、自分の命や身体は誰のものかという問題である。それは、自分のものであると同時に、自分を中心にしてみんなのものでもあるという公共性が強調されると、提供するかどうか、移植を受けるかどうかは、公共性を考慮しながら個々人が判断し、家族のあいだで同意されることになる。はたしてこれが自己決定であるといえるか、自己決定に対する制約である。

　脳死も臓器移植もまったくなくなるのが、なんの問題も生じない方策である。

しかしそれができないのならば、少なくとも、臓器提供における関係者をとりまく感情のもつれや市場と技術と欲望の三位一体に鑑み、①生命・身体にかかわる市場取引を禁止する、②患者家族との話し合い、脳死判定、移植候補者選び、臓器の適否判断、予後調査、適応拡大制限などについての透明性の確保、情報公開、③医療現場では、あくまで救命第一、④医療という領域の自由を制度として保障しつつも歯止めをかける、というようなものが考えられる[37]。

いわゆる万能細胞によって、人体の「部品」をつくる再生医学に対する期待が現実味を帯びてきた（朝日新聞2000年11月2日）。人工臓器の開発は臓器不足の解消に役立つといえるし、また高齢社会において新鮮な臓器確保が困難な場合の対策として意味がありそうである。しかし、人間は機械的に生き延びなければならないのであろうか。そうであるのなら、悲しい存在である。SFの世界の脳移植の可能性がまったくないとはいえないほどの技術の進歩がある。そうならないようにしなければならない。

(1) 「〈座談会〉臓器移植法をめぐって」ジュリスト1121号（1997）4頁以下、小松進「臓器移植法と死の概念」大東法学9巻2号（2000）1頁以下。

(2) ホアン・マシア「生命倫理学における基礎論の再考（その1）」『法の理論18』（1999）181頁、小林孝輔「脳死問題と憲法」同『戦後憲法政治の軌跡』（勁草書房、1995）135頁。

(3) 池田良彦「移植医療と医の法律学」須藤・池田・高槻『なぜ日本では臓器移植がむずかしいのか』（東海大学出版会、1999）78頁以下、葛生栄二郎・河見誠「『いのちの法と倫理』再考―金澤教授の書評に応えて―」『法の理論17』（成文堂、1997）235頁、葛生・河見の立場は、『新版いのちの法と倫理』（法律文化社、2000）209頁以下参照、金澤文雄「「葛生・河見『いのちの法と倫理』再考」へのコメント」『法の理論17』（1997）239頁。

(4) 森下直貴『死の選択』（南窓社、1999）44頁、中山充「人のいのちと法」香川法学19巻2号（1999）221頁。「世間の通念」としての死の定義を医学が変更することに抵抗感があるということがいわれる（養老孟司「脳死移植騒動に思う」Voice平成11年5月号112頁）。

(5) 脳死移植の積極的推進者である野本亀久雄氏（日本移植学会理事長、㈳臓器移

III 科学技術と憲法

植ネットワーク副理事長)は、医療費抑制のための定額制を主張しているが、医学上の死者に対する無駄な努力はすべきではないという発想に直結するものであろう(同『臓器移植』(ダイヤモンド社、1999) 162頁)。
(6) 野中博史『デス・コントロール 生命操作社会からの警告』(三一書房、1994) 19頁以下。
(7) ハンス・ヨナス「死の定義と再定義」加藤・飯田編『バイオエシックスの基礎』(東海大学出版会、1988) 232頁。
(8) 臓器移植法下での最初の脳死・臓器移植を扱った、高知新聞社会部「脳死移植」取材班『脳死移植いまこそ考えるべきこと』(河出書房新社、2000) 4頁以下参照。
(9) 法的根拠としては、死産の届出に関する規程2条が、「死児とは出産後において心臓膊動、随意筋の運動及び呼吸のいづれをも認めないものをいふ」と規定するくらいである。
(10) 堀内健志「脳死・臓器移植問題の新展開」弘前大学人文社会論叢社会科学篇2号(1999) 94頁は、臓器移植法が、脳死を臓器摘出にかかわる場合にのみ限定しており、それ以外の脳死については何ら言及していない、したがって、法が脳死について「生」とするか「死」とするかについて決着をつけたわけではないという。なお、脳死を一般的に人の死としてよいのか、その際の本人の自己決定に対する配慮の問題も指摘している。
(11) 中村雄二郎『臨床の知とは何か』(岩波新書、1992) 187頁。100パーセントは事実上不可能であるとしても、疑いようのない合理的な説明がなされなければならないという意味での完全さはありえよう。
(12) 田中智子「ドイツにおける臓器移植法案―資料」レファレンス558号(1997) 67頁以下、76頁
(13) 青野透「生体肝移植の適応拡大―臓器移植法改正論議の前提として」金沢法学41巻2号(1999) 377頁
(14) 田口精一「人間の尊厳と死の判別」清和法学研究6巻1号(1999) 1頁以下、3頁。
(15) 石村善治「科学技術の進歩と人権―序説」ジュリスト1016号(1993) 12頁。中村睦男「科学技術の進歩と自己決定権」ジュリスト1016号(1993) 29頁、矢口俊昭「科学技術の発展と自己決定権」法学教室212号(1998) 22頁。
(16) Maunz-Dürig, Grundgesetz, Bd. 1., Art. 1 Abs. 1 N. 18ff., München 1991.参照、根森健「人間の尊厳の具体化としての人格権」小林孝輔『ドイツ公法

の理論』(一粒社、1992) 311頁、押久保倫夫「『個人の尊重』の意義—ドイツにおける『人間像』論を検討して」時岡先生古稀記念『人権と憲法裁判』(成文堂、1992) 33頁、青柳幸一「『個人の尊重』と『人間の尊厳』」同『個人の尊重と人間の尊厳』(尚学社、1996) — 5頁。

(17) 『基本法コンメンタール憲法 (第4版)』(日本評論社、1997) 70頁 (辻村みよ子)。自己決定について代表的なものとして、佐藤幸治「日本国憲法と『自己決定権』—その根拠と性質をめぐって」法学教室98号 (1988) 6頁以下、芦部信喜『憲法新版補訂版』(岩波書店、1999) 120頁、戸波江二「自己決定権の意義と範囲」法学教室158号 (1993) 36頁以下、同「自己決定権の意義と射程」芦部先生古稀祝賀『現代立憲主義の展開・上』(有斐閣、1993) 325頁、同「幸福追求権の構造」公法研究58号 (1996) 6頁、竹中勲「個人の自己決定とその限界」ジュリスト1022号 (1993) 33頁、松井茂記「自己決定権について (2・完)」阪大法学45巻5号 (1995) 62頁、山本敬三「憲法と民法の関係—ドイツ法の視点」法学教室171号 (1994) 50頁、佐藤雄一郎「死体の処分方法に対する生前の指示権」東海法学22号 (1999) 238頁。

(18) 平野武「医療における自己決定権と医の倫理」高島學司『医療とバイオエシックス』(法律文化社、1994) 54頁。

(19) 柏﨑敏義「臓器移植における脳死の憲法問題」憲法理論研究会編『現代行財政と憲法』(1999) 169頁、小松美彦「『自己決定権』の道ゆき—『死の義務』の登場 (上) (下)」思想908号124頁、909号154頁、尊厳死について、所彩子「尊厳死についての憲法学的考察」法政法学24号 (1999) 71頁以下。

(20) H.T.エンゲルハート「医学における人格の概念」加藤=飯田編『バイオエシックスの基礎』(東海大学出版会、1988) 19頁。

(21) 小林和之「虚構の人格—脳死・移植における生と死のマネジメント」阪大法学48巻6号 (1999) 44頁。

(22) 江橋崇「立憲主義にとっての『個人』」ジュリスト884号 (1987) 2頁、長谷部恭男「憲法学からみた生命倫理」法律時報72巻4号 (2000) 66頁。根森健「人権としての個人の尊厳」法学教室175号 (1995) 55頁は、個人の尊厳にとっての人格とは、理性的存在者として自律的に行動する主体ではなく、ある個体としての人物であるとする。

(23) 東京高判平10・2・9判時1629・34。

(24) 中山研一「二つの『生』と二つの『死』」(ホセ・ヨンパルト教授古稀祝賀『人間の尊厳と現代法理論』(成文堂、2000) 387頁。中山は、脳死を特別な「生」と

Ⅲ　科学技術と憲法

して厳密にとらえ、自己処分権の対象とすることも不可能ではないとする（388頁）。最近のアメリカ、ドイツにおける脳死否定論の紹介として、中山研一「アメリカにおける脳死否定論」北陸法学5巻3号（1997）77頁、同「ドイツにおける脳死否定論（1）（2・完）」北陸法学7巻（1999）2号55頁、同3号75頁、同「アメリカおよびドイツの脳死否定論」法律時報72巻9号（2000）54頁。

(25)　マイケル・B・グリーン、ダニエル・ウィクラー「脳死と人格同一性」加藤・飯田編『バイオエシックスの基礎』（東海大学出版会、1988）243頁以下。中村雄二郎『臨床の知とは何か』（岩波新書、1992）182頁参照。

(26)　パーソン論について、森岡正博『生命学への招待』（勁草書房、1988）209頁以下。「道徳的に行為しうるものだけが、道徳的に扱われる権利がある」というものである（石田秀実「『生命操作のための倫理』から『生命と実存の倫理』へ」九州国際大学教養研究6巻3号（2000）32頁以下参照）。

(27)　立岩真也『私的所有論』（勁草書房、1997）191頁。

(28)　野中博史『デス・コントロール　生命操作社会からの警告』（三一書房、1994）54頁。

(29)　秋葉悦子「自己決定権の限界」『法の理論17』（1997）140頁。

(30)　中山茂樹「胎児は憲法上の権利を持つのか」『法の理論19』（成文堂、2000）28頁。

(31)　ジョージ・J・アナス（上原・赤津訳）『患者の権利』（日本評論社、1992）4頁。

(32)　池田良彦「移植医療と医の法律学」須藤・池田・高槻『なぜ日本では臓器移植がむずかしいのか』（東海大学出版会、1999）98頁。

(33)　加茂直樹「現代医療と臓器移植」高島學司編『医療とバイオエシックス』（法律文化社、1994）9頁以下参照。

(34)　山口研一郎・桑山雄次『脳死・臓器移植拒否宣言』（主婦の友社、2000）24頁。

(35)　朝日新聞2000年10月7日、17日。医療におけるパターナリズムの効用について、ウルフ、アンドゥル・ペデルセン、ローゼンベルク（梶田訳）『人間と医学』（博品社、1996）315頁以下。

(36)　三輪金司「医療問題と自己決定権(2)―その憲法的評価」朝日大学大学院法学研究論集3号（2000）129頁、柴田滋「同意能力のない者に対する医療の決定」西日本短期大学大憲論叢38巻1号（2000）10頁。

(37)　森下・前掲注(4)110頁以下。興味あるものとして、医療に対する国民の信頼を得るために、脳死判定医の資格試験の実施が提唱されている（星野一正『医療の倫理』（岩波書店、1991）49頁）。

26　ドイツにおける安楽死

山　本　悦　夫

　　　はじめに
　　1　ドイツにおける安楽死論
　　2　自死への権利
　　3　積極的臨死介助（安楽死）の容認論
　　　おわりに

　　　はじめに

　現代医学の発達により、人の死を人為的に引き延ばすことが可能となるにつれて、患者の望まない延命治療の問題性が認識されるようになってきた。この問題は、すでに刑法において、専断的治療行為をめぐって論じられてきたが、現在では、患者が自分の望まない延命治療を拒否して、自然な死を迎える「尊厳死」として論じられている。尊厳死は、消極的安楽死とも呼ばれ、「安楽死」問題の重要な論点を形成している。しかし、安楽死の中心問題は、むしろ、患者自身の真摯かつ明示的な要求に基づいて行われる、患者の精神的・肉体的苦痛の除去を目的とした死のための援助にある。確かに、医療現場におけるターミナル・ケアやペイン・クリニックの発達は、過剰な延命治療を非とする尊厳死の考え方を普及させた。とはいえ、ガンなどの末期患者のうち10％にはペイン・クリニックが効果はなく、患者は人格が変わるほどの苦しみを受けるといわれる。このような場合、患者が死の苦しみから免れる唯一の方法は「死」だとされる。そこで、患者をその苦しみから解放する方法として安楽死が認識され、安楽死を積極的に合法化することが要求されている[1]。

Ⅲ 科学技術と憲法

　わが国においても、森鷗外の『高瀬舟』にみられたように、安楽死は以前から問題とはなっていた。判例において有名なものとしては、世界に先駆けて安楽死の要件を示した1962年の名古屋高裁判決[2]などがある。そこでは、① 病者が現代医学の知識と技術からみて不治の病に冒され、その死が目前に迫っていること、② 病者の苦痛が甚だしく、何人も真にこれを見るに忍びない程度であること、③ もっぱら病者の死苦の緩和の目的でなされたこと、④ 病者の意識が明瞭で意思を表明できるときには、本人の真摯な嘱託・承諾があること、⑤ 医師の手によることを原則とし、それができないときには特別な事情があること、⑥ その方法が倫理的に妥当であることといった6つの要件が満たされている限り、安楽死に違法性が阻却されるとした。さらに、1995年の横浜地裁判決[3]は、患者の自己決定権を前提としつつ、医師による安楽死が認められる要件として、① 患者が耐え難い苦痛に苦しんでいること、② その死が避けられず、死期が迫っていること、③ 患者の肉体的苦痛を除去・緩和するための方法を尽くし、他に代替手段がないこと、④ 生命の短縮を承諾する患者の明示の意思表示があったことをあげた。また、わが国の学説においても、人の死については、日本国憲法13条に基づく自己決定権が保障するとする。この場合の自己決定権とは、「個人が一定の私的ことがらについて、公権力に干渉されることなくみずから決定する権利ないし自由」[4]をいい、これには、リプロダクションの権利やライフ・スタイルの自由の他に、治療拒否、安楽死・尊厳死などの自己の生命・身体の処分に関する権利が含まれるとされる。

　本稿においては、以上のような安楽死の問題をドイツにおける判例や学説を中心に検討することにする。ドイツにおける安楽死の問題を検討する際には、ドイツと日本は共に現代医学の発達という共通な現実の中にあるということ、またその反面、両国には社会的、歴史的、法制度的な相違があるということを認識しておくべきであろう。具体的には、第1に、ドイツを含めて西欧には一般的にキリスト教の倫理が根ざしており、生命は神の手にゆだねられている以上、人は自殺などにより自分の生命を自由に処分することはできないと考えられてきたことがある。このような考え方の下では、安楽死はとうてい容認されない[5]。第2に、ナチス・ドイツによって行われた「生きるに値しない生命の抹殺」を目的とした安

楽死の歴史[6]が、ドイツにおける安楽死に対する強い拒否反応をもたらしていることがある。第3に、ドイツの刑法における安楽死の取り扱いがわが国とは異なる点がある。特に、自殺幇助がドイツでは合法化されている点は、安楽死をめぐる法的議論に大きな影響を与えている。なお、本稿においては、本来的に広義の安楽死概念に含まれる尊厳死については、問題を明確にさせるために考察の対象から外している。

1　ドイツにおける安楽死論

(1)　ドイツにおける「安楽死」

　1859年にチャールズ・ダーウィンは『自然淘汰による種の起源——生存競争における有利な種の保存』を出版して、動植物界の生存競争においては、不適応な種が「自然淘汰」や「選択」により排除され、優れた種だけが繁栄すると主張した。この選択理論を人間についても適用する、社会ダーウィニストの優生保護の主張は19世紀末に発展をみたが、人種イデオロギーと結びついたものは一部にすぎなかった。他方で、ドイツの刑法学説においては、すでに、人道主義により安楽死を肯定する見解が多かったとも指摘されている。ドイツで、安楽死が広く認められるようになったきっかけが、カール・ビンディングとアルフレット・エリッヒ・ホッヘ両博士による1920年の『生きるに値しない生命抹殺の解禁——その基準と方法』の出版であった。法律家のビンディングは、担当した第1章の「法的議論」において、死が確実にそして間近に迫っている負傷者や、生死についての意思をもたない不治の精神病患者に生命短縮を行うことは、真の意味での治療行為であり、殺人行為ではないとする。また、彼は、価値ある生命と負の価値しかない生命とを二分し、「一方では人間の偉大な財産が大規模に犠牲にされ、他方では、全く価値がないだけでなく、生きる価値さえもない者が手厚く保護されている」[7]という不均衡を指摘した。その上で、安楽死(Euthanasie)という形で生命短縮(殺害)を行うための制度を提唱した。医師のホッヘも担当した第2章の「医師としての議論」において、国家経済的な見地から不治の白痴者の抹殺を提唱し

Ⅲ 科学技術と憲法

たのであった。

　ヒトラーはダーウィンの自然淘汰の考え方を人間に当てはめ、当初は遺伝子的に汚されている者への断種・不妊手術を、さらに、ビンディングとホッヘのいう「生きるに値しない生命」に死を与えることを主張した。これにより、1933年1月にナチス政権が誕生した後、7月には「遺伝病の子孫予防法」(いわゆる断種法)が制定され、精神病患者、精神薄弱者、重度アルコール中毒者などを対象に断種が強制された。1938年になると、「生きるに値しない生命の抹殺」(慈悲による死)というスローガンが表舞台に登場し、翌年には精神病院における精神病患者への毒ガスによる「安楽死計画」が始まった。精神病院での安楽死は1941年8月24日に停止されたが、その後強制収容所で続行され、数十万人ともいわれる犠牲者の数は今でも不明とされる[8]。ナチスによる断種や安楽死に対しては、キリスト教の諸教会・団体から当初反対が表明されたが、後に表立っての反対は影をひそめるに至った。

　戦後の西ドイツにおいては、ナチスの安楽死計画に対する反動として、積極的な行為によって生命を短縮して、苦痛を免れさせるという本来の安楽死に対しても強いアレルギーが示されることになった。その後、長い間安楽死は、「否定的なタブーの領域、汚らわしい殺人、人間の尊厳の不当な冒瀆である」とされ続けたのであった[9]。

(2) ドイツにおける安楽死の定義

　K．エンギッシュは、安楽死を不確定概念としつつも、4つに分類する[10]。第1のものは、「純粋な意味における安楽死」である。これは、瀕死の患者に苦痛緩和処置を行うが、何らの生命短縮も意味しない場合である。第2のものは、「間接的安楽死」であり、苦痛緩和処置によって直接的には意欲していない副次的結果として生命短縮がもたらされる場合である。すなわち、鎮痛のためにモルヒネなどの麻薬を投与する場合、量を次第に増やさなければならず、やがて最後には致死量に達してしまうことになる場合である。第3のものは、「直接的安楽死」であり、生命短縮が苦痛除去のために用いられる場合(死のための手助け)をいう。本

稿でいう安楽死がこれにあたる。この概念は、「同情による」「慈悲殺を目的とした安楽死」だとして、第4の「生存無価値の生命の毀滅」と区別される。第3の意味の安楽死を実現するためには、① 患者の意思によって、あるいは、患者に自己決定能力がないときには家族の希望によって、死の切迫した不治の患者に延命処置を行わないというように、単なる不作為による場合と、② 積極的な殺害行為あるいは自殺の幇助によって、死を惹起させるために積極的な行為をする場合とがある。第4のものは、「生存無価値の生命の毀滅」であり、ナチスの安楽死計画においてみられたように、何らかの社会的観点から不治の患者の生命短縮が行われる場合である。とりわけ、エンギッシュは、精神的な健全さだけが人間の価値を規定する唯一の基準ではないとして、ナチスによる安楽死計画における「生存無価値の生命の毀滅」を批判する。

このようなエンギッシュの分類は、1986年に開催されたドイツ法曹大会でも、定義において安楽死という用語が「臨死介助（Sterbehilfe）」という語に置きかえられてはいる[11]ものの、原則として踏襲されている。そこでは、「生存無価値の生命の毀滅」というエンギッシュの分類は否定され、その他の3つに分けられていた類型を4つに再分類する。第1のものは、エンギッシュの第1の類型に対応する①「生命短縮を伴わない臨死介助」、第2のものは、エンギッシュの第2の類型に対応する②「間接的臨死介助」である。第3と第4の類型は、エンギッシュの第3の類型を細分化したもので、③ 致死的な患者の意思に基づいて、その者の人間の尊厳に沿った自然の経過にゆだねるために、延命装置を取り付けず、あるいは取り外す消極的臨死介助と、④ 患者の意思に基づいた嘱託殺人と自殺幇助からなる積極的直接的臨死介助である。

以上のように、ドイツでは、安楽死の定義をエンギッシュの定義によっている。一般に安楽死を定義するに際して、3つの視点が考えられる。すなわち、① 患者の意思の有無（任意性）、② 殺害の意図の有無（目的）、③ 行為の主体（本人性）である。これら3つの視点で、広い意味での安楽死をみた場合、2つの場合についてふれておく必要がある。まず、第1に、患者自身の意思を欠きながらも、殺害の意思をもって、第三者が患者を殺害したという、ナチスの安楽死計画にみられ

III 科学技術と憲法

たような事例が問題となる。これは、もともと経済的な利益が背景にあったこともあって、安楽死の名にふさわしいものではない。第 2 に、間接的安楽死や消極的安楽死（尊厳死）のように、殺害の意思をもたない行為も、本人の意思がある限り、医師が行うものは問題がないといえよう。ただし、本人の明示的な意思がない場合は、本人の推定的意思では不十分である。

(3) 安楽死（臨死介助）とドイツ刑法

　ドイツ刑法における安楽死に関連する規定は、212条（故殺）、216条（要求による殺人）、323条 c（救助の不履行）である。これらの規定が適用されることの前提条件は、医師の措置が刑法の構成要件に該当するということである。というのは、専断的治療行為を処罰するために、医師の医療行為が侵襲であることを前提として、その医療行為に患者の同意があれば、正当行為となると考えられているからである。

　第 1 に、不治の患者を家族や医師などの第三者が、患者の意思によらないで、同情によって殺害する場合は、刑法 212 条（故殺）が適用される。刑法には、211 条（謀殺）も存在するが、謀殺をした者とは、「殺人嗜好から、性欲の満足のために、物欲から、又はその他の低劣な動機から、背信的に、又は残酷に、若しくは公共にとって危険な方法を用いて、又は、他の犯罪行為を可能にし、又は隠蔽するために、人を殺した者」をいうことから、一般的には、安楽死の場合にはあてはまらない。致死的な患者の意思に基づいて、その者の人間の尊厳に沿った自然の経過にゆだねるために、延命装置を取り付けず、あるいは取り外す消極的安楽死（臨死介助）は、許される[12]。また、苦痛緩和処置によって直接的には意欲していない副次的結果として生命短縮がもたらされる間接的安楽死（臨死介助）は、結果としての死を予見しつつ、苦痛緩和薬を医師が与える行為であることから、故殺の適用が考えられるが、患者が望む限り、その行為は正当化される[13]。医師が延命治療を望む患者の明示的な意思に反して、患者を死にゆくにまかせることは、不作為の故殺にあたることになる。

　第 2 に、不治で死ぬほど苦しんでいる患者が自分を殺害することを希望し、そ

れに応える第三者の行為（積極的安楽死・臨死介助）には、刑法212条ではなく、日本の刑法212条に相当する 216 条（嘱託殺人）が適用される。この場合、患者には判断能力と明示的な意思表示が要求される。患者の推定的希望や患者の遺言に相当するもの、さらには患者の近親者の要求では、患者の意思の存在が認められてはならないとされる。日本と同様にドイツでも、自殺や自殺未遂は処罰の対象となっていない。その結果、ドイツでは、処罰の対象とならない自殺を幇助・教唆することも、処罰の対象とならない[14]。そこで、嘱託殺人と自殺幇助との間にどれだけの価値的な差異があるのかが問われることになる。例えば、全身が麻痺した者をその懇請に基づいて殺害する行為と、全身が麻痺した者を説得して自殺させたり、自殺を援助する行為との間に区別することはできないとされる[15]。わが国においても、刑法212条で嘱託殺人罪と自殺幇助罪を共に罰している理由として、両者が実質的に近い性質をもつからとされる。

　第 3 に、医師が自分の担当する患者に延命のための治療行為をしない場合には、刑法323条ｃ（救助の不履行）が適用される。この規定は、とりわけ、医師をはじめとする第三者が眼前の自殺者に対して救助行為をする義務があるかどうかで問題となる。連邦通常裁判所は、自殺者に対する医師の救助義務を認めている[16]。

　以上のように、ドイツにおける安楽死の歴史と法的規制の状況をみてきたが、次章ではドイツにおける死ぬ権利（自死の権利）について、学説ならびに判例を検討していくことにする。

2　自死への権利

　刑法学の観点から、自死への権利を論じることは「現代の刑法が生命の『神聖』観から生命の刑法的保護を量的・生物学的生命に一元的に限定しているだけで、生命の担い手である個人の意思には考慮を払っていない事実に直面して、自己の死を求める権利ないし自由を自覚的に前面に押し出し、これを新しい刑法上の保護価値として承認させようとする努力である」[17]とされる。このことを憲法の観

点からみれば、次のように考えられるべきであろう。人の死はこれまで、死刑という刑罰として国家から与えられてきたことを除けば、病気や事故から生じることが当然のこととされてきた。したがって、人の死について基本的人権が問題となることは、死刑の問題を除いてなかった。しかし、医学が飛躍的に発達することによって、致死的な状況にある人が直ちに死亡するといった状況がなくなり、人の致死的な状況と死亡との間に一定の時間的間隔が生じることになる。その一定の時間において、人の死のあり方、すなわち、残された時間における人の生のあり方が問われることになった。自死への権利は、このような人の生のあり方・終わり方を自ら決定する新しい人権として、憲法学でいうところの自己決定権の問題として議論されつつある。このことは、ドイツでも、基本法2条1項の人格な自由な発展の権利、あるいは、2条2項1文の生命への権利から論じられている。

(1) ドイツにおける学説
(1) 生命への権利と自死の権利

基本法2条2項1文は、「各人は、生命への権利及び身体を害されない権利を有する」と定めることにより、生命と身体の不可侵を保障する。生命への権利から自死の権利が引き出されるかについては、それを肯定する見解もみられる[18]。しかし、通説は生命への権利が自分の生を終わらせる権利までも含むものではないとする。したがって、信教の自由はある宗教を信じない自由をも含むといった、いわゆる否定的機能は、生命への権利には認められない[19]。その理由として、この基本権が、ナチス時代の「生きるに値しない生命」の抹殺を否定して、絶対的な生命の保護を行うことを目的として設けられたことがあげられる。ミュンヒは基本法2条2項1文から自殺についての基本権を引き出すことが、生命への権利をその対極へ歪曲するものだとする[20]。

また、基本法2条2項1文からは、生命を国家の侵害から守るという意味での個人の防御権のみならず、第三者の手による生命侵害に対する国家の保護義務が導き出される[21]。生命が絶対的に保護されるべきであるならば、そのような生命

を侵害する行為に対して国家が積極的に介入して保護することが必要とされるからである。とはいえ、この保護義務から自殺の禁止を直ちに引き出すこともできない。というのは、基本法2条1項の人格の自由な発展の権利からも、自死の権利を検討する必要があるからである。

(2) 人格の自由な発展の権利と自死の権利
　基本法2条1項の人格の自由な発展の権利は、一般的な活動の自由として、付随的・補充的な一般的な自由を意味する。このことは、ヘレンキームゼ草案が「法秩序と道徳律の制限の範囲において、人は他人を侵害しない全てを行う自由をもつ」と定めていたことからも肯定される[22]。したがって、人格の自由な発展の権利の内容を、「人格の核心領域」という。より高度な次元のものに限定することはできない。このような考え方（人格核心論）は、2条1項の基本権の保障を、人間がそれなしでは精神的・道徳的な人間としての存在を一般的には展開することができない、人間の行動の自由の最小限のものに矮小化するものとされる[23]。一般的な行動の自由として人格の自由な発展を理解することは、1957年のエルフェス判決において連邦憲法裁判所により確認されてきている[24]。また、人格の自由な発展の権利の一部分を構成する権利として、一般的人格権が認められる。この権利は、基本法1条1項の人間の尊厳と密接に関連する。
　では、人格の自由な発展の権利が一般的な行動の自由を保障するとしても、自死の権利とどのように関係するのか。通説は、2条2項の生命への権利が生命の保護を絶対的に保障していることや、1条1項の人間の尊厳の尊重が自己の生命の否定を認めないことから、人格の自由な発展の権利が自死を保障しないとする[25]。しかし、人格の自由な発展の保障する一般的な行動の自由は、論理的には、自傷行為や自殺も保障すると解されるべきである[26]。この場合、人格の自由な発展の権利が、「道徳律の制限の範囲において」保障されることから、自殺と道徳律との関係が問題となるが、道徳律の内容は一義的でもない。確かに、道徳律はキリスト教の価値、とりわけ「十戒」によって規律されるといわれる。生命は神の手にゆだねられている以上、人は自殺などにより自分の生命を自由に処分す

ることはできないとの考え方が、依然として絶対的なものとして存在しているとすれば、自死は人格の自由な発展の権利の外にあることになる。しかし、キリスト教の下においても、間接的臨死介助や消極的臨死介助が認められている以上、もはやそれは絶対的なものということもできない[27]。もちろん、人格の自由な発展の権利によって保障される自殺の自由も、全く制限を加えることができないというものではない。

　人格の自由な発展の権利の中に自死の権利を認めることに対しては、ナチスの安楽死計画の経験から強いアレルギーが依然として強く学説に反映されている。とりわけ、自死の権利を認めることによって、そこから殺害請求権が引き出される余地があり、ひいてはこの殺害請求権に対して殺害を準備すべき国家の義務が対応しかねないとの危惧が主張される。しかし、自死の権利を認めることが、殺害請求権や国家の殺害義務を認めることにはならない。両者は別の性質を意味するのである。

(2) ドイツにおける自死についての判例
(1) 治療における自己決定権

　学説における自死の権利の位置づけとは異なり、判例においては死についての権利が自己決定権の問題として展開されている。このことは、ワイマール時代にライヒ裁判所が、治療行為をドイツ刑法223条の「身体的な虐待」にあたることを前提としつつ、そのような違法行為が正当化されるのは、患者の意思が存在するからとしたこと[28]に端を発する。治療行為の正当化は、ナチス時代に一時的に医療の公益性に求められたこともあったが、戦後においても連邦通常裁判所は、その正当化を患者の意思、すなわち基本法に根拠づけられた患者の自己決定権に求めている。たとえば、1957年の第一筋腫判決で、連邦通常裁判所は、「基本法2条2項1段で保障されている身体の不可侵の権利は、それにより生命に危険のある疾病から解放される場合であっても、自己の身体上の不可侵性を犠牲にすることを拒む人間において尊重されなければならない。……患者について可能な限りその疾病を治療することは、医師の最高の権利であり、本質的義務である。しか

し、この権利と義務には、自己の身体に関する基本的で自由な自己決定権という限界がある。医師が、たとえ医学的に正当な理由による場合であったとしても、専断的にかつ専制的に、その意見を適切に求めることのできる患者に、その事前の承諾なく重大な結果をもたらす手術を行うことは、人間の自由な人格と尊厳の違法な侵害となる」[29]としていた。ここでの患者の自己決定権は、基本法2条2項1段の身体の不可侵権から導き出されている。

(2) 自死と保護・救助義務の関係の変化

自殺に関しては、1952年に連邦通常裁判所は、自殺者が不治で苦痛に満ちたような病気にかかっていること、または、耐えがたい危難に陥っていることを理由にして、自殺意思をもった自殺者に対する、家族や恋人に保障人としての救助義務を課す判決を下している。また、連邦通常裁判所は1954年には、自殺を刑法323条cにおける「事故の場合」にあてはめ、一般人としての救助義務を認めている。これら2つの事例[30]は、自殺の意思を重視せず、自殺者の救助を一義的に要求した判決といえる。

しかし、このような傾向は1960年代の終わりから、患者の自己決定権の尊重という流れに沿って、自殺意思を重視する方向に変化していく。たとえば、1967年のベルリン重罪裁判所や1968年のボン地方裁判所の判決は、自殺の意思から保護義務者の救助義務を否定し、さらに、1973年のデュッセルドルフ高等裁判所の判決は、保護義務者が被保護義務者の任意かつ真摯な自殺の意思を尊重したときは、被保護者を救助しないことが刑法213条の故殺にもならず、また刑法232条cによる救助義務も課されないとした[31]。

(3) 契機としてのヴィティヒ医師事件

連邦通常裁判所における患者の自己決定権の尊重とつながる、下級審判決における自殺意思の尊重の傾向は、1984年のヴィティヒ医師事件で、大幅に後退することとなった。本件は次のようなものであった。夫の死後、冠状動脈硬化と歩行障害で苦しんでいた76歳の女性は、家庭医のヴィティヒ医師に何度も死の意思表

Ⅲ 科学技術と憲法

明と治療拒否の意思表示をしていたが、ある日医師が往診したところ、多量のモルヒネと睡眠薬を服用して意識不明となっていた。医師は、彼女が救助不能で、救助できたとしても重い後遺症を伴うと考え、また、彼女の意思を尊重して、死に行くにまかせたため、不作為による殺人で起訴された。連邦通常裁判所は、これまでの下級審における自殺意思の尊重の考え方を次のように大幅に変更した。

自殺者が無意識となった結果、致死状態となったにもかかわらず、その自殺の決定を尊重する保護義務者（医師）が何もしないときは、①自殺者が自殺を自分の意思で行ったかどうかとは無関係に、保護義務者が必要で可能な救助措置をとらないと、不作為による殺人で処罰されること、②自殺を発見した医師は、自殺者が意識を有しているときは刑法323条cによる一般的救助義務を負い、意識を失うときは医師と患者の関係から生じる保護義務者として救助義務を負う[32]。この判決では、一方で医師が基本法2条2項1文から生じる身体の不可侵権（自己決定権）を生命救助を拒否する患者に対しても尊重しなければならないということを認めるが、他方で医師は生命保護の絶対性から患者の救助を義務づけられるため、自殺者の死の願望に服することはできないとする。結局、医師の生命保護義務と患者の自己決定権の尊重の葛藤の中で、医師としての良心の決定が求められることになる。

この判決に対しては、患者の死ぬ意思が医師の決定に際しての衡量の要素とされたことから、自己決定権は権利としての性質を失い、結局、「患者の禁治産宣告」であるとの厳しい批判[33]がなされた。また、この判決を契機として、嘱託殺人罪や自殺という「事故」に救助義務を定める刑法を改正して、一定の場合に嘱託殺人を合法化したり、自殺における救助義務の否定を認めるべきとする主張や、正面切っての積極的臨死介助の容認論が学説において論じられ、判例も大きな影響を受けることになる。

3 積極的臨死介助（安楽死）の容認論

ヴィティヒ医師事件を契機にドイツ国内でさかんになった臨死介助（安楽死）に

ついての議論は、いかに現行の刑法が自死への権利について無関心かつ不適切であるかを明確にした。そこで、刑法の改正をめぐって、1986年に「臨死介助に関する法律対案」が発表されたほか、同年の第56回ドイツ法曹大会の刑事法部会で、「自死への権利は認められるか」がテーマとして取り上げられた。このような刑法改正論の動きは、臨死介助をめぐる判例によっても促進されていくことになった。

(1) 刑法改正への動き

臨死介助についての刑法の改正の動きは、まず1986年3月11日に刑法と医学専攻の学者によって作成された臨死介助対案（Alternativentwurf eines Gesetzes über Sterbehilfe）は、一定条件下での、① 生命維持装置の中断・不開始の適法化（214条）、② 苦痛緩和措置の適法化（214条ａ）、③ 自殺の不阻止の適法化（215条）、さらに、④ 嘱託殺人の犯罪化の維持と例外的な刑の免除（216条）について定めるものであった。これらの提案の指導理念は、① 患者の自己決定権と患者の人間としての尊厳を生命の終末においても保護すること、② 死のための援助に対して死における援助が優先すること、③ 医師の判断に際して法が基準となること、④ すべての「価値」的差異を否定して、生命保護を確保すること、⑤ 救助義務を限定して自殺意思を尊重すること、⑥ 嘱託殺人を原則として処罰することであった[34]。

1986年9月9日から西ベルリンで開催されたドイツ法曹大会刑事法部会では「自死への権利は認められるか」をテーマにして、上述の臨死介助対案を検討したが、対案のいずれの条文も採択されることはなかった。対案が患者の自己決定権を出発点とすることについては問題はない。とはいえ、生命維持装置の中断・不開始、苦痛緩和措置、自殺の不阻止の3つについての適法化に際して、医師の裁量や患者の推定的承諾を要件とする点や、生命維持装置の中断・不開始について、最重度の障害をもつ新生児で意識がない者を対象にする点は問題である[35]。医師の判断を法によって規律することは、医師に予測可能性が与えられることになるが、医師の恣意的判断の入る余地が生じるだけでなく、患者の推定的承諾を要件とすることによって、患者の自己決定権が形骸化してしまうおそれもあるか

らである。

　本稿との関係では、ヴィティヒ医師事件を契機として提案された215条の自殺の不阻止規定により、自殺の阻止が医師に義務づけられることがなくなり、自殺意思が尊重されうるといえる。216条の嘱託殺人の例外的不処罰に対しては、例外的事例の曖昧さから濫用の危険性のあることや、障害者や高齢者に対して死の強要効果のあること、さらに、基本法上の最高価値である生命が他者による殺害の禁止を要請していることが指摘される(36)。これらの見解の背景には、嘱託殺人を法的に許容することで、ナチスの行った安楽死計画への歯止めを失うこととなるとして、安楽死を認めることに対するあまりに強い拒否反応がある。しかし生命が基本法によって保護されるとしても、国家による生命の強要もまた基本法に反する。

(2)　判例の展開
(1)　ハッケタール事件

　対案にみられる刑法改正案と共に、臨死介助を積極的に評価したのがハッケタール事件であった。本件は、顔面にガンができた老婦人が病気を苦にして死を決意したため、ハッケタール医師が毒薬を調達して患者に渡し、患者がそれを飲んで自殺したという事例で、医師が嘱託殺人罪などで起訴されたものである。1審は手続の開始を拒否したので、検察の即時抗告がなされた。1987年7月31日にミュンヘン高等裁判所は次のような理由で抗告を棄却した。第1に、婦人が自らその意思で毒薬を飲んで、自ら生命毀滅行為をしたため、医師の行為は不可罰の自殺幇助となる。第2に、理性能力のある自殺者の治療拒否の意思表明は、医師の保障人としての地位を奪い、死への自己決定権を含む患者の自己決定権が医師の保障人の義務を制限することから、不作為の殺人も成立しない。第3に、婦人の自殺意思がある以上、この場合の自殺の阻止は苦痛の引き延ばしを意味するにすぎないので、刑法323条Cの救助義務は生じない(37)。

　本件は、患者が一人でモルヒネや睡眠薬を飲んで自殺した後に、医師が発見して関与したヴィティヒ事件と異なり、医師が毒薬を患者に与えたという点で積極

的な自殺関与であり、嘱託殺人と紙一重の事件であった。しかし、そこではヴィティヒ事件での連邦通常裁判所判決の枠組みを踏襲しつつも、自己の生命よりも自己決定権を優位させる第一筋腫判決の考え方を、自殺についても及ぼしした[38]ことが重要であった。

(2) ダニエラ事件

ハッケタール医師は、さらに、交通事故で頭部と口を除き全身が麻痺し、絶えず激痛に苦しんでいた女性に自殺装置を提供することをカールスルーエ市長に通告し、市長が安楽死の幇助を禁止したので、連邦憲法裁判所に自己決定権侵害を理由とした憲法異議を申し立てた。これに対して、連邦憲法裁判所は申立てを不適法とした。その理由として、連邦憲法裁判所法90条2項1号では、憲法異議を申立てる要件としてあらゆる裁判による方法を尽くしたことを求めており、また、同項2号では「一般的重要性がある場合」や、「異議申立人に重大かつ不可避な不利益が生じる場合」には、方法を尽くす以前にも申し立てることができるが、本件ではそれらの要件を満たしていないことをあげた[39]。連邦憲法裁判所のこの判決は、法形式的には問題がないように思われる。しかし、異議申立人に重大かつ不可避な不利益が生じる場合について、患者自身が申立人となっていたら別の結果になりえたのではなかろうか。結局、患者の自己決定権の問題である自殺問題が、それを援助する医師の問題として提起されたことが、方法論として間違いである。結局、患者の自己決定権の問題が、医師、つまり他者の決定の問題となってしまったのである。なお、市長の禁止処分の取消しが争われたカールスルーエ行政裁判所は、基本法2条1項を根拠に、生命保護と人間の尊厳の点から第三者による積極的臨死介助の請求権を認めなかった[40]。

(3) 基本権としての積極的安楽死

以上のような刑法改正運動や判例の流れを概観してきたが、自殺とその幇助行為や嘱託殺人といった積極的臨死介助（積極的安楽死）の問題を基本法上どのように考えるべきであろうか。これまでの刑法改正運動や判例では、安楽死は患者本

Ⅲ　科学技術と憲法

人の安楽死の問題としてよりも、それに関わる医師の問題として論じられてきた。しかし、この問題の中心はあくまで患者本人である。生命の絶対性を肯定して、自死の権利を認めないという立場ならばともかく、一定の範囲であれ、自死の権利を認めた上で、積極的安楽死を行う権利を論じ、次の問題として、積極的安楽死に関わる医師・家族の地位を検討すべきである。

　基本法2条2項1文の生命への権利から、積極的安楽死の権利を引き出すことはできない。この権利から自身を否定する機能は認められないからである。では、基本法2条1項の人格を自由に発展させる権利から、積極的安楽死の権利を引き出すことができるのか。この点で、通説は、基本法1条の「人間の尊厳」から積極的安楽死に歯止めをかけようとする。これによると、「積極的な臨死介助への方向付けへのあらゆる傾向に注目しなければならない。非常に小さなものであれ、この方向への最初の一歩が、単なる消極的な臨死介助への作用をもつものであっても、全ての生きている者とその尊厳の保障を変質させるものであり、積極的な臨死介助の容認によって、生命や『個人の尊厳』という法的価値を全体として護っているダムを決壊させることにつながる」とする[41]。しかし、最後に自らに死を与えうるということこそが、人間の尊厳の最後のあかしになる場合があるのではないだろうか[42]。基本法2条1項の人格を自由に発展させる権利から、極限的な場合に、自己の生命を処分するという意味で積極的安楽死を行う権利が引き出されるということを前提にすべきである。というのは、積極的安楽死が基本法1条の人間の尊厳との関係でも、促進される場合があるからである。むしろ、このように考えた上で、ナチスの経験から、いかに人間の尊厳を確保し、自己の望まない安楽死を強制されることがないように限界づけを行うことが必要なのである。

おわりに

　以上のように、ドイツにおける安楽死をめぐる状況を考察してきた。日本とは、ナチスの歴史など安楽死をめぐる状況が大きく異なることから、学説や判例における状況もかなり異なるものがみられる。まず、学説は安楽死という言葉に極め

て神経質であり、戦後のタブーが現在においても生きている。しかし、一部ではあるが、そのようなタブーを破ろうとしている動きもみられる。他方で、判例については、連邦通常裁判所の判決ではあるが、患者の自己決定権から患者の死ぬ権利を引き出してきていることは注目に値する。ただ、そこで持ち出されている自己決定権の内容や根拠付けが未だ不十分でしかない点は問題である。連邦憲法裁判所においても、患者の自己決定権について見解が分かれたままであり[43]、判例のこれからの展開が注目されるところである。

　安楽死について、自己決定権によって説明することは適切だとはいえ、一点について指摘しておく必要がある。すなわち、治療の中断といった消極的臨死介助などの要件として、患者の推定的意思を認めることや、医師の判断を求めることは、自己決定権として説明することが困難である。判例や対案の提案者のように患者の自己決定権から理由づける以上、これには別な理由づけが必要となろう。少なくとも、家族などによる患者の推定的意思を認めることや、医師の判断を求めることは、第三者による生命の価値付けを許容することにならないかということが懸念される。

　(1)　1994年11月に州民投票によって成立したオレゴン州の尊厳死法は、医師による患者への致死薬の給付を合法化した。同法に対して反対派が連邦裁判所に提訴したが、連邦最高裁判所が提訴自体を不適法とした。また、再度の州民投票の結果、1997年11月に同法の存続が確定した。同法によると、①患者が正常な判断力をもっていることの確認、②口頭による薬の希望の後、書面による患者の意思表明、③医師の処方箋の州保健当局への提出義務を条件として、医師に半年の命と診断された末期患者は、自ら命を絶つ薬を医師に処方してもらうことができる。公式報告では、1998年に24人、1999年に39人、2000年に39人が薬剤投与により死亡したとされる。これに対して、1999年には連邦議会に、自殺幇助や安楽死のために薬品などを調合、配分することを禁止する「1999年疼痛除去促進法」案が提出され、審議中である。これが成立すると、オレゴン州尊厳死法が事実上無効となる（星野一正「1999年疼痛除去促進法」時の法令1610号68頁以下参照）。

　オランダでは、1993年3月に改正された埋葬法が、①患者の明確な要請がある、②耐え難い苦痛がある、③他に救う手段がない、④他の医師と協議すること

Ⅲ 科学技術と憲法

など、一定の要件を満たした場合に安楽死を行った医師を嘱託殺人容疑で書類送検するが、刑事責任を問わないこととした。しかし、これでは医師が犯罪を行ったこととなるため、2001年 4 月に刑法などを改正して、医師による自殺幇助とともに安楽死を合法化した。公式報告では、1998年11月から翌年12月までに2565件の安楽死が行われたとされる。（毎日新聞、2001年 4 月11日）。

(2) 名古屋高判昭37．12．22、高刑集15巻 9 号674頁。
(3) 横浜地判平 7．3．28、判時1530号28頁。
(4) 戸波江二『憲法［新版］』ぎょうせい（1998年）186頁。
(5) 町野朔「安楽死――ひとつの視点(1)」ジュリスト630号（1977年）60頁以下。
(6) エルンスト・クレー、松下正明（監訳）『第三帝国と安楽死』批評社（1999年）91頁。
(7) Karl Binding/Alfred Hoche, Die Freigabe der Vernichtung lebensunwerten Lebens. Ihr Maß und ihre Form. 1920, 2. Aufl., 1922, S. 10（本書の要約として、町野朔他編著『安楽死・尊厳死・末期医療』（信山社、1999年）51頁以下参照）。
(8) エルンスト・クレー前掲書28頁以下、ヒュー・G・ギャラファー、長瀬修（訳）『ナチスドイツと障害者「安楽死」計画』（現代書館、1997年）参照。ナチス政府は、ヒトラーの安楽死計画をビンディング・ホッヘの主張をもって正当化した。
(9) 町野朔「安楽死――ひとつの視点(2)」ジュリスト631号（1977年）13頁以下。連邦議会議員で社会民主党の指導者であったA・アルントは、1947年にコンスタンツで開かれたドイツ法曹大会で、本来の安楽死についてもドイツで再び議論されないことを望んだ（Adolf Arndt, in: Der Konstanzer Juristentag, 1947, S. 196.）。
(10) K. Engisch, Euthanasie und Vernichtung lebensunwerten Lebens in strafrechtlicher Beleuchtung, 1948, S. 4ff. また、町野朔他編著・前掲書61頁以下参照。
(11) その理由として、①ナチス時代の安楽死計画という苦い経験を経たことと、②現代における死の操作可能性による生命保護に関する新しい側面が浮かび上がってきたことが指摘される（上田健二「臨死介助と自死への権利㈠」警察研究59巻 3 号75頁以下参照）。臨死介助という用語は、不可逆的意識喪失者や生に疲れた者への死の援助、重大な傷害を負った新生児に対する処置を視野に含める点で、安楽死よりも射程が広いとされる。
(12) 連邦通常裁判所は、死に瀕している患者に対する同情により、看護婦が殺害した事例で、そこには謀殺罪に必要な低劣な動機や背信性はないとしている（NStZ

(12) 1992, 34 [39])。この判決については、山本光秀「患者に対する同情からの安楽死」比較法雑誌26巻2号127頁以下参照。
(13) NJW 1997, 808. この判決については、甲斐克則「死期を早める苦痛治療（いわゆる『間接的臨死介助』）の許容性に関するドイツBGH刑事判決」広島法学22巻1号351頁以下参照。
(14) かつてローマでは、兵士の自殺が国家に対する義務違反として処罰されたし、キリスト教思想により自殺が犯罪とされたこともあった。しかし、ヨーロッパでは自殺が処罰されないのが一般的である。その理由として、① 責任または違法性がないこと、② 自殺が最も私的な事柄であることから、国家権力が介入すべきでないこと、③ 自己の生命の処分権の行使であることがあげられる。平川宗信『刑法各論』（有斐閣、1995年）47頁以下。
(15) 上田健二「臨死介助と自死への権利（以下、臨死介助）」刑法雑誌29巻1号122頁以下参照。
(16) BGHSt, 32, 367.
(17) 上田健二「臨死介助」125頁以下参照。さらには、アルビン・エーザー、上田健二・浅田和茂編訳『先端医療と刑法』（成文堂、1990年）121頁以下参照。
(18) Vgl. Andereas Hamann/Helmut Lenz, Grundgesetz, 3. Aufl., Art. 2 Anm. B8.
(19) P. Kunig, Art. 2, Rn. 50, in: von Münch, Grundgesetz-Kommentar, 4., neubearb, Aufl., 1992.
(20) Ingo. von Münch, Art. 2, Rn. 41, in: von Münch, Grundgesetz-Kommentar, 3. Aufl., 1992.
(21) Hans D. Jarass, Art. 2, Rn. 53, in: Jarass/Pieroth, Gurundgesetz für die Bundesrepublik Deutschland, 3. Aufl., 1995.
(22) Münch, a.a.O., Art. 2, Rn. 18.
(23) Münch, a.a.O., Art. 2, Rn. 19. これに対して、基本法2条1項の人格の自由な発展の権利を限定的に解する立場としては、Konrad Hesse, Grundzüge des Verfassungsrechts der Bundesrepublik Deutschland, 20. Aufl., 1995, Rn. 423.
(24) BverfGE 6, 32. この判決については、田口精一「国外旅行の自由と憲法による保障」ドイツ憲法判例研究会編『ドイツの憲法判例』（信山社、1996年）[4]31頁（第2版・2001年）所収を参照。
(25) Peter Häberle, Die Menschenwürde als Leitgrundsatz der höchstrichterlichen Rechtsprechung, in: Handbuch I. Rn. 96.

III　科学技術と憲法

(26)　Münch, a.a.O., Art. 2, Rn. 41.; Jarass, a.a.O., Art. 2, Rn. 7a.

(27)　法王ピウス12世は1957年の国際麻酔学会で、生命の維持と真に人間的な生命の維持とを区別し、間接的臨死介助を容認すると述べている（上田健二「臨死介助」116頁以下参照）。

(28)　RGSt 25, 375 (380).しかし、患者が意識不明、精神異常、心神喪失であるとき、「遅れると危険」の状態で患者の代理人が不在のため権限ある者の明白な意思決定を得られないとき、または、患者やその親族の意思表明が不明確で、信頼できず、動揺しているときには、担当する医師の善意と権限の推定が働くとされる（Vgl. RGSt 25, 375 (381f.)。

(29)　BGHSt 11, 111 (113).山本悦夫「憲法上の権利としての患者が医師の説明を受けて治療を承諾する権利──ドイツの議論を手がかりにして」帝京平成短期大学紀要第2号（1992年）10頁以下を参照。

(30)　この点については、アルビン・エーザー『先端医療と刑法』88頁以下参照（Vgl. BGHSt 2, 150 (154); BGHSt 6, 147 (184f.)。

(31)　アルビン・エーザー『先端医療と刑法』92頁以下参照。

(32)　BGHSt 32, 367.

(33)　アルビン・エーザー『先端医療と刑法』100頁以下参照。

(34)　Alternativentwurf eines Gesetzes über Sterbehilfe, Stuttgart, 1986, S. 8.これについては、上田健二「臨死介助と自死への権利(1)」75頁以下が詳しい。

(35)　甲斐克則「末期医療における患者の自己決定権と医師の刑事責任（以下、末期医療）」刑法雑誌29巻1号153頁以下参照）。

(36)　Herbert Tröndle, Recht auf den eigenen Tod?, Verhandlungen des sechsundfünfzigsten Deutschen Juristentages, 1986, Bd. II, Teil M, 39ff. また、上田健二「臨死介助」123頁以下参照。

(37)　NJW 1987, S. 2940.

(38)　甲斐克則「末期医療」160頁以下、また、ユーリウス・ハッケタール、関田淳子他訳『最後まで人間らしく』（未来社、1996年）166頁以下参照。

(39)　BVerfGE 76, 248 [251f. 1].

(40)　NJW 1988, 1536.

(41)　Häberle, a.a.O., Rn. 97.

(42)　Zippelius, Art. 1 Abs. 1, Rn. 94., in; Bonnner Kommentar zum Grundgesetz, 1989.

(43)　BVerfGE 52, 131 [168].この点については、山本・前掲論文147頁以下参照。

27　死者の取扱いに関する若干の考察

工　藤　達　朗

　　はじめに—本稿の課題
　1　死　体
　2　埋　葬
　3　墳　墓
　　おわりに—死と生の交錯

はじめに——本稿の課題

　21世紀を迎え、そこで科学技術がどんなに進歩したとしても、人間が不老不死になることはないだろう。人間は誰でも必ずいつか死ぬ。まさに „Alle Menschen sind sterblich" である。死は永遠に、人間にとって逃れられない運命なのである。それでは、人間にとって死は何を意味するのか。この問いに対して、自分の死んだ経験をふまえて答えることのできる人はいない。人間が死を経験できるのは一度限りである。だから、死について語られたものは、それが事実に関するものであるとすれば、すべて自分以外の他人の死についての事実なのであって、自分の死については想像に基づいているにすぎない。死とはどういうもの（こと）であるか、完全にはわかりようがない。その意味で、死は謎のままである。

　死それ自体については十分にはわからないとして、それでは、死者は生き残った者にとってどのような意味を有するのか。あるいは、死者は生者によってどのように取り扱われるべきなのか。本稿ではこの問題を取り上げることにしたい。具体的には、現行の法律が死者をどのように取り扱っているか、その根拠は何かを考察し、それらが法律の出発点と矛盾していないか否かを確認したい。こうすることで、間接的に、現代の日本人にとって死が有する意味を、それ故、現代日

III 科学技術と憲法

本人の死生観の一端を明らかにすることができるのではないかと思う[1]。

　結論を先取りしていえば、現行の法律は、死者の権利主体性を否定し、死体を権利の客体（＝物）とみなしながら、死者を生きているもの（権利主体）のごとく取り扱おうとしている。これは論理的には矛盾であるように見える。この矛盾は何に由来するのか。また、この矛盾は克服されるべきものなのか。どのように克服されるべきなのか。これらの点を考えることが本稿の課題である。

1　死　　体

（1）　人間が死んだら、その身体は死体となる。生と死の境界が、脳死や心臓死といった一瞬で画されるのか、それともなだらかな段階的移行であるのか、それは問わない。いずれにせよ、死んだ後の話である。例えば、わたしが死んだとする。民法に従えば、私権の享有は出生に始まり死亡によって終わるから、権利主体である「わたし」は消滅し、わたしの死んだ体だけが残る。そうすると、わたしの死体（あるいは、死体であるわたし）は権利主体ではないとすると、権利の客体になるのであろうか。誰のどんな権利がわたしの死体に対して成立するのか。これを問Ａとしよう。この問を延長すると、そもそも、「わたし」が存在していたとき、「わたし」と「わたしの身体」は法的にどのような関係にあったのかという疑問がでてくる。これを問Ｂとしよう。まずは、問Ａ・Ｂに対する民法の説明をながめるところから始めることにしたい。

（2）　まず、民法は、生きている人間の身体に対して、排他的支配を認めない[2]。他人の排他的支配に服する人は奴隷である。近代法は、奴隷の存在を許容しない。すべての人間が当然に権利主体であり、自由で独立でなければならないと考えるからである。人間の身体に対する排他的支配権を承認することは、その人間の人格を否定し権利の客体とすることであって、近代法の大前提に矛盾するのである。日本国憲法は、奴隷的拘束を明文をもって絶対的に禁止し（18条）、かつその規定は私人間でも直接効力を有すると解されているから、民法上の結論が憲法の要請

でもあることは明かである。ただし、このような明文の規定がなくても、人間の尊厳ないし個人の尊重を基本原理とする憲法では、当然の原則であるといえるだろう。

次に、民法は、たとえ自分自身の身体に対してであっても、排他的支配権を認めない。自分の身体に対して成立する権利は人格権であって、所有権ではないというのである[3]。これが問Bに対する民法の解答であるが、なぜそのように説明する必要があるのか。この点は後に検討する。

これに対して、民法上、死体は所有権の対象となる、というのが判例[4]・通説[5]である。すなわち、人は死んだら「物」（民法85条）になるというわけである。しかしながら、この所有権の内容は、所有物を自由に使用・収益・処分する権利（民法206条）ではなく、もっぱら埋葬・祭祀・供養をなす権能と義務を内容とするものであって、死体の所有権を放棄することも許されないと考えられている[6]。これが問Aに対する民法の解答ということになる。順次検討しよう。

(3) まず、問Bに対する民法の解答からである。生きている他人の身体について所有権が成立しないとする点は首肯できるが、自分自身の身体についても所有権が成立しないのはなぜか。民法では、所有権ではなく人格権の対象だとするのであるが、この点、わたしの身体はわたしのものだとすれば所有権の対象となり、わたしの身体がわたし（の一部）だとすれば人格権の対象となるように見える。これは、言葉の使い方の違いにとどまらず、「わたし」とその身体の関係の理解について、一定の対立から発しているように思われる。というのは、「わたし」という心または霊魂が「わたしの身体」に宿っていると考えれば、「わたし」が主体、「わたしの身体」が客体であるから、所有権説に結びつく（この「わたし」が死とともに消滅するか、それともどこか別の場所へ移るのか、どちらであっても同じである）。これに対して、このような心身二元論は科学的に根拠がないとし、「わたし」という意識（心）は脳という身体の一部の機能にすぎないのだから、わたしの身体とは別にわたしがいるわけではない。そう考えると、わたしとわたしの身体を観念の上でも分離することはできず、人格権説に結びつくように思われる。しかし、民法

III 科学技術と憲法

が心は脳の機能にすぎないという前提で人格権説をとっているようにも見えない。民法上、人格権説が通説である根拠はなにか[7]。2つの観点で検討しよう。まずは他者との関係であり、次に自己との関係である。

第1は、他者との関係である。他人による侵害から自己の身体を防禦する根拠として、所有権説を前提とすれば、物権的請求権の内容として、妨害排除・予防請求権が肯定されるのは当然である。しかし、同じ効果は、人格権からも導き出すことができる。最高裁判所も、北方ジャーナル事件において、「名誉は生命、身体とともにきわめて重要な保護法益であり、人格権としての名誉権は、物権の場合と同様に排他性を有する権利というべきである」から、名誉を違法に侵害された者は、「人格権としての名誉権に基づき、加害者に対し、現に行われている侵害行為を排除し、又は将来生ずべき侵害を予防するため、侵害行為の差止めを求めることができる」と述べていたところである（最大判昭和61・6・11民集40巻4号872頁）。それでは、侵害が行われてしまった後で損害賠償等を行うときは、財産損害ではなく、人格権侵害とする方が、より大きな利益が侵害されたことになり有利なのであろうか。しかし、被害の程度が同じなら、所有権に基づき請求するか、人格権に基づき請求するかで、それほど大きな違いがあるとは思われない。つまり、他者との関係では、所有権ではなく人格権だという実益はない。

それでは、第2の、自己との関係であろうか。例えば、自己の身体に対して成立するのが所有権であるとすれば、自己の身体（の一部）を自由に使用・収益・処分できることになり、自分自身をまるごと譲渡したり（奴隷になる自由）、処分したり（自殺の権利）、臓器その他の身体の一部を売買の対象とすることも認められかねないが、人格権であれば何らかの制限が内在していることになる、ということが考えられる。民法では、排他的支配権＝所有権と考えた上で、自己の身体に対してでも排他的支配権を認めるわけにはいかないから、所有権ではなく人格権だ、としているようにみえる。人格権は排他的支配権ではないのであろう。しかし、次の2点で問題が残る。

第1に、自由とは自己支配である。自分が自分を支配するからこそ、人間は自由なのである。自己に対する支配権に限界があるということは、人間の自由に限

界があるということである。これは、人間は本来自由であるという出発点の人間理解とは矛盾しないであろうか。仮に矛盾しないとして、次に、この自由の限界をどう説明すべきか。他者の権利を侵害しているわけでもないのだから、パターナリスティックな制約であろうか、それとも、人間の自由は本来的に限られたものだとして、内在的制約というべきであろうか。

　第2に、自己の身体に対する権利を所有権であると考えても、民法上も「法令ノ制限内」の権利だし、憲法上は経済的自由として政策的制約が広く認められるのであるから、臓器売買等の禁止が違憲と評価されることはありえないだろう。それとも逆に、政策的制約が可能だからこそ、他人の生命を守るための臓器提供の義務づけまで可能になりかねず、所有権と構成すべきではないということであろうか。しかし、自己所有権を肯定する人は、その権利を精神的自由と同等またはそれ以上に高く評価するのが通常だから、強制的臓器移植が正当化されるとは考えられない。

　そもそも、身体の一部を売買や贈与の目的物とすることはできないということ自体、自明なものではない。確かに、今日、臓器提供が経済的利益追求の手段となってはならないという点について、広く一致がみられる。しかし、貧乏学生が血を売って学資を稼いだといった類の話はかつてはよく耳にしたところであるし、梅毒輸血事件（最判昭和36・2・16民集15巻2号244頁）では、血を売ったのは職業的給血者だとされている。血液は売買の対象とされていたわけである。経済的利益を目的としなければ、献血は現在でも当然のこととして行われている。また、これも経済的利益とは無関係だが、自分の腎臓の片方をわが子に移植する親について、報道がなされたこともある（最初の子どもに臓器を移植する目的で第2子を出産した親もいるが、この事例などは法倫理的に検討すべき問題を含んでいるように思われる）。血や腎臓は、どのような権利によって処分されるのであろうか。これらは身体の一部ではあるが、人格権ではなく所有権が成立すると考えられていたのだろうか。また、切り離された身体の一部については、切り離された人の所有に属することが認められている。いつ、どうして、人格権が所有権に変化するのか[8]。問題は解消されてしまったわけではない[9]。

III 科学技術と憲法

(4) 問Aに移ろう。生きた身体とは異なり、民法では、死体に対して所有権の成立を肯定する。人間は生きているときは人格であり、死んだら物になるという前提があるわけである。しかしながら、死体に対する所有権者の権利内容はきわめて限定されている。埋葬・祭祀・供養を義務づけられているも同様である[10]。もしこの権利が所有権であるとすると、権利の内容をこれほど制限できる根拠はなにか、という疑問が生じる。制限の根拠が公共の福祉だとして、その具体的な中身はなにか。公衆衛生だけということではないだろう。誰かの権利を保護するためか。しかし、死者は権利主体ではないのである。いわんや、祖先一般が権利主体となるはずはない。それでは政策的制約であろうか。ではどんな政策か。国民の宗教的感情の維持か。説明はかなり困難である。

そもそも、内容が限定され、義務を伴い、放棄もできない権利を、所有権の概念で説明するが困難なのである。しかし、死体を物だという前提に立つ限り、所有権の成立を認めざるを得なかった。所有権であるとしながら権利内容を限定するところに違和感があるのである。そうすると、死体を物だとするその前提に問題はなかったのであろうか。おそらく民法では、この前提を覆すことはできないが、感情的に納得しがたいところがある、ということなのではあるまいか。

(5) 以上を概観してみると、民法理論は、生と死、生者と死者の峻別の上に成り立っていることがわかる。生者＝人（権利主体）であり、死者＝物（権利客体）である。生きている人間に対しては、排他的支配を認めない。自己所有権の否定にこだわるのも、生と死の峻別という前提があるからである。だからこそ、死者は権利主体ではなく、死体は物であるという、180度異なる法的取扱いが肯定されるのである。しかし、生と死の峻別というその前提を最後まで徹底させているわけではない。死体も物なのだから、どのように取り扱われても、所有権者の自由だとされるわけではない。死者も、生きているときと同程度に、敬意をもって取り扱われなければならないと考えられているようである。だとすれば、死者は物ではないと考えるのが素直であり、場合によっては権利主体とみる余地がでてくるのではないか。このような考え方は非科学的な迷信にすぎず、学問を構築す

る前提とすることはできないのであろうか。あるいは、法律学はもともとフィクションに基づくものであって、少なくともフィクションであると自覚している限り、死者を権利主体とみなしても、非科学的であるという非難は当たらないのではないか。このような疑問を抱えながら次へ移ることにしよう。

2 埋　葬

(1) 民法が死体を物だと考えていることはすでにみた。死体が物だとしても、どのような取扱いでも許されるというわけではない。判例は、死体の所有権の内容が、埋葬・祭祀・供養をなす権利と義務であり、放棄しえない権利だというのであるから、埋葬は死体の所有権者の義務であると解されている。しかし、誰に対する義務なのか。死者に対する義務なら死者が権利主体ということになってしまうし、社会公共に対する義務だとしても、埋葬によってどのような利益が社会にもたらされるのかは明らかとはいえない。義務を負わせる根拠はどこにあるのだろうか。

とはいえ、民法以外にも、現行法の中には、死者は必ず埋葬[11]されなければならない（死者が埋葬されることもなく放置されてはならない）という前提に立っているように思われる例がある。例えば、刑法180条は、死体を損壊・遺棄した者を3年以下の懲役に処すると定める[12]。埋葬しないでいると、死体遺棄ということになる。「墓地、埋葬に関する法律」（以下、墓埋法）は、死体の埋葬を行う者がいないときには、市町村長が行わなければならないとし（9条）、墓地や火葬場の管理者は、正当な理由[13]がなければ、埋葬等を拒否できないと定める（13条）。また、生活保護法は、葬祭扶助を規定している（18条）。さらに、埋葬に付随する行事に配慮した法規として、東京都公安条例をあげることができる。同条例1条は、公安委員会の許可を要しない集団行進として、「通常の冠婚葬祭等慣例による行事」をあげているからである[14]。

このように、法律は死者の埋葬に配慮しているわけだが、死者はどうして埋葬されなければならないのか。各法律がその理由を明らかにしているわけではない。

III 科学技術と憲法

墓埋法は、同法の規制目的として国民の宗教感情と公衆衛生をあげる（1条）が、埋葬を単なる公衆衛生のためとして説明するのはむずかしいだろう。そうすると、国民の宗教感情ということになるが、その感情の中身は、死者も敬意を持って取り扱われる権利を持っているということではないであろうか。その場合には、国民の宗教感情を根拠として、死者を権利主体とすることはできるのか、という疑問が生じてくる。死者が権利主体ではないとすると、客観的な法原則ということになるが、その根拠はなにか、という問の出発点に戻ってしまう。結局、埋葬義務の根拠は明らかとはいえない。

(2) それでは、埋葬とはどのような性格の行為か。あるいは、憲法上「埋葬の自由（あるいは葬送の自由）」は保障されているか。埋葬の自由の内容として、Ob と Wie を区別することができよう。前者は埋葬するかしないかの自由であり、後者はどのような方法で埋葬するかの自由である。現行の法律が死者は必ず埋葬されなければならないという前提に立っているとすれば、葬送の自由は Ob については否定されていることになる。これを違憲とする見解は、今のところ存在しないようである。葬送の自由が認められる可能性のあるのは Wie についてである。特定の方法による埋葬が宗教上の行事として行われる場合には、信教の自由（憲法20条）で保障された行為となることに問題はない。しかし、今日、埋葬を無宗教で行う場合もあり、その場合には憲法20条でカバーすることはできない。例えば、いわゆる自然葬または散骨については、憲法13条の問題とされている[15]。幸福追求権が一般的な行為の自由を広く含むものであれば、そこに葬送の自由が含まれることは当然だし、人格的利益説でも保障される可能性は少なくない。

ただし、葬送の自由が憲法上保障されるとしても、誰の自由・権利として保障されるのかは問題である。葬る人の権利なのか、葬られる人の権利なのか。埋葬する自由か、される自由か。

まず、死者は権利主体ではないという出発点からすれば、死者の葬られる権利などというものはあり得ないはずである。生前に自己の葬送方法を決定する自由は、死者が権利主体でないことと矛盾しないといわれているが、なぜ矛盾しない

のか、必ずしも明確でないように思われる。権利主体の意思は、権利主体の実在から独立の「実体」なのであろうか。しかし、このような意思の実体化も、出発点と矛盾しているように見える。本人は死と同時に消滅し、残されたのは死体だけだから、どのような取扱いをされても問題にならないのではあるまいか。そうであるとすれば、故人が生前に希望していた葬送方法を遺族が実行しようとした場合、公権力がそれを妨害してはならないというのであるから、遺族の権利というしかないのではないか。こう考える限り、遺族が故人の希望を無視した葬送方法をとっても、公権力が介入できるとは思われない。故人の意思が尊重されるかどうかは、遺族の決定に委ねられるわけである。

しかし、もし死者の権利主体性を正面から認めるなら、話は別である。その場合には、権利主体が存在するのであるから、死後の自己決定がそのまま存在し続けることになろう。しかも、その場合、死者の権利が私人間で直接効力を有し遺族を拘束することになると、死者の葬送の自由は、生者の葬送の義務ということになる。死者が生者を支配するわけである。もちろん両者の調整がはかられることになろうが、その結果、葬送の自由という自由権が逆に国家介入の契機となることもあろう。

(3) しかし、わたしにとって、葬送の自由の権利性以上に興味深いのは、憲法の人権規定まで持ち出して人々が埋葬にこだわる理由はなにか、という点である。その際、葬送の自由を基本的人権と主張する人々が、単に他人に迷惑をかけなければ何をやっても自由だという、いわば愚行権の一種として葬送の自由をとらえているとは思われない。憲法の明文で保障された権利と同等の意義を有する権利だと考えているのであろう。なぜ埋葬にこだわるのか、埋葬は人間にとっていかなる行為なのか？

この問題にはっきりと答えることはできないが、確かなことは、死者を埋葬するのは人間だけだということである。墓埋法の解説書は、「人間が他の生物と異なることの一つとして、人間は死者を葬る行為を行うということがあげられる[16]」とする。事実、ヒト以外の動物は埋葬しないのに対して、ヒトはネアンデルター

ル人の頃から埋葬を行ってきた。埋葬はまさに人間の特徴であり、埋葬するから人間なのである[17]。そうであるとすれば、埋葬が人間にとって本質的な意味を持つものだということはいえるのではあるまいか。その限りで、埋葬にこだわるのも理由があるのである。

いずれにせよ、埋葬の自由が人間の本性に根ざす基本権の1つであることを肯定することは可能である。しかし、これは、埋葬を禁止する（例えば、死体は物であるから、廃棄物として処理せよと命じる）ことは許されないというにとどまるのであって、埋葬の時・所・方法に関する規制は当然に可能であろう。

3　墳　墓

最後に、「墳墓」に簡単に触れておきたい。墳墓とは、「死体を埋葬し、又は焼骨を埋蔵する施設」（墓埋法2条）である。つまり、「お墓」である。日本では本来墓をつくらないのが伝統であったとか、埋墓と詣墓の2種類があったとか、さまざまな指摘がある[18]。これらは民俗学的にはきわめて興味深いものではあるが、本稿の考察対象ではない[19]。墓がこれまで持ってきた社会的役割も問題としない[20]。ここで考えたいのは、次の一点のみである。

「お墓にはいりたくない」とか「夫と同じ墓にはいるのはいやだ」という言い方がされることがある。このような言い方に何か意味があるのか。

墓にはいるのは死ぬときである。これから墓の中で生活しようというわけではない。自分に意識がないのはもちろん、そもそも墓の中の死体または焼骨が「自分」であるかどうかも問題である。繰り返し見てきたように、民法に従えば、死んでしまえば人は物になるのである。つまり、死亡と同時に「自分」は消滅するわけだ。「墓にはいる」ことさえ実はできないのである。どう取り扱われようとも、死んだ後ではわかりはしない。死後もなお存在し続けることを前提として、死後の住処に注文を付けたり、一緒に暮らす相手を選んだりするのは、贅沢というものであろう。こう考えるのが合理的・科学的思考方法であるように思われるが、実際には決してそうは考えられていないわけである。それどころか、墓には

いるはいらないが、法的な問題となりうることさえ指摘されている(21)。
　このような考え方にどう対処すべきなのか。死後の生活など、非合理的な迷信として切り捨てるべきなのか、それとも、このような一般の感情に基づいて理論を組み立てることも可能なのか。これまでと同様のことが、ここでもまた問題になるのである。

おわりに——死と生の交錯

　現在の法律による死者の取扱いの中には、死者が物であり、権利主体ではあり得ない、という前提から出発する限り、きわめて不合理なものが多く含まれている。しかし、この不合理な取扱いは、死者が「単なる」物であってはならない、物とみなしたくないという人々の感情に発しているのである。現代の日本人にとっても、そのような死者の取扱いが望ましいと考えられているのであるとすれば、一見不合理に見える取扱いこそ実は妥当な結論なのだと評価されることになろう。しかし、この結論は、先の前提を維持する限り、きわめて困難な説明を強いられることになる。前提と結論が矛盾しているのであるから、当然といえば当然である。それではこの矛盾をどうやって解消すべきなのか。
　1つの方法が、結論を前提に合うように「合理的」に変更することであることは言うまでもない。ただし、理論的には一貫するが、具体的妥当性という点では問題があろう。
　もう1つの方法は、前提を変えることである。死者も生きている、といえるかどうかは別として、死後も人間らしく扱われる権利を有すると認めることである。人間は死んだら「物」である。しかし、生きている人間も実は物質であるという意味では「物」であるわけだ。つまり、生と死を全く異質なものとして対置する必要はないのではないか。人間が人権の主体である。人間でありさえすれば、生きているか死んでいるかは2次的な問題なのではないか。こう考えれば、死者が人権を享有することを否定することはできないであろう。
　もちろん、権利とは意思の力であって、現に意思を有しないものは権利主体た

III　科学技術と憲法

り得ないという批判は当然にあろう。しかし、現実には、このような理性的な「意思」を有しない人々も基本権の享有主体であり、人間らしく扱われる権利を有することは認められているのである。極論すれば、人間が当然に権利を有するという前提自体がフィクションなのであり、そうであるとすれば死者の権利もそれほど違和感はないのではあるまいか。

　もちろん、死者の権利を正面から認めることは、生者にとって邪魔になることもある。死者の権利は、自分が死んだ後もなお生きているときと同じように生者を支配しようという欲望のようにも見える。また、死者と生者を相対化することは、生きている人間について物としての取扱いが行われることにならないのか、という危惧もある。そもそも、人間の尊厳という観念が、人間の特別視、逆に言えば人間以外の存在に対する徹底した差別の上に成り立っているのである。人間か否かで取り扱いは全く変わる。その境界がたとえフィクションであったとしても、である。死者も尊厳を有することになると、この人間の尊厳という観念自体が揺らぐ可能性がないとはいえない。それ故、これらの諸問題に見通しを得てからでなければ最終的な結論を出すことはできないが、にもかかわらず、生と死を峻別し、死者は物であるという前提自体、必ずしも自明のものではないことだけはわかる[22]。これを明らかにすることが本稿の課題であったのである。

　死生観の変遷は、今日の日本でも、進行しつつある。現在は「死は恥ずべきもの、タブーの対象」[23]である。死は本来あってはならないもの、不条理なものであるととらえられる。しかし、近い将来、新たに生まれてくる人間の数より、死んでいく人間の数の方が多いという事態が生じるかもしれないのである。死は否応なく目の前に迫ってくる。その時には、死は生と同等の、あるいはより身近なものになるのである。

(1)　実は当初、現代日本人の死生観を正面から取り上げたいと思っていたのであるが、現代日本人の死生観といっても、質を異にするさまざまなものが含まれており、ひとまとめに論じることはできないし、また、それらの死生観が形成されるまでの歴史的変遷もある。とくに後者については、仏教伝来の前後の比較検討か

ら始めなければならないであろう。これは、とてもわたしの手に負える課題ではなく、断念せざるをえなかった。

　ヨーロッパにおける死生観の転換については、フィリップ・アリエス（伊藤晃・成瀬駒男訳）『死と歴史』（みすず書房、1983年）が基本的文献であろう。そこでは、死を前にした人々の態度の変化を分析することにより、死を身近なものとして受け入れていた中世と、死が隠され、タブーとされる現代とが対比的に論じられている。ヨーロッパにおける死のイメージの変化について、さらに、阿部謹也『西洋中世の罪と罰』（弘文堂、1989年）を参照。同書は、古ゲルマン社会の死者のイメージがキリスト教の浸透とともに変化していったこと、にもかかわらず、前者は消滅してしまったのではなく、民衆の中に常に残ってキリスト教と対抗していたことを明らかにしている。

(2)　我妻栄『新訂民法総則（民法講義Ⅰ）』（岩波書店、1965年）202頁。

(3)　我妻・注(2)202頁。これに対し、法哲学の側には、「自己所有権」がすべての基本権の根拠であるとの主張がある。参照、森村進『財産権の理論』弘文堂（1995年）。自己所有権は人格権だという批判に対する反論は、同書61頁以下。最近のもので自己の身体に対する所有権を否定するのは、立岩真也『私的所有論』（勁草書房、1997年）55頁。

(4)　大判大正10・7・25民録27巻1408頁、大判昭和2・5・27民集6巻7号307頁。判例評釈として、民法判例研究会『判例民法大正10年度』398頁（穂積重遠）、民事法判例研究会『判例民事法昭和2年度』241頁（穂積重遠）、宮井忠夫「遺骸に関する所有権」『宗教判例百選（第1版）』（有斐閣、1972年）162頁がある。

(5)　我妻・注(2) 203頁、林良平＝前田達明編『新版注釈民法2』（有斐閣、1991年）605頁以下（田中整爾執筆）。

(6)　死体に対する所有権の内容と並んで、死体の所有権の帰属の問題がある。相続によって相続人に帰するというのが大審院の判例である（注(4)参照）が、学説上は、「系譜、祭具及び墳墓の所有権は……慣習に従って祖先の祭祀を主宰すべき者が承継する」（民法897条1項）との規定により、喪主であるとするのが通説のようである。なお、最近の判例で、「配偶者の遺体ないし遺骨の所有権（その実体は、祭祀のためにこれを排他的に支配、管理する権利）は、通常の遺産相続によることなく、その祭祀を主宰する生存配偶者に原始的に帰属し、次いでその子によって承継されていくべきものと解するのが相当である」としたものがある（東京高判昭和62・10・8判例時報1254号70頁）。

(7)　人格と身体は不可分だというのがその根拠だとすると、成長とともに身体に変

III 科学技術と憲法

　　化が生じたり、身体の一部が事故等で失われたとき、なお同じ人格として評価されるのはなぜなのかという問題が生じる。端的に、脳という身体の部分が破壊されていなければよいのだとするか。そうすると、脳に損傷があるときは、身体は同一でも別人格ということになってしまう。これも説明は難しい。
(8)　身体またはその一部が民法85条の「物」であるかをめぐる学説の状況について詳しくは、林＝前田・注(6) 604頁（田中執筆）。
(9)　所有権か人格権かという問題は、女性（母親）と胎児との関係でも生じる。胎児が母親とは別個独立の人格だと考えれば、人格者に対して排他的支配は認められないから、妊娠中絶の権利は成り立たないであろう。これに対して、胎児が人格（権利主体）ではないとして女性の妊娠中絶の権利を肯定する場合、女性の胎児に対する権利はどのような性質の権利か。所有権か、人格権か。処分権だと考えれば所有権のようであるが、その場合、胎児は母胎の一部ではなく（一部だとすれば、民法の通説に従う限り人格権だということになる）、母胎の異物としての物だということになるのであろうか。この点につき、森村・注(3)34頁、66頁以下、立岩・注(3) 197頁以下のほか、井上達夫「人間・生命・倫理」長尾龍一＝米本昌平編『メタ・バイオエシックス』（日本評論社、1987年）59頁以下参照。

　　なお、墓埋法2条1項によれば、死産した胎児が妊娠4カ月未満であった場合、それは同法の「死体」ではないから、市町村長の許可（5条）なく埋葬・火葬・改葬することができる。ということは、そのときまで、胎児はまだ人ではなかったということになるのだろうか。また、墓埋法の「墳墓」ではないから、自宅の庭に埋めてもよいということになるのであろうか？
(10)　もちろん、他者による埋葬・祭祀・供養を排除するという意味では、権利の側面を否定することはできない。自衛官合祀訴訟（最大判昭和63・6・1民集42巻5号277頁）も、誰が死者を祀る権利を有するかという争いであったのである。誰でも死者を祀ってよいと考えるなら、訴訟自体ありえなかったはずである。なお、柳田国男「先祖の話」鶴見和子編『柳田国男集（近代日本思想体系14）』（筑摩書房、1975年）169頁は、先祖の「祭をする役目には定まつた掛りがあって、誰が祭つても何処で祭つても、よいといふものでは無かつた。むつかしい言葉でいふならば、先祖の祭は子孫の義務といふだけで無く、もとは正統嫡流の主人主婦の権利でもあつた」と述べている。
(11)　墓埋法は、「埋葬」を土葬の意味に用い、それと「火葬」を区別している（2条）。しかし、本稿ではあらゆる葬送方法を「埋葬」という言葉で代表させておきたい。

なお、ヨーロッパでは土葬が多い（例えば、統一前の西ドイツでは、1970年代から80年代初めまで、火葬率は十数％であり、統一後の1995年には、約38％）のに対して、日本では1980年以降、90％以上が火葬である（1999年には、99.5％）。数字は、新葬研究会『自然葬』（宝島社新書、2000年）28―9頁による。その原因を追求することは興味深く重要な課題である。ヨーロッパの土葬については、キリスト教の復活思想との関連で説明するのが通常であろう。最近でも、横田睦『お骨のゆくえ』（平凡社新書、2000年）62頁は、このような観点から、最近のヨーロッパで火葬が増えつつあることをキリスト教へのアンチ・テーゼととらえている。しかし、アリエス・注(1) 230頁の説明は全く違う。

　日本における火葬の歴史については、例えば、浅香勝輔＝八木澤壮一『火葬場』（大明堂、1983年）44頁以下、八木澤壮一「火葬技術の変遷と現状」葬送の自由をすすめる会『〈墓〉からの自由』（社会評論社、1991年）125頁。

　また、奥平康弘「『葬法』管見」同『憲法にこだわる』（日本評論社、1998年）61頁、「『葬法』管見のアフターケア」同書73頁は、一般庶民の大半が火葬の日本において、天皇が土葬であることに注目し、土葬を皇室の伝統とすることに疑問を呈している。事実、浅香＝八木澤・注(11) 46頁は、天皇家は奈良時代以来一貫して火葬であったのが、幕末になって変わったと指摘している。

(12)　刑法180条を含む第24章「礼拝所及び墳墓に対する罪」は、宗教的平穏と宗教的感情を保護法益とするもので、宗教自体は保護の客体ではないから、政教分離規定（憲法20条）に違反するものではない、と考えられているようである。一般的な宗教感情を社会秩序そのものの一部として保護することは、信教の自由の前提であって、違憲とはいえないとする（参照、団藤重光『刑法綱要各論（第三版）』創文社（1990年）360頁）。なお、刑法上の問題については、町野朔「死の概念と死の認定」「死者の奢り」「人体、死体」法学教室154号51頁、155号41頁、157号50頁（1993年）を参照。

(13)　墓埋法13条の「正当な理由」をめぐって、憲法上も有名な判決がある（津地判昭和38・6・21判例時報341号19頁）。判例評釈として、利光大一「異教徒の埋葬依頼における寺の自派の典礼施行権」『宗教判例百選（第一版）』（有斐閣、1972年）136頁、同表題の中村睦男『宗教判例百選（第2版）』（有斐閣、1991年）34頁。この問題に対する内閣法制局の見解については、山内一夫「信教の自由と異教徒の求める埋葬」同『憲法論考』（成文堂、1981年）13頁以下。

(14)　ただし、このような葬列は、現在では稀である。野辺送りから霊柩車への移行である（宮田登『冠婚葬祭』岩波新書（1999年）164頁）。霊柩車という日本独自

III 科学技術と憲法

　の車が誕生し普及する歴史的・社会的脈絡については、井上章一『霊柩車の誕生（新版）』（朝日選書、1990年）の分析を参照。

(15) 参照、梶山正三「葬送の国家管理と基本的人権」葬送の自由をすすめる会編・注(11)21頁、同「葬送の自由と法律」葬送の自由をすすめる会（山折哲雄＝安田睦彦）編『葬送の自由と自然葬』（凱風社、2000年）43頁。

(16) 厚生省環境衛生局企画課監修『逐条解説　墓地、埋葬等に関する法律』（第一法規、1974年）1頁。

(17) 養老孟司＝齋藤磐根『脳と墓Ⅰ』（弘文堂、1992年）、とくに174頁以下参照。それによると、人間は「あちら側」からやってきて、「あちら側」に帰っていくものだという理解に基づき、死者と赤ん坊を交換するための儀式として埋葬を行ったとする。そしてこれが同時に、宗教の発生でもあったというのである。この説明は、日本では、間引きが「かえす」「もどす」と表現されていたこととも対応しており、興味深い。

(18) 柳田国男「葬制の沿革について」鶴見編・注(10)289頁以下が古典文献であろう。最近のものでは、酒井卯作「日本人の死生観と墓の成立」葬送の自由をすすめる会・注(11) 75頁などがある。

(19) ただ一点だけ、墓埋法の概念との異同を述べると、遺体を埋葬せず、礼拝供養の場である詣墓は、慰霊碑ではあっても、墓埋法上は「墳墓」ではない。墳墓は宗教施設か、慰霊碑は、忠魂碑は、と考えていくと興味深いのであるが、ここでは触れない。

(20) 参照、森謙二「イデオロギーとしての『祖先祭祀』と『墓』」葬送の自由をすすめる会・注(11) 49頁、同『墓と葬送の社会史』（講談社現代新書、1993年）173頁以下。

(21) 佐藤隆夫『人の一生と法律（新版）』（勁草書房、1989年）230頁以下参照。

(22) 死体を物と見ること激しく批判するのは、養老孟司である。養老孟司「死体とはなにか」同『日本人の身体観の歴史』（法蔵館、1996年）5頁、同「『自然』の見方」同書25頁、同「人間＝身体および社会」同書48頁などを参照。

(23) アリエス・注(1) 69頁。

28 遺伝子組換食品の規制について
——EUのNF規則を中心に——

川　又　伸　彦

　はじめに
1　遺伝子組換食品等の規制に関わる憲法問題
2　1997年NF規則
3　ドイツにおけるNF規則をめぐる議論
　おわりに

　は じ め に

　わが国においても食品および食品添加物（以下「食品等」と記す）の安全性に対する消費者の関心は従来から高かったが、今日におけるこの関心の現われの一つが、食品表示をより詳細に行うことの要求である。これをうけて、1999年7月15日に成立した「農林物資の規格化及び品質表示の適正化に関する法律」（以下「JAS法」と記す）の改正も、その主な骨子は、食品表示の充実強化である。この改正によって、たとえば、いわゆる有機農産物などは、2001年4月から、第三者機関による検査認定を受けて初めて「有機」と表示できることになる。そして、農林水産省は、この改正の直後に、遺伝子組換食品等についても、同じく2001年4月から表示を義務づけることを明らかにした[1]。また、厚生省も、2000年5月1日の告示で、食品衛生法の規格基準を改正して、遺伝子組換食品等の安全性審査を義務づけ、その審査手続を経た旨の公表を義務づけた。これまで、遺伝子技術に関する日本的特徴として、法的規制の回避が指摘されているだけに[2]、このように表示の義務づけに踏み切ったことの意味は大きいであろう。

　こういった遺伝子組換食品等の法的規制については、ドイツなどを中心にヨーロッパ連合（以下「EU」と記す）が早い段階から取り組んでいる。1990年の2つの

III 科学技術と憲法

命令[3]によって、遺伝子組換体に関する基本枠組みが定められた。すなわち、1つは、遺伝子組換微生物を閉鎖体系 (geschlossenes System)[4]で用いることに関する規定であり、もう1つは、遺伝子組換生物を栽培や流通などによって環境に放出 (Freisetzung in die Umwelt)[5]することに関する規定である。そして、遺伝子組換食品等の許可および表示に関する現行法規定は、1997年の規則[6]（以下「NF規則」と記す）に定められている。この規則は、先の2つの命令を修正し、新種の食品等の許可全般について規定するものである。第2次大戦中の経験によって遺伝子組換等の技術にとくに拒否反応の強いドイツも、遺伝子組換食品等についての法的規制は、EU加盟国であり、しかも97年の規則が直接国内法として適用されるものであるため[7]、この規則によっている[8]。

遺伝子組換食品等に関しては、研究開発、栽培生産、流通販売などのいずれの段階でも法的規制が問題となる。しかも、食品等に関する国際取引が発展している今日、こういった規制は、国際的に行う必要がある。遺伝子組換食品等の表示に関するWTO（世界貿易機関）の貿易ルールとなる基準作りを行っているコーデックス委員会で、日本・ヨーロッパとアメリカとが鋭く対立している[9]のも、こういった国際的な流通があるからこそである。このような国際的な遺伝子組換食品等への対応のモデルとして、EUという国際機構によって制定されしかも加盟国を拘束するNF規則は、きわめて興味深い素材であるといえる。そこで、本稿では、まず遺伝子組換食品等の規制に関わる憲法問題について簡単にふれ、次いで国際的な遺伝子組換食品規制等のモデルとなりうると思われるNF規則の制度を見、ドイツの議論を手がかりにその問題点を検討し、最後にありうべき制度について若干の考察をしたい。

1 遺伝子組換食品等の規制に関わる憲法問題

(1) 遺伝子組換食品等の表示義務

現在、遺伝子組換食品等の規制でもっとも問題となっているのは、コーデックス委員会での交渉からも明らかなように、表示のあり方である。

遺伝子組換食品等の表示は、消費者の側から見れば、食品等の成分についての知る権利ないし成分を知った上で食品等を選択する自己決定権の問題となりうる。ここでいう知る権利は、表現の自由のもとで論じられる一般的なものではなく、医療におけるインフォームド・コンセントのもとでの知る権利[10]と同列に考えられるものである。そして、食品等の選択は、生命・健康に密接に関わるので、「身じまい」などよりも人格的生存との関係は強いであろうから、保護領域についていわゆる人格的生存権説を前提したとしても、憲法13条の自己決定権で包摂されると考える。また、その意味で、生存権（憲法25条）の観点からも表示は重要な意義を有するということができよう[11]。

　これに対して、表示の義務付けは、生産・販売業者の側から見れば、営業の自由ないし営利的表現の自由の問題である。遺伝子組換技術の研究自体は、確かに学問の自由の保障を受ける。けれども、本稿が問題とするのは、組換技術自体の規制でもなく、また組換食品等の販売の規制でもない。販売の規制は、その程度によっては組換技術に対する規制そのものとみられるものも考えられるので、その意味で学問の自由も問題となり得よう。けれども、表示の義務づけは、販売を直接規制するのではない[12]から、区別して考えることができる。表示を義務づける法律は、結局、営業の自由ないし営利的表現の自由の制約の問題なのである[13]。

　とすると、遺伝子組換食品等の表示は、消費者の自己決定権と生産・販売業者の営業の自由ないし営利的表現の自由の対立する場面といえる。もっとも、WTOでの議論や、後にみるEUでの議論からも伺えるように、表示の必要性を前提したうえでどこまで義務づけるかが政策論として論じられていて、憲法論としては、必ずしも扱われていない。

　筆者としては、表示義務についての憲法的な考え方の筋道として、次のようにとりあえず結論づけておきたい。まず、表示は、たとえば遺伝子組換原料不使用という表示した食品等を消費者が好む結果売り上げが伸びれば、それが一種の宣伝効果を有することは確かであるから、その意味で販売方法の一環として営業活動と見ることもできるであろう。しかし、消費者の選択権に情報を与えることに

III 科学技術と憲法

その本来の意義があるのであるから、営利的表現の自由と捉える。そして、営利的表現の制約についての合憲性審査基準は、「厳格度をゆるめた審査で足りる」[14]のであり、治療選択の場面でのインフォームド・コンセントほど強くはないにしても消費者の選択権の前提としての知る権利は配慮する必要があり、そしてJAS法に基づく食品等の成分表示義務が一般に受け入れられていることからすれば、遺伝子組換食品等についての表示を義務づけたとしても、違憲とはいえないであろう[15]。この点につき、遺伝子組換食品等の摂取が健康に有益であるなどの広告を禁じるNF規則3条の規定は、示唆的である。

(2) 国際機構による規制と国家主権

遺伝子組換食品等の問題は、食品等が国際的に流通していることにかんがみると、国内問題にとどまらない。とくに、生産・輸出国と輸入・消費国とで規制が異なると、直ちに貿易問題となる。すなわち、たとえば生産・輸出国が表示について緩やかな規制を設けたのに対して、輸入・消費国が厳格な規制で臨む場合、生産・輸出国で適法な食品等が、輸入・消費国では違法となり、いわゆる非関税障壁が働き、取引ができなくなったりする。コーデックス委員会で、表示に関する国際統一基準を作成しようとしているのは、このためである[16]。つまり、遺伝子組換食品等の表示に関する規制は、国内法で各国が独自に決めるのではなく、国際機構に委ねられている。しかし、遺伝子組換食品等の表示は、その前提となる検査のあり方によっては、国民の食品等に関する自己決定権と関わり、さらに食品等の安全性に疑問を持つ立場からみれば、国民の健康そのものに関わる問題である。こういった国民生活に重大な関連を有する事項についての決定権を、国際機構に全面的に委ねられるかは、検討を要しよう。もっとも、今のところコーデックス委員会は、全会一致で決するようなので、国家の決定権を完全に委ねているとはいえない状況である。このため、わが国は、この問題に現に直面しているわけではない。しかし、次にみるように、EUにおける遺伝子組換食品の規制は、実質的に共同体委員会が、学説の批判にもかかわらず[17]最終決定権を持つにいたっている。EUが域内で統一的な規制を必要とした理由は、商品の自由な流通

を実現することであり、これはWTO、コーデックス委員会が問題とした非関税障壁と本質的に変わらない。であるから、実効的な国際的規制をめざすとして、EUモデルによるならば、その限りで、国際機構への国家主権ということも考えられるのである。この点については、EUの制度を検討する際に、もう一度ふれる。

2 1997年のNF規則

EUにおける遺伝子組換食品等の流通の許可及び表示義務の根拠規定であるNF規則は、1996年12月の理事会での合意を受けて、翌年1月16日にヨーロッパ議会で可決され、同年5月15日に施行された。主な立法理由は、遺伝子組換食品等に関する国内法規制が不統一であると商品の自由な域内流通が阻害されること、域内市場に流通させる前に健康に配慮した統一的検査の必要性があること、遺伝子組換食品等は環境に対する危険を引き起こす可能性があるので環境に配慮した統一的検査を導入する必要性のあること、特別な食習慣のある人々への情報提供が確保されねばならないことである[18]。また、可能な限り明確で一義的な規定を導入することで、消費者の不安を解消できることも指摘された[19]。

次に、この規則の内容を概観することにしよう[20]。なお、規則が必ずしも手続の流れに沿った規律の仕方になっていないため、条文の前後を無視して、整理してある。

(1) 規律の対象

NF規則の規律対象は、新種の（neuartig）食品および食品添加物を共同体において流通（Inverkehrbringen）[21]させることである（1条1項）。ここにいう新種の食品等とは、EU域内において、これまでに、一定の範囲を超えて(in nennenswertem Umfang)人の消費に用いられたことのない、人工的な新しい技術によって生産された物を指す（1条2項）。つまり、遺伝子組換食品等には限定されていない。そして、本稿に関わる遺伝子組換技術を用いた食品等の定義は、NF規則1条2項a号およびb号が定める。

Ⅲ　科学技術と憲法

　ａ号は、EU命令90/220/EWG２条２号の定める意味における遺伝子組換体（交配や自然の組み換えという自然界における方法では不可能なやり方で遺伝物質が変更された組織体をいう）を含みあるいはそれから生産された食品等である。これは、たとえば、遺伝子組換トマトや、遺伝子を組み換えられた生菌を使ったヨーグルトを指す。

　ｂ号は、遺伝子を組み換えられた組織体から生産されたが、組み換えられた組織体自体は含んでいない食品等である。これは、たとえば、遺伝子組換トマトから製造したピューレや遺伝子組換体から得られたチモシンを用いたチーズを指す。

(2)　許　可　手　続

　これらの新しい食品等をEU域内において流通させようとする者（以下「申請人」と記す）は、NF規則の定める手続によって、許可を受けなければならない。次に、NF規則の許可手続を概観する。

　申請人は、最初に流通させようとする加盟国に対して、申請を行い、同時にEU委員会（Komission）に申請書の写しを送付しなければならない（４条１項）。申請を受けた加盟国は、６条に定める第一次審査の後、申請人に対して、流通できるのか、７条による追検査手続が必要なのかを通知する（同２項）。

　申請人は、申請書に、食品等が３条１項の基準[22]に適合していることを示す検査結果、表示方法等について規律する８条の要件に従った包装及び表示方法の案を記載しなければならない（６条１項）。

　食品等が、90/220/EWG２条１項および２項の意味における遺伝子組換体を含み、またはそれからできているときは、流通のための申請にあたっては、６条１項で定めていることの他に、次のことを付け加えなければならない（９条１項）。すなわち、ａ）指針90/220/EWG６条４項に基づく研究開発目的での遺伝子組換体流通に対しての管轄庁の許可の写し、ならびに人体の健康及び環境に対する危険に関する流通の結果、ｂ）指針90/220/EWG 11条による情報とこれに基づく環境影響評価についての書類ならびに研究開発目的の調査の結果または指針90/220/EWG Teil C[23]に基づく許可決定である。遺伝子組換体を含む食品等につい

て7条に挙げられた決定をするときは、人体の健康及び環境に対する危険を回避するために、指針90/220/EWGによる環境安全基準が配慮されなければならない。

① 第1次審査

この申請を受けた加盟国は、第一次審査を行う。この場合、申請を受けた加盟国内で審査を行うときは審査機関の名称、行うことができないときは他の加盟国の審査機関に行ってほしい旨をEU委員会に通知する。EU委員会は、各加盟国に、申請書類及び第一次審査を行う機関の名称を通知する（6条2項）。第一次審査を行う機関は、3ヶ月以内に、7条に基づいて追検査を行う必要があるか否かを決定しなければならない（同3項）。この決定は、EU委員会に報告され、そこから各加盟国に通知される（同4項）。この第一次審査の結果によって、その後の手続は異なる。

審査機関が申請を認めない場合は、引き続いて7条に基づき追検査のための第2次審査が取られる。これに対して、審査機関が申請を認めた場合に、EU委員会もしくは他の加盟国の一が60日以内に異議を申し立てなかったときは、申請が認められ、申請人は申請した食品等を流通させることができる。しかし、異議が申し立てられたときは、やはり第2次審査が開始される。

② 第2次審査

第2次審査は、EU委員会によって行われ、この手続は、常任食品委員会(Staendiger Lebensmittelausschuss、以下「食品委員会」と略記する)[24]によって補佐される（13条1項）。共同体が採るべき措置の提案は、EU委員会の代表が提出する。食品委員会は、一定期間内にこれについての意見表明を行わなければならない。意見表明をする期限は、事案の緊急性に応じて、食品委員会の委員長が決する。NF規則による食品委員会の議決は、ヨーロッパ共同体条約148条2項の定める議決数のうち、EU委員会提案についての多数決の例にならって決する（13条3項）[25]。食品委員会の決定と、EU委員会の意見とが一致したときは、EU委員会は、措置を講じるが、意見が一致しないときは、EU委員会はEU理事会に提案することができ、EU理事会は、この件を特別多数によって決定する。なお、EU理事会が提案を受けてから3ヶ月以内に決定しないときは、EU委員会の提案が承認されたものとさ

Ⅲ 科学技術と憲法

れる（13条4項）。

　そして、許可決定をする場合は、許可の妥当範囲を示さなければならず、必要に応じて、さらに、食品等の使用条件、食品等の標章および詳細なメルクマール、ならびに新しい技術による食品であることを適切に消費者に伝えるため、次に示すような特別の表示の条件を定めることができる。こういった決定内容を、EU委員会は、申請人に遅滞なく通知するとともに、ヨーロッパ共同体官報（Amtsblatt der Europäischen Gemeinschaften）に公示しなければならない。

(3) 表示方法

　食品等の表示に関する共同体の他の規定とは関わることなく、消費者（Endverbraucher）に遺伝子組み換え食品等の使用を知らせるために、以下のことについて特別な表示を求めることができる（8条1項）。すなわち、a）これまでの食品等とは等価（gleichwertig）でない[26]ことを示す、成分、栄養価や栄養効果、食品等の使用目的といった、あらゆるメルクマールないし栄養的特性、b）すでに存在する等価な食品等には含まれず、一定の人々の健康に影響を及ぼしうる含有成分、c）すでに存在する等価な食品等には含まれず、倫理的な留保（ethische Vorbehalt）に反する含有成分、d）指針90/220/EWGの別表Ⅰ A Teill[27]に挙げられていない方法で遺伝子操作を受けた組換体含有物、である。等価である食品等がないときは、消費者が相当な方法であらかじめ情報を得られるよう、必要に応じて規定を設ける（8条2項）。

(4) 事情変更による見直し手続

　加盟国は、新しい情報もしくは既存の情報の新たな評価によって、本規則を充たしている食品等の使用が、人体の健康または環境を害するとする確かな（stichhaltig）理由があると判断したときは、その領土内で、当該食品等等の取り引き及び使用を一時的に停止することができる。この場合、他の加盟国及びEU委員会に、速やかに通知しなければならない（12条1項）。この通知を受けたEU委員会は、食品委員会で、可及的速やかに、その理由を審査し、13条による第2次審査

手続を準用し、必要な措置を採る。この措置が採られるまで、加盟国による流通停止は継続されうる（12条2項）。

　手続について、以下の議論との関係で、注目すべき点を指摘すれば、次のようになろう。一つは、遺伝子組換食品等の流通について最終的な許可決定は、加盟国ではなく、EU委員会が行うことである。すなわち、遺伝子組換食品等をEU域内に流通させようとする者は、最初に流通させようとする加盟国に申請し、この申請を受けた加盟国が第一次審査を行う。そして、第1次審査で許可すべきと判断され、他の加盟国もEU委員会も異議を唱えなかったときは、流通が認められる。しかし、異議があるときは、EU委員会による審査手続に移行する。また、第1次審査で許可すべきでないと判断されたときも、EU委員会による第2次審査が行われることになる。つまり、EU委員会は、前者の場合に異議を唱えれば、審査は必ず共同体レベルに引き上げられるのであるから、結局、遺伝子組換食品等の流通の許可権限は、EU委員会が有していることになる。この点で、加盟国は、遺伝子組換食品等の流通に関し、独自の決定権を持たない。確かに、加盟国は、事情変更による見直し手続きによって、流通を停止させることはできるが、これには、事情変更の要件があるから、これを充たさない限り停止はできない。しかも、見直し自体も、EU委員会によって行われるのであるから、EU委員会が決定権を持っていることに変わりはない。

　もう1つは、申請人に、細かい情報提供義務が課せられていることである。とりわけ、食品等が遺伝子組換体を含む場合には、人体の健康及び環境に対する危険に関する流通の結果、環境影響評価についての書類ならびに研究開発目的の調査の結果といった情報の提供が定められている。後でみるように、環境法分野では、情報が必ずしも許可を与える権限を有する行政の側にあらかじめ十分に備わっていないため、許可申請にあたって詳細な情報を申請人に提出させる手法が、多く用いられるようになってきている。そのような流れを受けて、NF規則が、申請手続きないし事前手続で、情報提供について、申請人に協働を求めている点も、注目すべきである。

III 科学技術と憲法

3 ドイツにおけるNF規則をめぐる議論

(1) 共同体の執行権

ドイツにおけるNF規則をめぐる議論の中心的論点は、国内に遺伝子組換食品等を流通させるか否かの最終決定権を有するのが、EUなのか各加盟国なのかである。より正確には、NF規則が、許可審査手続を各加盟国レベルではなくEUレベルに引き上げていることの可否である。そして、EUが審査基準を設定する（立法権）のみならず、その基準に従って審査を行うこと（執行権）が認められるかである[28]。これは、ヨーロッパ共同体条約（EGV）の解釈が問題となるから、EU法固有の問題に見える。しかし、国際機構に立法権をあたえ、そこからさらに執行権まで導くことができるかは、一般的な問題としても考察されよう。たとえば、コーデックス委員会が基準に加えて、これまでの国連専門機関とは別の審査機関を設けそこに審査権限を集中することができるかという問題である。ここでは、NF規則を素材にEUに即して、ドイツの議論をみていくことにする。

遺伝子組換食品等について、EU域内で統一的な規制を設けるということは、加盟国間の法の調和をはかるということであり、これについての根拠は、EGV100a条である。この規定によれば、共同体理事会（Rat）は、統一市場を構築し機能させるために、加盟国の法を調和する（angleichen）ための措置をとることができる。この措置をとる権限は、しかし、立法権と理解されている[29]。とするならば、この措置を実際に執行することは、各加盟国に委ねられているのであるから、共同体がみずから執行するには、一次法による個別の授権がなければならないはずである。ドイツ連邦憲法裁判所も、マーストリヒト判決で、ヨーロッパ連合の高権的権限の行使は主権を維持している加盟国の授権が基礎となっているとして[30]、限定的個別授権原理を確認している。この原理からすれば、条約によって与えられた立法権限から、制定された法を執行する権限まで導くことはできない。執行は、本来主権を維持している加盟国にゆだねられているからである。

ところが、最近、EUが、各法分野の手続と執行を共同体レベルに引き上げよう

とする傾向にあることが指摘されている。このため、共同体が、NF規則において、新しい食品等は統一的に規制された官庁による手続でヨーロッパレベルで審査されなければならないとし、加盟国による許可の代わりに共同体の許可を置こうとしていることは、その傾向に照らして驚くにはあたらないとされる。そして、EU裁判所は、製造物の安全性に関する命令についての判決において[31]、加盟国の決定権限をEU委員会へ譲渡することがEGV100a条によって根拠付けられていると考えていることを明らかにした。すなわち、EGV100a条の定める統一市場を構築し機能させるための措置は、一般的な規律（立法権）のみならず「個別の措置」（執行権）をも含むとしているのである。しかし、学説は、先に見たように立法権のみを「措置」から導いており、EUの最近の傾向やこの判決には批判が強い[32]。

　もっとも、EU委員会による許可を定めるNF規則を、真正面から権限違反であり無効であるという議論が出ているわけではない。この規則の場合は、例外的に、遺伝子組換食品等という規律対象の特殊性から認められるとしている。さきのEU裁判所判決に関しても、その射程をそこで争われた命令に限定して理解しようとしている。であるから、一般的な執行権限が導かれるかは、なお議論が必要であろう[33]。

(2) 申請人の協働

　許可申請にあたって、申請人があらかじめ、さまざまな情報を許可庁に提供することで、行政に協力する必要性が高まっていることは、環境法の分野で、最近強調されてきている[34]。ヨーロッパの環境政策においても、EUが執行権限を有していないことが問題とされ、このため、履行を確保し統制するための処方の一つとして、民間を公的な任務に動員する協働原理が注目されている。これはたとえば、環境にとって悪影響を及ぼしうる施設設置の統制について、許可手続およびその事前手続で、許可庁に申請人があらかじめ情報を提供するといった規定に見られる。古典的な高権的行政であれば、申請に対して行政の側で事実を認定・評価し、結論を出すことを行政の側だけの責任で行わなければならなかった。しかし、高度に専門化した技術が問題となる場合、すべてを行政がみずから調査する

のは難しい。技術に関する情報の分散ないし民間の側への偏在ということからも、民間の協働ということは、効果的な行政の実現のために求められるのである。そして、こういった申請手続きは、ドイツの国内法では、行政手続法71c条2項が一般的な規定を置いているが、環境法領域での具体例としては、たとえば連邦イミッション法10条の、許可を要する施設の建設許可手続にみることができる[35]。

　遺伝子組換食品等についても、高度の技術を用いているために、それについての知識が必ずしも許可権限を有する行政に十分に備わっているとはいえず、また環境に対する影響なども、必ずしも明確とはいえない。このために、申請人の側に情報提供義務を課すことによって、判断の基盤を提供させる必要があろう。NF規則のこの点について、直接に問題としている文献を見つけることはできなかったのであるが、ドイツの申請手続きにおける協働の考え方からすれば、この手続も、その枠で捉えることができると思う。

おわりに

　遺伝子組換食品の規制には、国際的な取り組みが必要である。このことを考えると、NF規則の行き方は、1つの方向を示していると思われる。
　国際機構としての、EUおよびその機関であるEU委員会が、立法権を越えて執行権（許可権）まで獲得することについて、共同体条約の解釈の問題として、批判的な議論があった。確かに、そのような権限を国家が国際機構に委ねるには、明確な法的根拠が必要であろう。しかし、立法政策的には、個別国家の利益から切り離された、いわば第三者的な機関によって、遺伝子組換食品等の審査、流通の許可、表示方法の指示といったことが行われるのが望ましいように思われる。というのも、今日では、食品等の生産・輸出国と輸入・消費国が明確に色分けされ、遺伝子組換食品等についてのスタンスが強く対立しているからである。コーデックス委員会の状況からもわかるように、ある国が単独で厳格な規制を設けることは非関税障壁となりうるためできないにもかかわらず（あるいはまさにその故に）、各国の思惑によって、取り決めができないでいる。これに対処するためには、国

際的な組織による必要があると思われるのである。こういった国際機構を法的にどのように位置づけ、どう整備していくかは、今後の重要な課題であろう。

　そして、そのような機構を整備するにあたって、配慮しなければならないことは、手続における協働である。これは、とりわけ遺伝子組換食品のような高度の技術を用いたものの許可において重要であろう。先にふれたように、許可申請にあたって情報提供を申請者に義務づけるのが必要であることはいうまでもない。しかし、NF規則に、事情変更の場合の見直し手続が定められていたこととの関連で、継続的な報告義務を、流通させている者に課すことも必要であろう。というのは、遺伝子組換食品の検知が、必ずしも容易でないからである。遺伝子組換食品等は、組み換えられた作物をそのまま食物とすることもあるが、たとえば大豆などは、加工した上で食物とすることも少なくない。消費者が手にするのは、加工を受けた製品であるから、とりあえずは、この段階で、組換遺伝子を検査することになろう。しかし、加熱や発酵などの加工を加えることによって、検知が困難になることが、一般に指摘されている[36]。とするならば、原料の大豆の段階での検査が必要となる。が、大量の大豆が使用されるのであるから、抜き打ち検査による方法が、十分に効果的とも思われない。また、組換を受けた大豆の後世代が種子として栽培される場合には、さらに検知が困難になることも予想される。とするならば、管理は、栽培から、出荷、加工、販売の全体にわたって行われる必要があろう。この管理を実効的たらしめるには、いずれの段階でも情報を把握するため調査管理することが必要であるが、行政には、必ずしもそのような能力が十分に備わっているとはいえないであろうし、仕事の量からみても、行政にすべてをゆだねるのは、必ずしも適切とはいえないであろう。とするならば、流通させる者あるいは専門の監視機関を設けて、定期的に報告を義務づけるのが一つのあり方のように思える。NF規則にはそのような制度は設けられていないが、環境法の領域では、こういったアイディアも採用されつつある。たとえば、ドイツ連邦イミッション法53条以下に定められている、イミッション防止受託者などは、この例である。

　NF規則のような規制の行き方は、EUという高度に発達した特殊な法環境の中

Ⅲ 科学技術と憲法

ではじめて成り立つものかもしれない。しかし、少なくとも遺伝子組換食品のような、高度な科学技術を用いているために、その規制が困難なものについての取り組み方として、あるべき方向の1つを示唆していると思われる。これについて、商品等を統一市場で流通させるについての許可システムの国際法的位置づけ、許可手続における協働といったことを、今後、さらに検討していきたい[37]。

(1) 「遺伝子組換食品等」という言葉は、遺伝子組換を受けた種子等から収穫された作物、その後世代作物およびそれらを原材料として作られた食品及び食品添加物を指して用いることにする。なお、本稿執筆中に、遺伝子組換食品をめぐる法制が、わが国でも、ヨーロッパでも、大きく変化したのであるが、基本的な理論上の問題は変わっていないので、細かい規定の変更は、度外視した。

(2) 戸波江二「科学技術の発展と人間の尊厳」ドイツ憲法判例研究会編『人間・科学技術・環境』103頁以下（113頁）

(3) Richtlinie des Rates vom 23. April 1990 über die Anwendung genetisch veränderter Mikroorganismen in geschlossenen Systemen (90/219/EWG)、およびRichtlinie des Rates vom 23. April 1009 über die absichtliche Freisetzung genetisch veränderter Organismen in die Umwelt (90/220/EWG)

(4) このため、„Systemrichtlinie" といわれる。

(5) このため、„Freisetzungs-und Inverkehrbringsrichtlinie" といわれる。

(6) Verordnung (EG) Nr. 258/97 des europäischen Parlaments und des Rates vom 27. Januar 1997 über neuartige Lebensmittel und neuartige Lebensmittelzutaten、Amtsblatt der Europäischen Gemeinschaft, Nr. L 43 Vom 14. 2. 1997.ドイツでは、遺伝子組換などの先端技術を応用して製造された食品を「ノーベル食品（Novel-Food）」あるいは「フランケンシュタイン食品」と呼んでいる。このため、本規則も、一般に"Novel-Food-Verordnung"とされている。

(7) VerordnungというEU法形式は、一般的効力を有し、そのすべての部分が拘束力を持ち、加盟国に直接に適用される（Art. 189 EGV）。NF規則は、このことを15条に明記している。EUの法形式については、たとえば、Schweitzer/Hummer, Europarecht, 3. Aufl. S. 111を参照。Verordnungという立法形式は、ドイツ国内法では、行政機関の制定する「命令」である。しかし、EU法のVerordnungに対応する英語のRegulationは、一般に「規則」と訳されている（たとえば、山根裕子『新版EU／EC法』65頁）ので、本稿でも、これに従う。同様の理由で、Richtlinie

を「命令」と訳した。
(8) この規則の規制対象は、EU市場において、遺伝子組換食品等を流通させるものである。EU加盟国は、国内法で、自由な商品の流通の妨げとなるような新たな規制を設けることが禁じられている（Art. 31 EG-Vertrag）。このため、理論的にみても、NF規則に、国内法でいわゆる横出し・上乗せ規定を設けることは、効果として流通を妨げることになるのでできない。ドイツでは、NF規則の成立後間もない1996年11月14日付で、当時野党であった社会民主党が、健康保護を理由にビールの原材料に遺伝子組換作物を用いることを一切禁じる旨の、いわゆるビール純正法の改正案を連邦議会に提出した（BT-Drucks. 13/6132）。この法律が廃案になった経緯までは調べられなかったが、理論的理由として、非関税障壁となりうる懸念が挙げられたことは、想像できる。また、こういった法案が提出されたことは、ドイツが遺伝子組換食品等に対して敏感であることの証左でもあろう。
(9) たとえば、朝日新聞（西部本社）2000年5月20日を参照。
(10) 東京高判平成10年2月9日を参照。
(11) 本稿で問題とする表示が義務づけられる遺伝子組換食品等は、国の安全基準をクリアしたものである。その安全性を信頼する限り、生命保護という意味での生存権の問題は、ここでは一応度外視することができるかもしれない。しかし、これまでのところ、遺伝子組換食品等についての十分な慢性毒性検査の結果は得られていないのであり、長期的に見た安全性については専門家の間でも評価は分かれている（たとえば、藤原邦達『遺伝子組換え食品の検証』37頁以下、朝日新聞社編『シンポジウム・バイオ世紀の生命観　遺伝子組み換え食品からクローンまで』78頁以下を参照）。安全性についてなお疑問が指摘されている食品等についての選択は、単なるライフスタイルの選択以上の意味を持つと思う。また、現在問題となっている食品等も、日本人の食生活に不可欠ともいえる大豆などであるだけに、リスクを承知の上で引き受ける嗜好品のタバコ等よりも、決定権の意義は大きいであろう。
(12) 表示をしたことによって、消費者から嫌忌され、結果として販売量が規制されたのと同じ効果をもたらすことが、度外視できることはいうまでもない。
(13) ドイツにおいて、タバコの有害警告文の記載義務づけは、職業遂行の自由の問題として捉えられている。この点については、本研究会2000年3月4日の青柳幸一報告（自治研究76巻11号掲載予定）を参照。
(14) 戸波江二『憲法〈新版〉』259頁。
(15) なお、改正JAS法が、有機栽培野菜等について表示の前に認定を受けることを

Ⅲ　科学技術と憲法

　　　義務づけた点は、緩やかな基準が適用される不正表示禁止の問題として、やはり合憲性を肯定できよう。
⑯　コーデックス委員会とは、国連の専門機関である国連食糧農業機関と世界保健機関とが合同で組織した委員会で、国際的な食品規格を定める組織である。
⑰　Wahl/Gross, „Die Europäisierung des Genehmigungsrechts am Beispiel der Novel Food-Verordnung", DVBl. 1998, S. 2ff. (S. 11)
⑱　Udo Matzke, Gentechnikrecht, 1999, S. 363ff.
⑲　Vgl. Wahl/Gross, a.a.O., S. 5.
⑳　Amtsblattを参照することができなかったため、条文は、Matzke, 前掲者およびEUのホームページ中の現行共同体法のデータEUR-Lex〈http://europa.eu.int./eur-lex/de/index.html〉（2000年6月1日最終確認）を、比較して参照した。また、他の共同体法も、同様にEUR-Lexによった。ただし、EGVは、引用文献がいずれもいわゆるマーストリヒト条約によっているので、本稿でも、アムステルダム条約との対応は度外視した。なお、組換食品等の例示はMatzke, a.a.O., S. 364によった。
㉑　Inverkehrbringenの訳語は、いくつか用いられている。NF規則が、EU市場域内での商品の自由な流れを目的に制定されていることに鑑み、本稿では、「流通」の語を当てた。訳語については、牧野忠則訳「遺伝子操作技術を規律するための法律」『人間・科学技術・環境』497頁以下の注4を参照。
㉒　この規定によれば、これらの食品等は、消費者の危険をもたらしたり、消費者を惑わせたりしてはならず、また、代替する食品等と差別化するにあたって、新技術による食品等を普段消費することで、消費者が栄養失調を回避できるかのようにしてはならない。
㉓　これは、遺伝子組換体を含む製造物の流通の許可に関する手続規定である。
㉔　常任食品委員会は、1969年11月13日のEC理事会決定（69/414/EWG）で設置された。EU委員会の代表が委員長を務め、各加盟国の代表が委員となる。任務は、食品等に関する理事会決定で委員会の任務とされた事柄及び、議長の職権によりまたは加盟国の請求に基づいて、食品等に関する問題を審査することである。
㉕　EGV148条2項によれば、各国の票の割合は、次のとおりである。
　　　ベルギー：5、デンマーク：3、ドイツ：10、ギリシャ：5、スペイン：8、フランス：10、アイルランド：3、イタリア：10、ルクセンブルク：2、オランダ：5、オーストリア：4、ポルトガル：5、フィンランド：3、スウェーデン：4、イギリス：10そして、EU委員会提案についての多数決は、単純に62票以上の

賛成で可決する。多数決の採用は、国家主権の強い制限である。

(26) ここに「等価」でないとは、現在あるデータの相当な分析をもとに学術的に判断した結果、検査したメルクマールからみて、従来の食品等とは異なっていることである（8条1項）。

(27) これは、組換体の定義に関する2条2項についての別表である。そこで挙げられている方法は、遺伝子操作法3条3号にあげられているものと同じである。参照、牧野前掲訳500頁。

(28) Vgl. Wahl/Gross, a.a.O., S. 2ff. また、Pablo Mentzinis, Die Durchführbarkeit des europäischen Umweltrecht, S. 1ff. は、環境法のEU域内での確実な執行を実現することが必要であると指摘する。

(29) Vgl. Geiger, EG-Vertrag, 2. Aufl., Rdnr. 4 zum Art. 100a, Wahl/Gross, a.a.O., S.12.

(30) BVerfGE 89, 155 (186) この判決については、川添利幸「欧州連合の創設に関する条約の合憲性―マーストリヒト判決」『ドイツの憲法判例』および西原博史「ヨーロッパ連合の創設に関する条約の合憲性」『ドイツの最新憲法判例』を参照。

(31) Urteil vom 9.8.1994 (Rs. C-359/92). なお、判決の原文を確認できなかったので、これについての記述はWahl/Gross, a.a.O., S. 12によっている。

(32) Vgl. Wahl/Gross, a.a.O., S. 11f. なお、環境法分野で肯定的に評価するものとして、例えばFriedrich Schoch, „Grundfragen der Umweltverträglichkeitsprüfung" in Dieter Leipold (Hrsg.), Umweltschutz und Recht in Deutschland und Japan.

(33) Vgl. Wahl/Gross, a.a.O., S. 12f.

(34) Vgl. Hans-Heinrich Trute, „Vom Obrigkeitsstaat zur Kooperation" in Hendler/Marburger/Reinhardt/Schroder (Hrsg.), Rückzug des Ordnungsrechts im Umweltschutz. また、拙訳「H＝H・トゥルーテ　秩序法と自主規制の間の環境法」（自治研究75巻9号）を参照。

(35) 連邦イミッション法の日本語訳は、拙訳「大気汚染、騒音、振動およびこれに類する環境に加えられる有害な影響からの保護に関する法律（連邦イミシオーン法）」（ドイツ憲法判例研究会編）『人間・科学技術・環境』（信山社・1999年）を参照。

(36) たとえば、「ダイズ及びダイズ加工食品からの組換え遺伝子の検知法（第1報）」食品衛生学雑誌40巻2号149頁を参照。

(37) 2000年9月4日から7日に、本研究会がフライブルクで行ったシンポジウムに

Ⅲ　科学技術と憲法

　おける、Murswiek教授の報告 „Das Kooperationsprinzip im Umweltrecht" およびScheuing教授の報告 „Regulierung und Marktfreiheit im europäischen Umweltrecht" は、この点できわめて興味深い表題である。

あ と が き

　共同研究の成果である『未来志向の憲法論』が、漸く公刊することができる。編集代表の1人として、漸く公刊にこぎつけることのできた安堵感と同時に、1年以上も前になる最初の原稿締切日を守って論文を提出下さった執筆者に対するお詫びの気持ちがいっぱいである。2000年春に「21世紀の憲法理論」という書名で公刊する予定でスタートした共同研究書であったが、主として編集代表側に起因する理由で1年余り遅れてしまった。

　成立の経緯を含め本書の基本的性格については「はしがき」に記されているが、ここでは、収録論文を簡単に紹介することによって、本書の基本的性格とのかかわりを浮かび上がらせることにしたい。

　本書は、大きく、「Ⅰ基礎理論」、「Ⅱ環境と憲法」、「Ⅲ科学技術と憲法」の3部構成をとっている。

　第Ⅰ部「基礎理論」には7つの論文を収めている。

　栗城論文と國分論文は、法の本質や自然の本質を論じる。栗城論文は、近代法における法と倫理の分離の意義・問題点を原理的に分析し、現代における新しい状況の出現のなかでの法と倫理の協働関係を指摘する。國分論文は、環境倫理問題において「自然」の本質が不明確なままに論じられているという問題意識のもとで、古代ギリシャやキリスト教の自然観に焦点を当てつつ、自然と人間の関係の見直しを行う。

　憲法解釈論にかかわるものとして、畑尻論文がある。畑尻論文は、P. ヘーベルレの議論に基づきながら、共時的な視点ばかりでなく、次世代を視野に入れた通時的な視点を併せもった憲法解釈論を提唱する。

　人権の基礎をなす規定にかかわるものとして、田口論文と青柳論文がある。田口論文は全人類に通ずる人間としての実在に関する価値である「人間の尊厳」について述べる。青柳論文は、憲法13条前段の法的性格について論じる。

あとがき

　さらに、社会・国家制度のなかで個人がよってたつ基礎ともいえる国籍そして家族に関する論文が、近藤論文であり、古野論文である。近藤論文は、国籍に関するドイツの理論動向を精確に跡づけた上で、人権享有主体性に関する新たな解釈手法を目指す。古野論文は、オーストリアの、非嫡出子の相続をめぐる判決を素材にしながら、平等原則の家族関係に対する適用の在り方を検討する。

　第Ⅱ部「環境と憲法」には14の論文を収めている。

　押久保論文は、「人間の尊厳」という文言あるいは「権利」という概念の重みを重視する立場から、人間中心主義論・自然固有の権利否定論に立たざるをえず、環境権の内容や動物の保護は人間の尊厳からは帰結されないと主張する。

　小山論文は、基本権保護義務論と環境保護の共通点と相違点を整理し、基本権保護義務論から環境保護を類推することの意義と限界を論じた上で、環境保護の国家論的構成の可能性とその条件を検討する。

　飯田論文は、日本の生態系保護法制が人間中心主義の自然観の下に構成されていることを指摘した上で、憲法上の諸権利から派生する法的利益と位置付けられる自然の利用の権利の制限や禁止には十分な正当化根拠が必要であると主張する。

　1994年の第42回基本法改正で導入された環境保護の国家目標規定基本法20a条をめぐる論文が、岡田論文と岩間論文である。岡田論文は、20a条の制定過程を精確に叙述しており、筆者自身が述べる20a条についての「今後の比較法的研究のための地盤固め」を十分に行っている。岩間論文は、20a条をめぐる学説を整理した上で、環境保全と自由を調和的に実現することができるような社会の仕組みとそれを基礎づける新しい憲法理論の構築を今後の課題として指摘する。

　環境訴訟をめぐる論文として、井上論文と片山論文がある。井上論文は、環境裁判において問題の解決にかなり消極的な姿勢を取り続けている裁判所に対して、環境破壊によって個人が現実に被害を被っている場合、その救済は裁判所の守備範囲に入ると主張し、訴訟制度の創設を含めた法技術的なレベルでの議論の展開の必要性を指摘する。環境行政訴訟における原告適格論を憲法学の視点から論ずる片山論文は、権利保護の実効性という観点から、予防訴訟的な性格を持つものとしての取消訴訟において第三者の原告適格を肯定する憲法32条解釈論が今後の

あ と が き

課題であると指摘する。

　地方公共団体と環境保護をめぐる論文として、小林論文、駒林論文、石村論文がある。小林論文は、環境基本法および環境基本条例のなかに将来世代の権利ないし地位を展望する考え方が現れていることに注目する。そして小林論文は、日本国憲法が各国憲法に先んじて未来志向の憲法として制定されている意義を指摘する。駒林論文は、地方分権型社会の到来のなかで、なお多くの課題を抱える自治体の環境保護政策について、企業や民間の自主的取組を促す政策、住民参加システムの構築、総合的な環境行政推進のための庁内調整システムの構築と実践などの必要性を指摘する。石村論文は、地方自治レベルでの環境開発問題の例として千葉県の「三番瀬」問題を取り上げ、敢えて開発（埋め立て）をしてまで、豊かな自然を破壊する積極的な根拠はなく、限りなく環境に力点が置かれなければならない事例であると主張する。

　個別の環境問題を論じた論文として、西埜論文と平松論文がある。西埜論文は、社会生活上不可避なものとして受忍せざるを得ない一面を有する騒音問題について、ドイツの判例・学説と日本の判例・学説を比較しつつ、受忍限度額、損失補償論を検討する。平松論文は、2000年4月の第147通常国会で制定・改正された廃棄物処理と再生利用に関する法律を紹介しつつ、日本の廃棄物処理と再生利用の特色や問題点を指摘する。

　EC環境法に関する論文が、門田論文と鈴木論文である。門田論文は、EC環境法を外観した上で、それと構成国の国内法との関係をヨーロッパ裁判所判決を踏まえながら検討し、環境法の分野でもより緊密な結びつきを模索するECの姿を浮き彫りにする。鈴木論文は、ヨーロッパ裁判所判決を分析しながら、ECが環境政策の手法として採用した環境情報公開制度がドイツにおいてどのように定着しようとしているのかを明らかにする。

　第Ⅲ部「科学技術と憲法」は、生命にかかわる先端科学技術がもたらす憲法問題を扱う論文を収めている。

　松元論文は、学問の多様化・専門化のなかで生じた新しい問題・課題のなかで、真理を探究する自律的な純粋学問を保護対象としてきた学問の自由の意味を考察

あとがき

する。

　嶋崎論文は、未出生の生命の基本権主体性を認めるドイツの「通説」と人口生殖・生命操作技術の可否の問題を論じ、それらの問題の結論が「人間の尊厳」から一義的に決まるものではなく、その意味で「人間の尊厳」は万能ではないと帰結する。

　光田論文は、ドイツにおけるヒト・クローン技術規制問題を跡づけた上で、人の生命を誕生させる以外の目的をも付け加えるクローン技術は、ヒトの生命が他の目的のために発生させられるという手段化の問題があり、それは許されないと主張する。

　柏崎論文は、臓器移植法を検討した上で、脳死・臓器移植における自己決定の自己決定性に疑いを表明し、人の死と脳の死とを区別すべきことを主張する。

　山本論文は、狭義の安楽死をめぐるドイツの状況を考察した上で、ナチスの経験からいかに人間の尊厳を確保し、自己の望まない安楽死を強制されることがないように限界づけることの必要性を主張する。

　工藤論文は、生と死を峻別し、死者は物であるという前提の非自明性を明らかにし、前提を変えること、すなわち、死後も人間らしく扱われる権利があることを認めることによって解消する方向を主張する。

　川又論文は、研究開発、栽培生産、流通販売などの各段階において法的規制問題となる遺伝子組換食品について、EUの規則やドイツにおける議論を紹介した上で、EUの規則に国際的規制のモデルを見出す。

　以上のごとく、各論文において、本書刊行の趣旨に沿って、過去・現在を踏まえつつ「未来において考えるべきこと」についてそれぞれの立場からの検討が加えられている。

　本書は共同研究書ではあるが、これら28論文に編集代表側が「介入」するようなことはしなかった。なぜなら、共同研究といっても、各研究者の「論文」であるからである。栗城教授とともに、「本書が会員以外の方々の厳しい批判にも耐えられることを希望する次第である」(本書「はしがき」)。

　末筆ながら、厳しい出版事情にもかかわらず、ドイツ憲法判例研究会の研究活

あとがき

動の成果の公刊にご協力を下さっている信山社の今井貴氏に改めて御礼を申し上げる。

 2001年6月12日

編集代表　青　柳　幸　一

〈編者紹介〉

栗城壽夫（くりき・ひさお）
　　名城大学法学部教授

戸波江二（となみ・こうじ）
　　早稲田大学法学部教授

青柳幸一（あおやぎ・こういち）
　　横浜国立大学経営学部教授

未来志向の憲法論

2001年（平成13年）8月30日　　第1版第1刷発行　　1906-0101

編　　　集	ドイツ憲法判例研究会
編集代表	栗　城　壽　夫 戸　波　江　二 青　柳　幸　一
発行者	今　井　　　貴
発行所	信山社出版株式会社

〒113-0033　東京都文京区本郷6-2-9-102
　　　　　　電　話　03（3818）1019
printed in japan　　　　FAX　03（3818）0344

© ドイツ憲法判例研究会，2001．印刷・製本／勝美印刷・大三製本
ISBN4-7972-1906-8 C3332
013-040-020-005
NDC分類　323.001

信山社 H13.8 AT5029A

- ドイツ憲法判例研究会編 **ドイツの憲法判例Ⅰ〔第二版〕** 六,〇〇〇円
- **ドイツの最新憲法判例** 六,〇〇〇円
- 高田敏著 **人間・科学技術・環境** 一二,〇〇〇円
- **未来志向の憲法論** 一二,〇〇〇円
- 芦部信喜著 **憲法叢説（全3巻）** 各巻二,八一六円
- 田口精一著 **社会的法治国の構成** 一四,〇〇〇円
- **基本権の理論（著作集1）** 一五,五三四円
- **法治国原理の展開（著作集2）** 近刊
- **行政法の実現（著作集3）** 一二,〇〇〇円
- 小嶋和司著 **日本財政制度の比較法史的研究** 一二,〇〇〇円
- 池田政章著 **憲法社会体系（全3巻）**
  - Ⅰ 憲法政策論 一二,〇〇〇円
  - Ⅱ 憲法過程論 一二,〇〇〇円
  - Ⅲ 制度・運動・文化 予価一二,〇〇〇円
- 渋谷秀樹著 **憲法訴訟要件論** 一二,〇〇〇円
- 笹田栄司著 **実効的基本権保障論** 八,七三八円
- 原田一明著 **議会特権の憲法的考察** 一三,二〇〇円
- 芦部信喜編集代表／高橋和之・日比野勤編集 **日本国憲法制定資料全集（全一五巻予定）** 各巻予価三八,〇〇〇円
- 加藤一郎・三ケ月章監修／塩野宏・青山善充編著 **租税徴収法（全20巻予定）** 立法資料全集
- 人権論の新構成 品切
- 菊井康郎著 **憲法学再論1** 一〇,〇〇〇円
- 藤井俊夫著 **憲法学の発想1** 二,〇〇〇円
- 近藤昭三著 **行政行為の存在構造** 八,二〇〇円
- 阿部泰隆著 **フランス行政法研究** 九,五一五円
- 内田力蔵著 **行政法の解釈** 九,七〇九円
- **内田力蔵著作集（全一〇巻）** 近刊

- 山田洋著 **ドイツ環境行政法と欧州環境行政法** 五,〇〇〇円
- 張勇著 **中国行政法の生成と展開** 八,〇〇〇円
- 荒秀著 **日韓土地行政法制の比較研究** 一二,〇〇〇円
- 宮田三郎著 **行政法教科書** 六,〇〇〇円
- **行政裁量とその統制密度** 三,六〇〇円
- **行政法総論** 四,六〇〇円
- **行政訴訟法** 五,五〇〇円
- **行政手続法** 四,六〇〇円
- **国家責任法** 五,〇〇〇円
- **環境行政法** 近刊
- 見上崇洋著 **行政計画の法的統制** 一〇,〇〇〇円
- 平松毅著 **情報公開条例の解釈** 二,九〇〇円
- 田中舘照橘著 **行政裁判の理論** 一五,五三四円
- 川原謙一著 **詳解アメリカ移民法** 九,七〇九円
- 小石原尉郎著 **障害者差別禁止の法理論** 二,八〇〇円
- 芦部信喜・高見勝利編著 **皇室典範** 日本立法資料全集 第一巻 四六,八九三円
- **皇室経済法** 芦部信喜・高見勝利編著 日本立法資料全集 第七巻 四八,五四四円
- 大石眞編著 **議院法〔明治22年〕** 日本立法資料全集 第三巻 四〇,七七七円
- 塩野宏編著 **行政事件訴訟法（全7巻）**
- 法典質疑会編／会長・梅謙次郎 **法典質疑録 上巻〔憲法他〕** 二五,〇四八円
- 法典質疑会編 **続法典質疑録〔憲法・行政法他〕** 一二,〇三九円
- 芦部信喜・高見勝利編著 **続法典質疑録〔憲法・行政法他〕** 二四,二七二円
- 藤田嗣雄著 **明治軍制** 四,八〇〇円
- **欧米の軍制に関する研究** 四,八〇〇円

- 高田敏・初宿正典編訳 **ドイツ憲法集〔第二版〕** 三,〇〇〇円
- 谷勝弘著 **現代日本の立法過程** 一〇,〇〇〇円
- 前山亮吉著 **近代日本の行政改革と裁判所** 七,一八四円
- 田島裕著 **アメリカ憲法 著作集1** 近刊
- **イギリス憲法 著作集2** 六,〇〇〇円
- **英米法判例の法理 著作集8** 近刊
- 塙浩著 **フランス憲法関係史料選** 六〇,〇〇〇円
- 清水望著 **東欧革命と宗教** 八,六〇〇円
- 酒井文夫著 **近代日本における国家と宗教** 一二,〇〇〇円
- 稲田陽一著 **国制史における天皇論** 七,二八二円
- 堀内健志著 **続・立憲理論の主要問題** 八,一五五円
- 上野裕久著 **わが国市町村議会の起源** 一二,九八〇円
- 山岸喜久治著 **ドイツの憲法忠誠** 八,〇〇〇円
- 宇都宮純一著 **憲法裁判権の理論** 一〇,〇〇〇円
- 大石眞・高見勝利・長尾龍一編 **憲法史の面白さ** 二,九〇〇円
- 林屋礼二著 **憲法訴訟の手続理論** 三,四〇〇円
- 清水睦編 **憲法入門** 二,五〇〇円
- 高野幹久著 **憲法判断回避の理論〔英文〕** 五,〇〇〇円